第十五届中国智能交通年会科技论文集

第十五届中国智能交通年会学术委员会　编

电子工业出版社

Publishing House of Electronics Industry

北京·BEIJING

内 容 简 介

《第十五届中国智能交通年会科技论文集》汇集了国内外城市交通、智慧公路、轨道交通、道路车辆、水运及民航等不同领域的精选论文 66 篇（其中，14 篇为摘要），包含智能交通的发展与政策、智能交通技术及应用、智能交通的成果及转化，以及智能交通领域最近的热点研究，对智能交通相关领域的科研、技术和管理人员等有重要的参考价值。

图书在版编目（CIP）数据

第十五届中国智能交通年会科技论文集 / 第十五届中国智能交通年会学术委员会编. —北京：电子工业出版社，2020.11

ISBN 978-7-121-39920-6

Ⅰ. ①第… Ⅱ. ①第… Ⅲ. ①交通运输管理—智能控制—中国—学术会议—文集 Ⅳ. ①U-39

中国版本图书馆 CIP 数据核字（2020）第 220312 号

责任编辑：刘志红（lzhmails@phei.com.cn） 特约编辑：张思博
印　　刷：天津画中画印刷有限公司
装　　订：天津画中画印刷有限公司
出版发行：电子工业出版社
　　　　　北京市海淀区万寿路 173 信箱　邮编　100036
开　　本：787×1 092　1/16　印张：35.5　字数：908.8 千字
版　　次：2020 年 11 月第 1 版
印　　次：2020 年 11 月第 1 次印刷
定　　价：398.00 元（含光盘 1 张）

凡所购买电子工业出版社图书有缺损问题，请向购买书店调换。若书店售缺，请与本社发行部联系，联系及邮购电话：(010) 88254888，88258888。

质量投诉请发邮件至 zlts@phei.com.cn，盗版侵权举报请发邮件至 dbqq@phei.com.cn。

本书咨询联系方式：(010) 88254479，lzhmails@phei.com.cn。

编委会名单

主编

　　李朝晨

副主编

　　杨　颖

编委

　　郭丽君　　李晓雨　　贺　松　　宋琪

学术委员会名单

主任委员

　　黄　卫

副主任委员

　　张　军　　严新平

委员（排名不分先后）

曹进德	岑晏青	冯志勇	高自友	顾怀中	关积珍
郭继孚	贾利民	李克强	刘宝波	刘宝树	卢　山
马　林	孙立军	汪　科	王军利	王　庆	王长君
王　炜	王云鹏	吴志新	谢　飞	杨晓光	袁建湘
张进华	张劲泉	郑　健			

目 录

全自动洗车机在成都轨道交通 9 号线中的应用 ……………………………………………… 1

TEDS 故障自动识别技术验证方法研究 ……………………………………………… 9

北斗高精度定位技术的铁路物流园区应用研究 ……………………………………………… 18

多式联运数据交换平台构建研究 ……………………………………………… 26

高铁大风报警及解除信息车地传输技术研究及试验应用 ……………………………………………… 28

哈尔滨动车段四位一体动车组质量控制系统的研究与实现 ……………………………………………… 35

基于回归模型的铁路货车超偏载趋势预警分析 ……………………………………………… 50

基于价格影响的贵广客专线旅客出行行为特征研究 ……………………………………………… 59

铁路客票智能运维关键技术的研究 ……………………………………………… 70

铁路旅客列车无座席管理及技术研究 ……………………………………………… 76

高速铁路列车运行自动调整研究与应用 ……………………………………………… 85

连续信号交叉口环保驾驶车速控制方法研究 ……………………………………………… 87

改进的 K-Means 聚类算法在车辆聚集分析中的应用 ……………………………………………… 100

基于支持向量机模型的快速公交行程时间算法对比研究 ……………………………………………… 110

公交行车计划智能编制系统关键技术研究 ……………………………………………… 124

铁路基础设施监控监测数据平台的研究 ……………………………………………… 132

基于关键路径控制的交叉口群信号优化研究 ……………………………………………… 140

新型交通应急基础设施与智能化系统研究 ……………………………………………… 148

智能船舶激光雷达感知技术综述与展望 ……………………………………………… 155

基于模糊层次分析的沿海小型航海保障工作船风险评判 ……………………………………………… 167

毫米波雷达和视频融合在车路协同系统中的应用研究 ……………………………………………… 174

车辆切入前后队列跟驰状态参数的变化规律 ……………………………………………… 183

基于风险链的城轨运营安全保障系统设计与开发 ……………………………………………… 200

轨道车辆不锈钢车体静强度研究 ……………………………………………… 202

基于全样本大数据的公交停靠站时间规律分析 ……………………………………… 204

浅析轨道交通领域的车–车通信技术 ……………………………………………………… 206

面向机非混行环境下的自动驾驶汽车测试场景构建方法研究 ……………………… 214

基于航迹的飞机减噪离场飞行程序识别方法 …………………………………………… 216

我国道路交通技术监控设备质量检测分析研究 ………………………………………… 223

我国城市交通执法装备的建设与发展趋势探究 ………………………………………… 232

信令数据驱动的医疗服务设施布局优化方法——以昆山市为例 …………………… 241

基于手机信令数据的交通枢纽公交定制研究 …………………………………………… 243

基于智能 CTC 的高铁列调工作评价方法研究 ………………………………………… 257

高速铁路信号系统运维数据可视化和智能化研究 …………………………………… 259

城市路网交通状态判别方法研究 ………………………………………………………… 271

城市交通综合出行指数评价体系构建及应用 …………………………………………… 281

基于卡口数据的交通参数提取及其可视化 ……………………………………………… 292

高负荷交叉口运行特征解析及信号配时优化 …………………………………………… 294

MaaS 服务模式和深圳探索实践 …………………………………………………………… 306

VISSIM 在饱和通道改造提升中的应用——以惠州市为例 ………………………… 315

城市道路交叉口交通设施安全提升探索 ………………………………………………… 316

城市道路交通事故影响因子分析及模型建立 …………………………………………… 318

大型综合交通枢纽客流应急疏散仿真技术研究 ………………………………………… 327

基于 Conv-LSTM 的短时交通流量预测方法 ………………………………………… 337

基于 Extended IPU 的人口合成模型及应用 ………………………………………… 346

基于大数据与动态交通仿真的城市主干道交通改善研究 …………………………… 361

基于道路多维特征画像的交通运行态势分析与研判 ………………………………… 373

基于多源数据融合的街道交通事故死伤人数建模 …………………………………… 383

基于轨迹数据的匝道纵坡路段交通流特性研究 ………………………………………… 394

基于蒙特卡洛法的时间价值调查问卷精细化设计 …………………………………… 406

科技革命背景下智能汽车发展战略解读及城市交通影响思考 …………………… 408

面向车路协同环境下的自适应车速引导策略研究 …………………………………… 419

面向出行服务的车辆路径问题求解器应用研究 ………………………………………… 433

枢纽机场陆侧交通协同化管理系统分析与框架概述 ………………………………… 445

数据驱动的港口综合治理探索——以盐田港后方陆域为例 ………………………… 455

新基建环境下城市智慧交通规划建设趋势浅析 …………………………………… 465

移动支付模式在地铁中的应用及展望——以深圳市地铁乘车码为例 …………… 474

疫情期间网约车运行特征数据分析及交通运输保障体系建设思考 ……………… 487

疫情事件前期快速响应阶段的韧性智慧交通系统构建策略——以深圳市为例 … 497

站城一体化模式下的综合交通枢纽智慧化发展路径探索 ………………………… 506

智慧斑马线在行人过街安全中的应用 ……………………………………………… 515

智慧道路业务框架浅析 ……………………………………………………………… 517

智慧公交站台建设现状的不足与发展展望 ………………………………………… 526

智能网联技术及综合测试体系初探 ………………………………………………… 537

基于人的自动代客泊车功能客观评价方法 ………………………………………… 548

铁路客票系统的架构演进 …………………………………………………………… 550

全自动洗车机在成都轨道交通9号线中的应用

王其琪　高春兵　宋鹏飞　李骁　欧松

（卡斯柯信号有限公司，上海 200040）

【摘要】随着无人驾驶成为主流的发展趋势，全自动洗车需求也逐渐明确。成都轨道交通9号线作为成都的第一条无人驾驶线路，为提高旅客的乘坐体验，本文为其提供了一套完整的列车清洗方案，包括不同驾驶模式下的列车车头清洗、车身清洗、车尾清洗，以及仅车身清洗或不需要洗车直接通过洗车线等。

【关键词】全自动洗车；成都轨道交通9号线；车头清洗；车身清洗；车尾清洗

Application of Fully Automatic Car Washing Machine in Chengdu, Rail Transit Line 9

Wang Qiqi　Gao Chunbing　Song Pengfei　Li Xiao　Ou Song

（ Casco Singal Co., Ltd. ）

Abstract: With the development trend of driverless driving becoming the mainstream, the demand of automatic train washing is gradually clear. Chengdu line 9 is the first driverless line in Chengdu. Considering the passenger's riding experience, this paper provides a complete train cleaning scheme for metro vehicles of Chengdu line 9, including train head cleaning, body cleaning and tail cleaning under different driving modes, as well as only body cleaning or directly passing through the washing line without train washing.

Keywords: Automatic Train Cleaning; Chengdu Line 9; Head Cleaning; Body Cleaning; Tail Cleaning

1　引言

目前，很多地铁停车场中的洗车机系统多为半自动系统，洗车过程中需要多名值班人员参与，很大程度上满足不了运营方灵活的洗车需求，且洗车效率较低，费时费力。本文结合既有的洗车机系统，提供了一种全新的洗车方案，使整个洗车过程真正实现无人化，同时也集成了既有的洗车方案，让使用者能根据自身需求，灵活地选择洗车方式。全自动洗车系统的接口信息传递可根据建设及设计方的需求，适当进行增减，从而更加符合当地运营环境的需求。

2　接口信息

本文所介绍的信号系统与洗车机系统之间的接口，是通过信号系统的联锁子系统实现与洗车机系统接口的。信号系统内部将洗车命令信息发送给联锁子系统，联锁子系统通过继电器将洗车命令信息发送给洗车机系统，并通过继电器获得洗车机系统反馈的信息。信号系统与洗车机系统之间的接口如图1所示。

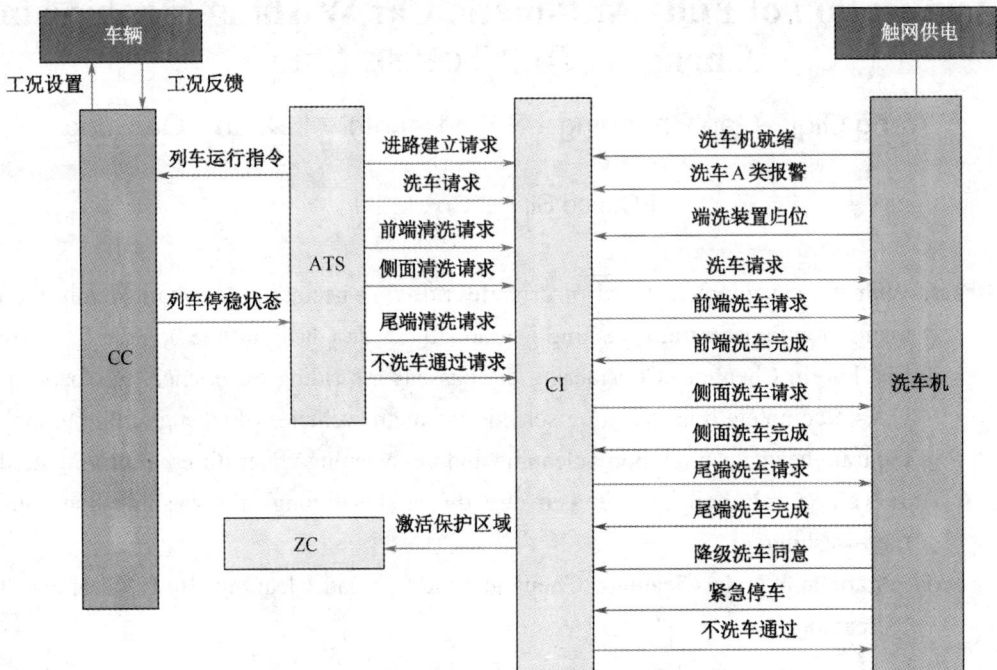

图 1　信号系统与洗车机系统之间的接口

3 洗车情景

自动洗车程序的具体过程如图 2 所示。列车越过洗车库防护信号机后，在列车前端清洗点自动制动，洗车机开始对列车前端进行清洗；当列车前端清洗完成后，列车再次自动启动向列车尾端清洗点移动，在此过程中洗车机对列车侧面进行清洗；列车到达尾端清洗点后，列车再次自动制动，随即洗车机开始对列车尾端进行清洗；列车尾端清洗完成后，列车自动启动驶出洗车库，在驶出洗车库过程中，洗车机将对列车侧面进行清洗，直至列车洗车完成，驶出洗车库。

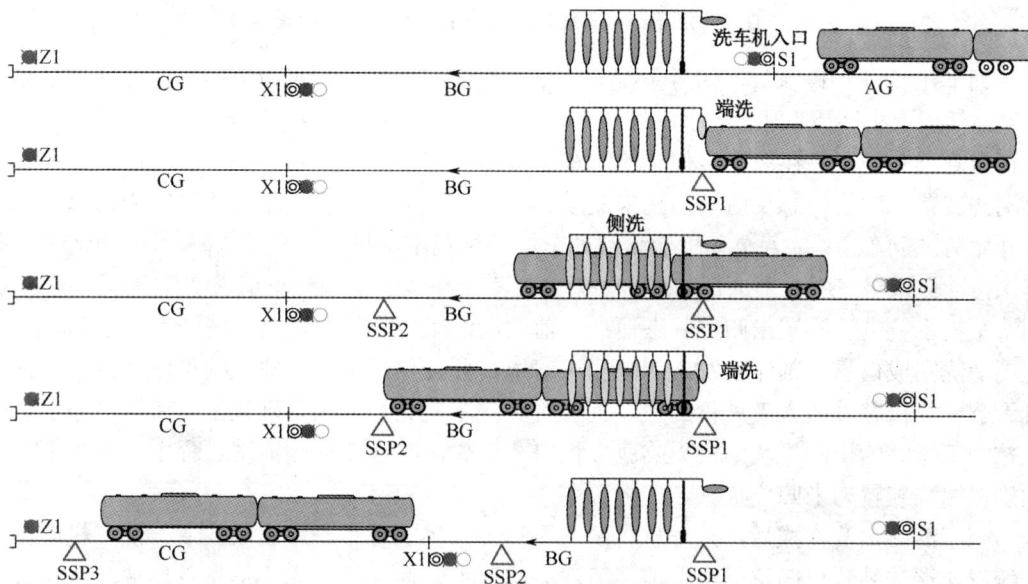

图 2 自动洗车程序的具体过程

4 自动洗车管理

4.1 需要执行洗车作业时

信号系统在采集到洗车机端的洗车机已就绪、洗车机无 A 类报警及端洗装置已归位信息后，信号系统自动分配洗车任务并触发通往洗车库的入库进路，同时信号系统向洗车机系统发送洗车请求信息；洗车机在收到信号系统发送的洗车请求信息后，洗车机系统须将洗车机就绪信息置为零，并给出前端清洗完成、侧面清洗完成、尾端清洗完成信息，禁止其他列车再次请求洗车或者不洗车请求通过，如图 3 所示。

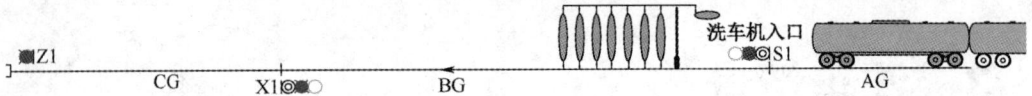

图 3　采集洗车端的洗车机已就绪、洗车机无 A 类报警及端洗装置已归位信息后自动洗车管理

洗车机已就绪信息为零后，洗车机预准备洗车，待检测到列车进入洗车区域后，洗车机系统须开始对洗车机进行预湿。待洗列车运行至列车前端洗车点 SSP1 停稳后，列车自动转入洗车工况，如图 4 所示。

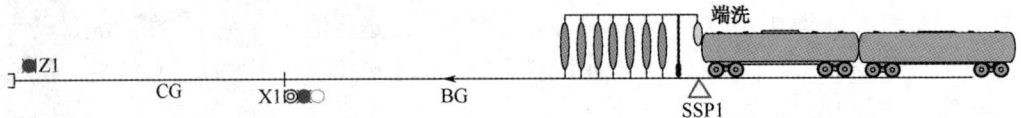

图 4　洗车机已就绪信息为零后，自洗汽车管理

列车在 SSP1 停稳后，信号系统向洗车机系统发送前端洗车请求信息，此时信号系统自动激活"保护区域"，防止列车意外移动。洗车机收到信号系统前端洗车请求信息后，洗车机检测列车是否停在洗车机规定的洗车范围内。若停车位置满足要求，洗车机系统将给出端洗装置未归位信息及前端清洗未完成、侧面清洗完成信息及尾端清洗完成信息，洗车机开始清洗列车前端；若洗车机检测到列车停车位置不满足洗车机要求时，洗车机给出"列车未停准"报警，由人工进行处理。如果信号系统在发送前端洗车请求 T_1 秒时间后仍未收到洗车机系统端洗装置未归位状态信息、前端清洗未完成信息、侧面清洗完成信息，以及尾端清洗完成信息，则停止发送前端洗车请求，并在信号系统现地控制工作站给出"洗车机无响应"报警，由人工进行处理，直至收到洗车机无响应恢复确认信息后，信号系统现地控制工作站给出的"洗车机无响应"报警才消失。在整个前端清洗过程中，洗车机系统须确保端洗装置为未归位状态。

列车前端清洗完成后，洗车机将洗车刷移出限界。洗车刷移出限界后，洗车机向信号系统发送端洗装置已归位信息、前端清洗完成信息、侧面清洗完成信息及尾端清洗完成信息。信号系统在收到端洗装置已归位信息后，信号系统停止发送前端洗车请求信息，紧接着信号系统须取消洗车线的"保护区域"。同时，信号系统向洗车机系统发送侧面洗车请求信息，待收到洗车机发送的侧面清洗未完成信息 T_2 秒后，信号系统控制列车以 3～5 km/h 的速度从 SSP1 往 SSP2 移动，洗车机对列车进行侧面清洗，如图 5 所示。

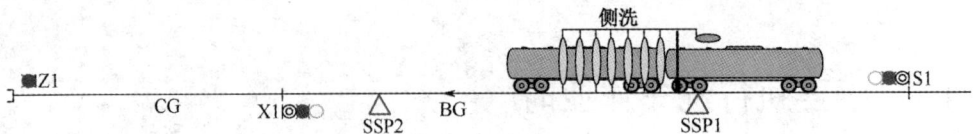

图 5　列车前端清洗完成后，自动洗车管理

列车到达 SSP2 后，信号系统须控制列车停在 SSP2，不允许列车移动，以便对列车尾部进行清洗，如图 6 所示。

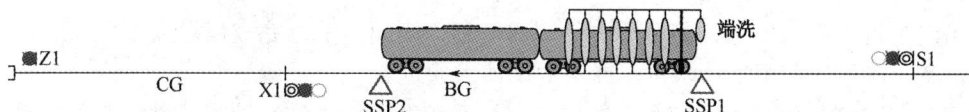

图 6　列车到达 SSP2 后，自动洗车管理

列车在 SSP2 停稳后，信号系统停止发送侧面洗车请求信息，在收到洗车机系统发送的侧面清洗完成后，信号系统发送尾端洗车请求信息，信号系统须激活洗车线的"保护区域"，以防止列车意外移动，延时 T_3 后信号系统给洗车机系统发送尾端洗车请求信息。洗车机收到信号系统尾端洗车请求后，洗车机检测列车是否停在洗车机洗车范围内。若停车位置满足要求时，洗车机系统将端洗设备移至列车尾端，并向信号系统发送端洗装置未归位信息、前端清洗完成信息、侧面清洗完成信息及尾端清洗未完成信息，然后开始清洗列车尾部；若洗车机检测到列车停车位置不满足洗车机要求时，洗车机给出"列车未停准"报警，由人工进行处理。如果信号系统在发送尾端洗车请求 T_1 时间后仍未收到洗车机系统的反馈信息，则停止发送后端洗车请求，并在信号系统现地控制工作站给出"洗车机无响应"报警，由人工进行处理，直至收到洗车机无响应恢复确认信息后，信号系统现地控制工作站给出的"洗车机无响应"报警才消失。在整个尾端洗车程序中，洗车机系统须确保端洗装置为未归位状态。

列车尾端清洗完成后，洗车机将洗车刷移出限界。洗车刷移出限界后，洗车机向信号系统发送端洗装置已归位信息、前端清洗完成信息、侧面清洗完成信息及尾端清洗完成信息。信号系统收到洗车系统的端洗装置已归位信息后，信号系统停止发送尾端洗车请求信息，随后信号系统须自动取消洗车线的"保护区域"的激活状态。同时，信号系统向洗车机系统发送侧面洗车请求信息，待收到洗车机发送的端洗装置已归位信息、前端清洗完成信息、侧面清洗未完成信息及尾端清洗完成信息 T_2 秒后，信号系统控制列车以 3～5 km/h 的速度从 SSP2 往 SSP3 移动，洗车机对列车进行侧面清洗。

列车完全驶出洗车库，并在 SSP3 处停稳，信号系统停止发送洗车请求信息及侧面洗车请求信息，洗车机系统发送前端清洗未完成、侧面清洗未完成及尾端清洗未完成信息，至此洗车作业结束。信号系统将列车转为"下线回库"工况。洗车机自动检测洗车机设备已恢复正常且不影响列车在洗车库正常运行后，洗车机向信号系统发送洗车机已就绪、洗车机无 A 类报警、端洗装置已归位信息，如图 7 所示。

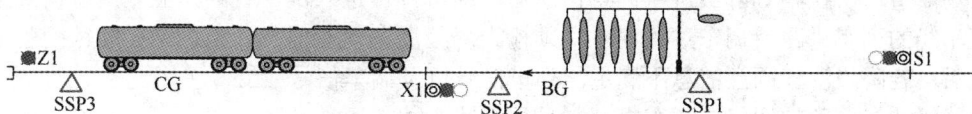

图 7　列车完全驶出洗车库，自动洗车管理

4.2　列车仅需要侧面清洗时

信号系统在采集到洗车机系统端的洗车机已就绪、洗车机无 A 类报警及端洗装置已归位信息后，信号系统自动分配洗车任务并触发通往洗车库的入库进路，同时信号系统向洗车机系统发送洗车请求信息；洗车机在收到信号系统发送的洗车请求信息后，洗车机系统

须给出洗车机未就绪信息、前端清洗已完成信息、侧面清洗已完成信息及尾端清洗已完成信息，禁止其他列车再次请求洗车或不洗车请求通过。

列车在 SSP1 停稳后，信号系统向洗车机系统发送侧面洗车请求信息，洗车机系统向信号系统发送侧面清洗未完成信息；信号系统收到洗车机系统的侧面清洗未完成信息 T_2 秒后，信号系统控制列车以 3～5 km/h 的速度从 SSP1 往 SSP3 移动，洗车机对列车进行侧面清洗。在整个侧面清洗程序中，洗车机须保持端洗装置已归位。列车完全驶出洗车库，并在 SSP3 处停稳后，信号系统停止发送洗车请求信息及侧面洗车请求信息，洗车机系统给出侧面清洗完成信息，至此洗车作业结束。信号系统将列车转为"下线回库"工况。洗车机自动检测洗车机设备已恢复正常且不影响列车在洗车库正常运行后，洗车机向信号系统发送洗车机已就绪、洗车机无 A 类报警及端洗装置已归位信息。

4.3　列车仅需要通过洗车线而非洗车时

信号系统在采集到洗车机端的洗车机已就绪、洗车机无 A 类报警，以及端洗装置已归位信息后，信号系统自动分配通往洗车库的入库进路，同时信号系统向洗车机系统发送不洗车请求通过信息；洗车机在收到信号系统发送的不洗车请求通过信息后，洗车机系统给出洗车机未就绪信息、前端清洗未完成信息、侧面清洗未完成信息及尾端清洗未完成信息，禁止其他列车再次洗车或者不洗车请求通过。随后信号系统控制列车以最大速度不超过 5 km/h 的速度通过洗车库。

5　信号联动降级模式

5.1　列车以 RM 模式或 ATC 切除模式进行洗车作业时

洗车机系统不根据信号系统的洗车请求启动，而是根据司机或本地操作员的请求启动。当需要办理洗车作业时，场段值班员给洗车机值班员打电话请求洗车，洗车机值班员人工确认洗车机洗车条件具备后，按下降级洗车同意按钮。

场段值班员在收到降级洗车同意信息后，即可办理进入洗车线的作业。后备模式下进入洗车线的列车进路及调车进路建立均须检查降级洗车同意信息，当进路已经锁闭且信号开放后，若降级洗车同意信息不满足，列车信号机及调车信号应立即关闭。

降级洗车同意按钮仅在洗车机控制盘上设置实体按钮。

洗车过程须遵守以下要求。

（1）司机进行洗车作业时，与调度员确认，并按照地面信号驾驶列车进入洗车库。

（2）司机确保列车在洗车库内正常停车，列车端洗时确保列车保持静止。

（3）列车通过洗车库或侧洗时，司机控制列车以最大速度不超过 5 km/h 的速度运行。

（4）本地操作员将通过洗车机控制盘来执行洗车请求。

（5）洗车完成后，司机与调度员确认，并按照地面信号驾驶列车回库。

5.2 列车处于 RM 模式或 ATC 切除模式仅需要通过洗车线而非洗车作业时

当需要通过洗车线而非洗车作业时，场段值班员给洗车机值班员打电话请求通过，洗车机值班员人工确认洗车机区域通过条件具备后，按下降级洗车同意按钮。

场段值班员在收到降级洗车同意信息后，即可办理进入洗车线的作业。后备模式下进入洗车线的列车进路及调车进路建立均须检查降级洗车同意信息，当进路已经锁闭且信号开放后，若降级洗车同意信息不满足，列车允许信号及调车允许信号应立即关闭。

6 非信号联动模式

列车的操作完全属于司机的责任范畴，洗车机的操作也将由本地操作员或司机负责，洗车作业的安全完全由人工保证，在整个非信号联动模式洗车过程中，信号系统不参与任何洗车流程的卡控，信号系统无法确保洗车过程安全有效执行，因此不建议以非信号联动模式进行洗车作业。

7 紧急停止按钮

在洗车控制室的洗车控制盘上或远程控制端设置洗车机紧停按钮，当控制室值班员或者现场工作人员发现洗车机洗车条件不具备时，按下禁停按钮。信号系统采集到洗车机系统紧急停止按钮激活后，信号系统将禁止排列进入洗车库的进路；若进路已经锁闭且信号开放，列车允许信号或调车允许信号将立即关闭；同时信号系统将激活洗车库的"保护区域"，从而保证列车能紧急停车。

当洗车机洗车条件具备后，洗车机侧须将紧停按钮恢复至未激活状态，从而保证洗车系统的正常运行。

8 继电接口特性

信号系统与洗车机系统间的接口采用继电接口方式，电路的设计须符合故障-安全原则，接口电路用继电器采用安全型继电器，其特性及其应用符合我国有关规定，接口信号为安全信号。

接口电路应能明显、准确地体现两系统间的联锁关系。接口电路用于系统间传递信息的电环路应采用双断设计，接口电路电源实行"谁使用谁提供"的原则。洗车机系统须提供洗车机系统侧所用继电器线圈的电源，该电源为 DC 24～60 V 可调电源。

洗车机系统应对双方接口信息进行事件记录，洗车机系统与信号系统的接口电路应与所选用的继电器特性相匹配。

接口电路的接口及两系统间均应采取一定的隔离措施，不允许由于接口的原因，损坏信号系统和洗车机系统内部设备。

9　安全约束条件

洗车机与信号系统的物理接口须满足故障-安全原则，具体如下：洗车机在未检测到列车正确停位之前，不能开始洗车；"洗车机"紧急停止按钮被激活后，洗车机将立即停止洗车；当洗车机没有准备好洗车时，洗车机不能发送"洗车机就绪"信息给信号系统；信号系统未发送"前端洗车请求"、"侧面洗车请求"或"尾端洗车请求"到洗车机时，洗车机不允许对列车进行清洗作业（人工清洗除外）；洗车限速要求仅为洗车功能性限速，非安全限速，限速 5 km/h，确保列车停位的精确度为±0.5 m；为保证洗车作业安全，信号系统安全限速（不可突破速度）按照 12 km/h 设计。

10　结语

全自动洗车方案的执行，需要运营、信号、洗车机、土建、供电等各系统相互配合，由土建及供电提供物理层面的轨道条件，运营方制订洗车计划，信号机系统与洗车机各自进行逻辑运算并实现信息交互，进而完成整个洗车需求，为旅客提供干净整洁的乘车体验。

参 考 文 献

[1] 金华. 城市轨道交通全自动无人驾驶信号系统功能分析[J]. 铁路计算机应用，2014（01）.

[2] 夏季. 全自动驾驶模式下地铁车辆段洗车机技术接口分析[J]. 现代城市轨道交通，2018（05）.

[3] 范俊韬，陈智钊，张三多，李昌强. 广佛地铁列车清洗模式优化[J]. 轨道交通装备与技术，2019（01）.

[4] 李晶. 城轨全自动驾驶信号系统方案设计及运营场景分析[J]. 铁道通信信号，2016（02）.

TEDS 故障自动识别技术验证方法研究①

杨 凯

（ 中国铁道科学研究院集团有限公司电子计算技术研究所，北京 100081 ）

【摘要】随着图像自动识别技术的快速发展，动车组运行故障图像检测系统（TEDS，Train of EMU failures Detection System ）的故障自动识别研制能力不断提高，多种动车组故障自动识别技术方案陆续提出。如何客观评价各类方法技术能力，推动算法性能的研发进步，成为 TEDS 自动识别技术研究中亟待解决的问题。为此，本文针对 TEDS 自动识别技术的评价开展研究，设计了标准的动车组故障图像数据库，制定了规范的识别技术评价流程，统一了评价比选技术标准，提出了一套 TEDS 故障自动识别技术验证方法。根据路局运用情况，本方法在保持验证程序规范性、验证结果稳定性方面有明显效果，为客观评价各类识别方法技术能力，实现 TEDS 自动识别技术的有效验证及应用，奠定了坚实的技术基础。

【关键词】TEDS；故障识别；识别评价

TEDS Automatic Fault Recognition Assessment Research

Yang Kai

（ Institute of Computing Technologies, China Academy of Railway Sciences Corporation Limited, Beijing 100081, China ）

Abstract: With the development of image recognition technology, the research ability of fault automatic recognition of TEDS (Train of EMU failures Detection System) is continuously improved, and a variety of EMU fault automatic recognition technology schemes appear. How to evaluate the performance of various methods objectively to promote the algorithms development has become an urgent problem in TEDS fault recognition research. In this paper, a TEDS automatic fault recognition assessment

---

① 基金项目：中国铁道科学研究院集团有限公司科研项目（ 2019YJ116 ）。

method is proposed, which has designed an EMU fault image database, formulated the standard assessment process, and unified the evaluation standard. According to the application, this method has obvious effect in maintaining the standardization and stability, and provides an effective means for objectively evaluating TEDS fault recognition technology.

Keywords: TEDS; Fault Recognition; Recognition Assessment

1　引言

动车组运行故障图像检测系统（TEDS, Train of EMU failures Detection System）[1]是一种安装于高铁正线主要枢纽车站入站咽喉处，对动车组进行图像监测的行车安全检测设备。其采集动车组侧下部及底部关键部件可见光图像，利用图像识别技术发现动车组转向架、裙底板、连接装置等部件的运行状态异常并自动报警，为动车组运行故障的发现提供了有效的技术手段[2]。

然而，在实际运用过程中，既有的 TEDS 自动识别功能仍存在明显的误报警、漏报警问题，难以满足现场运用需求。为此，各 TEDS 设备制造厂商，以及图像识别相关技术研究单位均不断地针对 TEDS 故障自动识别技术方法开展研究攻关。随着设备研制能力的不断提高，以及图像自动识别技术的快速发展，不同研究团队不断提出多种动车组故障识别技术方案[3-5]。如何设计并提出一套 TEDS 自动识别技术验证的方法，客观评价各类自动识别方法的技术能力，推动算法性能的不断进步，具有重要的研究价值。

2　研究现状

TEDS 由轨旁设备、机房设备两部分组成[6]。其中，轨旁设备包括图像采集模块、补光光源模块、AEI 天线、车轮传感装置、设备防护装置及电缆光纤等；机房设备包括数据采集机、图像处理机、故障识别服务器、AEI 主机、车轮传感处理装置，以及防雷、控制装置等。

TEDS 主要功能如下。

（1）自动识别动车组通过情况，实时计轴、计辆、测速，形成完整的动车组车辆信息。

（2）对动车组底部及侧部可视部件进行线阵图像采集及三维信息采集。

（3）能够对采集动车组图像进行分析识别，对异常情况按部位及类型报警。

（4）自动识别动车组车组号、车辆号、车次，并实现车辆图像与车辆号及位置的匹配。

（5）能够定时对设备和传输通道进行自检，记录自检信息并及时进行故障报警。

（6）具有抗雾、雨、雪、沙尘及强烈阳光干扰的图像采集能力。

自 2013 年起，TEDS 逐步在全路各高铁正线主要枢纽车站入站咽喉处部署安装，利用其故障自动识别能力，为动车组运行故障的发现提供技术支持。然而，在实际运用过程中，TEDS 故障自动识别功能仍存在明显的误报警数量多、实际故障检出率低的情况，难以满足现场运用需求，致使现场看图作业工作强度高、故障检出率低的问题十分突出。

为提高 TEDS 识别报警能力，原中国铁路总公司自 2014 年就开始组织 TEDS 设备研制厂商开展自动识别技术攻关研发工作。2015 年 4 月，即用 TEDS 识别算法及结合三维成像模块的识别算法进行了对比测试，三维成像及识别技术成为 TEDS 故障自动识别技术的组成部分。此后，随着 TEDS 设备厂商研制水平的提高，以及多家图像处理与识别研究单位和团队的加入，TEDS 故障自动识别技术得到了快速发展，更多新的技术方案及技术方法被陆续提出。2018 年起，各铁路局集团公司（以下简称"路局"）分别逐步开展 TEDS 故障自动识别算法的比选及验证工作，推动 TEDS 故障自动识别技术在设备上的更新应用。在此过程中，验证流程的规范性、检验指标的标准性、测试数据的一致性等问题逐步凸显，如何提出一套 TEDS 故障自动识别技术验证的方法，客观评价各类识别方法的技术能力，减少不同验证组织单位的验证差异性，从而优选高性能算法，成为 TEDS 故障自动识别技术研究中亟待解决的问题。

3　方法设计

3.1　总体流程

TEDS 故障自动识别技术验证方法主要设计为实验验证、功能性验证、试运行验证 3 个主要验证步骤，如图 1 所示。其中，实验验证主要以 TEDS 设备厂商为主体，基于统一的验证数据库及验证标准对各种自动识别技术的算法能力进行实验，并在此基础上不断优化完善算法；功能性验证主要以路局组织的验证专家组为主体，按照规范的验证流程、故障设置方法及验证标准，对已升级运行 TEDS 设备的故障识别功能进行验证，考察其算法准确性及稳定性；试运行验证则是侧重于以路局设备实际用户为主体，对设备实际运用过程中故障识别的技术能力及设备稳定性进行较长周期考察。当设备通过所有步骤的验证时，则可认为设备自动识别技术满足使用需求，多种识别技术之间可通过各验证步骤的测试结果进行相互比较。

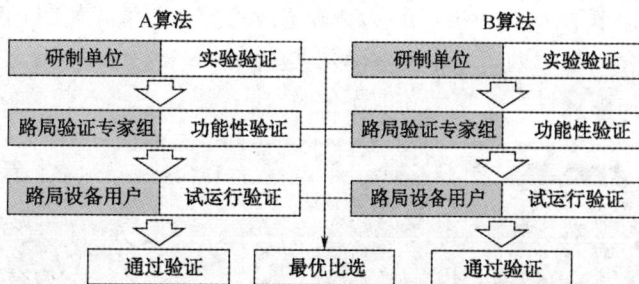

图 1　验证总体步骤示意图

3.2　实验验证

实验验证的设计重点是建立一个统一的 TEDS 动车组故障图像数据库,为不同的设备验证单位及算法研究团队,提供同源数据训练知识库及算法测试数据源,在此基础上提出 TEDS 自动识别技术算法验证标准,为各研究团队提高各自算法性能提供技术基础。

3.2.1　数据库建立

TEDS 动车组故障图像数据库设计包括故障列车整车图像库及典型故障局部图像库两大数据类型,其总体架构如图 2 所示。其中,故障列车整车图像库主要包含 TEDS 真实发现故障或模拟测试故障所在的完整列车监控图像及相关描述数据;典型故障局部图像库主要包含日常运用 TEDS 过程中人工发现的典型故障局部原始截图及相关描述数据。

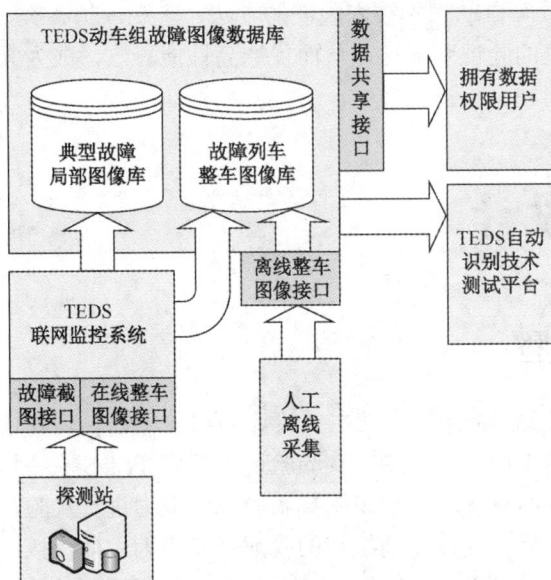

图 2　TEDS 动车组故障图像数据库总体架构图

其中,故障列车整车图像库数据通过已全路应用的 TEDS 联网监控系统[7]自动采集、人工离线采集两种方式获取,典型故障局部图像库的数据通过 TEDS 联网监控系统自动采集。在日常运用 TEDS 人工发现典型故障时,由联网监控系统向 TEDS 探测站发送反查信息,收取故障列车整车图像(如图 3 所示)、典型故障局部图像(如图 4 所示)及其对应历史过车图像,分别存入故障列车整车图像库及典型故障局部图像库中。在开展 TEDS 模拟故障过车测试试验后或通过系统自动获取不便时,通过离线数据下载的方式存入相应数据。

图 3　故障列车整车图像数据示例图

案例类型	真实故障	作业时间	2016年8月19日	监控中心	广州动车段	探测站	广州南站广珠上行
车号	109506	车　型	CRH1A	故障类型	漏油	故障部位	运行方向第2根轴齿轮箱
分析作业情况		C7630次109506车运行方向第2根轴齿轮箱疑似有油迹。					
检查确认情况		机械师途中监控，进库检查有渗油，所内扣车更换轮对。					

图 4　典型故障局部图像数据示例图

3.2.2　验证标准

算法实验验证的验证标准基于 TEDS 设备技术条件[8]，以及近年来自动识别技术研究经验设计确定，主要包括以下几点。

（1）识别范围：可按动车组转向架、车体裙板、车端连接处和底板四个部位独立预报故障报警。

（2）识别精度：直径 5 mm 及以上螺栓丢失、部件异常形变或位移，直径 50 mm 及以上异常漏油油污。

（3）识别时间：八编组动车组整车识别时间小于 5 min。

（4）准确率：真实故障报警数/总报警数不低于 20%。

（5）识别率：真实故障报警数/实际故障数大于 99%。

3.3　功能性验证

功能性验证的设计目标是为路局开展 TEDS 设备自动识别功能审查，以及为不同自动识别技术研发团队比选算法性能提出统一的审查流程，减少不同验证组织工作之间的差异，增强验证标准的一致性。为此，设计重点为建立规范的验证流程，制定故障的设置及识别验证标准。

3.3.1　流程设计

功能性验证流程图如图 5 所示，设计如下。

（1）自动识别技术研发单位在完成算法实验验证，并升级 TEDS 设备功能后，将功能性验证申请及实验验证结论报告上报路局。

（2）路局组织成立自动报警识别功能验证工作组（至少包括动车组设备、运用领域成员）、评审专家组（各相关领域专家至少 7 人），并编写自动报警识别功能验证方案。

（3）路局安排实验列车，由功能验证工作组根据故障设置原则制定故障，进行实车故障设置。

（4）路局安排设置故障后的列车正常运行通过 TEDS 设备。

（5）TEDS 设备须自动识别列车故障，并在过车后 5 min 内显示识别结果。

（6）功能验证工作组根据自动报警识别实际情况，统计验证结果。

（7）评审专家组根据功能验证方案、验证结果及验证标准，给出功能性验证结论。

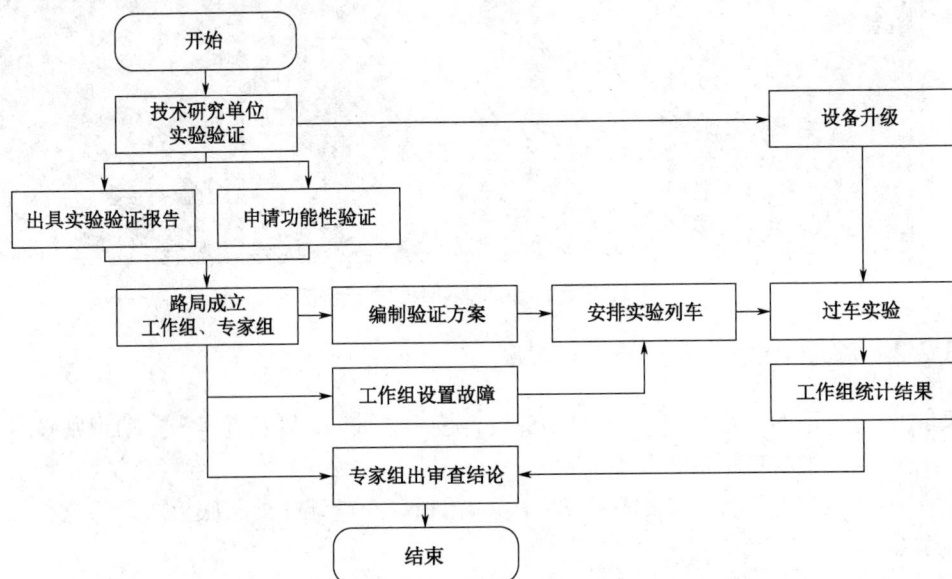

图 5　功能性验证流程图

3.3.2　故障选择

为保持验证标准的一致性，在验证过程中功能验证工作组设置故障时，应按照以下原则实施。

（1）动车组转向架、车体裙板、车端连接处和底板四个部位可分别设置故障，设置应涵盖该部位的各主要配件。

（2）故障设置类型参考 TEDS 运用管理办法[9]中的相关要求，同时应满足"直径 5 mm 及以上螺栓丢失、部件异常形变或位移，直径 50 mm 及以上异常漏油油污"的标准。

（3）以真实故障和模拟故障相结合的方式进行故障设置，尽量以实际可能发生的故障为主。设置实际故障时，应组织技术人员对故障设置方式进行确认，并采取相应安全措施，确保试验动车组运行安全。

3.3.3　验证标准

功能性验证不仅需要检验自动识别算法的性能，同时对算法运行的稳定性提出一定的要求。为此,其验证标准设计如下。

(1)满足实验验证标准全部条件。

(2)具有相同故障的列车重复检测,故障报警数应保持一致,重复度大于 90%。

3.4 试运行验证

试运行验证的设计目标是为路局设备实际用户评估自动识别功能的稳定性、准确性提出标准化方案。为此,应重点设计其验证流程及验证标准。

3.4.1 流程设计

试运行验证由 TEDS 实际用户组织开展,按照如下流程进行操作。

(1)审查功能性验证结论,开展不少于 1 个月的设备试运行,统计设备检测过车情况、自动报警情况。

(2)试运行期间,组织 1 次动车组实车故障设置考核,复核 TEDS 故障发现能力。

(3)根据试运行统计数据及实车考核情况,给出试运行验证审查结论。

3.4.2 验证标准

试运行验证标准设计如下。

(1)设备自动识别报警功能须连续正常运行 1 个月以上。

(2)实车故障设置考核识别结果满足功能性验证标准。

(3)试运行期,自动报警情况统计结果满足功能性验证标准。

4 验证效果

按照国铁集团统一部署,某路局于 2019 年 9 月,参考本文设计的 TEDS 自动识别技术验证方法,对 H 单位研发的自动识别算法,开展了 CRH380B、CR400AF-A 两个车型,车体裙板、车端连接处和底板 3 个部位的功能性验证。验证结果如表 1 所示。

表 1 验证结果统计表

车型	重复过车	部位	设置故障数	自动报警数	识别故障数	准确率	识别率	小于 5 min	满足重复性
CRH380B	第 1 次过车	车端	1	1	1	100%	100%	是	—
		裙板	10	12	10	83%	100%	是	—
		底板	5	13	5	38%	100%	是	—
	第 2 次过车	车端	1	1	1	100%	100%	是	是
		裙板	10	13	10	77%	100%	是	是
		底板	5	23	5	22%	100%	是	是

续表

车型	重复过车	部位	设置故障数	自动报警数	识别故障数	准确率	识别率	小于5分钟	满足重复性
CR400AF-A	第1次过车	车端	2	2	2	100%	100%	是	—
		裙板	7	6	6	100%	86%	是	—
		底板	6	21	5	24%	83%	是	—
	第2次过车	车端	2	2	2	100%	100%	是	是
		裙板	7	9	6	67%	86%	是	是
		底板	6	14	5	43%	83%	是	是

统计显示，CRH380B 型动车组的车端连接部位设置故障识别准确率 100%，识别率 100%；裙板部位设置故障识别准确率不低于 77%，识别率 100%；底板部位设置故障识别准确率不低于 22%，识别率 100%；各部位识别时间均小于 5 min，两次过车故障识别重复率满足要求。CR400AF-A 型动车组的车端连接部位设置故障识别准确率 100%，识别率 100%；裙板部位设置故障识别准确率不低于 67%，识别率不低于 86%；底板部位设置故障识别准确率不低于 24%，识别率不低于 83%；各部位识别时间均小于 5 min，两次过车故障识别重复率满足要求。上述功能性验证完成后，该路局组织开展对上述车型及部位故障自动识别算法的试运行验证。

截至目前，全路已有 5 个路局结合现场实际条件，参考本文设计方法，对相关技术研究团队的故障自动识别算法开展验证工作。根据已完成的工作情况来看，本文方法在保持验证程序规范性、验证结果稳定性方面有明显效果。

5　结语

本文针对 TEDS 故障识别能力的评价开展了研究，提出了一套 TEDS 故障自动识别技术验证方法，设计了标准的动车组故障图像数据库，制定了规范的识别技术验证流程，统一了评价比选技术标准，为实现 TEDS 自动识别技术的有效验证，推动算法研发进步，奠定了坚实的技术基础。后续将重点开展联网检测信息综合评判技术等方面的研究。

参 考 文 献

[1]　李骏. 动车组运行故障动态图像检测系统（TEDS）设计与实现[D]. 北京：北京邮电大学，2012.

[2]　刘彬. 动车组运行故障图像检测系统（TEDS）运用研究与思考[J]. 中国铁路，2017（12）.

[3] 马凌宇. 用于动车组故障检测的图像识别算法研究[J]. 数字技术与应用，2016（12）：140-141.

[4] 刘祖胜，方凯，刘硕研. 用于动车组故障检测的图像识别算法[J]. 铁路计算机应用，2015（12）：1-4.

[5] 杨凯，刘彬，崔中伟，谢斌. 基于多源数据分析的 TEDS 故障识别技术研究[J]. 铁路计算机应用，2019（4）：14-17.

[6] 崔中伟. 动车组行车安全图像联网监测应用技术研究[D]. 北京：中国铁道科学研究院，2018.

[7] 杨凯，贾志凯，吕赫，谢斌. TEDS 监控设备联网应用技术研究[A]. 中国智能交通协会. 第九届中国智能交通年会论文集[C]. 北京：电子工业出版社，2014：71-77.

[8] 中国铁路总公司. 动车组运行故障图像检测系统（TEDS）探测站设备暂行技术条件（铁总运〔2015〕242 号）. 北京：中国铁路总公司，2015.

[9] 中国铁路总公司. 动车组运行故障动态图像检测系统（TEDS）运用管理办法（铁总运〔2016〕62 号）. 北京：中国铁路总公司，2016.

北斗高精度定位技术的铁路物流园区应用研究

李旭伟　蒋荟　王华伟　崔中伟　刘宗洋

（中国铁道科学研究院集团有限公司电子计算技术研究所，北京 100081）

【摘要】铁路物流作为我国物流业中具潜力和发展空间的支柱产业，得到了快速蓬勃的发展。北斗高精度定位技术日趋成熟对各个行业生产运营产生了深远影响。本文基于北斗高精度定位技术及关于铁路物流园区信息化、智能化的建设要求，并结合我国铁路物流园区的发展现状和业务需求，通过将北斗高精度定位终端部署在铁路物流园区的设备设施上实时获取其高精度位置信息，研究了北斗高精度定位技术在铁路物流园区高精度定位跟踪、园区智能调度指挥、月台智能管理和园区巡更管理方面的应用，通过实践证明了该技术在铁路物流园区的应用实效，研究成果将作为一种铁路物流园区的创新运营服务模式推动园区生产经营和管理模式的变革。

【关键词】北斗高精度定位；铁路物流园区；技术应用研究

Research on the application of Beidou high precision positioning technology in Railway Logistics Park

Li Xuwei　Jiang Hui　Wang Huawei　Cui Zhongwei　Liu Zongyang

（Institute of Computing Technologies, China Academy of Railway Sciences Group Co., Ltd; Beijing 10081, China）

Abstract: As the pillar industry with the most potential and development space in China's logistics industry, railway logistics has developed rapidly and vigorously. Beidou's increasingly mature high-precision positioning technology has a profound impact on the production and operation of various industries. Based on the high-precision positioning technology of Beidou and the construction requirements of informatization and intelligence of Railway Logistics Park, combined with the development status and business needs of China's railway logistics park, this paper obtains the high-precision location information by deploying the Beidou high-precision positioning terminal on the equipment and facilities of the railway logistics park. This paper studies the application of Beidou high-precision positioning technology in high-precision positioning and tracking of Railway Logistics Park, intelligent dispatching and command of park, intelligent management of platform and patrol management of park. The application effect of this technology in railway logistics park is proved by practice. The research results will be used as an innovative operation service mode of railway logistics park to promote the reform of production, operation and management mode of the park.

Keywords: Beidou high precision positioning; Railway Logistics Park; Technology Application Research

1　引言

现阶段，国家大力推进物流核心枢纽布局建设，铁路物流作为我国物流业中具潜力和发展空间的支柱产业得到了快速蓬勃的发展。当前铁路物流园区整体智能化水平不高，尤其对于中大型铁路物流园区占地广、业务繁杂，作业车辆未能及时准确地按照最优路线抵达指定作业区域，或者车辆违规行驶停放造成园区道路拥堵等问题突出，迫切需要通过技术和信息化手段解决以上突出问题，构建或完善铁路物流园区信息系统，实现园区运营的规范、有序、高效作业，并提升客户办理业务的用户体验，引领和推动铁路智慧物流行业的发展。

北斗高精度定位技术日趋成熟对各个行业生产运营产生了深远影响。依托北斗高精度定位终端，将其部署在需要定位跟踪的设备设施或铁路列车上[1]，实时获取其高精度位置信息，并应用于实际业务中。通过采用中国北斗全球导航卫星系统（BDS）的基础定位数据架构，并利用遍及全国的地基增强站及 PPP-RTK 相结合算法可以实现亚米级高精度定位，为铁路物流园区信息系统及用户提供精准定位及延展服务。

本文基于北斗高精度定位技术及关于铁路物流园区信息化、智能化的建设要求，并结合我国铁路物流园区的发展现状和业务需求，通过将北斗高精度定位终端部署在铁路物流园区的设备设施上实时获取其高精度位置信息，对铁路物流园区高精度定位跟踪、园区智能调度指挥、月台智能管理和园区巡更管理四个方面的业务场景进行了应用研究，使北斗高精度定位技术在铁路物流园区的创新运营服务模式和推动生产经营管理模式方面能有现实指导意义。

2　高精度定位的概念及特点

高精度定位是全球导航卫星系统（Global Navigation Satellite System，GNSS）的统称，

主要包含美国 GPS、俄罗斯 GLONASS、欧盟 GALILEO 及中国北斗（Beidou Navigation Satellite System，BDS）这四大全球导航卫星系统。定位精度的不断提升是驱动 GNSS 技术进步的主因，而实时位置服务将成为 GNSS 主流发展趋势[2]。目前，主流的 GNSS 高精度定位技术主要包括差分定位技术（Differential GNSS，DGNSS）、实时动态定位技术（Real Time Kinematic，RTK）、精确单点定位技术（Precise Point Position，PPP）[3]。其中，差分定位技术（DGNSS）因受差分修正量编码结构测量精度的影响，很难满足亚米级的高精度定位要求。实时动态定位技术（RTK）是通过对载波相位观测量在尽可能短的时间内进行数据实时处理，来实现动态场景的亚米级定位技术。因此，其定位精度不稳定，并且受导航卫星的通信链路信号阻塞影响较大。精确单点定位技术（PPP）是利用单个接收终端并基于观测参数和运算模型的不断修正，来实现高精度定位的一种低成本定位技术，但受限于接收终端的硬件延时，很难实现亚米级的高精度定位。

北斗卫星导航系统作为我国自主知识产权的卫星导航系统，具有高安全性、三频信号、短报文通信等特性[4]。定位精度的高低不仅与所采用的 GNSS 高精度定位技术有关，同时与定位终端的硬件成本、信号接收器的芯片处理能力和天线接收性能有密切关系。结合铁路物流园区的实际业务需求，以及定位终端设备的前期采购部署成本、中期数据流量服务使用成本、后期运维成本等因素综合考虑，最终确定铁路物流园区高精度定位技术采用中国北斗（BDS）全球导航卫星系统的基础定位数据架构，并利用遍及全国的地基增强站及 PPP-RTK 相结合算法实现亚米级高精度定位，为铁路物流园区信息系统及用户提供精准定位及延展服务。

3　北斗高精度定位技术在铁路物流园区的应用

3.1　高精度定位跟踪

铁路物流园区作业车辆的高精度定位跟踪主要基于北斗车载高精度定位终端，该终端由高精度定位模块、数据处理模块和短报文处理模块构成。通过对业务场景和管理模式设定的综合考虑，铁路物流园区的高精度定位跟踪主要包括物流园区内定位跟踪管理和运输配送全过程定位跟踪管理两种模式。

（1）物流园区内定位跟踪管理

物流园区内定位跟踪管理主要针对进入铁路物流园区范围内客户接取送达的临时车辆的高精度定位跟踪管理。当作业车辆预约进入物流园区时，在进场智能门检处客户通过手机终端（即办理车辆预约业务时注册的手机终端）扫码自助申领车载高精度定位终端，保证定位终端设备与办理预约进场的车辆号牌做临时绑定，再将该定位终端置于作业车辆中控台上即可实现车辆的规范化管理和作业管理。该定位终端采用可充电电池供电，作业车辆无须任何接口，在车辆完成作业流程后在出场智能门检处自助归还车载高精度定位终端设备即可，实现高精度定位设备的回收重复使用。

物流园区内定位跟踪管理具体实现功能包括：实时显示车辆当前位置及行进轨迹；规范车辆在园区道路合规行驶，监控违停、逆行、超速等行为的发生；支持电子围栏管理功能，超出设定的电子围栏范围实现后台管理系统告警；记录车辆进入园区停留的地点、时段、时长等，为园区停车收费系统提供数据支撑。

（2）运输配送全过程定位跟踪管理

运输配送全过程定位跟踪管理主要针对铁路物流园区自有车辆及与园区签约客户的固定车辆，实现园区内部及外部在途行驶运输全过程的高精度定位跟踪管理。通过在固定车辆上安装车载高精度定位终端，并在解除合约前长期使用。该定位终端由车载电源 OBD 接口供电。

运输配送全过程定位跟踪管理（如图 1 所示），除了具有物流园区内定位跟踪管理的全部功能外，还具有如下功能：规范车辆在园区外部在途全过程合规行驶，严格监控车辆行驶速度；记录在途行驶轨迹及定位跟踪管理，包括里程记录、实时定位、实时跟踪、货物在途状态监控等；针对不同路段限速、事故高发区域等提前预警，并提醒司机减速慢行；行驶中遇到交通事故、车辆故障等突发事件时，显示就近车队其他车辆等救援资源。

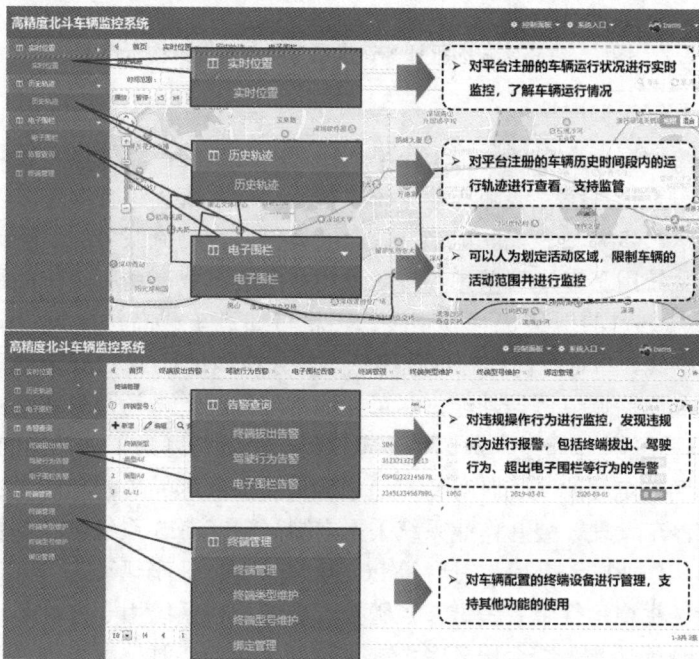

图 1　运输配送全过程定位跟踪监控系统

3.2　园区智能调度指挥

铁路物流园区内道路车流饱和度高，既要提高物流园区运营效率，又要尽可能地提升物流园区本质安全，在这种相互制约的双重要求下，园区智能调度指挥平台的作用显得尤为重要。铁路物流园区智能调度指挥平台主要由北斗高精度车载定位终端、北斗高精度终端服务系统、高精度定位数据处理系统、高精度地理信息系统、智能信息发布系统、视频监控及行为分析系统、智能广播系统和智能大屏展示系统等构成，实现了对园区运输组织调度指挥和园区应急救援调度指挥两方面功能。铁路物流园区智能调度指挥平台系统架构示意图如图2所示。

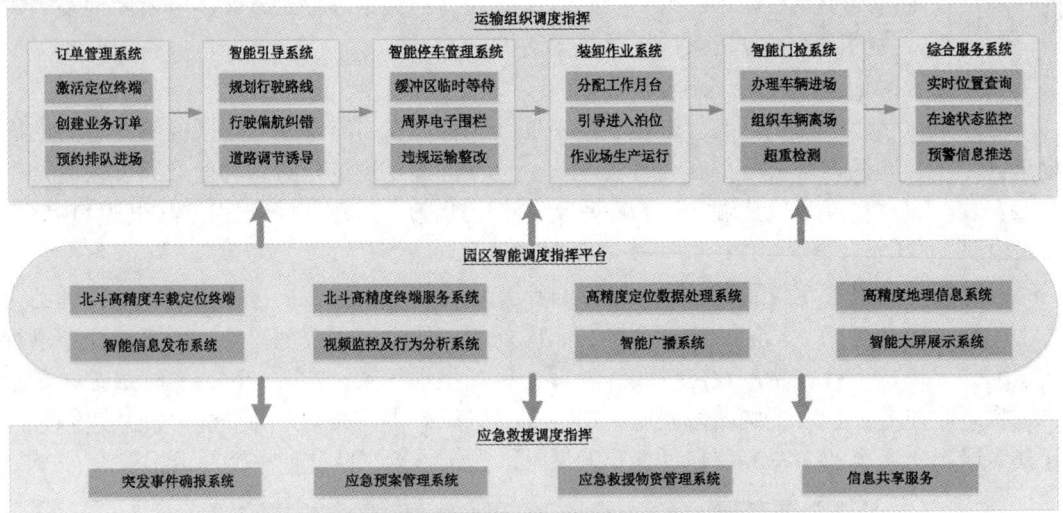

运输组织调度指挥

订单管理系统	智能引导系统	智能停车管理系统	装卸作业系统	智能门检系统	综合服务系统
激活定位终端	规划行驶路线	缓冲区临时等待	分配工作月台	办理车辆进场	实时位置查询
创建业务订单	行驶偏航纠错	周界电子围栏	引导进入泊位	组织车辆离场	在途状态监控
预约排队进场	道路调节诱导	违规运输整改	作业场生产运行	超重检测	预警信息推送

园区智能调度指挥平台

北斗高精度车载定位终端	北斗高精度终端服务系统	高精度定位数据处理系统	高精度地理信息系统
智能信息发布系统	视频监控及行为分析系统	智能广播系统	智能大屏展示系统

应急救援调度指挥

突发事件确报系统	应急预案管理系统	应急救援物资管理系统	信息共享服务

图2　铁路物流园区智能调度指挥平台系统架构示意图

（1）园区运输组织调度指挥

园区运输组织调度指挥主要是基于车辆入园作业需求的，涉及订单管理系统、智能引导系统、智能停车管理系统、装卸作业系统、智能门检系统和综合服务系统等，提供包括仓储、运输、搬运、包装等多式联运一站式、一体化综合物流服务的运输组织调度指挥。其中，订单管理系统用于客户下单预约排队进场和激活车载高精度定位终端。智能引导系统根据订单信息规划目的地最优行驶路线，司机可通过车载高精度定位终端和物流园区App来查看引导路线，并对行驶实时位置信息与规划路线进行1～2 m精度范围的比对，实现偏航纠错提醒和道路调节诱导功能，尽可能地保障园区道路畅通。智能停车管理系统除具备一般停车管理功能外，通过车载高精度定位终端设置精度为1 m范围的周界电子围栏，用于提供作业车辆划定缓冲区临时等待、违规运输整改及越界提醒功能，实现对园区行驶车辆有效分流和停车管理。装卸作业系统采用定制高精度GIS系统，在高精度地图上清晰标注车道、道闸、作业区、仓库、月台等POI信息，对作业车辆动态分配工作月台，引导进入泊位和作业场生产运行中各关键节点管控。智能门检系统用于办理车辆进场、组织车辆离场、超重检测等功能。综合服务系统提供友好直观的实时位置查询、在途状态监控和预警信息推送功能。运输组织调度指挥平台涉及的各个系统之间相互通信、协同作业、数据共享和联动管理，实现铁路物流园区运输组织调度指挥的有序可控。

（2）园区应急救援调度

铁路物流园区紧急事件的随机性、复杂性和不确定性属性，给物流园区应急救援工作带来了极大的挑战。如何能做到铁路物流园区应急救援的快速响应及突发紧急事件后尽快地恢复物流园区生产秩序，并将损失降到最低，这将是铁路物流园区应急救援调度指挥的实现目标和主要任务。

铁路物流园区应急救援调度指挥平台主要由突发事件确报系统、应急预案管理系统、应急救援物资管理系统和信息共享服务构成。其中，突发事件确报系统依据预设指标，判定突发事件类型和危害等级。如果所得信息符合事故判定标准，还要进行事故等级划分，并根据不同的危害等级，确定相应的处置方案；应急预案管理系统用于对预设的多套应急救援预案进行管理；应急救援物资管理系统主要功能是对救援物资的品类、数量及分布情况进行管理，以及地图直观展示；信息共享服务主要功能是与园区智能调度指挥平台、运输组织调度指挥平台进行信息共享及数据交互。

当铁路物流园区突发紧急事件后，首先，依据突发事件确报系统确定突发事件发生位置，并结合该位置附近视频监控系统，初步了解突发事件粗略情况；其次，依据突发事件类型和危害等级启动相应的应急救援预案；再次，应急救援管理人员基于园区应急救援调度指挥平台调取突发紧急事件发生位置周边的应急救援物资分布，并以此为依据，按照应急救援预案指导救援工作的开展。在实施应急救援过程中，基于北斗高精度定位技术，并结合物流园区的道路交通、应急物资储备等基础资源，可以精确控制车辆进出园区的节奏、频率、位置等，为应急救援创造有利环境；通过直观调度指挥突发事件发生位置附近的人员和车辆及时赶往现场实施救援，以保障园区相关资源高效利用。同时，启动物流园区应急联动机制，组织物流园区附近的医疗、消防等社会救援资源实施多部门联动应急处置，将物流园区损失降到最低。

3.3　月台智能管理

月台作为铁路物流园区仓储业务中货物装卸的主要作业区域；同时，也是人员与机械混杂作业、事故多发的高危区域。月台智能管理系统主要采用北斗高精度定位技术，并辅以测距基站、蓝牙信标技术，并结合车载定位终端或司机移动终端 App，共同实现对作业车辆行驶路线监控、月台停靠准确性监控和月台状态监控等功能。月台智能管理系统主要目标是消除月台作业车辆排队拥堵、违规作业区停滞及提前离台、溜台、月台碰撞事故等高危风险的发生，规范月台装卸作业流程。月台智能管理系统将对提升整个物流园区的运营效率和安全性起到重要的作用。

月台智能管理作业流程示意图如图 3 所示。首先，根据调度和预约作业情况在月台指定区域划定电子围栏用于装卸作业。其次，在车载高精度定位终端或司机移动终端 App 的路线指引下使作业车辆抵达指定区域，并依据月台作业位监测设备对作业车辆身份进行验证，如验证成功，则表示停靠准确，便可以开始装卸作业，如验证失败，则表示停靠月台作业位与分配预约位不符或停车越界，需司机重新按规停靠作业位直至验证成功。再次，当装卸作业完毕且车载定位终端或司机移动终端 App 收到驶离月台指令后，才允许司机按照指引路线驶离作业区域并离场。该流程可有效防止发生车辆提前离台风险。最后，系统对月台状态进行实时监测，当月台空闲时，则反馈调度中心，并请求分配作业月台指令，可以有效提升月台作业利用率。

月台智能管理相对于传统月台生产作业无序的现状，利用高精度定位技术，并结合园区调度管理系统、园区视频监控系统和月台区域设备设施上安装的测距基站、蓝牙信标等装置，实现月台作业的实时定位、全向监测、防撞检测预警、转角防撞预警、多级靠近报警等功能，使月台生产作业更加有序、安全、高效，从而实现铁路物流园区月台的智能化管理。

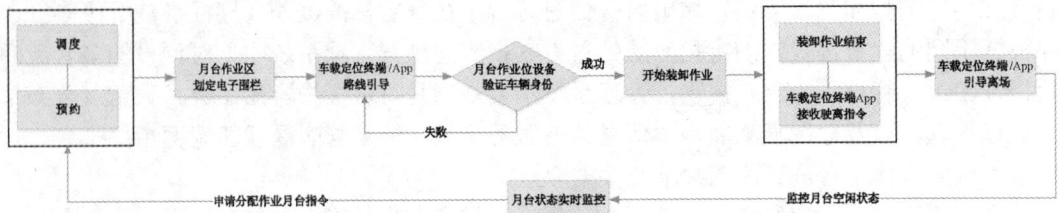

图 3 月台智能管理作业流程示意图

3.4 园区巡更管理

铁路物流园区内存在着很多重点区域、关键部位需园区管理人员或安保人员对其进行安全、消防、设备状态等巡视检查，巡检将成为保障园区安全的一项常态化管理手段。为了使日常巡检更加科学、高效，应用北斗高精度定位技术，并在作业安全帽中嵌入北斗高精度定位模块，实现对巡检人员分布管理的直观展示、获取实时位置信息、巡检轨迹回放、运动停留时间统计和远程管理等功能。与传统巡更系统只能设置固定巡检位置和被动巡检路线不同，应用了北斗高精度定位技术的园区巡更系统除了可以实现传统巡更系统的主要功能外，还可以动态设定具体的巡检位置和巡检路线。为园区管理者提供更加灵活、人性化的管理手段。同时，当园区出现突发事件时，也便于物流园区指挥中心对巡检人员进行直观分布查询和统一调配，既增强了对铁路物流园区的安全管理，又提升了应对突发事件的应急处置能力。

4 结束语

现阶段，高精度定位技术逐渐应用到各行业中，尤其中国北斗高精度定位技术日趋成熟对行业发展产生了深远影响。基于北斗高精度定位技术在铁路物流园区的广泛应用，通过将高精度定位终端部署在物流园区的移动设备或固定设施上，实时获取其高精度位置信息，并应用于定位跟踪、园区智能调度指挥、月台智能管理和园区巡更管理等，将作为一种铁路物流园区的创新运营服务模式推动铁路智慧物流园区的建设。随着北斗高精度定位技术的不断完善，思考该技术在铁路物流园区更加广泛和深入的应用研究，推动铁路物流园区生产经营和管理模式，进而提升铁路物流园区核心竞争力和综合服务水平。

参 考 文 献

[1] 张树. 北斗卫星导航系统在青藏铁路列车定位中的应用研究[D]. 北京：中国铁道科学研究院，2017.

[2] 张龙平，党亚民，谷守周，王虎，许长辉，韩恒星. 北斗卫星导航系统实时定轨及 SSR 改正信息生成方法[J]. 测绘通报，2017（12）：1-5.

[3] 李婉清，傅其祥，刘倍典，李俊志. 低成本高精度定位技术研究进展[J]. 测绘通报，2020（02）：1-8.

[4] 秦健，潘佩芬，陶承. 铁路北斗地基增强系统[J]. 铁路计算机应用，2018，27（3）：11-14.

多式联运数据交换平台构建研究

黄敏珍　李国华　王庆武　徐文荣

（中国铁道科学研究院集团有限公司电子计算技术研究所，北京 100081）

【摘要】多式联运是一种高效的货物运输组织方式，在降低运输成本，促进绿色发展，丰富运输服务供给，提升经济运行效益，扩展经济辐射空间和区域发展空间，联动现代产业链和供应链，服务"一带一路"等方面都有着重要的作用和意义。本文对我国多式联运的现状进行了研究，对铁水联运、铁公联运方面的需求进行了研究和阐述，提出了多式联运数据交换平台的总体架构和技术架构，并设计了涉及货运数据处理中心、多式联运数据交换、数据传输控制、综合应用、运行维护等多式联运数据交换平台的功能。实现了铁水联运、铁公联运等信息共享及交换，提升社会整体物流水平和业务协同能力，构建全程物流信息链条，并为未来多式联运"一单制"的实现奠定基础。

【关键词】一带一路；多式联运；全程物流；一单制

Research on the Construction of Intermodal Transport Data Exchange Platform

Huang Minzhen　Li Guohua　Wang Qingwu　Xu Wenrong

（ Institute of Computing Technologies, China Academy of Railway Sciences Corporation Limited, Beijing 100081, China ）

Abstract: Intermodal Transport is an efficient way to organize the transportation of goods. It plays an important role in reducing the cost of transportation, promoting green development, enriching the service supply of transportation, the economic operation efficiency can be improved, expanding the space of economic radiation and regional development, try to link up the chain of modern industry and supply and serve for "the Belt and Road Initiative". This paper studies the current situation of intermodal transport and elaborates the requirements of rail-water intermodal and rail-public intermodal in China. The general structure and technical structure of intermodal transport date exchange platform are proposed. The design of intermodal date exchange platform including the freight date process center, data exchange, date transmission control, comprehensive application, operation and maintenance. It realizes information sharing and exchange such as rail-water intermodal transportation and rail-public intermodal transportation, improves the overall logistics level and business collaboration ability of society, builds the chain of the whole logistics information, and lays a foundation for the realization of "one-bill coverage system" of intermodal transportation in the future.

Keywords: The Belt and Road Initiative; Multimodal Transport; total logistics; one-bill coverage system

高铁大风报警及解除信息车地传输技术研究及试验应用

（中国铁道科学研究院集团有限公司电子计算技术研究所，北京 100081）

【摘要】为进一步提升我国高铁灾害监测系统的报警处置时效性，为灾害天气下的行车指挥赢取宝贵的时间，本文以对列车运行安全影响较大的大风灾害为例，设计了高铁大风报警及解除信息实时传输至车载综合无线通信设备 CIR 和列车自动保护系统 ATP 车载设备的技术方案，缩短大风报警处置时间，减少调度人员工作量，并在实验室开展了试验验证。本文对技术方案、试验内容、试验方法进行了阐述，梳理及总结了试验结果，分析了为实现高铁灾害监测系统的大风报警及解除信息实时传输至列车上及根据报警信息自动控车仍需做的工作，为未来高铁灾害报警智能处置技术发展奠定基础。

【关键字】高铁；大风报警及解除信息；车地传输；CIR；ATP；试验

Research and Test Application of High-speed Railway Wind Alarm and Release Information Vehicle-to-Ground Transmission Technology

Wang Jiaojiao

（ Institute of Computing Technologies, China Academy of Railway Sciences Corporation Limited, Beijing 100081, China ）

Abstract: In order to further improve the timeliness of alarm handling of high-speed railway disaster monitoring system in China, and win the valuable time for train operation command under disaster weather, this paper takes wind disaster which has a great impact on train operation safety as an example, and designs the technical scheme of wind alarm and release information real-time transmission to train integrated wireless communication equipment CIR and on-board equipment of automatic train protection system ATP, shorten the handling time of wind alarm and reduce the workload of dispatchers. And experimental verification is carried out in the laboratory. This paper describes the technical scheme, test content and method, and summarizes the test results, analyzes the work that still to be done to realize the real-time transmission to the train or automatic control of the train according to the alarm and release information from disaster monitoring system, which will lay a foundation for the future development of high-speed railway disaster alarm intelligent disposal technology.

Keywords: High-Speed Railway; Wind Alarm and Release Information; Vehicle-to-Ground Transmission; CIR; ATP; Test

1　引言

"复兴号"标准动车组以 350 km 时速投入运行，标志着我国高铁的运行速度达到了新的高度。在路网规模庞大、结构复杂的大背景下，行车安全保障工作遇到了前所未有的挑战[1]。尤其是大风作为影响行车安全的重要因素之一，引起了相关部门的高度重视[2-3]。高速铁路自然灾害及异物侵限监测系统（以下简称"灾害监测系统"）是铁路安全保障系统之一，系统由灾害监测铁路局中心系统和现场监测设备组成，能够实现对铁路沿线的风、雨、雪、地震及异物侵限灾害进行实时监测、报警和处置[4]。其风监测子系统自运行以来，累计发送报警信息数十万条，起到了关键的防灾减灾作用。但我国高铁的飞速发展，对系统的大风报警处置时效性等方面提出了更高的要求[5]。因此，为进一步提升大风报警处置时效性，做到大风灾害发生时第一时间应急处置，应加强我国高铁大风监测和报警处置技术的理论研究和实践应用。

2　高铁大风报警及解除信息车地
　　传输技术方案概述

通过对路局调度、机务部门进行调研，了解大风监测系统的运用情况，调度员、动车组司机大风报警处置日常流程和操作习惯，以及对技术提升的需求。经调研分析，研究了高铁大风报警及解除信息实时传输至动车组车载综合无线通信设备 CIR 和列车自动保护系统 ATP 车载设备的技术方案，提出了大风报警及解除信息发送、列车定位、车地通信、车载接收 4 项关键技术解决方案。

高铁大风报警及解除信息车地传输技术方案即：增加灾害监测系统与 CTC 系统互联接口，在灾害监测铁路局中心系统增加应用服务器、接口服务器等大风报警信息处置相关设备，同时将大风报警及解除信息，包含报警监测点、等级、时间、影响区间、限速区段、处置措施等发送至 CTC 系统；CTC 系统通过自身的定位功能自动获取列车位置、线路号、车次号、机车号等信息，CTC 收到大风报警及解除信息并经调度确认后，将通过文本信息的方式将限速及解除命令发送至 GRIS 接口服务器，再通过 GSM-R 网络传输至车载 CIR，通过语音和终端文本显示提示司机限速。同时 CTC 系统将大风报警限速及解除信息发送至临时限速服务器 TSRS，临时限速服务器通过 RBC/TCC 将大风报警及解除限速命令发送至动车组车载 ATP 设备进行处置。高铁大风报警及解除信息车地传输技术架构示意图如图 1 所示。

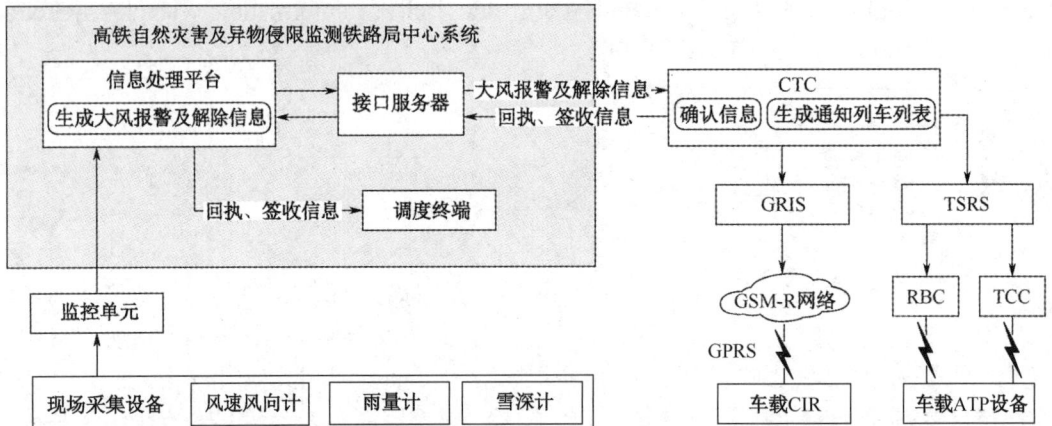

图 1　高铁大风报警及解除信息车地传输技术架构示意图

3　高铁大风报警及解除信息车地传输试验

针对上述研究的技术方案，开展了室内实验室环境下的试验验证，试验内容包括灾害监测铁路局中心系统与 CTC 系统的接口试验、CIR 接收大风报警及解除信息功能及性能试验、ATP 进行大风报警处置的功能和性能试验等。本文将对试验的详细情况进行分析论述。

3.1　试验内容

3.1.1　灾害监测铁路局中心系统与 CTC 系统接口试验

在试验环境下，对灾害监测铁路局中心系统与 CTC 系统的接口连通性进行了测试，包括双方心跳包与心跳回执包对应情况、接口重连重发机制测试等。同时，对 CTC 系统接收铁路局中心系统大风报警及解除信息的准确性、时效性等进行功能及性能测试。

3.1.2　CIR 接收大风报警及解除信息功能及性能试验

对 CIR 接收及显示 CTC 系统发送的大风报警及解除信息、CIR 给 CTC 系统的报警及解除回执信息的准确性、时效性等进行测试，其中报警及解除回执包括自动回执信息和手动签收回执信息。

3.1.3 ATP 进行大风报警处置的功能和性能试验

对 ATP 接收及显示大风报警及解除信息的准确性、响应时间、执行情况等进行测试。

3.2 试验方法

3.2.1 灾害监测铁路局中心系统与 CTC 系统接口试验

在试验环境下对 CTC 系统接收灾害监测铁路局中心系统大风报警及解除信息的准确性、响应时间、与铁路局中心系统接口间重连重发机制等进行功能及性能测试。

（1）通过检查灾害监测铁路局中心系统与 CTC 系统双方心跳包与心跳回执包是否一一对应，测试铁路局中心系统与 CTC 系统接口连通性。

（2）接口在正常工作状态下，关闭任一接口程序，观察相关接口程序是否正确执行重连重发机制，确保通信传输质量。

（3）从铁路局中心系统向 CTC 系统发送大风报警及解除模拟数据，测试 CTC 端接收数据是否准确，并能够将大风报警及解除信息发送至 CIR 及 TSRS。

（4）从铁路局中心系统向 CTC 系统发送大风报警及解除模拟数据，通过日志/时间戳分析系统响应时间。

3.2.2 CIR 接收大风报警及解除信息功能及性能试验

1. CIR 接收大风报警及解除信息的信息准确性、响应时间等测试

灾害监测铁路局中心系统模拟发送大风报警及解除信息，观察 CIR 终端是否正确接收及显示大风报警及解除信息。

通过日志/时间戳分析响应时间，计算 CIR 接收大风报警及解除信息平均响应时间。

报警升降级试验，采用"黑盒"测试法，分别模拟单点、相邻两点、连续多点、不连续多点、报警升降级等大风报警情况，验证 CIR 终端是否正确接收及显示大风报警及解除信息。

2. CIR 对大风报警及解除信息的自动回执和手动签收功能实现等的测试

（1）灾害监测铁路局中心系统模拟发送大风报警及解除信息，测试 CIR 能否实现大风报警及解除信息的语音播报及手动签收功能，以及向 CTC 系统发送 CIR 自动回执和手动签收回执信息的功能。

（2）其他情况测试。列车驶过限速区时，向 CIR 发送后方的大风报警及解除信息，测试 CIR 是否可以接收报警及解除信息。

3.2.3 ATP 进行大风报警处置的功能和性能试验

对 ATP 接收大风报警及解除信息的信息准确性、响应时间、执行限速情况等进行测试。

灾害监测铁路局中心系统模拟发送大风报警及解除信息，在车载 DMI 上观察 ATP 系统显示及执行的大风报警及解除信息是否准确。

通过日志/时间戳分析响应时间，计算从灾害监测铁路局中心系统发送大风报警及解除信息至 ATP 接收大风报警及解除信息的平均响应时间。

4　试验结果

通过试验得到如下结果。

4.1　当灾害监测系统单监测点发生大风报警、报警解除信息时

灾害监测铁路局中心系统可将大风报警、报警解除信息发送至 CTC 系统。除大风四级报警信息外，CTC 系统可将报警及解除信息发送至车载 CIR，CIR 能够接收并显示大风报警及报警解除限速信息，具备声音提示功能，实现报警及报警解除信息的自动签收、手动签收，同时向 CTC 返回自动、手动签收回执信息。

同时，CTC 系统可将大风报警、报警解除信息发送至 TSRS 并至车载 ATP 设备；ATP 能够根据接收到的大风报警及报警解除信息，控制列车限速，并由 TSRS 向 CTC 系统发出回执信息。

4.2　当灾害监测系统相邻两个监测点、相邻 3 个监测点、不相邻监测点发生同级别、不同级别大风报警、报警解除信息时

灾害监测铁路局中心系统可将大风报警、报警解除信息发送至 CTC 系统。除大风四级报警信息外，CTC 系统可将报警、报警解除信息发送至 CIR 终端进行显示。

当限速区段不重叠、未发生报警升降级时，CTC 系统可将报警、报警解除信息发送至 TSRS，但是基于目前 TSRS 系统报警处理逻辑，当发生大风报警升降级、大风报警限速区段重叠时无法下达限速。试验中，遇到此类情况，CTC 下达的限速命令，临时限速服务器无法执行，回执信息显示为"TSRS 错误回执，限速区域有重叠"。

此外，通过性能测试试验可以看出，在未计算调度确认时间的情况下，从灾害监测系统发出大风报警及解除信息至车载 CIR 显示的时间约为 30 s。而据调研得知，目前现行的调度电话通知第一列动车组司机限速的方式除去调度确认的时间约需 60 s，显著提高了大风报警处置的时效性。

5　问题及建议

试验过程中发现，通过车载 CIR 显示大风报警及解除信息，来提示司机手动限速的方式较为可行。但 CIR 承载大风报警信息目前仍存在一些有待改进之处，如试验过程发现，当 CIR 连续收到多条大风报警或报警解除信息时，CIR 一次只能显示单条报警信息，即 CIR 先显示最后收到的消息，按下手动签收后，前面的报警信息会默认全部签收，如需要查看前几条报警信息，则需要查找历史记录。因此，要实现（限速处置命令文本信息）上车，

建议下一步对 CIR 设备做出相应的软、硬件升级。

试验表明，当前阶段通过 ATP 进行自动控车的方式，存在障碍较多，总结如下，并提出了相应的解决建议。

（1）对于相邻多点发生大风报警存在报警限速区域重叠的问题，由于临时限速服务器技术规范[6]中规定，正线上不得设置区域重叠的限速，因此，TSRS 侧做了卡控，CTC 无法下发临时限速命令。

该问题可通过以下 3 个方式解决。

① 灾害监测系统优化大风报警限速规则，取消大风报警区域重叠。然而，经过前期研究，由于缺乏对大风规律的深度认知，大风影响范围无法明确，因此，取消大风限速重叠区域缺乏足够依据。

② 在 CTC 端进行报警限速区段拆解，将报警限速区段拆解成临时限速服务器可执行的限速区段。

③ 临时限速服务器进行规则拆解，将报警限速区段拆解成其可执行的限速区段。

（2）大风报警升降级方面，灾害监测系统的"报警升降级"对应于"限速区域重叠"问题，有以下 3 种解决思路。

① 根据大风报警处置方案，列车调度员可取消之前的大风报警，重新设置新的大风报警，但该方式会给调度带来较大的工作量。

② CTC 系统先下发大风报警解除命令，再下发大风报警升降级命令。

③ 对列控系统进行升级改造，研发相关的技术，使得其具备拆解重叠限速区段的功能。

（3）针对大风四级报警无法执行的问题，考虑到大风四级报警的情形发生较少，建议发生此类报警由调度员电话通知列车司机停车。

6　结语

综上所述，本文在实验室环境下对高铁大风报警及解除信息车地传输技术进行试验验证，可为后期灾害报警的智能化处置技术的探索研究提供一定的参考。经过试验总结及分析，建议高铁大风报警及解除信息车地传输的实现采用分步实施的策略，即通过软、硬件改造后，首先实现车载 CIR 文本显示大风报警及解除信息功能，使得司机能够第一时间收到限速信息，并采取限速措施，以提高大风报警处置的时效性；然后，待灾害监测或列控等相关系统做出升级改造后，最终实现通过 ATP 接收大风报警及解除信息从而自动控车，实现大风报警的智能化处置。

参 考 文 献

[1] 卢春房，王德. 中国高铁安全运营技术体系与保障措施[J]. 中国安全科学学报，2019，29（08）：1-9.

[2] 王瑞. 高速铁路大风监测系统运用规则优化研究[J]. 铁道运输与经济，2018，40（04）：48-51+57.

[3] 赵方霞. 高速铁路风监测点布设优化研究[C]. //中国智能交通协会. 第十三届中国智能交通年会大会论文集. 北京：电子工业出版社，2018：440-446.

[4] 铁科技〔2013〕35 号，高速铁路自然灾害及异物侵限监测系统总体技术方案（暂行）[S].

[5] 包云，王瑞，王彤. 欧洲对高速铁路横风的研究[J]. 中国铁路，2015（03）：8-11.

[6] 铁运〔2012〕213 号. 临时限速服务器技术规范（暂行）[S].

哈尔滨动车段四位一体动车组质量控制系统的研究与实现[①]

程凯[1]　于淼[2]　崔中伟[1]　徐景春[1]　王忠凯[1]　王华伟[1]

（1. 中国铁道科学研究院集团有限公司电子计算技术研究所，北京 100081；
2. 中国铁路哈尔滨局集团有限公司哈尔滨动车段，哈尔滨 150000）

【摘要】针对哈尔滨动车段由于生产规模扩大导致的动车组故障数量不断增加，既有动车组故障检测与管理信息系统数据不能互通，故障管理模式需规范等问题。本文通过对动车组运用与检修流程的研究，建立"用、检、修、验"四位一体动车组质量控制体系，提供动车组故障从发现到检修至验收的一体化管理，对成本控制、物资储备、人员责任、修程修制进行有效管理，在此基础上设计并实现了面向动车段及车间的动车组四位一体动车组质量控制系统，并在哈尔滨动车段进行了实际应用。从近一年的应用效果来看，四位一体管理体系及系统的应用有效降低了哈尔滨动车段配属动车组的故障数量，有效保障了动车组运用与检修质量。

【关键词】动车组；检修；质量控制；四位一体；信息化管理

Research and Realization of Quaternity EMU Quality Control System in Harbin EMU Depot

Cheng Kai[1]　Yu Miao[2]　Cui Zhongwei[1]　Xu Jingchun[1]
Wang Zhongkai[1]　Wang Huawei[1]

（1. Institute of Computing Technologies, China Academy of Railway Sciences Corporation Limited, Beijing 100081, China;
2. Harbin EMU Depot, China Railway Haerbin Group Co.,Ltd., Haerbin 150000, China）

Abstract: In view of the increasing number of EMU failures in Harbin EMU Depot due to the expansion of production scale, the existing EMU failures detection and management information system data cannot be communicated, and the failure management model

① 基金项目：中国铁路总公司科技研究开发计划课题(P2018J016)

urgently needs to be standardized. This paper established a quaternity EMU quality control system of "use, inspection, repair and test" through the research on the operation and maintenance process of EMU, and provided integrated management of EMU failures from discovery to maintenance to acceptance, and effectively management of cost control, material reserves, personnel responsibilities, and repair procedures. On this basis designed and implemented Quaternity EMU Quality Control System which face to EMU depot and workshop, and had been applied in Harbin EMU Depot. From the application effect in the past year, the application of the quaternity management system has effectively reduced the number of EMU failures in Harbin EMU Depot, and effectively guarantee the quality of EMU operation and maintenance.

Keywords: EMU; Maintenance; QC; Quaternity; Information Management

1　引言

根据"十三五"期间修编的《中长期铁路网规划》，到 2020 年，全国铁路网规模达到 15 万 km，其中高速铁路 3 万 km，覆盖 80%以上的大城市[1]。近年来，我国高速铁路建设不断加快，新线路不断投入使用，以高速铁路通道为依托，促进了区域交流合作和资源优化配置，加速了产业转移和经济转型升级。

随着哈佳快铁、哈牡高铁在 2018 年陆续投入运营[2]，哈尔滨动车段生产规模不断扩大，配属动车组的车型、数量不断增加，动车组故障数量随之上升，对全段的安全生产工作带来了巨大的压力，迫切需要规范的管理模式，全面深入推进故障管理信息化建设工作。原有信息化系统如动车组管理信息系统（EMIS）、动车组运行故障动态图像检测系统（TEDS）的应用，在保障动车组运行安全、支撑动车组检修生产组织方面发挥了重要作用，积累了大量的基础数据，但各信息化系统软硬件资源无法共享与互联互通，同时缺少对数据的综合汇总与分析应用。

在此背景下，结合目前铁路信息化建设的发展方向[3]和哈尔滨动车段生产实际情况，计划建设动车组"用、检、修、验"四位一体动车组质量控制系统，将目前动车组故障检修相关业务流程进行统一规范，对故障信息大数据进行分析利用，提供动车组故障从发现到检修至验收的一体化管理，确保每个故障能责任到环节、责任到人，提高各级工作人员的积极性。

2　系统研究

2.1　业务范围

动车组"用、检、修、验"四位一体动车组质量控制系统的业务包括动车组运用与检修作业过程中使用、检查、修理、检验各环节[4]。

用：对动车组的运用，主要环节包括动车组随车机械师一次往返作业、反馈信息。

检：对动车组整车或部件使用状态的确认和修理前的检查，主要环节包括动车组运行故障动态图像检测系统（TEDS）检查[5]、轮对故障动态检测系统（LY）检查[6]、动车组车载信息无线传输及监控系统（WTDS）远程监控[7]、一级检修、二级检修、途中巡检、专项普查。

修：对动车组整车或部件的修理，主要环节包括动车组一级检修故障处理、二级检修故障处理、临修、整修。

验：动车组整车或部件修理后的质量检验，主要环节包括 TEDS 检查、故障验收、质量检修、质量鉴定、对规检查、试运行、新造动车组质量验收、新修竣动车组质量验收。

相关业务涉及哈尔滨动车段各个部门，包括运用、检修、安全、质量、设备、物资、人力、职教、财务等专业管理，系统应对以上业务相关的系统进行整合。

2.2 必要性

2.2.1 适应铁路建设发展形势，满足信息化需求

面对铁路发展的新形势新要求及信息化技术的快速发展，信息化在铁路建设中起着不可忽视的作用。哈尔滨动车段动车组配属数量的持续增加为其运用和检修工作带来很多新问题、新情况、新要求，同时在故障检修、责任认定、统计分析方面存在很大的不足，迫切需要收集故障数据，完善故障管理模式，增加责任认定及统计分析的功能，打造精益化生产理念。

2.2.2 强化安全意识，促进安全生产

由于哈尔滨动车段目前各信息系统的相互独立，客观上阻碍了信息传播，不能及时掌握完整的安全生产情况，不利于作业过程的控制，迫切需要建立四位一体动车组质量控制系统，共享安全生产数据，提升运输、生产检修智能化和精准化水平，保证安全生产的全过程管控，提高安全生产的应急处置水平。

2.2.3 提高管理水平，提升管理效能

当前，哈尔滨动车段在运用、检修过程中已经积累了一定的事故、故障和生产管理数据，但是如何对其进行按故障类型分类识别，如何自动辨识和发出预警，如何优化检修流程，还需要通过运用大数据、物联网等信息通信技术，形成以信息化为支撑的故障分析与质量控制体系，提高管理决策能力。

2.3 目标

全面推行"用、检、修、验"四位一体动车组质量控制体系建设工作，以信息化为支撑，深入整合现场业务、完善信息系统功能、强化生产组织管理，实现故障闭环、质量追溯、责任追究、档案查询、数据利用、要素分析，使质量问题持续改进，全面提高动车组

质量安全制度体系。

2.4　研究内容

通过整合四位一体质量信息数据，不断深入挖掘钻研，使动车组安全保障体系功能不断扩展，为相关管理模式的完善提供有力支撑。哈尔滨动车段四位一体动车组质量控制系统的研究内容，一是成本控制管理，进行每日单车成本写实及修程组次支出统计，利用积累数据对不同车型、车组、修程检修定额进行周期性动态调整；二是物资储备管理，对单车物资消耗进行写实，对库存储备进行盘点、分析，摸索配件使用规律，实现物资储备预警，消除多余物资积压；三是人员责任管理，将实际工作量及四位一体积分量化考核纳入职工星级评定综合评价，薪酬与评比联挂，形成正向激励及割肉约束；四是修程修制管理，核实二级修及周期修计划兑现完成情况，杜绝定检超期车组上线；摸索故障发生规律，跟踪高级修必换件使用周期，实行配件全寿命管理[8]。

2.5　设计原则

（1）坚持先进的建设理念，在网络、软硬件设备、应用软件架构等方面，坚持"先进、成熟、经济、适用、可靠"原则，采用先进、成熟的主流产品和技术，注重实用性和可靠性，确保系统运行稳定、性能优良。

（2）坚持统一规划、分步实施，采取"核心先行、逐步完善、稳步推进"策略，通过分阶段地、逐步地拓展功能涵盖范围，不断优化和完善系统。

（3）系统应用软件具有实用性、可扩展性和可维护性。

（4）注重系统网络和信息安全建设，保证系统稳定运行，确保用户访问安全。

（5）硬件及相关工程充分考虑可扩展性，便于后续的升级和发展。

3　架构设计

3.1　总体架构

哈尔滨动车段四位一体动车组质量控制系统总体架构分为 5 个基础层级，通过有效的层级结构划分全面展现整体应用系统的设计思路，如图 1 所示。

3.1.1　基础层

基础层建设是项目搭建的基础保障，具体内容包含了网络系统的建设、PC、终端及服务器系统建设、存储系统建设、安全系统建设、操作系统建设、数据库服务器、消息中间件及应用服务器等，通过全面的基础设置的搭建，为整体应用系统的全面建设提供良好的基础。

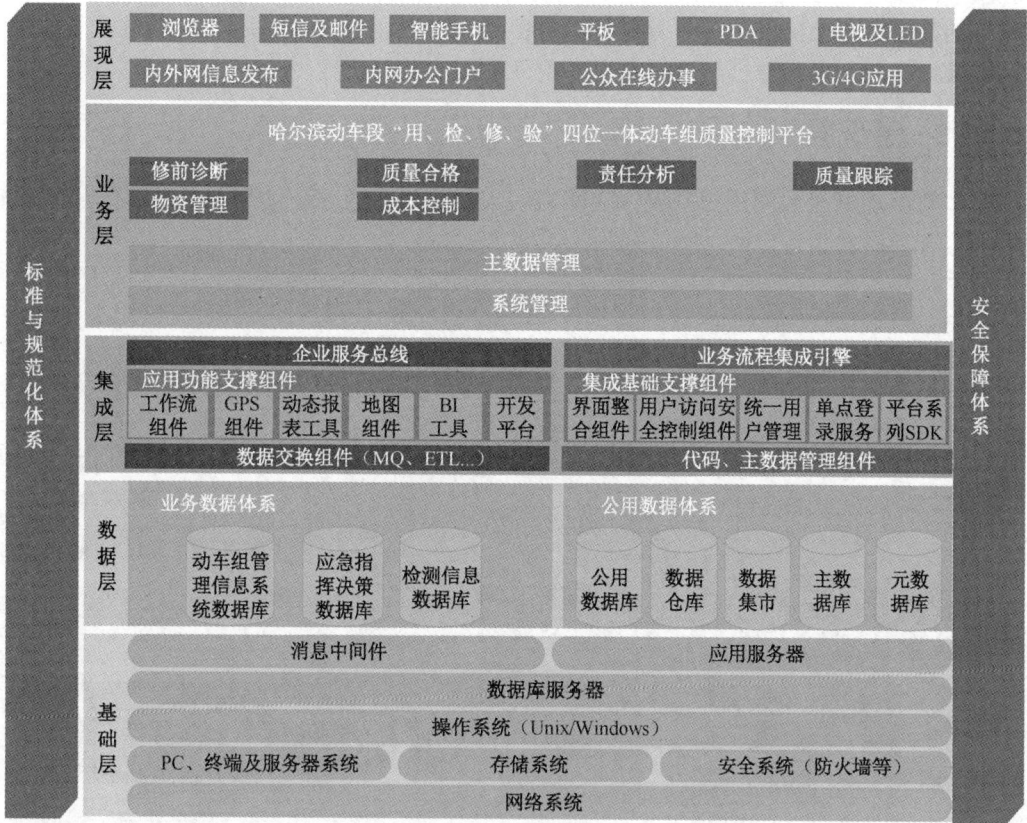

图 1　系统总体架构

3.1.2　数据层

数据层是整体项目的数据资源的保障，从整体结构上划分，进入数据仓库中的数据包括 3 种类型：结构化数据、半结构化数据和非结构化数据。

哈尔滨动车段数据源除了包括现有生产、管理系统结构化数据外，还包括生产和管理中使用的各种 Word、Excel 等非结构化数据。

通过对资源库的有效分类，建立完善的元数据管理规范，从而更加合理有效地实现资源的共享机制。

3.1.3　集成层

集成层是整体应用系统建设的基础保障，通过统一的企业级总线服务和业务流程集成引擎实现相关引用组件包括工作流、表单、统一管理、数据交换、代码、主数据等应用组件进行有效的整合和管理，各个应用系统的建设可以基于基础支撑组件的应用，快速搭建相关功能模块。

3.1.4　业务层

业务层有效地展现了哈尔滨动车段四位一体动车组质量控制系统分类标准，在实际应用系统的建设中，全面执行应用分类标准规范，整体应用系统可以通过多维的管理模式进行相关操作管理，多维数据模型提供了多角度多层次的分析应用。

3.1.5　展现层

整体应用功能对内网用户开发，内网应用人员通过登录可以实现相关系统的应用和资源的浏览查询操作。

3.2　逻辑架构

系统逻辑架构分为 5 层：基础层、数据层、集成层、业务层和展现层，如图 2 所示。

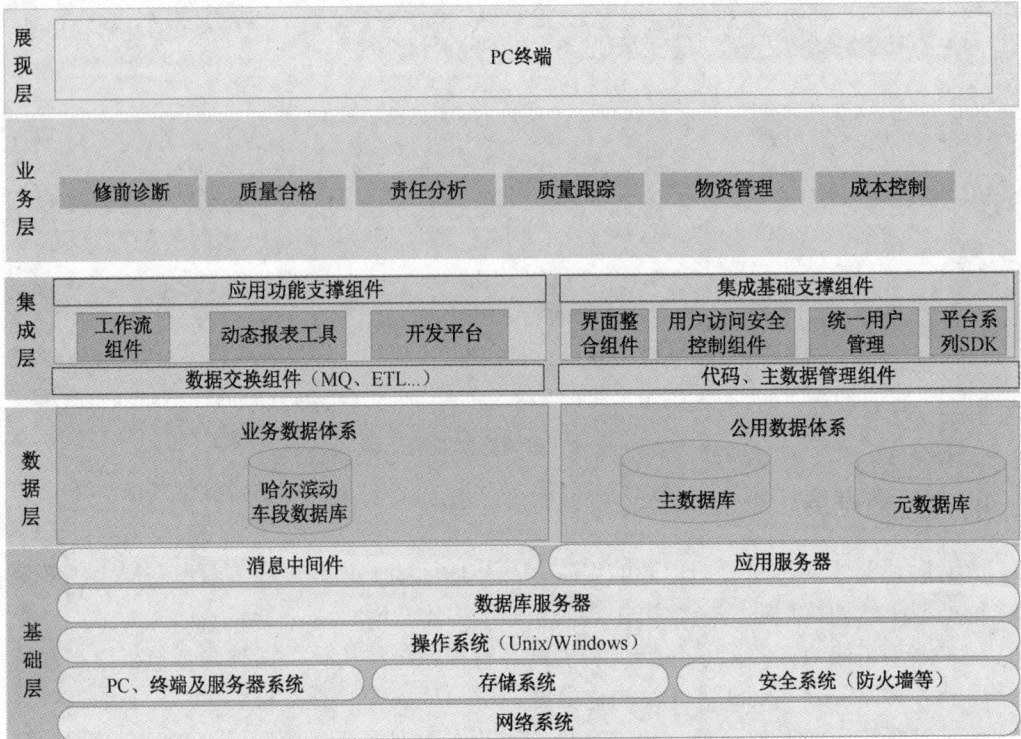

图 2　系统逻辑架构

3.2.1　基础层

基础层提供系统软件运行的网络通信环境和服务器、数据存储、PC 终端、操作系统等软硬件运行环境。

3.2.2　数据层

数据层主要实现哈尔滨动车段四位一体动车组质量控制系统数据库的接入。

3.2.3 集成层

集成层通过统一的企业级总线服务和业务流程集成引擎实现工作流、动态表单、界面控件、用户访问安全控制等应用组件的有效整合和管理，实现对系统应用技术的支撑。

3.2.4 业务层

业务层提供对哈尔滨动车段"用、检、修、验"四位一体动车组质量控制系统全过程业务应用场景及应用功能的支撑，同时具备良好的可扩展性。

3.2.5 展现层

展现层为哈尔滨动车段人员提供 PC 浏览器方式进行功能应用展示。

3.3 网络架构

系统整体部署到哈尔滨动车段现有服务器集群中，系统架构采用 J2EE 框架及 B/S 应用模式，从而保证软件开发的一致性、敏捷性、扩展性、低成本，同时具有良好的扩展性和跨信息系统能力。系统网络架构如图 3 所示。

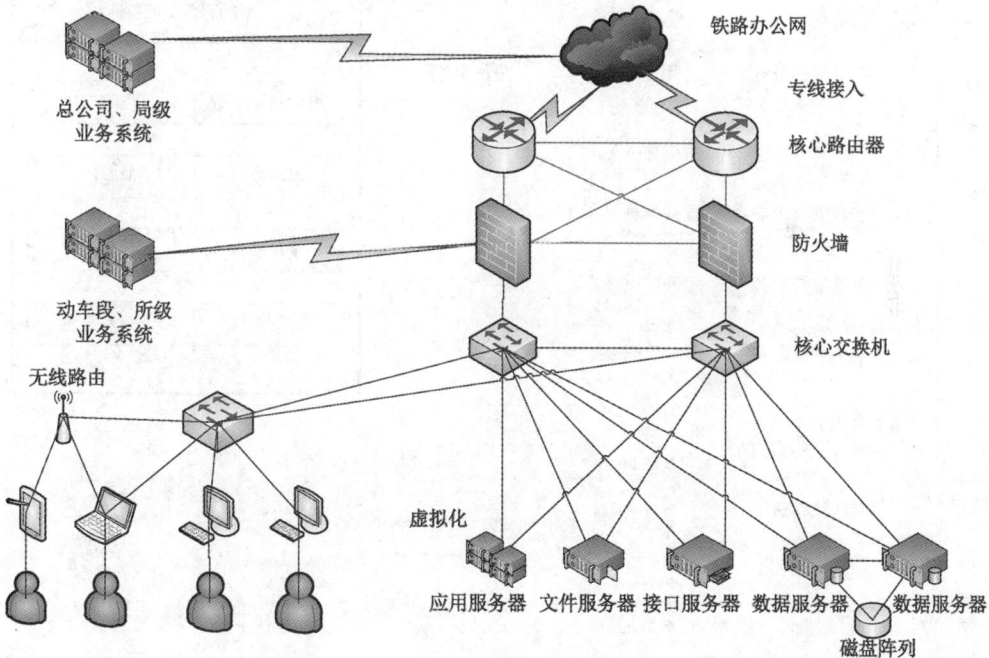

图 3 系统网络架构

3.4 技术架构

哈尔滨动车段四位一体动车组质量控制系统采用 Java EE 平台上的主流技术框架进行构建，并结合管理软件的通用属性进行开发，集成了现代管理软件的大部分公共功能，从而保证软件开发的一致性、敏捷性、扩展性、低成本。现代管理软件的开发理念：管理软件=通用技术框架+通用业务框架+用户需求。通用平台实现了通用技术框架和通用业务框架，工程项目管理软件只需要根据用户需求进行构建和开发，从而大大降低了时间和成本，并且保证和其他管理软件的集成和一致。

前台展示中间件 + 后台业务逻辑框架 + 应用服务器 + 数据库，其中后台业务逻辑框架可以为 Struts、Spring、Hibernate、iBatis、WfMC 标准的工作流引擎、BPEL 标准的流程引擎。运行环境包括富浏览器客户端机制、展现引擎、MVC 开发框架、应用框架等。系统技术架构如图 4 所示。

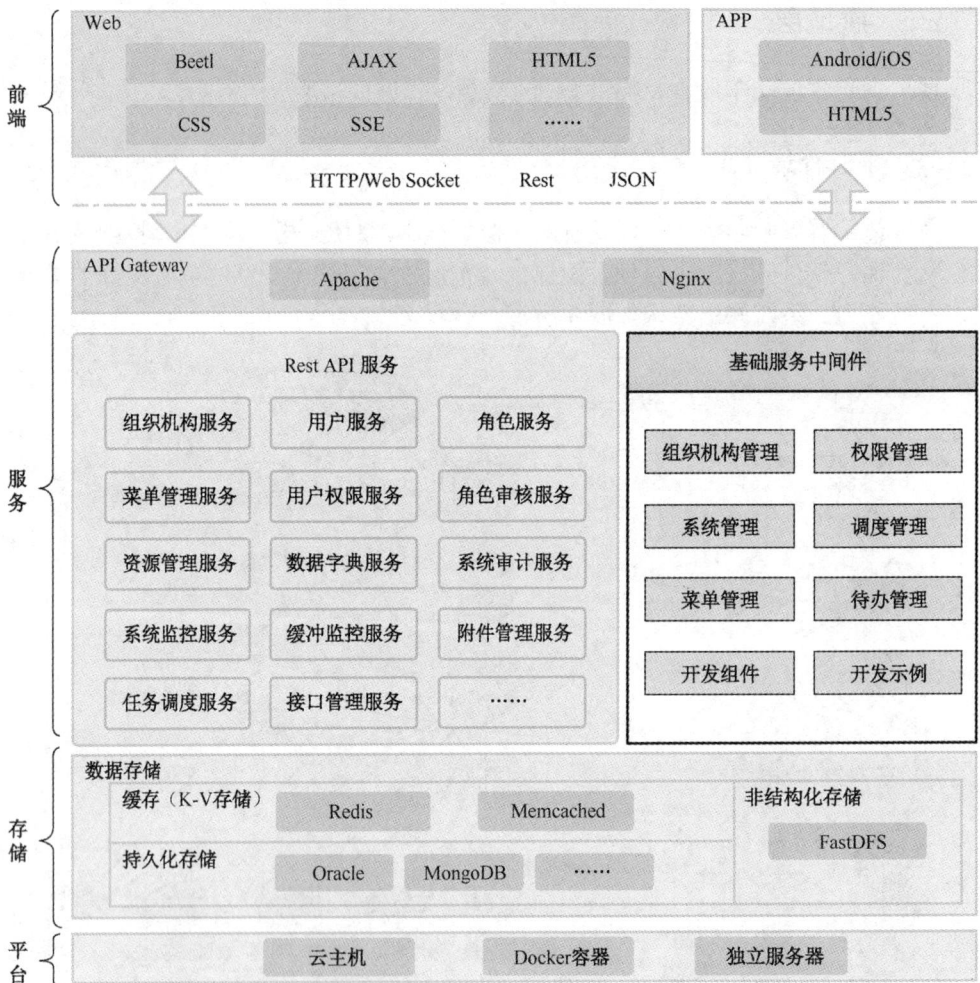

图 4　系统技术架构

3.4.1　平台及存储

基于 J2EE 的平台框架提供结构化、非结构化数据存储技术。在数据库方面，我们可以无缝对接目前主流数据库 Oracle、MySQL 和 MSSQL，但建议采用 Oracle 或者 MySQL。因为它们和程序一样具备跨平台的特性，但这两种数据库分别有不同的适用环境。

3.4.2 服务

采用 Rest API 服务，将复杂的内部业务系统抽象为通用请求，对外提供统一、易于管理的接口，并且内置组织机构管理、系统管理、菜单管理、开发组件、权限管理、调度管理、待办管理等基础服务中间件。

3.4.3 接口

基于 API Gateway 的开源框架，实现了统一的对外接口组装服务。它还包括其他功能，如授权、监控、负载均衡、缓存、请求分片和管理、静态响应处理等。

3.4.4 前端

采用基于 Bootstrap 的 CSS 框架及基于 LayUI+jQuery 1.9 的 JS 框架，实现页面的响应式布局及页面优化。平台支持 CKEditor 富文本编辑框、Select 2 多选下拉框、zTree 树形结构和 jQuery Validation Plugin 1.11 客户端验证等开源控件的使用，便于集成与开发。

4　功能设计

哈尔滨动车段"用、检、修、验"四位一体动车组质量控制系统包括修前诊断、质量合格、质量跟踪、责任分析、物资管理、成本控制六大功能模块。系统功能设计如图 5 所示。

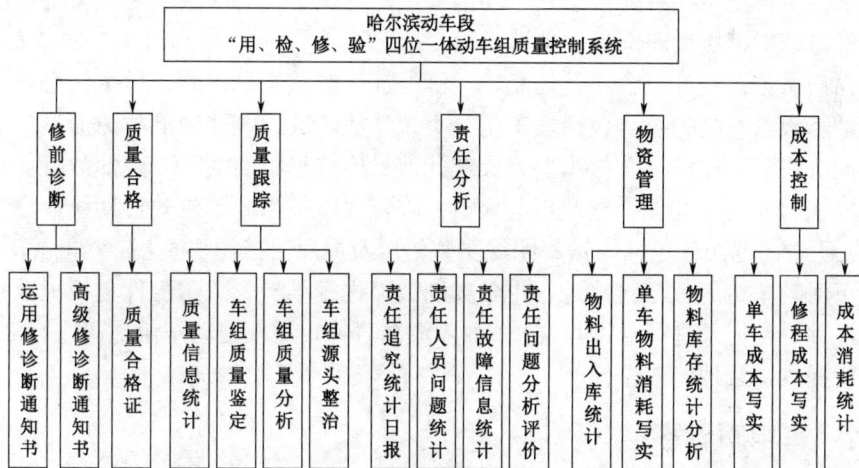

图 5　系统功能设计图

4.1　修前诊断

4.1.1　运用修诊断通知书

运用修诊断通知书主要包括一、二级修诊断通知书。动车段技术科质量分析员根据动车组两次一、二级修间故障信息及动车组线上运行故障信息制定《一、二级修诊断通知书》，并将诊断通知书下发给检修人员。检修人员可以根据诊断通知书掌握动车组的检修情况和故障多发部位，能够明确检修重点，掌握动车组状态。支持诊断通知书内容自动生成，可对运用修历史诊断通知书进行查询、维护与导出。

4.1.2　高级修诊断通知书

高级修诊断通知书主要包括三、四、五级修诊断通知书。检修人员可以根据诊断通知书掌握动车组的检修情况和故障多发部位。通过添加各项检修信息即可生成一条修前质量状态数据，提供对高级修历史诊断书的查询、维护与导出功能。

4.2　质量合格

对已经发布的一级修诊断通知书生成质量电子合格证，显示未处理的故障，支持查看故障处理详情和质量合格证内容，对未审核和未签阅状态的质量合格证进行标红显示。本功能由动车所值班主任审核，确保各作业完毕车组均具备上线运行条件，为动车组故障闭环提供凭证。

4.3　质量跟踪

4.3.1　质量信息统计

质量信息统计包含质量信息统计、功能性故障统计、临修故障统计、遗留故障信息统计、关键配件更换记录、故障汇总六个功能模块，为段级、车间级管理人员进行动车组质量追溯、质量分析、质量评价提供支撑。

其中，质量信息统计包含质量信息、故障统计和源头质量问题。质量信息统计检修故障和责任故障数量。故障统计包括按车型分类统计故障数、统计功能故障信息、统计临修故障以及源头质量问题统计，按车型分类统计前日检修车组的故障库全部故障；功能故障记录故障描述、原因、处理措施及相关人员；临修故障按扣修单生效日期统计临修车组的故障；源头质量问题统计包括国铁集团源头整治以及局厂对接源头整治。功能性/临修/遗留故障统计可对动车组运行与检修过程中各类别故障进行维护。关键配件更换记录对特定周期内关键配件更换记录进行查询与维护。故障汇总对特定周期内动车组故障进行汇总统计，为故障分析提供综合性的依据。

4.3.2　车组质量鉴定

车组质量鉴定可自动调取动车组管理信息系统中段质检每月质量鉴定故障信息，形成动车组质量鉴定故障库，并结合每月车组质量鉴定发现问题，分别统计 A、B、C、D 故障等级问题数量，自动计算车组得分进行评价，形成同比、环比，使段级管理人员对车组质量进行全面掌握。

4.3.3　车组质量分析

车组质量分析包括基本质量分析、班组质量分析、系统质量分析、车组病例分析和功能故障分析五个功能模块。

（1）基本质量分析包括 6 个质量分析展示图，包括"用、检、修、验"环节故障图、车型故障数对比图、检修故障趋势图、功能性故障趋势图、遗留故障占比和系统故障对比图示。对车组故障数据分类设置标签，可为段级、车间级质量分析人员提供基础数据支撑。

（2）班组质量分析包括 8 个质量分析展示图，包括地勤检组检查发现故障对比分析、地勤班组检查发现数前五人员信息、地勤修组维修故障对比分析、地勤班组维修故障数前五人员信息、随车班组检查发现故障对比分析、随车班组检查发现故障数前五人员信息、二级修班组检修故障分析趋势分析和 TEDS 班组检查发现故障分析趋势分析。

（3）系统质量分析包括 13 个质量分析展示图，包括车体系统多发故障点图示、车端连接系统多发故障点图示、转向架及其辅助系统多发故障点图示、主供电系统多发故障点图示、牵引系统多发故障点图示、辅助电气系统多发故障点图示、供风制动系统多发故障点图示、网络及辅助监控系统多发故障点图示、旅客信息系统多发故障点图示、空调系统多发故障点图示、给排水卫生系统多发故障点图示、外门及车内设施系统多发故障点图示、驾驶设施系统多发故障点图示。

（4）车组病例分析包括配属哈尔滨动车段的 86 列动车组病例分析图，包括车组历史病例分析，车组同期病例分析，车组病例共性分析、车组重点病例分析。通过多种维度提供动车组病例分析数据，为动车组技术及管理人员提供维修决策依据。

功能故障分析包括 14 个故障分析图，包括功能性故障对比分析、车体及车端连接多发故障分析、转向架多发故障分析、高压牵引系统多发故障分析、辅助电气系统多发故障分析、供风及制动系统多发故障分析、车内环境控制系统多发故障分析、网络控制系统多发故障分析、旅客信息系统多发故障分析、排水及卫生系统多发故障分析、车内设施多发故障分析、驾驶设施多发故障分析、列控车载设备多发故障分析和其他多发故障分析[9,10]。

4.3.4　车组源头整治

车组源头整治记录动车组源头质量问题，帮助质量分析员掌握源头质量问题推进进度，并为首页源头质量统计提供基础数据。

4.4　责任分析

4.4.1　责任追究统计日报

责任追究统计日报可每日调取责任故障库信息，统计上级检查情况及环节互评问题责任相关人员考核分数，使车间管理层掌握作业薄弱环节。

4.4.2　责任人员问题统计

责任人员问题统计功能通过建立责任人员评价排名，对特定周期内各作业环节责任问题进行累计评比，找出问题多发人员进行重点帮促，并公示排名，提高现场作业责任意识。

4.4.3　责任故障信息统计

责任故障信息统计通过调取系统故障库信息形成责任故障汇总表，由质量分析员依据上级检查及环节互评问题，对故障进行责任判定，为责任分析提供基础数据。

4.4.4　责任问题分析评价

责任问题分析评价包括个人责任问题评价、班组责任问题评价、多发责任问题评价及责任多发人员评价四个功能模块。其中，个人责任问题分析评价展示个人 12 个月的责任故障趋势及同比环比数据。通过对个人责任问题趋势的分析，掌握工作人员工作状态，依此提供针对性的帮促措施。班组责任问题评价展示班组 12 个月的责任故障趋势及同比环比数据。通过对班组责任问题趋势的分析，掌握工作薄弱环节，依次进行针对性的调整。多发责任问题评价及责任多发人员评价同样通过展示问题分析数据，直观展现问题，依此提供更加有针对性的措施。

4.5　物资管理

4.5.1　物料出入库统计

物料出入库统计通过建立出入库汇总台账，对物料实行全面信息化管理，对各物料入库、出库状态进行动态监测，为段级物资管理人员最低库存预警限值设置、节支降耗管理提供数据支撑。

4.5.2　单车物料消耗写实

单车物料消耗写实页面可分车组统计物料支出、成本消耗。车间级物资管理人员可及时、精确地统计特定周期内单车物资配件消耗情况及金额。

4.5.3　物料库存统计分析

对库存物料按考核指标、材料分类、仓库类别 3 项进行分析，对各配件库、配件分库物资金额进行统计，与历史同期进行对比，掌握成本节超情况、摸索物资消耗规律。

4.6　成本控制

4.6.1　单车成本写实

单车成本写实是按日统计指定车型、指定修程支出金额及各班组支出金额，使超支车组、班组可视化显现，使车间级管理人员掌握每日重点支出项目。

4.6.2　修程成本写实

修程成本写实包括组次定额统计表和检修费用统计表。

组次定额统计表查询展示指定日期、指定车型、指定修程各单车消耗金额及计划金额信息、节超，使段级材料支出核算人员掌握各修程特定周期内的支出规律，为动态调整计划金额提供依据。用户可添加制订计划金额。

检修费用统计表查询展示指定月份各车型各修程成本及计划金额，使段级材料支出核算人员掌握各修程特定周期内的支出规律，为动态调整计划金额提供依据。

4.6.3 成本消耗统计

成本消耗统计查询展示成本消耗信息，为段级物资管理人员摸索成本支出规律、节支降耗管理提供科学决策依据，缩减人工核算周期，提高工作效率。

5 结语

动车组四位一体质量控制系统于 2018 年年初开始进行设计，经过为期 6 个月的研发，2018 年 7 月在哈尔滨动车段试运行，同年 12 月正式投入运行，系统首页如图 6 所示。

图 6 系统首页

随着系统应用的逐步深入，哈尔滨动车段在动车组运用与检修质量方面，月组均故障由 310.4 件下降到 246.1 件，环比下降 20.1%，使动车组质量得到大幅提升；行车方面，2019 年 1 月至 2019 年 12 月，哈尔滨动车段配属 CRH5A 型动车组百万千米故障件数为 0.81，较 2018 年同期的 1.09 件下降了 25.7%；CRH5G 型动车组百万千米故障件数为 1.07，较 2018 年同期的 1.52 件下降了 29.6%；段配属全部动车组百万千米故障件数为 0.75，较 2018 年同期的 0.82 件下降了 8.5%；作业方面，共对 2 625 件质量问题进行追责，累计考核 224 人，核减考核积分 391.6 分，责任问题呈逐月递减趋势，作业脱标问题得到有效控制。系统对动车组的故障统计分析如图 7 所示。

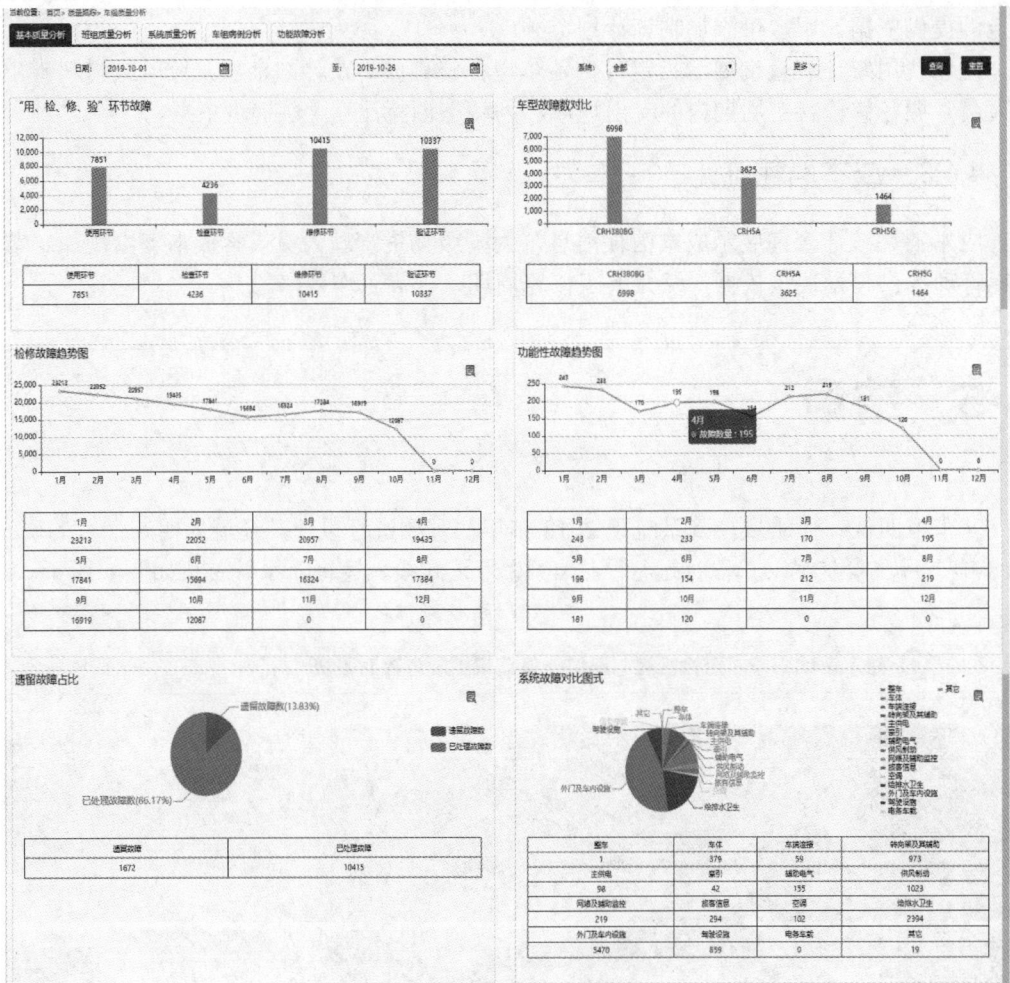

图 7　动车组故障统计分析

接下来计划在哈尔滨动车段"用、检、修、验"四位一体动车组质量控制体系基础上，结合运维技术管理、动车组健康管理和故障管理，完善对动车组运用与检修的精准互控[11]，提供运检智能排程与里程预警，保障高级修延长验证跟踪管控，同时在动车段内部署动车组故障检测机器人，利用视觉识别及自动化检测技术加强故障排查[12]，全面提高动车组质量安全与运维效率。

参 考 文 献

[1]　2017 年中国铁路建设展望[J]．铁道学报，2017，39（3）：128．

[2]　初楠臣，姜博，赵映慧，等．城际高铁对未来黑龙江城镇体系空间格局的影响及

优化[J]．经济地理，2016，36（4）：78-83，125．

[3]　史天运．中国高速铁路信息化现状及智能化发展[J]．科技导报，2019，37（06）：53-59．

[4]　中国铁路总公司．铁路动车组运用维修规则[M]．北京：中国铁道出版社，2017：17-25．

[5]　贾志凯，杨凯，李樊，等．动车组运行故障图像监控系统研发及应用[Z]．中国铁道科学研究院电子计算技术研究所，北京经纬信息技术公司，中国铁道科学研究院，2017．

[6]　杨超．动车组轮对运用检测数据分析[D]．成都：西南交通大学，2015．

[7]　李强．动车组车载信息无线传输系统应用[J]．科技创新与应用，2019，（4）：164-165．

[8]　肖永青．信息化条件下铁路机车车辆运用统计指标体系的构建[J]．铁道运输与经济，2017，39（5）：7-11．

[9]　蒋奎．CRH380BG 型动车组总风管轻微泄漏问题的探讨[J]．铁道车辆，2016，54（5）：43-44．

[10] 郭凯．CRH5A 型动车组主断自动跳开故障分析[J]．城市轨道交通研究，2017，20（12）：100-103，112．

[11] 李燕，张瑜，周军伟．动车组故障预测与健康管理系统方案研究[J]．铁路计算机应用，2018，27（9）：1-7．

[12] 李卓．动车组故障检测机器人系统的设计与实现[J]．铁路计算机应用，2017，26（7）：24-26，36．

基于回归模型的铁路货车超偏载趋势预警分析①

郑婷　蒋荟　王华伟　刘宗洋　陈亚勋

（ 中国铁道科学研究院集团有限公司电子计算技术研究所，北京 100081 ）

【摘要】针对铁路货运安全风险管控问题，利用回归分析模型研究超偏载趋势预警，建立检测次数与超偏载检测数据的回归模型，进而作为判断货车装载状态是否良好的重要依据。模型以货车超偏载检测数据为基础，根据车号、发站、到站和过车时间等信息，依据货车同一运输批次评判算法得到同一货车同一次运输的超偏载检测历史数据，根据检测次数与超偏载检测数据绝对值的相关系数正负性，判断超偏载检测数据的变化趋势。当超偏载检测数据的变化趋势为递增时，利用回归分析模型，获得货车的报警趋势并对报警趋势的判断进行检验，进而预测下次检测的超偏载数据，最终判断是否有报警隐患。超偏载趋势预警作为衡量货车装载状态的重要依据之一，为铁路货运安全提供了有效的保障，可有效促进铁路货运安全管理水平的提高。

【关键词】超偏载；相关系数；回归方程；假设检验

Analysis on Trend Alarming of Overload and Unbalanced Load based on Regression Model

Zheng Ting　Jiang Hui　Wang Huawei　Liu Zongyang　Chen Yaxun

（ Institute of Computing Technology China Academy of Railway Sciences Corporation limited, Beijing 100081, China ）

Abstract: Aimed at risk control of Chinese railway freight, this paper studied trend alarming of overload and unbalanced load using regression model. The model of times and unbalanced load data was established by regression and was an important evidence judging loading status. As based data of model, overload and unbalanced load data of hap-

---

① 基金项目：物联网智能开服务平台及应用示范（ 2018YFB2100405 ）

pened detection was selected in the light of car number, stations, time and so on. According to positive or negative of correlation coefficient of times and unbalanced load data, judged unbalanced load data's probable trend. Using regression model, tested the regression equation, forecasted next unbalanced load data and judged loading status when correlation coefficient was positive. As an important evidence judging loading status, trend alarming of overload and unbalanced load provided more effective guarantee for railway freight and promoted the improvement of railway freight safety management level.

Keywords: Overload and Unbalanced Load; Correlation Coefficient; Regression Equation; Hypothesis Test

1 引言

超偏载检测装置是铁路货运计量安全检测监控系统的主要数据来源,截至 2019 年 7 月,铁路货运计量安全检测监控系统已在全路 18 个铁路局集团公司、100 余个货检站(编组站或区段站)、600 余个主要装车站推广应用,共接入 300 余台超偏载检测装置,日均检测车辆超 60 万辆次,为保障货物装载质量发挥了重要作用[1]。铁路货运计量安全检测监控系统的推广应用有效地治理了超偏载货车,消除了一大批安全隐患[2,3]。

近年来,在铁路提质增效的发展要求下,需要进一步关注报警倾向性问题车辆,将货车处理方式从报警后处理转到报警前预防,将大幅提升运输质量和效率,在保障运输安全的同时,为铁路节支降耗做出贡献。

超偏载检测数据包含超载数据、偏载数据和偏重数据,由于超载检测数据、偏载检测数据和偏重检测数据具有相似性,本文只讨论检测次数与偏重检测数据的关系,检测次数与偏载检测数据和超载检测数据的关系的分析方法与其类似。基于货车超偏载检测数据,选取检测次数为自变量,偏重检测数据绝对值为因变量,应用回归分析方法得到与检测次数和偏重检测数据相关的回归模型,反映随着时间的推移偏重检测数据的变化情况,进而作为判断是否预警的重要依据。本文主要运用统计学方法提供更加科学精准的决策支撑,实现预警评判。

2 业务处理流程

超偏载检测数据由货车经过的超偏载检测装置实时产生,全路已接入 300 余台超偏载检测装置,一般情况下,每次运输都会多次经过超偏载检测装置,产生较为丰富的超偏载检测数据。当货车经过超偏载检测装置报警时,车站对超偏载检测装置检测结果进行核实确认和处理,货检站在确认不危及行车安全时不甩车整理,但电报通知下一编组站关注该货车[4,5]。由于货车发生超偏载报警时，车站核实检查后会根据实时情况进行处理，故本文只针对未发生报警的货车进行趋势预警判断。由于数据基数较大，且已发生报警的货车已被重点关注，参考价值较小，为减少计算并提高分析的准确度，故不考虑货车已发生报警的特殊情况。

本文以检测次数与偏重检测数据的分析方法为例，总体业务流程如图 1 所示。

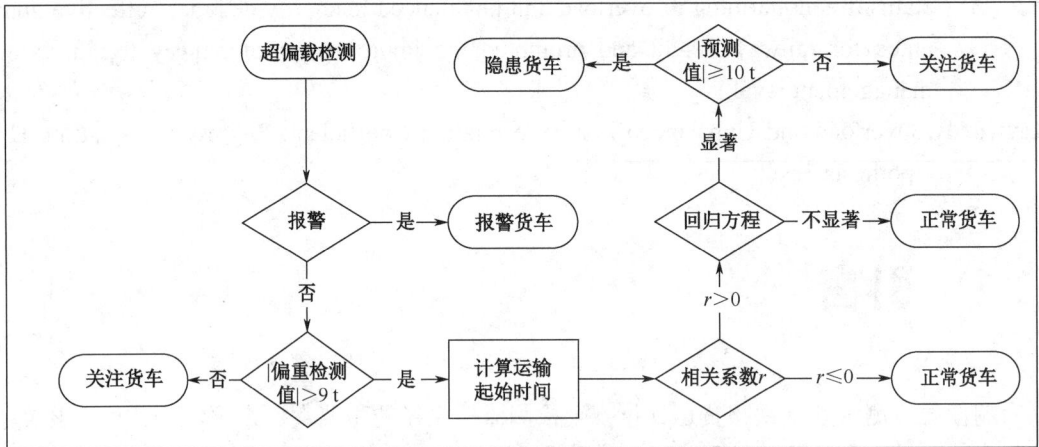

图 1　总体业务流程

本文依据偏载检测数据的分析结果，将货车分为四类：正常货车、关注货车、隐患货车和报警货车。货车未发生报警，偏重检测数据绝对值与偏重报警阈值相差较大（偏重检测数据绝对值大于 9 t）并且偏重数据没有显著的递增趋势，该货车为正常货车；货车的偏重检测数据绝对值接近但未达到偏重报警阈值 10 t（偏重检测数据绝对值大于 9 t），或者偏重数据有显著的递增趋势且预测值小于偏重报警阈值 10 t，认为货车发生偏重报警的概率较大，该货车为关注货车；货车未发生报警并且偏重检测数据绝对值与偏重报警阈值相差较大（偏重检测数据绝对值小于 9 t），但是有显著的递增趋势且预测的下次偏重检测数据大于偏重报警阈值 10 t，该货车为隐患货车；货车的偏重检测数据绝对值大于偏重报警阈值 10 t 时，货车发生偏重报警，该货车为报警货车；针对未报警货车，利用相关系数、回归分析和假设检验等统计学方法，判断货车是否有偏重报警趋势。

3　回归性分析

货车经过超偏载检测装置时会产生超偏载检测数据，当货车未发生偏重报警并且偏重检测数据绝对值与偏重报警阈值相差较大时，根据车号、车次、发到站和过车时间等信息，依据货车同一运输批次评判算法判断货车同一次运输的首次超偏载检测时间，得到货车同一次运输的超偏载检测历史数据。分析货车同一次运输的所有偏重历史数据，筛选出与最新偏重检测数据正负性相同的数据集 T。以数据集 T 为样本，计算检测次数与偏重检测数据绝对值的相关系数 r。若 $r \leq 0$，表示检测次数与偏重检测数据绝对值之间存在负相关线性关系或者不存在线性关系，则认为该货车正常行驶。否则表示检测次数与偏重检测数据绝对值之间存在正相关线性关系，即随着检测次数的增加，偏重检测数据绝对值有线性增加趋势。

以表 1 数据为例，列举出 7 辆货车同一次运输的超偏载检测历史数据，观察各车号的偏重检测历史数据。车号 4867118 在 A70 测点的偏重检测数据绝对值大于偏重报警阈值，则已发生报警，该货车为报警货车，不再进行分析。车号 5720575 在 B10 测点的偏重检测数据的绝对值大于 9 t，该货车为关注货车。车号 1754794、4203842、5063135、4679032 和 3965432 均不存在偏重报警的情况，需要进一步进行分析。

表 1 超偏载检测数据（偏重报警：偏重绝对值>10 t）

车号	车站	测点	通过时间	发站	到站	偏载（mm）	偏重（kg）
4867118	A1	A10	2020/1/3 2:11	A01	A02	16	-48
	A1	A11	2020/1/4 8:27			-11	-96
	A2	A20	2020/1/4 11:54			-2	-168
	A2	A21	2020/1/4 16:54			-9	66
	A3	A30	2020/1/4 17:39			-1	158
	A4	A40	2020/1/6 10:10			17	-164
	A4	A41	2020/1/6 11:30			40	-65
	A5	A50	2020/1/7 6:18			11	-83
	A5	A51	2020/1/7 7:35			1	-101
	A6	A60	2020/1/7 15:29			5	-19
	A7	A70	2020/1/8 0:39			15	11 067
5720575	B1	B10	2020/3/31 13:04	B01	B02	-16	-9 533
	B2	B20	2020/3/31 18:49			-16	-6 711
1754794	C1	C10	2020/3/16 10:35	C01	C02	-32	-7 602
	C2	C20	2020/3/17 0:35			-6	-3 676
	C3	C30	2020/3/17 1:57			-20	-2 214
4203842	D1	D10	2020/2/19 20:49	D01	D02	-6	536
	D2	D20	2020/2/20 11:50			5	610
	D3	D30	2020/2/20 15:09			2	480
	D4	D40	2020/2/21 12:53			15	591
	D5	D50	2020/2/21 14:50			14	951
	D6	D60	2020/2/21 20:57			-29	1 003
	D7	D70	2020/2/22 13:50			0	967
	D7	D71	2020/2/22 19:56			-7	995
	D8	D80	2020/2/23 0:34			-38	8 477
5063135	E1	E10	2019/11/9 13:36	E01	E02	-7	5 650
	E2	E20	2019/11/10 5:11			-14	7 416
	E3	E30	2019/11/10 22:17			-33	4 792
	E4	E40	2019/11/11 7:42			8	6 174
	E5	E50	2019/11/12 1:52			-40	8 935

车号	车站	测点	通过时间	发站	到站	偏载（mm）	偏重（kg）
4679032	F1	F10	2019/12/9 13:40	F01	F02	−8	2 561
	F1	F11	2019/12/9 22:35			6	3 913
	F2	F20	2019/12/10 7:42			9	3 002
	F2	F21	2019/12/10 19:56			−6	5 763
	F3	F30	2019/12/11 9:30			−15	7 763
	F4	F40	2019/12/11 20:25			−9	8 251
3965432	G1	G10	2019/6/19 21:48	G01	G02	3	1 346
	G2	G20	2019/6/20 9:00			8	4 024
	G2	G21	2019/6/20 23:38			6	7 358
	G3	G30	2019/6/21 9:26			9	8 791

　　分别计算车号 1754794、4203842、5063135、4679032 和 3965432 的检测次数与偏重检测数据绝对值的相关系数 r，结果详见表 2。由表 2 中数据可知，车号 1754794 的相关系数 r 小于 0，即随着检测次数的增加，偏重检测数据的绝对值有线性递减趋势，所以可判断车号 1754794 为正常货车。车号 4203842、5063135、4679032 和 3965432 的相关系数 r 大于 0，即随着检测次数的增加，偏重检测数据的绝对值有线性递增趋势，需要进一步进行回归性分析。

表 2　车号与相关系数对应关系表

序号	车号	相关系数
1	1754794	−0.967
2	4203842	0.607
3	5063135	0.521
4	4679032	0.939
5	3965432	0.989

3.1　回归方程

　　随着检测次数的增加，当偏重检测数据绝对值有线性递增趋势时，收集货车从同一次运输的首次超偏载检测时间开始的所有偏重检测历史数据。以检测次数为自变量 x，偏重检测数据绝对值为因变量 y，为消除异方差，对原始数据进行取对数处理[6]。建立超偏载检测数据的回归模型如下：

$$\ln y = b \ln x + a$$

　　以一次运输的历史超偏载检测数据为样本，利用最小二乘法计算回归方程 $\ln y = b \ln x + a$ 的回归系数 a 和 b[7]。分别计算车号 4203842、5063135、4679032 和 3965432 检测次数的对数 $\ln y$ 与偏重检测数据绝对值的对数 $\ln y$ 的回归方程，结果详见表 3。

表 3 车号与对应的回归方程

序号	车号	回归方程
1	4203842	$\ln y = 0.76 \cdot \ln x + 5.80$
2	5063135	$\ln y = 0.15 \cdot \ln x + 8.63$
3	4679032	$\ln y = 0.66 \cdot \ln x + 7.74$
4	3965432	$\ln y = 1.4 \cdot \ln x + 7.26$

3.2 显著性检验

利用最小二乘法计算回归方程 $\ln y = b \ln x + a$，检验回归方程是否有意义。显著性是判断回归方程是否有意义的重要依据[8,9]，本文主要使用 F 检验方法来判断回归方程是否显著。首先提出检测次数的对数与偏重检测数据绝对值的对数是否存在显著的线性关系的假设：

$$H_0 : b = 0 ; \quad H_1 : b \neq 0$$

计算统计量 $F = (n-2)Q_{回} / Q_{剩}$，其中，$Q_{回} = \sum_{i=1}^{n}(\widehat{\ln y_i} - \overline{\ln y})^2$ 为回归平方和，$Q_{剩} = \sum_{i=1}^{n}(\ln y_i - \widehat{\ln y_i})^2$ 为残差平方和，n 为样本个数，$\widehat{\ln y_i}$ 为通过回归方程计算的第 i 次检测的偏重检测数据绝对值的对数、$\ln y_i$ 和 $\overline{\ln y}$ 分别是实际的第 i 次偏重检测数据绝对值的对数和历史偏重检测数据绝对值对数的平均数。由 F 检验方法可知，F 服从自由度为 1 和 $n-2$ 的 F 分布 $F(1, n-2)$，并且假设检验的拒绝域为 $[F_{1-\alpha}(1, n-2), +\infty]$，其中，$\alpha$ 为显著性水平。选取合适的显著性水平 α 值，$F_{1-\alpha}(1, n-2)$ 的具体数值参照 F 检验临界值表，具体数据详见表 4。

表 4 各显著性水平的 F 检验临界值

显著性水平 α	N	$F_{1-\alpha}(1, n-2)$
0.01	4	98.50
	5	34.12
	6	21.20
	7	16.26
	8	13.75
	9	12.25
0.025	4	38.51
	5	17.44
	6	12.22
	7	10.01
	8	8.81
	9	8.07
0.05	4	18.51
	5	10.13
	6	7.71
	7	6.61
	8	5.99
	9	5.59

续表

显著性水平 α	N	$F_{1-\alpha}(1, n-2)$
0.1	4	8.53
	5	5.54
	6	4.54
	7	4.06
	8	3.78
	9	3.59

若统计量 F 落在拒绝域外，则接受假设 H_0，认为线性回归方程不显著，即检测次数的对数与偏重检测数据绝对值的对数之间没有显著的线性递增关系。此时，该货车为正常货车。若统计量 F 落在拒绝域内，则拒绝假设 H_0，从而认为线性回归方程显著，即回归方程有意义。若回归系数 $b > 0$，并且回归方程是显著的，则检测次数的对数与偏重检测数据绝对值的对数之间存在线性回归函数，所以偏重检测数据绝对值的对数随着检测次数的对数的增加有显著的线性递增趋势，即偏重检测数据绝对值随着检测次数的增加有显著的递增趋势。此时，可进一步进行预测。

分别计算车号 4203842、5063135、4679032 和 3965432 的统计量 F，结果如表 5 所示。当显著性水平分别为 0.1、0.05、0.025 和 0.01 时，车号 5063135 的统计量 F 均小于表 5 列出的检验临界值，车号 5063135 随着检测次数对数的增加，偏重检测数据绝对值的对数没有显著的线性递增趋势；当显著性水平为 0.1 时，车号 4203842、4679032 和 3965432 的统计量 F 落在拒绝域内，即车号 4203842、4679032 和 3965432 随着检测次数对数的增加，偏重检测数据绝对值的对数有显著的线性递增趋势；当显著性水平分别为 0.05 和 0.025 时，车号 4679032 和 3965432 的统计量 F 落在拒绝域内，即车号 4679032 和 3965432 随着检测次数对数的增加，偏重检测数据绝对值的对数有显著的线性递增趋势。当显著性水平为 0.01 时，车号 3965432 的统计量 F 落在拒绝域内，即车号 3965432 随着检测次数的对数增加，偏重检测数据绝对值的对数有显著的递增趋势。

表 5　各车号的统计量 F 值

车号	检测次数 n	F 值	$F_{0.99}(1, n-2)$	$F_{0.975}(1, n-2)$	$F_{0.95}(1, n-2)$	$F_{0.90}(1, n-2)$
4203842	9	4.56	12.25	8.07	5.59	3.59
5063135	5	0.55	34.12	17.44	10.13	5.54
4679032	6	14.65	21.20	12.22	7.71	4.54
3965432	4	127.52	98.50	38.51	18.51	8.53

根据分析结果，选取合适的显著性水平 0.05，车号 5063135 和 4203842 偏重检测数据绝对值的对数随着检测次数的对数增加没有显著的线性递增趋势，故为正常货车。在显著性水平为 0.05 的前提下，车号 4679032 和 3965432 检测次数与偏重检测数据绝对值的数量关系如表 6 所示。

表 6   各车号与对应的数量关系

序号	车号	方程
1	4679032	$y = x^{0.66}\exp(7.74)$
2	3965432	$y = x^{1.4}\exp(7.26)$

3.3   趋势预警

通过显著性检验的方法检验出回归方程显著，根据回归方程，计算出检测次数 X_0 对应的偏重检测数据绝对值 Y 的观察值 Y_0。若观察值 Y_0 大于偏重报警的阈值 10 t，则对该货车进行提前预警；若观察值 Y_0 小于偏重报警的阈值 10 t，则判定货车偏重检测数据有显著的线性递增趋势，则判定该货车为关注货车。

选取适当的显著性水平 α 为 0.05，计算车号 3965432 和 4679032 的预测值，如表 7 所示。预测车号 3965432 第 5 次的偏重检测数据绝对值为 13 537.42 kg，大于偏重报警阈值 10 t，故对车号 3965432 提前预警，车号 3965432 为隐患货车；预测车号 4679032 第 7 次的偏重检测数据绝对值为 8 302.41 kg，小于偏重报警阈值 10 t，判定本次运输车号 4679032 为关注货车。

表 7   各车号在显著性水平 0.05 下的预测值

显著性水平	车号	预测值/kg	结果
0.05	4679032	8 302.41	关注货车
	3965432	13 537.42	隐患货车

4   结语

本文合理选取同一货车同一批运输的超偏载检测数据，运用回归分析的统计学方法，通过分析超偏载检测数据与检测次数的关系，建立检测次数与超偏载检测数据的回归模型。该模型以检测次数表示时间变化，反映随着时间的推移，货车超偏载检测数据的变化趋势，进而判断货车的装载状态是否良好，从而进行预警。但是，当超偏载检测数据因设备的原因不稳定时，分析检测数据的变化趋势是片面的，结合设备稳定性的分析，对指导业务部门及时掌握货车装载状态、提高安全风险管控和提高工作效率有重要意义。

参 考 文 献

[1]   刘宗洋，蒋荟. 基于相关分析的超偏载装置精度评价方法研究[J]. 铁道科学与工程学报，2018.15（8）：2180-2186.

[2]   王志华,史天运,蒋荟.铁路货运计量安全检测监控系统误报报警分析及防范[J].铁

路计算机应用，2013，22（4）：33-35，39.

[3] 蒋荟. 基于信息融合的铁路行车安全监控体系及关键技术研究[D]. 北京：中国铁道科学研究院，2013.

[4] 马树峰，王颖. 关于强化铁路货车超偏载检测装置运用管理工作的探讨[J]. 铁道运输与经济，2011，33（12）：12-13.

[5] 王飞. 强化超偏载检测装置和动态轨道衡运用管理的探讨[J]. 铁道技术监督，2013，41（6）：12-14.

[6] 吴小萍，刘江伟，贾光智. 基于回归模型的中国铁路能源消耗分析[J]. 北京交通大学学报，2016 40（3）：98-99.

[7] 李永毅，苏文友. 回归分析方法在计算机测控系统中的应用[J]. 铁路计算机应用，1999，8（3）：19-21.

[8] 茆诗松，程依明，濮晓龙. 概率论与数理统计教程[M]. 2版. 北京：高等教育出版社，2011.

[9] 王兵团. 数学建模简明教程[M]. 北京：清华大学出版社，北京交通大学出版社，2012.

基于价格影响的贵广客专线旅客出行行为特征研究[①]

王煜[1] 李仕旺[2] 王梓[2] 李福星[2] 张永[1]

（1. 中国铁道科学研究院集团公司电子计算技术研究所，北京 100081；

2. 中铁程科技有限责任公司，北京 100081）

【摘要】对旅客群体精确分类是铁路运输企业进行收益管理的基础之一。基于价格因素影响对每位旅客的出行行为特征进行评价，同时结合每位旅客出行计划性的特点，将旅客群体分成 4 类，分别制定有针对性的营销策略和提供个性化的产品方案，以初步实现收益管理的基本思想。本文选取贵广客专线多次乘坐高铁的旅客为样本对象，根据其在票价动态调整开始实施前后出行行为的变化和购票提前时间等维度特征，运用模糊聚类和 BP 神经网络，将所有旅客群体分成 4 类。按照 4 类旅客不同的出行行为特征提供个性化的产品方案和实施有针对性的营销策略。最后，为提高旅客群体分类的准确性和多样性，加强与其他出行服务提供商等利益攸关方合作，围绕旅客出行全流程提供相应的一整套延伸服务，实现旅客出行全方位、多维度的追踪、记录、分析研究，以满足旅客更好的服务需求和实现铁路企业更好的经济效益。

【关键词】旅客出行行为特征识别；旅客群体分类；收益管理；营销策略与产品设计；模糊聚类；BP 神经网络

Research on the Travel Behavior Characteristics of Passenger Based on Price Affection between Guiyang and Guangzhou

Wang Yu[1] Li Shiwang[2] Wang Zi[2] Li Fuxing[2] Zhang Yong[1]

（1. Institute of Computing Technologies, China Academy of Railway Sciences Corporation Limited, Beijing 100081, China;

2. China Rails Travel Technology, Co., Ltd.,Beijing 100081, China）

① 中国铁道科学研究院集团有限公司开发基金青年课题：基于知识发现理论的铁路客运列车客票收入决策支持模型关键技术研究（2019YJ120）

Abstract: Accurate classification of passengers is one of the bases of revenue management for railway transportation enterprises. Based on the influence of price factors, the travel behavior characteristics of each passenger are evaluated. At the same time, combined with the characteristics of each passenger's travel planning, the passengers are divided into four categories, and the targeted marketing strategies and personalized product plans are formulated respectively to realize the basic idea of revenue management. In this paper, the passengers who take the high-speed railway train for several times between Guiyang and Guangzhou are selected as the samples. According to the dimensional characteristics of the change of travel behavior before and after the dynamic adjustment of ticket price and the time before and after the implementation of ticket purchase, fuzzy clustering and neural network are used to divide all passengers into four categories. According to the different travel behavior characteristics of four types of passengers, provide personalized product solutions and implement targeted marketing strategies. Finally, in order to improve the accuracy and diversity of passenger classification, strengthen the cooperation with other travel service providers and other stakeholders, provide a set of corresponding extension services around the whole process of passenger travel, and realize tracking, recording, analysis and research of passenger travel, so as to meet the better needs of passengers and achieve better economic benefits of railway enterprises.

Keywords: Passenger Travel Behavior Feature Recognition; Passenger Classification; Revenue Management; Marketing Strategy and Product Design; Fuzzy Clustering; BP Neural Network

1　引言

进入 21 世纪以来，中国高铁迅猛发展，2018 年全年，铁路发送旅客 33.7 亿人次，其中高铁发送 20.05 亿人次，同比增长 16.8%。高铁运输具有运量大、密度高的特点。另外，在很多重点运输区间，高铁与航空竞争的态势越来越明显。2007 年至 2017 年 10 年间，铁路客运量年均增长 8.6%，民航客运量年均增长 11.5%。铁路与航空占全国运输市场份额分别从 6.1%、0.8%增长至 16.7%、3%。全国客运运输市场表现为公路客流向铁路和航空转移的趋势。但是，在中长距离运输市场上，铁路正受到来自航空越来越大的竞争压力。2008 年至 2017 年，铁路客运量在 500～1 000 km、1 000～1 500 km、1 500km 以上的年均增速分别为 8.6%、5.9%、3.2%，呈递远递减趋势，不同距离区段上铁路与航空市场份额占比率（忽略公路和水运等交通方式）测算如表 1 所示。

表 1 不同距离区段上铁路与航空市场占有率测算

区段里程	铁路	航空
800 km 以内	82%	18%
800 km～1 000 km 以内	70%	30%
1 000 km～1 200 km	67%	33%
1 200 km～1 500 km	50%	50%
其中：1 300 km～1 400 km	40%	60%
1 500 km 以上	28%	72%

以广州到贵阳区段为例，全程距离 867 km，动车组全程运行接近 5 小时，二等座票价 320 元左右，相对应的航空运行时间为 1 小时 45 分，票价打折情况下大约在 580 元左右。综合考虑两种交通方式的运行时间和票价水平，航空仍然是高铁的有力竞争对手，当航空票价出现较大幅度和较大范围的折扣时，高铁旅客完全有可能选择航空出行。高铁想要提高竞争力只能在价格上下功夫，通过实施灵活的票价策略，根据航空票价浮动规律进行相应的动态调整，保证高铁的性价比优势。

除了面对航空竞争，随着高铁投资建设的持续高位运行，铁路运输企业面对的经营成本压力越来越大，每年财务费用、折旧费用越来越高，考验着企业经营能力。特别 2015 年起，铁路客运运输市场供给侧改革不断深化，对发展质量的要求越来越高。市场营销的关键在产品和价格，就价格而言，铁路运输企业通过实施更加贴近市场化的价格策略，增强市场营销能力，提高铁路在全社会客运市场的份额，争取更大的经济效益成为必然选择。同时，通过扩大价格浮动空间，丰富价格调节手段，对满足各类旅客需求、发挥价格对客流"削峰填谷"的作用、促进铁路客流长期稳定增长，也有着极为重要的作用。

自 2018 年 7 月 5 日开始，铁路价格管理部门对包括贵广客专线在内的 6 条客流需求旺盛的高铁线路实施了更为灵活的执行票价策略，使得原来一成不变的票价水平开始浮动。这为我们从价格角度对旅客出行行为特征的研究提供了契机，同一线路的不同车次呈现出不同的票价水平，为旅客提供了更多样化的出行选择。首先，因为旅客会从经济、时间、计划性等角度出发做出最合适的选择，所以在这次调价前后同一名旅客的出行行为会发生差别，这个差别是票价调整导致的（价格因素）。其次，根据旅客购买车票的提前天数可以大致描述旅客出行的计划性。统筹考虑价格因素影响和出行计划性来对旅客进行分类。最后，按照分类结果对各群体旅客提供有针对性的产品供给和价格策略。本文以贵广客运专线始发终到旅客为样本，基于价格因素和出行计划性对旅客进行识别和分类，最终提出更加贴近旅客需求和满足铁路运输企业经营效益的措施建议。

2 贵广客专线旅客对价格敏感度分析

2.1 数据选择与预处理

本文以贵广客运专线始发终到旅客为数据样本，首先，由于从 2018 年 7 月 5 日起，正式实施浮动执行票价策略,因此选择 2018 年 7 月 5 日至 2019 年 7 月 4 日为本期,选择 2017 年 7 月 5 日至 2018 年 7 月 4 日为同比期。其次,排除那些因为突发原因乘坐高铁列车的旅客,以本期和同比期两段时间内均乘坐高铁列车 4 次及以上的旅客作为样本对象。最后,以每名旅客乘车次数同比幅度、平均每次购票金额同比幅度、平均每次购票提前时间同比幅度这 3 个指标来衡量价格因素对旅客出行行为的影响大小,同时对这 3 个指标进行标准化处理,消除量纲的影响。经统计,一共有 45 225 个样本数据(旅客数量)。

2.2　价格敏感度计算模型选择

根据旅客在实施浮动执行票价策略前后出行行为特征的变化,将旅客样本分为两个群体。如果旅客在调价后出行行为特征有较大变化,则该旅客被划分为价格敏感度高的群体;相反,则被划分为价格敏感度低的群体。为了高效、快速地对 45 225 个旅客样本进行分类,我们选择先使用聚类算法对随机选择的 10 000 个样本数据进行标记,然后用这 10 000 个标记好的样本数据输入神经网络模型进行训练和测试,达到分类精度后停止。最后用训练好的神经网络对所有样本进行识别分类,最终得到分类结果。利用聚类算法为前导算法对部分样本进行标记,可以将无监督学习转化为有监督学习,避免在神经网络训练中因样本太大而引发网络结构复杂、收敛性差、泛化能力低等问题。

2.2.1　模糊聚类

模糊 C 均值聚类算法是聚类算法的一种,融合了模糊理论的精髓。大部分情况下,数据集中的对象并不能划分为明显分离的簇,指派一个对象到特定的簇有些生硬,也可能出错。因此,对每个对象属于每个簇赋予一个权值,表明属于该对象的程度,这便是模糊聚类的优点。每位旅客在实施票价差异化前后的出行行为发生变化,但多大幅度的变化可以将该旅客划分到价格敏感度高的群体显然没有一个明确的界限,这便是选择模糊聚类的合理之处。

模糊 C 均值聚类最小化目标函数为

$$J_m = \sum_{i=1}^{N} \sum_{j=1}^{C} u_{ij}^m \left\| x_i - c_j \right\|^2 \tag{1}$$

式中,m 为加权指数;x_i 为第 i 个样本,$i=1,2,\cdots,N$;c_j 为第 j 类的中心点,$j=1,2,\cdots,C$;u_{ij} 为样本 x_i 属于第 j 类的隶属度;$\|*\|$ 为一种距离度量公式。

通过不断地迭代计算隶属度 u_{ij} 和每类的中心 c_j 的过程,直到达到最优。

$$u_{ij} = \cfrac{1}{\sum_{k=1}^{c} \left(\cfrac{\left\| x_i - c_j \right\|}{\left\| x_i - c_k \right\|} \right)^{\frac{2}{m-1}}} \tag{2}$$

$$c_j = \frac{\sum_{i=1}^{N} u_{ij}^m * x_i}{\sum_{i=1}^{N} u_{ij}^m} \tag{3}$$

其中,对于单个样本 x_i,每个簇的隶属度之和为 1。

迭代终止条件为

$$\max_{ij} \left\{ \left| u_{ij}^{(k+1)} - u_{ij}^{(k)} \right| \right\} < \varepsilon \qquad (4)$$

式中，k 为迭代次数；ε 为误差阈值。上式可以理解为：通过不停迭代，隶属度 u_{ij} 变化越来越小，直到小于 ε，可认为达到最优状态了。同时可以证明，迭代过程收敛于目标函数公式（1）的局部最小值或者鞍点。

最终算法步骤如下。

步骤 1：初始化 $\boldsymbol{U} = \left[u_{ij} \right]$，$[*]$ 为均值矩阵，$\boldsymbol{U}^{(0)}$。

步骤 2：在 k 步：用 $\boldsymbol{U}^{(k)}$ 计算 $\boldsymbol{c}^{(k)} = \left[c_j \right]$。

$$c_j = \frac{\sum_{i=1}^{N} u_{ij}^m * x_i}{\sum_{i=1}^{N} u_{ij}^m}$$

步骤 3：更新 $\boldsymbol{U}^{(k)} \rightarrow \boldsymbol{U}^{(k+1)}$。

$$u_{ij} = \frac{1}{\sum_{k=1}^{c} \left(\frac{\left\| x_i - c_j \right\|}{\left\| x_i - c_k \right\|} \right)^{\frac{2}{m-1}}}$$

步骤 4：假如 $\left| u_{ij}^{(k+1)} - u_{ij}^{(k)} \right| < \varepsilon$ 则停止计算，否则返回步骤 2。

2.2.2 人工神经网络

基于样本特征值进行的判别分类有很多，本文选择人工神经网络。人工神经网络算法已经是一种非常成熟的分类算法，在实际分类计算问题中得到了有效的利用和验证，具有较强的自我学习和自适应能力。人工神经网络一般选择输出层的结果与期望值的误差平方和作为整个神经网络的误差函数，采用梯度下降算法对输出层、隐藏层、输入层的权值和偏移量进行调优。最终通过迭代使预测输出逐渐收敛于期望输出，即模型误差函数小于给定的阈值后停止迭代。大致计算过程为

输入层及中间层：

$$S_{kj} = \sum_{i=1}^{p} x_i * w_{ij} + b_i , \quad \forall \mathrm{k} \in [1, T] \qquad (5)$$

输出层：

$$O = \sum_{i=1}^{m} S_i * v_i \qquad (6)$$

阈值函数：

$$\tanh = \frac{\mathrm{e}^x - \mathrm{e}^{-x}}{\mathrm{e}^x + \mathrm{e}^{-x}} \qquad (7)$$

误差函数：

$$\mathrm{error} = \sum_{i=1}^{n} (y_i - \tilde{y}_i)^2 \qquad (8)$$

其中，公式（7）为设置的 tanh 函数，其值域为[-1,1]，用于输出结果的非线性变换。x_i 为样本的第 i 个特征值；$i=1,2,\cdots,p$；W_{ij} 为权重；b_i 为偏移量；S_{kj} 为对应第 k 个隐藏层第 j 个节点的输出；$k=1,2,\cdots,T$，且经过公式（7）的非线性变换。公式（6）为隐藏层至

输出层过程，V_i 为权重，$i=1,2,\cdots,m$；O 为对应输出层的最终输出，且同样经过公式（7）的非线性变换，最终输出结果与预测值进行误差计算，误差公式如式（8）所示。其中，n 为样本个数，$\tilde{y_i}$ 为第 i 个样本的输出值，y_i 为第 i 个样本对应的真实值。根据误差结果反向传播调整各层的权重和偏移量，将下一个样本带入更新调整权重参数和偏移量参数后的神经网络，计算误差，不断循环迭代，直至误差小于事先设置的阈值，停止迭代更新，训练完毕。

2.2.3　价格敏感度计算过程

为了更好地对旅客的价格敏感性进行度量识别，不再随机初始选取聚类点。统计了所有样本旅客在乘车次数变化同比幅度、平均每次购票金额变化同比幅度、平均每次购票提前时间变化同比幅度这 3 个指标的分布情况，按照数值从小到大排列后，分别计算每个指标的最小值、四分之一分位数、中位数、四分之三分位数、最大值，如表 2 所示。

表 2　出行行为特征指标分布

	平均每次购票金额变化 同比幅度	乘车次数变化 同比幅度	平均每次购票提前时间变化 同比幅度
最小值	-92.0%	-92.7%	-2 675.0%
四分之一分位数	-9.4%	-22.2%	-180.0%
中位数	20.4%	0.0%	0.0%
四分之三分位数	56.5%	25.0%	167.9%
最大值	1 513.7%	1 425.0%	2 830.0%

选择四分之一分位数和中位数作为初始聚类点。贵广客运专线实施灵活浮动的票价策略后，总体票价大概上浮 20% 左右（部分车次价格下浮），所以对于价格不敏感的旅客群体，其出行行为特征变化不大，其乘车次数变化同比幅度接近于 0、平均每次购票提前时间变化同比幅度接近于 0，经测算，平均每次购票金额变化同比幅度接近于 20%。因此，选取中位数为第一个初始聚类点。对于价格比较敏感的旅客群体，价格上浮后倾向于减少乘车次数，同时倾向于选择乘坐执行票价下浮的车次，由于退改签政策的实施，价格敏感度高的旅客也会尽量提高出行的计划性，或提前购买车票，防止遇到意外事件，来得及退票和改签。综合考虑，选择四分之一分位数作为第二个初始聚类点，选择公式（1）作为聚类时距离度量的方法。选择 10 000 个数据样本进行模糊聚类，聚类结果上对价格较敏感（价格敏感度高）的群体，这部分旅客样本赋值为 1，而另一类旅客样本赋值为-1。

D（样本数据，聚类点）=（乘车金额变化同比幅度-聚类点）×0.2+（乘车次数变化同比幅度-聚类点）×0.6+（购票提前天数变化同比幅度-聚类点）×0.2　　　　（1）

3 模型应用与分析

3.1 贵广客专线旅客价格敏感度分类

利用训练好的神经网络对所有的样本数据进行价格敏感度计算，对每位旅客在调价前后出行行为的变化做出评价，给予最终得分，得分分布在[-1,1]范围内，得分越接近 1，表明该旅客在票价开始动态化定价后乘坐高铁列车频次、购买高铁列车票价金额、提前购买车票时间等出行行为同比变动越大，说明其出行行为对价格敏感度越高。反之，得分越接近-1，说明该旅客对价格敏感度越低。

根据日常工作经验，当该旅客得分大于 0 时，将其归入价格敏感度高的旅客群体，当得分小于 0 时应归入价格敏感度低的旅客群体。另外，由于分类过程存在随机性，对所有旅客样本进行多次计算取每类群体占比的均值来代表最终分类结果，如表 3 所示。

表 3　贵广客专线旅客价格敏感度最终分类结果

分类结果	得分	
	输出值小于 0，价格敏感度低	输出值大于 0，价格敏感度高
占总体比例	67%	33%

根据表 3 的结果，贵广客专线所有样本旅客中，价格敏感度高的旅客群体占总体的 33% 左右，即贵广客专线实施执行票价动态浮动政策后，约 33% 的经常乘坐该线列车出行的旅客行为发生较大变化，证明了价格因素对这部分旅客群体的出行决策有很大影响。

3.2 贵广客专线旅客出行计划性分类

除了价格因素，旅客出行的计划性也会对其出行行为产生影响。按照旅客购票时间与乘车时间的差值计算该旅客购票提前天数，旅客出行计划性越高，则提前购买车票的天数越长；反之，该旅客出行随意性越强，出行行为往往由突发随机因素引起。按照所有旅客样本购买车票提前天数从小到大排列，计算所有十分位数，如表 4 所示。

表 4　贵广客专线旅客调价后平均每次购票提前天数分布

第 i 分位数	提前购票天数
0	0
10	0.75
20	1.2
30	1.67
40	2.33
中位数	3.25
60	4.75

第 i 分位数	提前购票天数
70	6.86
80	9.6
90	14.5

可以看到旅客平均购票提前天数从当天（0）到 14.5 天，中位数为 3.25 天，综合考虑旅客购票习惯与平时工作经验，按照购票提前天数是否大于 3 天将所有旅客分为两类，平均每次购票提前天数小于 3 天的旅客可以视为出行计划性较低，出行受突发随机性影响较大，出行较为仓促。平均每次购票提前天数大于 3 天的旅客可以视为出行有一定的计划性，这部分旅客会提前安排行程、提前较长时间购票，轻易不会改变出行决定。最终分类结果如表 5 所示。

表 5　贵广客专线旅客出行计划性分类统计

	出行计划性较强	出行随机性较强
样本数量	23 658 个	21 567 个
占总体比例	51.8%	48.2%
标记赋值	1	0

从表 5 可以看到，在所有旅客样本中出行计划性较强的旅客有 23 658 人，占比 51.8%，出行随机性较强（出行较为仓促）的旅客有 21 567 人，占比 48.2%。

3.3　贵广客专线旅客营销策略与产品选择

按照旅客出行行为从价格敏感性和出行计划性两个维度对旅客群体划分为 4 类，分类结果如图 1 所示。可以看到，纵轴代表旅客出行计划性，横轴代表旅客对价格的敏感度，通过这两个指标将所有旅客划分成 4 类。旅客群体 A 代表价格敏感性高且出行计划性低的旅客，这部分旅客在调价前后出行行为特征变化较大，同时购票提前天数较少，出行计划性较低；旅客群体 B 代表价格敏感性高且出行计划性高的旅客，这部分旅客在调价前后出行行为特征变化较大，同时购票提前天数较多，出行计划性较高；旅客群体 C 代表价格敏感性低且出行计划性低的旅客，该部分旅客在调价前后出行行为特征变化较小，同时购票提前天数较少，出行计划性较低；旅客群体 D 代表价格敏感性低且出行计划性高的旅客，该部分旅客在调价前后出行行为特征变化较小，同时购票提前天数较多，出行计划性较高。从铁路运输企业的角度出发，旅客价格敏感度越低，售出全价车票的概率越高；出行计划性越高，购票提前天数越多，运输企业需求获取越早，组织分配票额及列车调度开行准备越充分。各类旅客群体的营销价值大小排序为：旅客群体 D>旅客群体 C>旅客群体 B>旅客群体 A。

最终按照以上分类标准将 45 225 个旅客样本分成 4 类，最终分类结果如图 2 所示。其中，旅客群体 A 有 16 280 名旅客，旅客群体 B 有 7 378 名旅客，旅客群体 C 有 13 890 名旅客，旅客群体 D 有 7 677 名旅客。

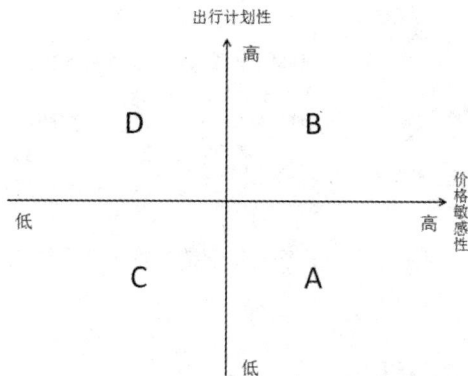

图1 贵广客专线旅客分类标准

价格影响

		价格不敏感	价格敏感
出行计划性	出行计划性较强	16 280（旅客群体D）	7 378（旅客群体B）
	出行随机性较强	13 890（旅客群体C）	7 677（旅客群体A）

图2 贵广客专线旅客最终分类结果

对于旅客群体 A，出行随机性强，购票提前时间短，出行具有不可更改性，但对价格较为敏感，因而针对该部分旅客应实施差异化的定价策略，依据每趟列车运行时间的不同和开点到点的不同设置不同的票价水平，通过低票价列车来吸引这部分旅客。对于旅客群体 B，出行计划性较强，往往会提前较多天购买车票，同时对于价格较为敏感，针对这部分旅客应实施价格随预售期变化的动态化定价的执行票价策略。比如，通过预售期内提前购票享受一定程度的折扣，并随着临近开车日期逐渐上浮票价来达到动态定价的效果。最终提高这部分旅客的用户黏性，保持乘车需求稳定。对于旅客群体 C，这部分旅客对价格不敏感，同时出行随机性较强，往往临近开车才购买车票。这部分旅客也常常考虑飞机等其他交通运输方式，出行选择考虑多样化。针对这部分旅客，应继续提高延伸服务种类和产品服务质量，提供相比于其他交通方式的特色或差异化服务，如快速安检进站、列车网上订餐、共享租车等，继续提高列车乘车舒适度、保持高铁相比较于航空的高准点率等，提高高铁整体竞争力。对于旅客群体 D，一方面对价格敏感性较低，对价格关注度较少；另一方面，出行计划性较高意味着提前购票时间较长，旅客能够较早确定行程，并对高铁已经形成一定的用户黏性，这部分旅客用户价值最大。针对这部分旅客应积极扩大营销力度，尤其是争取发展成为铁路常旅客会员，通过向其提供全方位的会员服务，来获取更高的单客收益。最终营销（产品）策略选择如图3所示。

价格影响

		价格不敏感	价格敏感
出行计划性	出行计划性较强	常旅客会员	动态化定价
	出行随机性较强	特色化、差异化延伸服务	差异化定价

图 3　贵广客专线旅客群体营销策略与产品方案选择

4　下一步建议

本文对旅客群体的分类主要目的是针对不同旅客群体实施针对性的营销策略和提供差异化产品方案，最终效果有赖于对旅客群体各种行为特征足够准确和全面的识别。本文到目前为止对出行特征和消费特征的识别仍然较为有限，还需要掌握旅客更多的出行行为信息，如乘坐高铁前后市区交通的乘车选择和时间等信息，获得更多的旅客消费行为信息，来分析旅客消费行为的频率、偏好等。因而，围绕精准全面识别旅客行为特征，构建多维度立体动态化的旅客用户画像，需要从以下几方面采取措施。

（1）对旅客在网络购票时的所有操作行为进行记录存储和分析，包括点击页面内容、查询车次顺序、页面停留时间、排序关键词选择等。这些操作行为包含了旅客在购票时所考虑的各项因素，通过在先后顺序和跳转页面、搜索关键词、主动排序选择等方面的进一步挖掘和关联分析可以帮助铁路运输企业更好地对旅客选择偏好，重点考虑因素进行识别和判断，最终更准确地对旅客进行分类。

（2）与其他交通方式信息共享，获取旅客出行全流程数据。积极与航空、公路、水运、城市公共交通、城市轨道交通、其他出行服务提供商等厂家合作，共同推出如航空铁路联程票、高铁无轨车站等联程服务；通过双方共享旅客信息，掌握旅客出行"门到门"的全程行为数据。通过对数据采集、挖掘、分析、预测，掌握旅客出行的各类行为特征，为改善、提高服务质量，提供满足旅客潜在需求的新服务做好铺垫。

（3）围绕旅客消费数据的获取，通过合作分享或者提供更多的消费服务获取相关数据。继续扩充常旅客会员相关服务，实现会员积分更多兑换用途；与民航、银行、零售、电商平台等厂商合作，实现积分和兑换服务的互认，扩大会员积分的使用途径，提高使用频率；大力发展以铁路移动支付为核心的金融服务功能，通过中铁银通卡、月票计次车票等优惠活动和便捷出行措施积极吸引并提高用户数量，最终建立起活跃的金融支付流通体系和消费服务功能；围绕着列车订餐、12306 商城、共享租车、特色旅游、酒店预订等既有功能继续扩大服务种类，形成以乘车出行为核心的全方位、多领域的一站式、全流程延伸服务。通过以上举措采集获取旅客多维度的消费数据，为更加准确、精细的旅客群体分类提供条件，最终形成全面、立体、动态的旅客用户画像。

5 结语

随着四纵四横高铁网络逐渐成型，高铁开始进入管理运营期，尤其是铁路运输企业转制以来，扩大经营规模、提高经营效益的要求越来越高，以收益管理为核心的经营思路便呼之欲出。收益管理的一个重要基础是对旅客群体进行精准的识别分类，并实施差异化的营销策略和提供个性化的产品方案。基于价格角度对旅客价格敏感度进行评分计算，并在此基础上结合旅客出行计划性对旅客群体实施分类，可以广泛应用于新线开通票价制定，即有线差异化定价、预售期票价动态调整、丰富常旅客会员营销、进一步扩大旅客延伸服务等方面，将是下一步铁路运输企业收益管理工作的重点。

参 考 文 献

[1] 景云，刘应科，郭思治.基于旅客选择行为的高速铁路动态联合定价策略研究[J].铁道学报，2019，41（9）：28-33.

[2] 张岚等，朱连华，吴秀钰，沈蓓蓓，宋迎曦.基于浮动定价模型的高速铁路票价定价机制实证分析[J].铁道运输与经济，2014，36（4）.

[3] 刘健，张宁.基于模糊聚类的城际高铁旅客出行行为实证研究[J].交通运输系统工程与信息，2012，12（6）：100-105.

[4] Bo Li, Peng Zhao, Yunfeng Li, Wenbo Song. Research on Dynamic Pricing of Parallel Trains of High-speed Railway Based on Passenger Segment[J]. Journal of the China Railway Society. 2017, 39(9):10-16.

[5] 徐涛，刘泽君，卢敏.基于 RBM-BPNN 的民航潜在高价值旅客预测[J].计算机应用于软件，2019（9）：58-63.

[6] 郝晓培，单杏花，张军锋.铁路旅客价值指数计算模型的设计研究[J].铁道运输与经济，2018，40（9）：80-85.

[7] 王爽，赵鹏.基于 Logit 模型的客运专线旅客选择行为分析[J].铁道学报，2009，31（3）：1-6.

[8] Kiyoshi Kobayashi, Makoto Okumura. The growth of city systems with high—speed railway systems[J]. The Annals of Regional Science, 1997, 31(1)：39-56.

[9] 王煜，徐彦，方伟，王亮.高速铁路动卧旅客对价格敏感度的识别与研究[J].铁路计算机应用，2019，28（3）：12-15.

[10] 张军锋.铁路旅客用户画像系统设计与应用研究[J].铁路计算机应用，2018，27（7）：54-57.

铁路客票智能运维关键技术的研究

江琳　张志强　潘跃　贾成强　刘相坤

（中国铁道科学研究院集团公司电子计算技术研究所，北京 100081）

【摘要】目前铁路客票系统运维是传统技术运维，对复杂场景下的问题诊断处理、故障应急处置等，仍需运维人员进行大量人工干预，这阻碍了运维效率的进一步提升。本文通过智能客服、决策组件、自动修复、专家系统、云端支撑、运维大数据平台等关键技术的研究，可有效解决传统人工运维成本高、服务时间受限、培训成本高、线路忙等诸多问题，并能有效减少人为错误，规范服务标准，提升用户体验，提供高质量、全自动的服务。

【关键词】智能客服；决策组件；专家系统；云端支撑

Research on Key Technology of AIOps of Railway Ticketing System

Jiang Lin　Zhang Zhiqiang　Pan Yue　Jia Chengqiang　Liu Xiangkun

（Institute of Computing Technologies, China Academy of Railway Sciences Corporation Limited, Beijing 100081, China）

Abstract: At present, the operation and maintenance of the railway passenger ticket system is a traditional technology operation and maintenance, which still requires a lot of manual intervention by the operation and maintenance personnel for the problem diagnosis and troubleshooting in complex scenarios, which hinders the further improvement of the operation and maintenance efficiency. Research on key technologies such as intelligent customer service, decision component, automatic repair, expert system, cloud support, operation and maintenance big data platform, etc., it can effectively solve many problems such as high cost of traditional manual operation and maintenance, limited service time, high training cost, busy lines, etc., and effectively reduce human errors, standardize service standards, improve user experience, and provide high-quality, full-automatic services Finally, realize the intelligent operation and maintenance of the railway passenger ticket system.

Keyword: Intelligent Customer Service; Decision Component; Expert System; Cloud Support

1 引言

铁路客票系统是覆盖全国铁路的大规模计算机网络应用系统，一年发售超过 35 亿张车票，是目前全球交易量最大的实时票务处理系统。随着客运售票量的剧增和铁路业务规则的复杂化，目前运维采用输入命令等传统的运维方式处理问题，既不能保证问题处理响应的快速性、及时性，也不能确保问题处理的准确性、合理性，并且需要及时处理的现场生产问题激增，也给技术人员和开发人员带来了繁重的工作负担。

随着人工智能在各个领域的成功应用，其价值已逐渐被认知。将人工智能应用于运维领域的智能运维 AIOps，基于大数据分析、机器学习等人工智能技术来自动化管理运维事务，是信息系统发展的趋势。铁路客票智能运维是基于机器学习等人工智能算法，分析挖掘客票运维大数据，并利用自动化工具实施运维决策和智能管理运维，为客户提供快速响应及高质量的服务；通过智能客服、决策组件、自动修复、专家系统、云端支撑、运维大数据平台等关键技术的研究，最终实现铁路客票运维完全智能化。

2 铁路客票智能总体架构

2.1 总体架构设计

系统整体架构设计是在客票系统安全平台下引入云、机器学习、大数据分析等人工智能技术，构建统一接入、快速转办、自动处置、主动监控的铁路客票智能运维体系。整体架构分为云端支撑、智能平台、基础架构 3 层，系统总体架构如图 1 所示。

上层是基于互联网的云端支撑，可以借助互联网的力量持续提升平台能力；智能平台的决策层可以与云端支撑层进行数据交换，持续地更新和提升平台的能力。

中间层是核心智能平台，主要分为门户、应用层、智能决策层和支撑系统 4 层。门户，为用户提供统一接入界面。应用层，采用自助语音应答、文本智能问答、人工服务等方式对外提供智能客服的服务。智能决策层，提供支撑的智能支撑功能，包括决策引擎、巡检自动化、业务自动化、语音识别、语义分析等模块。支撑系统，提供包括机器算法类的接口支撑。

底层是系统基础架构，也是平台的技术支撑，包括基础设备和运维大数据平台。运维大数据平台包括语言语义库、基础知识库、问题分析库、故障处置库、培训库等运维数据。

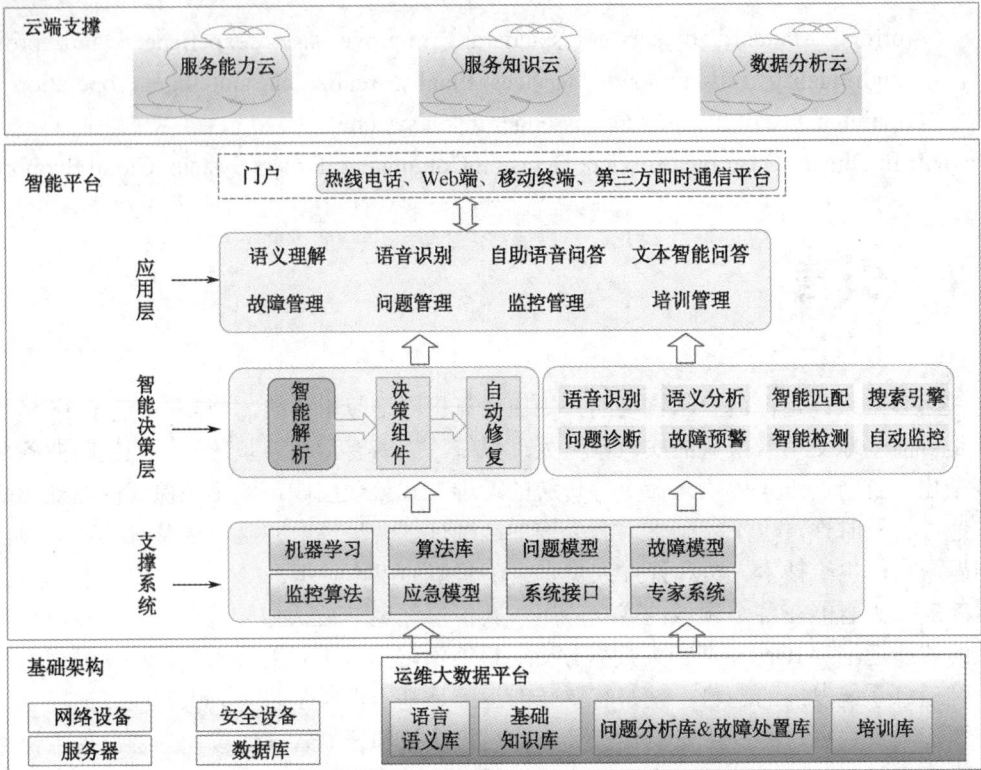

图 1　总体架构设计

2.2　业务流程处置

用户通过各种接入渠道输入语音或文本信息，通过交互平台以语音导航、人工客服、智能问答等方式进行接待，根据咨询的业务分类转接到相关业务知识库、相关业务部门人工及工单。底层的运维大数据平台进行大数据分析，通过支撑系统进行智能解析组件对问题、故障、监控、培训等运维诉求进行解析，对于可以智能解析的诉求，通过机器学习获取自动处置策略后，进行智能决策，完成模型处理，在应用层通过自助语音、智能问答的方式进行实时回复，以工单的方式进行延时回复。

3　关键技术

3.1　智能客服

应用层的基本功能主要包括智能客服、故障管理、问题管理、监控管理、培训管理等基础应用功能服务。

智能客服包括语义理解、语音识别、自助语音问答等。在语义理解层面上，为了降低实现难度，目前机器理解是给定人工构造的数据集及回答一些相对简单的问题，包括机器需要理解的单词、意境及对应的问题回答，比较常见的任务形式包括人工合成问答、Cloze-style queries 和选择题等方式。12306 在铁路专业背景下，语义库和语义网的建设必然具有特殊性和唯一性。语音识别是让机器通过识别和理解过程把语音信号转变为相应的文本或命令，将人类的语音中的词汇内容转换为计算机可读的输入，并可以识别语音内容、说话人、语种等信息识别出来。自助语音问答是在问题解决后通过综合语音合成、语音识别等智能技术，语音合成可以将输入的文字信息转化为自然流畅的语音。

在应用层，采用机器人前置的方式实现现场故障、问题、监控、培训的管理，拦截大部分用户诉求，对于复杂问题由人工客服作为补充。

3.2　决策组件

智能决策组件包括能够独立完成一定功能的智能体单元。

运行状态评估智能体：实时地监视系统的运行状况，对目前及未来的系统状况进行安全评估，依据预测的可能系统状况，协调智能层的其他智能体进行预防性策略跟踪，使系统保持在正常经济、安全的状态。

运行决策智能体：在正常状况下，根据系统约束条件，在运行规则的指导下，运用相应的算法、模型和知识，综合运用全局系统信息，进行不同优化算法、不同优化模型、不同优化目标之间的优化协调，使得优化决策具有全局可行性，避免优化孤岛的出现。

问题决策智能体：对日常运维问题进行决策支持系统，完成特定的任务或进行系统的维护管理与技术支持等。

故障决策智能体：在故障预警时，自动依据系统运行状况，诊断故障地点和类型等，制定紧急控制，并告知或帮助调度人员进行紧急控制策略；对已发生的故障，依据系统状况，结合先验知识，采用不同的模型和算法进行系统恢复决策。

日常监控智能体：除了对客票各子系统和业模块进行监视、维护、处理异常等日常工作外，还需要进行编写调度日志、操作票、事故报告等一系列工作。

模拟培训智能体：进行决策支持系统的培训、模拟、决策跟踪等。

3.3　自动修复处置

自动修复处置是各类问题和故障模型通过后台工作流管理脚本和自动化运维工具进行触发后完成自处置。在机器学习专家库的处置模型中筛选出最优配置的算法，通过决策组件进行调度，调度程序用于定义规则中必须执行且具备周期性特征的后台任务，将各种业务需要执行的操作统一规划并简化为定义，利用执行脚本完成相关操作，保证每个流程能够及时顺畅处理。根据现场业务实际需求，在系统的繁忙、空闲时段定义不同种类的定时任务，完成系统和业务的各种工单问题与故障的处置业务。

处置完毕后的问题和故障以自动化工单的形式，汇总生成技术支持案例，把处置情况和结果通过手机短信、电子邮件等方式通知到相关人员，完成整个问题和故障自动处理协调的全过程。

3.4　专家系统

专家系统是支撑系统的核心关键，主要包括收集问题、故障、培训、监控、巡检数据到运维大数据平台；数据清洗、转换、统一；基础统计；基础统计结果存储到数据库；计算引擎加载数据；划分训练和测试集合；训练模型，在运维大数据平台测试集上进行验证；保存模型；对于最优的模型进行保存，迭代式优化模型，最终形成专家系统。

专家系统可以与云端支撑层进行数据交换，持续更新和提升平台的能力。

3.5　云端支撑

通过云计算把客票系统服务运营数据、运行状态和性能数据、服务数据、数据分析引擎、知识库管理乃至应用程序全部集中部署到云端，以各种监控、告警、日志、报告服务工具为依托，可实现全网的统一运维管理，不仅打破传统的本地式运维的地域限制，还能及早发现故障隐患，从而可以建立起主动式 IT 运维，同时运维总体工作量大大减少，运维成本大幅降低，为中间的智能管理提供强有力的技术支撑。

3.6　运维大数据平台

客票运维大数据平台采集 12306 互联网售票、铁路 12306 App 和线下售票、自动售票、电话订票、站车交互、自动检票、验证检票、营销分析、清算统计等近 40 多个铁路信息子系统的业务数据，并对日常问题、子系统功能评估、软件应用报错日志、数据库日志、应用信息等系统数据进行采集、分析、计算、存储，并定义标准化的指标体系，对运维数据进行萃取，积累大量的可用的运维数据。

平台采用 Hadoop 分布式计算架构设计，可并行支持多个物理节点和同一节点内多台服务器的分布式并行计算。系统具有可扩展性，可根据计算需求，对计算节点和节点内的计算服务器进行扩展。

4　结语

客票系统智能运维基于机器学习等人工智能算法，分析挖掘客票运维大数据，通过对智能客服、决策组件、自动修复、专家系统、云端支撑、运维大数据平台等关键技术的研究，逐步实现运维决策自动化和智能管理，重复性运维工作的人力成本和效率问题得到了有效解决，为客票系统运维提供更高质量、合理成本及高效的自动化支撑，为中国铁路信息系统进一步发展提供有力的技术保障。

参 考 文 献

[1] 张礼立，罗奇敏. 软件定义世界：云计算中心与智能运维的软件定义解析[M]. 北京：机械工业出版社，2017.

[2] 汤滨. 大数据定义智能运维[M]. 北京：机械工业出版社，2019.

[3] （美）戴昆，（美）约翰逊，（美）默克，等. Splunk 智能运维实战[M]. 宫鑫，康宁，刘法宗，译. 北京：机械工业出版社，2015.

[4] 彭冬. 智能运维：从 0 搭建大规模分布式 AIOps 系统[M]. 北京：电子工业出版社，2018.

[5] Melissa Roxas. Maluuba's Machine Literacy Model Beats Facebook, Google and IBM in CBT and CNN Dataset Tests. [EB/OL] [2020-09-09]. http://www.marketwired.com/press-release/maluubas-machine-literacy-model-beats-facebook-google-ibm-cbt-cnn-dataset-tests-2132623.htm.

[6] 费鹏. 用户画像构建技术研究[D]. 大连：大连理工大学，2017.

[7] 张志强，汪健雄，靳超. 铁路智能客服关键技术研究[J]. 铁路计算机应用，2019-09.

铁路旅客列车无座席管理及技术研究[①]

王元媛　张志强　刘国峰　尹伊伊　卢元惠

（中国铁道科学研究院电子计算技术研究所，北京 100081）

【摘要】本文分析了铁路客运在传统运输组织和高铁动车运输组织模式下，无座席的运用场景及可能存在的问题，针对这些问题重点研究了无座席的管理技术和售票组织策略，有效解决了列车超员、列车无座席发售不均衡、列车无座席客运组织困难等问题。随着高铁动车公交化开行列车对数的增加，无座席的存量管理和自由席管理将是铁路客运客票席位管理进一步深入研究的方向。

【关键词】无座席；无座席上限；无座席复用；无座席共用

Study on the Management and Technology of Passenger Trains without Seats

Wang Yuanyuan　Zhang Zhiqiang　Liu Guofeng　Yi Yiyi　Lu Yuanhui

（ Institute of Computing Technologies, China Academy of Railway Sciences, Beijing 100081, China ）

Abstract: This paper analyzes the railway passenger transportation in the traditional transport organization and high-speed train transport organization mode, no position using the scene and possible problems, to solve these problems on management techniques and no seating tickets organization strategy, effectively solve the overcrowded train, train without position selling disequilibrium, train position difficult problems, such as passenger transport organization. With the increase of the number of high-speed train running by bus, the management of stock and free seats will be the direction of further research on the management of passenger ticket seats.

---

① 基金项目：中国国家铁路集团有限公司 2019 重大项目（ K2019X008 ）

Keywords: No Seats; No Seats Limit; No Seats Reuse; No Seats Share

1 引言

在传统的铁路客运运输中，由于铁路出行方式的安全、经济等特点，乘坐火车出行是人们的首选，尤其是在春节、五一、十一等节假日客流高峰，铁路客运运输能力更是无法满足旅客的出行需求，因此无座席位就成为缓解中国铁路传统客运运输运力的重要手段。

随着高速铁路的快速建设，在经济较发达城市之间、发达城市与周边城市之间的高铁公交化运输的特征逐步显现，为满足公交化运输高密度、小编组、乘降方便的需求，无座席成为高铁列车公交化运输的重要席位组织。因此，随着中国铁路客运运输模式的变化，客票系统中无座席的组织和管理研究也将随之发生变化。

2 运用场景分析

2.1 长途旅客列车

长途旅客列车一般是指列车全程运行时间长、停靠车站多、始发终到车站之间开行列车对数较少的列车，多为 T 字头、K 字头、数字字头及 L 字头的列车。长途旅客列车在席位管理上一般遵循固定票额分配，有座席票额主要集中在列车的始发站及沿途大站，中途小站只预留有座席票额或不预留，沿途客流主要靠发售无座席票额来满足，在列车承载的最大超员率控制下，以及在保障运输组织安全的前提下，最大限度地发售无座席车票，来满足中途车站旅客的购票乘车需求。长途旅客列车的无座席车票的发售和运输组织，有效地弥补了铁路客运的运能运力，有效地满足了旅客的出行需求。

2.2 城际旅客列车

城际旅客列车一般是指经济较发达城市之间、发达城市与周边城市之间开行的列车，城际旅客列车具有全程运行时间短、停靠车站少、站站之间运行时间短、始发终到车站之间开行列车对数多、开行时间间隔短、小编组开行的特点，多为 C 字头、D 字头或 G 字头列车。城际旅客列车一般情况下所承载旅客的数量小于列车的运行编组，列车的运能运力总体高于旅客的乘车需求，而且旅客乘坐时间短，快捷便利的乘降组织能够提升旅客的出行体验，因此为提升乘坐城际旅客列车的出行体验，需要为旅客提供便捷的乘降组织。因此，对城际旅客列车采用了全程发售无座席车票，旅客就近车厢乘坐，空余席位不对号入座，类似于公交车或地铁的公交化运输模式，尽可能地方便旅客乘车需求，缓解沿线车站的客流压力。

3　存在的问题

无论是长途旅客列车还是城际旅客列车，在无座席运用过程中都有可能在列车超员、列车无座席位发售、列车无座席位组织等方面存在一些问题。

3.1　列车超员

长途旅客列车为尽可能多地满足中途旅客的乘车需求，车站业务人员会随着客流需求的增长而增加无座席票额，进而最大限度地满足中途旅客的乘车需求，但是中途车站业务人员不掌握列车前方车站无座席发售的情况和到达本站的车内人数、下车人数，以及后方乘车站的客流情况，因此就有可能出现列车在该站超员，出现到达旅客下不来、乘车旅客上不去的情况。当列车全程车站都出现这种情况时，则会导致列车全程超员。

列车超员时，一方面无法乘车的旅客和无法下车的旅客会出现拥挤和纠纷现象，影响到旅客的人身安全；另一方面无法乘车的超员旅客，会到车站窗口办理车票的退改签业务，当在节假日或客流高峰期时，会使车站窗口的退改签业务量激增，尤其是无改签车次或改签车次无票时，会激起旅客的不满情绪，导致车站客运人员需要做大量的耐心安抚工作。因此，这两方面都严重影响了铁路客运服务形象和服务水平。

城际旅客列车和高速旅客列车由于开行速度快，旅客的运输安全更为重要，因此需要严格控制列车的超员率。当列车超员时，除会激增大量退改签业务外，还会造成列车超停、列车晚点，形成重大客运安全事故。复兴号高铁列车，列车运行全程是不允许超员的。

3.2　无座席发售

旅客在购买出发地车票的时候，都希望购买到有座席车票，尤其是中途乘车的旅客，当列车出发车站同时预分了有座席和无座席时，就需要优先保障旅客先购买到有座席车票，在有座席车票售完的情况下，再发售无座席车票。旅客在购票时，有座席车票和无座席车票的发售时间对旅客是否能够买到有座席车票也至关重要，要避免错过购买有座席车票的最佳时机。

在无座席发售的过程中，铁路局和车站业务人员需要实时掌握无座席车票的发售情况，各车厢无座席发售的是否均衡，不均衡就会导致有的车厢乘客过多、有的车厢乘客过少，过多或过少，都会导致车厢载重不均衡，过多时出现车内人员拥挤或挤压，过少时出现人员流动大，有时甚至会出现运输安全。因此，需要为业务人员提供发售策略的调整手段、控制手段、监控手段，保证无座席乘车的安全稳定。

3.3　乘车组织

随着客票系统的发展，采用了席位的复用和共用售票组织策略，来提高列车席位的全程利用率，尽可能满足中途旅客购买有座席车票的需求。持有座席车票的中途站乘车的旅客，在列车上遇到长途无座旅客侵占座位而不让座时，就会发生口角甚至肢体接触，影响其他旅客乘车安全，加大列车客运服务难度。

3.4 票面展示

城际旅客列车为满足公交化运输的特点，列车全程采用无座席的管理模式，全程只生成无座席席位，旅客购买的也是无座席车票，但乘车后可以任意选择座位乘车，这时持有无座席车票的旅客就会存在误解，无法分清楚乘车时是可以乘坐不对号入座的有座席还是真的没有座位乘车，降低了旅客的乘车体验。

4 管理技术研究

为解决客票系统发展过程中，无座席运输组织遇到的上述阶段性问题，铁路客票系统从 1996 年开始建设以来，就一直不断深入研究无座席的管理，从无座席席位的管理模式、生成、无座席超员控制、无座席销售策略、无座席票面展示等方面进行了深入的研究与应用。

4.1 权限管理

无座席权限管理主要指的是无座席相关数据的权限管理和存放位置，二者紧密相连。无座席相关数据包括无座计划、无座席位、无座调令、无座上限、无座售票组织策略数据、无座席发售控制数据等；无座席管理权限是指对无座席相关业务的操作权限；无座席存放是指无座席相关数据的存放位置。无座席权限管理模式发展进程如图 1 所示。

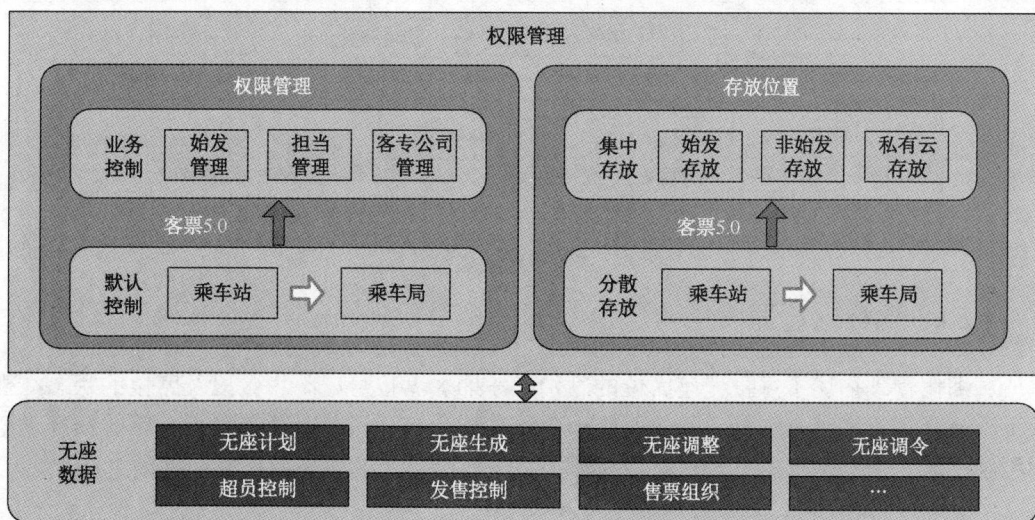

图 1 无座席权限管理发展进程

4.1.1　权限管理

无座席相关数据的权限管理由客票系统建设初期的乘车站管理，发展为乘车局管理。当列车途径的车站和铁路局确定后，无座席的管理权限即被确定，无须进行设置。客票系统 5.0 版本对总体架构进行了调整，无座席的管理权限可根据业务需求进行设置，可设置为始发路局管理、担当路局管理或客专公司管理 3 种管理方式。3 种管理方式均有利于列车的统一管理、售票组织策略的统一实施，但无论哪种管理方式均须平衡始发路局、担当路局和列车所在客专公司的售票组织策略实施和提高列车效益。对于一趟列车而言，管理权限必须唯一，目前采用的是始发局的管理方式。

4.1.2　存放位置

无座席的存放位置随无座席管理权限的发展而变化，由客票系统建设初期的乘车站存放、乘车局存放，发展为始发路局、非始发路局和客票私有云存放 3 种模式。客票系统 5.0 版本总体架构的调整促进了席位管理创新模式的发展。随着云计算、集群、分布式海量数据存储等技术的发展，搭建了客票系统私有云，与铁路局的服务器资源共同存储全路所有列车的席位数据。通过负载均衡算法，动态或静态调整列车的席位存放位置，达到合理、弹性地使用存储资源。

4.2　席位管理

无座席的席位管理模式可分为精细化管理和粗放管理两种模式，如图 2 所示。

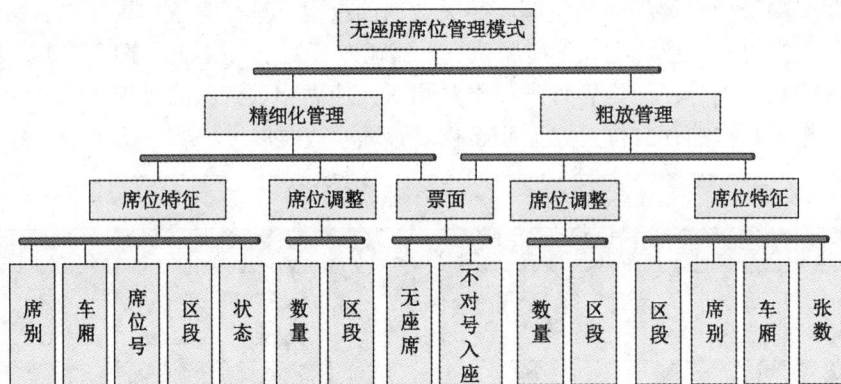

图 2　无座席席位管理模式

4.2.1　精细化管理

精细化管理描述了每张无座席位的席别、车厢、席位号、限售区段及席位的状态，提供了无座席数量增减、恢复及限售区段调整等功能，实现了对具体一张无座席的精准调整和控制；随着无座席存储天数和数量的增加，无座席所占的物理存储空间将随之增加。

4.2.2 粗放管理

粗放管理采用了按数量的方式进行管理，只对无座席的席别和张数进行了控制，提供了按数量调整和控制的功能；粗放管理的方式降低了席位存储空间的使用，使无座席的管理更加简便、快捷。

两种管理模式下，无座席都细分到不同席别上，普通车体现为硬座的无座，动车高铁则体现为二等座的无座，不同席别的无座席票价不同，分别与对应席别的有座席票价保持一致。

4.3 超员控制

普通列车和动车高铁列车在客运运输中都存在列车超员率的问题，为了有效控制列车超员率，采用了设置无座席上限阈值的方法来实现。无座席精细管理模式下，上限设置提供按车厢、按乘车站和按列车类型 3 种设置方式。存量管理模式下，仅提供按席别设置方式。

无座席上限的控制直接影响列车的超员率和站车的客运组织，因此上限的设置需要进行严格的审核和控制，审核流程如图 3 所示。铁路局管理人员设置无座席上限，提报总公司管理人员审核，调整张数后审核通过，当铁路局或车站业务人员需要增加无座席时，所能增加的张数控制在上限张数范围内，超过时则不能继续加无座席。当列车没有设置无座席上限时，则该趟车不允许发售无座席票额。

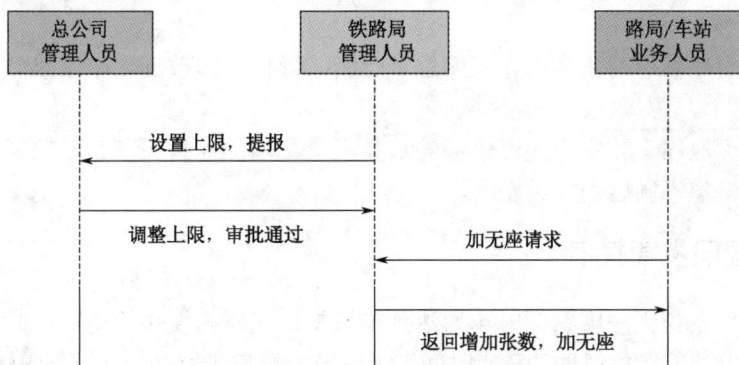

图 3 无座上限审核执行流程

4.4 发售控制

无座席的发售主要从发售预售期、发售策略、超售控制和窗口发售控制 4 个方面进行了研究。

4.4.1 发售预售期

旅客列车席位在 12306 网站或手机 App 上的发售预售期为 30 天，线下窗口、代售点、自动售票机等为 28 天。对无座席发售预售期的设置，可按无座席的席别分别进行设置，也可不区分无座席的席别统一设置。按席别控制则与同一席别的有座席预售期保持一致，统一控制则有利于宣传口径的统一，两种方式各有利弊，目前采用的是按席别控制。

4.1.2　发售策略

旅客在购买车票时，尤其是中途车站上车的旅客，都希望优先买到有座票，其次是无座票。因此，在席位发售时，按照旅客的购票意愿，设计了席位的取票策略，首先发售预分给本站的有座票额，其次发售列车前方车站（到达本站之前的车站）剩余的可共用发售的有座票额，再次发售本站的无座票额，最后发售前方车站剩余的可共用发售的无座票额。无座席发售策略的优先级如图 4 所示。

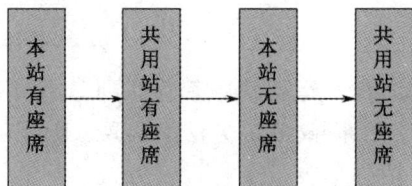

图 4　无座发售策略的优先级

4.1.3　超售控制

在节假日、暑运、春运等客流高峰或热门线路或热门区段上"以短乘长"现象比较突出的情况下，为防止无座票额超售导致旅客不能安全候车乘车时，设计了减少无座席位和停售无座席位两种方式来控制列车超售，这种控制手段有效地保障了旅客全方位的旅程安全。

（1）减少无座席。对正常的无座席位进行删减操作，即改变无座席票额的数量，以实现超售控制。

（2）停售无座席。正常无座席票额的数量不变，增加停售控制令，控制无座席票额的发售，可分别停售不同席别的无座席。

4.1.4　窗口发售控制

在车站窗口发售无座席票额时，为达到车站窗口无座席发售的均衡性，采用了设置车站窗口无座席发售的起始时间、截止时间、每日最大发售张数、一次发售最大张数的方式，来控制窗口发售某趟列车或某类型列车的无座席张数。均衡发售控制在一定程度上保障了节假日客流高峰期每个窗口都有一定数量的无座席车票可售。

4.5　票面显示

无座席的显示控制主要体现在订单查询和票面显示两方面。订单查询显示包括旅客在12306 网站或手机 App 上购买无座席车票成功后的提示信息显示和订单查询中的无座席席位信息显示；票面显示包括制出或换取的车票票面和电子客票的购票信息单。

无座席的显示内容支持"无座席"和"不对号入座"两种方式。通常情况下，旅客购买无座席车票后，订单查询和票面均显示"无座席"字样，当旅客购买了采用公交化运输方式的高铁列车车票时，订单查询和票面显示则显示"不对号入座"字样，旅客乘车后可自由选择空余的席位乘坐，这种方式有效地提升了高铁公交化运输的用户体验。

5　售票组织研究

随着客票系统的发展，在研究有座席售票组织模式的同时，从无座席取消限售策略、无座席配票策略、无座席复用及复用例外策略、无座席共用及共用例外策略，以及无座席发售窗口控制策略等方面研究了无座席的售票组织模式。无座席售票组织模式的合理设置，为无座席的合理发售提供了良好的前提，保障了无座席在不同停靠站之间的最优化发售配置，同时也有效解决了由于席位共复用相结合与长途无票乘客在列车上因座位而引起的纠纷或肢体接触等问题，保证了旅客的乘车安全。

5.1　取消限售策略

在无座席精细管理模式下，每一张无座席票额都是单独存在的，每一张无座席都具有所属乘车站、限售区段、席位状态等属性。在发售无座席票额时，严格按照无座席的限售区段进行发售，只能发售到席位中指定的下车站，只有设置了取消限售策略并进入设定的时间范围内时，才能发售到任意下车站，这种售票组织的方式即为无座席的取消限售策略。

无座席的取消限售策略即可无座席单独控制，也可与相同席别的有座席一起控制。当与相同席别的有座席一起控制时，有座席取消限售时无座席同时取消限售。

5.2　配票策略

无座席生成时，会平均分配到列车的各个座席车厢中（卧席车厢不生成无座席），以保证无座席票额的均衡性，但列车在正常发售时，是按照车厢号从小到大顺序发售的，即小号车厢无座席发售完之后再顺序发售下一序号车厢的无座席。当列车在客流淡季、公交化运输模式情况下时，需要各个座席车厢都有无座席发售，而不是小号车厢发售完了再发售大号车厢，避免无座旅客都集中在小号车厢，造成拥挤。当列车在某些特殊运输情况下时，也需要某个车厢的无座席最后发售，或者按照从大号车厢到小号车厢的顺序发售。

为了解决上述的无座席客运运输组织的需求，设计了最后取票、离散取票和降序取票3种无座席配票策略。最后取票满足某个车厢最后发售的需求；离散取票满足指定车厢范围内的车厢均衡发售的需求；降序发售满足指定车厢范围内按照车厢号由大到小的顺序发售的需求。

5.3　共复用售票组织策略

列车席位的共复用售票组织策略，有效地提高了列车席位的利用率，使得中途车站的旅客有票可买，但在某些紧张线路上，会存在持共用售出的有座票额的旅客上车后与前方车站持无座票额上车的旅客因为座位问题而产生纠纷的现象，为解决这类客运组织问题，需要提供有座席和无座席共复用售票组织策略的融合机制来实现。有座席和无座席的共复用售票组织策略包括无座席正常售出复用产生无座席、无座席共用售出复用产生无座席、有座席正常售出复用产生无座席、有座席共用售出复用产生无座席 4 种。如图 5 所示，示意说明了有座席共用售出中间区段。复用产生前段和后段席位。例如，有座席可售区间为 A～G，共用售出 C～E，售出后变为无座席，复用产生 A～C 的有座席、E～G 的无座席。

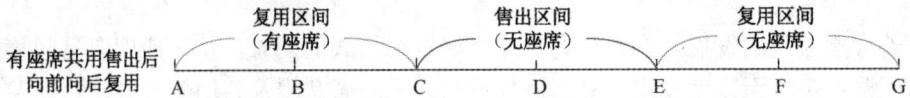

图 5　有座席共用售出后向前向后复用示意图

6　结语

在铁路发展过程中，无座席作为一种有效弥补运力不足的有效手段，适时解决了铁路运能和运力严重不足的问题。随着高速铁路的快速建设，运力的极大投放及高铁动车公交化运营的快速发展，无座席这种产物最终将不复存在，但在无座席管理及技术深入研究的基础上，自由席的管理模式、存放模式、组织模式、发售模式、控制模式等技术，将成为我们进一步研究的重点，以适应高铁城际列车公交化运输的特点。

参 考 文 献

[1]　铁道部客票总体组. 中国铁路客票发售和预订系统 5.0 版操作手册[M]. 北京：中国铁道出版社，2006.

[2]　魏颖，宋超. 客票系统 5.0 版在无座席管理中的运用. 中国铁路客票发售和预订系统 5.0 版应用研讨会论文集，2006.06

[3]　王元媛，张志强. 铁路客票系统席位管理研究[J]. 铁路计算机应用，2016.04.

[4]　杨建国，刘强，郁松. 铁路客票席位管理方法研究[J]. 上海铁道大学学报（理工辑），1999.04.

[5]　郁松，刘强，孙丽君. 铁路客票系统的席位管理研究[J]. 铁路计算机应用，1998.06.

高速铁路列车运行自动调整研究与应用[①]

李智[1,2]　张涛[1,2]　许伟[1,2]　王涛[1,2]

（1. 中国铁道科学研究院集团有限公司通信信号研究所，北京 100081；

2. 国家铁路智能运输系统工程技术研究中心，北京 100081）

【摘要】列车运行自动调整功能是高铁智能 CTC 系统的核心功能，是中国铁路实现智能调度的关键。本文基于目前高速铁路列车运行调整工作的现状，结合智能 CTC 的技术标准，提出列车运行自动调整系统的软、硬件结构设计及相关逻辑功能，并建立智能化的列车运行自动调整模型。该系统的可行性和有效性在仿真案例分析与现场联调联试及实际应用中得到充分证明。未来该系统可在全路推广应用，进一步提升中国高速铁路调度指挥与行车控制的智能化水平。

【关键词】高速铁路；智能调度；列车运行调整；智能铁路

Research and Application of High-speed Railway Automatic Train Rescheduling

Li Zhi[1,2]　Zhang Tao[1,2]　Xu Wei[1,2]　Wang Tao[1,2]

（1. Signal & Communication Research Institute, China Academy of Railway Sciences Co. Ltd, Beijing 100081;

2. National Research Center of Railway Intelligence Transportation System Engineering Technology, Beijing 100081）

Abstract: Train rescheduling is the core function of the high-speed railway intelligent CTC system and the key to achieve intelligent dispatching for China railway. Based on the current situation of high-speed railway train rescheduling and combined with the

① 基金项目：国家自然科学基金重大项目(61790575)；中国国家铁路集团有限公司科技研究开发计划重点项目（2019G020）；中国铁道科学研究院集团有限公司科研重大项目（2018YJ61）

technical standards of intelligent CTC, in this paper, we propose the software and hardware structure design and related logic functions of the automatic train rescheduling system, and establish an intelligent automatic train rescheduling model. The feasibility and effectiveness of the system have been verified in the simulation case study, joint on-site testing and practical application. In the future, this train rescheduling system can be applied on whole railway system to upgrade the intelligent level of train dispatching and control of China's high-speed railway.

Keywords: High-speed Railway; Intelligent Dispatching; Train Rescheduling; Intelligent Railway

连续信号交叉口环保驾驶车速控制方法研究

许晓彤　张兆宽

（深圳市城市交通规划设计研究中心股份有限公司，深圳　518057）

【摘要】为了减少车辆通过连续信号交叉口区域的燃油消耗和污染物排放，本文研究车联网环境下连续信号交叉口环保驾驶车速控制方法。首先，考虑信号交叉口前可能存在的车辆排队现象，基于交通波理论构建信号交叉口车辆排队长度预测模型；在此基础上，通过尽量避免停车和减少车辆行驶过程中的速度波动，提出连续信号交叉口环保驾驶车速控制方法；最后，基于多智能体仿真软件 NetLogo 搭建仿真平台，在不同仿真场景下直观地描述车辆在连续信号交叉口区域的微观驾驶行为。仿真结果表明，本文提出的环保驾驶车速控制方法可以减少燃油消耗和 CO_2 排放约 18%。如果对车辆最多连续通过的信号交叉口个数进行限定，以最多连续通过 3 个信号交叉口为宜。

【关键词】环保驾驶；车速控制；多智能体；连续信号交叉口；车联网

Research on Eco-driving Speed Control Method at Successive Signalized Intersections

Xu Xiaotong, Zhang Zhaokuan

（Shenzhen Urban Transport Planning Center Co., Ltd., Shenzhen　China, 518057）

Abstract: In order to reduce the fuel consumption and pollutant emissions of vehicles passing through successive signalized intersections, an eco-driving speed control method of successive signalized intersections under connected vehicles environment is proposed in this paper. Firstly, considering the possible queuing phenomena before signalized intersections, a prediction model of vehicle queuing length at signalized intersections is constructed based on kinematic wave theory. On this basis, by avoiding parking as much as possible and reducing the speed fluctuation during the driving process of the vehicle, the eco-driving speed control method for successive signalized intersections is proposed. Finally, a simulation platform is built based on the multi-agent simulation software NetLogo, which intuitively describes the micro-driving behavior of vehicles at successive signalized intersections in different simulation scenarios. The simulation results show that the speed control method proposed in this paper can reduce fuel consumption and CO_2 emissions by about 18%. If the number of signalized intersections that vehicles can pass successively is limited, it is advisable to pass through at most three signalized intersections successively.

Keywords: eco-driving; speed control; multi-agent; successive signalized intersections; connected vehicles environment

1　引言

信号交叉口是城市道路交通中的瓶颈区域，受到交通信号的周期性干扰，车辆往往需要进行频繁的加减速或者停车怠速，使得车辆的燃油消耗和污染物排放量增加。相关研究表明，车速是影响车辆燃油消耗和污染物排放的重要因素[1]，合理地控制车速使车辆平滑、稳定地通过信号交叉口是解决这一问题的一大途径。近年来车联网及自动驾驶技术的发展为信号交叉口处的车速控制奠定了理论基础[2,3]。在车联网环境下，自动驾驶车辆的运动状态信息及交叉口的信号相位和时长信息可以实时共享，如果利用这些信息提前对自动驾驶车辆的速度进行合理控制，尽可能地避免不必要地加减速及停车怠速等驾驶行为，可以优化信号交叉口处的交通流运行，同时起到节能减排的效果。

目前，国内外对于信号交叉口区域环保驾驶车速控制问题的研究主要面向单点信号交叉口[4-6]，对于连续信号交叉口环保驾驶车速控制的研究还相对较少，比较有代表性的成果有：Rakha 等[7]基于 VT-Micro 模型计算出保证车辆燃油经济性的加速度集合，并通过一个车辆动力学模型得出车速调整过程中实时的瞬时速度；Xia 等[8]基于下游交叉口的信号相位信息，考虑能耗和排放提出了信号交叉口速度规划算法，通过选取适当的加速度及加速度的变化率使得车速调整过程更加平滑；He 等[9]提出了一个多阶最优车速控制模型，在考虑交叉口前车辆排队的基础上寻找车辆可以连续通过多个信号交叉口的最优速度轨迹，但是作者未将具体的队列长度估计模型加入优化控制算法中；Xiang 等[10]基于不同驾驶行为改进了信号交叉口车速闭环控制框架，使得其车速控制算法可以适应驾驶员不同的驾驶行为，进一步提高了车辆通过连续信号交叉口时的燃油经济性。

上述研究提出的环保驾驶车速控制方法一般通过引入油耗或排放模型，运用最优化方法来反算油耗/排放最优速度，利用这种方法求解出的油耗/排放最优速度虽然精确，但由于油耗或排放模型比较复杂，需要标定的参数众多，求解过程烦琐，耗时较长，不利于实时信息条件下的车速控制，并且较少考虑周围交通环境，比如信号交叉口前车辆的排队长度及前方车辆速度和位置的影响，可能导致实际控制效果与理论模型差别较大。为了解决上述问题，本文针对车联网环境下自动驾驶车辆可以与路侧设施及区域中心控制系统实时通信的特征，在车辆进入控制区域之后即对前方可能存在的车辆排队长度进行预测，并根据下游各交叉口的信号灯信息及距各交叉口的距离及时地做出速度调整，使车辆尽可能以一个相对恒定的速度不停车通过连续多个信号交叉口，从而达到减少车辆燃油消耗和污染物排放的目的。

2 信号交叉口车辆排队长度预测

本文基于交通波理论[11,12]根据控制区域内的车辆数和车流密度，在自动驾驶车辆进入控制区域时即预测当车辆接近信号交叉口时的队列长度和队列消散时间，然后根据此排队消散时间对车辆进行合理地车速控制，使车辆在队列完全消散时刚好到达队列尾部位置。

本研究针对的是自动驾驶，当绿灯启亮之后，所有的排队车辆可以同时启动，然后离开。图 1 所示为一列车队在交通波的作用下接近并驶离信号交叉口的示意图。如果车辆到达信号交叉口时信号灯为绿灯，那么车辆通过信号交叉口将不会有任何延迟；但是如果车辆到达交叉口时信号灯为红灯，那么车辆将不得不在停车线前停车等待，由此则在信号交叉口处产生集结波，并向后传播。图 1 中粗线表示无车速控制时车辆的运行轨迹，车辆以当前速度行驶将在 t' 时刻遇到队列，我们的控制方法是让车辆提前减速，并在绿灯启亮时到达队列的尾部，从而避免车辆在信号交叉口处完全停车。

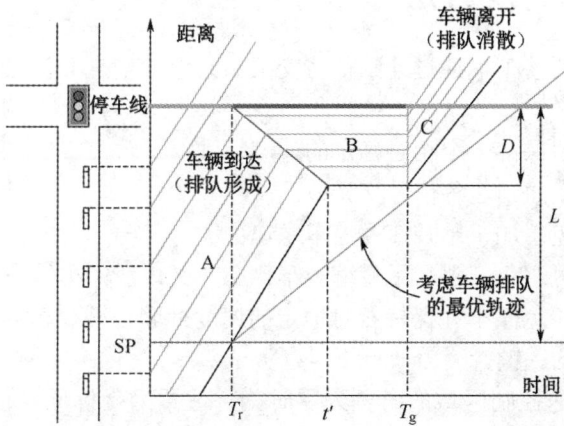

图 1 信号交叉口前车辆排队长度预测示意图

假设车辆到达车速控制区域起点 SP 的时刻为 t，速度为 v_0，根据交通流理论，我们可以得出下面的式子：

$$\begin{cases} L = v_0(t'-t) + v_{AB}(t'-T_r) \\ D = v_{AB}(t'-T_r) \end{cases} \tag{1}$$

根据式（1）可以推导出目标车辆到达信号交叉口时前方车辆的排队长度的预测值：

$$D = \begin{cases} \dfrac{v_{AB}}{v_0 + v_{AB}}[L - v_0(T_r - t)], \forall t \in \left[T_r - \dfrac{L}{v_0}, T_g + \dfrac{v_{AB}(T_g - T_r)}{v_{AB} + v_{BC}}\right] \\ 0, 其他 \end{cases} \qquad (2)$$

绿灯启亮后，信号交叉口前排队车辆占用绿灯相位的时间为

$$\Delta = \frac{D}{v_{BC}} \qquad (3)$$

式（1）～（3）中，L 为控制区域的起点到信号交叉口的距离；D 为目标车辆到达信号交叉口时前方车辆的排队长度预测值；Δ 为目标车辆前方排队消散时间；v_0 为车辆进入车速控制区域起点的初始速度，t 为车辆进入车速控制起点的时刻，其取值范围由排队长度 $D=0$ 时得出；t'为车辆以当前速度行驶遇到队列的时间；T_g 和 T_r 分别为绿灯和红灯开始时刻；v_{AB} 和 v_{BC} 分别为集结波和疏散波的波速，可通过交通流量和密度计算得出。

3　车联网环境下连续信号交叉口环保驾驶车速控制方法

3.1　控制思路及方法

相关研究表明，要使车辆通过连续信号交叉口时燃油消耗和污染物排放最小，应满足如下几个条件[13,14]：

（1）尽量长时间地保持一个相对稳定的速度行驶；

（2）尽量在绿灯期间到达各信号交叉口；

（3）尽可能地避免急加、急减速及停车怠速；

（4）如果停车不可避免，那么尽量缩短车辆在交叉口前停车等待的时间。

因此，尽可能地避免停车并保持相对恒定的速度行驶是减少车辆通过连续信号交叉口时油耗和污染物排放的关键。

假设车辆进入车速控制区域的时刻为零时刻，位置为坐标原点位置，L_i（i=1,2,3...）表示车辆进入速度区域时距离下游第 i 个信号交叉口的距离，g_{ij} 表示第 i 个信号交叉口第 j 次绿灯开始时刻；r_{ij} 表示第 i 个信号交叉口第 j 次红灯开始时刻，如图 2 所示。若此时下游第一个交叉口为绿灯，为避免停车，车辆应该在当前绿灯期间通过或者下一绿灯期间通过，即

$$t_1 \in [0, r_{11}] \cup [g_{11}, r_{12}] \qquad (4)$$

若此时下游第一个交叉口为红灯，则车辆应当在红灯结束之后的下一个绿灯时间内通过，即

$$t_1 \in [g_{11}, r_{11}] \qquad (5)$$

式（4）和式（5）中，t_1 为车辆到达下游第一个信号交叉口的时间；g_{11} 为下游第一个

信号交叉口第一次绿灯启亮时刻；r_{11} 为下游第一个信号交叉口第一次红灯启亮时刻；r_{12} 为下游第一个信号交叉口第二次红灯启亮时刻。

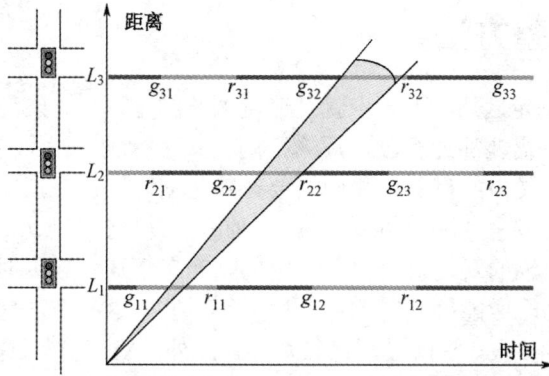

图 2　连续信号交叉口车辆可行速度区间示意图

考虑到信号交叉口前可能存在的车辆排队现象，车辆应当在队列完全消散的时候到达队尾的位置。那么车辆能够在第一个信号交叉口绿灯时间内通过的可行速度集合为 $[\dfrac{L_1}{r_{1j}}, \dfrac{L_1 - D_1}{g_{1j}}]$，该集合与路段最大限速和最小限速集合的交集即为车辆的目标速度集合，即

$$[v_{s1}, v_{b1}] = \left[\frac{L_1}{r_{1j}}, \frac{L_1 - D_1}{g_{1j}}\right] \bigcap [v_{\min}, v_{\max}] \qquad (6)$$

式（6）中，$[v_{s1}, v_{b1}]$ 为车辆通过下游第一个信号交叉口的目标车速区间；v_{s1}、v_{b1} 分别为车辆可以在第一个信号交叉口绿灯时间内通过的最小速度和最大速度；L_1 为车辆进入控制区域时距离下游第一个信号交叉口的距离；D_1 为利用式（2）预测出的车辆前方存在的队列长度；$v_{\min}$ 为路段最小限速，$v_{\max}$ 为路段最大限速。

如果存在一个可行速度集合使得车辆可以不停车通过第一个信号交叉口，那么用同样的方法可以求出车辆不停车通过下游第二个、第三个……第 i 个信号交叉口的可行速度集合，直到可行速度的交集为空集，即如果

$$[\frac{L_1}{r_{1j}}, \frac{L_1 - D_1}{g_{1j}}] \bigcap [\frac{L_2}{r_{2j}}, \frac{L_2 - D_2}{g_{2j}}] \bigcap \cdots\cdots \bigcap [\frac{L_i}{r_{ij}}, \frac{L_i - D_i}{g_{ij}}] \bigcap [v_{\min}, v_{\max}] = [v_s, v_b] \neq \varnothing \qquad (7)$$

且

$$[\frac{L_1}{r_{1j}}, \frac{L_1 - D_1}{g_{1j}}] \bigcap [\frac{L_2}{r_{2j}}, \frac{L_2 - D_2}{g_{2j}}] \bigcap \cdots\cdots \bigcap [\frac{L_{i+1}}{r_{ij}}, \frac{L_{i+1} - D_{i+1}}{g_{i+1j}}] \bigcap [v_{\min}, v_{\max}] = \varnothing \qquad (8)$$

那么车辆连续通过 i 个信号交叉口的最终的可行速度的集合为

$$[\frac{L_1}{r_{1j}}, \frac{L_1 - D_1}{g_{1j}}] \bigcap [\frac{L_2}{r_{2j}}, \frac{L_2 - D_2}{g_{2j}}] \bigcap \cdots\cdots \bigcap [\frac{L_i}{r_{ij}}, \frac{L_i - D_i}{g_{ij}}] \bigcap [v_{\min}, v_{\max}] = [v_s, v_b] \qquad (9)$$

在前后车之间满足安全跟驰距离的情况下，考虑到减少旅行时间的需要，我们在最终的可行速度区间内取最大速度 v_b 作为车辆通过连续信号交叉口的最终控制车速。需要说明的是，通过第一个信号交叉口和通过第二个信号交叉口的两个可行速度集合之间没有交集

并不说明控制失效，我们可以根据 $v_b = v_{b1}$ 控制车辆通过第一个信号交叉口之后，重新调整速度使其在第二个信号交叉口绿灯期间通过。

3.2　车速调整方法

目标控制车速 v_b 确定之后，下一步就是速度调整的过程。如果当前车辆的速度 v_0 小于目标控制车速 v_b，车辆需要加速行驶，反之，则需减速行驶。为了达到使车辆在下游信号交叉口绿灯期间到达交叉口的目的，我们需要在特定的时间内完成车速调整的过程。目前国内外的学者提出了很多速度规划调整算法，一种方法是以恒定加/减速度匀加/减速至目标车速；另一种是假设车辆的发动机功率是一定的，当车辆速度较低时可以获得更大的加速度，而当车辆速度较高时所能够获得的加速度会小一些，这种方法比较符合实际，但需要考虑许多车辆的动力学参数，求解过程比较烦琐。此外，Xia 等[8]考虑到加减速过程中驾驶舒适性的需求，速度变化应尽量平滑，提出了用三角函数增长曲线来表征速度调整过程中车辆速度的变化。但是由于三角函数形状参数的确定尚没有统一的标准，这一方法尚未被广泛采纳。在上述方法的基础上，本研究运用匀加/减速的方法并考虑适当的速度补偿量来实现车辆在特定的绿灯时刻到达交叉口的目的。下面以加速过程为例具体说明。

车辆首先以恒定加速度加速至一个比目标车速略高的速度 v_m，然后以相同的加速度减速至目标车速 v_b，在车辆之后的行驶过程中，即以目标车速匀速行驶。加速过程中的速度变化曲线如图 3 所示。

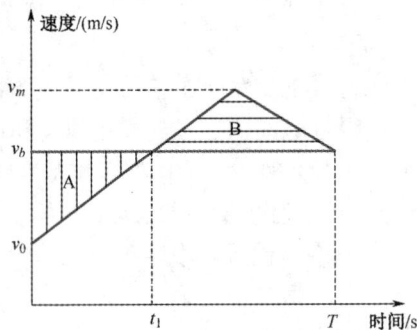

图 3　加速过程中速度变化示意图

从图 3 可以看出，为了使车辆在特定的绿灯时刻 T 到达信号交叉口，应当使图中 A 部分的面积与 B 部分的面积相等。由此我们得到如下约束：

$$\frac{1}{2}(v_b - v_0)t_1 = \frac{1}{2}(v_m - v_b)(T - t_1) \tag{10}$$

式（10）中，T 为车辆以目标车速匀速行驶到达信号交叉口的时刻，$T = \dfrac{L_1}{v_b}$，L_1 为车辆当前位置距离下游第一个信号交叉口的距离；t_1 为车辆加速到目标车速的时间；v_m 是车辆实际加速到的最大速度，$v_m \subset [v_b, v_{max}]$；假设车辆的加速度为 a，根据牛顿运动定律，我们可以得到：

$$t_1 = \frac{v_b - v_0}{a} \tag{11}$$

将式（11）代入（10），得出下式：

$$v_m = \frac{v_0^2 - v_0 v_b + v_b aT}{v_0 - v_b + aT} \quad （12）$$

从式（12）可以看出，车辆在速度调整过程中的加速度 a 与加速到的最终速度 v_m 之间存在一定的关系，当加速度 a 确定之后，v_m 也随之确定。考虑到减小车辆行驶过程中的速度波动，a 从 0.5m/s² 开始取值，若 v_m 无解，则依次增大 a 至 1m/s²、1.5 m/s²、2m/s²、2.5 m/s²，直到求出合适的 v_m，当 a 增大到 2.5 m/s² 时，若此时 v_m 仍无解，则此次车速控制失效，车辆无法避免在信号交叉口处的停车，此时，车辆只需以一定的减速度平稳减速直至停在进口道停车线前或排队车辆的队列尾部。减速度的大小根据式（13）确定。

$$d = \frac{v_0^2}{(L-D)} \quad （13）$$

减速过程中的速度调整方法与加速过程类似，此处不再赘述。需要注意的是，在上述车速控制过程中，车辆会时刻受到前后车安全间距的约束，一旦不能满足该约束，那么当前的车速控制方案会立刻失效，需重新计算车辆的目标车速。

4 模型仿真与验证

4.1 仿真平台搭建

为验证上述环保驾驶车速控制方法的有效性，本文运用开源多智能体仿真工具 NetLogo 进行仿真验证。NetLogo 仿真世界中主要有三类智能体：乌龟（Turtle）、瓦片（Patch）和观察者（Observer）。Turtle、Patch、Observer 和车联网系统的物理结构具有很好的一致性，如图 4 所示。Turtle 用来表示道路上行驶的车辆；Patch 用来实现对仿真道路、交叉口及信号灯的描述；Observer 可以代表车联网的信息服务系统。这三类智能体能够在仿真环境中进行实时的信息交互，与车联网环境下车载单元与路侧单元及中心控制单元实时的信息交互行为非常契合。

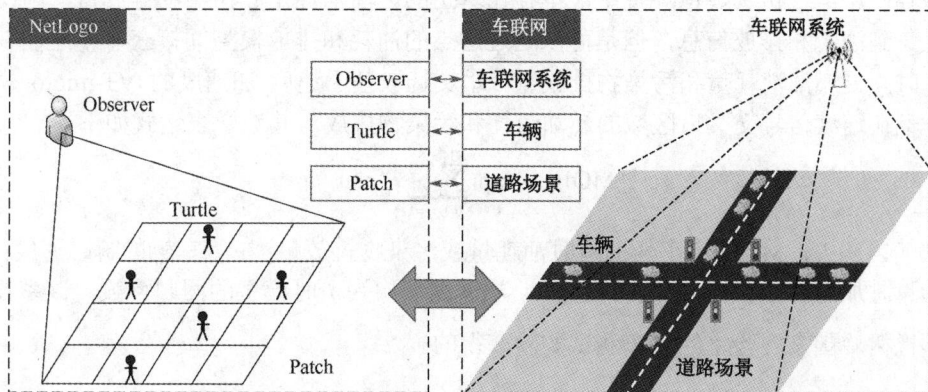

图 4　NetLogo 中的世界和车联网的对应关系

　　本研究搭建了两种不同的驾驶环境场景，即车联网环境和传统驾驶环境。车联网环境下车辆的运动遵循本文提出的环保驾驶车速控制，而传统驾驶环境则只需满足车辆跟驰约束，即前方有车，则停止，前方无车，则加速或匀速运行。对连续信号交叉口仿真环境的基本条件标定如下：

　　（1）连续信号交叉口的仿真道路为一条直行车道，如图 5 所示，仿真系统由 8 个连续信号交叉口构成，车辆自西向东依次通过各个信号交叉口，控制区域总长为 4 500m，相邻信号交叉口之间的距离为 400～600m（符合均匀分布），车速控制区域的起点位于下游第一个信号交叉口前 200 米处。L_i（i=1,2,…,8）分别为车辆进入控制区域时距下游第 i 个信号交叉口的距离；

　　（2）各信号交叉口均为固定两相位信号配时，每个信号交叉口的初始仿真参数 g_{11}、r_{11}、g_{21}、r_{21}、g_{31}、r_{31} 等的初始设置经过多次调试，满足路段通行能力的要求；

　　（3）车辆在路段上行驶时（不包括受前车或红灯影响而停车）的最大限速为 60km/h，最小限速为 10km/h（实际城市道路交通中一般没有最小限速的限制，本论文提出的连续信号交叉口车速控制方法需要求解可行速度的集合，为了方便控制，避免车辆在路段上无故停车，进行了路段最小限速的控制）；

　　（4）仿真中选取的车型全部为具有相同的尺寸和动力特性的标准小汽车。

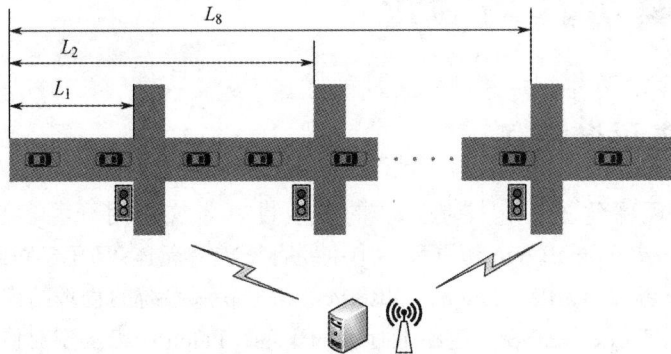

图 5　连续信号交叉口仿真道路示意图

　　车辆通过连续信号交叉口车速控制区域的行程时间通过 NetLogo 内置的仿真时钟进行采集并存储。但在仿真模拟环境中，不存在真正的燃油消耗量和污染物排放量，因此不能直接采集到油耗和排放信息，但是可以通过适当的油耗和排放模型间接获取车速控制区域内单位时间的燃油消耗量和污染物排放量。本文选取基于速度-加速度的 VT-micro 模型来评估车辆在连续信号交叉口区域的燃油消耗和污染物排放。其数学表达式如下：

$$\text{MOE}_e = \exp(\sum_{i=1}^{3}\sum_{j=1}^{3} P_{i,j}^e v^i a^j) \tag{14}$$

　　式（14）中，MOE_e 为车辆的瞬时油耗量或污染物排放量；v 为车辆的瞬时速度；a 为车辆的瞬时加速度；$P_{i,j}^e$ 为速度幂次为 i、加速度幂次为 j 时模型的回归系数，该系数是通过美国橡树岭国家实验室的实车测试实验获得的。

4.2　仿真结果分析

4.2.1　车联网环境和传统驾驶环境下的仿真对比

运用上述连续信号交叉口环保驾驶车速控制方法控制车辆通过仿真区域，采集车辆通过车速控制区域的平均行程时间、燃油消耗和 CO_2 排放量，并与传统驾驶环境下的这些指标相比较，仿真结果如图 6～图 8 所示。可以看出，在车联网环境下，车辆的平均行程时间、单位时间内的燃油消耗量和 CO_2 排放量都处于相对稳定的状态，尤其是燃油消耗和 CO_2 排放量，一直稳定在低水平状态，相比于传统驾驶环境下的周期性剧烈波动，改善效果很好。从表 1 可以看出，采用环保驾驶车速控制方法之后，单位时间内的燃油消耗量和 CO_2 排放量降低了约 18%，但行程时间增加了约 5%。这是因为本文提出的连续信号交叉口环保驾驶车速控制方法是通过不断求可行速度之间的交集来确定目标车速的，其目标车速相比于传统驾驶环境下车辆的平均速度会略小一些，因此牺牲了一部分行程时间。

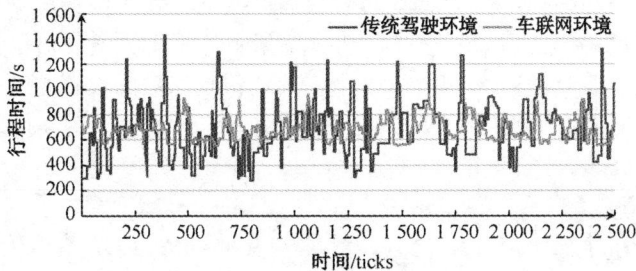

图 6　车辆的平均行程时间对比

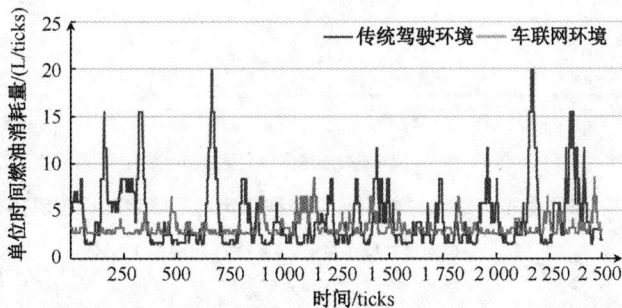

图 7　车辆单位时间燃油消耗量对比

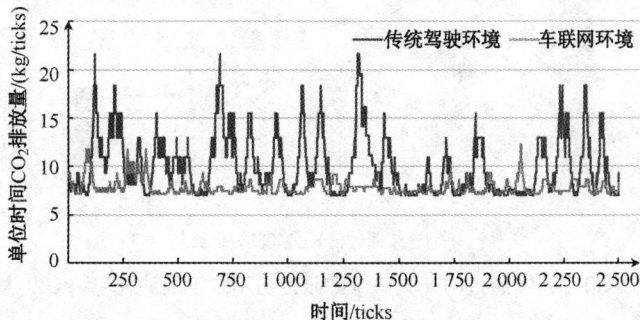

图 8　车辆单位时间 CO_2 排放量对比

表 1   车联网环境和传统驾驶环境下车辆的油耗量、CO_2 排放量、行程时间比较

	车联网环境		传统驾驶环境		减少百分比
	平均值	标准差	平均值	标准差	
油耗量（L/ticks）	3.14	1.19	3.85	2.88	18.4%
CO_2 排放量（kg/ticks）	8.27	2.51	10.05	4.62	17.7%
行程时间（s）	723.3	19.37	689.1	63.13	-5%

4.2.2   车辆通过最多连续信号交叉口的控制效果分析

以上仿真实验对车辆最多通过的连续信号交叉口个数没有限定，在满足预先设定的路段最大速度和最小速度范围内让车辆以恒定的速度通过尽可能多的信号交叉口。运用该方法虽然可以最大限度地减少车辆的燃油消耗和 CO_2 排放，但由于路段最小速度的取值较小，可能导致最终的目标车速相对较小，进而会牺牲一部分车辆的行程时间。为了减小该车速控制方法对行程时间的影响，在上述研究的基础上，本研究对车辆最多连续通过的信号交叉口个数进行了限定。在连续信号交叉口仿真场景下，将车辆最多可以连续通过的信号交叉口个数分别设定为 2 个、3 个、4 个、5 个，其他仿真参数的设置不变，并与上述不限定车辆连续通过信号交叉口个数的仿真实验进行对比。仿真结果如图 9、图 10 所示。

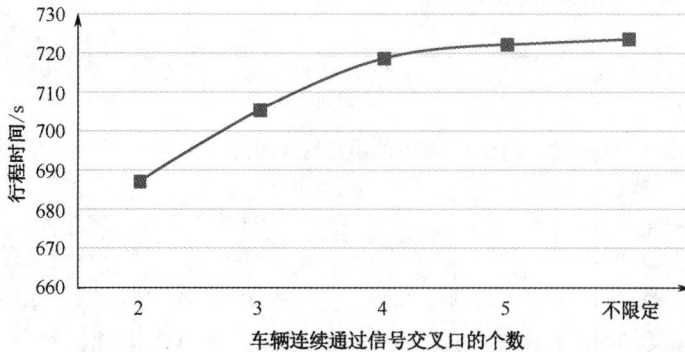

图 9   对车辆最多连续通过的交叉口个数限定与不限定的行程时间对比

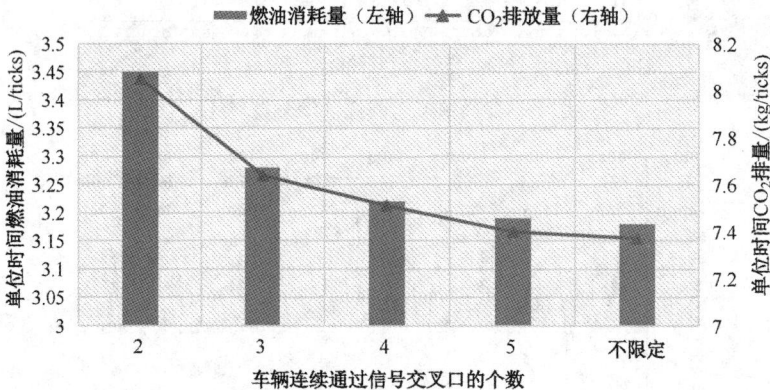

图 10   对车辆最多连续通过的交叉口个数限定与不限定的油耗量和 CO_2 排放量对比

从图 9 可以看出，当限定车辆最多连续通过的信号交叉口个数为 2 个或 3 个时，车辆

通过连续信号交叉口的行程时间会有较明显的降低，这是因为对车辆最多通过的连续信号交叉口个数进行限定后，车辆在以一定车速通过限定的交叉口后，中心控制系统会重新计算目标车速进行新一轮的车速控制，从而减少了因车辆通过的连续信号交叉口过多使得目标车速过小的现象。但从图 10 可以看出，当对车辆最多连续通过的交叉口个数进行限定后，单位时间燃油消耗量和 CO_2 排放量会有一定程度的增加，这与车速波动的增加有一定关系。而当限定车辆最多连续通过的信号交叉口个数为 4 个或 5 个时，车辆的平均行程时间、燃油消耗量和 CO_2 排放量相比不限定车辆最多通过信号交叉口的个数时没有明显的减少或增加，这表明在本文设定的仿真场景下即便不对车辆最多通过信号交叉口的个数进行限定，由于各交叉口信号配时及前方车辆等的影响车辆也很难连续通过 4 个以上的信号交叉口。

从图 11 可以看出，与不限定车辆最多连续通过信号交叉口个数的车速控制方法相比，对车辆最多连续通过的信号交叉口个数设定为 2 时，车辆的平均行程时间减少了 5%，但单位时间的燃油消耗和 CO_2 排放量增加较多。而当对车辆最多连续通过的信号交叉口个数设定为 4 或 5 时，各种评价指标的增加或减小范围均在 2% 以内，此时对车辆最多连续通过信号交叉口的个数进行限定的意义不大。

综合考虑平均行程时间、燃油消耗和 CO_2 排放量的大小，当对车辆最多连续通过的信号交叉口个数进行限定时，以最多连续通过 3 个信号交叉口为宜。

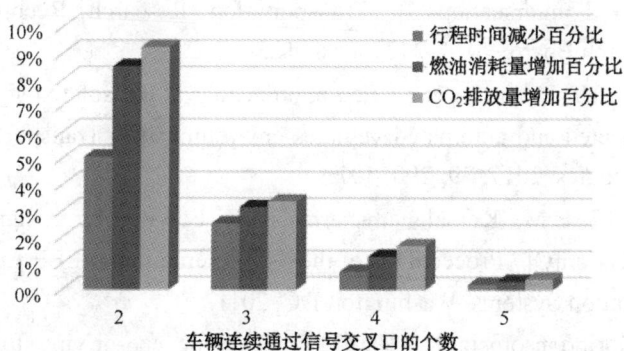

图 11　对车辆最多连续通过的信号交叉口个数进行限定时各评价指标增加或减少的百分比

5　结论

本文以减少车辆通过连续信号交叉口区域的燃油消耗和污染物排放为目标，提出了车联网环境下连续信号交叉口环保驾驶车速控制方法，并考虑信号交叉口前可能存在的车辆排队现象，将车辆排队长度预测模型引入车速控制模型中。在此基础上，基于多智能体仿真软件 NetLogo 搭建了仿真平台，对比分析了不同仿真应用场景下车辆通过连续信号交叉口车速控制区域的平均行程时间、燃油消耗量和 CO_2 排放量。仿真结果表明，本文提出的环保驾驶车速控制方法可以减少燃油消耗和 CO_2 排放约 18%，如果对车辆最多连续通过的信号交叉口个数进行限定，以最多连续通过 3 个信号交叉口为宜。

目前，本文提出的连续信号交叉口环保驾驶车速控制方法只考虑了一条直行车道上的车速控制，未涉及换道及超车的控制，对多车道环境下的车速控制仍需进一步研究。此外，本研究中对车辆的车速控制是针对单车进行的，在车联网环境下针对多车协同、车车交互的车速控制算法将是下一步的研究方向。

参 考 文 献

[1] 姜慧夫. 网联自动驾驶环境下信号交叉口环保驾驶控制研究[D]. 哈尔滨：哈尔滨工业大学，2018.

[2] 陈晓博. 发展自动驾驶汽车的挑战和前景展望[J]. 综合运输，2016，（11）：9-13.

[3] 林培群，卓福庆，姚凯斌，等. 车联网环境下交叉口交通流微观控制模型及其求解与仿真[J]. 中国公路学报，2015，（08）：82-90.

[4] Sun J. D., Niu S., Chen K. L. Development and investigation of a dynamic eco-driving speed[C]// 92nd Annual Meeting of the Transportation Research Board, Washington DC, 2013.

[5] Kamalanathsharma R. K., Rakha H. Agent-Based simulation of eco-speed-controlled vehicles at signalized intersections[J]. Transportation Research Record: Journal of the Transportation Research Board, 2014, 2427(1): 1-12.

[6] Jiang H. F., Hu J., An S., et al. Eco approaching at an isolated signalized intersection under partially connected and automated vehicles environment[J]. Transportation Research Part C: Emerging Technologies, 2017, 79: 290-307.

[7] Rakha H., IEEE M., Kamalanathsharma R. K. Eco-driving at signalized intersections using V2I communication[C]// Proceedings of the 14th International IEEE Annual Conference on Intelligent Transportation Systems, Washington DC, 2011.

[8] Xia H., Boriboonsomsin K., Barth M. Dynamic eco-driving for signalized arterial corridors and its indirect network-wide energy/emissions benefits[J]. Journal of Intelligent Transportation Systems, 2013, 17(1):31-41.

[9] He X. Z., Liu X. H., Liu X. B. Optimal vehicle speed trajectory on a signalized arterial with consideration of queue[J]. Transportation Research Part C: Emerging Technologies, 2015, 61: 106-120.

[10] Xiang X., Zhou K., Zhang W., et al. A Closed-Loop Speed Advisory Model With Driver's Behavior Adaptability for Eco-Driving[J]. IEEE Transactions on Intelligent Transportation Systems, 2015, 16(6): 3313-3324.

[11] Lighthill M., S F. R., Whitham G. On kinematic waves. II. A theory of traffic flow on long crowded roads[J]. Proceedings of the Royal Society A, 1955, 229(1178): 317-345.

[12] Richards P. Shock waves on the highway[J]. Operations Research, 1956, 4(1): 42-51.

[13] Li M., Boriboonsomsin K., Wu G., et al. Traffic energy and emission reductions at signalized intersections: a study of the benefits of advanced driver information[J]. International Journal of Intelligent Transportation Systems Research, 2009, 7(1):49-58.

[14] Barth M., Boriboonsomsin K. Energy and emissions impacts of a freeway-based dynamic eco-driving system[J]. Transportation Research Part D: Transport and Environment, 2009, 14: 400-410.

改进的 K-Means 聚类算法在车辆聚集分析中的应用

李玉贞[1]　丁贤勇[1]　王世豪[2]

（1. 上海电科智能系统股份有限公司，上海，200063；

2. 河南警察学院，郑州，450046）

【摘要】聚类分析属于数据挖掘范畴，K-Means 聚类分析方法是最具有代表性的划分聚类算法，无监督学习是其重要的属性。由于原理简单、容易实现等优点，对于分散的数据可以根据属性类型进行聚类，在很多领域都有较为广泛的应用。差分进化算法（DE）是一种智能优化算法，可以用来寻找全局的最优解，主要用于求解实数优化问题。本文首先介绍了 K-Means 聚类算法和差分进化算法的基本原理、基本流程，并且提出了 K-Means 聚类算法和差分进化算法相结合的方法，详细列出结合步骤。并且通过仿真实验，验证了 K-Means 聚类算法和差分进化算法相结合比传统的 K-Means 聚类算法，具有更快的收敛速度和全局寻优等特点，说明该算法的可行性。最后，通过模拟数据对出租车辆聚集等智能交通领域问题进行了简单的实验，使得该算法更具有实际工程意义。

【关键词】聚类分析；数据挖掘；差分进化算法；K-Means 聚类算法；车辆聚集；智能交通

Application of Improved K-Means Clustering Algorithm in Vehicle Clustering Analysis

Li Yuzhen[1]　Ding Xianyong[1]　Wang Shihao[2]

（1. Shanghai SEARI Intelligent System Co., Ltd, Shanghai 200063, China;

2. Henan Police College, Zhengzhou 450046, China）

Abstract: Clustering analysis belongs to the category of data mining. K-Means clustering analysis is the most representative clustering algorithm, and unsupervised learning is its important attribute. Because of the advantages of simple principle and easy implementation, the scattered data can be clustered according to attribute types, which has a wide range of applications in many fields. Differential evolution algorithm (DE) is an intelligent optimization algorithm, which can be used to find the global optimal solution, mainly used to solve real optimization problems. Firstly, this paper introduces the basic principle and process of K-Means clustering algorithm and differential evolution algorithm.In addition, a method combining K-means clustering algorithm and differential evolution algorithm is proposed. Through the simulation experiment, it is verified that the combination of K-Means clustering algorithm and differential evolution algorithm has faster convergence speed and global optimization than the traditional K-Means clustering algorithm, which shows the feasibility of the algorithm. Finally, the simulation data is used to test the problems in the field of intelligent transportation, such as taxi aggregation, which makes the algorithm more practical.

Keywords: Clustering Analysis; Data Mining; Differential Evolution; K-Means Clustering AlgoRithm; Vehicle Gather; Intelligent Transportation

1 引言

"无监督"的聚类算法旨在对无标记的样本进行训练来发现数据的内在性质,自主地将数据集中的样本划分为互不相交的若干子集。通常将划分好的数据子集称为"簇"。聚类分析如今已经被应用在许多热门领域,包括数据分析、模式识别和图像处理等[1]。K-Means 聚类算法是由 Steinhaus 1955 年、Lloyed 1957 年、Ball&Hall 1965 年、McQueen 1967 年分别在各自的不同学科领域独立提出来的。K-Means 聚类算法从被提出开始,逐渐应用于不同学科领域,并且与其他算法相结合和自身算法改进,对算法的发展具有重要意义[2]。虽然 K-Means 聚类算法被提出意见超过 50 年,但目前仍然是应用最广泛的划分聚类算法之一[3]。

差分进化算法是基于种群搜索最优解的智能算法,是在 1995 年由 Storn R 和 Price K 首次提出来的一种进化算法,切氏多项式问题得到一定程度的解决[4,5]。差分进化算法采用模拟生物进化的机制,通过种群内个体进行变异、交叉、选择等操作实现种群进化。由于其简单高效,自从被提出之后受到了越来越多的关注,而且已经成功应用于许多现实优化问题,如电力系统、图像处理、时间序列预测、模式识别。

K-Means 聚类算法和差分进化算法都是最经典最实用的智能算法,本文将两者算法进行结合,发挥两者优点,提高全局搜索能力和收敛速度。通过对 UCI 数据库中 3 个标准数据集:Iris 数据集、Glass 数据集、Vowel 数据集完成实验测试,实验结果表明 K-Means 聚类算法和差分进化算法的确有明显作用。

2　差分进化算法

2.1　差分进化算法的基本原理

假定待优化问题为 $\min f(x_i)$ ，问题的维度为 D 。在 DE 中，每代种群 $\boldsymbol{P}_G = \left\{ \boldsymbol{X}_{1,G}, \boldsymbol{X}_{2,G}, \cdots, \boldsymbol{X}_{NP,G} \right\}$ 均由 NP 个个体 $\boldsymbol{X}_{i,G} = \left\{ x_{i,G}^1, x_{i,G}^2, \cdots, x_{i,G}^D \right\}$（ $i = 1, 2, \cdots, \text{NP}$ ）组成。每个个体均表示待优化问题的一个可行解。DE 的主要操作包括变异、交叉及选择，如下所示。

2.1.1　变异

父代种群 $\boldsymbol{P}_G$ 中，所有个体 $\boldsymbol{X}_{i,G}$ 、DE 经过变异操后，可以生成一个变异个体 $\boldsymbol{V}_{i,G+1} = \left\{ v_{i,G+1}^1, v_{i,G+1}^2, \cdots, v_{i,G+1}^D \right\}$ 。常用的变异策略如下所示。

（1）DE/rand/1：

$$V_{i,G+1} = X_{r1,G} + F \cdot (X_{r2,G} - X_{r3,G}) \tag{1}$$

（2）DE/rand/2：

$$V_{i,G+1} = X_{r1,G} + F \cdot (X_{r2,G} - X_{r3,G}) + F \cdot (X_{r4,G} - X_{r5,G}) \tag{2}$$

（3）DE/best/1：

$$V_{i,G+1} = X_{\text{best},G} + F \cdot (X_{r1,G} - X_{r2,G}) \tag{3}$$

（4）DE/best/2：

$$V_{i,G+1} = X_{\text{best},G} + F \cdot (X_{r2,G} - X_{r3,G}) + F \cdot (X_{r4,G} - X_{r5,G}) \tag{4}$$

（5）DE/current-to-best/1：

$$V_{i,G+1} = X_{i,G} + F \cdot (X_{\text{best},G} - X_{i,G}) + F \cdot (X_{r1,G} - X_{r2,G}) \tag{5}$$

式中，F 为缩放因子；$X_{\text{best},G}$ 为第 G 代种群中最优的个体；$r1$、$r2$、$r3$、$r4$ 和 $r5$ 是从区间 [1, NP] 中随机生成的整数，且满足 $r1 \neq r2 \neq r3 \neq r4 \neq r5 \neq i$ 。

2.1.2　交叉

对于目标个体 $\boldsymbol{X}_{i,G}$ 和其相应的变异个体 $\boldsymbol{V}_{i,G+1}$ ，DE 利用二项式交叉操作生成一个实验个体 $\boldsymbol{U}_{i,G+1} = \left\{ u_{i,G+1}^1, u_{i,G+1}^2, \cdots, u_{i,G+1}^D \right\}$ 。

$$u_{i,G+1}^j = \begin{cases} v_{i,G+1}^j & \text{假如 } r_j \leqslant \text{CR 或 } j = j_{\text{rand}}, \quad j = 1, 2, \cdots, D \\ x_{i,G}^j & \text{其他} \end{cases} \tag{6}$$

式中，$\text{CR} \in [0, 1]$ 为交叉概率；r_j 为 $[0, 1]$ 区间内均匀分布的随机数；j_{rand} 是从 $[1, D]$ 之间随机选择的整数。

受变异操作的影响，实验个体 $\boldsymbol{U}_{i,G+1}$ 中的元素 $u_{i,G+1}^{j}$ 可能会偏离解空间，因此需要重置。

$$u_{i,G+1}^{j} = \begin{cases} X_{\min}^{j} + \text{rand}(0,1) \cdot (X_{\max}^{j} - X_{\min}^{j}) & \text{if } u_{i,G+1}^{j} \notin [X_{\min}^{j}, X_{\max}^{j}] \\ u_{i,G+1}^{j} & \text{其他} \end{cases} \tag{7}$$

式中，$X_{\min}^{j}$ 和 $X_{\max}^{j}$ 分别为解空间第 j 维的最大值和最小值；$\text{rand}(0,1)$ 为 $[0,1]$ 区间内均匀分布的随机数。

2.1.3　选择

对于实验个体 $\boldsymbol{U}_{i,G+1}$，如果其适应值小于等于相应目标个体 $\boldsymbol{X}_{i,G}$ 的适应值，则 $\boldsymbol{U}_{i,G+1}$ 代替 $\boldsymbol{X}_{i,G}$ 进入下一代种群 $\boldsymbol{P}_{G+1} = \left\{ \boldsymbol{X}_{1,G+1}, \boldsymbol{X}_{2,G+1}, \cdots, \boldsymbol{X}_{NP,G+1} \right\}$。

$$\boldsymbol{X}_{i,G+1} = \begin{cases} \boldsymbol{U}_{i,G+1} & \text{假如 } f(\boldsymbol{U}_{i,G+1}) \leqslant f(\boldsymbol{X}_{i,G}) \\ \boldsymbol{X}_{i,G} & \text{其他} \end{cases} \tag{8}$$

2.2　差分进化算法的步骤和流程

差分进化算法主要包括变异、交叉及选择 3 种操作。下面用算法步骤对具体实现过程进行描述。

步骤 1：种群初始化。设置控制参数：种群大小 NP，缩放因子 F，交叉概率 CR，最大进化代数 $G_{\max}$；设置进化代数计数器 $G=0$，利用初始化方法随机生成初始种群 $\boldsymbol{P}_{G} = \{X_{1,0}, X_{2,0}, ..., X_{NP,0}\}$。

步骤 2：变异。根据公式（1），父代种群中的每个个体的下一代都会生成与之相对应的变异个体 $V_{i,G+1}$。

步骤 3：交叉。变异个体 $V_{i,G+1}$ 与目标个体 $X_{i,G}$ 进行二项式交叉，根据公式（6）生成实验个体 $U_{i,G+1}$。如果得到的实验个体超过解空间，就要对其进行修正，参见公式（7）。

步骤 4：选择。根据公式（8）对目标个体和实验个体进行择优选择，具有最小适应度的个体进入下一代种群中继续进化。

步骤 5：代数 G 加 1，并且判断 $G > G_{\max}$ 是否成立，如果达到最大进化代数，则停止计算；否则跳转到步骤 2 继续执行。

综上所述，差分进化算法基本流程图如图 1 所示。

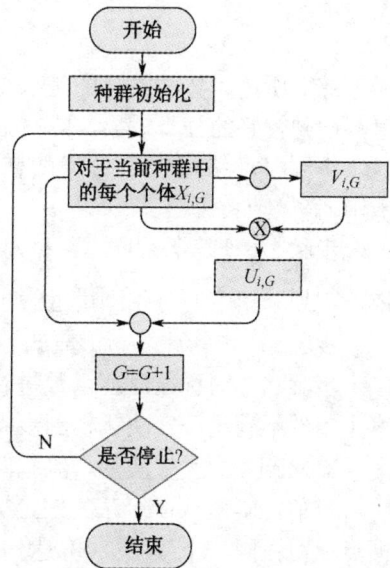

图 1　差分进化算法基本流程图

3　基于差分进化的 K-Means 聚类算法

3.1　传统的 K-Means 聚类算法

从样本数据集中随机选取 k 个值，作为聚类分析的初始中心点，逐个将样本集剩余的数据项与初始中心点进行数据计算；根据计算结果数据值的大小（即远近）对数据项进行归类，将整个样本数据集的数据划分成 k 个簇；将这 k 个簇的每组数据进行中心点与单个点距离计算，求取距离的平均值，即为每个簇新的聚类中心点[6]。重复进行上述计算，当前后两次计算的簇心不再发生变化时，得出簇的最终结果，即得到 k 个聚类[7]。

K-Means 聚类算法可以进行无监督学习，对于样本集：

$$P = [x_1, x_2, ..., x_m] \tag{9}$$

"k 均值"算法可以把样本集聚类成 k 个簇 $C = C_1, C_2, ..., C_k$，最小化平方误差（目标函数）：

$$E = \sum_{i=1}^{k} \sum_{x \in C_i} \|x - u_i\|^2 \tag{10}$$

其中，u_i 为簇 C_i 的中心点：

$$u_i = \frac{1}{|C_i|} \sum_{x \in C_i} x \tag{11}$$

综上所述，算法的目的是求得目标函数最小，即最终聚类结果使得目标函数取得极小值，达到较好的分类效果。K-Means 聚类算法步骤如下。

步骤 1：给定大小为 m 的样本集 P，任意选择 k 个对象 $C = C_1, C_2, ..., C_k$ 作为初始聚类中心。

步骤 2：计算所有样本数据对象与各聚类中心的距离 $\text{dist}(x_i, u_j)$，最小距离作为划分的依据，划分相应的对象到最近簇中。

步骤 3：重新计算新形成的各个聚类的中心。

步骤 4：对标准测度函数进行计算，满足算法某种终止条件时，算法终止；否则，即终止条件不满足，算法跳转到步骤 2。

K-Means 聚类算法基本流程图如图 2 所示。

目前，K-Means 算法的停止标准基本有 3 种：① 新形成的簇的质心不会改变；② 数据点保留在同一个簇中；③ 达到最大迭代次数。

3.2　差分进化算法与 K-Means 聚类算法结合

差分进化算法是一种高效的全局优化算法，主要包括初始化种群、变异、交叉、选择等步骤，用于多个体群体样本，群体中的个体多次优化逐步趋于最优解，但容易陷入局部最优。K-Means 聚类算法可一定程度上弥补差分进化算法这一缺陷，从而提高算法的收敛速度和稳定性[8]。

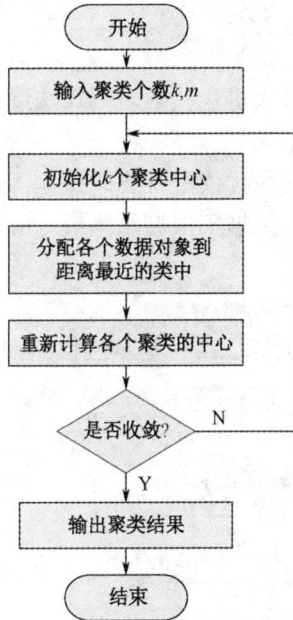

图 2　K-Means 聚类算法基本流程图

第一步，聚类中心可以从数据集样本中随机进行选择，通过编码实现得到初始化种群；第二步，差分进化算法进行变异、交叉、选择等操作，从而得到最优个体；第三步，对最优个体进行解码，获得最佳初试聚类中心，达到最终聚类的目的[9]。

输入：数据集大小为 m ，数据样本集 $\boldsymbol{P}$ ，聚类个数 k ，种群大小 NP，缩放因子 F ，交叉概率 CR。

输出：输出最佳聚类结果。

具体实现过程如下。

步骤 1：编码。从数据集样本中随机选取 k 个聚类中心，采用实数编码方式对其进行编码，可行解与编码相对应； k 个聚类中心构成每个个体的向量串，数据样本集 $\boldsymbol{P}$ 是 D 维向量，因此样本集中所有个体都是 $k \times D$ 维向量，即聚类中心是 $k \times D$ 维向量。

$$\boldsymbol{X}_{i,G} = (c_{i,1}, c_{i,2}, ..., c_{i,k}) \quad (i = 1, 2, ..., \mathrm{NP}) \tag{12}$$

式中，$\boldsymbol{X}_{i,G}$ 为第 G 代种群的第 i 个个体；$G_{初}$ 为 0；参数 i 为从区间 [1, NP] 中随机生成的整数；参数 j 为从区间 $[1, k]$ 中随机生成的整数；$c_{i,j}$ 为第 i 个个体的第 j 个聚类中心。

步骤 2：初始化种群。初始种群可以随机从数据集中选择 k 个初始化聚类中心，并且将其称作一个个的个体，重复进行 NP 次得到初始种群。

步骤 3：评价。适应度函数值即最小化平方误差函数 $E = f(\boldsymbol{X}_{i,G})$ 可以得到个体 $\boldsymbol{X}_{i,G}$ 函数值，据此可以评价种群中个体优劣。

步骤 4：变异。按照公式（1）变异策略，任意挑选 3 个个体 $\boldsymbol{X}_{r1,G}$、$\boldsymbol{X}_{r2,G}$、$\boldsymbol{X}_{r3,G}$，满足 $r1 \neq r2 \neq r3 \neq i$ 。

步骤 5：交叉。变异个体 $\boldsymbol{V}_{i,G}$ 与种群个体 $\boldsymbol{X}_{i,G}$ 按照公式（6）进行交叉操作，可以得到

实验个体 $U_{i,G}$。

步骤 6：选择。种群个体 $X_{i,G}$ 与实验个体 $U_{i,G}$ 根据公式（8）进行选择，选择更优的个体进入下一代。

步骤 7：检验。若进化达到最大进化代数，则算法终止，输出最佳个体；否则，代数加 1，跳转到步骤 2 继续执行。

步骤 8：解码。首先对输出的最优值进行解码操作，根据解码后的结果，获得最优聚类中心集合，将种群中的所有样本数据集根据距离最近的原则配对相应的簇，从而将数据归类划分。

步骤 9：输出聚类结果。

差分进化算法与 K-Means 聚类算法结合基本流程图如图 3 所示。

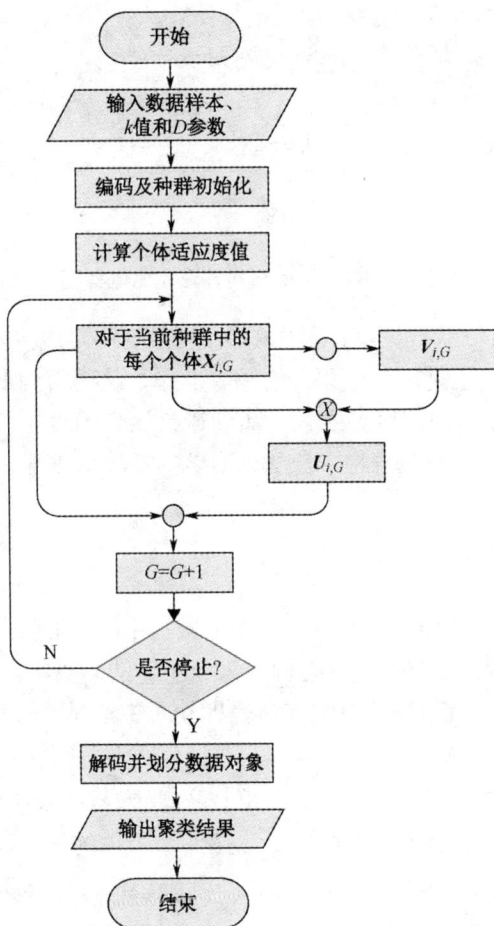

图 3　差分进化算法与 K-Means 聚类算法结合基本流程图

3.3　实验结果与分析

本文提出的差分进化算法和 K-Means 聚类算法相结合的方法，为了验证该方法模型的有效性和评估其性能，选取了 UCI 数据库中 3 个标准数据集：Iris 数据集、Glass 数据集、

Vowel 数据集完成实验测试，分别包含数据样本总数、属性特征数和类别个数，相关信息如表 1 所示[10]。实验平台环境：仿真软件 MATLAB 2018b、Windows10 操作系统、2.5GHz CPU、8.0GB 内存。

表 1　UCI 数据集说明

数据集名称	样本总数	样本特征数	类别个数
Iirs	160	6	3
Glass	206	11	4
Vowel	854	15	8

表 1 中，3 个测试数据集用于测试 K-Means 聚类算法、差分进化和 K-Means 相结合聚类算法的聚类效果。参数的设定：种群大小 NP 是样本数据集维数 D 的 10 倍，即 $NP = 10 \times D$，最大迭代次数 $G = 1500$，缩放因子 $F = 0.6$，交叉概率 $CR = 0.5$。基于上述算法参数的设定，分别用 Iris、Glass、Vowel 3 个数据集对 K-Means 聚类算法和差分进化 K-Means 算法进行 100 次仿真实验。3 种数据集的仿真结果如表 2 所示。

表 2　在 3 种数据集上的实验结果

	K-Means 聚类算法			差分进化和 K-Means 相结合算法		
	Iirs	Glass	Vowel	Iirs	Glass	Vowel
最小类内距离	91.2483	18.9233	5890.3428	87.2532	17.5434	5618.9035
最大类内距离	182.0267	41.5676	9458.4546	94.8035	25.3665	6670.6839
平均类内距离	121.2315	29.3418	7648.6658	90.3428	19.8097	6099.0827

表 2 对比两种算法在 3 种数据集上的实验数据，结合表 3，可以看出随机选取的初始聚类中心的传统 K-Means 聚类算法稳定性差，结果波动的范围较大，平均收敛的代数多，收敛速度慢。同时，差分进化算法与 K-Means 聚类算法相结合，最大内距离与最小内距离本身的值和差值减小较为明显。一个聚类中各数据项到聚类中心的距离和越小，说明该聚类的类内越紧密，聚类的效果较好；如果聚类中各数据项到聚类中心的距离和越大，则说明类内越松散，聚类的效果较差。因此可以得出，差分进化算法与 K-Means 聚类算法相结合可以提高聚类的稳定性和有效性，聚类的效果较好。并且两种算法的结合大大提高了优化全局寻优的有效性和算法收敛速度。后续还可以在此基础上，对算法进行改进，也会一定程度上提高聚类质量。

表 3　在 3 种数据集上的算法平均收敛代数

	K-Means 聚类算法	差分进化和 K-Means 相结合算法
Iirs 平均收敛代数	237	65
Glass 平均收敛代数	1 064	598
Vowel 平均收敛代数	1 500	998

4　出租车异常聚集问题

平安城市的建设离不开智能交通，而数量庞大的机动车势必存在危害公共安全的隐患。出租车从业人员是一个城市最活跃的群体，每天接待不同的乘客，是一个城市最直接的代言人，也反映出城市的文明与进步的程度。

基于本文提出的差分进化算法与 K-Means 聚类算法相结合，可用于智能交通中出租车辆聚集范围的寻找。以成都市为例，三环范围内作为选定区域范围，在该区域内行驶的所有出租车作为数据样本集，每辆车辆行驶过程中可以通过 GPS 获取其当前的经纬度信息，从而锁定一个具体位置。数据样本集的大小为当时在三环内车辆的总数 m，选取聚类中心点 $k = 10$，向量维数 $D = 2$，进化代数 $G = 50$，缩放因子 $F = 0.6$，交叉概率 $CR = 0.5$，种群大小为 20。

通过模拟数据进行实验，某一时刻某组数据效果如图 4 所示，将车辆数超过 50 的聚类作为预警信息进行提示，显示聚类中心点位置，以及在该聚类的所有车辆。经过第一时间研判分析及派警拦截和劝返等，避免出租车在城区内大量聚集的情况发生。高铁站、火车站、汽车站等客运聚集区采取更为严格的管控措施，并且出租车数据较大，不作为本次算法考虑的重点，如图 4 所示。

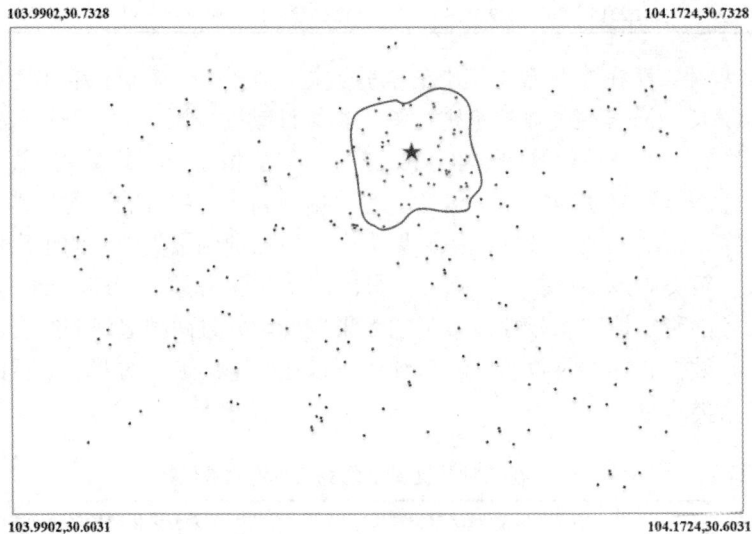

图 4　车辆聚集区域预警（超过 50 辆）

该算法对于解决车辆聚集问题提供了一种解决思路，后续通过算法优化，参数设置优化等反复多次实验[11,12]，结合当地的交通管理制度，可逐步用于实际的智能交通工程中。

5 结语

本文分别介绍了传统的 K-Means 聚类算法和差分进化算法的步骤、具体流程，并且提出将两种算法进行结合，通过仿真实验表明 K-Means 聚类算法和差分进化算法两者结合，同时获取两种算法的优点，不仅具有差分进化算法的全局优化能力，而且具有 K-Means 聚类算法收敛速度快的优点，搜索速度快，结果稳定。接下来结合现有的文献资料，在算法的改进和应用上会做进一步的研究。

参 考 文 献

[1] Zou Xuhua, Ye Xiaodong, Tan Zhiying. Color image segmentation method based on density peak clustering[J]. Journal of Chinese Computer Systems, 2017, 38(4):868-871.

[2] 王千，王成，等. K-Means 聚类算法研究综述[J]. 计算机技术与应用，2012，20（7）：21-24.

[3] Anil K J. Data clustering: 50 years beyond K-Means[J]. Pattern Recognition Letters, 2010,31(8):651-666.

[4] Storn R, Price K. V. Differential evolution: A simple and efficient adaptive scheme for global optimization over continuous spaces. Berkeley, CA, USA, Technology Report. TR-95-012, 1995.

[5] Storn R. On the usage of differential evolution for function optimization[C]//Biennial conference of the North American on fuzzy information processing socirty. Berkeley: IEEE, 1996:519-523.

[6] 陶莹，杨锋，刘洋，等. K 均值聚类算法的研究与优化[J]. 计算机技术与发展，2018，28（6）：90-92.

[7] 罗军锋，锁志海. 一种基于密度的 K-means 聚类算法[J]. 微电子学与计算机，2014，31（10）：28-31.

[8] Paterlini S, Krink T. High performance clustering with differential evolution[C]//Proc. of Evolutionary Computation, 2004. CEC2004.Congress on Volume 2,19-23 June 2004 Page(s): 2004-2011 Vol.2.

[9] Sudhakar G. Effective image clustering with differential evolution technique[J]. International Journal of Computer and Communication Technology, 2010, 2(1):11-19.

[10] 王凤领，梁海英，张波. 一种基于改进差分计划的 K 均值聚类算法研究[J]. 计算机与数字工程，2019，047（005）：1042-1048.

[11] 赵丽. 全局 K 均值聚类算法研究与改进[D]. 西安：西安电子科技大学，2013.

[12] 张建萍. 基于计算智能技术的聚类分析研究与应用[D]. 济南：山东师范大学，2014.

基于支持向量机模型的快速公交行程时间算法对比研究

熊 浩

（上海电科智能系统股份有限公司 公共交通事业部，上海 200063）

【摘要】为提高快速公交到站时间预测的准确性，分别以遗传算法、网格搜索法和粒子群算法进行参数寻优的支持向量机方法对比。将公交行程时间分为站间行驶时间和站台驻站时间，选定径向基核作为核函数，分别用网格搜索法、粒子群算法和遗传算法训练参数 c、g，用支持向量机（SVM）进行学习和预测。利用上海某中运量公交线路 11 月的一周调查数据训练支持向量机模型，用另外 3 天的数据进行验证。通过比对不同范围参数优化的 GS-SVM，得出小范围时精度较小，大范围精度较高但耗时严重。通过网格搜索优化参数（GS-SVM）的预测值、粒子群参数优化（PSO-SVM）的预测值、遗传算法参数优化（GA-SVM）的预测值、真实值和平均值等对比。实验表明，支持向量机的算法能较为准确地预测出快速公交的行程时间，相比平均值，准确率提高了 6.89%；GA-SVM 在本次实验中最为准确，总行程时间的平均绝对误差在 3.72 s。

【关键词】遗传算法；快速公交；行程时间；支持向量机

Research on BRT Travel Time Algorithm based on SVM Model based on Genetic Algorithm Optimization

Xiong Hao

（Department of Public Transportation, Shanghai SEARI Intelligent System Co., Ltd, Shanghai 200063, China）

Abstract: In order to improve the accuracy of Bus Rapid Transit arrival time prediction, a support vector machine (SVM) method based on genetic algorithm (GA) is proposed. The bus travel time is divided into inter-station travel time and platform stationary time. The radial basis function is selected as the kernel function. The training parameters c

and *g* of grid search, particle swarm optimization and genetic algorithm are used respectively, and support vector machine (SVM) is used for learning and forecasting. The support vector machine (SVM) model is trained with one-week survey data of a medium-volume bus line in Shanghai in November, and validated with another three-day data. By comparing the predicted values of grid search optimization parameters (GS-SVM), particle swarm optimization (PSO-SVM), genetic algorithm parameter optimization (GA-SVM), real value and average value. The experiments show that the algorithm of support vector machine can predict the travel time of Bus Rapid Transit more accurately, and the accuracy is improved by 6.89%. GA-SVM is the most accurate in this experiment, with an average absolute error of 3.72 s.

Keywords: Genetic Algorithm; Bus Rapid Transit; Travel Time; Support Vector Machine

1　引言

近些年，随着汽车保有量的飞速增长，拥堵已成为大城市出行亟待解决的问题。公交都市的提出正是为了提高公交利用率，提倡公共交通出行，以解决"大城市病"。但是，公共交通的准点率低影响人们的出行方式选择。这几年，人工智能、自动驾驶、5G 和大数据技术的发展，"交通强国"理念的提出，公交从业者提出公共交通到站时间的预测采用智能化和自动化解决方案。

根据不同原理，现有的公交到站时间预测模型可以分为 3 类：交通流理论模型、时间序列分析模型和机器学习模型。

李海姣[1]等利用交通流理论分析了公交运行时间预测，分别列出了交叉口延误时间、路段行驶时间和车辆停靠时间，并以南京市 3 路公交车为实例验证了模型；刘昱岗[2,3]等通过历史数据利用传统交通或统计分析方法预测公交行程时间。但是基于交通流理论的实例验证情况较理想化，模型精度较低，校准困难。

杨兆升[4-8]等运用马尔可夫链、卡尔曼滤波等多种回归方法，通过对历史数据的研究，顺序预测出公交车行程时间。但回归预测模型适用性较差，难以针对大量数据模拟出合理回归预测模型，而用卡尔曼滤波等方法进行多步预测会造成误差累积。

杨晓光[9-12]等将数据和神经网络结合，能较准确预测公交到站时间，但是神经算法需要大量的历史数据，并且存在学习不足和易达到局部最优的问题。

支持向量机[12-15]是一种通过监督学习方法解决机器学习问题的分类器。近年来，它已被用于公交车行程时间预测，但基于的数据均为少量跟车调查数据。

综上所述，支持向量机模型能基于现有的中运量公交到站数据样本，根据不同影响因素，预测出较为精准的到站时间。因此，本文旨在使用中运量公交数据作为基础，建立基于支持向量机模型的快速公交行程时间综合预测模型。最终实现对上海市中运量公交不同时段的行程时间预测，并与历史数据进行对比，以验证模型的准确性。

2 数据采集与预处理

2.1 基础数据处理

为增强模型的实用性，本文以采集的上海市 71 路中运量公交线路数据为基础。如图 1 所示，这条 BRT 线路东起延安东路外滩，西至申昆路枢纽，线路大致呈东西走向，全长 28.8 km，共有 25 个站点。该线路上的 BRT 车辆都配备了基于 GPS 工具的记录设备。这些设备可以收集 BRT 上的实时经纬度坐标、到站时间、出站时间、上下行、站点名称等信息，并将信息实时传输。每辆公交车的设备编号是唯一的，可以作为一个指标来匹配道路的行驶时间。

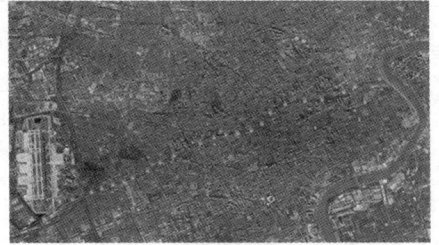

图 1 上海市 71 路中运量线路及站点图

本次实验是基于 2017 年 11 月 21 日到 11 月 30 日的上海市 71 路中运量公交的各项数据。经过分析，去除无效数据，将 21 日至 27 日数据作为学习数据进行建模，28 日至 30 日数据作为检验数据。预处理中将公交行程时间分为相邻两站之间路段运行时间和驻站时间，为了便于介绍模型，下文要使用的主要模型参数符号见表 1。

表 1 符号和参数

符号/参数	含义
OT_{ki}	班次 k 在站点 i 至站点 $i+1$ 的运行时间(s)
D	星期几，取值为 1，2，…，7
RDT_{ki}	班次 k 站点 i 的真实出发时间
RAT_{ki}	班次 k 站点 i 的真实到达时间
St_i	本站序号，i 取值为 1，2，…，24
Nt_i	下一站站序号，i 取值为 2，3，…，25
L_i	站点 i 至站点 $i+1$ 的距离(m)
GS_{ij}	站点 i 至站点 $i+1$ 间交叉口 j 绿信比
W	天气，分为晴（多云）、雨、雾、雪 4 种，分别标注 1、2、3、4
V	车辆类型，大车为 1，小车为 0
A	区分区间、全程线路，全程为 0，区间为 1
T_k	班次 k 总运行时间(s)
ST_{ki}	班次 k 在站点 i 的驻站时间(s)
SF_i	站台 i 的的站台形式，路中岛式为 0，路两侧式为 1
SL_i	站台 i 的站台长度
SW_i	站台 i 的最大等待人数
PN_{ki}	班次 k 在站点 i 的上车人数
TT_{ki}	班次 k 在站点 i 至 $i+1$ 之间的行程时间
TTT_k	班次 k 在站点 1 至 25 之间的总行程时间

如图 2 和公式（1）（2）所示，我们将相邻两站的行程时间分为相邻两站之间路段运行时间和驻站时间之和，从起点站到终点站的总行程时间为起点站到终点站之间相邻两站行程时间之和。

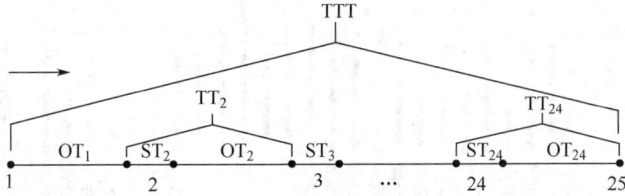

图 2　时间示意图

$$TT_{ki} = ST_{ki} + OT_{ki} \tag{1}$$

$$TTT_k = \sum TT_{ki} \tag{2}$$

2.2　数据分析

对处理后数据进行分析，7 天的客流数据按小时时间段分布，如图 3 所示，得出此线路公交车高峰运行时间在早上 7:00—10:00 和晚上 5:00—7:00。在此基础上，对此线路各运行站点客流进行分析，得出全天的客流呈现双驼峰。高峰时期大客流区间在娄山关路站到上海展览中心站之间，共 7 个站点，如图 4 所示。在吴宝路、航新路、外环路和虹许路附近有大量的住宅区，所以早高峰刚性出行人数较多。从娄山关路到上海展览中心站，站点均设置在市内，且商业和办公楼密集，在此区间内上下车人数最多，占整个早高峰站点出行人数的 60%左右。外滩首末站由于附近有旅游景点和大型企业，上下客人数相比附近其他站点也有显著增多。

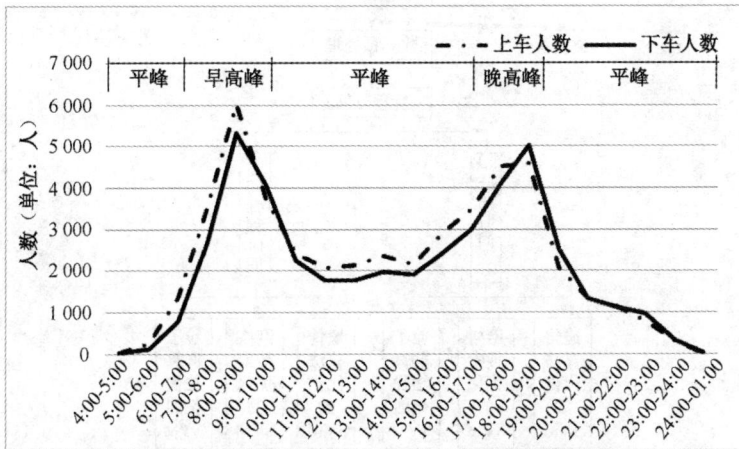

图 3　上海市 71 路中运量公交上下客人数折线图

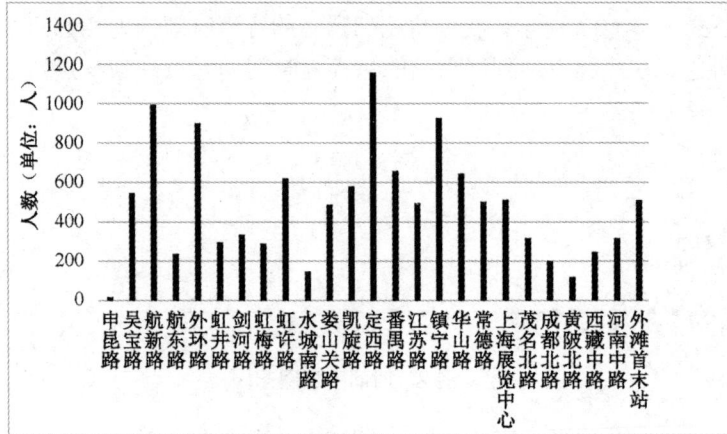

图 4　上海市 71 路中运量公交早高峰各站点上下客人数柱状图

3　算法模型建立

　　如图 5 所示，将相邻两站的行程时间分为相邻两站之间路段运行时间和驻站时间之和，从起点站到终点站的总行程时间为起点站到终点站之间相邻两站行程时间之和。

　　路段运行时间受路段交通条件、交叉口状况、交叉口优先状态、天气等因素影响；站台停留时间受上下客人数、站台形式、车辆选型、司机水平等因素影响。

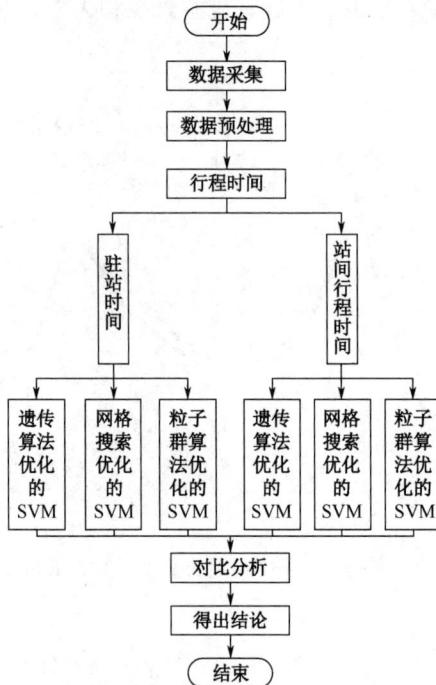

图 5　算法流程图

3.1 支持向量机（SVM）算法

SVM[16-20]的主要思想是将训练数据集非线性地映射到高维特征空间（这个高维特征空间是希尔伯特空间）。此非线性映射的目的是在映射到高维特征空间之后将输入空间中的线性不可分数据集转换为线性可分离的数据集。然后创建分类超平面作为决策表面，以使正例和反例之间的隔离边缘最大化，是结构风险最小化的近似实现。它具有在各种函数集中构建函数的通用性，不需要特定的功能形式，并且可以用于非线性系统。本次实验中可以表现输入变量（如交通条件，客流情况等）和输出变量（如 BRT 行程时间）之间的复杂关系。

SVM 具有以下的函数形式：

$$f(x) = \sum_{i=1}^{k} (a_i - a_i^*) K(x_i, x_j) + b \tag{3}$$

$$\begin{cases} \sum_{i=1}^{k} (a_i - a_i^*) = 0 \\ a_i, a_i^* \in [0, C] \end{cases} \tag{4}$$

式中，a_i 和 a_i^* 为拉格朗日因子；$K(x_i, x_j)$ 为核函数；b 为超平面的截距；C 为结构风险与经验风险之间平衡的惩罚因子；核函数 $K(x_i, x_j)$ 为向量 x_i 和 x_j 在特征空间上的内积。根据现有文献，本次对快速公交行程时间预测模型选用径向基核函数进行研究，径向基核函数形式如下：

$$K(x_i, x_j) = \exp\left(-\frac{\|x_i, x_j\|^2}{2\sigma^2}\right) = \exp\left(-g\|x_i, x_j\|^2\right) \tag{5}$$

影响快速公交车行程时间的因素非常复杂，包括道路交通条件、车辆类型、发车时间、天气状况、交叉口状况和紧急情况等。快速公交行程时间可能会受到多种因素影响产生非线性变化。支持向量机模型由于采用核函数，具有很强的非线性预测能力，可以更好地使用本次的预测实验。

为了获得效果最优的 SVM 模型，本次实验中分别应用网格搜索法、粒子群算法和遗传算法寻找参数 c 和 g 的最优组合。

3.2 遗传算法优化原理

遗传算法基于自然选择和生物遗传机制，用于全局优化，分类和评估其他数据挖掘技术的适用性。它通常包括 3 个基本操作，即父母选择、亲子交叉和子代变异，遗传算法优化 SVM 参数的具体步骤如下。

（1）初始化，明确本次实验中的参数编码方案，并以二进制编码模式编码 SVM 相关参数。

（2）确定适应度函数，将交叉验证模型中的准确率作为遗传算法的适应度函数。

（3）遗传选择、交叉、变异操作。

（4）遗传优化后，输出此次实验的支持向量机模型最优参数和最佳预测结果。

遗传算法优化 SVM 算法流程如图 6 所示。

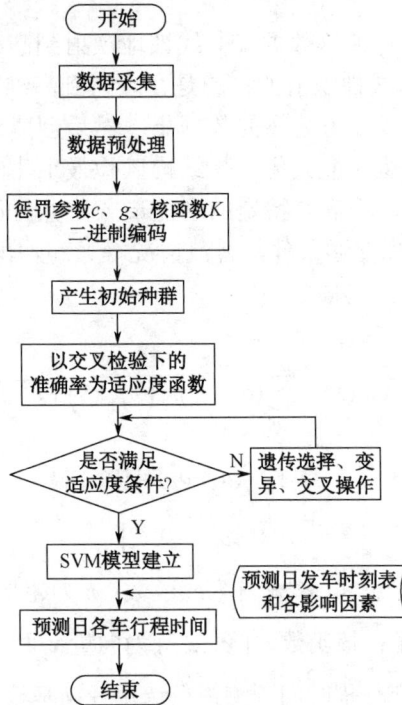

图 6　遗传算法优化 SVM 预测流程图

3.3　网格搜索

在 c、g 组成的二维参数矩阵中，小范围 c 取[2^(-10),2^10]，g 取[2^(-10)，2^10]，步长取 1；小范围 c 取[2^(-100),2^100]，g 取[2^(-100)，2^100]，步长取 1。利用穷举法，对实验中的每一对参数求得交叉验证模型中的准确率，所以实验结果为选定参数范围内的全局最优，但实验速度受选定上下限范围影响。当追求精度时，即上下限范围较大时，实验耗时严重。

3.4　粒子群算法

粒子群算法是通过模拟鸟群觅食过程中的迁徙和群聚行为而提出的一种基于群体智能的全局随机搜索算法。

粒子群算法优化 SVM 参数的步骤如下。

（1）初始化粒子群，将 SVM 相关参数粒子化。

（2）计算每个粒子适应度，以交叉验证模型中的准确率作为粒子群算法的适应度函数。

（3）记录每一个粒子的自身经验，比较出此轮的最优点及经验，即最高适应度的粒子及参数。

（4）寻找历史中的最优点及经验。

（5）粒子更新。

（6）最优粒子是否满足适应度函数达到 90%，若不满足，回到步骤（2）。

4 实验结果与分析

4.1 模型检验

4.1.1 评价指标确定

为了确定所研究的遗传算法寻优参数的 SVM 模型、粒子群算法寻优参数的 SVM 模型、遍历搜寻优参数的 SVM 模型预测结果精度大小，利用下面 3 种评价指标对预测结果进行评估：平均绝对误差（Mean Absolute Error，MAE）、平均绝对误差百分比（Mean Absolute Percentage Error，MAPE）及均方根误差（Root Mean Square Error，RMSE）。其计算公式见公式（6）～（8）。

$$MAE = \frac{\sum |OV - PV|}{N} \tag{6}$$

$$MAPE = \frac{1}{N}\sum \frac{|OV - PV|}{OV} \tag{7}$$

$$RMSE = \sqrt{\frac{\sum |OV - PV|^2}{N}} \tag{8}$$

式中，OV 为观测值；PV 为预测值；N 为观测值、预测值对数。

4.1.2 结果对比

对后 3 天的快速公交站间运行时间和驻站时间进行预测，将其预测结果与实际结果进行对比。如表 2 至表 4 所示，3 种不同优化参数方法得到的预测值在驻站时间和运行时间均比平均值更贴近实际值，GA 在驻站时间预测中偏差最小；GS 在运行时间中偏差最小，接近 0%；GA 偏差也不大，只有-0.16%。综合行程时间，3 种方法的偏差值都在 0.3%之内。GS 模式的行程时间偏差值最小，但是 GS 大范围象限内搜寻时间太长。

表 2 站点间运行时间估计对比

区段	GA SVM	PSO SVM	GS SVM（小范围）	GS SVM（大范围）	均值	真实值
1	151	151	135	151	282	151
2	30	30	40	35	40	30
3	96	96	98	96	102	96
4	221	221	210	221	95	221
5	75	75	78	75	119	75
6	153	153	153	153	63	153

区段	GA SVM	PSO SVM	GS SVM（小范围）	GS SVM（大范围）	均值	真实值
7	66	66	66	66	101	66
8	111	111	111	111	108	111
9	28	28	28	28	106	28
10	246	246	246	246	38	246
11	264	264	264	264	125	264
12	39	39	39	39	70	39
13	111	111	111	111	126	111
14	42	42	42	42	140	42
15	63	63	63	63	39	63
16	167	167	167	167	26	167
17	18	18	32	18	66	18
18	33	33	33	33	61	33
19	139	139	139	139	78	139
20	70	45	45	69	143	72
21	39	39	52	39	93	39
22	123	123	113	123	44	123
23	173	173	174	173	94	173
24	30	30	35	30	36	32

表3　驻站时间估计对比

区段	GA SVM	PSO SVM	GS SVM（小范围）	GS SVM（大范围）	均值	真实值
2	38	38	38	38	183	38
3	72	72	67	74	30	72
4	109	109	121	110	82	109
5	45	45	52	45	167	45
6	42	42	38	42	81	42
7	18	18	18	18	103	18
8	6	6	6	6	86	6
9	39	39	39	39	32	39
10	98	98	98	98	31	98
11	189	202	42	203	154	189
12	66	66	66	66	155	66
13	42	42	42	42	60	42
14	111	111	111	111	105	111
15	179	201	42	172	41	189
16	60	60	60	60	63	60
17	128	136	42	115	113	130
18	125	110	42	100	42	120
19	32	32	32	32	45	32

续表

区段	GA SVM	PSO SVM	GS SVM（小范围）	GS SVM（大范围）	均值	真实值
20	32	32	32	32	118	32
21	4	4	12	4	77	4
22	116	116	89	116	63	116
23	43	43	43	43	99	43
24	34	34	34	34	175	34

表 4   模型预测准确性对比

项目	模型	绝对误差			MAPE	RSME
		Min	Max	MAE		
运行时间	GA SVM	0	2	0.17	0.38%	0.58
	PSO SVM	0	27	1.21	1.82%	5.53
	GS SVM（小范围）	0	27	4.58	9.24%	8.40
	GS SVM（大范围）	0	5	0.42	1.13%	1.26
	均值	3	208	66.89	82.53%	84.63
	真实值	0	0	0	0	0
驻站时间	GA SVM	0	10	0.74	0.48%	2.37
	PSO SVM	0	13	1.78	1.14%	4.42
	GS SVM（小范围）	0	147	22.74	24.11%	50.25
	GS SVM（大范围）	0	20	3.00	2.10%	6.96
	均值	3	148	62.21	252.96%	76.54
	真实值	0	0	0	0	0
行程时间	GA SVM	0	10	0.88	0.56%	2.39
	PSO SVM	0	27	2.92	1.97%	7.02
	GS SVM（小范围）	0	147	24.13	13.53%	49.08
	GS SVM（大范围）	0	20	3.29	1.99%	6.93
	均值	22.78	274.9	111.65	88.37%	126.84
	真实值	0	0	0	0	0

4.2   算法分析

多种优化参数算法对行程时间的预测有不同影响，下文对其进行分析，进一步揭示算法的适用性。

如图 7 所示，GS 算法均比平均值法更贴近实际值，使用大范围参数优化的 GS 寻优更优，但实际中因为采用较大范围的上下限，造成寻优时间成指数级别上升，故实际中不应采用大范围的 GS 参数寻优。综合图 7 结果，图 8 显示了较小范围的 GS 算法从第 12 站开始偏离实际，并且偏差较大，而平均值则在各站时间偏差均无规律性。

如图 9 和图 10 所示，3 种算法下各站早高峰行程时间的变化。平均值虽然在各站变化无规律，但是在市外区域明显偏大，在市内高峰时偏小，导致行程时间总体呈现 1～11 站偏大，12～25 站贴近实际值。原因是在市外区域站台密度小，乘客较少，但学习数据较多为工作日数据，平均数据会造成明显偏大。而在市内区域，站台密度大，乘客较多，平均值不能反映实际情况，造成偏小。小范围的 GS 寻优在进入市内大客流区间后出现因为参数上下限制约造成无法准确模拟驻站时间和运行时间，导致从 12 站以后，行程时间越来越偏小。

如图 11 所示，3 种参数寻优均比平均值法更接近实际值。GS 算法在大客流区间，虽然上下限提高获得较高的精准度，但各站行程时间仍出现小部分偏差。PSO 在 16、18 和 21 站行程时间预测与 GA 相比，预测与实际偏差较大，造成 PSO 算法在最终偏差绝对值上比 GA 算法大。

表 4 的结果表明，文章提出的 GA、PSO 和 GS 优化参数后的 SVM 模型预测精度均优于平均值。

对于平均行程时间和整个行程时间，虽然不同站点间的 MAE、MAPE 及 RMSE 值有较大的差异，但是都有共同的规律：GA 算法优化参数后的 SVM 模型预测精度相比 PSO 算法优化参数的更精准，且两者都比全图搜索的精度更高。这是由于全图搜索限定了搜索的上下限，保证了运行的速度，若将上下限设置较大，精度会更高，但是运算时间会成指数倍增长。不同算法对预测行程的影响参见图 12。

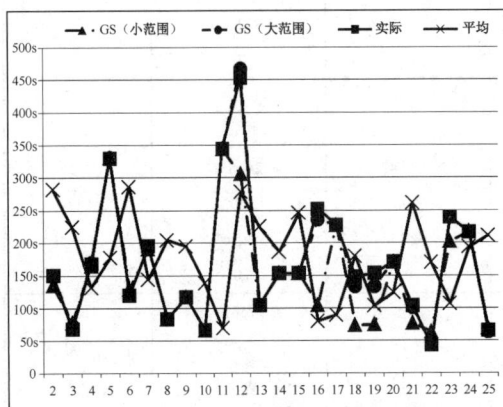

图 7　不同 GS 算法对预测各站时间的影响（单位：s）

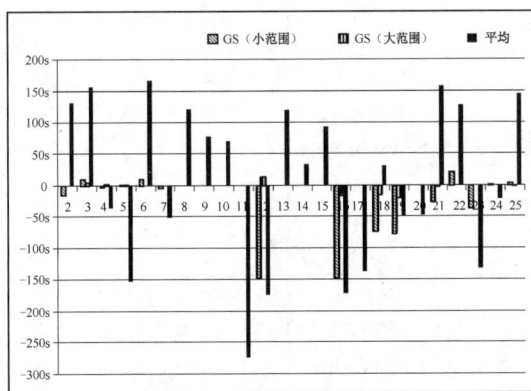

图 8　不同 GS 算法预测各站时间差值（单位：s）

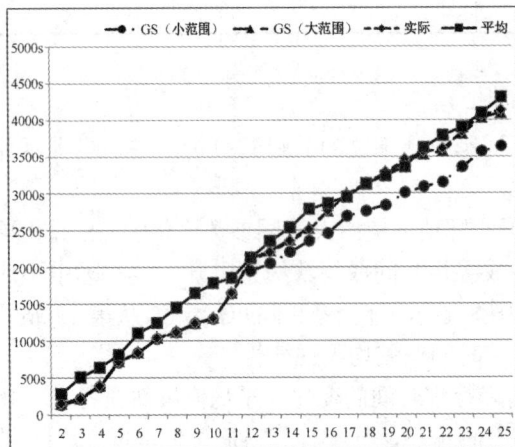

图 9　不同 GS 算法对预测行程时间的影响（单位：s）

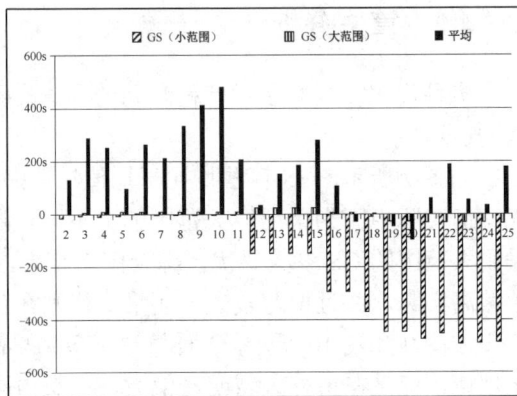

图 10　不同 GS 算法预测行程时间差值（单位：s）

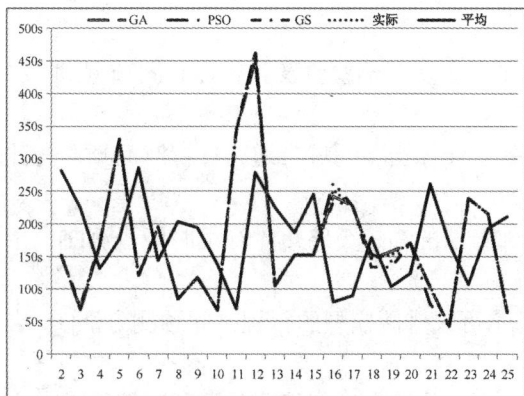

图 11　不同算法对预测各站时间的影响（单位：s）　　图 12　不同算法对预测行程时间的影响（单位：s）

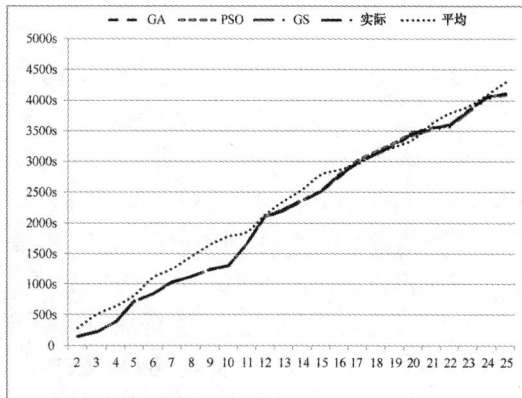

5　结语

　　本文针对上海市中运量公交到站时间进行预测，将到站时间分为站间运行时间和驻站时间，分别根据天气、交叉口状况、道路交通条件、公交车类型、站台类型和发车时间等影响因素建立支持向量机回归预测模型。利用 MATLAB 对模型的准确性进行了验证。并通过数据分析，探讨了高峰到站时间数据，大客流区间到站时间数据和全部到站时间数据对到站时间预测的影响，这为决策者更好地进行公交到站时间预测模型选择提供了指导意见。研究结果表明：

　　（1）所建立的基于遗传算法、粒子群算法和网格搜索参数寻优的支持向量机模型，经过数据学习后，能预测出较为准确的快速公交站间运行时间和驻站时间，结合发车时刻推测出精确的到站时间和行程时间。结果表明，SVM 模型经过学习，比直接使用平均值法更为准确。

　　（2）当优化参数方法采用全图搜索时，参数寻优速度受设定上下限影响。当追求适当速度时，即设置 c、g 上下限为 $(0,8]$ 时，算法得出模型精确度不如 PSO SVM 和 GA SVM；当追求精准度时，即设置 c、g 上下限为 $(0,64]$ 时，设定上下限过大，会造成运算速度过慢，花费时间是小象限运算时间的 6 倍以上，不符合实际作业。

　　（3）针对中运量早高峰情况的预测，PSO SVM 和 GA SVM 均能得出较为准确地预测值，但在本次实验中，GA SVM 预测值的均方根误差为 1.93 s，PSO SVM 的均方根误差为 2.88 s，所以得出 GA SVM 的结果更为准确。

参 考 文 献

[1]　李海姣，陆建. 基于交通流理论的公交站点间行程时间预测[J]. 交通信息与安全，

2012，30（03）：29-32.

　　[2] 刘昱岗，王卓君，潘璐，董道建，李晏君. 公交车辆检测及其行程时间预测[J]. 中国公路学报，2016，29（10）：95-104+125.

　　[3] 唐少虎，刘小明，陈兆盟，张金金. 基于计算实验的城市道路行程时间预测与建模[J]. 自动化学报，2015，41（08）：1516-1527.

　　[4] 王翔，陈小鸿，杨祥妹. 基于 K 最近邻算法的高速公路短时行程时间预测[J]. 中国公路学报，2015，28（01）：102-111.

　　[5] 杨志宏，杨兆升，于德新，陈林. 基于马尔可夫排队模型的行程时间预测方法[J]. 吉林大学学报（工学版），2004（04）：671-674.

　　[6] 胡继华，李国源，程智锋. 基于马尔科夫链的公交站间行程时间预测算法[J]. 交通信息与安全，2014，32（02）：17-22.

　　[7] 李进燕，朱征宇，刘琳，刘微. 基于行程时间多步预测的实时路径导航算法[J]. 计算机应用研究，2013，30（02）：346-349+353.

　　[8] 杨兆升，保丽霞，朱国华. 基于 Fuzzy 回归的快速路行程时间预测模型研究[J]. 公路交通科技，2004（03）：78-81.

　　[9] 李慧兵，杨晓光. 面向行程时间预测准确度评价的数据融合方法[J]. 同济大学学报（自然科学版），2013，41（01）：60-65.

　　[10] 陈国俊，杨晓光，刘好德，安健. 基于动态百分位行程时间的公交到站时间预测模型[J]. 公路交通科技，2009，26（S1）：102-106+123.

　　[11] 保丽霞，杨兆升，阮永华. 基于预测型路线行程时间的信号控制相位差优化技术研究[J]. 公路交通科技，2007（08）：115-119+127.

　　[12] Wang, J.Y.,Wong, K.I.,Chen, Y.Y.. Short-term travel time estimation and prediction for long freeway corridor using NN and regression[P]. Intelligent Transportation Systems (ITSC), 2012 15th International IEEE Conference on, 2012.

　　[13] 姚智胜，邵春福，熊志华. 支持向量机在路段行程时间预测中的应用研究[J]. 公路交通科技，2007（09）：96-99.

　　[14] Sun Zhanquan, Feng Jinqiao, Liu Wei. Travel Time Forecasting Based on Phase Space Reconstruction and SVM[P]. Optoelectronics and Image Processing (ICOIP), 2010 International Conference on,2010.

　　[15] Chen Min, Yu Guizhen, Chen Peng, Wang Yunpeng. A copula-based approach for estimating the travel time reliability of urban arterial[J]. Transportation Research Part C,2017,82.

　　[16] Shi Jungang, Sun Yanshuo, Paul Schonfeld, Qi Jian. Joint optimization of tram timetables and signal timing adjustments at intersections[J]. Transportation Research PartC, 2017, 83.

　　[17] 陈旭梅，龚辉波，王景楠. 基于 SVM 和 Kalman 滤波的 BRT 行程时间预测模型研究[J]. 交通运输系统工程与信息，2012，12（04）：29-34.

　　[18] Liu Yang, JI Yanjie, Chen Keyu, Qi Xinyi. Support Vector Regression for Bus Travel Time Prediction Using Wavelet Transform[J/OL].Journal of Harbin Institute of Technology(New series):1-14[2018-09-26].

　　[19] Adel Bolbol, Cheng Tao, Ioannis Tsapakis,James Haworth. Inferring hybrid

transportation modes from sparse GPS data using a moving window SVM classification[J]. Computers, Environment and Urban Systems, 2012, 36(6).

[20] Zhao Huiran. Research on data acquisition time optimization of bus travel time prediction method[A]. 信息化与工程国际学会.Proceedings of 2016 2nd Workshop on Advanced Research and Technology in Industry Applications(WARTIA 2016)[C]. 信息化与工程国际学会：计算机科学与电子技术国际学会(Computer Science and Electronic Technology International Society),2016: 7.

公交行车计划智能编制系统
关键技术研究

（上海电科智能系统股份有限公司，上海 200063）

【摘要】 公交行车计划是运营调度优化，提高公交服务质量的关键。本文基于 IC 卡数据、GPS 数据和电子路单数据，对运行计划编制资料中的客流和运行时间数据进行精细化分析。为提升运行计划与客流需求的匹配度，提出客流需求匹配关键技术。考虑到公交时刻表和车辆排班计划两者之间的联系，提出不固定时刻表生成技术和基于不固定时刻表的车辆排班计划编制技术，以达到两者整体效益最优。最后基于以上关键技术，设计了公交行车计划智能编制系统，为公交企业运营管理提供辅助决策。

【关键词】 公交行车计划；公交时刻表；车辆排班计划

Research on Vehicle Scheduling based on
Non-fixed Timetable

Chen Tong Yang Yuwei

(Shanghai SEARI Intelligent System Co., Ltd, Shanghai 200063, China)

Abstract: Bus operation planning is the key to optimize bus operation scheduling and improve the quality of bus service. Based on the IC card data, GPS data and electronic road formats, the paper analyzes the passenger flow and operation time precisely. To improver the matching degree between operation plan and passenger flow demand, the paper proposes the passenger flow demand matching strategy. Considering the relationship between bus timetable and vehicle scheduling, the paper proposes the generation technology of non fixed timetable and the organization technology of vehicle scheduling based on non fixed timetable, so as to achieve the best overall benefit. Finally, based on the above key technologies, an intelligent bus planning system is designed to provide decision-making for the operation and management of bus enterprises.

Keywords: Bus Operation Planning; Timetable; Vehicle Scheduling

1 引言

随着经济社会的发展及城市化进程的加快，我国城市道路交通系统的供需矛盾日益突出。为缓解城市交通拥堵，提高交通资源利用率，2005 年，我国颁布了《关于优先发展城市公共交通的意见》，在国家层面确立了公共交通优先发展的定位。2012 年，交通部正式启动国家"公交都市"创建工作，将优先发展公共交通作为解决城市交通问题的唯一出路。城市常规公交在这些政策的激励下发展迅速，截止到2018年，我国城市公交运营线路60 590条，运营线路总长度为 119.9 万千米，车辆保有量为 67.34 万辆[1]，共 12 个城市被授予"国家公交都市建设示范城市"。

然而，从出行结构来看，相比于城市轨道交通，常规公交的出行比例增长缓慢，甚至呈现出下降的趋势，公交出行吸引力不足。从上海市三次综合交通调查数据来看，2004 年常规公交在中心城区出行方式中占比为 20.8%，2009 年为 17.1%，2014 年这一比例下降为13.1%[2]。出现这一现象的主要原因在于公交企业运营调度不合理，车辆到站准点率得不到保证，客流需求和运能不能精准匹配，公交车辆过分拥挤或接近空车运行，降低了企业运营效率，严重影响了公交服务质量，导致公交对乘客的出行吸引力下降。

提高公交服务质量和公交出行比例的关键是公交运营调度的优化，公交行车计划是运营调度优化的主要表现形式。公交行车计划是指挥企业运输生产的核心计划，规定了车辆和驾驶员的生产组织程序。对行车计划编制工作而言，需要考虑包括车辆、人员、线路、场站、劳动规则和调度模式等多方面的影响，同时满足客观运营条件的限制和主观效益指标的要求，在降低运营成本和提供优质服务之间寻找平衡点。开展公交行车计划智能化编制关键技术的研究，对积极推进我国公交运营调度智能化有重要的理论意义和实用价值。

2 公交行车计划编制优化问题分析

时刻表和车辆排班计划是公交行车计划的重要组成部分。公交时刻表是衡量公交车准点率和可靠性的依据，确定了公交车辆在首末站和停车场的发车时间、到达时间、停站时间、发车时间间隔等。车辆排班计划可以描述为给定时刻表的条件下，安排车辆执行所有的车次，根据客流需求确定所需要的车辆数及每辆车执行车次任务的序列。

时刻表和车辆排班计划两者是相互影响、相互制约的关系。时刻表是车辆排班计划的前提，规定了发车班次数和行车间隔，发车班次数与投放的运能有关，需要满足各时段的客流需求，并且最大行车间隔需要满足行业服务水平要求。车辆排班计划编制时要求用有限的车辆资源尽可能接续更多的班次。然而，时刻表的调整必然会影响车辆执行班次的接续情况，从而影响车辆使用数量，进而影响企业运营成本。

在实际调度工作中，时刻表和车辆排班计划一般由经验丰富、熟悉线路情况的调度员进行手工编制，但是随着公交线路和车辆数量的增多及公交运行环境的复杂化，这一编制方式暴露出诸多不足。主要体现在：第一，客流需求和运能匹配度低，目前的客流资料主要通过人工驻站调查和跟车调查得到，不能完整覆盖线路运营时间，因此会出现客流和运能不匹配的现象。第二，手工编制方法不够灵活，不能主动适应营运条件的变化，原因在于时刻表编制依据中的运行时间、停站休息时间等通常是基于历史数据的固定值，因此当营运条件发生变化时需要较长时间才能在时刻表中有所反映。

随着智能调度系统在公交行业的普及，公交企业积累了大量的 IC 卡数据、GPS 数据、电子路单数据等，通过挖掘其中的有效数据，可以实现对客流和运行时间数据的即时性和精细化分析，为运行计划编制提供更准确的基础数据资料。因此，本文基于 IC 卡数据、GPS 数据和电子路单数据，对运行计划编制资料中的客流和运行时间数据进行精细化统计，提出客流需求匹配关键技术，提升运行计划与客流需求的匹配度。

从国内外研究来看，公交时刻表问题一般为确定发车频率的问题，学者们提出了基于客流调查数据的时刻表模型[3]、基于信息采集技术的时刻表模型[4]，以及均衡考虑乘客需求与企业效益的时刻表模型[5,6]，不断优化时刻表和客流需求的匹配程度。车辆排班计划问题一般采用运筹学优化的思想求解，基本优化目标为车辆数最少、运营成本最小、空驶时间最小等，通常会采用设置权重系数等方式把多目标问题合成一个单目标问题求解，模型方面可以用分解模型[7]、任务指派模型[8]、运输问题模型[9]和网络流[10]等进行描述，求解算法分为精确求解和启发式求解两类方法，启发式求解方法可以提高求解效率，快速找到满意解。综上所述，对于时刻表和车辆排班计划两个独立的问题都有较为成熟的模型和算法，但是缺少集成化的方法将两者整合解决。因此，本文基于时刻表和车辆排班计划之间相互制约的关系，综合考虑时刻表约束、营业车时约束、车次接续约束等实际调度约束，提出不固定时刻表生成技术和基于不固定时刻表的车辆排班计划编制技术，以达到整体效益最优。

3　公交行车计划编制关键技术

3.1　客流需求匹配关键技术

时刻表的生成需要满足乘客需求和服务水平的要求，通过关联 IC 卡数据、GPS 数据，对线路全日断面客流量进行聚类分析，识别客流特征时段，如早高峰、平峰、晚高峰等，再针对特定线路运营特征时段，考虑乘客满载率，更精细化地匹配运能和需求。具体技术路线如图 1 所示。

通过关联公交 IC 卡数据和 GPS 数据，计算线路全日运营时间各时段的断面客流量，将其按照断面客流大小和时间进行有序聚类分析，采用有序样品聚类的 Fisher 算法[11]，形成不同的客流特征时段。

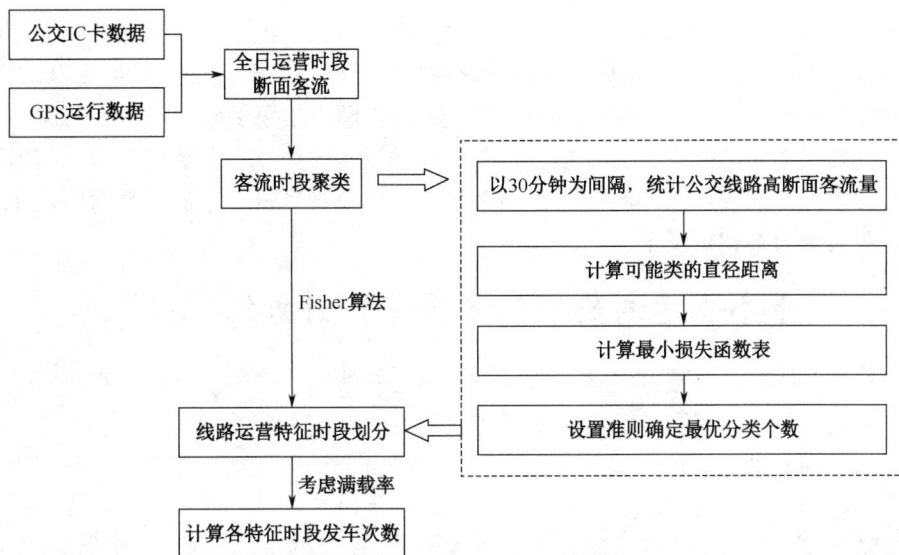

图 1　客流需求匹配关键技术

Fisher 算法基本步骤如下：（1）统计公交线路的高断面客流量，以 30 分钟或 1 小时为间隔，按时间顺序组成一组有序样品；（2）计算一切可能类的直径，直径距离用该类的值与类均值差的平方和来表示；（3）计算最小损失函数表，损失函数为某一分类方法下各类的直径之和，损失函数的值越小，分类越合理，Fisher 算法利用两个递推公式求使得损失函数最小的分类方法；（4）确定分类数和最优分类方法，一般而言最小损失函数随着分类个数的增加而逐渐减小，递减的速度和分类个数相关。如果分类数过大，则公交运营分段数太多，会增加公交调度的难度；分类数过小，则难以描述客流波动方面的特征，Fisher 算法采用比值法确定最优分类个数。

划分完客流特征时段后，根据各个特征时段内的客流量及规定的公交服务水平（即满载率要求），计算该公交线路每个时段的发车班次数。计算公式如下：

$$n_f = \frac{P_{mf}}{\alpha \times N} \times \frac{T_f}{60}$$

其中，n_f 为 f 特征时段内的发车班次数；P_{mf} 为 f 时段内的公交线路高断面高峰小时客流量（人）；α 为 f 时段车辆的满载率，分高峰和平峰；N 为公交车辆额定载客量（人）；T_f 为 f 特征时段的时间跨度（分钟）。

3.2　不固定时刻表生成技术

不固定时刻表指各车次的发车间隔可以在一定区间内变动的时刻表。不固定时刻表一方面可以更精确地匹配客流需求，另一方面也为后续车辆排班计划的编制提供一定的优化空间。

不固定时刻表的生成最重要的是确定相邻车次间发车间隔的变动范围，该范围由客流需求和公交企业服务水平要求所决定，并且保证每个时段内发车次数一定，在不同时段内取值不同。政府和行业规范规定了最大发车间隔来保证乘客候车时间的最低服务质量标准，如《上海市公共汽车和电车客运服务规范》规定市中心城区线路早晚高峰时段不超过 8 分钟；其他时段内环线内线路不超过 15 分钟，内环线外线路不超过 20 分钟，郊区线路不超过 25 分钟。同时，公交企业为保证经济效益，会根据不同的线路规定相应的最小发车间隔。相邻车次间的发车间隔确定后，根据线路首班车的发车时间，以及通过客流需求匹配技术确定的各时段发车次数，按照时间顺序不断累加，可以得到每个车次的发车时间范围，从而生成该线路全天不固定发车时刻表。

3.3　基于不固定时刻表的车辆排班计划编制技术

在进行车辆排班计划编制之前，本文首先对公交线路历史电子路单数据进行了统计分析，以小时为单位，计算和统计车辆上下行实际运行时间和停站时间，作为计划运行时间和计划停站时间。由于该数据按小时变化，更加符合公交实际运行环境，从而提高计划的可执行性。

针对基于不固定时刻表的车辆排班计划编制问题，本文建立了以车辆数和无效休息时间加权和为目标函数，综合考虑时刻表约束、营业车时约束、车次接续约束等实际调度约束的整数规划模型，并设计启发式算法求解。模型的目标函数为车辆数和总无效休息时间的加权和。车辆数和企业运营成本直接相关，无效休息时间可以描述为公交车辆处在非载客的时间段内但驾驶员依然值守车辆的时间。减少无效休息时间可以保证驾驶员在班时间的有效性，提高工作效率，避免人员浪费。目标函数在车辆排班计划生成的过程中进行计算，具体如图 2 所示。

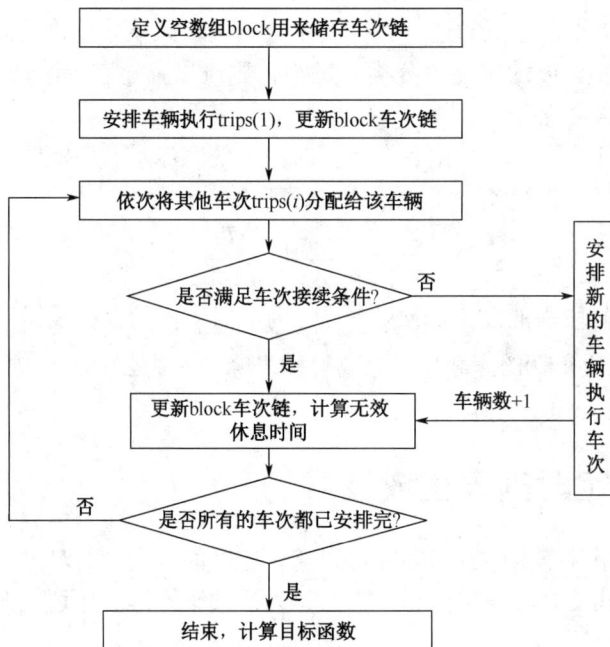

图 2　目标函数计算过程

4 公交行车计划智能编制系统设计

根据公交行车计划编制所需参数及生成的过程,结合上述关键技术,公交行车计划智能编制系统共设计了五项主要功能:线路参数管理、行车计划参数管理、时刻表参数管理、行车作业时刻表管理和计划指标展示,这些功能和上述关键技术的关系如图3所示。其中,线路参数管理、行车计划参数管理和时刻表参数管理属于参数管理模块,行车作业计划管理属于计算模块,计划指标分析属于效果评价模块。

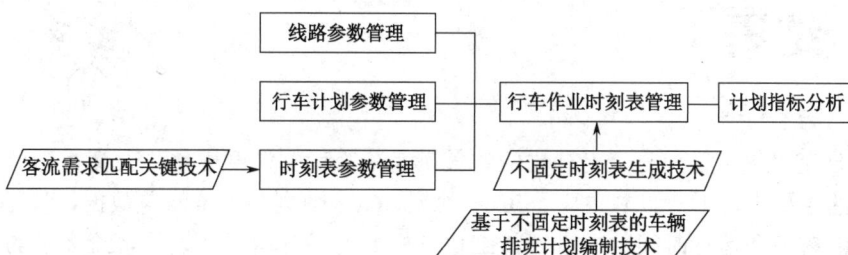

图3 公交行车计划智能编制系统功能

线路参数管理功能主要实现对线路名称、线路类型、首末站名称、线路长度、车辆从首末站进出车场的里程、进出车场例行保养时间、线路最大配车数等基本参数的增加、删除、修改和查询操作。

行车计划参数管理功能主要实现对时刻表类型、总车时最大时长、营业车时最大时长、分班最低时长、驾驶员就餐时间和范围、车辆运营时间等和行车计划相关的参数的增加、删除、修改和查询操作。

时刻表参数管理功能主要实现对线路上下行首末班车发车时间、公交车辆额定载客量、运营时间内每小时高断面客流量等参数的增加、删除、修改和查询操作。根据高断面客流量数据,结合客流需求匹配关键技术进行客流聚类,划分运营时段,计算线路总运行车次数和各时段车次数,然后根据企业规定确定各时段的最大和最小发车间隔。

行车作业时刻表管理功能通过调用不固定时刻表生成技术和基于不固定时刻表的车辆排班计划编制技术,将线路参数、行车计划参数和时刻表参数作为模型和算法的输入值,生成该线路行车作业时刻表。为方便调度员进行操作,我们设计了两种方式进行展示,如图4所示,一种为甘特图形式(图4左),可以更直观地显示每辆车中各车次的运行次序及运行时间;另一种为表格形式(图4右),和现有行车时刻表格式类似,比较符合调度员的工作习惯。

计划指标分析功能主要对生成的行车作业时刻表的指标进行计算,指标包括路牌数、总工时、平均工时、营业里程、非营业里程、总里程等,用来评价行车作业时刻表的效果,为模型和算法的改进提供依据。

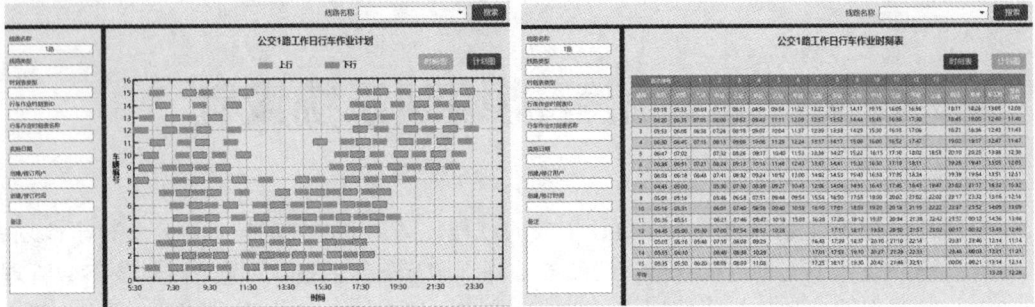

图 4 行车作业时刻表界面设计

5 结语

提高公交服务质量和公交出行比例的关键是公交运营调度优化，公交行车计划是运营调度优化的主要表现形式。本文基于 IC 卡数据、GPS 数据和电子路单数据，对运行计划编制资料中的客流和运行时间数据进行精细化分析。为提升运行计划与客流需求的匹配度，提出论文客流需求匹配关键技术。考虑到公交时刻表和车辆排班计划两者之间的联系，提出了不固定时刻表生成技术和基于不固定时刻表的车辆排班计划编制技术，以达到两者整体效益最优。最后基于以上关键技术，设计了公交行车计划智能编制系统，为公交企业运营管理提供辅助决策。

参 考 文 献

[1] https://www.sohu.com/a/328963701_530801. 2018 年公共交通行业运行情况及 2019 年行业发展趋势.

[2] 张天然, 王波. 上海 2035 年公共交通分担率研究[J]. 交通与港航, 2018, 005（002）: 42-49.

[3] Ceder A. Methods for creating bus timetables[J]. Tramp. Res., 21A(1), 59-83.

[4] Furth, P. G., N. H. M. Wilson. Setting Frequencies 011 Bus Routes: Theory and Practice. Transportation Research Board, 1981, 1-7.

[5] 杨新苗, 王炜. 基于准实时信息的公交调度优化系统[J]. 交通与计算机. 2002（5）.

[6] 牛学勤, 陈茜, 等. 城市公交线路调度发车频率优化模型[J]. 交通运输工程学报. 2003（4）.

[7] Saha J L. An algorithm for bus scheduling problems[J]. Journal of the Operational Research Society, 1970, 21(4):463-474.

[8] Baita, F., Pesenti, R., Ukovich, W., Favaretto, D.. A comparison of different solution

approaches to the vehicle scheduling problem in a practical case[J].Computers and Operations Research 27, 2000:1249-1269.

[9] Zhoucong, X., Peijia, H., Jing, T., Liping, L., 2013. Transit vehicles intelligent scheduling optimization based on the division of characteristic periods[J]. Procedia -Social and Behavioral Sciences 96, 1502-1512.

[10] Freling, R., Wagelmans, A., Paix J., Models and algorithms for single-depot vehicle scheduling[J]. Transportation Science 35, 2001: 165-180.

[11] 杨新苗，王炜，尹红亮. 公交调度峰值曲线的优化方法[J]. 东南大学学报，2001，31（3）：40-43.

铁路基础设施监控监测数据平台的研究①

江若飞

（中国铁道科学研究院集团有限公司，北京 100081）

【摘要】随着技术进步和业务管理能力的提升，特别是数据治理的需要，铁路相关利益方对铁路基础设施信息化水平有更高的期待和要求。为更好地支撑铁路基础设施信息化发展，监控监测平台向中国铁路所有拟建、在建铁路工程、运维期项目提供服务，提升铁路建设、运营维护全生命周期基础设施信息化、标准化管理水平。监控监测平台是以物联网传感器为前端采集模块，移动互联技术为传输手段，将铁路各个应用、专业的基础设施监测数据进行统一管理。建设铁路建设、运维一体化监控监测大数据中心，为各应用提供标准化、开放化的建设平台并提供全路基础设施监控监测数据服务。

【关键词】数据治理；监控监测平台；物联网；传感器；数据中心

Research on Monitoring Data Platform of Railway Infrastructure

Jiang Ruofei

（China Academy of Railway Sciences Corporation Limited, Beijing 100081, China）

Abstract: With the advance of technology and business management, especially the need of data governance, railway stakeholders have higher expectations and requirements for informatization of railway infrastructure. In order to support the development for informatization of railway infrastructure, the monitoring platform will provide services for all the proposed projects, under construction projects, operation and maintenance projects of China Railway, which promotes the informationized and standardized

---

① 基金项目：中国铁道科学研究院重大课题（2017YJ007）

management of infrastructure in the whole life cycle of railway construction, operation and maintenance. The monitoring platform is based on the Internet of things sensors as the front-end collection module and mobile Internet technology as the transmission means. The infrastructure monitoring data of various applications and specialties of the railway shall be managed in a unified method. Building the railway construction, operation and maintenance integrated monitoring big data center, to provide a standardizing and opening platform for each application, and provide the service of whole road infrastructure monitoring data.

Keywords: Data Governance; Monitoring Platform; Internet of Things; Sensors; Data Center

1 引言

铁路基础设施质量作为工程建设的重点，不仅与人民生命财产安全密切相关，而且影响着国民经济的高质高效发展。自 2013 年铁路工程管理平台应用推广以来，在线路、桥梁、隧道、路基等专业具备了一定的安全、质量风险监控管理能力，监控监测数据在其中起到了重要的作用。但各应用间存在信息孤岛，数据传输、存储方式不统一，接口重复开发、资源浪费，缺乏统一数据管理等问题，难以开展全路级别大数据分析等应用，因此需要建设统一的监控监测数据平台，为各应用提供统一的接口及数据服务[1]。

2 应用终端现状及需求分析

2.1 信息化现状

铁路工程管理平台 1.0 中，各专业的采集终端都对应有一个自己专属的后端管理系统，每个终端应用的数据都由对应的后台服务各自记录，各终端的登录认证、业务逻辑、统计分析功能都是单独实现的。现阶段平台架构如图 1 所示。

这样的孤立系统将近 50 多个，在信息管理方面存在以下问题。

（1）没有统一的数据上传地址，各业务系统都需要对外开放其 API 接口，接口繁杂，安全和管理都非常困难。

（2）没有统一、规范的数据通信协议，各应用自己定义自己的接口协议和传输协议。

（3）没有统一的设备认证和授权机制，各业务系统对设备认证、授权方式不统一，设备管理颗粒度不一致。

（4）缺乏对原始数据的统一记录，无法进行数据监管和溯源。

（5）由于数据分散在各应用系统，进行跨模块全路数据的统计分析十分困难。

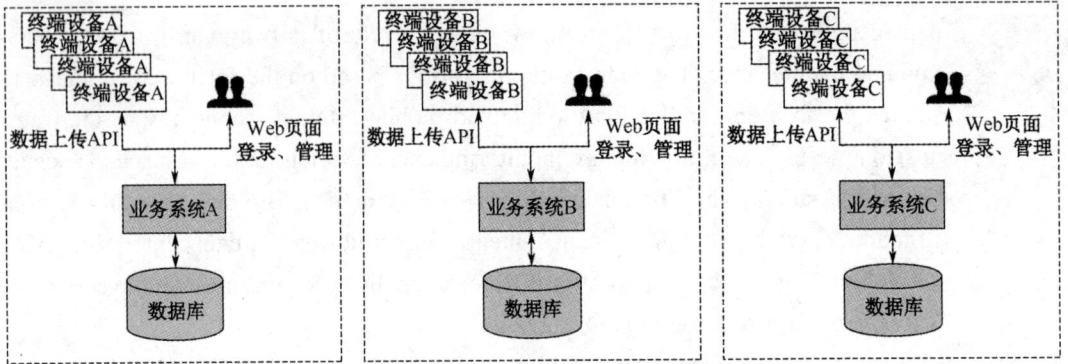

图 1　现阶段平台架构

2.2　需求分析

针对上述平台中存在的问题，需要建立一个监控监测平台，统一接收和存储这些采集数据，各专业系统所需的统计分析数据从监控监测平台数据库统一获取。

监控监测平台所需实现的业务需求包括：实现对部署在现场的终端设备进行统一的注册和管理；实现对接入平台终端设备的接口访问进行统一的认证和鉴权，并按照统一的接口标准接收终端设备上传的数据；实现监控监测原始数据的接收存储及按需转发或下载服务；实现各业务功能可插拔，服务稳定、高可用，服务能力可线性扩展，服务质量可监控；实现全路数据统计分析和商业智能等。

铁路建设管理者的业务需求主要包括：采集各类监控监测数据，原始数据统一管控；监控各类安全质量风险，协调应急指挥；对大数据的分析和挖掘，进行风险预警和辅助决策支持，等等。

系统在响应建设管理者的业务需求的同时，兼顾参建方业务需求，实现信息共享和综合利用，提高参建者的应用积极性。铁路参建者的主要业务需求包括：了解参建工程的建设进展情况；风险源点的安全质量控制等。

3　平台设计

3.1　总体架构

针对监控监测平台的系统功能需求，提出如图 2 所示的总体架构实现方案。

监控监测平台主要分为业务数据采集模块和服务管理后台模块，业务数据采集模块通过统一的 API 网关采集前端各类终端设备上传的数据，并存入分布式数据库中。服务管理后台模块面向各类管理用户，实现对服务的注册、鉴权、监控、设备、终端应用、授权码、接口的管理工作，通过企业服务总线进行平台内部及各业务应用系统的数据交互。

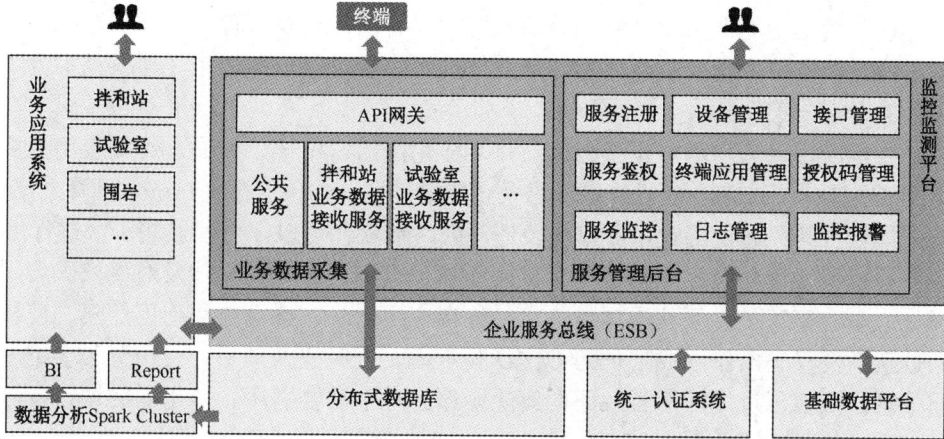

图 2　监控监测平台总体架构

监控监测平台技术框架采用 Spring Cloud 微服务架构构建整个应用系统；采用 Redis 集群存储服务鉴权 JWT 数据和其他热点数据；采用对象存储集群存储非结构化数据；由 Nginx 和 Spring Cloud Gateway 集群构成统一的数据接收网关；统一服务鉴权模块实现终端设备对接口的调用及内部各服务模块之间相互调用的服务鉴权；各应用业务逻辑单独开发成一个独立的微服务，注册到服务注册中心，并通过 API 网关对外提供服务；终端设备上传的采集数据统计记录到 TiDB 分布式数据库集群；各专业独立应用同样采用 TiDB 集群作为其数据存储技术，不同的应用通过不同的 Schema 和不同的 User 进行数据访问权限控制；数据集中到 TiDB 集群后，通过 Spark Cluster 进行全路的统计分析和商业智能。

3.2　平台功能

监控监测平台由服务管理后台模块和业务数据采集模块组成，如图 3 所示。服务管理后台模块包含设备管理、终端应用管理、授权码管理、接口管理、日志管理、监控报警等功能；业务数据采集模块包含服务注册、服务鉴权、服务监控、公共服务接口、业务系统接口服务等功能。

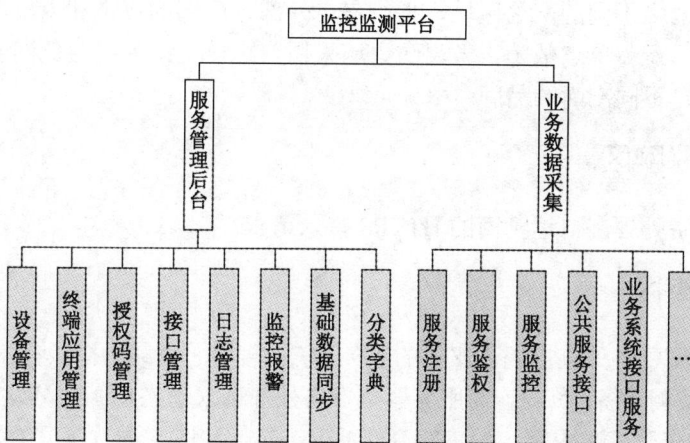

图 3　监控监测平台功能

（1）设备管理功能：实现对终端设备及监测设备的注册及管理，通过新增设备操作对设备基本信息、安装位置、监测内容、专业分类等内容进行汇总登记，形成设备台账，对全路设备进行统一管理。

（2）终端应用管理功能：主要包括对终端应用注册、审核、发布。终端应用主要包括手机 App 终端软件、前置 PC 机终端应用及传感器应用，如围岩采集 App、沉降采集 App、试验室采集软件等；通过工管中心审核及评测的终端软件可以在监控监测平台进行注册。

（3）授权码管理功能：主要包含授权码新增、查询、删除的功能及对授权码启用、停用的操作。平台管理员需要获取项目信息、终端应用信息、终端应用使用期限、授权码数量，通过新增授权码操作生成唯一的 UUID 授权码，同时支持项目、应用分类多维度查询授权码信息，授权码过期后对授权码的删除操作。对于需要启用、停用的终端设备，提供授权码启用、停用功能。

（4）接口管理功能：主要包括对接口注册、配置接口发布规则及接口调用详情查询等功能。对接口进行在线的配置和发布，配置的内容包括字段类型、长度、认证规则、存储的数据库选型等参数，之后进行发布接口操作，发布后对接口的基本信息进行登记，形成接口信息台账，实现对监控监测平台的接口服务统一管理；并支持对接口调用情况进行统计分析，对应用的接口流量进行统计，可灵活配置资源；同时可以通过终端设备调用接口情况对接口数据进行溯源查询，保障监控监测数据可靠性。

（5）监控监测数据统计功能：对监测数据进行归纳整理，打破各应用之间的数据壁垒，建立铁路基础设施监控监测大数据库，向全路应用提供统一的数据服务，为建设、运维阶段大数据分析、决策等服务提供基础，为保障铁路安全运营提供数据支撑。

3.3　网络架构

监控监测平台网络架构如图 4 所示，根据安全级别的不同，通过防火墙将整个监控监测平台网络划分为 3 个区域：互联网区、隔离区、核心区。

3.3.1　防火墙

防火墙负责隔离不同的网络区域，抵御来自外部、内部的攻击和入侵，确保每个网络区域的安全；为了避免单点故障，各层防火墙采用双机热备；为了避免同质化攻击，各层防火墙应采用来自不同产商的品牌。

3.3.2　互联网区

互联网区负责处理来自运营商的 HTTPS 接入请求。

3.3.3　隔离区

隔离区放置需要对外直接提供服务的服务器，主要有：负载均衡服务器、Web 服务器、SSL 网关、入侵检测设备。负载均衡服务器负责将外部请求动态均衡地分发给 Web 服务器。Web 服务器负责应用静态内容（如 HTML、Javascript、CSS、图片等）的处理和响应；为了避免单点故障和提高响应能力，Web 服务器采用群集部署。SSL 网关负责验证和处理 SSL

接入请求，并在验证成功后与用户建立 SSL 加密通道。

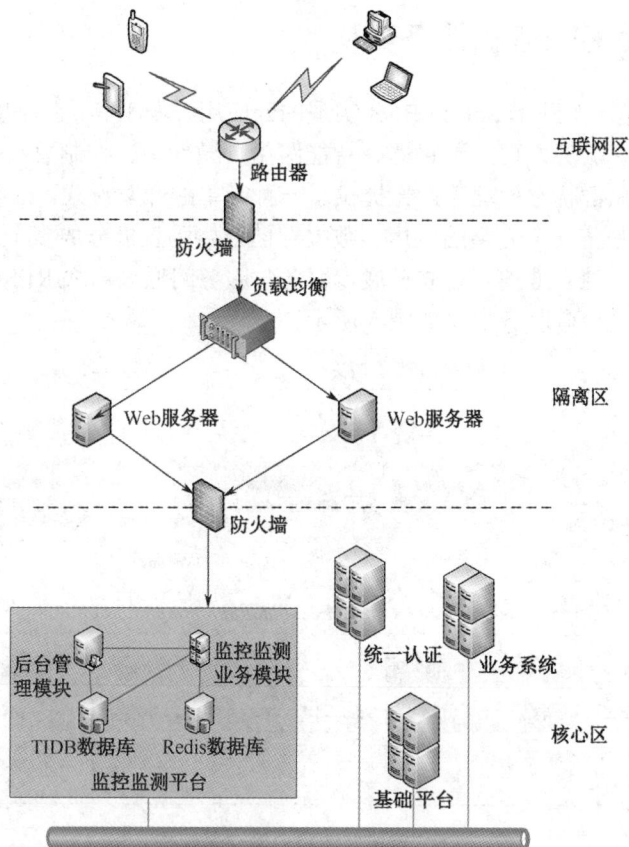

图 4　监控监测平台网络架构

3.3.4　核心区

核心区放置应用服务器，主要有：监控监测应用服务器、内部管理应用服务器、数据库服务器。监控监测平台在核心区通过内部接口与基础数据平台、统一认证平台、业务系统间进行通信。监控监测应用服务器部署监控监测接口应用，负责数据收集和提供等业务逻辑的处理。内部管理应用服务器部署内部管理应用，负责监控监测后台管理功能的处理。数据库服务器负责存储监控监测数据，采用分布式数据库。

4　关键技术

4.1　前后端分离技术

该平台采用前后分离技术，彻底将后台业务和前端展示分开，有利于将展现层集成到企业门户。Vue.js 是 MVVM 架构的最佳实践，是一个相对比较轻量级的 JS MVVM 库，是一套构建用户界面的渐进式框架，基于 MVVM 中的 ViewModel，可以做到数据双向绑定。

4.2　Spring Cloud 微服务架构

Spring Cloud 是一个基于 Spring Boot 实现的云应用开发工具，它为基于 JVM 的云应用开发中的配置管理、服务发现、断路器、智能路由、微代理、控制总线、全局锁、决策竞选、分布式会话和集群状态管理等操作提供了一种简单的开发方式。

微服务架构就是将一个完整的应用从数据存储开始垂直拆分成多个不同的服务，每个服务都能独立部署、独立维护、独立扩展，服务与服务间通过诸如 RESTful API 的方式互相调用，监控监测平台微服务架构如图 5 所示。

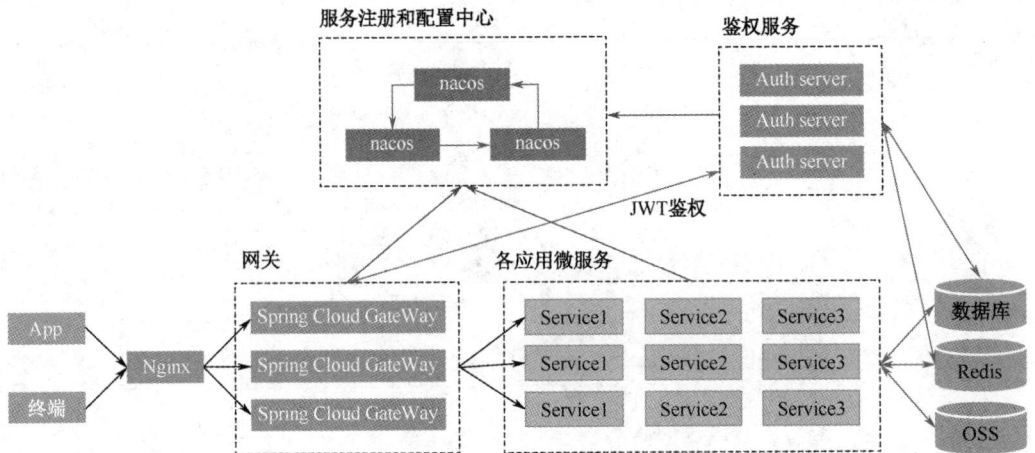

图 5　监控监测平台微服务架构

4.3　TiDB 分布式数据库

监控监测平台采用 TiDB 分布式 NewSQL 数据库，数据库架构如图 6 所示，主要分为 TiDB Server、PD Cluster、TiKV Cluster、HAProxy 几大模块组成。

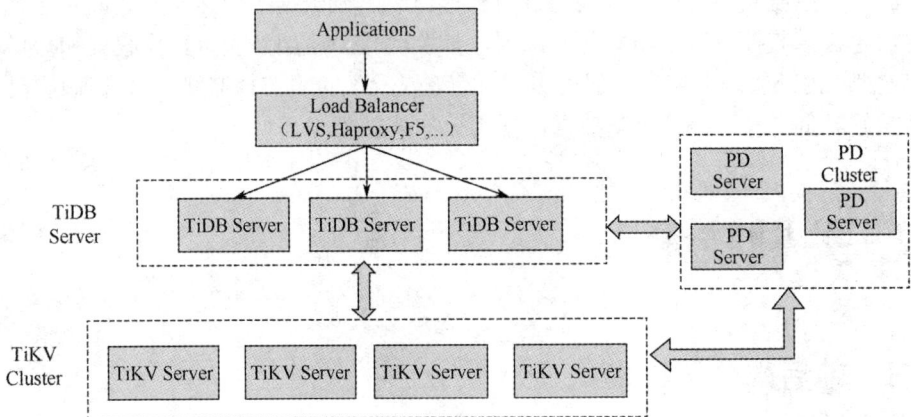

图 6　监控监测平台数据库架构

TiDB Server 负责接收 SQL 请求，处理 SQL 相关的逻辑，并通过 PD 找到存储计算所需数据的 TiKV 地址，与 TiKV 交互获取数据，最终返回结果。TiDB Server 是无状态的，其本身并不存储数据，只负责计算，可以无限水平扩展，可以通过负载均衡组件（如 LVS、HAProxy 或 F5）对外提供统一的接入地址。

Placement Driver（简称 PD）是整个集群的管理模块，主要工作有 3 个：一是存储集群的元信息（如某个 Key 存储在哪个 TiKV 节点）；二是对 TiKV 集群进行调度和负载均衡（如数据的迁移、Raft group leader 的迁移等）；三是分配全局唯一且递增的事务 ID。

PD 通过 Raft 协议保证数据的安全性。Raft 的 leader server 负责处理所有操作，其余的 PD server 仅用于保证高可用。建议部署奇数个 PD 节点。

TiKV Server 负责存储数据，从外部看，TiKV 是一个分布式的提供事务的 Key-Value 存储引擎。存储数据的基本单位是 Region，每个 Region 负责存储一个 Key Range（从 StartKey 到 EndKey 的左闭右开区间）的数据，每个 TiKV 节点会负责多个 Region。TiKV 使用 Raft 协议做复制，保持数据的一致性和容灾。副本以 Region 为单位进行管理，不同节点上的多个 Region 构成一个 Raft Group，互为副本。数据在多个 TiKV 之间的负载均衡由 PD 调度，这里也是以 Region 为单位进行调度。

HAProxy 是一个免费的负载均衡软件，可以运行于大部分主流的 Linux 操作系统上，用来对 TiDB 集群进行负载均衡。

5 结语

本文首先整合既有系统中存在的问题，并根据铁路行业对现场采集数据及现场设备集中管控的需求，提出建设高速铁路基础设施的监控监测平台。在系统的搭建过程中，由于数据量巨大，因此采用了微服务架构及分布式数据库，从而实现数据的实时共享。在后续的工作中，应深入研究数据分析引擎、开展数据可视化、多维报表、管理驾驶舱等大数据分析应用服务。

参 考 文 献

[1] 王同军. 中国铁路大数据应用顶层设计研究与实践[J]. 中国铁路，2017 (1) :9-10.

基于关键路径控制的交叉口群信号优化研究

于泳波 [1,2] 侯 佳 [1,2] 龚大鹏 [1,2]

（1. 南京市城市与交通规划设计研究院股份有限公司，南京 210018；
2. 南京市交通大数据工程技术研究中心，南京 210018）

【摘要】针对城市道路交叉口群内部交叉口之间具有较强关联性的特点，结合视频识别技术，分析交叉口群内各条路径的短时车流量，并基于聚类算法，识别各个时段的关键路径。在此基础上，通过建立多目标优化模型，重点优化关键路径上的延误、车辆排队长度两个指标，并设计元胞遗传算法对模型进行求解。此外，考虑了针对交叉口群整体路网优化方法，使用 Dynameq 软件，对现状方案、基于关键路径方法、路网整体优化方法进行了效果对比，结果表明，高峰时段，基于关键路径方法对整个交叉口群的延误降低了 40.5%，排队长度减少了 34.3%，而全网优化的方法下，延误降低了 44.8%，排队长度降低了 41.8%。但基于关键路基的算法效率是全网优化算法效率的 7 倍，在交叉口自适应的实时控制场景而言，关键路径的方法再保障效果的同时，兼顾了计算效率，可优先选择。

【关键词】视频识别；关键路径；多目标优化；元胞遗传算法

Signal Optimization of Intersection Group Based on Critical Path Control

Yu Yongbo[1,2] Hou Jia[1,2] Gong Dapeng[1,2]

（1. Nanjing Institute of City & Transport Planning Co.,Ltd, Nanjing 210018, China;
2. Nanjing Transportation Big Data Engineering Research Center, Nanjing 210018, China）

Abstract: in view of the characteristics of strong correlation between the intersections within the urban road intersection group, combined with video recognition technology, this paper analyzes the short-term traffic flow of each path in the intersection group, and identifies the key path in each period based on clustering algorithm. On this basis, through the establishment of multi-objective optimization model, focusing on the optimization of two indicators of delay on the critical path and vehicle queue length, and design cellular genetic algorithm to solve the model. In addition, considering the overall road network optimization method for the intersection group, using Dynameq software, the current scheme, the critical path based method and the overall road network optimization method are compared. The results show that in peak hours, the delay of the entire intersection group based on the critical path method is reduced by 40.5%, and the queue length is reduced by 34.3%, while in the whole network optimization method, the delay is reduced It is 44.8% lower and the queue length is 41.8% lower. However, the efficiency of the algorithm based on the key subgrade is 7 times of that of the whole network optimization algorithm. In the adaptive real-time control scene of the intersection, the method of the key path guarantees the effect again, takes into account the calculation efficiency, and can be selected first.

Keywords: Video Recognition; Critical Path; Multi-objective Optimization; Cellular Genetic Algorithm

1 引言

交叉口群是路网中的瓶颈区域，内部各交叉口之间具有较强的交通关联性[1]。单个交叉口的交通服务水平往往会影响整个交叉口群交通流的运行状况。因此，在改善城市整体交通拥堵状况时，不能仅仅关注产生拥堵的交叉口，或仅从整个路网的层面分析，而应从交叉口群的层面分析拥堵产生的原因，进而采取相应措施。

针对交叉口群的研究，从空间上，可分为交叉口群内部优化和交叉口群之间协调控制两类，本文研究的是交叉口群内部信号优化。已有相关研究的主要思路为：通过识别关键路径、确定优化目标、设计合适的算法求解模型。常见的理论方法包括减少交叉口群总车延误[2]、增大关键路径通行车辆数[1]、最小化交叉口群排队长度[1]等。一些研究着眼于过饱和交叉口群[1-4]，建立了针对过饱和交叉口群的信号控制优化方法。而关键路径的识别，在无法获得完整车辆轨迹的情况下，已有研究采用的方法包括频谱分析结合流向关联性识别路径，并使用模糊识别的方法划分关键路径等级[1]，基于小波变换检测关联交叉口群关键路径[3]，基于深度优先搜索的方法识别关键路径[5]等。

目前，很多城市在道路交叉口安装了视频监控设备，可以将道路交通情况实时传输到后台存储。利用这些视频数据，可以识别出每辆车在交叉口群的形式轨迹，从而直接根据各条路径的车流量统计识别关键路径。本文对关键路径的识别方法正是基于视频识别技术。

2　关键路径短时识别

2.1　实时车流监控下的路径流量短时预测方法

通过道路交通流量监控视频数据，采用视频识别[6]的方法，追踪交叉口群范围内各辆车的行驶轨迹。以 15 分钟为单位，识别至少经过交叉口群内 3 个及以上交叉口的路径，统计各路径的车流量。某一状态路径车流量短时预测思路如图 1 所示。

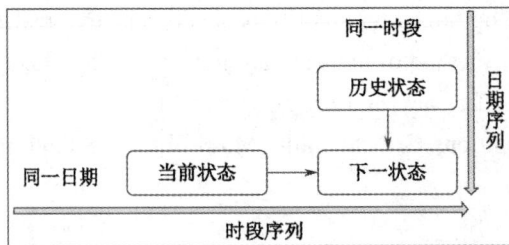

图 1　某一状态路径车流量短时预测思路

基于多天累积的每 15 分钟的路径车流量数据，考虑同一时段不同日期各路径车流量的规律，以及相同日期不同时段之间的状态转移，对关键路径进行短时识别。对于日期序列维度，第 N 天 k 时段某一路径的车流量可表示为

$$X_N^k = f(X_i^k), 0 < i < N \tag{1}$$

同理，对于时段序列维度，第 N 天 k 时段某一路径的车流量可表示为

$$X_N^k = f(X_N^j), 0 < j < k \tag{2}$$

式中，X_i^k 为第 i 天 k 时段某一路径的车流量；X_N^j 为第 N 天 j 时段某一路径的车流量。i 的取值范围为 $0 < i < N$，j 的取值范围为 $0 < j < k$。

2.2　LSTM 短时预测模型

每一个状态均与两个维度当前状态之前的若干状态相关。在循环神经网络中，长短时记忆（Long Short Term Memory，LSTM）模型[7]可以学习时间序列中隐含的有用信息，且对于越靠近的时间，其学习到的有效信息越多，这与短时交通流量变化特征相吻合。因此，选取 LSTM 模型可探究每一个状态与之前状态之间的关系。

2.3　关键路径确定

关键路径采用聚类的方法获得。根据每条路径同一时段车流量大小，采用 K-Means 算法进行聚类，并以轮廓系数评价聚类效果。

预设聚类数 K=3，根据流量大小将各条路径聚类。第一类特征为路径交通流量大，第三类特征为路径流量小，第二类则介于两者之间。若第一类明显区别于其他两类，则可选该类的路径为关键路径。否则，则认为当前时段下不存在影响全局的关键路径，若交叉口群服务水平较差，则应从交叉口群整体进行优化。

轮廓系数 SC 采用下式表示：

$$SC = \frac{1}{N} \sum_{i=1}^{N} \frac{b_i - a_i}{\max(a_i, b_i)} \tag{3}$$

式中，a_i 为样本 i 与其所在簇内其他样本的平均距离；b_i 为样本 i 与其他簇样本的平均距离。

SC 取值范围在[-1,1]，越接近 1，聚类效果越好；反之，聚类效果越差。

3 多目标优化模型

3.1 目标函数

基于关键路径短时识别的结果，选取关键路径交叉口延误、排队长度作为优化目标，构建多目标优化模型。目标函数如下：

$$\min G = \alpha \times Q + \beta \times D \tag{4}$$

$$Q = \frac{\sum_{i=1}^{n} \sum_{c=1}^{m} \frac{q_{ic}}{qm_c}}{n \times m} \tag{5}$$

$$D = \frac{\sum_{i=1}^{n} \sum_{c=1}^{m} \frac{d_{ic}}{dm_c}}{n \times m} \tag{6}$$

式中，α 和 β 为两个优化目标的权重，为了解决排队长度和延误单位和数值大小差异，采用归一化的方法，关键路径在每个交叉口的进口道的排队长度和延误，均除以历史观测结果中该交叉口相应方向进口道最大的排队长度 qm_c 和延误 dm_c，并取每个关键路径、交叉口进口道的平均值，这样保证 Q 和 D 的取值在[0,1]；n 为关键路径数；m 为没一个关键路径经过的交叉口数；q_{ic} 和 d_{ic} 分别为第 i 条关键路径第 c 个交叉口进口道的排队长度和延误。

3.2 约束条件

约束条件主要包括信号控制参数约束和排队长度空间约束两部分。

对于信号控制参数，要求每个相位的绿灯时长应介于该相位的最短绿灯时长 $g_p^{\min}$ 和最大绿灯时长 $g_p^{\max}$ 之间，即：

$$g_p^{\min} \leqslant g_p(t) \leqslant g_p^{\max} \tag{7}$$

此外，要求每个周期时长也应介于最短周期时长和最大周期时长之间，即：

$$C^{\min} \leqslant C \leqslant C^{\max} \tag{8}$$

空间上，由于目标函数引入了基于历史观测数据获得的每个交叉口进口道的最大排队长度，因此要求 $q_{ic} \leqslant qm_c$，不再以路段容纳排队车辆数作为约束。

4　求解算法

Yu 等[8]采用元胞遗传算法（Cellular Genetic Algorithm，CGA）求解过最优化问题，表明效果较好，因此本文采用元胞遗传算法求解多目标优化问题。

元胞遗传算法与传统的遗传算法的主要区别在于种群中每个个体的进化规划。传统的遗传算法，个体的更新是通过个体与个体之间的交叉、变异等操作进行的。而 CGA 中，每个个体的更新与其邻居密切相关。元胞个体进化示意图如图 2 所示。

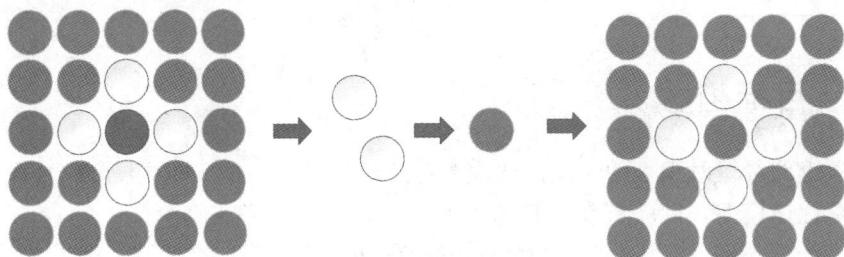

图 2　元胞个体进化示意图

在一个 5×5 的元胞方阵中，任意一个中心元胞（浅灰色圆圈）在 NEWS 邻居模式下，拥有 4 个邻居（白色圆圈）。中心元胞更新流程如下。

（1）计算中心元胞的适应度值 fv_1。

（2）从 4 个邻居中任意选择 2 个进行交叉、变异等一系列遗传操作，得到一个新的元胞个体（深灰色圆圈）。

（3）计算深灰色个体的适应度值 fv_2。

（4）比较 fv_1 和 fv_2 的大小，在目标函数是求最小值的情况下，只有当 $fv_2 < fv_1$ 时，浅灰色个体才被深灰色个体所取代，否则保留浅灰色个体进入下一代。

基于上述流程，本文 CGA 算法基本参数设置如下：种群大小为 20×20；最大进化代数为 500；交叉概率为 0.75；变异概率为 0.08。

5　实例验证与分析

5.1　实例简介

以泰州市万达商圈核心片区为例。该区域 9 个交叉口组成一个交叉口群，如图 3 所示。

图 3　研究区域交叉口群示意图

现状该交叉口群主要拥堵线路为东西向中间干道及南北两次单向，即①—⑥单向、⑥—⑤—④双向及⑨—④单向。目前，相关交叉口仅有高、平峰两套单点信号控制方案，延误和排队长度较大。

基于历史数据，分析获得某个工作日全天各时段的路径聚类后的轮廓系数如图 4 所示。本文取聚类后轮廓系数大于 0.6 的时段获得的第一类路径为关键路径，其他时段第一类路径与其他两类路径之间的差异不大，若重点优化这些路径，将造成路网其他路径拥堵，得不偿失。

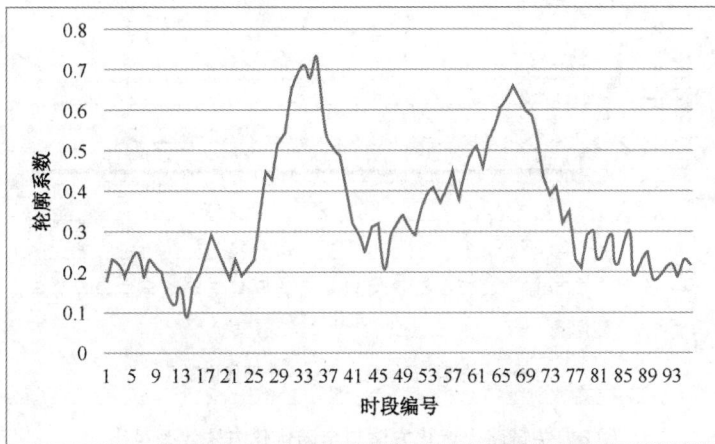

图 4　工作日全天各时段的路径聚类轮廓系数变化

通过对全天各个时段的关键路径进行短时识别，获得高峰时段两条关键路径为①—⑥—⑤—④和⑨—④—⑤—⑥，平峰时段由于聚类效果较差，不推荐关键路径。

本文排队长度和延误的权重系数 α 和 β 均取 0.5，这样目标函数的取值范围在[0,1]。

5.2　优化方案结果对比分析

为了对比关键路径与交叉口群全网优化两种策略的效果，本文也针对交叉口群内部所有涉及的交叉口及其各进口道进行了上述多目标的分析。

将现状方案、关键路径优化、网络优化后的配时参数输入 Dynameq 仿真软件，得到多方案优化效果对比如图 5 所示。

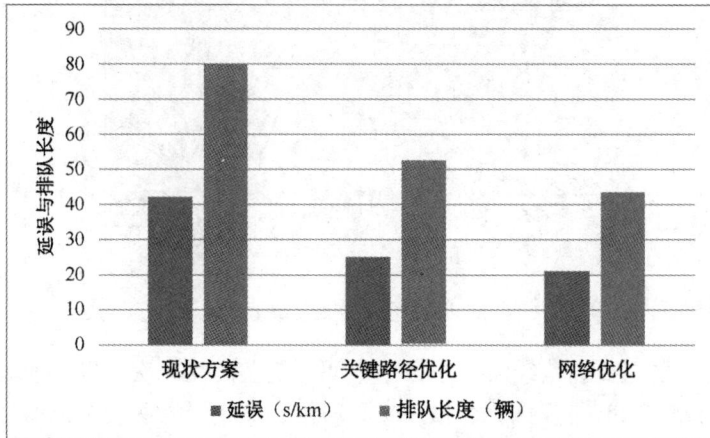

图 5　多方案优化效果对比

在计算机配置为 Intel Xeon E5-2640 2.4GHz 处理器、32GB 内存，求解算法均为元胞遗传算法的情况下，关键路径优化方法与全网优化方法效率对比如图 6 所示。

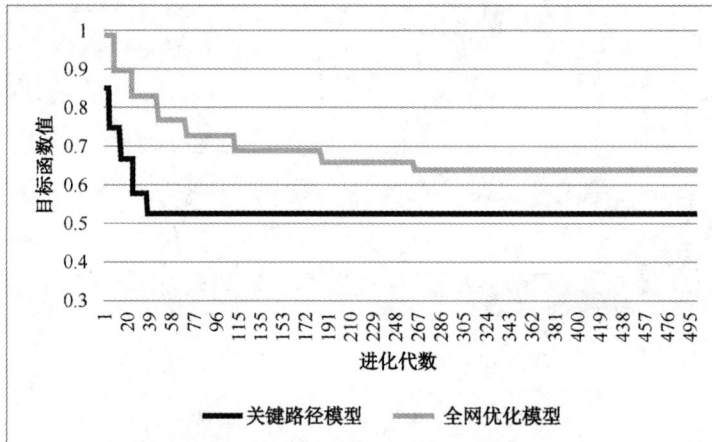

图 6　关键路径优化方法与全网优化方法效率对比

从上述结果可知，高峰时段基于关键路径优化后的延误降低了 40.5%，排队长度降低了 34.3%；全网优化后延误降低了 44.8%，排队长度降低了 41.8%。但是，算法效率方面，基于关键路径模型的算法在约 50 代就收敛了，而全网优化模型算法在 270 代才收敛，且后者的计算时间约为前者的 7 倍。对于时间要求不高的场景而言，可以采用全网优化的方法；对于自适应的实时控制场景而言，关键路径的方法在保障效果的同时，兼顾了计算效率，可优先选择。

6 结语

本文基于视频识别技术，采用聚类分析的方法识别交叉口群关键路径。在此基础上，构建针对关键路径的多目标优化模型，并设计元胞遗传算法进行求解。对比关键路径方法与现状方案、网络优化的效果和算法效率，得出关键路径方法可有效提高交叉口群的车辆通行效率。同时，关键路径方法由于算法效率远高于全网优化，可应用在自适应的实时控制场景。

在后续研究中，可结合车联网技术，实时探测车辆的位置、路径信息，从"车队"的角度，探索城市道路交叉口群信号控制优化方法。

参 考 文 献

[1] 李岩. 过饱和状态交叉口群关键路径识别及交通信号控制研究[D]. 南京：东南大学，2011.

[2] 马万经，吴志周，杨晓光. 基于交叉口群公交优先协调控制方法研究[J]. 土木工程学报，2017，42（2）.

[3] 李岩，杨洁，过秀成，严亚丹. 基于小波变换的关联交叉口群关键路径识别方法[J]. 中国公路学报，2012.

[4] 任义凡，杨晓芳. 过饱和交叉口群信号优化研究[J]. 物流科技，2019.

[5] 王炜，李欣然，卢慕洁. 一种基于深度优先搜索的交叉口群关键路径识别方法：中国，201910430310.X[P]. 2019-05-22.

[6] Chen Jianrong, Li Yang, Xu Yuanyuan, Huo Jing, Shi Yinghuan, Gao Yang. A Novel Deep Multi-Modal Feature Fusion Method for Celebrity Video Identification[C]. Proceedings of the 27th ACM International Conference on Multimedia, 2019, 2535-2538.

[7] 满春涛，康丹青. 考虑上下游的 LSTM 短时交通流量预测[J]. 哈尔滨理工大学学报，2019.

[8] Yu Yongbo, Ye Zhirui, Wang Chao. Study of Bus Stop Skipping Scheme Based on Modified Cellular Genetic Algorithm[C]. CICTP 2015.

新型交通应急基础设施与
智能化系统研究

佘红艳　王松浩

（华录易云科技有限公司，北京 10043）

【摘要】本文针对疫情等突发重大公共事件情况下交通管制和安全防控需求，创新性地设计了一种基于最新物联网、边缘计算、5G、AI 等前沿技术为核心的新型交通软硬件系统。系统内各设备采用模块化、自组网、松耦合的方式实现动态灵活部署，满足重大公共事件时针对人员、车辆快速和核查和精准识别的基本需求，同时最大限度地减少了工作人员的数量和安全风险。此外，系统所应用的大部分前端设备均是利旧复用路面上已有的设施，主要在边缘侧实现了技术和功能改造，能够快速部署、快速应用，具有较好的应用推广值。

【关键词】重大公共事件；新型交通；动态灵活部署；利旧复用

Research on New Traffic Emergency
Infrastructure and Intelligent System

She Hongyan　Wang Songhao

（Hualu Yiyun Technology Co., Ltd　Beijing 10043, China）

Abstract: Aiming at the demand of traffic control and safety prevention and control in the case of public emergencies such as epidemic situation, this paper innovatively designs a new traffic software and hardware system based on the latest Internet of things, edge computing, 5G, AI and other cutting-edge technologies. Each equipment in the system adopts the mode of modularization, self networking and loose coupling to realize dynamic and flexible deployment, to meet the basic needs of rapid and accurate verification and identification of personnel and vehicles during major public events, and to minimize the number of staff and safety risks. At the same time, most of the front-end equipment used in the system is the existing facilities on the old reuse Road, mainly in the edge side to achieve technical and functional transformation, which can be quickly deployed and applied, with good application and promotion value.

Keywords: Public Emergency; New Traffic; Dynamic and Flexible Deployment; Reusing the Old

1 引言

2020 年年初，一场新型冠状病毒肺炎疫情席卷全国，导致数以万计的人员确诊感染、强制隔离、居家隔离等，给中部地区乃至全国的社会经济带来严重影响。各级政府及行政管理部门为了控制疫情蔓延，纷纷依据属地实际情况，采取了不同程度的出行限制措施。

各级政府迅速响应，采取各种举措有效抑制了疫情蔓延。从宏观层面来看，政府对民航、铁路、高速公路的管控，从面上控制了大范围人口的迁徙，保证了疫情爆发地的感染风险不会外溢。从微观层面来看，疫情爆发地中心向外扩展，疫情的严重程度从强逐渐减弱，对于疫情严重的市、县，政府采取了"封城"举措，利用在市内主要道路设置物理硬隔离的方式，限制特定人员在更小的范围内流动。对于疫情一般的市、县，交通管理部门根据本地实际情况视情实施部分区域限行、尾号限行、时段限行等措施。对于采取"封城"措施的地区，该类辖区内卡点全部采用纯人工判别通行证样式，在通行证上车牌号与车辆实际车牌号一致、司乘人员体温正常等多重条件均满足时，才对过往车辆予以放行，此类卡点一般配置公安、交通、市政、城管等人员若干名及车辆若干台。此种方式的优点是发挥了工作人员的能动性、灵活性，但是在重大传染性疫情爆发的情况下，还存在以下缺陷：① 准确性不足，单凭人员肉眼方式辨别，错误率较高，且不能及时有效辨别证照真伪。② 效率不高，车辆从远处可视卡点减速、核证、应答、起步等系列操作，至少需要 15～30 s 时间，同一时刻同一方向车辆较多时，就会出现车辆积压的情况，影响通行效率。③ 安全性不够，在重大疫情面前，每减少一次人员面对面接触，就会降低一点执勤人员感染病毒的潜在风险。④ 可追溯性不强，未运用信息化手段针对车辆通行信息、轨迹信息进行记录，不利于辖区特殊条件下交通研判、应急调度和轨迹追溯。

2 系统建设目标

本文提出一种利用最新物联网、边缘计算、5G、AI 等前沿技术为核心的新型软硬件系统。该系统以期实现以下目标：① 通行证照电子化，并可通过移动部署的专用设备实现车辆身份、通行权限的高准确率鉴别，同时最大限度地提升卡点通行效率、最大限度地减少卡点执勤人数、最大限度地降低执勤人员健康和安全风险。② 路权通行利用率最大化，利用通行证照中内置的定位模块，实现应急车辆的精准定位，同时将该车的位置数据实时共享给交通管理部门，实现道路"绿波"或"全绿"通行。③ 车辆行停数据掌控实时化，通过部署新型智能硬件，配合应用 GIS 地图、BI 工具等，可实现辖区内群体车辆在线管理。

3　系统总体架构

系统总体架构如图 1 所示。

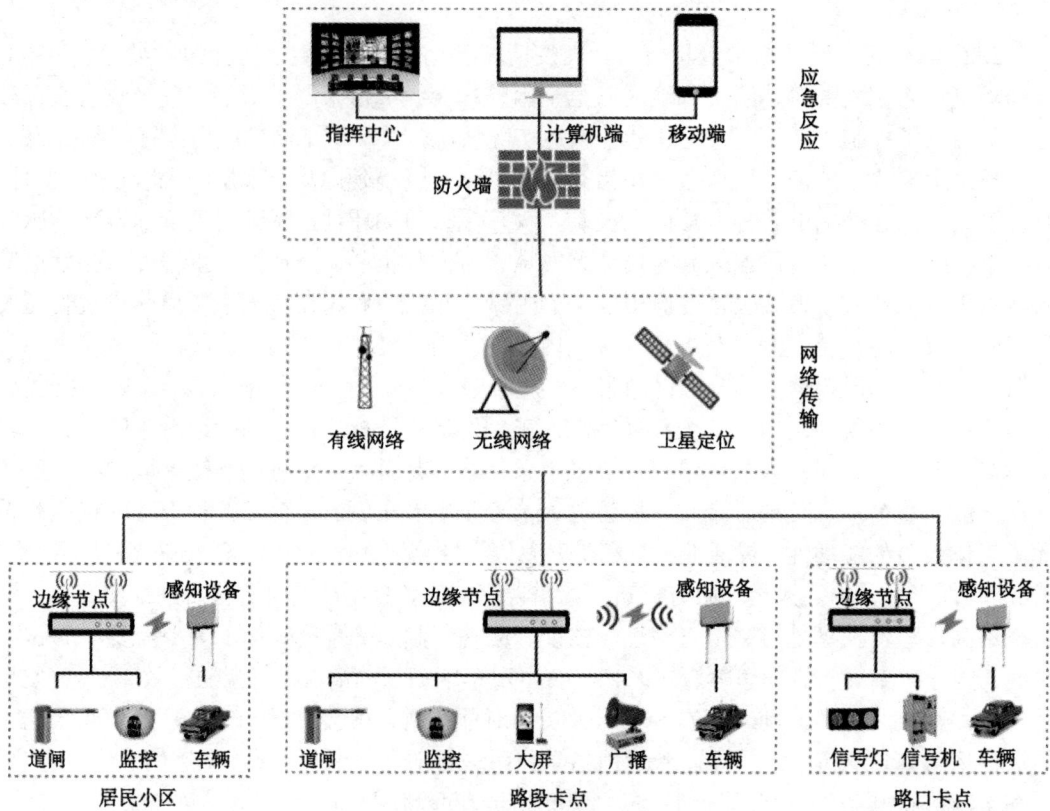

图 1　系统总体架构

系统主要分为 3 个层次：感知层、传输层和应用层。感知层主要是通过视频、RFID 感知设备实现对车辆和人员身份及通行权限的识别，同时配备大屏、广播等信息发布设施实时进行信息发布、告知，并且部署专门的边缘硬件实现单个点位所有硬件设备的局域集成。传输层是通过有线、无线网络实现单个点位、场景数据的实时上传和对中心下达指令实时响应。应用层主要是通过构建大屏端、计算机端、移动端"三位一体"应用决策体系，大屏端主要是宏观展示大范围区域交通及人流态势；计算机端主要是便于管理下达控制指令、规则算法；移动端主要是便于一线人员动态稽查、协同联动。

4 系统总体架构

本系统主要应用场景包括小区门禁人员查证、路段卡点人车查证、路口车辆预约优先通行等。

4.1 重点小区人员、车辆出入管控应用场景

重点小区人员、车辆出入管控应用场景如图 2 所示。

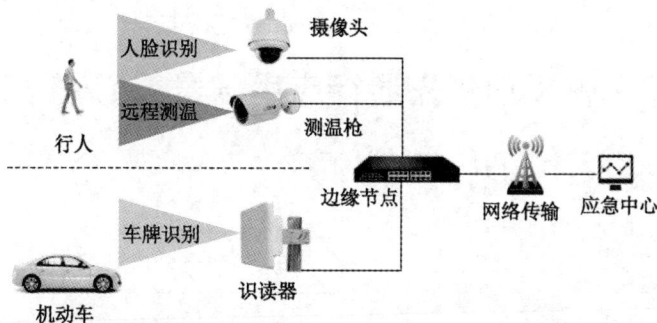

图 2 重点小区人员、车辆出入管控应用场景

场景描述：目前，随着监控设备的普及推广，居民小区开始普及应用，运用的设备也逐渐开始迭代升级为高清设备。伴随着视频图像 AI 技术的发展，高可信度的人脸识别技术日趋成熟，因此可在疫情防控期间，利用出入口视频设备实现小区进出人流和人员的"双精准"管控。

对于小区车辆的管控，可复用小区的停车门禁系统，有网络接入条件的可通过有线/无线网络实现数据上传和汇聚。暂时没有网络条件的点位，可通过加装专用定制的无线模块实现据上传和汇聚。

4.2 路段卡点人车查证应用场景

路段卡点人车查证应用场景如图 3 所示。

场景描述：路段卡点适用于临时设卡检查的点位，卡点的基本配置为：① 物理硬隔离，封锁机动车及非机动车道，剩下一条仅供授权车辆和行人通行的单车道。② 前端感知系统，可部署移动式的视频抓拍设备，实现对车辆号牌、行人身份识别；可部署移动式非接触感知设备，可非接触式远距离识读车辆身份和权限信息。③ 前端控制系统，中心的云端或前端边缘侧通过规则判断，自主控制移动道闸、LED 信息显示和广播语音提示。

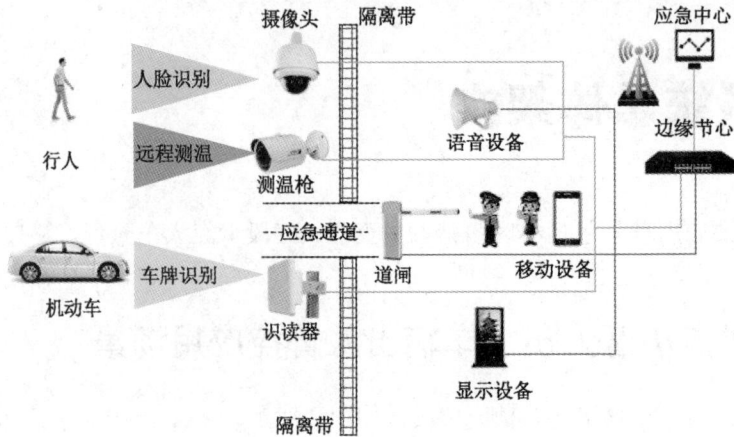

图 3　路段卡点人车查证应用场景

4.3　路口车辆预约优先通行应用场景

路口车辆预约优先通行应用场景如图 4 所示。

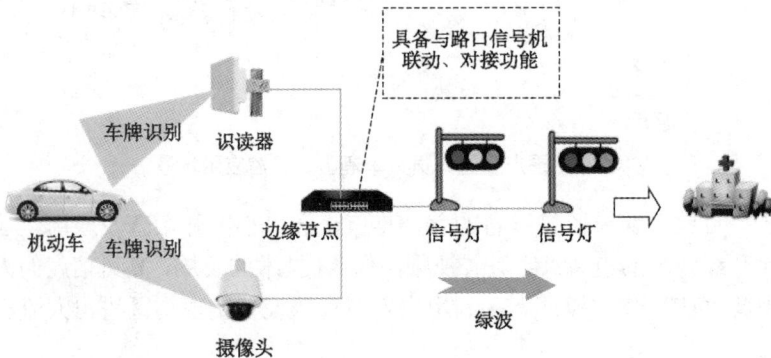

图 4　路口车辆预约优先通行应用场景

场景描述：针对救护车、公务车等疫情特殊用途车辆，可研发部署小程序，便于该类型车辆司乘人员运用小程序实现通行路权的事先预约工作，出行人员、车辆可绑定小程序授权，可输入起止点形成路线申请单，交通管理部门可对沿途的交叉路口信号灯进行授权和规则下发，一旦车辆临近路口信号机时，车辆的车载单元会给信号机一个通行请求信号，信号机会根据内部机制快速给出该方向绿灯信号，保证车辆快速通行。

5　经济性和普适性分析

针对城市范围内传染疫情等突发应急事件，本文列举了居民小区门禁、路段卡点、路口点位 3 类常见的应用场景，场景中涉及的视频监控、信号系统、门禁道闸等设备设施均普遍存在，在突发应急事件时，只是进行场景化集成和应用。场景中涉及的车端标识装置、移动式感知设备在未来车路协同示范和规模化应用中亦可复用，需要专门定制的专用设备为无线边缘节点。

6　系统应用案例

2017 年全运会期间，为有效地避免纸质通行证借用、盗用等问题，实现一车一卡，车辆身份精准识别的目的，创新性地研发并部署了集感知、处理、显示为一体的综合型模块化设备——RFID 移动采集基站。该设备能够与道闸、地磁等系统联动，授权车辆信息根据需要从中心平台远程下发到每个入口，实现授权车辆快速通行及非授权车辆自动报警。该系统能实现入口车辆身份的快速识别，大大提高了车辆辨别效率，降低了管理人员工作强度，通过中心可视化平台，实现对出入口车辆动态监管和快速查询统计。据统计，全国运动会某场馆入口，单日最大入场流量为 2 000 辆次，高峰期每分钟 6 辆，相对人工验证效率提高 50% 以上。同时，系统通过与视频设备配合实现了双基比对，查处伪造号牌的案件 1 起。

7　结语

伴随着 5G 技术的演进和发展，5G 网络及具备 5G 接入功能的设备将覆盖城市里的每一个角落，未来交通视频、信号、LED、车路协同等设备将可直接与中心互联互通，届时我们将发挥 5G 高带宽、低时延、广链接等优势，在中心软件和服务层重新定义突发事件应急场景。而在 5G 信号未覆盖或基站覆盖密度不足的地域和场景，将应用定制化的无线边缘设备实现设备的互联互通和数据的上传下达。

近年来，随着我国城镇化的进一步发展，各地应用上线了满足公安、交通等行业应用需求的硬件、软件、系统和平台，花费了数以亿万计的资金投入，这些设施对于单个行业管理、效能提升发挥了举足轻重的作用，取得了不错的社会经济效益。然而，这些系统和软件基本上契合了业务需求较为固化的场景，在应急、动态等方面复用性不高，系统壁垒严重，导致在行业信息化水平很高的情况下还需要大量的人力、物力、财力去维护交通秩序，才能满足应急处突应用需求。

综上所述，为进一步发挥公共基础设施服务的扩展性，建议在未来交通硬件设施和软件平台行业标准、规范起草和修订过程中，应预留应急应用的接口和模块，并从宏观层面考虑这类应用安全密钥体系，即交通前端设施设备在满足 5G 等技术应用扩展的同时，需研发应急突发事件调用的接口，并将其作为设备合格和验收条件，密钥由各级应急管理部门负责更新和维护，一旦发生重大突发事件时，可就近调用附近的交通信息化基础设施，满足车辆、人员查证、管控等应急需求。

参 考 文 献

[1]　夏强利. 5G 智慧交通的应用及发展[J]. 数字化用户，2019，25（22）.

[2]　于万聪. 物联网在智能交通中的应用研究[J]. 名城绘，2019（6）：553.

智能船舶激光雷达感知技术综述与展望①

郭珏菡 [1,3]　柳晨光 [1,2]　于周讯 [4]　郑茂 [1,3]　贺治卜 [1,5]　初秀民 [1,2]

（1. 国家水运安全工程技术研究中心，武汉 430063；

2. 武汉理工大学 智能交通系统研究中心，武汉 430063；

3. 武汉理工大学 能源与动力工程学院，武汉 430063；

4. 山东港口集团青岛港集团有限公司，青岛 266011；

5. 武汉理工大学 物流工程学院，武汉 430063）

【摘要】航行环境特别是近距离环境的感知能力是无人或智能船舶自主导航和避障的基础。激光雷达（LiDAR）由于具有测距精度高、全天候工作、抗干扰能力强等优点，使其在船舶近距离目标感知、航行避障和靠离泊等场景的应用得到了越来越多的关注。本文在归纳传统感知传感器局限性的基础上，对激光雷达在船舶感知领域的应用现状进行了介绍；分析了目前激光雷达在船舶感知上应用存在的问题；综述了基于激光雷达的船舶障碍物检测方法；最后，对未来激光雷达在船舶感知层面的应用与发展进行了展望。

【关键词】激光雷达；船舶目标感知；障碍物检测；点云处理

Application and Outlook of Ship perception
Based on LiDAR

Guo Juehan[1,3]　Liu Chenguang[1,2]　Yu Zhouxun[4]　Zheng Mao[1,3]
He Zhibo[1,5]　Chu Xiumin[1,2]

（1. National Engineering Research Center for Water Transport Safety, Wuhan 430063, China;

2. Intelligent Transportation Systems Research Center, Wuhan University of Technology,

① 基金项目：国家重点研发计划专项（2016YFC0402006）中央高校基本科研业务费专项资金资助(项目批准号：203144003、202444001) 2018 年高技术船舶科研项目 "船舶（航行）态势智能感知系统研制"

Wuhan 430063, China;

3. School of Energy and Power Engineering, Wuhan University of Technology, Wuhan 430063, China;

4. Qingdao Port Group Co., Ltd. of Shandong Port Group, Qingdao 266011, China;

5. School of Logistics Engineering, Wuhan University of Technology, Wuhan 430063, China）

Abstract: Detecting sailing surroundings especially at close range, is the key to realize the autonomous navigation and obstacle avoidance for intelligence ships. Considering that LiDAR (Light Detection and Ranging) has the characteristics of high distance measuring accuracy, working in all weather, and strong anti-interference ability, LiDAR based close-objects perception and berthing attracts more and more attention. After introducing the deficiency of traditional radar and the application of LiDAR in other industries, the application of LiDAR used in ship objective perception is elaborated specifically. Then, the problems of applying LiDAR for ship objective perception are analyzed. Moreover, the objection detection methods with LiDAR data are elaborated. Finally, the future directions of LiDAR used in the aspects of ship objection detection and other areas are prospected.

Keywords: LiDAR; Ship Objective Perception; Obstacle Detection; Point Cloud Processing

1　引言

近年来，随着智能制造技术的迅速发展和设备执行操作自动化水平的不断提高，智能感知技术逐步被应用于航空飞行器、汽车、船舶等运载工具的自主定位与驾驶辅助工作中，现实增强、虚实融合、避障识别、支持决策技术等研究日渐成熟，也使得水面自主船舶成为可能，正沿着由设备功能到船舶系统、单船自主到多船编队的路径发展。

对于目标障碍物的检测一直是船舶航行过程中的难题。船舶高度自动化发展依赖于对障碍物的精准识别能力，对感知技术提出了更高的要求。完成对水面碍航物的识别，需要依靠传感器感知与数据处理技术，分析周围的静、动态障碍物的位置、大小和运动等信息，为船舶的定位、导航、路径规划与控制决策等提供支持[1]。

激光雷达在船用传感器中具有量程范围广、测距精度高、抗干扰能力强等优点，因而被广泛应用于工程实践。激光雷达能够精确地获取近距离（<300 m）范围内的目标障碍物位置、大小、方位角等息，并且有着良好的抗雨雾干扰能力，可以有效解决无人船在复杂繁忙水域和狭水道航行或靠离泊操纵时的近距离目标检测和多目标识别等问题。

本文对激光雷达船舶感知技术应用情况进行了综述，介绍了激光雷达目前在国内外主要的工程实践应用情况；归纳了激光雷达的分类及其研究现状，阐述了用于障碍物检测的方法和技术原理，对激光雷达在船舶上运用面临的问题进行了分析；最后对未来激光雷达在船舶智能感知的发展和应用进行了展望。

2　智能船舶激光雷达感知技术

自 20 世纪 60 年代起，激光雷达被应用于资源勘探、地理信息获取、农业开发、环境监测、智能汽车、机器人等领域，并取得了显著的经济和社会效益[2]。近年来，在智能船舶领域，三维激光雷达的应用也越来越广泛。随着人工智能、计算机、通信导航、电子传感等技术和各种感知硬件设备的快速发展，船舶自动化技术已日趋成熟。智能检测理论和方法也相继应用于无人船智能态势感知系统中，以解决传统的目标识别中的各种问题。

国外方面，以康士伯、挪威船级社、罗罗为代表的海事技术公司、研究机构和船级社相继开展蒙娜丽莎工程（MONALISA）和高性能无人船舶应用开发计划（AAWA），开展自动驾驶、智能航行等层面的无人船舶技术研究与应用。2018 年 12 月，罗罗公司与 Finferries 公司合作研发的全球第一艘载有 80 名乘客的全自动汽车渡船试航成功，并将于 2025 年实现营运船舶完全自主驾驶航行[3]。全球航运业领头羊马士基公司与 Sea Machines Robotics 公司以集装箱船舶为对象合作研发无人驾驶技术[4]。2019 年 9 月，日本邮船根据国际海事组织 IMO 发布的《水面自主船舶试航暂行指南》对各海试项目进行了测试，在海试过程中利用三维激光点云实现目标船舶的运动态势感知[5]。

国内方面，2016 年，在无人驾驶车辆系统协会举办的 Maritime RobotX Challenge 比赛中，船舶普遍使用激光雷达作为目标检测传感器[6]。2018 年，马尔基集团为其建造的集装箱船舶配备了激光雷达等感知设备。基于激光雷达等传感器的通航环境感知和运动特征识别，为自动避碰的研究提供了数据支持和态势认知基础[7]。近年来，大连海事大学、武汉理工大学、上海船舶运输科学研究所、中国船级社先后投入无人船艇的研发当中，在珠海建立了世界上最大的无人船海上测试场，并于 2019 年 12 月完成了小型无人货船"筋斗云"号的首航。

2.1　激光雷达分类

无人船在水上环境检测技术的高速发展，引起了船舶配套硬件公司和研究人员的关注。目前，船载传感器检测方法可分为被动检测法和主动检测法[8]。被动检测法是指利用视觉传感器感知环境障碍物，按照传感器的不同目标，基于颜色特征获取目标轮廓，但是该方法难以获取目标精确的深度信息，且受光线变化影响较大；主动检测法是指利用激光雷达、海事雷达、毫米波雷达等距离传感器来检测周围障碍物目标。

表 1 为无人船感知设备对比。从表 1 可以看出，视觉传感器、海事雷达（导航雷达、毫米波雷达）、激光雷达目前均有应用。视觉传感器如可见光摄像头和红外摄像头，对障碍物的距离精度较低、识别时所需的样本数量较大，对于运算能力的要求极高；导航雷达可以识别较远距离的障碍物，但无法识别船舶周围 50 m 距离内的物体，存在视觉盲区，该盲区的存在会直接影响无人船的近距离避障和自主靠离泊操纵；毫米波雷达覆盖区域成扇形，

存在盲点区域，对障碍物的距离测量精度较低。因此，为了弥补传统传感器在无人船上的不足，保证障碍物的精确感知，运用精度高、海面可靠性强、近距离传感器来弥补传统感知设备的缺陷已成为新的研究方向。

表 1　无人船感知设备对比

传感器类型	优点	缺点	应用情况
可见光摄像头	容易获取目标，得到的目标清晰	海面可靠性较差	较多
红外摄像头	容易通过边缘； 特征获取目标	受外界光线变化影响很大	较多
导航雷达	测量距离较远，运算要求比较低	目标识别精度很低	较多
毫米波雷达	受雨雾天气影响较小	覆盖区域成扇形，有盲点区域，距离测量精度较低	极少
激光雷达	360°无死角扫描，测距精度高，全天候工作	较易受雨雾天气影响	逐渐增多

　　激光雷达作为一种主动型传感器，根据激光束可分为二维激光雷达和三维激光雷达，采用三维激光雷达可以解决在传统二维激光雷达检测有限距离和难以适应恶劣条件下，无人船剧烈晃动产生目标检测的丢失和采集数据不完整等问题。针对这些问题，激光雷达可根据发射的光束从探测障碍物的距离、反射强度、速度和角度等几个方向得到点云生成障碍物的三维图像，如图 1 所示[1]。采用激光雷达进行障碍物的检测，具有测量精度高、方向性好、抗干扰能力强等优点，也可以排除在测量中光线的干扰。在无人船的障碍物避碰应用中，激光雷达可实时探测 250 m 范围以内的物体点云数据，进而将构建的三维环境传输给无人船航行管理中心，进行之后的路径规划。当前的船舶激光雷达的价格多数偏高，但是随着科技的进步和技术的商业化，应用在船舶上的激光雷达的价格必然呈下降趋势，而且其性能及检测效果也会越来越好[1]。

图 1　三维激光雷达点云图

　　针对水面船舶上的场景，三维激光雷达在环境感知中主要被应用于障碍物检测与跟踪及定位构图中。障碍物检测只需通过物体外形轮廓就可以加以区分，三维激光雷达通过激光数据就能够轻易分清楚障碍物的外部轮廓，便于进行障碍物检测、分类、定位及动态障碍物跟踪[1]。相比较而言，摄像头采集的 RGB 信息对于障碍物检测的意义就不大。因此，在船舶上使用三维激光雷达进行障碍物检测并同传统传感器相结合已成为必然趋势。

2.2　智能船舶激光雷达感知技术应用现状

　　中国船级社于 2015 年发布了全球首个智能船舶规范《智能船舶规范》[8]。2018 年　4

月，国际海事组织（IMO）第 99 届海安会明确发展水面自主航行船舶，并启动国际航运法规的梳理和修订工作[9]。2020 年中国船级社发布《智能船舶规范（2020）》，要求对感知信息进行综合分析决策，按照预定航线进行控制。可见，全球智能无人船已经进入高速发展轨道。以下是激光雷达在无人船上的 3 种应用。

2.2.1　障碍目标检测

检测航行障碍物，是激光雷达在船舶上最广泛的应用场景，相关学者也对此进行了大量研究。2017 年，李小毛等用三维激光点云将船舶障碍物用椭圆表示并描述在栅格上，提出了基于三维激光雷达实现无人艇海上目标的检测[10]；2018 年，王贵槐等在对激光数据进行预处理的基础上，提出了一种基于 SVM 的内河经典障碍物识别方法，可将感知算法的识别率提高到 80%以上，对障碍物进行精确的感知识别[11]。Pendleton 等利用三维激光雷达获取海上目标的点云信息，并分析了海上浮藻、尾浪等干扰目标的特征[12]。

2.2.2　安全靠离泊

船舶靠离泊操作常伴有水域复杂繁忙、障碍物距离近、干扰因素多、要求检测精度高等问题，激光雷达的特点可以有效提高靠离泊操作的安全性。2016 年，大连海事大学闫晓飞将三维激光点云技术应用于船舶靠泊监测领域，通过数据处理分析模型获取船舶动态靠泊过程船首、船尾相对码头的距离与速度等关键参数，并进行了实船实验[13]。2019 年，上海船舶设备研究所庄加兴提出了基于毫米波雷达与激光雷达的无人船近距离目标运动态势融合感知方案，并给出具体的数据处理与融合过程，有效弥补现有无人船感知盲区，提高近距离目标感知精度及自主靠离泊的可靠性[7]。

2.2.3　船舶形体检测

船舶动力学复杂，因此对于船舶型线的研究引起了很多人的关注。但船舶体形庞大，其形线往往难以有效掌握，激光雷达可用于检测船舶的形体。2014 年，林伟恩通过三维激光扫描技术获取船体曲面海量点云数据，提出三维激光扫描技术在船体型线测量中的技术方案，有效地提高了工作效率[14]。2017 年，同济大学张吉星应用三维激光扫描技术，同逆向工程领域的切片技术相结合，提出了一种基于点云切片技术的船舶型线生成方法，快速构建点云特征轮廓与船舶型线，实现了在航船舶对航行环境来往船只的精确感知[15]。

3　激光雷达感知技术

3.1　船舶障碍物感知原理

船舶运用激光雷达检测障碍物的过程可描述如下。

首先，通过三维激光雷达的扫描获取原始点云，并对原始数据进行预处理，避免因雷达安装、标定等问题造成雷达扫描角度与地面投影角度不一致的情况。其次，分析点云特征，借助地面分割处理的方法，将全部点云中的地面点和障碍物点分离出来。最后，对分离出的障碍物点云进行聚类分析，归纳障碍物特征，依据特征将障碍物分类。过程中，进行地面分割处理是为了保证将点云中的障碍物点和地面点分离出来，其结果将对后续的障碍物检测、可通行区域提取和动态障碍物跟踪的效果产生直接影响。

3.2　船舶及桥墩特征识别过程

3.2.1　船舶特征分析

激光雷达采集的点云数据均为离散型信息，并没有详细精确地显示出被测物体的形状和特性，所以要将获取的点云数据与被测物体进行结合分析。激光雷达识别船只特征的主要步骤如图 2 所示。

在实际的激光雷达点云数据采集时，会存在不可避免的噪声，所以首先要将采集的点云数据用滤波的方式进行去噪，避免对后续分析计算的干扰。对于去噪后的数据，通常采用 SIFT 算法来提取关键点，这样可以对被测目标和水面进行最大化的区分。因为海浪等因素返回干扰点云，反射强度弱于船舶障碍物，可设置激光回波阈值进行去除。船舶区域的分割主要将不同特征模式进行分类，并确定其对应的物体，为每种物体确定一个阈值。若连续的点云数据的距离小于该阈值，则可以判定为同一物体，若连续点云数据大于该阈值；则表明是两个不同的被测物体。

开始

接收激光雷达传入点云数据

点云数据过滤

关键点提取

点云匹配特征描述

区域分割

目标识别检索、变化检测

结束

图 2　激光雷达识别船只
特征的主要步骤

3.2.2　桥墩等特征分析

目前，无人船被主要应用于内河航道的测绘方面，所以分析激光雷达对内河航道各个障碍物的检测数据特征尤为重要。王贵槐等人以测量长江流域武汉段复杂水域中船舶航行进行试验，来对内河障碍物特征进行分析。船舶障碍物信息采集如图 3 所示。图 3 中，激光架在船头的位置，右边则是无人船航行的总体轨迹图。如图 4 所示则显示实验采集的大型船舶、桥墩和航标等障碍物图像及各自对应的激光雷达显示信息[11]。

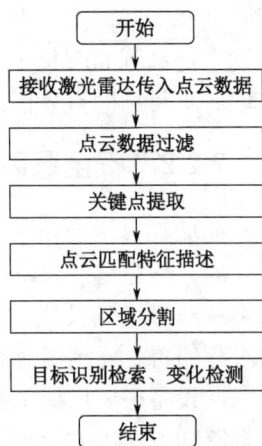

图 3　船舶障碍物信息采集

（a）大型船舶

（b）航标

（c）桥墩

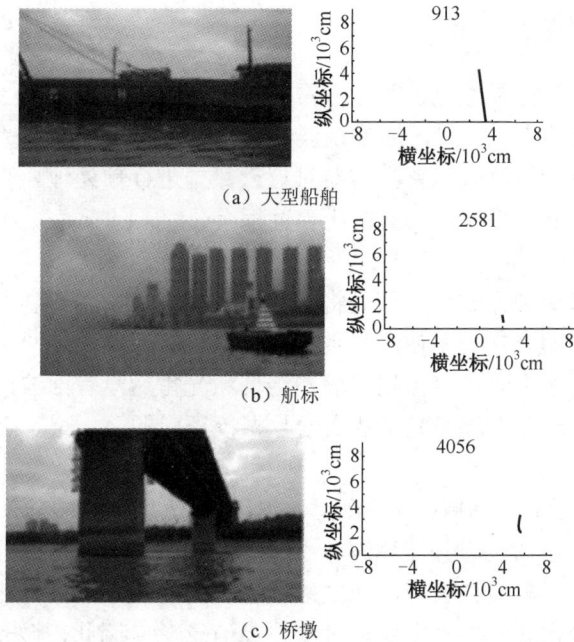

图 4　长江航道中的主要障碍物

　　将各障碍物目标与对应激光点云进行匹配后，可发现不同障碍物点云特征都有所不同：大型船舶点云为直线；航标为散点；桥墩则为短折线。因此，通过对不同障碍物点云形状、长短和密集度进行分析，可以实现对障碍物的区分。

3.3　激光雷达障碍物感知方法

　　激光雷达障碍物感知方法主要分为点云数据预处理、点云分割方法和点云分类，如图 5 所示。

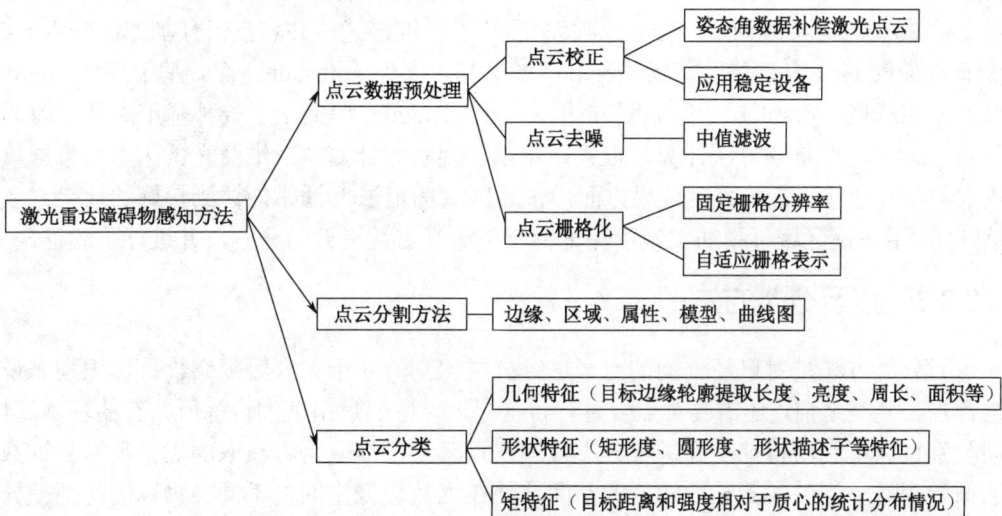

图 5　激光雷达障碍物感知方法

3.3.1　点云数据预处理

在真实环境下，激光雷达点云数据通常难以全部有效，无效点主要包括无人艇自身反射的点、有效范围外的点、环境返回的杂波点和电磁干扰产生的点[16]。因此，在使用激光雷达点云数据进行目标检测时，首先需要对点云数据进行预处理。激光雷达数据预处理主要包括点云校正、点云去噪和点云栅格化等过程。

1．点云校正

点云校正通常有两种方式，一种是将采集的姿态角数据用数学方式补偿到测量的激光点云[17]；另一种是应用稳定设备使激光雷达装备尽可能保持稳定[18]。由于三维激光雷达在垂直方向能同时发射多束激光，摇晃一般不会使激光雷达没有回波，为降低设备复杂度，可采用数据补偿来处理无人艇激光雷达点云数据校正问题。

2．点云去噪

参考文献[19]将激光雷达噪声分为两类，即失落信息（dropout）和逸出值（outlier）。去噪方法通常包括空域滤波、频域滤波、小波滤波和中值滤波等[20-22]。与其他滤波方法相比，中值滤波可以处理非线性噪声，而失落信息、距离反常点具有非线性特征；同时，中值滤波可以有效减少像素值失真，保留对象边缘信息[23]。因此，激光雷达噪声用中值滤波处较为适合。

3．点云栅格化

三维激光雷达点云数据进行降维处理后再投影到栅格图中，可以提高障碍物检测效率。然而，在目前相关研究中，均采用固定栅格分辨率方式[24]。参考文献[25]采用一种基于三维激光雷达的 USV 障碍物自适应栅格表达方法，相比传统固定栅格更精细表达障碍物多的场景，也更快速表达障碍物少的场景。

3.3.2　点云分割方法

点云分割是指将获取的完整点云数据按照一定的规则分为多组具有相同属性的点云。参考文献[26]对三维激光雷达点云分割算法展开了详细描述，并将点云分割方法分为 5 类，即基于边缘（edge）[27]、基于区域（region）[28]、基于属性（attribute）[29]、基于模型（model）[30]和基于曲线图（graph）[31]的分割方法。此外，Riegler 等提出了一种基于深度学习的点云分割方法[32]，但是该方法计算量很大，难以实现实时计算。三维激光雷达单帧数据量一般较大，在快速实现点云分割效果方面，快速区域标记法[33]通常能达到较好的效果。参考文献[34]利用快速区域标记法实现了对车辆三维激光雷达点云的分割，并进行了验证。

3.3.3　点云分类方法

点云分类方法是对已经分割的点云进行分类识别。对于无人艇障碍物目标识别来说，在进行点云分类之前，还需要对点云进行特征提取。特征是指某类目标所共有的基本属性，不同类别目标可利用特征差异进行分类检测。点云特征提取是将获取的点云数据从维数较高的原始测量空间映射到维数较低的空间，使在维数较低空间内不同类物标的特征差异最大。利用激光雷达点云的距离和强度信息可提取以下特征。

（1）几何特征。根据目标边缘轮廓提取目标的长度、宽度、亮度、周长、面积等特征。

（2）形状特征。其主要包括矩形度、圆形度、形状描述子（微分链码、傅里叶描述子）等特征。

（3）矩特征。矩特征反映了目标距离和强度相对于质心的统计分布情况，包括中心矩、线矩等。需要说明的是，特征提取不是点云分类必须经历的过程，如机器学习方法就不需要进行特征提取。

4　智能船舶激光雷达感知技术存在的问题

综合来看，目前国内外对激光雷达运用在无人车的研究已较为丰富，其被广泛应用于自动驾驶的研发与测试中，在环境感知、目标跟踪、路径规划及自主避碰中发挥了重要的作用。可见，激光雷达等感知设备并辅以高精地图是目前自动驾驶环境感知的主要思路。总体来说，现有的激光雷达目标检测方法应用于无人艇航行环境时还存在以下不足。

4.1　对"虚假"目标的考虑较少

在传统目标检测方法中，船舶尾浪、浮藻、漂浮物等"虚假"目标在激光雷达点云上均被检测为障碍物。但在真实场景中，这些"虚假"目标对无人艇航行几乎没有影响，不需要进行避障，因此，需要将这些"虚假"目标排除在障碍物之外。

4.2　对大型船舶目标检测考虑较少

由于激光雷达测量距离有限，通常只能获取大型船舶的局部轮廓，如何根据局部轮廓实现对大型船舶的正确分类目前在文献中很少讨论，而对大型船舶的检测对无人艇航行安全十分重要。

4.3　对激光雷达性能考虑较少

基于激光雷达在无人船上对附近水域的实际探测情况，因为激光的光束强度和密度会随着探测距离的增加急剧下降，所以这会对被测物体的感知和识别性能造成严重影响。

因此，在充分考虑激光雷达运用于船舶障碍物检测的前提下，如何提高障碍物实时感知的精度也是一个研究难点。

此外，针对这些问题，相关学者在其他领域进行了一些探索性的研究，其中大部分检测方法只能获取障碍目标的粗略位置，很难精确获取两者相处距离和障碍目标的大小、轮廓信息，而这些信息对船舶安全避障又十分重要，因此有必要研究精确快速地获取障碍物信息的方法。余必秀[35]等分析了基于 4G 固态雷达和激光雷达的航行信息处理路线，利用数据融合方法将两种信息进行融合，提高了无人船对障碍物的检测精度和识别度。刘春雷等[36]提出采用视觉传感器辅助激光雷达进行船舶防撞预警，克服了现有的局限性，提高了无人船航行的安全性。庄加兴等[7]提出了毫米波雷达与激光雷达相结合的无人船近距离目标运动态势融合感知方案，提高了近距离目标感知精度。

5　结语

本文对激光雷达在无人船感知领域的应用现状进行了综述，总结了目前常用的基于激光雷达的船舶障碍物检测方法。在此基础上，从对目标检测方面分析了无人船智能感知系统存在的主要问题，并展望了激光雷达在无人船舶上应用的发展趋势。

近年来，航运业的迅速发展和各行业的密切关注，无人船的安全问题越来越受到了重视。针对激光雷达自身感知性能存在的问题，可以增加激光雷达发射的光束改善测量距离，提高激光雷达的硬件防护措施以提高海面作业的可靠性，与双目视觉相结合来弥补激光雷达角分辨率较低、易忽视体积较小障碍物的缺点。

随着无人船对障碍物感知精度需求的提高，多源感知信息融合异构通过三维点云技术对数据分析处理、虚拟描绘实际场景将会成为接下来的研究方向。以激光雷达感知信息为基准，将来自声呐、测深仪、视觉传感器等采集的信息与来自 AIS 接收的他船信息进行融合与标定，通过对不同采样时间的感知信息融合，去除信息间的冗余和冲突，以实现对通航环境与船舶航行态势的全覆盖。操作系统会结合感知设备的信息和系统的数据综合处理分析，去除非必要信息，然后在航行控制系统或感知系统真实重构，对无人船通航环境及其运动态势进行实时描绘，反映在驾驶员的操控界面上。

参 考 文 献

[1]　张银，任国全，程子阳，孔国杰. 三维激光雷达在无人车环境感知中的应用研究[J]. 激光与光电子学进展，2019，56（13）：9-19.

[2]　陈晓清. 激光成像雷达目标识别算法研究[D]. 长沙：国防科学技术大学，2010.

[3]　ROLLS-ROYCE. Rolls-Royce and Finferries demonstrate world's first Fully Autonomous Ferry[EB/OL]. (2019-02-08) [2020-09-09]. https://www.rolls-royce.com/media/ press-releases/2018/03-12-2018-rr-and-finferries-demonstrate-worlds-first-fully-autonomous-ferry.aspx.

[4]　SEA MACHINES. Maersk Selects Sea Machines for World's First AI-Powered Situational Awareness System Aboard a Container Ship[EB/OL]. (2019-02-08)[2020-09-09]. https://sea-machines.com/maersk-selects-sea-machines-for-worlds-first-ai-powered-situational-awareness-system-aboard-a-container-%20ship.

[5]　严新平，刘佳仑，范爱龙，马枫，李晨. 智能船舶技术发展与趋势简述[J]. 船舶工程，2020，42（03）：15-20.

[6]　Frank D, Gray A, Allen K, et al. University of Florida: Team navigator AMS[EB/OL]. [2020-09-09]. https://robonation.org/app/uploads/sites/2/2019/09/UF_RX16_Paper.pdf

[7]　庄加兴，焦侬，殷非. 毫米波雷达与激光雷达在无人船上的应用[J]. 船舶工程，

2019，41（11）：79-82+119.

[8] 中国船级社．智能船舶规范（2015）[EB/OL]. (2019-01-15) [2020-09-09]. http://www.ccs.org.cn/ccswz/font/fontAction!downloadArticleFile.do?attachId=4028e3d6566de9 4501568d23b83008b8.

[9] 工业和信息化部．《智能船舶发展行动计划（2019—2021年）》[EB/OL]. (2019-02-01) [2020-09-09]. http://www.miit.gov.cn/n1146295/n1652858/n1652930/n3757018/c6567958/part/ 6567973.

[10] 李小毛，张鑫，王文涛，等．基于3D激光雷达的无人水面艇海上目标检测[J]. 上海大学学报（自然科学版），2017，23（1）：27-36.

[11] 王贵槐，谢朔，柳晨光，初秀民，李梓龙.基于激光雷达的内河无人船障碍物识别方法[J].光学技术，2018，44（05）：602-608.

[12] PENDLETON S D, ANDERSEN H, DU X, et al. Perception, planning, control, and coordination for autonomous vehicles[J]. Machines, 2017, 5(1): 6.

[13] 闫晓飞．基于三维激光点云数据的船舶靠泊监测技术[D]. 大连：大连海事大学，2017.

[14] 林伟恩，谢刚生，谢辉荣．三维激光扫描技术在船体型线测量中的应用[J]. 测绘通报，2014（03）：71-74.

[15] 张吉星，程效军，程小龙，胡敏捷．基于三维激光点云的船舶型线生成方法[J]. 工程勘察，2017，45（07）：63-66.

[16] PENDLETON S D, ANDERSEN H, DU X, et al. Perception, planning, control, and coordination for autonomous vehicles[J]. Machines, 2017, 5(1): 6.

[17] 王建军，徐立军，李小路，等．姿态角扰动对机载激光雷达点云数据的影响[J]. 仪器仪表学报，2011，32（8）：1810-1817.

[18] WANG J, XU L, LI X, et al. A proposal to compensate platform attitude deviation's impact on laser point cloud from airborne LiDAR[J]. IEEE Transactions on Instrumentation and Measurement, 2013, 62(9): 2549-2558.

[19] 陈晓清．激光成像雷达目标识别算法研究[D]. 长沙：国防科学技术大学，2010.

[20] 于金霞，蔡自兴，段琢华．基于激光雷达的移动机器人运动目标检测与跟踪[J]. 电子器件，2007，30（6）：327-332.

[21] 冀航．基于频域滤波法的调制脉冲激光雷达水下探测研究[D]. 武汉：华中科技大学，2007.

[22] 孙国栋，秦来安，程知，等．小波去噪在成像激光雷达仿真信号中的应用[J]. 激光与光电子学进展，2017（9）：92-98.

[23] SONG J H, HAN S H, YU K Y, et al. Assessing the possibility of land-cover classification using lidar intensity data[J]. International archives of photogrammetry remote sensing and spatial information sciences, 2002, 34(3): 259-262.

[24] Thompsom D, Coyle E, Brown J. Efficient LiDAR-based object segmentation and mapping for maritime environment[J]. IEEE Journal of Oceanic Engineering, 2019, 44(2):352-362.

[25] 刘德庆，张杰，金久才. 基于三维激光雷达的无人船障碍物自适应栅格表达方法 [J]. 中国激光，2020，47（01）：273-278.

[26] NGUYEN A, LE B. 3D point cloud segmentation: A survey[C]//Proceedings of the 6th IEEE Conference on Robotics, Automation and Mechatronics. IEEE, 2013: 225-230.

[27] YU Y, LI J, GUAN H, et al. Semiautomated extraction of street light poles from mobile LiDAR point-clouds[J]. IEEE Transactions on Geoscience and Remote Sensing, 2015, 53(3): 1374-1386.

[28] 甄贞，李响，修思玉，等. 基于标记控制区域生长法的单木树冠提取[J]. 东北林业大学学报，2016，44（10）：22-29.

[29] YANG B, DONG Z. A shape-based segmentation method for mobile laser scanning point clouds[J]. ISPRS journal of photogrammetry and remote sensing, 2013, 81: 19-30.

[30] ASVADI A, PREMEBIDA C, PEIXOTO P, et al. 3D Lidar-based static and moving obstacle detection in driving environments: An approach based on voxels and multi-region ground planes[J]. Robotics and Autonomous Systems, 2016, 83: 299-311.

[31] MOOSMANN F, PINK O, STILLER C. Segmentation of 3D lidar data in non-flat urban environments using a local convexity criterion[C]//Proceedings of the 2009 Intelligent Vehicles Symposium. Xi'an: IEEE, 2009: 215-220.

[32] RIEGLER G, ULUSOY A O, GEIGER A. Octnet: Learning deep 3D representations at high resolutions[C]//Proceedings of the IEEE Conference on Computer Vision and Pattern Recognition. 2017, 6620-6629.

[33] HE L, CHAO Y, SUZUKI K, et al. Fast connected-component labeling[J]. Pattern Recognition, 2009, 42(9): 1977-1987.

[34] 杨飞，朱株，龚小谨，等. 基于三维激光雷达的动态障碍实时检测与跟踪[J]. 浙江大学学报：工学版，2012，46（9）：1565-1571.

[35] 余必秀. 基于多传感器的内河无人测量船航行环境感知系统研究[D]. 武汉：武汉理工大学，2018.

[36] 刘春雷，陈杰，赵莉，赵德英. 基于激光雷达技术的桥梁防撞预警系统的研究[J]. 兵器装备工程学报，2019，40（06）：202-205.

基于模糊层次分析的沿海小型航海保障工作船风险评判

王永涛　彭国政

（交通运输部东海航海保障中心连云港航标处，连云港 222042）

【摘要】为实现沿海小型航海保障工作船作业风险的量化评估，本文以沿海小型航海保障工作船作业安全风险防控为研究内容，分析了沿海小型航海保障工作船的作业安全隐患，梳理了安全风险致因，构建了安全风险评价指标体系，旨在降低沿海小型航海保障工作船作业安全风险、规范作业流程、提高作业安全性，从而促进我国航海保障能力的提升。

【关键词】安全隐患；风险致因；指标体系；模糊层次分析

Risk Evaluation of Small Coastal Maritime Support Work-Ship Based on Fuzzy AHP

Wang Yongtao　Peng Guozheng

(Lianyungang Aids to Navigation Department of Donghai Navigation Safety Administration (DNSA) MOT, Lianyungang 222042, China)

Abstract: In order to realize the quantitative evaluation of the operational risk of the small coastal maritime support work-ship, this manuscript takes the controlling of the operational safety risk of the small coastal maritime support work-ship as the research object, analyzes the hidden safety hazards of the small coastal maritime support work-ship, and sorts out the causes of security risks. A safety risk evaluation index system was put forward, aiming at reducing the safety risk of small coastal maritime support work-ship, meanwhile, standardizing the operation process, and improving the safety of operations, thereby, improving China's maritime support capabilities.

Keywords: Safety Hazard; Causes of Security Risks; Evaluation Index System; Fuzzy AHP

1　引言

随着航运经济的发展，航道规模不断扩大，航标数量也在不断增加，给航标维护管理部门带来极大的压力。小型航海保障工作船是一类特殊船舶，既可以在内河航行，也可以在沿海航道使用，能够独立完成各类航标作业，可适用性好。同时，小型航海保障工作船具有尺度小、吃水浅、操纵灵活及舒适性优良等特点，为缓解沿海航道部门压力，小型航海保障工作船在沿海地区被推广应用。然而，目前国内外对于该类航海保障工作船安全风险评估的研究较少，难以有效量化特种作业期间的风险源、风险等级，无法有针对性地指定风险防控措施。因此，本文结合综合安全评价方法和模糊数学方法对沿海小型航海保障工作船的风险评判进行了研究，主要内容分为安全风险致因分析、安全风险评价指标体系构建及评判等。

2　模糊综合评判法

船舶水上航行风险模糊综合评价，指的是在不同的通航环境下，对船舶自身各种事故、故障风险进行评估。英国学者最早提出了综合安全评估（Formal Safety Assessment，FSA）方法用于风险评估，既可以给出定性结果，也可以给出定量结果。IMO 在 2002 年将 FSA 方法确定为进行水上安全评估的标准程序，此后 FSA 方法作为工具被广泛用于建立船舶航行风险评价框架。上海海事大学的陈伟炯教授于 1998 年提出从人、机、环境、管理 4 个方面建立水上交通安全风险评价模型。基于 FSA 方法，杨亚东等运用层次分析法（Analytic Hierarchy Process，AHP）确定人、机、环境、管理各子系统中各因子的权重，建立了客渡船风险多指标综合评价模型。近年来，也有学者将其他新的方法引入水上交通安全的评价中来。张笛等结合 FSA 方法和贝叶斯网络（Bayesian Networks，BNs）方法，以长江干线为案例进行了通航风险的评价分析。张金奋等引入贝叶斯网络，结合专家判断法，对天津港船舶航行风险进行了定量描述。张忠海等统计分析了浙江辖区 2001—2007 年各类客船事故，构建了客船碰撞事故树模型，描述了基本事件风险值的计算方法，并确定了各安全隐患的风险等级。Wang 利用证据理论和模糊集，提出了一种在大量不确定因素存在时，基于主观安全分析的决策方法。上述研究虽然能给出风险的一些评估结果，但只是针对固定区域的定性描述，只能给出船舶在航行过程中可能发生风险的地方及风险发生的概率，并不能实时解决船舶航道偏离的预警问题。

加州大学伯克利分校的 L. A. zadeh 教授于 1965 年创立了模糊集合理论，在其数学基础上发展了模糊逻辑、模糊推理和模糊控制等方面的学科，将模糊集合理论用于综合安全评估即模糊综合评判法。杨鑫等将模糊综合评判方法引入船舶碰撞搁浅预警系统中，利用模糊集建立各风险因素的隶属度函数及权重，基于船舶经纬度坐标，利用模糊综合评判法获取船舶碰撞搁浅的危险度系数,有效降低了搁浅预警的虚警、误警率。受此启发,本文采用模糊综合评判法对沿海小型航海保障工作船作业安全风险、风险致因因素进行了分析,建立了安全风险评价指标体系。

3 航海保障工作船作业安全风险致因分析

为了对沿海小型航海保障工作船进行风险模糊评判,本文首先查阅了国内外相关船舶安全运营规程、标准与法规,并邀请相关专家座谈,对特种航标工作船安全风险源进行了初步辨识。随后,本研究对东海航海保障中心连云港航标处进行了调研,并与一线工作人员进行了深入的交流,了解连云港航标处的沿海小型航海保障工作船("海巡 16503"轮、"海巡 16505"轮)的工作情况,并对可能出现隐患的地方进行了深入探讨。

通过前期工作,首先明确这种小型航海保障工作船除具有一般船舶普遍存在的航行风险外,航标维护作业的特殊性决定了航海保障工作船还存在海上航标起吊、航标维护等特殊作业过程中的风险源。在对一般意义上的普通船舶进行风险评估时,主要从船舶本身、人、通航环境和管理水平 4 个角度进行分析。因航海保障工作船作业的特性,决定了航海保障工作船的风险因素除上述 4 个外,还多了一个因素,即航标特种作业风险。

3.1 人员因素

据统计,水上交通事故大部分都是人为因素导致的。对小型航海保障工作船来说,主要包括船员年龄、专业技术水平及心理素质。

3.2 环境因素

工作船作业时,受风、浪、流的影响很大。因为航标不是固定的,在海况不好的情况下,航标摇摆厉害,会给航标维护工作带来麻烦。因此,本文的环境因素仅考虑了风、浪、流这 3 个风险因素。

3.3 船舶因素

小型航海保障工作船的吨位不大,因此在考虑船舶自身因素时,只考虑船舶适航状态、船龄及航标作业机械设备状态这 3 个风险因素。

3.4 管理因素

管理因素就是海事相关管理部门对小型航海保障船的管理。

3.5 航标特种作业因素

对小型航海保障工作船来说,航标起吊作业和登标作业是风险的来源,因此主要考虑这两个环节。

4　航海保障工作船安全风险评价指标体系构建

本文采用模糊综合安全风险评价法，从人员、船只、环境、管理、保障作业 5 个方面因素出发，构建评价指标体系，提升评价的全面性和均衡性，确保评价科学合理。

4.1　确定分层指标集

根据小型航海保障工作船航行及作业特点，安全风险评价指标体系可分为 4 级指标。
一级指标：小型航海保障工作船总体安全风险。
二级指标：人员因素、船舶因素、环境因素、管理因素、特殊作业因素。
三级指标：船员年龄、船员专业技术水平、船员心理素质、船舶适航状态、船龄、航标作业机械设备、自然环境、通航环境、内部管理、上级管理、航标起吊及航标维护。

其中，自然环境还可细分出 3 级指标，为浪、风、流；通航环境可细分出 3 级指标，为通航尺度、船舶交通量、助航设施配备。

参考已有研究成果，在历年事故及险情统计分析的基础上，结合专家咨询和问卷调查等手段，构建以下安全风险评价指标体系，如图 1 所示。

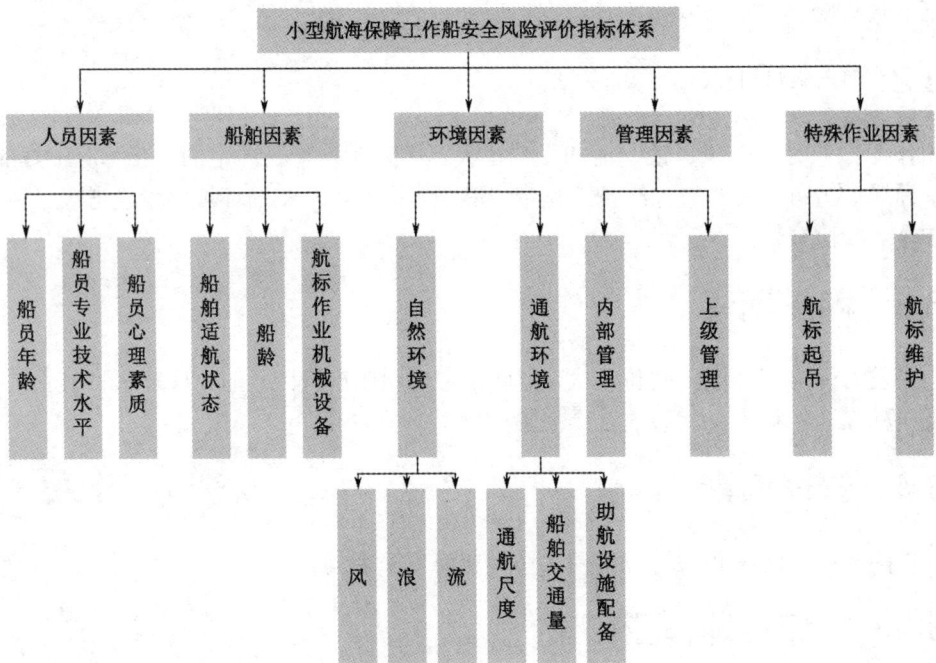

图 1　特种航标船安全风险评价指标体系

4.2　构造判断矩阵

通过对各层风险评价指标进行两两比较，确定每层中各指标的相对重要程度，从而得到模糊判断矩阵 *A*。具体地讲，就是将 A1 与 A2 两个风险评判指标进行两两比较，获得这两个指标"前者比后者重要""二者同等重要""后者比前者重要"3 种关系的模糊对比判断，依次往复完成所有风险评价指标之间的两两重要程度对比，从而将每个风险评价指标相对上一层的影响程度进行量化。某个风险评价指标对上一层指标影响更大，则其量化值 a_{ij} 越大。模糊判断矩阵以 *A* 表示，安全风险影响因素集以 C_1，$\cdots$，C_n 表示，如表 1 所示。

表 1　风险指标因素的模糊判断矩阵 *A*

指　　标	C_1	C_2	$\cdots$	C_n
C_1	a_{11}	a_{12}	$\cdots$	a_{1n}
C_2	a_{21}	a_{22}	$\cdots$	a_{2n}
$\cdots$	$\cdots$	$\cdots$	$\cdots$	$\cdots$
C_n	a_{n1}	a_{n2}	$\cdots$	a_{nn}

判断矩阵由业内有经验的专家通过对任意两个指标进行对比给出。得出的模糊判断矩阵是否合理、一致，还需要通过以下方法判断。

首先，计算风险评价指标因素的两两判断矩阵各特征值 λ 及最大特征值 λ_max。

其次，由于每对指标都独立进行了比较判断，还需要对模糊判断矩阵 *A* 的一致性进行计算。

定义 C.R.=C.I./R.I.，其中 C.I.为一致性指标：

$$C.I.=(\lambda\_max-n)/(n-1) \tag{1}$$

式中，*n* 为两两比较判断矩阵 *A* 的阶数；R.I.为平均随机一致性指标。矩阵阶数与平均随机一致性指标对应关系如表 2 所示。

表 2　矩阵阶数与平均随机一致性指标对应表

矩阵阶数	1	2	3	4	5	6	7	8
R.I.	0.00	0.00	0.58	0.90	1.12	1.24	1.32	1.41
矩阵阶数	9	10	11	12	13	14	15	
R.I.	1.45	1.49	1.53	1.54	1.56	1.58	1.59	

C.I.越大，表示判断矩阵偏离完全一致性的程度越大，一致性越差；C.I.越小，表示判断矩阵偏离完全一致性的程度越小，越符合一致性要求。

一般地，当 C.R.<0.10 时，可认为判断矩阵一致性可接受；当 C.R.≥0.10 时，就须对判断矩阵进行调整和修正，直至其一致性满足要求。

4.3　计算权重和权向量

计算模糊判断矩阵 *A* 的一致性指标、随机一致性指标和一致性比率等参数，计算每层模糊判断矩阵的特征向量及最大特征根，完成模糊判断矩阵一致性检验。

若一致性检验通过，归一化后的特征向量即模糊判断矩阵的权向量；如果一致性检验不通过，则重新完成各风险评价指标的两两模糊比较，调整模糊判断矩阵元素，直至一致性检验通过。

通过上述步骤，将各指标层的权重加权汇总，从而得到沿海小型航海保障工作船的安全风险评价各指标权重，建立沿海小型航海保障工作船安全风险评价指标体系，如表3所示。

表3　小型航海保障工作船安全风险评价指标体系

一级指标	二级指标	三级指标	四级指标
小型航海保障工作船安全风险评价指标体系	人员因素（0.26）	船员年龄（0.28）	—
		船员专业技术水平（0.53）	—
		船员心理素质（0.19）	—
	船舶因素（0.17）	船舶适航状态（0.37）	—
		船龄（0.36）	—
		航标作业机械设备（0.27）	—
	环境因素（0.16）	自然环境（0.35）	风（0.45）
			浪（0.34）
			流（0.21）
		通航环境（0.65）	通航尺度（0.61）
			船舶交通量（0.15）
			助航设施配备（0.24）
	管理因素（0.15）	内部管理（0.58）	—
		上级管理（0.42）	—
	特殊作业因素（0.26）	航标起吊（0.58）	—
		航标维护（0.42）	—

5　结语

本文首先梳理了沿海小型航海保障工作船作业安全风险致因，其次构建了安全风险评价指标体系，从而降低特种航标船作业安全风险，提高特种航标船作业安全性，提升我国航海保障能力。具体为：① 通过查阅国内外船舶安全运营规程、相关标准与法规，现场调研研究，并邀请相关专家座谈等形式，对沿海小型航海保障工作船作业安全风险源进行了初步辨识。② 采用模糊综合安全风险评价法，从人员、船舶、环境、管理、特殊作业5个因素出发，构建了作业安全风险评价指标体系，确定各层指标集，并用模糊数学理论计算各指标体系的权重。

参 考 文 献

[1] 宋博，杭德平．大型航标船安全管理浅析[J]．科技资讯，2014，12（20）：221-221.

[2] 郭仲伟．风险分析与决策[M]．北京：机械工业出版社，1987：1-228.

[3] 鲍君忠，刘正江，黄通涵，等．船舶风险评价模型[J]．大连海事大学学报，2010，36（4）：11-13.

[4] 邵哲平，吴兆麟，方祥麟．海上交通系统安全定量评价方法[J]．大连海事大学学报，2002（1）：9-10.

[5] 文华．海运安全环境影响因素分析与评价[J]．技术经济，2003（8）29-30.

[6] 邱建华．长江水上交通安全状况综合评价方法[D]．武汉：武汉理工大学，2003.

[7] 刘海洋，单春晖，刘文超．模糊综合评价法在舰船风险评价中的应用[J]．舰船电子工程，2016，36（10）：111-114.

毫米波雷达和视频融合在车路协同系统中的应用研究

荣少华　王松浩　佘红艳

（华录易云科技有限公司，南京 211800）

【摘要】针对车路协同系统中交通参与者的传统检测方式都存在各自的局限性，易受环境干扰，很难满足车路协同系统全天候、高精度的交通信息采集要求，为解决上述问题，本研究采用毫米波雷达、视频传感器数据融合和协同工作，能够实现对交通参与者类型划分，目标物的坐标、方位、速度、流量的检测和融合，可减少信息获取时存在的冗余和错误，提高系统的稳健性和精确性，实现了在车路协同系统中，各类工况下的决策控制及安全预警，适用于各种复杂路段实现全方位无死角的监测覆盖。

【关键词】车路协同；雷达与视频融合；安全预警

Research on the Application of Millimeter Wave Radar and Video Fusion in Vehicle-Road Cooperative System

Rong Shaohua　Wang Songhao　She Hongyan

（HUALUYIYUN Technology Co., Ltd Nanjing 211800, China）

Abstract: The single sensor detection method for traffic participants in the vehicle-road collaborative system has its own limitations, and it is vulnerable to environmental interference. Therefore, it is difficult to meet the all-weather and high-precision traffic information acquisition requirements of the vehicle-road collaborative system, thus to solve the above problems, this study adopts the millimeter wave radar, video sensor data fusion and collaborative work, can realize the classification of traffic participants, the coordinates of the target, location, speed, traffic detection and fusion, can reduce redundancy and errors when access to information, improve the robustness and accuracy of the system, realized the car road in collaborative system, all kinds of working conditions of decision-making control and security early warning, suitable for all kinds of complicated road omnidirectional monitoring coverage no dead angle.

Keywords: Vehicle Infrastructure Cooperative Systems; Radar and Video Fusion Technology; Safety Pre-warning System

1 引言

随着我国城镇化水平的不断提高，城市人口正在快速增长，能源、环境、交通、安全等问题也日益严重起来，亟待我们解决。车路协同技术的快速发展通常被认为可以提高道路运输效率，大幅度减少拥堵，保证交通安全，对提高交通效率、节省资源、减少污染、降低事故发生率、改善交通管理具有重要意义[1]。基于毫米波雷达和视频融合技术在车路协同系统中扮演的重要角色，通过雷达、视频设备如何实现车路两端环境感知数据的高效融合，成为当前研究的热点和难点。

2 背景分析

为解决日益突出的交通安全、效率问题，车路协同作为合作式智能交通的关键通信技术，是未来智慧交通发展的重要方向[2]。通常意义上，车路协同主要包括交通参与者与线形、路况、气象、环境之间的协同，多车之间的行驶速度与微观驾驶行为的协同，交通监控中心与车辆的协同等，协同的手段是主动需求管理、主动交通管理、主动安全管理。现有的交通参与者信息采集方法主要依靠单一的传感器[3]，但在实际的检测中，单一传感器都存在局限性，易受环境干扰，很难满足车路协同系统全天候、高精度的交通信息采集要求。因此，本文重点研究了基于毫米波雷达和视频融合多传感器融合的检测技术。

3 需求分析

毫米波雷达和视频多传感器融合是指按照一定的算法将多个传感器在时间空间上融合，从而完成对目标某些特征的检测，毫米波雷达和视频多传感器融合可以更好地解决单一传感器在信息获取时存在冗余和错误的情况，提高系统的稳健性和精确性。

视频检测器由于其直观可视的特点，弥补了毫米波雷达不能看见真实路况的劣势，视频检测的优势是能够准确区分出交通参与者的类型，缺点是对目标物的速度、位置检测精度较低。毫米波雷达通过实时检测和定位区域内车辆和行人，实现机动车、非机动车、行人的检测，其优势是定位及速度检测精确度高，缺点是对交通参与者类型的区分能力差。从检测范围可知，毫米波雷达正常探测距离可达 200 m，但由于道路建设、杆体长度等原因，有效探测范围为 8～90 m，视频的正常探测距离约为 50 m；雷达的盲区在 0～30 m，视频的盲区在 0～8 m。从目标物速度的检测可知，对于速度小于 15 km/h 的目标，雷达检测效果减弱，视频的检测效果较好。因此，毫米波雷达和视频融合检测技术，取长补短，使系统整体获得良好的检测效果。将两者的检测方式进行融合，雷达精准感知道路目标情况，联动视频可视化，将雷达检测信息叠加至视频上，可形成一条全天候自动检测、智能分析的检测系统。

4　毫米波雷达和视频融合技术研究

毫米波雷达主要由信号发射天线、信号接收天线、射频收发通道及数据处理单元构成，利用发射天线向周围辐射电磁波遇到障碍物后，部分电磁波形成反射，障碍物反射回波经接收天线进入雷达系统，雷达数据处理单元根据障碍物反射回波的频谱、相位、时间等信息解算障碍物与毫米波雷达之间的距离、相对速度、相对角度等信息[4]。视频传感器采集监测区域目标物图像信息，并将图像划分为测试样本和训练样本，通过数据训练，对样本中的目标物类别和位置信息进行标注，将标注后的样本输入检测模型，输出目标物中心点的像素坐标、目标物的类别，以及目标物的相关信息。经过毫米波雷达和视频传感器对目标物的采集、检测和识别，然后通过时间和空间上的数据处理和融合，最终得到融合处理结果，具体实现过程如图 1 所示。

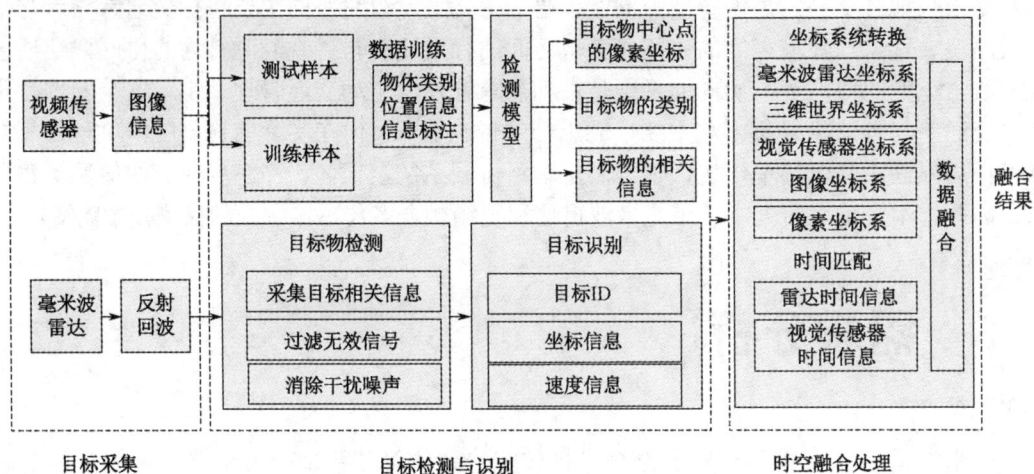

图 1　毫米波雷达和视频融合实现过程

单一的视频传感器或毫米波雷达对人和车辆等目标物的检测和识别的相关应用和技术已经较为成熟，但两者的融合技术目前还需要深入的研究。笔者认为，建立精确的毫米波雷达坐标系、三维世界坐标系、视觉传感器坐标系、图像坐标系和像素坐标系之间的坐标系统转换关系，是实现毫米波雷达和视频融合的关键。毫米波雷达与视觉传感器在空间的融合就是将不同传感器坐标系的测量值转换到同一个坐标系中。在视频传感器位置处建立三维世界坐标系，在点的转换过程中可以分为以下几个步骤（见图 2）：第一步，毫米波雷达坐标系的坐标转换到以视频传感器为中心的世界坐标系中；第二步，将世界坐标系的坐标转换到视频传感器坐标系中；第三步，将视频传感器坐标系的坐标转换到图像坐标系，最终实现毫米波雷达的坐标转换到图像的对应位置。

图 2 毫米波雷达的坐标转换到图像坐标步骤示意图

根据道路情况，分别设定毫米波雷达坐标位置、视频传感器坐标位置，以及目标物的坐标位置等[5]，如图 3 所示。

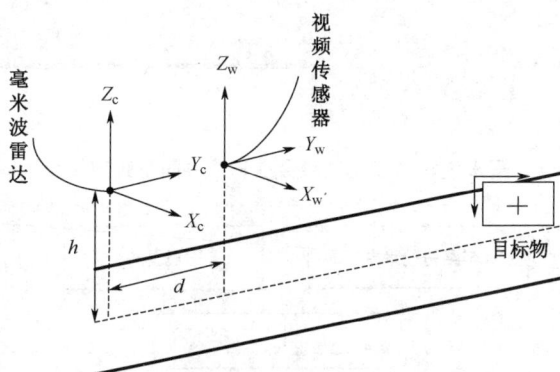

图 3 坐标系建立示意图

5 系统技术方案

毫米波雷达和视频融合技术为车路协同智能网联汽车的测试提供弱势交通参与者、车辆的识别检测信息，以满足车辆进行各类工况下的决策控制及预警。毫米波雷达和视频前端检测设备布置于车辆、行人频繁出入的路段及视野相对狭小的位置，根据道路和现场环境安装在路侧杆状设施上，并对所在位置进行标定，毫米波雷达和视频传感器应指向相同检测区域，如图 4 所示。通过行人、车辆检测器准确辨识一定范围内的车辆和行人的实时位置，通过信息的发布提示，防止碰撞的发生。

5.1 系统组成与信息交互

系统主要由前端检测子系统、边缘计算子系统、中心平台系统、网络传输子系统等部分组成，如图 5 所示。前端检测子系统采集的数据通过网络传输子系统传输到中心平台系统，进行数据集中管理、存储、共享等处理，边缘计算子系统由雷达视频融合引擎构成。该引擎负责对前端数据进行全目标解析，其采用先进的深度学习、高性能运算计算，打造集多源数据接入、雷达/视频/图像混合解析、全目标识别于一体的超融合计算引擎，引擎旨在将海量的视频图像数据转化为人/车/非/脸等全目标结构化数据，并与雷达检测数据进行融合计算为上层应用提供数据支撑。中心平台系统可以对交通参与者进行毫米波雷达检测、视频检测、融合检测，可采取 3 种方式并行或切换，将检测结果发往路侧 RSU 设备，进而让路侧设备能够感知到路面上交通参与者，为预警研判提供检测数据。网络传输子系统负责数据的传输与交换，主要由路口局域网、接入线路和中心网络组成。

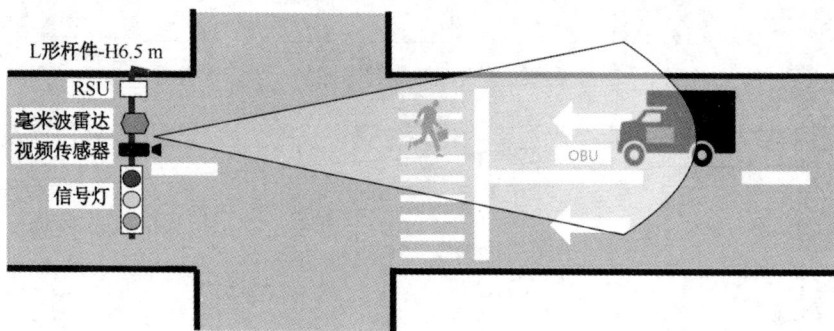

图 4　毫米波雷达和视频融合在车路协同系统部署示意图

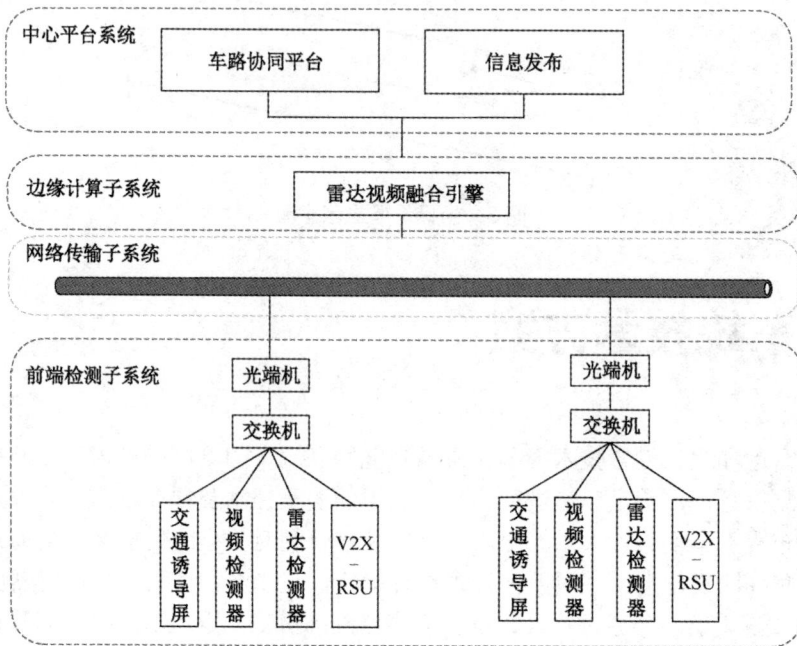

图 5　系统逻辑结构图

毫米波雷达检测器和视频检测器检测数据通过局域网上传到边缘计算子系统，经过雷达视频融合引擎的数据融合处理融合检测结果，然后下发到与上传数据的检测器关联的路侧设备 RSU 和信息发布屏，路侧设备发送检测结果给路口的指定车辆，实现相关 V2X 场景应用，如图 6 所示。

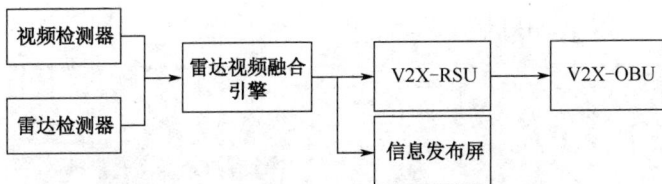

图 6　系统数据流图

5.2　应用场景

5.2.1　交叉口碰撞预警

通过毫米波雷达和视频融合检测，计算出交通参与者位置、速度、方向，并将检测信息发送给 RSU。RSU 获得检测系统发送的检测信息，将检测信息发给智能车，由智能车进行碰撞预警计算。若达到预警上限，则生成预警信息发送给当事交通参与者，并将预警信息通过 RSU 反馈给中心平台，如图 7 所示。

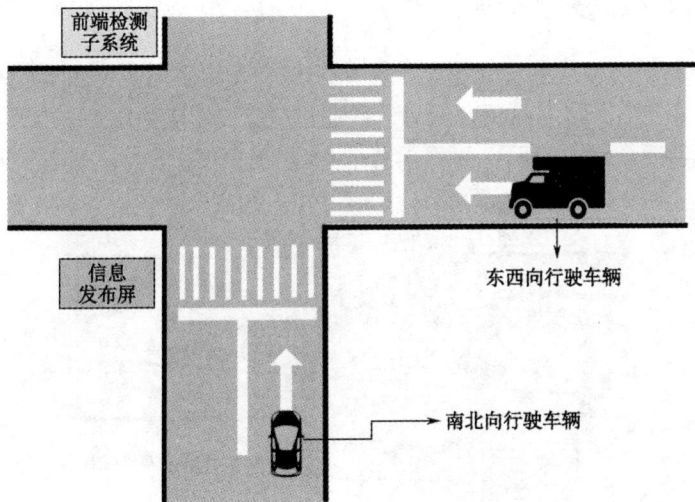

图 7　交叉口碰撞预警示意图

5.2.2　盲区预警

通过毫米波雷达和视频融合检测盲区信息通过诱导屏进行预警提示。当车辆靠近路口，通过毫米波雷达和视频融合检测到来车方向的视觉盲区内行人等弱势交通参与者时，检测系统向 RSU 发送检测信息，RSU 向来车方向对应的诱导屏发送检测信息，提示车辆减速及停车。当车辆靠近路口，毫米波雷达和视频融合检测到前方横向道路侧方也有车辆接近路口时，检测系统向 RSU 发送检测信息，路侧机向来车方向对应的诱导屏发送检测信息，提示车辆减速及停车。该功能在狭窄且有盲区的路口使用能起到相当重要的作用，如图 8 所示。

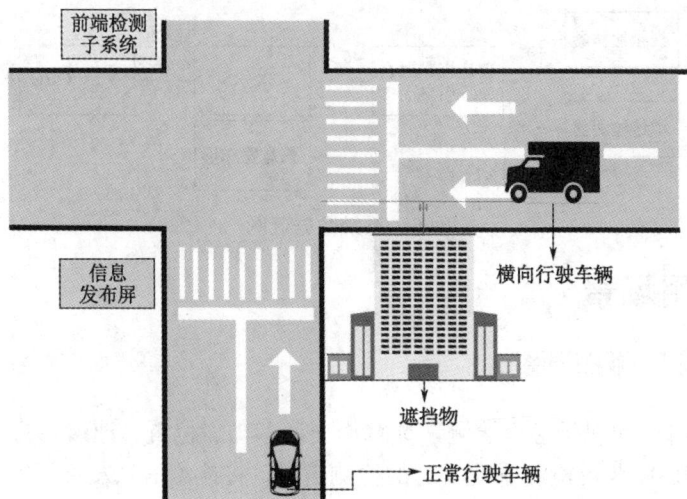

图 8　盲区预警示意图

5.2.3　弱势交通参与者预警

RSU 获得检测系统发送的检测信息，将检测信息发给智能车，由智能车进行碰撞预警计算。若达到预警上限，则生成预警信息，并通过 RSU 发送至信息发布屏，可以提醒行人等弱势交通参与者注意路面状况，并将预警信息反馈给中心平台，如图 9 所示。

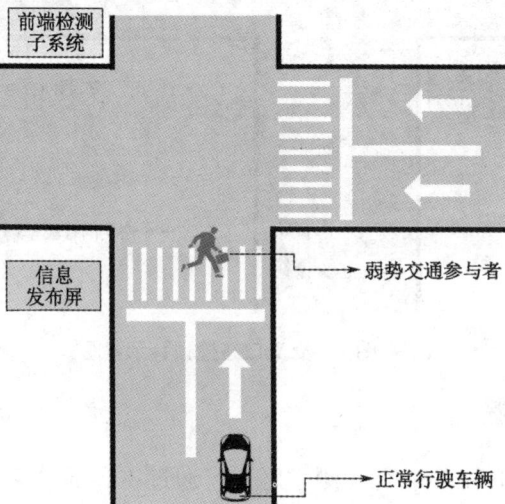

图 9　弱势交通参与者预警示意图

6　测试案例

该技术已经运用到某研发园区半开放式智能测试场地建设，实现了规模化应用，通过相关安装部署和场景设计，我们在园区道路上部署一套毫米波雷达和视频传感器，安装高

度设定在 6.5 m，通过跑车实测，分别测试了单一传感器数据和融合数据，取得检测数据对比如表 1 所示。

表 1　检测数据对比

检测手段	数据帧率	检测区水平夹角	盲区范围	有效检测范围	检测数据
雷达	数据帧率 50 ms	±18°	0～30 m	30～90 m	经纬度信息、航向角、速度
视频	视频每秒 25 帧，数据帧率 40 ms	±45°	0～8 m	8～50 m	行人和车辆类型、车辆轮廓、位置信息
雷达和视频融合	数据帧率 50 ms	可覆盖 4 个车道	0～8 m	8～90 m	行人、车辆类型、经纬度信息、航向角、速度

根据以上测试数据，本文认为毫米波雷达和视频融合技术，在车路协同应用场景中可以弥补单一传感器在检测范围、数据同步、检测数据全面性等方面的缺陷，实现了全天候、高精度的交通信息采集要求。

行人的检测、车辆的检测如图 10、图 11 所示。

图 10　行人的检测

图 11　车辆的检测

7　结语

本文研究了毫米波雷达和视频融合技术在车路协同系统中的应用，该技术实现了实时动态交通信息采集与融合，通过对探测范围内道路上的机动车、非机动车、行人等目标进行精准的检测、识别处理，获取目标位置信息，再将有效信息传输给交通管控中心和该区域内安装有车载设备的车辆，实现了路况险情提前安全预警，提高了通行效率，从而形成了安全、高效和环保的道路交通系统。

参 考 文 献

[1]　熊小敏. 车路协同的云管边端架构及服务研究[J]. 电子技术应用，2019，45（08）：14-18+31.

[2]　王博思，祖晖，陈新海，等. 基于专用短程通信技术 DSRC 的智能车路协同系统设计与实现[J]. 激光杂志，2017，38（6）：147-150.

[3]　中国公路学会自动驾驶工作委员会. 车路协同自动驾驶发展趋势及建议[J]. 智能网联汽车，2019（4）：50-60.

[4]　李原. 毫米波雷达在车路协同系统中的应用研究[J]. 工业控制计算机，2020，33（01）：44-46+50.

[5]　Aly M . Real time Detection of Lane Markers in Urban Streets[J]. Computer Science, 2014:7-12.

车辆切入前后队列跟驰状态参数的变化规律[①]

李伊琳　鲁光泉　龙文民

（北京航空航天大学交通科学与工程学院
车路协同与安全控制北京市重点实验室，北京 100191）

【摘要】 作为最常见的驾驶行为之一，车辆跟驰及其建模过程一直都受到国内外学者的广泛关注，而车辆队列研究将跟驰模型扩展到队列，对于提高通行效率、降低燃油消耗、保持跟驰稳定性具有重要意义。队列行驶下，车辆切入行为对于队列跟驰状态有着显著的影响。本文根据传统的跟驰理论，基于 NGSIM I-80 路段数据，探究了车辆切入前后队列跟驰状态参数的变化规律。数据分析表明，队列的速度、车间距、车头时距（Time Headway，TH）和碰撞时间（Time to Collision，TTC）在解释队列跟驰状态时不够准确，而安全裕度（Safety Margin，SM）用于量化驾驶人的主观风险感知，能够很好地描述队列跟驰状态受到的切入行为的影响。对 SM 的量化结果表明，队列在稳定跟驰时，SM 平均值和标准差的一阶差分在较小范围内波动，当有车辆切入时，会产生明显的突变。根据这一规律，能够通过这两个参数的变化判断车辆的切入行为，对于网联环境下队列的控制研究具有积极意义。

【关键词】 跟驰队列；车头时距；碰撞时间；安全裕度

The changing rule of car-following state parameters when vehicle cuts in

Li Yilin　Lu Guangquan　Long Wenmin

（Beihang University, School of Transportation Science and Engineering, Beijing Key Laboratory for Cooperative Vehicle Infrastructure Systems and Safety Control, Beijing 100191）

Abstract: Car-following is one of the most common driving behaviors, and its modeling process

① 本研究由国家重点研发计划资助（2018YFB1600500）

have been widely concerned by scholars at home and board. Among them, the research on the car-following platoon has been used to improve traffic efficiency, reduce fuel consumption and maintain the stability. Because the vehicle cut-in behavior significantly affects the platoon's movement status, this paper is based on the classic car-following theory and the car-following data from NGSIM I-80 road, focus on analyzing the changes in the car-following state parameters of the platoon in the vehicle cut-in scenario. The results show that platoon speed, space, TH (Time Headway) and TTC (Time to Collison), are not accurate enough to explain the car-following status of platoon. SM (Safety Margin) can quantify the driver's subjective risk perception and can describe the impact of the cut-in behavior on the platoon car-following status. Under the stable car-following status, the average and the standard of the platoon's SM value fluctuate in a small range; and there is a significant abrupt when a vehicle cuts in. Therefore, it can be judged by the change of these two parameters whether there is a cut-in vehicle in the platoon, which has a positive significance for the research of the platoon control in the network environment.

Keywords: Car-following Platoon; Time Headway; Time to Collison; Safety Margin

1　引言

车辆跟驰是在城市快速路和高速公路上最常见的驾驶行为[1]，当同一车道上的相邻两车被限制超车时，它们之间的相互作用即跟驰[2]，通过对队列中各车辆的跟驰行为进行逐一分析能够实现对交通流的描述。跟驰模型常用于交通仿真模型，并在此基础上对道路的通行能力水平进行分析，自适应巡航系统的设计也是从跟驰模型出发的[3-7]。在车辆跟驰的过程中，队列中一个微小的波动，都会对整个队列的状态参数产生一定的影响[8]。对一队稳定跟驰的队列来说，当存在车辆切入行为等扰动时，队列系统的状态（如车头时距分布特征）就会受到影响发生变化。随着智能车辆及通信技术的发展，传统的驾驶方式逐渐向自动驾驶、车车协同转变，车车交互及自动控制的实现使得队列协同控制逐渐成为趋势。一方面，将队列看成一个整体，能够简化跟驰模型，为分析交通流规律及自动驾驶在切入场景下的设计等提供支持；另一方面，可以对车辆队列进行协同跟驰控制，提升通行效率，保证行驶安全并提高队列稳定性。

目前，跟驰模型描述的主要是两车之间的相互作用，对于多个车辆的跟驰行为，往往通过两车跟驰模型来进行扩展。1953 年，Pipes 首先提出了车辆跟驰这个概念[9]。后来，Chandler 提出了刺激-反应车辆跟驰模型[10]。Gazis、Herman、Rothery 等人将刺激参数从单一的相对速度延伸到速度、相对速度和相对车间距，提出了 GHR 模型[11]。随着刺激-反应理论的发展，Bando 等人在 1995 年提出了最优速度（Optimal Velocity，OV）模型[12]。但是，OV 模型中会出现不切实际的加速度或减速度的情况，因此，Jiang 等人考虑到正负速度差，提出了全速度差（Full Velocity Difference，FVD）模型[13]，Gong 等人在此基础上，区别了加减速的敏感性，提出了一个非对称的 FVD 模型[14]。为了描述在车辆密度较低的自由流状态下的车辆跟驰行为，Treibe 等人提出了一个统一的智能驾驶人模型（Intelligent Driver Model，IDM），可以同时描述自由流和拥堵流状态[15]。

目前的研究中，车头时距（Time Headway，TH）和碰撞时间（Time to Collision，TTC）常被用来描述跟驰过程的特点[16,17]。车头时距能够反映驾驶员的心理和行为特征，Winsum 等人发现 TH 的大小与行车速度有关，不同速度下驾驶员期望保持的车头时距不同[18]。Tajeb-Maimon 等人发现，驾驶人会不断调整与前车的间距来与前车保持一个期望的车头时距[19]。TH 的计算只包含后车速度，对于前后两车的速度差缺乏描述，因此用 TH 量化跟驰风险有时会低于实际风险。TTC 也是常用的交通安全评价指标，Lee 认为 TTC 与人的视觉信息认知相似[20]，一般情况下，TTC 小于 3.5 s 时就被认为危险[21]，能够有效区分安全和危险状态[22,23]。除了 TH 与 TTC，有学者从驾驶人主观风险感知角度提出安全裕度（Safety Margin，SM）指标[24]，并且对 SM 是否满足风险动态平衡的特征进行了验证，发现驾驶人在跟驰的过程中，SM 可以很好地用来描述驾驶人主观感受到的危险程度[25]。

自动驾驶和网联通信的出现，为队列控制提供了基础，跟驰模型广泛应用于各种辅助驾驶系统和交通分析中，在车辆的跟驰过程中，即使引导车速度的微小扰动，也会向后传播，从而对队列的运动状态产生一定的影响，进而可能导致交通堵塞[8]。旁车的切入会引发主车所在队列交通波的产生和传播，干扰主车所在队列的跟驰。当主车驾驶人由于受到切入行为的影响而产生行为波动时，这种波动会在队列中传播并且可能导致队列不稳定甚至出现车辆追尾碰撞的风险[26, 27]。Hourdos 发现交通波的产生会导致两辆跟驰车辆失去稳定跟驰状态，发生追尾碰撞事故[28]。在对切入场景下的队列跟驰特点进行描述时，Bang 等人使用队列的平均速度变化、平均距离变化、恢复时间、队列流量等来分析队列的运动状态[29]。Ko 等人在进行切入场景下队列的 CACC 系统的设计时，使用了车间距和车辆速度来表示队列跟驰状态受到的影响[30]。Aramrattana 等人在分析配备 CACC 系统的队列被人工驾驶车辆切入时的反应及控制时，使用车间距和速度来评价队列的控制效果[31]。这些参数描述了队列的运动特点，但描述形式较为单一，而 TH、TTC 和 SM 能够同时体现车间距和车辆速度等信息，SM 还能够体现驾驶人的反应特性。因此，分析切入场景下队列的 TH、TTC、SM 参数的变化特点有着重要的意义。

本文将跟驰队列作为一个整体系统，通过对车辆跟驰数据进行处理，构建描述队列跟驰系统状态的参数集。同时，将队列中车辆的切入作为系统状态改变的扰动因素，分析车辆切入对队列跟驰系统的影响，总结系统状态的变化规律，为队列跟驰系统的评价提供理论基础。

2　跟驰状态的主要量化参数

本文采用队列车辆的速度、车间距，以及 TH、TTC、SM 来描述队列的跟驰状态，能够从不同侧面反映跟驰过程的安全性或驾驶人的主观风险感知。TH、TTC、SM 通过队列车辆的速度、车间距、车长等数据进行计算。

2.1　车头时距（TH）

TH 是评价驾驶安全性的重要指标，代表前后两辆车的前端通过同一地点的时间差，一般可使用前后车的车头间距除以后车速度来计算。车头时距的具体公式为

$$\text{TH}_n(t) = \frac{D_n(t) + L_{n-1}}{V_n(t)} \tag{1}$$

式中，$D_n(t)$ 为后车前端到前车后端之间的距离；L_{n-1} 为前车 $n-1$ 的车长；$V_n(t)$ 为后车 n 在 t 时刻的速度。

2.2　碰撞时间（TTC）

TTC 是指当两车以目前的运动状态继续行驶时，发生碰撞所需要的时间，也是用作车辆行驶状态分析的重要参数。碰撞时间的具体公式为

$$\text{TTC}_n(t) = \frac{D_n(t)}{V_n(t) - V_{n-1}(t)} \tag{2}$$

式中，$D_n(t)$ 为后车前端到前车后端之间的距离；$V_n(t)$ 为后车 n 在 t 时刻的速度；$V_{n-1}(t)$ 代表前车 $n-1$ 在 t 时刻的速度。TTC 常被用来当作区分危险和安全情况的一个参数，可以用来判断和控制制动。

需要注意的是，TTC 只有在后车速度大于前车速度的时候才有意义。在实际情况下，如果两车之间的速度差较小甚至相等，可能导致 TTC 值过大甚至无意义。Kiefer 等人提出使用 1/TTC 代替 TTC[32]，可以有效规避 TTC 变化过大或无法定义的情况。

2.3　安全裕度（SM）

Lu G 等人提出了 SM 这一定义，用来描述跟驰过程中驾驶人的主观风险感知[24]。经过证明，SM 具有显著的动态平衡特性，具体公式为

$$\text{SM}_n(t) = 1 - \frac{0.15V_n(t)}{D_n(t)} + \frac{\left[V_n(t) + V_{n-1}(t)\right]\left[V_n(t) - V_{n-1}(t)\right]}{1.5gD_n(t)} \tag{3}$$

式中，$V_n(t)$ 为后车在 t 时刻的速度；$V_{n-1}(t)$ 为前车在 t 时刻的速度；$D_n(t)$ 为后车前端与前车后端之间的距离加上前车的长度；g 为重力加速度。SM 越大，意味着后车驾驶员有越多的时间来做出反应。

3　队列跟驰运动状态参数分析

本文数据来源于美国联邦公路署 NGSIM 项目（the Next Generation Simulation program），从中找到了 6 个切入场景下的队列跟驰案例，比较了队列 TH、1/TTC、SM、队列速度和队列间距的平均值、标准差及它们的一阶差分，发现队列 SM 一阶差分能够很好地描述其跟驰状态。

3.1 队列案例数据筛选

本文使用的是美国联邦公路署 NGSIM 项目采集的交通数据，数据采集点位于美国加利福尼亚 I-80 高速公路，位置如图 1 所示，数据通过固定于高空的多台摄像机拍照所得，拍照频率为 10 帧/s。拍摄所得的数据由专门的数据处理软件处理后存入数据库中，可获得车辆的横纵向位置、速度、加速度、车头间距、车头时距、车型、车宽和车长等信息，从而可以获得每辆车频率为 10 Hz 的运动轨迹数据。由于 NGSIM 项目采集数据为单车的自然驾驶数据，想要找到切入场景下的跟驰队列存在很大难度，因此，本文只得到 6 个队列跟驰案例，编号 1～6，队列长度 5 至 6 辆，切入过程示意如图 2 所示。

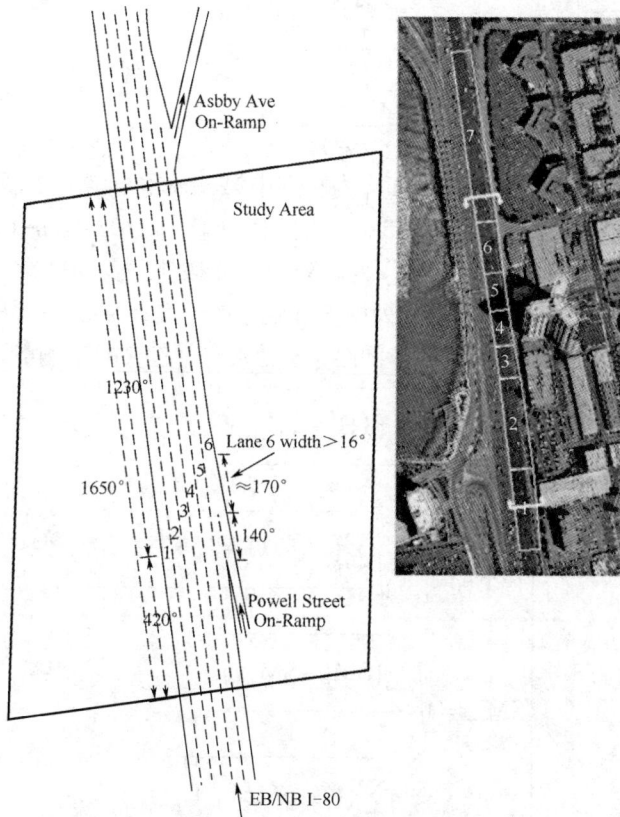

图 1　I-80 高速公路车辆数据采集点示意图

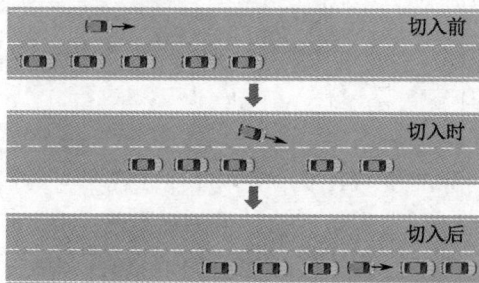

图 2　跟驰队列切入场景示意图

3.2　评价参数分析

本节对队列的 TH、1/TTC、SM 进行了扩展，选取了队列的 TH、1/TTC、SM 平均值和标准差作为描述参数，同时选取了队列速度和车间距的平均值和标准差进行对比分析。

$$
\begin{cases}
\mathrm{TH}_{ave} = \dfrac{\mathrm{TH}_1 + \mathrm{TH}_2 + \cdots + \mathrm{TH}_{n-1}}{n-1} \\[2mm]
1/\mathrm{TTC}_{ave} = \dfrac{1/\mathrm{TTC}_1 + 1/\mathrm{TTC}_2 + \cdots + 1/\mathrm{TTC}_{n-1}}{n-1} \\[2mm]
\mathrm{SM}_{ave} = \dfrac{\mathrm{SM}_1 + \mathrm{SM}_2 + \cdots + \mathrm{SM}_{n-1}}{n-1} \\[2mm]
\mathrm{Speed}_{ave} = \dfrac{V_1 + V_2 + \cdots + V_n}{n} \\[2mm]
\mathrm{Space}_{ave} = \dfrac{X_1 + X_2 + \cdots + X_{n-1}}{n-1}
\end{cases}
\tag{4}
$$

式中，TH_{ave} 为队列 TH 的平均值；TH_{n-1} 为队列中第 n 辆车与第 $n-1$ 辆车之间的 TH 值；$1/\mathrm{TTC}_{ave}$ 为队列 1/TTC 的平均值；$1/\mathrm{TTC}_{n-1}$ 为队列中第 n 辆车与第 $n-1$ 辆车之间的 1/TTC 值；SM_{ave} 为队列 SM 的平均值；SM_{n-1} 为队列中第 n 辆车与第 $n-1$ 辆车之间的 SM 值；Space_{ave} 表示队列的平均速度；V_n 为队列中第 n 辆车的速度；Space_{ave} 为队列的平均间距；X_{n-1} 为队列中第 n 辆车与第 $n-1$ 辆的车间距；n 为队列所包含的车辆数。

$$
\begin{cases}
\mathrm{TH}_{std} = \sqrt{\dfrac{\displaystyle\sum_{i=1}^{n-1}\left(\mathrm{TH}_i - \mathrm{TH}_{ave}\right)^2}{n-1}} \\[4mm]
1/\mathrm{TTC}_{std} = \sqrt{\dfrac{\displaystyle\sum_{i=1}^{n-1}\left(1/\mathrm{TTC}_i - 1/\mathrm{TTC}_{ave}\right)^2}{n-1}} \\[4mm]
\mathrm{SM}_{std} = \sqrt{\dfrac{\displaystyle\sum_{i=1}^{n-1}\left(\mathrm{SM}_i - \mathrm{SM}_{ave}\right)^2}{n-1}} \\[4mm]
\mathrm{Speed}_{std} = \sqrt{\dfrac{\displaystyle\sum_{i=1}^{n}\left(V_i - \mathrm{Speed}_{ave}\right)^2}{n}} \\[4mm]
\mathrm{Space}_{std} = \sqrt{\dfrac{\displaystyle\sum_{i=1}^{n-1}\left(X_i - \mathrm{Speed}_{ave}\right)^2}{n-1}}
\end{cases}
\tag{5}
$$

式中，TH_{std} 为队列 TH 值的标准差；TH_i 为队列中第 $i+1$ 辆车与第 i 辆车之间的 TH 值，TH_{ave} 为队列 TH 的平均值；$1/\mathrm{TTC}_{std}$ 为队列 1/TTC 值的标准差；$1/\mathrm{TTC}_i$ 为队列中第 $i+1$ 辆车与第 i 辆车之间的 1/TTC；$1/\mathrm{TTC}_{ave}$ 为队列 1/TTC 的平均值；SM_{std} 为队列 SM 值的标准差，SM_i 为队列中第 $i+1$ 辆车与第 i 辆车之间的 SM；SM_{ave} 为队列 SM 的平均值；Speed_{std} 为队

列速度的标准差；V_i 为队列第 n 辆车的速度，Speed_{ave} 为队列速度的平均值；Space_{std} 为队列间距的标准差；X_i 为队列第 $i+1$ 辆车与第 i 辆车之间的距离；Space_{ave} 为队列间距的平均值；n 为队列所包含的车辆数。

为了评价 TH_{ave}、$1/\text{TTC}_{ave}$、SM_{ave} 及 TH_{std}、$1/\text{TTC}_{std}$、SM_{std} 对队列运动状态的描述效果，以切入案例 1 为例，来观察切入前后队列的参数变化，如图 3 所示。

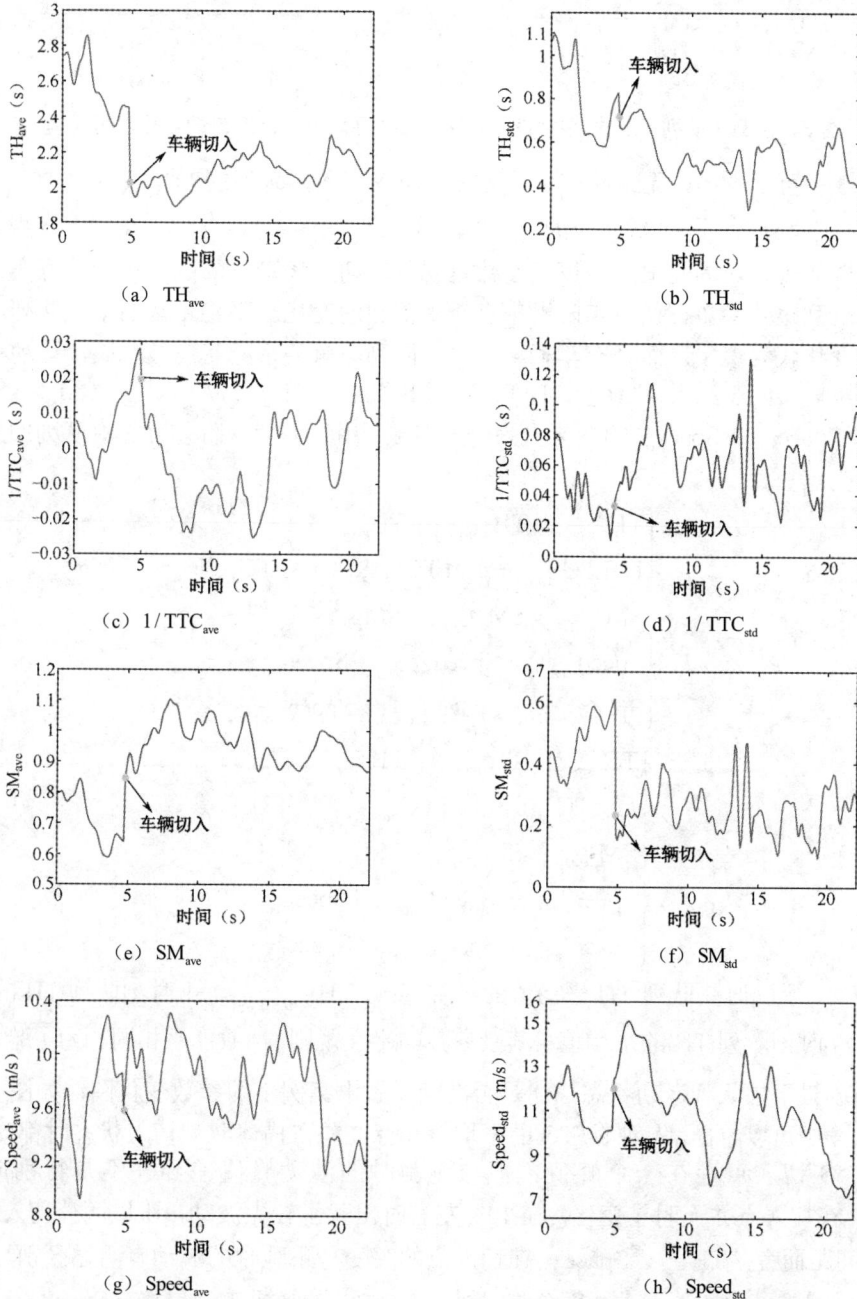

（a）TH_{ave} （b）TH_{std}

（c）$1/\text{TTC}_{ave}$ （d）$1/\text{TTC}_{std}$

（e）SM_{ave} （f）SM_{std}

（g）Speed_{ave} （h）Speed_{std}

图 3　案例 1 队列行驶过程中 TH、TTC、SM 平均值和标准差的变化过程

（i）Space$_{ave}$

（j）Space$_{std}$

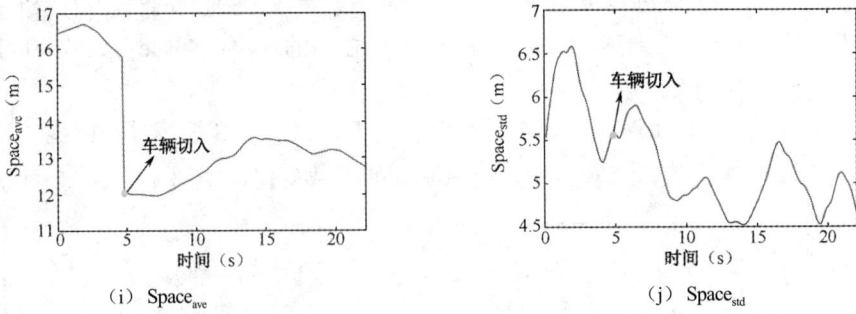

图3　案例1队列行驶过程中 TH、TTC、SM 平均值和标准差的变化过程（续）

　　从图3中可以看出，无论队列中是否存在车辆切入，队列的 TH$_{ave}$、1/TTC$_{ave}$、SM$_{ave}$ 及1/TTC$_{std}$、SM$_{std}$、Speed$_{ave}$、Speed$_{std}$、Space$_{ave}$、Space$_{std}$ 都存在一定的波动现象，在切入点缺乏明显规律，因此很难从以上参数直观看出切入场景下的队列运动状态变化。但不难看出，队列跟驰参数在切入点附近都有较大范围的变化。平稳跟驰的车辆队列，其跟驰状态参数变化较为缓慢；而当有车辆切入时，队列原有的平稳状态被打破，运动参数变化较明显。因此，本文选取了 TH$_{ave}$、1/TTC$_{ave}$、SM$_{ave}$、TH$_{std}$、1/TTC$_{std}$、SM$_{std}$、Speed$_{ave}$、Speed$_{std}$、Space$_{ave}$ 和 Space$_{std}$ 的变化量为研究参数，用它们的一阶差分来对队列的跟驰状态进行描述。

$$\begin{cases} \text{TH}'_{ave(t)} = \text{TH}_{ave(t+1)} - \text{TH}_{ave(t)} \\ 1/\text{TTC}'_{ave(t)} = 1/\text{TTC}_{ave(t+1)} - 1/\text{TTC}_{ave(t)} \\ \text{SM}'_{ave(t)} = \text{SM}_{ave(t+1)} - \text{SM}_{ave(t)} \\ \text{Speed}'_{ave(t)} = \text{Speed}_{ave(t+1)} - \text{Speed}_{ave(t)} \\ \text{Space}'_{ave(t)} = \text{Space}_{ave(t+1)} - \text{Space}_{ave(t)} \end{cases} \tag{6}$$

$$\begin{cases} \text{TH}'_{std(t)} = \text{TH}_{std(t+1)} - \text{TH}_{std(t)} \\ 1/\text{TTC}'_{std(t)} = 1/\text{TTC}_{std(t+1)} - 1/\text{TTC}_{std(t)} \\ \text{SM}'_{std(t)} = \text{SM}_{std(t+1)} - \text{SM}_{std(t)} \\ \text{Speed}'_{std(t)} = \text{Speed}_{std(t+1)} - \text{Speed}_{std(t)} \\ \text{Space}'_{std(t)} = \text{Space}_{std(t+1)} - \text{Space}_{std(t)} \end{cases} \tag{7}$$

式中，TH$'_{ave(t)}$ 为 t 时刻队列 TH 平均值的一阶差分；TH$_{ave(t+1)}$ 为 $t+1$ 时刻队列 TH 的平均值；TH$_{ave(t)}$ 为 t 时刻队列 TH 的平均值；其余参数的定义规则与 TH$'_{ave(t)}$ 相同。为了验证上述参数对切入场景下的队列运动状态描述是否准确，做出案例1的参数变化图，如图4所示。

　　从图4中可以看出，队列 1/TTC 的平均值和标准差在描述队列切入状态时都效果欠佳，1/TTC$'_{ave}$ 在切入点存在一个峰值，但与跟驰时的波动峰值差异并不是特别明显，而 1/TTC$'_{std}$ 在切入点并无明显变化，在 14 s 左右时出现了较大波动，难以区分切入点；对于 TH 和车间距而言，TH$'_{ave}$、Space$'_{ave}$ 在切入点的突变与跟驰时的波动有明显区别，但 TH$'_{std}$ 和 Space$'_{std}$ 却难以对切入点进行区分；同理，Speed$'_{std}$ 的效果表现较好，Speed$'_{ave}$ 规律并不明显，因此，用这4组参数来描述切入过程并不够准确。从图4（e）和图4（f）可以看出，无论是 SM'$_{ave}$ 还是 SM'$_{std}$，在没有车辆切入时，波动范围较小；当有车辆切入时，出现一个明显的峰值，表征此时队列的运动状态发生了突变，能够很好地找到切入点。因此，我们选取 SM'$_{ave}$ 和 SM'$_{std}$ 作为描述参数来分析车辆切入行为对队列运动参数的影响。

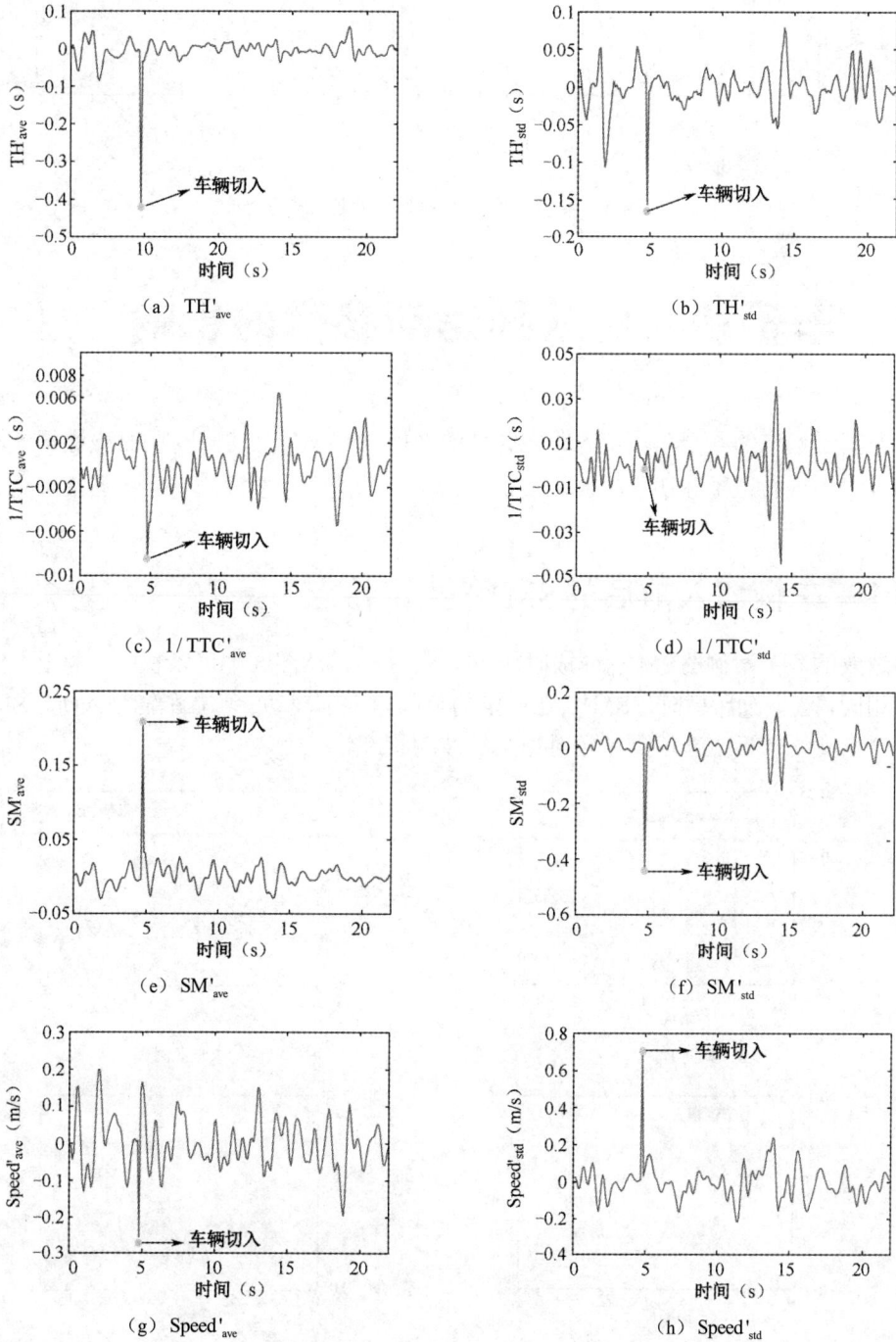

（a）TH'$_{ave}$

（b）TH'$_{std}$

（c）1/TTC'$_{ave}$

（d）1/TTC'$_{std}$

（e）SM'$_{ave}$

（f）SM'$_{std}$

（g）Speed'$_{ave}$

（h）Speed'$_{std}$

图 4　案例 1 队列跟驰参数对比

（i）Space'$_{ave}$

（j）Space'$_{std}$

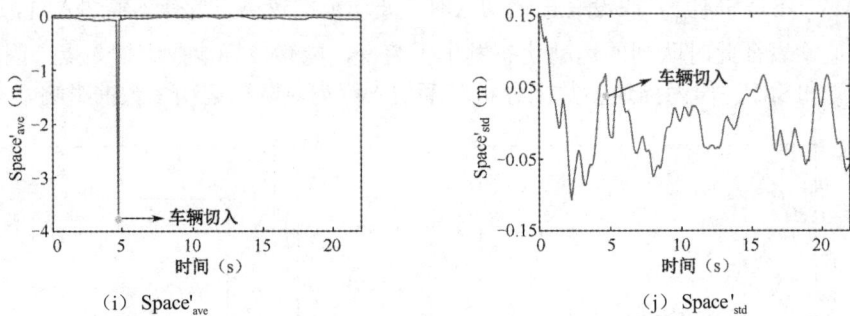

图 4　案例 1 队列跟驰参数对比（续）

4　车辆切入对队列运动参数的影响

本节基于选取的 6 个车辆切入跟驰队列的案例，将 SM'$_{ave}$ 和 SM'$_{std}$ 的时域数据滤波后得到无切入时的分布范围和切入时的峰值点，从而根据这两个参数的变化特点来确定车辆的切入时刻。

4.1　车辆切入前后的 SM'$_{ave}$ 变化特点

将选取的 6 个案例的 SM'$_{ave}$ 作成时域图（见图 5），从图 5 中可以看出，与上一节描述的规律相同，当队列跟驰时，SM'$_{ave}$ 在一定的范围内上下波动；当有车辆驶入时，SM'$_{ave}$ 出现了一个突变，随后重新达到了相对稳定的波动状态。

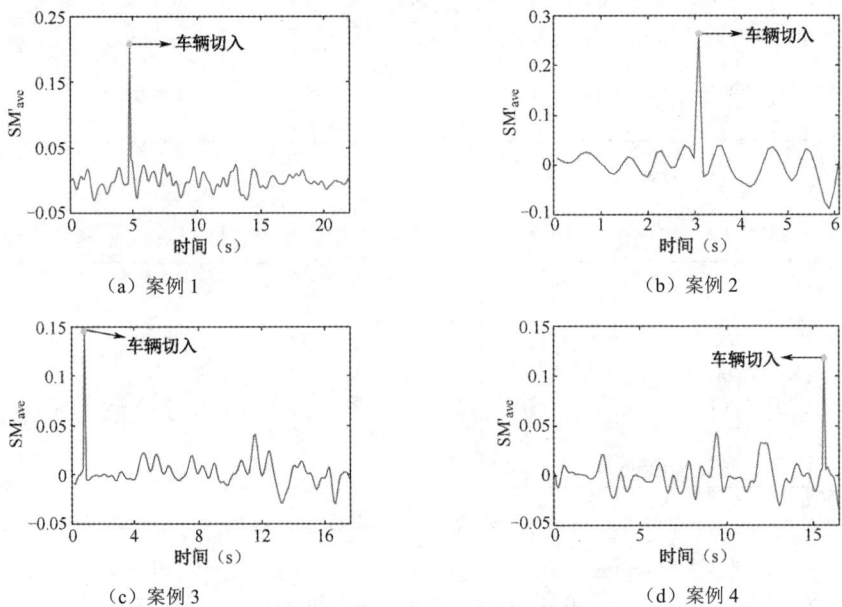

（a）案例 1

（b）案例 2

（c）案例 3

（d）案例 4

图 5　跟驰队列车辆驶入时 SM'$_{ave}$ 时域图

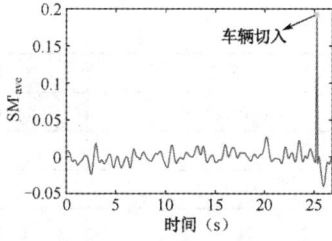

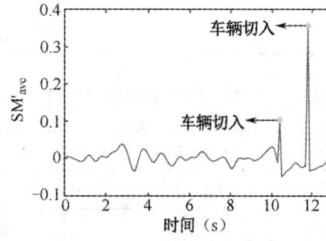

（e）案例 5　　　　　　　　　　　　（f）案例 6

图 5　跟驰队列车辆驶入时 SM'_{ave} 时域图（续）

　　为了确定队列跟驰过程中 SM'_{ave} 的波动范围，将这 6 个案例的切入点 SM'_{ave} 值去掉后进行滤波去掉离群点，得到波动范围的上下界，如图 6 所示。如表 1 统计可得，在选取的 6 个案例中，SM'_{ave} 上界的最大值为 0.0405，下界的最小值为-0.0746。比较队列在无切入行为时的和切入点的 SM'_{ave} 值，如图 7 所示，可以看出，所有切入点的 SM'_{ave} 值均在该范围外且距离较远，因此，通过 SM'_{ave} 的变化能够很好地在图中识别出车辆的切入点。

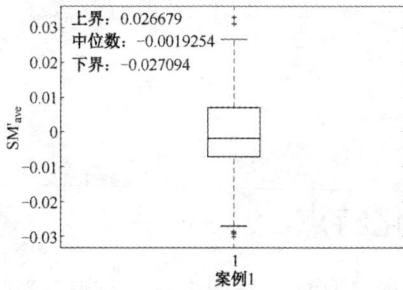

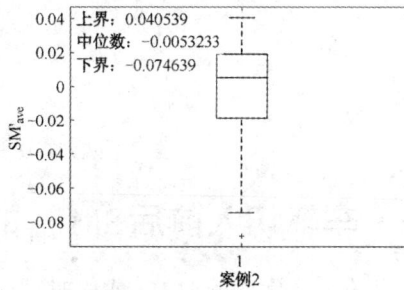

（a）案例 1　　　　　　　　　　　　（b）案例 2

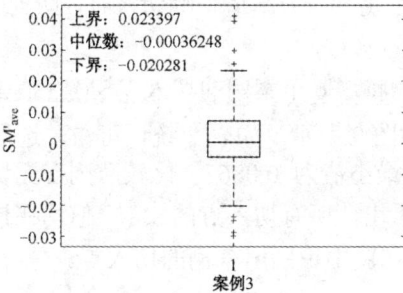

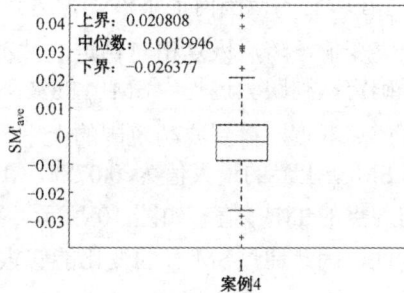

（c）案例 3　　　　　　　　　　　　（d）案例 4

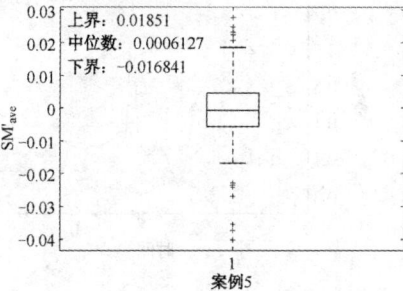

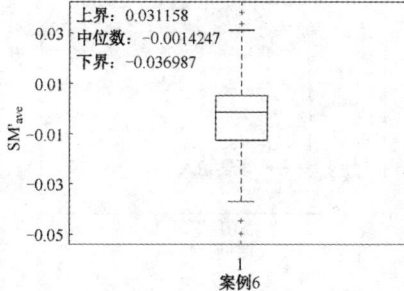

（e）案例 5　　　　　　　　　　　　（f）案例 6

图 6　跟驰队列 SM'_{ave} 箱型图

表 1　队列 SM'_{ave} 分布

	上界	中位数	下界	切入点
案例 1	0.0267	−0.0019	−0.0271	0.2081
案例 2	0.0405	0.0053	−0.0746	0.2591
案例 3	0.0234	0.0004	−0.0203	0.1488
案例 4	0.0208	−0.0020	−0.0264	0.1184
案例 5	0.0185	−0.0006	−0.0168	0.1936
案例 6	0.0312	−0.0014	−0.0370	0.1044

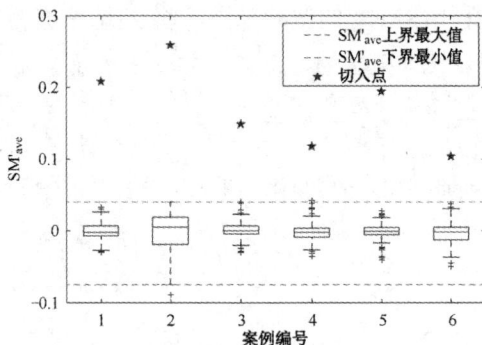

图 7　队列跟驰和切入状态下的 SM'_{ave}

4.2　车辆切入前后 SM'_{std} 的变化特点

将选取的 6 个案例的 SM'_{std} 作成时域图，如图 8 所示。从图中可以看出，当队列跟驰时，SM'_{std} 在一定的范围内上下波动，达到动态平衡。当旁车道车辆切入时，队列的 SM'_{std} 出现一个突变值，随后恢复相对稳定的波动状态。

为了确定队列跟驰过程中 SM'_{std} 的波动范围，将这 6 个案例的切入点 SM'_{std} 值去掉后进行滤波去掉离群点，得到波动范围的上下界，如图 9 所示。如表 2 统计可得，选取的 6 个案例中，SM'_{std} 上界的最大值为 0.0788，下界的最小值为−0.0867。比较队列在无切入行为时的和切入点的 SM'_{std} 值，如图 10 所示，可以看出，所有切入点的 SM'_{std} 值均在该范围外且距离较远，因此通过 SM'_{std} 的变化能够很好地在图中识别出车辆的切入点。

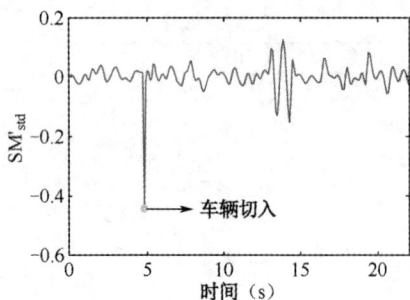

（a）案例 1

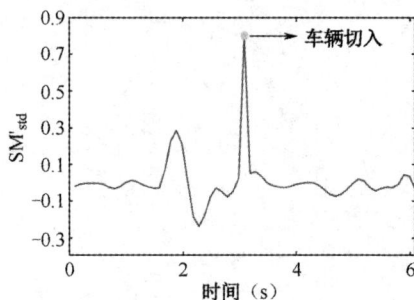

（b）案例 2

图 8　跟驰队列车辆驶入时 SM'_{std} 时域图

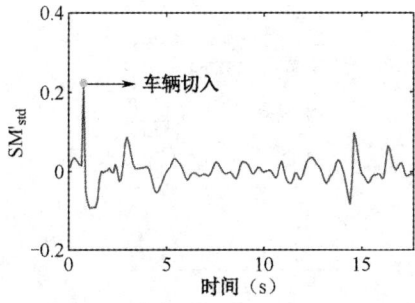

（c）案例3

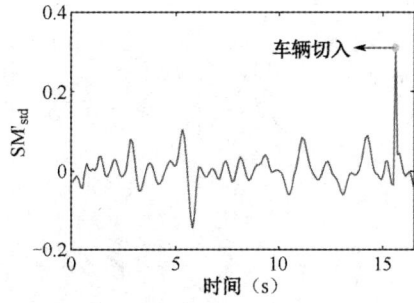

（d）案例4

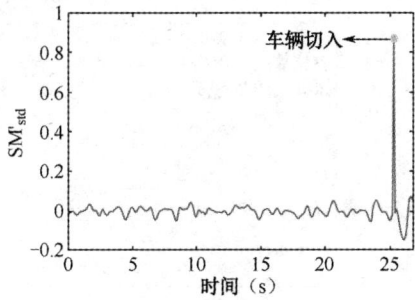

（e）案例5

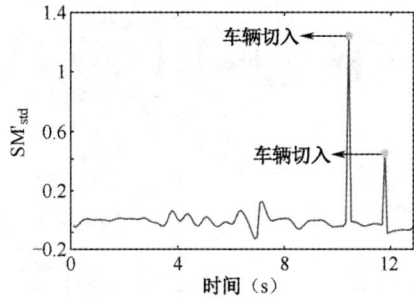

（f）案例6

图8　跟驰队列车辆驶入时 SM'_{std} 时域图（续）

表2　队列 SM'_{std} 分布

	上界	中位数	下界	切入点
案例1	0.0575	0.0013	-0.0549	-0.4401
案例2	0.0504	-0.0142	-0.0796	0.7939
案例3	0.0423	-0.0015	-0.0494	0.2192
案例4	0.0788	-0.0032	-0.0618	0.3065
案例5	0.0453	-0.0003	-0.0479	0.8653
案例6	0.0680	-0.0062	-0.0867	0.4794

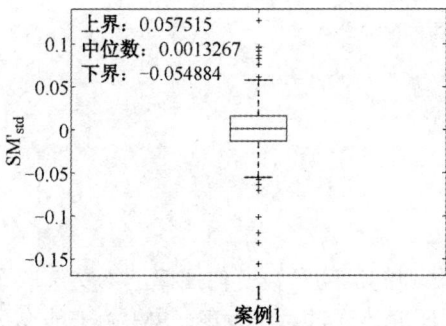

（a）案例1

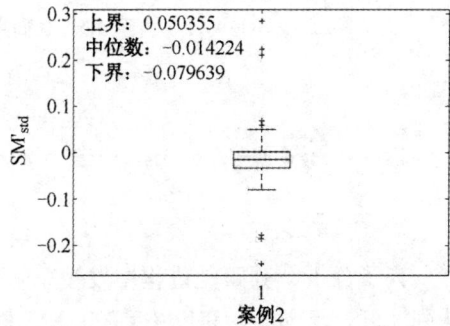

（b）案例2

图9　跟驰队列 SM'_{std} 箱型图

（c）案例 3　　　　　　　　　　　　　（d）案例 4

（e）案例 5　　　　　　　　　　　　　（f）案例 6

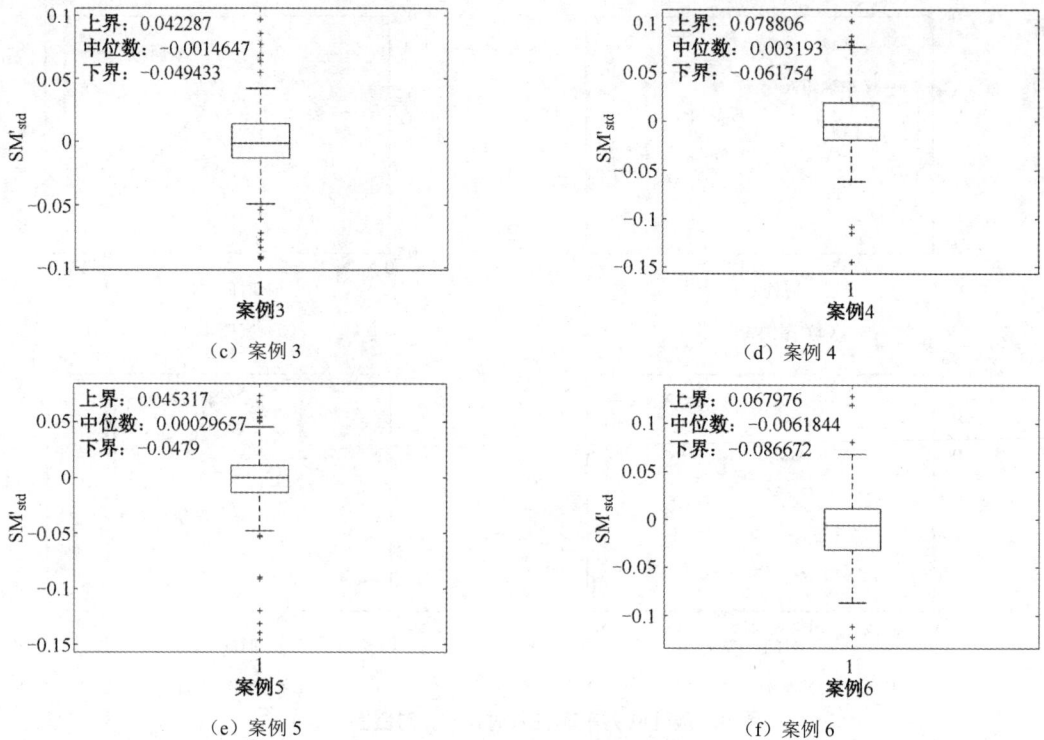

图 9　跟驰队列 SM'_{std} 箱型图（续）

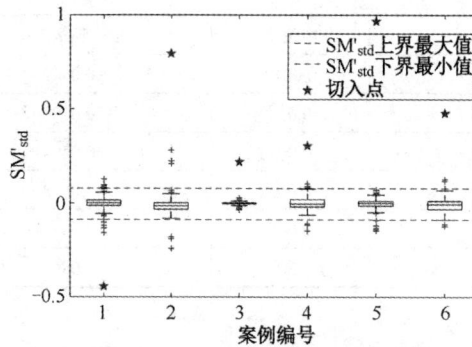

图 10　队列跟驰和切入状态下的 SM'_{std}

5　结语

　　为了分析队列跟驰过程中发生车辆切入行为时队列的运动参数变化规律，本文选取了队列速度、车间距、TH、1/TTC、SM 相关参数进行研究。通过对比发现，SM 由于能够体现跟驰过程中驾驶人的主观风险感知水平，在描述队列运动状态时的表现要优于队列速度、车间距、TH 和 1/TTC。当队列中没有切入行为时，SM'_{ave} 的范围为-0.0746～0.0405，所有切入点的 SM'_{ave} 值均在该范围外且距离较远；同理，SM'_{std} 的范围为-0.0867～0.0788 所有切入点的SM'_{std}值均远在该范围之外。因此，队列的SM'_{ave}和SM'_{std}在描述切入场景下的队列运动状态变化时有着较好的效果，为队列状态分析提供了新的视角；同时，可以根据这一特点来判断队列的切入行为，为网联环境下的队列协同跟驰控制提供基础，对于提升队列通行效率和安全性具有积极意义。

参 考 文 献

[1] GHAFFARI A, KHODAYARI A, HOSSEINKHANI N, et al. The effect of a lane change on a car-following manoeuvre: anticipation and relaxation behaviour [J]. Proceedings of the Institution of Mechanical Engineers, Part D: Journal of Automobile Engineering, 2015, 229(7): 809-818.

[2] HERMAN R. Technology, Human Interaction, and Complexity: Reflections on Vehicular Traffic Science [J]. 1992, 40(2): 199-212.

[3] BRACKSTONE M, MCDONALD M. Car-following: a historical review [J]. Transportation Research Part F: Traffic Psychology and Behaviour, 1999, 2(4): 181-96.

[4] HELBING D. Traffic and related self-driven many-particle systems [J]. Reviews of Modern Physics, 2001, 73(4): 1067-1141.

[5] 何民, 刘小明, 荣建. 交通流跟驰模型研究进展[J]. 人类工效学, 2000, 6（2）: 46-50.

[6] 金春霞, 王慧. 跟车模型及其稳定性分析综述[J]. 交通运输系统工程与信息, 2001, 1（3）: 220-225.

[7] 张智勇, 荣建, 任福田. 跟车模型研究综述[J]. 公路交通科技, 2004, 21（8）: 108-13.

[8] NGODUY D. Effect of the car-following combinations on the instability of heterogeneous traffic flow [J]. Transportmetrica B: Transport Dynamics, 2015, 3(1): 44-58.

[9] PIPES L A. An operational analysis of traffic dynamics [J]. Journal of applied physics, 1953, 24(3): 274-281.

[10] CHANDLER R E, HERMAN R, MONTROLL E W. Traffic Dynamics: Studies in Car Following [J]. 1958, 6(2): 165-184.

[11] GAZIS D C, HERMAN R, ROTHERY R W. Nonlinear Follow-the-Leader Models of Traffic Flow [J]. Operations research, 1961, 9(4): 545-567.

[12] BANDO M, HASEBE K, NAKAYAMA A, et al. Dynamical model of traffic congestion and numerical simulation [J]. Physical Review E, 1995, 51(2): 1035-1042.

[13] JIANG R, WU Q, ZHU Z. Full velocity difference model for a car-following theory [J]. Physical Review E, 2001, 64(1): 017101.

[14] GONG H, LIU H, WANG B-H. An asymmetric full velocity difference car-following model [J]. Physica A: Statistical Mechanics and its Applications, 2008, 387(11): 2595-2602.

[15] TREIBER M, HENNECKE A, HELBING D. Congested traffic states in empirical observations and microscopic simulations [J]. Physical Review E, 2000, 62(2): 1805-1824.

[16] VOGEL K. A comparison of headway and time to collision as safety indicators [J]. Accident Analysis & Prevention, 2003, 35(3): 427-433.

[17] BRACKSTONE M, WATERSON B, MCDONALD M. Determinants of following headway in congested traffic [J]. Transportation Research Part F: Traffic Psychology and Behaviour, 2009, 12(2): 131-142.

[18] WINSUM W V, HEINO A. Choice of time-headway in car-following and the role of time-to-collision information in braking [J]. Ergonomics, 1996, 39(4): 579-592.

[19] TAIEB-MAIMON M, SHINAR D. Minimum and Comfortable Driving Headways: Reality versus Perception [J]. Human Factors, 2001, 43(1): 159-172.

[20] LEE D N. A Theory of Visual Control of Braking Based on Information about Time-to-Collision [J]. Perception, 1976, 5(4): 437-459.

[21] MASUMI N, RAKSINCHAROENSAK P, NAGAI M. Study on forward collision warning system adapted to driver characteristics and road environment [C]. Proceedings of the 2008 International Conference on Control, IEEE, 2008.

[22] MILLER R, QINGFENG H. An adaptive peer-to-peer collision warning system [C]. proceedings of the Vehicular Technology Conference IEEE 55th Vehicular Technology Conference VTC Spring 2002 (Cat No02CH37367), 6-9 May 2002, 2002.

[23] SULTAN B, MCDONALD M. Assessing the safety benefit of automatic collision avoidance systems (during emergency braking situations) [J]. Proceedings: International Technical Conference on the Enhanced Safety of Vehicles, 2003.

[24] LU G, CHENG B, LIN Q, et al. Quantitative indicator of homeostatic risk perception in car following [J]. Safety Science, 2012, 50(9): 1898-1905.

[25] 鲁光泉，王云鹏，田大新. 车车协同安全控制技术[M]. 北京：科学出版社，2014.

[26] TANAKA M, RANJITKAR P, NAKATSUJI T. Asymptotic Stability and Vehicle Safety in Dynamic Car-Following Platoon [J]. Transportation Research Record, 2008, 2088(1): 198-207.

[27] TAMPERE C, HOOGENDOORN S, VAN AREM B. A Behavioural Approach to Instability, Stop and Go Waves, Wide Jams and Capacity Drop [J]. Transportation and traffic theory, 2005, 16: 205-228.

[28] HOURDOS J N. Crash prone traffic flow dynamics: Identification and real-time detection [M]. University of Minnesota, 2005.

[29] BANG S, AHN S. Control of Connected and Autonomous Vehicles with Cut-in Movement using Spring Mass Damper System [J]. Transportation Research Record, 2018, 2672(20): 133-143.

[30] KO W, CHANG D E. Cooperative Adaptive Cruise Control Using Turn Signal for Smooth and Safe Cut-In [C]. 18th International Conference on Control, Automation and Systems (ICCAS), 2018.

[31] ARAMRATTANA M, LARSSON T, ENGLUND C, et al. Simulation of cut-in by manually driven vehicles in platooning scenarios [C]. IEEE 20th International Conference on Intelligent Transportation Systems (ITSC), IEEE, 2017.

[32] KIEFER R J, LEBLANC D J, FLANNAGAN C A. Developing an inverse time-to-collision crash alert timing approach based on drivers' last-second braking and steering judgments [J]. Accident Analysis & Prevention, 2005, 37(2): 295–303.

基于风险链的城轨运营安全保障系统设计与开发

苏宏明[1]　王艳辉[1, 2, 3, 4]　李曼[1, 2, 3, 4]　贾利民[1, 2, 3, 4]

（1. 北京交通大学 交通运输学院，北京 100044；
2. 北京交通大学 轨道交通控制与安全国家重点实验室，北京 100044；
3. 北京交通大学 北京市城市交通信息智能感知与服务工程技术研究中心，北京 100044；
4. 北京交通大学 城市轨道交通运营安全管理技术及装备交通运输行业研发中心，北京 100044 ）

【摘要】安全是城市轨道交通立足之本。城市轨道交通运营安全相关业务系统之间存在众多公用信息无法共享，缺乏统一的系统构建和开发管理，形成"信息孤岛"现象。针对城市轨道高强度、强耦合、网络化运营的现状，本文基于风险"主动防控"和精细化管理的设计理念，采用微服务的软件架构，构建城市轨道交通全局级、系统级、信息化和智能化的安全保障系统。最后，对原型系统进行仿真实验。结果表明，该系统可以有效实现风险点辨识、风险传播预测、风险评估等功能，能够有效预防城市轨道安全事故的发生，并且具有较高的安全性和平稳性。

【关键词】城市轨道交通；主动防控；风险辨识；系统设计；风险链理论

Design and Development of Urban Rail Operation Safety Guarantee System Based on Risk Chain

Su Hongming[1]　Wang Yanhui[1, 2 , 3, 4]　Li Man[1, 2, 3, 4]　Jia Limin[1, 2, 3, 4]

（1. School of Traffic and Transportation, Beijing Jiaotong University, Beijing 100044, China;
2. State Key Laboratory of Rail Traffic Control and Safety, Beijing Jiaotong University, Beijing 100044, China;
3 . Beijing Research Center of Urban Traffic Information Sensing and Service Technology , Beijing Jiaotong University Beijing 100044, China;

4. Research and Development Center of Transport Industry of Technologies and Equipment of Urban Operation Safety Management, Beijing 100044, China)

Abstract: Security is the foundation of urban rail transit. There are many public information that can not be shared among the business systems related to urban rail transit safety, and there is a lack of unified system construction and development management, forming an "information island" phenomenon. In view of the current situation of high-intensity, strong coupling and networked operation of urban rail, this paper uses micro-services software architecture based on the design concept of "active prevention and control" of risk and refined management to build a global level, system level, and information technology and intelligent security system. Finally, through the simulation experiment of the prototype system. The results show that the system can effectively realize the functions of risk point identification, risk propagation prediction, and risk assessment, can effectively prevent the occurrence of urban rail safety accidents, and has high safety and stability.

Keywords: Active Prevention and Control; Risk Identification; System Design; Risk Chain Theory; Urban Rail Transit

轨道车辆不锈钢车体静强度研究

王青权　赵鹏宇　程亚军　刘涛

（中车长春轨道客车股份有限公司基础研发部，吉林长春　130062）

【摘要】本文针对不锈钢材料的特点，总结了不锈钢材料应用于轨道车辆车体的优势与不足。针对所设计的不锈钢车体，通过分析车体结构，建立车体有限元仿真模型，确定了分析车体静强度的典型工况。根据仿真分析结果获得各工况下车体的应力分布和不同部位的安全系数，利用不锈钢样车车体进行实验验证，并对仿真和实验结果进行了对比分析。仿真和实验结果显示，所设计的不锈钢车体结构满足静强度要求；仿真与实验结果趋势相同，在绝大多数区域，二者误差较小，但车门角焊缝区和侧墙连接板的仿真和实验结果误差较大。

【关键词】不锈钢；车体；静强度；仿真分析；实验验证

Study on Static Strength of Stainless Steel Carbody for Rail Vehicles

Wang Qingquan　Zhao Pengyu　Cheng Yajun　Liu Tao

（CRRC Changchun Railway Vehicles Co., Ltd. Fundamental Engineering Department, Changchun 130062,China）

Abstract: According to the characteristics of stainless steel materials, the advantages and disadvantages of the application to rail carbodies are summarized. According to the designed stainless steel carbody, the structure was analyzed. The finite element simulation model was established, and the typical working conditions were determined. The stress and safety factor of different parts under various working conditions was obtained through simulation analysis. The test using the stainless steel sample carbody was carried out. The simulation and test results were compared and analyzed. Simulation and test results show that the designed stainless steel body structure meets the static strength requirements. The simulation and test results have the same trend. For most areas, the error is small, but for the weld zone of door corners and the side wall connection plates the error is large.

Keywords: Stainless Steel, Carbody, Static Strength, Simulation Analysis, Test Verification

基于全样本大数据的公交停靠站时间规律分析

祁昊[1,3]　刘好德[1,3]　杨宇航[2]　陈国俊[2]

（1. 交通运输部科学研究院，北京 100029；
2. 武汉理工大学，武汉 430070；
3. 城市公共交通智能化交通运输行业重点实验室，北京 100029）

【摘要】为了更加全面地评价城市公交运行状况，提升乘客出行效率和公交运营效率，本文研究提出了一种基于全样本大数据的公交停靠站时间规律分析方法。从城市公交停靠站时间与总行程时间相关关系的角度出发，首先提出了公交行程时间和停靠站时间数据的典型问题与异常数据处理方法，然后基于济南市的公交行程时间的全样本大数据计算不同公交班次的停靠站时间比例系数，构建公交停靠站时间计算模型，分析线路差异、驾驶员（车辆）差异、运行时段差异、行程时间差异对比例系数的影响，并与江阴市的典型线路进行对比。结果表明，公交停靠站时间比例系数和计算模型受到上述影响因素差异导致的波动处于一个比较小且合理的范围内，具有较强的可靠性和适用性，并得出城市公交系统的公交停靠站时间比例系数的建议取值范围为 0.25。研究结果对于改善公交停靠站运行效率，发现城市地面公交客流网络拥堵节点，提升公共交通出行分担率具有重要意义。

【关键词】地面公交；停靠站时间；比例系数；全样本；大数据

Analysis and Case of Time Regularity of Urban Bus Stop Dwell Based on Full Sample Big Data

Qi Hao[1,3]　Liu Haode[1,3]　Yang Yuhang[2]　Chen Guojun[2]

（1. China Academy of Transportation Sciences, Beijing 100029, China;
2. Wuhan University of Technology, Wuhan 430070, China;
3. Key Laboratory of Advanced Public Transportation Science Ministry of transport, PRC, Beijing 100029, China）

Abstract: In order to comprehensively evaluate the performance of urban public transport, and improve passenger travel efficiency and bus operation efficiency, the research proposes a method for analyzing the time regularity of urban bus stop dwell based on full sample big data. From the perspective of the correlation between urban bus stop dwell time and total trip time, firstly, the research proposes the typical problems and abnormal data processing methods of bus trip time and stop dwell time data. Then, based on the full sample big data of Jinan's bus trip time and stop dwell time, calculating the scale factor of different bus shifts, constructing bus stop dwell time calculation model, and analyzing the impact of line differences, driver (vehicle) differences, operating time differences, and trip time differences on the scale factor, and comparing with the typical routes of Jiangyin. The research results show that the fluctuation of the bus stop dwell time scale factor and the calculation model caused by the different influencing factors are within a relatively small and reasonable range, and they have strong reliability and applicability. In particular, the value range of the bus stop dwell time scale factor is preferably 0.25. The research results have great significance for improving the operating efficiency in the bus stop, discovering congested nodes in the urban bus passenger flow network, and increasing the share rate of public transport travel.

Keywords: Bus; Stop Dwell Time; Scale Factor; Full Sample; Big Data

浅析轨道交通领域的车-车通信技术

董高云　周庭梁

（卡斯柯信号有限公司，上海 200071）

【摘要】本文介绍了国内轨道交通领域的车-车通信技术的研究现状，描述了轨道交通领域车-车通信技术相关概念的提出背景及车-车通信的主要特点和优势，分析了车-车通信技术的缺点和面临的技术挑战，最后对车-车通信技术的未来发展进行了思考和展望，提出了基于云平台的车-车通信系统架构的设想，指出了需要关注的与车-车通信相关联的周边技术。

【关键词】车-车通信；轨道交通；云平台

A Brief Analysis of Train to Train Communication Technology in the Field of Rail Transit

Dong Gaoyun　Zhou Tingliang

（ CASCO Signal Ltd., Shanghai 200071, China ）

Abstract: This paper introduces the domestic research status of the train to train communication technology in the field of the rail transit. It describes the proposing background of the related concept and the main characteristics and advantages of the train to train communication in the rail transmit domain, analyzes the shortcoming of train to train communication technology and the challenges it faces. Finally, it thinks and prospects the future's development of train to train communication. Moreover, it proposes the system architecture of train to train communication based on cloud platform and points out the peripheral technologies associated with the train to train communication which need to be concerned.

Keywords: Train to Train Communication; Rail Transit; Cloud Platform

1 引言

近几年来，当人们谈到轨道交通领域的下一代列控技术时，车–车通信技术受到越来越多的关注，并且逐渐成为未来列控技术尤其是城轨列控技术的一个重要发展方向。在国际上，以阿尔斯通为代表的轨交行业巨头早在 2013 年就已经在法国里尔轻轨线的技术升级改造项目中开始进行 UrbalisFluence 型精简 CBTC 系统的实验[1]，该型 CBTC 系统结构取消了计算机联锁和列控轨旁子系统，且实现了车车直接通信的技术。

国内的众多铁路信号行业的同行们这两年也纷纷加入有关车–车通信相关技术研究的队伍中，包括：和利时在 2018 年北京城轨展上展示的基于主动控制的列车系统；浙江众合科技在 2019 年北京城轨展上展示的列车自主运行系统（TACS）；上海富欣智控在 2019 年上海城轨展的技术论坛上介绍的基于车–车通信的列车自主运行系统（TACS）。其中，上海富欣智控和中车青岛四方等单位共同研发的 TACS 系统率先在青岛地铁 6 号线项目中实施应用，是国内首先进行实际工程项目实验的车–车通信系统[2]。2019 年上海轨交展上，中国中车在其展台上也展示了一个有关车–车通信的视频，详细介绍了车–车通信技术的架构、原理和发展情况。

本文结合近一两年的国内轨交展上的各相关厂商针对车–车通信技术的展示，以及近期行业内公开发表的相关论文情况，对车–车通信技术的产生背景、特点、优势和不足进行介绍，同时对该项技术的未来发展前景进行分析和展望。

2 轨交车–车通信技术介绍

2.1 既有城轨 CBTC 系统的特点和不足

既有城轨 CBTC 系统，在整个城轨线路中部署 1 个或若干个 ZC（区域控制器），每个 ZC 通过与车载 CC 系统进行无线通信的方式，采集各列车的精确位置、速度等信息，并且结合联锁发送的轨旁设备状态及进路信息、ATS 系统发送的临时限速信息、相邻 ZC 子系统发送的移交列车信息及设备状态信息，来集中统一处理控区内运行的列车[3]，计算出各列车运行的包络曲线和移动授权；再通过无线通信将相关结果发回给本区域内的各列车的车载 CC，由各车载 CC 根据移动授权的结果控制自身运行，在移动闭塞模式下行车，确保与前车的适当距离，并且在紧急情况下根据目标距离包络曲线进行制动。总体来看，在这种"车–地–车"的控制模式下，轨旁 ZC 处于核心控制地位，承担主要的运算处理功能，集中地统一处理控区范围内的各列列车的移动授权。而各列车载 ATP 则主要搜集并向 ZC 传送本车的安全相关信息，同时接受 ZC 传回的移动授权指令，进行相对简单的加工处理后，最终进行输出，控制列车运行。在这整个"车–地–车"的链路中，实际要经过的通信链路和通信环节很多,涉及的轨旁设备和相关板卡众多。ZC 在计算各车的移动授权过程中,还需要与邻站 ZC、计算机联锁、ATS 等设备进行通信。同时,为了确保通信的可靠性,轨旁设备又往往采用了双系冗余配置,还有主备系之间的双系热备同步处理。这些都造成了 CBTC 的各个子系统之间耦合度过高,功能的冗余和交互复杂。此外,众多的通信链路意味着一系列的通信时延,以及各个环节的众多硬件板卡和模块,由于 ZC 是"车-地-车"通信的关键一环,由 ZC 集中管理整个区域内所有车的移动授权,一旦其中某个环节出现故障导致 ZC 故障而停止工作,就会造成整个控制区域之内的所有车无法正常获取移动授权,对系统的可靠性和运维都会造成很大影响。尽管可以通过 ZC 的双系冗余设计来尽可能减小 ZC 故障概率,同时还可以在 ZC 故障时转入后备模式,由联锁来接管对于列车的控制,但势必会造成运营效率的下降,并且不能根本解决系统复杂度和耦合度高、信息周转和系统处理周期长的问题。正是为了应对既有 CBTC 系统的以上这些弊端,人们提出了车-车通信技术的相关理念。

2.2 轨交车–车通信技术的主要特点和优势

车-车通信的系统架构参见图 1。

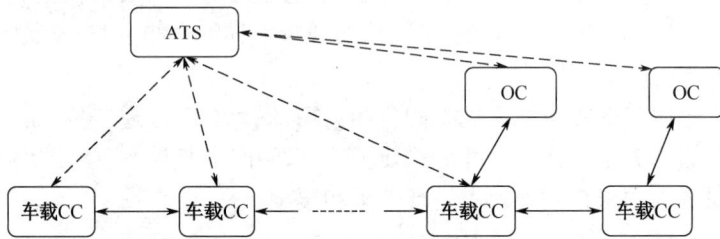

图 1 车-车通信的系统架构

采用车-车通信技术的城轨列控系统,取消了作为轨旁 ATP 功能的 ZC 和计算机联锁,将二者的功能合并,并集成到车载 CC 子系统中。各车之间的无线通信联系不再经由 ZC 进行集中控制和消息中转,而是由各车自行与其前后车直接通信。原来由 ZC 进行的各车的移动授权计算功能统一交由各车自行计算,从而变更原来的"车-地-车"的集中控制模式为"车-车"的去中心化的分散控制模式,与 ATS 之间的交互也由各车自行进行,轨旁只保留 OC(目标控制器)作为执行单元来控制道岔。控制的主体由轨旁转为车载。车载 CC 子系统除了计算自身的移动授权来实现自主控车外,还以无线通信的方式来控制 OC 执行操作道岔的指令,从而使得各个车辆在与前后车进行通信协商且保证安全的前提下,可以自行规划自己的行进路线,实现高效自主行车。

采用车-车通信技术后,整个列控系统由于去掉了 ZC 和联锁,仅保留作为信号设备执行单元的轨旁 OC,使整个轨旁硬件设备得到大幅度精简,也减少了控制环节与接口复杂度,缩短了系统反应时间。此外,经过通信接口改进后的车载设备也可以使信号系统和牵引、制动系统的结合更为紧密,从而进一步精简了通信环节和系统架构[2]。

采用"车-车"直接通信的方式后,由于原来的 CBTC 控制核心由轨旁 ZC 集中控制的模式转移到各个车载,从而分散了设备故障导致的风险。在新的模式下,单一车载的故障仅影响与之通信的前后车，从而大幅度减少了故障的影响范围[2]。

此外，采用车-车通信方式后，后车会不断向前车请求发送位置信息，根据前车发过来的位置信息与速度，实时更新移动授权。相比于基于车地通信的 CBTC 系统，这种通信方式可以大大降低车地通信系统之间信息交互的延时和复杂度，缩短计算移动授权所需的时间，基于"车-车"之间的直接通信，还可以采取基于相对速度的移动授权计算方法[3]，从而可以进一步缩短行车间隔，提高运能效率。也有人将相关的控制方案称为"虚拟耦合技术"或"相对闭塞"[4]。

采用车-车通信技术，由于大幅度精简了硬件设备，且控制由地面转向车载，使得同一区域多列车之间可以方便地实现协商运行。假如不同厂家的车载系统均采用统一的通信协议，还可以相互通信，对于实现城轨不同线路之间的互联互通和网络化跨线运营，会变得更加灵活简单[5]。

采用车-车通信技术，由于去掉了联锁和 ZC 区域控制器，直接改由车来操控道岔（由车载向 OC 发出指令来实现），从而使得信号控制的思路发生了根本改变，对于信号逻辑设计提出了全新的挑战。因为列车一边在按一定速度往前行进，一边要排列进路，并向 OC 发出前方道岔锁闭和定反操的命令，这就需要精确控制命令发送的时机，以确保道岔正在操作过程中，列车不会跨过道岔造成脱轨事故。同时，由于各车均可对同一道岔发出操作指令，也存在不同列车之间竞争道岔资源的情况，需要为此设计相应的处理算法，避免不同的车辆在排列进路的过程中造成道岔的死锁[6]。多车通信进行道岔资源协调示意图参见图 2。

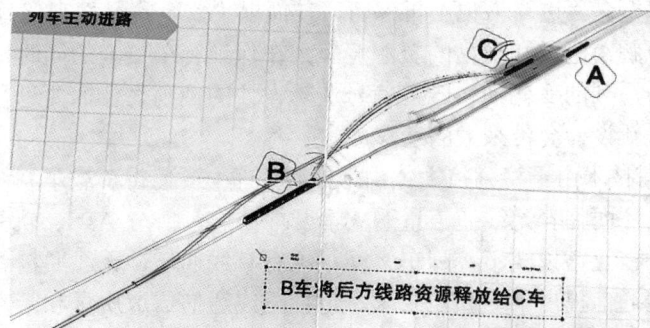

图 2　多车通信进行道岔资源协调示意图

采用车-车通信技术，使列车运行控制模式由"车-地"协同控制转变为"车-车"之间直接协同控制，但并没有完全取消地面设备，轨旁仍保留 OC 目标控制器。该目标控制器除在正常模式下接收车载指令、执行道岔等信号设备的动作外，在车载子系统发生故障的情况下，还可以临时切换为降级模式，OC 会直接从 ATS 接受临时人工操作指令，保持降级模式下的线路运营不中断，从而使 OC 作为应急状态下的重要后备控制子系统。

综合来看，采用车-车通信技术，整个城轨列控系统由"车-地-车"的运控模式转变"车-车"直接通信模式。车-车通信技术通过加大集成度来精简系统架构，减少了硬件设备和通信环节，提高了通信效率，节约了成本；并且通过去中心化的分布式控制模式，降低了车载子系统故障情况下对线路的影响。车-车通信技术还有利于深层次网络化运营，有利于城轨线路互联互通的实施。

2.3　轨交车-车通信技术的缺点和面临的技术挑战

车-车通信技术作为下一代列控技术的热点之一，自提出以来就引起了业界的广泛关注。但是作为一种新的技术和新的列控模式，和其他新技术一样，车-车通信技术也有其自身的不足和局限性，主要表现为以下几点。

（1）车载安全平台的架构变化大，对车载安全计算机的性能要求大幅度提高。由于车-车通信技术将原来的地面"ZC+联锁"子系统功能全部整合到车载子系统中，整个车载子系统的架构将发生很大变化。多个独立控制功能模块整合到车载安全计算机中，不可避免地加大了车载子系统的计算量和运行负荷，使新架构下的车载安全计算机成为一个多应用并发的系统[7]，对其实时性提出了很大的挑战，很可能使其不堪重负。有的研究人员提出了基于时间 Petri 网的算法，以解决这种多应用并发对实时性所造成的影响[7,9]。此外，原来的车载安全计算机因为功能单一且性能需求小，其性能远低于主流计算机，车-车通信架构下，对其性能要求的大幅度提高，很可能导致目前传统 CBTC 架构下的车载安全计算机的 CPU 性能无法满足要求，需要寻找更高性能和主频的 CPU。而更换高主频 CPU 也面临着高功耗和散热问题，而车载环境下的空间、振动等条件明显要比地面信号机房里恶劣很多，通过加装风扇的方式散热也变得困难。

（2）车-车通信技术使信号逻辑设计的理念发生根本改变，会导致目前既有的很多信号设计规则不适用。由于采用由列车控制道岔的设计思路，且引入了列车之间竞争道岔资源的观念，由列车进行自主移动授权的计算，从而不再把信号机作为基本设备，同时，由信号机衍生出的虚拟概念"进路"也不再保留，转而以"安全路径"来代替[8]，因此，车-车通信系统将致力于解决区段和道岔的资源竞争，在保证行车安全的同时提高列车在道岔处的通过效率。这一系列的变化使得既有信号逻辑设计的规则设计需要进行大的改变，而现有的信号逻辑的重新设计会带来大的迁移成本。

（3）车-车通信技术由于将列控主体由地面转入车载，使得车载子系统除面临计算量的大幅度增加以外，还面临着无线通信量的大幅度增加，包括与 ATS、轨旁 OC 及邻车 CC 之间的信息交互。在正常模式下，列车之间不再有有线通信，无线通信承载所有的信息交互，这必然对无线通信提出了更高的要求，包括无线通信信道质量和带宽的要求，也包括无线网络平台的要求。由于列车处于运动中，其周围环境在不断变化，若处于公共频段中，则受到无线干扰的可能性更大，这些因素也使其无线通信的质量与轨旁设备相比会更差一些。为解决这些问题，除了采用基于 1.8 GHz 专用频段的 LTE-M 无线通信网络外[2]，还可以考虑采用安全通信协议，以及进一步采用加密算法来提高无线传输的信息安全。

（4）车-车通信系统在降级模式下的列车安全运行问题。车-车通信系统在正常模式下主要依靠车载行车，车载子系统承担了运算的主体。一旦车载子系统发生故障，甚至在极端情况下整个无线通信网络故障导致线路上运营的所有车辆均无法进行无线通信，此时整个线路将转入降级运营模式，由于轨旁只有 OC 目标控制器，需要通过 ATS 与 OC 通信的方式，实现线路的运营调度，以及指挥 OC 进行控制道岔操作的相关动作。在降级模式下，如何顺利实现由车载控制重新转回轨旁控制的模式切换，并且确保此过程的运营安全，也需要认真研究，在信号逻辑设计上也需要做大量的工作[8]。此外，由于在正常模式下 OC 执行的功能相对简单，假如按正常模式的运算需求来进行 OC 的设备选型和设计，则在降级模式下，OC 的处理能力可能会成为整个线路运行控制的瓶颈。

以上车-车通信技术的种种不足，需要相关的技术人员在持续的科研攻关中不断加以克服和改进，并最终使其日渐成熟，而不应该成为否定该项技术的理由。相信经过业内科研同行们的不断努力，我们终将会使该项技术得到不断改进，变得越来越好。

3 结语

到目前为止，轨道交通领域的车-车通信技术问世的时间并不长，仍在持续发展过程中。它的出现，也是在这一代列控系统，包括 CBTC 列控系统和更先进的全自动无人驾驶系统发展到一定程度并且逐渐显现出种种弊端后，轨交信号的科研人员针对列控系统的整体架构提出根本性改变的一种新思路。再从大的智能交通的角度看，其也与 5G 通信技术的快速发展、汽车领域的车-车通信及无人驾驶技术的不断推进遥相呼应。以下针对车-车通信及其相关技术的未来发展提一些个人的浅见。

（1）车-车通信技术并不是列控技术继续往前发展的目标，更不是终点，只是列控系统为了实现更精简的架构、降低设备成本、提高运能和运输效率而采取的手段。因此，车-车通信技术继续发展的目标应该是在保证运营安全的前提下，进一步精简系统架构、降本增效。但在这个过程中，必须要考虑到从现有 CBTC 向车-车通信系统迁移和过渡的成本，包括软硬件升级的成本及信号设计变更的成本。为避免另起炉灶、推倒重来所造成的迁移成本过高，应尽可能地考虑车-车通信系统与既有 CBTC 系统的兼容性，可以考虑中间形态的过渡方案。例如，适当地加强轨旁 OC 控制器功能，加强在降级模式下的后备功能，有的研究人员提出由车载单元和智能 OC 共同组成"核心控制节点"（设备网元）的概念[10]，不强求所有的功能均由车载实现，可以灵活地在车载和轨旁设备中分配计算工作。此外，为了解决在降级模式下的 OC 控制功能较弱的问题，还可以考虑在中心控制室内部署单独的安全计算机平台，承担后备模式下的联锁逻辑运算，并且以有线网络通信的方式实现对整个线路中的 OC 设备的远程控制。

（2）车-车通信技术的性能瓶颈是承担核心运算功能的车载子系统安全计算机。为解决车载安全计算机的计算瓶颈问题，同时兼顾考虑其低功耗、无风扇和散热的需求，在硬件选型时，采用 ARM 架构的高性能、低功耗 CPU 是其中一个选项。此外，在未来引入高带宽、低时延的 5G 无线通信时，还可以进一步考虑采用云计算平台，直接将部分车载运算功能在轨旁的云平台上实现，再通过 5G 通信传回车载子系统，这种方案可以彻底解决车载子系统运算能力的瓶颈。在云平台的架构下，多个车载 CPU 的计算操作完全可以集中在同一套安全计算机上完成，通过虚拟化技术实现计算资源的隔离。云平台的运算能力的提升和扩展将不再受限于单个 CPU 的运算处理性能。在云平台的架构下，主要的核心运算处理操作将由线路上运行的车载和轨旁设备转入云端计算机，对车载和轨旁硬件板卡的性能需求将大幅度降低。系统设计的核心和主体将集中在云计算平台上（见图 3）。

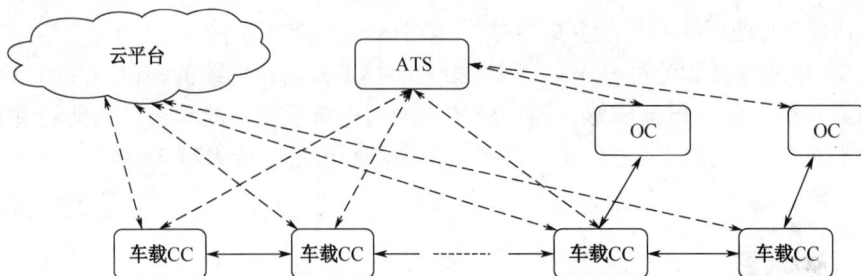

图 3　基于云平台的车-车通信系统架构

（3）一些与车-车通信技术相关联的周边技术和过渡技术也需要跟踪和关注。这些技术包括自主化列车控制技术（在列车上配备雷达、相机、惯性测量单元）（2018 年北京城轨展上泰雷兹展台曾展示）、辅助追踪防撞预警技术 TCAS（2018 年北京城轨展上交控科技展台曾展示）、用于列车追踪预警的列车无线测距技术[11]、D2D 通信技术[12]、多传感器融合技术、卫星定位技术等。这些技术均是通过增强车载的感知能力来加强车载子系统的主动控制能力的。尽管其目标和定位多数仍为既有 CBTC 系统的补充和辅助，但从大的分类上，也可以看作列控系统从地面控车为主转向车载控制为主的过渡形态。车-车通信技术也完全有必要借鉴这些技术的思路，甚至将相关的技术融合到既有的车-车通信技术中，通过扩展车载系统信息感知和获取途径来补充目前的车-车通信方案中的无线通信质量受限和易受干扰的短板，使得将来的车-车通信技术能够充分融合现有的多种传感、通信新技术等的优势，相互取长补短，实现车-车通信技术的优化升级和更新换代。

参 考 文 献

[1]　吴书学. 阿尔斯通精简 CBTC 技术在法国城市 Lille 第一次投入商业运营[J]. 铁道通信信号工程技术，2013，10（5）：107-108.

[2]　罗情平，吴昊，陈丽君. 基于车-车通信的列车自主运行系统研究[J]. 城市轨道交通研究，2018（7）：46-49.

[3]　靳东明，李博. 基于车-车通信的列车运行控制系统中的移动授权计算分析[J]. 电脑知识与技术：学术交流 2018（1）：259-263.

[4]　崔俊锋，刘岭. 虚拟耦合在系统应用的关键技术需求研究[J]铁路通信信号工程技术，2019，16（10）：1-5.

[5]　吴昊. 采用列车自主运行技术提升城市轨道交通网络化运营能力[J]. 城市轨道交通研究，2018（5）：40-42.

[6]　徐纪康，贾森，许琰. 基于车车通信的新型 CBTC 系统中的道岔控制功能研究[J]. 铁路通信信号工程技术，2017，14（3）：47-49.

[7]　高莺，曹源，孙永奎等. 面向车车通信的安全计算机时间约束性分析验证[J]. 通信学报，2018，39（12）：82-90.

[8] 杜恒，孙军国，张强，陈军．基于地面无联锁及区域控制器的新一代 CBTC 系统方案[J] 都市快轨交通，2017，30（4）：91-95.

[9] 王鹏，李开成，刘雨．车车通信技术在系统中的应用研究[J]. 铁道通信信号，2016，52（7）：62-65,70

[10] 杜建新.城市轨道交通车车通信信号系统的控制思想[J].城市轨道交通研究,2016,B（08）：21-23.

[11] 邓奇．基于车车通信的地铁列车应急追踪预警方法研究[J]．城市轨道交通研究，2017（8）：278-279，277

[12] 陈耀华，贾鸿．D2D 技术应用于地铁控制系统中的方案研究[J]．城市轨道交通研究，2018（8）：12-14.

面向机非混行环境下的自动驾驶汽车测试场景构建方法研究[①]

严慈磊　应朝阳　孙巍　范志翔

（公安部交通管理科学研究所，无锡 214151）

【摘要】基于交通事故卷宗、交通事故视频信息数据，研究了机非混行环境下典型交通事故形态，构建了面向机非混行环境下的自动驾驶汽车测试场景，旨在为我国较为特殊的机非混行环境下的自动驾驶汽车的测试场景及测试评价方法提供参考。本文首先分析了自动驾驶测试场景的构建需求，建立交通事故数据筛选标准，得到 133 项可用于构建自动驾驶汽车测试场景的机动车与非机动车交通事故数据集；其次基于《中华人民共和国道路交通安全法》行驶要求，对 133 例交通事故的发生地点、车辆行为、道路类型、环境光线等方面进行解构分析；最后通过聚类分析，建立了 5 类典型的自动驾驶测试场景模型，并分析了不同场景模型的关键要素，为实际道路测试提供理论指导。

【关键词】机非混行；数据集；解构分析；聚类分析；测试场景模型

Research on the Construction Method of Intelligent Connected Vehicle Test Scenario in Machine-to-Miscellaneous Environment

Yan Cilei　Ying Chaoyang　Sun Wei　Fan Zhixiang

(Traffic Management Research Institute of the Ministry of Public Security 214151, China;)

Abstract: Based on traffic accident dossiers and traffic accident video information data, the typical traffic accident patterns under non-mixed traffic environment are studied, and a test scenario for autonomous vehicles under the non-mixed traffic environment is con-

① 国家重点研发计划资助项目（2018YFB0105102）

structed, providing a reference for test scenarios and test evaluation methods of autonomous vehicles in non-mixed environment. This article first analyzes the requirements for the construction of autonomous driving test scenarios, establishes traffic accident data screening criteria, and obtains 133 data sets of motor vehicle and non-motor vehicle traffic accidents that can be used to construct autonomous vehicle test scenarios; According to the driving requirements of the Safety Law, deconstruction analysis was performed on 133 cases of traffic accidents, vehicle behavior, road types, ambient light, etc. Finally, five typical autopilot test scene models were established through cluster analysis and the key elements of different scene models were analyzed, providing theoretical guidance for actual road testing.

Keywords: Non-mixed Traffic Environment, Data Set, Deconstruction Analysis, Cluster Analysis, Test Scene Model

基于航迹的飞机减噪离场飞行程序识别方法

唐鹏[1] 程颖[2]

（1. 中国民用航空深圳空中交通管理站，深圳 518101；

2. 中国商用飞机有限责任公司 客户培训部，上海 200126）

【摘要】本文研究了基于航迹的飞机是否执行减噪离场飞行程序的智能识别方法。针对目前国内大多数繁忙机场对飞机是否执行减噪离场飞行程序缺乏有效监管手段的问题，本文从空管的角度出发，结合飞机的性能和典型的减噪离场飞行程序，提出了一种利用空管雷达综合航迹对飞机是否执行减噪离场飞行程序进行智能识别的方法。实验结果表明，该方法能够有效识别飞机是否执行减噪离场飞行程序。

【关键词】智能识别；减噪离场飞行程序；航迹；航空器；最小二乘法

Identification Method of Aircraft Implements the Departure Noise Abatement Procedure Base on Trajectory

Tang Peng[1]　Cheng Ying[2]

（1. Shenzhen Air Traffic Management Station of CAAC, Shenzhen 518101;

2. Customer Training Department, Commercial Aircraft Corporation of China Ltd, Shanghai 200126）

Abstract: This paper studies the intelligent identification method of whether or not the aircraft implements the departure noise abatement procedure base on trajectory. Aiming at the problem that most busy domestic airports currently lack effective supervision on whether aircraft implements departure noise abatement procedure, from the perspective of air traffic control, this paper proposes a method for combining aircraft performance and typical departure noise abatement procedure which uses the integrated air traffic control radar trajectory. The test results show that the method can effectively identify whether the aircraft is performing departure noise abatement procedure.

Keywords: Intelligent Identification; Departure Noise Abatement Procedure; Trajectory; Aircraft; Least Square Method

1 引言

近年来，随着经济社会的发展，国内对民航运输的需求日益增长。但伴随着航班量的快速增长，飞机飞行时产生的噪声问题也备受关注，其中，由于飞机起飞时推力大、离地面近，因此，此时的飞机噪声最为严重。为了减少飞机噪声的影响，很多国外和国内机场都根据国际民航组织（International Civil Aviation Organization，ICAO）的建议设计了减噪飞行程序。

然而，目前国内外仅对减噪飞行程序本身的合理性进行了研究[1-5]，但对飞机是否执行了减噪飞行程序却鲜有研究。因此，本文根据飞行的性能和典型减噪离场飞行程序，在分析空管综合雷达航迹特点的基础上，首先利用最小二乘法对航迹高度进行分段直线拟合，再根据分段直线的斜率和对应航迹段中速度信息来智能识别飞机是否执行了减噪离场飞行程序。

2 典型减噪离场飞行程序与航空器性能模型

2.1 典型离场减噪飞行程序

在确保飞机运行安全的情况下，为尽量减少飞机在起飞爬升过程中对地面造成的噪声污染，ICAO 根据不同机场实际运行条件和飞机不同性能制定了两种安全的减噪离场飞行程序给各国作为参考，即减噪离场飞行程序 1（Noise Abatement Procedure 1，NADP1）和减噪离场飞行程序 2（NADP2）[6]，其中，NADP1 用于减少离机场较近的噪声敏感区的噪声，NADP2 用于减少离机场较远的噪声敏感区的噪声，两者的不同之处在于开始加速和收襟翼/缝翼的阶段不同。

在中国，大部分机场均采用类似 NADP1 的减噪离场飞行程序，如图 1 所示。

根据图 1 可知：从跑道到离地高度 450 m，保持起飞推力、起飞襟翼和起始爬升速度 V2+20 km/h（10 kt）（V2 为飞机安全起飞速度），此时飞机保持较大爬升率爬升。

在离地高度 450 m，减少推力至爬升推力，保持速度 V2+20 km/h（10 kt），保持原有襟翼/缝翼和速度继续爬升，此时由于推力减小，飞机的爬升率降低。

在离地高度 900 m 及以上，增加到正常航路爬升速度，按规定收襟翼/缝翼。

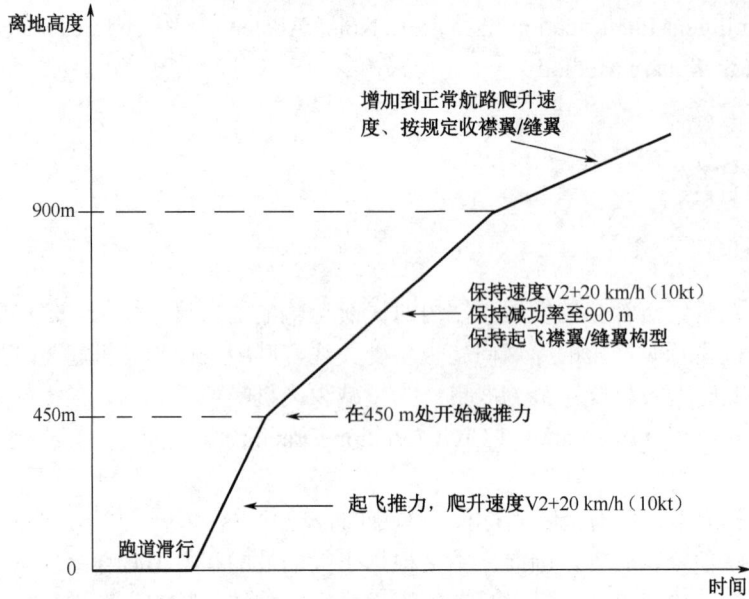

图 1　典型减噪离场飞行程序

2.2　飞机性能模型

根据文献[7]，飞机全推力模型如式（1）所示。

$$(T - D)v = mg\frac{\mathrm{d}h}{\mathrm{d}t} + mv\frac{\mathrm{d}v}{\mathrm{d}t} \tag{1}$$

式中，T 为推力，D 为阻力，v 为速度，m 为飞机质量，g 为重力加速度，h 为高度，t 为时间。

由文献[7]可知，对于飞机推力 T、速度 v 和爬升下降率 $\dfrac{\mathrm{d}h}{\mathrm{d}t}$，已知其中任意两者便可求得第三者。

根据图1，对于离地高度 450~900 m 的高度区间，在保持飞机速度不变时，若减小推力，则飞机的爬升率会随之降低。因此，若飞机满足在 $[h_0, 900)$m，$h_0 \in [450, 900)$m 的高度区间中高度的变化率小于 $(0, h_0)$m，在 $[h_0, 900)$m，$h_0 \in [450, 900)$m 的高度区间中的速度基本保持不变，即可判断飞机在离场过程中执行了减噪飞行程序，反之，则没有执行。

3　航迹处理与智能识别方法设计

3.1　航迹高度值的分段直线拟合

为自适应检测识别出离场飞机航迹高度值的梯度变化规律，本文采用最小二乘法对航迹高度值进行分段直线拟合。

设某段航迹高度值的最小二乘拟合直线方程为

$$h = at + b \tag{2}$$

根据最小二乘法原理，有

$$\begin{bmatrix} \sum\limits_{i=1}^{N} t_i^2 & \sum\limits_{i=1}^{N} t_i \\ \sum\limits_{i=1}^{N} t_i & N \end{bmatrix} \begin{bmatrix} a \\ b \end{bmatrix} = \begin{bmatrix} \sum\limits_{i=1}^{N} t_i h_i \\ \sum\limits_{i=1}^{N} h_i \end{bmatrix} \tag{3}$$

在式（3）中，N 表示参与拟合的数据点数。由于式（3）的系数矩阵为对称正定矩阵，故 a、b 存在唯一解[8]，即

$$\begin{cases} a = \dfrac{N\sum\limits_{i=1}^{N} t_i h_i - \sum\limits_{i=1}^{N} t_i \sum\limits_{i=1}^{N} h_i}{N\sum\limits_{i=1}^{N} t_i^2 - \left[\sum\limits_{i=1}^{N} t_i\right]^2} \\ b = \dfrac{\sum\limits_{i=1}^{N} t_i^2 \sum\limits_{i=1}^{N} h_i - \sum\limits_{i=1}^{N} t_i \sum\limits_{i=1}^{N} t_i h_i}{N\sum\limits_{i=1}^{N} t_i^2 - \left[\sum\limits_{i=1}^{N} t_i\right]^2} \end{cases} \tag{4}$$

从物理意义上来讲，最小二乘法即为寻找与给定数值的距离的平方和最小的拟合直线 $f(t)$。在给定误差值下，航迹高度值拟合直线分段的算法如下。

步骤 1：设定拟合直线斜率（爬升下降率）的初始阈值为 γ。

步骤 2：按时间顺序读取 2 个高度值进行直线拟合，确定初始拟合直线。

步骤 3：按时间顺序增加 1 个高度值，与之前的高度值一起拟合出新的直线。当新直线斜率大于 γ 时，则停止该段直线拟合，进入下一段直线拟合；反之，则继续增加高度值参与拟合，直至数据处理完成。

步骤 4：根据拟合直线，计算拟合总误差，若总误差超过给定误差值，则减小 γ，继续重新计算，直至总误差满足要求。

3.2 智能识别方法原理

智能识别飞机是否执行减噪离场飞行程序流程图如图 2 所示，包括设定最小二乘法拟合误差值、提取离场航迹数据、对高度数据进行最小二乘法分段直线拟合、结合速度信息综合分析、判断结论输出等部分。

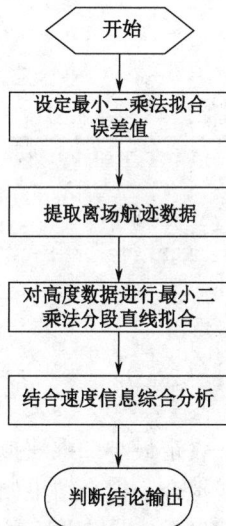

图 2 智能识别飞机是否执行
减噪离场飞行程序流程图

4　实例分析

本文以深圳机场为例，该机场的减噪离场飞行程序如图 1 所示。从空管多雷达自动化系统保存的综合航迹数据库中提取离场航迹数据，某航班航迹数据中高度信息和速度信息分别如图 3 和图 4 所示。

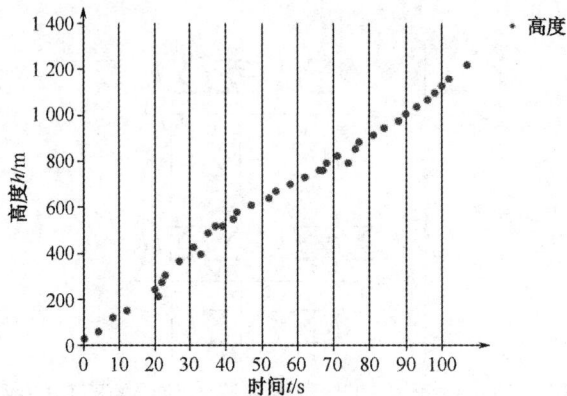

图 3　高度信息

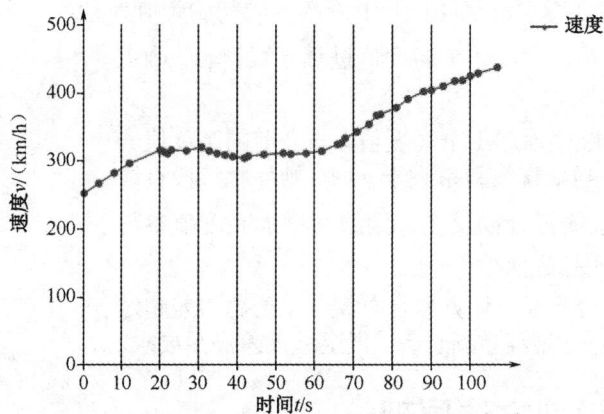

图 4　速度信息

设定最小二乘法拟合误差为 5 m，斜率初始阈值 10，对高度信息进行最小二乘法分段直线拟合，拟合结果如图 5 所示。

以 0.1 为步进长度，在斜率阈值为 9.4 时，分段拟合直线的总误差满足要求。根据图 5，航迹在 0～42 s 内，飞机以较大爬升率爬升（平均 15.7 m/s）；在 43～81 s 内，飞机的爬升率减小（平均 7.3 m/s）；从 81 s 开始，飞机逐渐提高爬升率（平均 12.1 m/s）。结合速度信息，综合分析结果如表 1 所示。

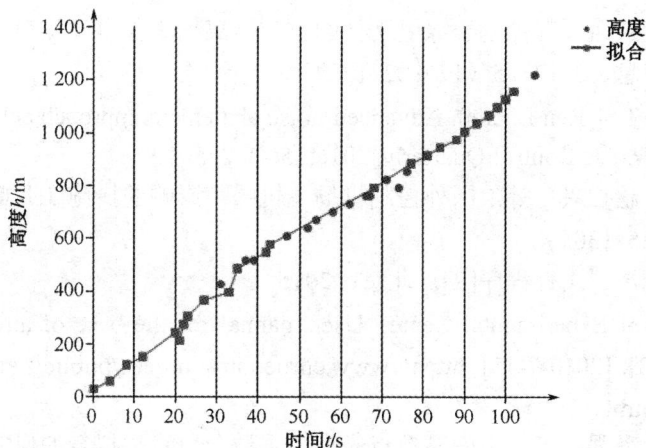

图 5　拟合结果

表 1　综合分析结果

飞行时间/s	飞行高度/m	平均爬升率/（m/s）	速度
0～42	0～548.64	15.7	逐渐增大
43～81	548.64～914.4	7.3	基本保持平稳
81～	914.4～	12.1	逐渐增大

根据表 1 可以推断，该航班在高度为 548.64～914.4 m 时，执行了减噪离场飞行程序，在保持推力减小时，由于速度基本保持稳定，飞机的爬升率减小。

5　结语

本文结合飞机的性能和典型的减噪离场飞行程序，提出了一种利用空管雷达综合航迹对飞机是否执行减噪离场飞行程序进行智能识别的方法。利用最小二乘法对航迹高度进行分段直线拟合，结合速度信息，自适应找到飞机执行减噪离场飞行程序的高度区间，以判断飞机离场是否满足减噪离场飞行程序。实验结果表明，该方法能够有效识别出飞机是否执行减噪离场飞行程序。

参 考 文 献

[1]　张召悦，王超，等. 基于航迹分段的飞行程序噪声评估方法[J]. 科学技术与工程，2014，3（14）：116-120.

[2]　王超，王飞. 离场航迹降噪优化设计的多目标智能方法. 西南交通大学学报[J]，2013，1（48）：147-153.

[3]　胡荣，徐跃凤，等. 基于绿色飞行的航空器离场累积事件噪声控制研究[J]. 交通运输系统工程与信息，2017，5（17）：221-227.

[4]　Reynolds T G, Ren L, et al. Advanced noise abatement approach activities at a regional UK airport[J]. Air Traffic Control Quarterly, 2016,15(4): 275-298.

[5]　尹建坤，赵仁兴，等. 国外控制机场飞机噪声影响的措施[J]. 噪声与振动控制，2015，34（2）：126-130.

[6]　中国民航局. 飞行程序[R]. 北京：2015.

[7]　Eurocontrol Experimental Center. User manual for the base of aircraft data (BADA) revision 3.8[OL/DB]. [2010-7-15]. https://www.eurocontrol.int/eec/public/standard_page /DOC_Report_2010_009.html.

[8]　韩庆瑶，肖强，等. 空间离散点最小二乘法分段直线拟合的研究[J]. 工业仪表与自动化装置，2012，4：107-109.

我国道路交通技术监控设备质量检测分析研究[①]

丁频一　刘铭豪　柳春艳　刘云峰

（公安部交通管理科学研究所，无锡 214151）

【摘要】我国对道路交通技术监控设备已经建立了一套比较完善的质量管理体系，质量检测是其中的一个重要环节。本文介绍了 2015—2019 年典型道路交通技术监控设备质量检测的基本情况，简要分析了受检监控设备的技术特点，结果表明，技术变革与标准更新对监控设备的质量提升有着显著的引导作用，使得产品集成度更高，行业集聚度更强。同时也发现了设备功能性能与质量管理模式等方面的问题，针对性地提出了解决建议，旨在提升我国监控设备质量水平，规范行业质量监管体系。

【关键词】道路交通技术监控设备；执法取证；检测；质量管理

Analysis and Research on Quality Testing of Road Traffic Monitoring and Controlling Equipment in China

Ding Pinyi　Liu Minghao　Liu Chunyan　Liu Yunfeng

（Traffic Management Research Institute of the Ministry of Public Security, Wuxi 214151, China）

Abstract: A relatively complete quality management system for road traffic monitoring and controlling equipment has established in china, and quality testing is an important part of it. This paper briefly introduces the basic situation of the quality testing of typical road traffic monitoring and controlling equipments from 2015 to 2019, briefly analyzes the technical characteristics of the tested equipments.

The result shows that technological change and standard updating play a significant

---

① **基金项目**：公安理论及软科学研究计划课题"新时代下公安交通管理执法规范化建设装备要求及管理体系研究"（项目编号：2018LLYJGAJT043）

role in improving the quality of road traffic monitoring and controlling equipment, which makes the product integration better and the industry concentration stronger.At the same time, this paper also finds the problems in the function and performance ,as well as quality management system of the equipment, then put forward corresponding solutions, aimed at improving the quality level of road traffic monitoring and controlling equipment in China and standardizing the quality supervision system of the industry.

Keywords: Road Traffic Monitoring and Controlling Equipment; Law Enforcement Forensics; Testing; Quality Management

1　引言

交通技术监控设备是我国《道路交通安全法》确定的，可用于道路交通违法行为取证的执法装备，其质量情况直接影响对道路交通违法行为取证的准确性和有效性。《道路交通安全违法行为处理程序规定》（公安部令第 105 号）第十五条规定：交通技术监控设备应当符合国家标准或者行业标准，并经国家有关部门认定、检定合格后，方可用于收集违法行为证据。总体上看，我国对交通技术监控设备已经建立了一套比较完善的质量管理体系，包括准入管理、验收管理、计量管理和监督管理，从法律法规到部门规章都有严格、详细、周密的管理规定[1]。地方质量监督管理机构主要承担执法装备的计量、定型等质量管理工作，公安部门质量监督机构主要承担执法装备的质量监督、行业抽查、项目验收等工作。监控设备质量检测作为其质量管理中的一个重要环节，应得到充分重视，分析质量现状，探寻优化方式。

2　交通技术监控设备质量检测情况

20 世纪 90 年代，我国开始研发交通技术监控设备，并在北京、上海、深圳等地试点推广，对驾驶人交通违法行为实行电子取证与非现场处罚。多年来，道路车辆智能监测记录系统、机动车闯红灯自动记录系统、机动车测速仪、机动车区间测速系统、违法停车自动记录系统、人行横道道路交通安全违法行为监测记录系统等交通技术监控设备陆续投入执法取证应用。这其中，前 3 类设备在所有监控设备接受检测的数量中约占 2/3，因此，下文以这 3 类典型设备为代表，介绍我国监控设备的质量检测情况。

2.1　道路车辆智能监测记录系统检测情况

道路车辆智能监测记录系统，俗称卡口系统，是一种采用雷达、线圈、视频等先进的光电检测技术对受监控路面的车辆信息进行自动采集和处理的设备，并通过相机抓拍车辆图片。目前执行的行业标准为《道路车辆智能监测记录系统通用技术条件》（GA/T 497—2016）。据统计，2015 年至 2019 年卡口系统检测基本情况如表 1 所示。其两个关键参数：车辆检测方式与相机像素，可以有效反映卡口系统的技术质量水平。

在卡口系统标准于 2017 年 1 月实施后，车辆检测方式方面，采用低成本的线圈检测方式设备占比逐年减少，而准确率更高、效果更好的组合检测成为近年卡口系统采用的主流检测方式。相机像素方面，200 万以下像素的标清相机逐步被淘汰，500 万以上像素的高清相机成为主流，近年来更是出现了 900 万像素的超高清相机，意味着记录图片更清晰，监控车道更多，号牌识别效果更好。这反映了行业标准更新对监控设备行业技术水平提升有着明显的引导作用，使得其功能越来越完善，性能越来越优越，质量越来越有保证。卡口系统检测情况见图 1。

表 1　卡口系统检测情况

年份	检测型号数	车辆检测方式				相机像素			
		线圈	雷达	视频	组合式	200 万以下	200 万~500 万	500 万~800 万	800 万以上
2015	128	30	7	85	6	27	64	37	0
2016	97	16	16	37	28	22	45	30	0
2017	98	1	2	37	58	5	40	48	5
2018	60	3	1	30	26	0	20	22	18
2019	47	0	0	13	34	1	18	15	13

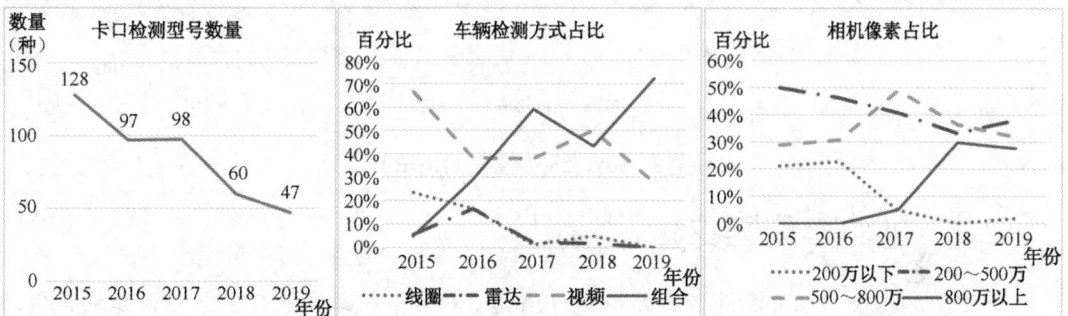

图 1　卡口系统检测情况

2.2　机动车闯红灯系统检测情况

机动车闯红灯自动记录系统，简称闯红灯系统，是一种不间断地监测和记录信号灯控制路口"机动车闯红灯"违法行为，并对具有此行为的车辆以图片形式记录、存储、传输的执法装备，是我国最早推广使用的交通技术监控系统之一，也是遏止机动车闯红灯违法行为导致交通事故发生的重要手段。目前执行的行业标准为《闯红灯自动记录系统通用技术条件》（GA/T 496—2014）。据统计，2015 年至 2019 年闯红灯系统检测基本情况如表 2 所示。其两个关键参数：车辆检测方式与监测车道数，可以有效反映出闯红灯系统的技术质量水平。

在闯红灯系统标准于 2014 年发布实施后，初期送检型号数量较多，然而，经过 5 年的发展，到 2019 年，送检型号数量下降了 76.5%，而且只有两家企业的产品为首次送检，其余均为连续多年送检企业的产品，说明了监控设备行业在逐渐变得成熟与稳定。在车辆检测方式方面，新标准下的闯红灯系统主要采用检测效果更好、功能更完善的视频检测方式，或组合另一种辅助检测方式增强稳定性。在监测车道数方面，监控 1、2 车道的设备份额逐渐减少，监控 4 车道的设备显著增多，这反映了近年来监控设备配合道路建设的大力发展，性能不断增强，集成程度不断提升。闯红灯系统委托检测情况见图 2。

表 2　闯红灯系统委托检测情况

年份	检测型号数	车辆检测方式			监测车道数			
		线圈	视频	组合式	1 车道	2 车道	3 车道	4 车道
2015	132	1	107	24	1	24	97	10
2016	44	0	33	11	0	7	34	3
2017	69	0	53	16	0	14	40	15
2018	33	0	26	7	2	4	12	15
2019	31	0	25	6	8	10	13	

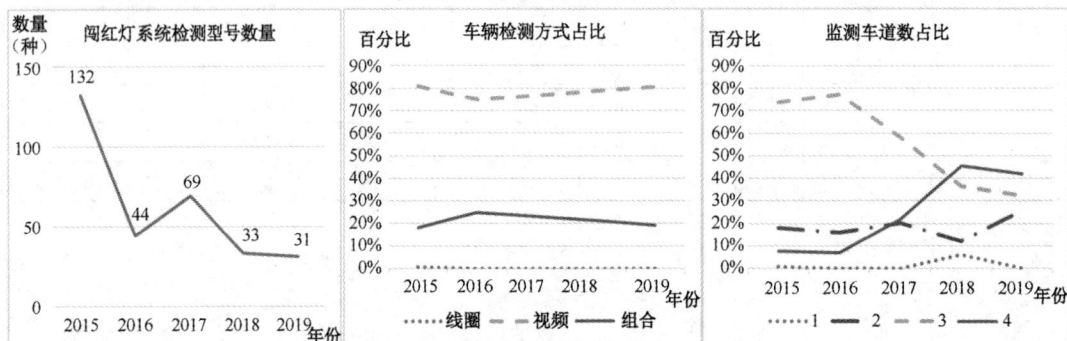

图 2　闯红灯系统委托检测情况

2.3　机动车测速仪检测情况

　　机动车测速仪，简称测速仪，是测定在道路上行驶的机动车速度的装置，是遏止机动车超速违法行为的重要手段。按照其功能可分为利用雷达、激光原理测速的单一功能测速仪和利用雷达、激光、线圈感应、视频分析等原理测速同时采集处理图像的复合功能测速仪。目前，执行标准为国家标准《机动车测速仪》（GB/T 21255—2007）。据统计，2015 年至 2019 年，受检的测速仪大部分为包括摄像机的复合功能测速仪，其检测基本情况如表 3 所示。其检测数量与相机像素的变化趋势与其他两种典型监控设备是一致的，只是由于其标准发布时间较早，且多年未有更新，变化程度比较平稳。测速仪检测情况见图 3。

表 3　测速仪检测情况

年份	检测型号数	相机像素		
		200 万以下	200 万～500 万	500 万以上
2015	64	23	22	19
2016	67	19	31	17

续表

年份	检测型号数	相机像素		
		200 万以下	200 万~500 万	500 万以上
2017	62	15	30	17
2018	49	10	19	20
2019	45	8	16	22

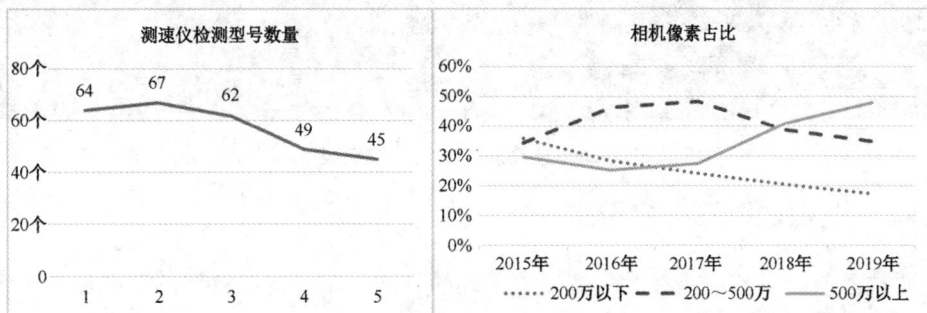

图 3　测速仪检测情况

通过以上 3 种典型设备的检测情况可以看出，针对监控设备的质量检测提高了行业的集聚度与规范性，促进了集团化、规模化效应的出现，淘汰了一部分市场竞争力差的产品和企业。同时，相关标准的更新对这一过程也有着至关重要的推动作用，标准修订周期短的，更能够反映与推动行业的发展和进步。

3　交通技术监控设备质量检测中的问题

随着交通技术监控设备标准化体系和质量监管体系的不断建立与完善，监控设备的整体质量不断提高。然而，在对监控设备的检测中发现，仍存在以下几个方面的问题。

3.1　设备功能与性能问题

监控设备的标准对其功能与性能作出明确的规定，然而仍有一部分产品的有关检测项目不符合标准要求，如果这些产品流入市场，势必影响执法的公正与效率，这些问题主要体现在以下几点。

3.1.1　取证图像不符合要求

图像记录功能是交通技术监控设备的基本功能，得到的取证图像作为最关键的执法证据，其规范性直接影响了执法的严谨性与公正性。《道路交通安全违法行为图像取证技术规范》（GA/T 832—2014）对交通技术监控设备的取证图像作出技术要求。然而某些质量不达标的监控设备抓拍的图像清晰度低，规范性差，无法在依据图像进行执法时令被执法者心服口服。例如，GA/T 832-2014 的 3.6.1 项要求："叠加在每幅图片上的信息至少包括违法时间、违法地点、违法代码、违法行为、图像取证设备编号、防伪信息等内容"。如图 4 所示为某监控设备记录的图片，其上没有叠加任何文字与编号信息，无法证明违法行为发生的时间与地点，也就无法依此进行执法。

图 4　未叠加信息的监控记录

3.1.2　识别功能不符合要求

交通技术监控设备应能对大量被抓拍车辆的号牌、车型、车身颜色等进行快速准确的自动识别，这是电子取证相比于人工取证的优势所在。尤其是号牌识别，是定位道路交通违法者的关键。然而在检测中发现，某些数字或字母经常出现识别错误，互相混淆的情况，如 B 与 8、Z 与 2、S 与 5、7 与 1 等，如图 5 所示。另外，由于机动车违法停车自动记录系统取证时，相机与车辆位置关系不固定，距离较远或角度偏大，其标准 GA/T 1426-2017 要求测试时车辆号牌正投影中心与系统图像采集单元正投影中心间的连线与号牌平面法向的夹角应不小于 70°[3]，部分设备在此情况下无法正确识别号牌，如图 6 所示。车辆信息的错误识别会造成执法对象错误，有可能令遵纪守法的驾驶人承担不属于自己的法律责任。即使人工审核时发现并修正，也徒增了人力消耗，降低了执法效率。

图 5　车牌号码识别错误的监控记录　　　　图 6　违法停车无法识别车牌号码的监控记录

3.1.3　捕获率与捕获有效率不符合要求

交通技术监控设备是对违法行为进行电子取证的执法装备，其捕获违反道路交通安全相关法律法规行为证据的能力必须提高到一定程度，才足以替代人工现场执法取证，充分体现"有法可依、有法必依、执法必严、违法必究"的法律精神。因此，监控设备的相关标准几乎都对其捕获率及捕获（记录）有效率两个关键性能指标作出要求，如表 4 所示。通常来说，捕获率的计算方法为设备捕捉到的违法行为数量除以实际发生的违法行为数量；

捕获有效率的计算方法为 1 减去捕捉到的记录中受自然、人为因素影响无法有效证明违法行为的记录数量除以所有捕捉到的违法行为记录数量。通常这两个参数越高，表明设备性能越强，质量越好。如果捕获率、捕获有效率等性能不符合标准要求，说明监控设备无法有效地对道路交通违法行为进行取证。捕获率过低会导致放过大量违法行为，失去部署监控设备的意义，降低执法力度；捕获有效率过低会导致记录中产生了大量类似图 7 的无用信息，加大后台审核工作量，浪费执法资源。

表 4　几种典型监控设备标准要求的捕获率及捕获有效率

标准名称	标准编号	捕获率	捕获有效率
机动车测速仪	GB/T 21255—2019	不小于 90%	不小于 90%
闯红灯自动记录系统通用技术条件	GA/T 496—2014	不小于 90%	不小于 80%
机动车违法停车自动记录系统通用技术条件	GA/T 1426—2017	不小于 80%	不小于 80%
人行横道道路交通安全违法行为监测记录系统通用技术条件	GA/T 1244—2015	不小于 85%	不小于 80%

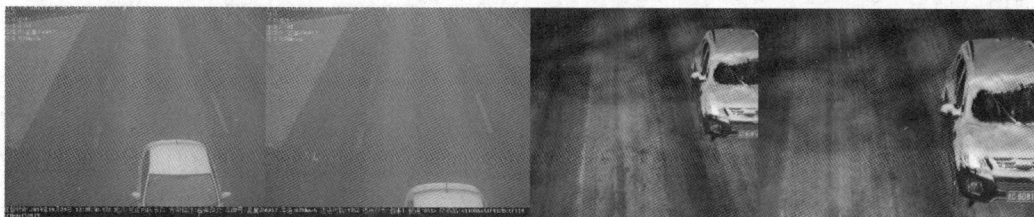

图 7　无效捕获图片

3.1.4　电气安全与电磁抗扰度性能不符合要求

交通技术监控设备大多使用 220 V 交流电工作，其电气安全性能对使用者的人身安全有至关重要的影响，其机柜部署在室外，也易受静电、雷电等电磁干扰影响。因此，监控设备的相关标准对其电源电压适应性、绝缘、耐压、接触电阻、接地性能等电气安全性能及静电放电抗扰度、电快速瞬变脉冲群抗扰度、浪涌抗扰度、电压短时中断抗扰度等电磁抗扰度性能作出规定。在实际检测中发现，部分监控设备机箱设计不规范，管线敷设杂乱，电气部件不符合要求，在进行耐压试验时出现了击穿现象，对使用者造成了极大的人身安全隐患。部分监控设备电磁抗扰度较差，在进行静电放电或浪涌测试时停止工作且无法及时恢复，如果这种设备投入使用，势必造成执法效率低下及运维工作的不必要增加。

3.1.5　环境适应性不符合要求

交通技术监控设备大多部署在室外公路、道路附近，有些设备长时间暴露在工作条件比较恶劣的环境之下。监控设备的相关标准对高温、低温、湿热、雨淋、粉尘、盐雾等气候环境适应性及可能产生的振动、冲击等机械环境适应性都作出规定。在实际检测中发现，部分监控设备没有考虑到在恶劣环境下工作的情况，使用了质量较差的机箱或内部部件，在进行环境适应性测试时无法维持正常工作。假如这种设备在东北严寒地区或南方湿热地区投入使用，其寿命周期将会明显缩短，无法满足长期工作的要求，是对公共资源的极大浪费。

3.2　质量管理模式问题

随着国家质量管理要求的进一步提高，监控设备检测反映出的问题不只停留在产品本身，其质量监督管理环节也存在着一些不足，无法真实地反映出产品的质量，影响了质量监督管理的权威性和公正性。

3.2.1　产品型式检验并未全面开展

从近几年的情况看，监控设备的质量检测模式主要还是以自愿性的委托检测为主。尽管我国监控设备在其相关标准中都有关于型式检验的明确要求，然而监控设备未被纳入 3C 强制认证目录，除了机动车测速仪按我国《计量法》规定必须申办计量器具型式批准外，其他监控设备都没有通过法律法规或规章制度要求进行强制性型式检验。很多企业考虑到成本因素，在新型监控设备定型之后并没有经过型式检验就投入了生产，其质量一致性保证存在盲区。

3.2.2　行业监督力度有待加强

2001 年公安部科技信息化局印发《社会公共安全产品质量行业监督抽查项目管理办法》，规定每年对社会公共安全产品组织一次行业抽查。监控设备行业监督抽查主要集中在闯红灯系统、卡口、测速仪这 3 种典型设备，频次不够多，对于人行横道道路交通安全违法行为监测记录系统、机动车违法停车自动记录系统、行人闯红灯自动记录系统等新型监控设备的行业抽查更是明显不足。在行业抽查结果公布后，对检测不合格的企业和产品未能形成足够的警示与威慑。

4　交通技术监控设备质量检测发展建议

针对上述问题，为进一步提升监控设备质量水平，规范质量检测管理，促进行业健康发展，本文提出了改善交通技术监控设备质量检测工作的几点建议。

4.1　充分发挥产品标准引领作用

自 2004 年公安部发布首个交通技术监控标准《闯红灯自动记录系统通用技术条件》（GA/T 496-2004）以来，我国已发布了 10 余项交通技术监控设备的国家和行业标准，对其功能、性能、执法、维护、设置等作出要求，在保障公安交通管理方面发挥着极大的作用。只有严格按照标准生产合格的产品，才能在市场中占据一席之地。同时，高质量的产品必须有高标准支撑，及时修订完善老标准、制定新标准，以标准创新驱动行业创新，有利于不断提升产品性能，持续推动行业技术进步。

4.2 应用新技术提升产品质量

新技术的应用是行业进步不可或缺的动力源泉，近年来，星光级相机、4G 通信、人脸识别、大数据分析等新技术被广泛应用于交通技术监控设备中，丰富了设备的功能，增强了设备的性能，降低了应用的成本，对执法的质量和效率都有了极大的提升。同时，在质量检测工作中，需要做到对新技术、新方法充分了解，如实反映质量情况，认可其优点，发现其不足。

4.3 引导行业重视型式检验

以监控设备的市场需求为导向，鼓励行业协会推动企业开展型式检验，帮助企业更好地把握产品质量，控制不符合标准要求的产品流向市场。同时，在推行放、管、服形势下，建议型式检验机构适当降低型式检验的检验测试费用，降低企业特别是中小型企业的型式检验费用，减轻企业负担，令企业将更多的资金用于产品的研发和生产，增强其主动开展型式检验的意愿。

4.4 加大行业监督力度

随着越来越多的新型监控设备被应用到执法一线，建议行业抽查项目立项时在兼顾传统监控设备的同时也适当考虑新型监控设备，加大行业抽查频次，扩大抽查企业覆盖面；同时联合质量监督管理部门、行业协会等单位，对行业抽查不合格企业加大处罚力度。这对于监督执法长远发展有深远的意义，同时也有利于鼓励行业技术创新。

5 结语

为更好地助力交通强国、质量强国战略，道路交通技术监控设备作为当前非现场执法有力的管控装备，其质量水平直接影响着道路交通管控成效。为此，质量检测对于促进道路交通技术监控设备质量的作用不容小觑。提升监控设备技术水平，加强行业质量监督力度，有利于推动行业健康发展，提升公安执法能力，保障道路交通安全。

参 考 文 献

[1] 孙巍,吴昌成,张昊.公安交通技术监控设备标准化体系及质量监管体系研究[J].中国标准化，2017（20）：74-76.

[2] GA/T 832-2014，道路交通安全违法行为图像取证技术规范[S].

[3] GA/T 1426-2017，机动车违法停车自动记录系统通用技术条件[S].

我国城市交通执法装备的建设与发展趋势探究①

王正成　陈益博　董葵　陈希韬

（公安部交通管理科学研究所，无锡 214151）

【摘要】随着城市进程的加快，各地投入了大量的人力和资金建设城市道路执法装备，用于解决城市交通拥堵和驾驶人交通违法等问题，城市交通安全和交通文明意识比过去明显提高，但随着机动保有量的不断增长，驾驶人交通违法行为依然时有发生。为进一步推进我国城市道路执法装备建设，本文根据国内城市道路执法装备建设的现状，并结合城市交通执法装备建设中发现的典型问题，分析了当前城市道路执法装备建设存在问题的原因，并提出未来城市道路执法装备将进一步向安全、畅通、文明、服务等方向发展的趋势。

【关键词】装备建设；城市交通；执法装备；城市文明

Research on the Construction and Development Trend of Urban Traffic Law Enforcement Equipment in China

Wang Zhengcheng　Chen Yibo　Dongkui　Chen Xitao

（Traffic Management Science Research Institute of the Ministry of Public Security, WuXi 214151, China）

Abstract: In order to promote the construction of Urban Road law enforcement equipment and improve the quality of urban road traffic, this paper expounds the current situation of the construction of Urban Road law enforcement equipment in China, analyzes the causes of formation and solutions based on the typical problems found in the construction of urban traffic law enforcement equipment, discusses the new construction

① 基金项目：公安理论及软科学研究计划课题 "新时代下公安交通管理执法规范化建设装备要求及管理体系研究"（项目编号:2018LLYJGAJT043）

trend based on development, and promotes the construction of Urban Road law enforcement equipment to further face safety and smoothness Communication, civilization and service.

Keywords: Equipment Construction; Urban Traffic; Law Enforcement Equipment; Urban Civilization

1　引言

随着城市道路规模的不断扩张，各地投入了大量的人力和资金解决城市道路交通拥堵和交通执法管理问题，驾驶人交通安全意识和交通守法意识比过去明显转好，但城市机动车违法停车、驾驶人开车打电话、非机动车逆行、行人闯红灯等违法行为依然时有发生。为进一步提高城市交通文明和交通安全，须进一步加强城市道路执法装备建设和应用。

2　城市道路执法装备建设

2.1　机动车

目前，城市机动车违法行为主要是闯红灯、不按规定让行、违法停车、超速、开车接打电话、超限超载、无证驾驶、遮挡污损号牌、酒驾醉驾、假牌套牌等，使用的执法装备主要有以下几种。

2.1.1　机动车闯红灯自动记录系统执法装备

闯红灯自动记录系统是我国目前城市道路建设数量最多的非现场执法装备，几乎所有的交通信号控制路口或路段都安装了闯红灯自动记录系统，在遏制机动车闯红灯违法行为及机动车逆行、不按规定车道行驶等违法行为方面发挥了积极作用。

2.1.2　机动车不按规定礼让行人执法装备

我国《道路交通安全法》规定机动车遇路段有行人通过时应礼让行人，但机动车不礼让行人违法时有发生，给路段通行的行人带来了严重的交通安全隐患。2018 年公安部交通管理局下发《关于进一步加强机动车不礼让斑马线治理工作的指导意见》指导全国各地治理机动车不礼让斑马线违法行为。机动车不按规定礼让行人执法装备适合建设在无信号灯控制路段，适用于学校、企业、车站、商场等人流量密集区域周边无交通信号控制系统的路段，道路上施划的人行横道线应满足《GB 5768.3 道路交通标志和标线第 3 部分：道路交通标线》的相关规定。

2.1.3　机动车违法停车记录执法装备

随着城市机动车保有量增加，停车需求与停车位不足之间矛盾日益突出，特别是当社会停车场实行收费管理后，很多驾驶人为省事省钱，随意将机动车停在路侧，而道路是社会资源，违法停车对其他机动车通行会产生影响，而且会影响城市文明。为管理驾驶人路侧违法停车行为，各地通过机动车路侧违法停车自动记录系统对驾驶人违反停车规定进行了严格管理。对于城市地区，应在车站、机场、学校、医院、商场等重点区域及驾驶人停车违法易发路段，设置禁止停车标志、禁止停车标线等提醒驾驶人不要违法停车，同时安装固定式违法停车自动记录系统，必要时也可以通过移动式执法装备对违法停车取证处罚。

2.1.4　货车闯禁行规定执法装备

货车，特别是大货车，车身长、体积大、质量重，是交通事故易发、多发的重点车辆，但城市加油站、菜场、车辆4S店、商场、超市等单位的能源货源也需要货车源源不断地运入城市内部，为预防货车交通事故，同时满足城市生产生活需求，各城市通常对货车实行分时段、分路段通行管理，但有些货车驾驶员违反规定通行，给城市私家车通行带来了严重影响。货车闯禁行执法装备应设置在货车禁行区域的入口处或禁行区域内，车辆进入时根据其车型及进入时间判断是否是货车，如果是货车，再判断其是否在禁行时间段内进入。

2.1.5　机动车超速行驶执法监控装备

超速行驶是机动车重点违法行为，城市快速路及城市主干路通常都实行限速管理，并设置了机动车测速仪，对超速行驶的机动车测速取证。但近些年，机动车测速仪由于没有设置规范，有些地方出现了乱设置和不规范设置等问题，引发了许多执法矛盾。2019年公安部交通管理局部署全国机动车测速仪执法规范化建设，许多不规范测速点被取消。GB/T 21255标准已经被发布实施，进一步提高了机动车测速仪功能性能，同时从测速提示、限速标志等方面规范了城市快速路上机动车测速仪的设置和取证工作。

2.1.6　机动车驾驶人开车打电话执法装备

《道路交通安全法实施条例》明确规定驾驶机动车不得有拨打接听手持电话、观看手机等妨碍安全驾驶的行为。美国一项研究表明，开车打电话会使驾驶人视野变得狭窄，不能有效收集道路通行信息，经常错过交通信号、看不到公告栏和其他指示标志，驾驶人注意力下降20%。城市快速路上机动车车速快，驾驶人开车打电话容易发生交通事故，因此有必要严管驾驶人开车打电话违法行为。执法装备主要是交通技术监控摄像机，采集的是机动车前部全貌特征，也可依托安装的道路车辆智能监测记录系统，但需要升级相关功能，执法装备的安装点为快速路路段。

2.1.7　机动车驾驶人不系安全带执法装备

安全带又称为生命带，是汽车的一种对驾驶人及乘客的被动保护装置，有时候甚至能救命。如果车辆发生正面碰撞，系好安全带可以减少死亡率高达57%左右，而发生侧面碰撞的时候，可以减少死亡率44%左右，如果是翻车时，可以减少死亡率80%左右。但很多驾驶人侥幸心理作祟，经常不系安全带开车。城市快速路上，机动车车速快，驾驶人不系安全带开车，驾驶人开车安全性更低。因此，有必要对驾驶人不系安全带违法行为执法取证，提高城市快速路驾驶人系安全带安全开车意识。

2.2　电动自行车

我国很多省份，特别是山东、江苏、浙江等省，电动自行车保有量大，电动自行车违法多，事故多发，每年有很多人因电动自行车事故而死亡，因此，严管电动自行车驾驶人违法行为成了各省事故预防的重要措施。而电动自行车使用范围广、驾驶人安全意识薄弱，加之缺少先进的管控装备，使电动自行车驾驶人违法行为执法成为难点。目前，针对电动自行车驾驶人违法行为执法管理装备，可以借鉴上海的相关应用，即使用 RFID 技术在电动自行车安装电子标识、在道路上安装 RFID 读取设备，通过 RFID 技术判定驾驶人违法行为，并同时确定电动自行车身份，再处罚驾驶人。建设方面，在执法装备技术可行的情况下，可以先从城市开始试点，特别是先从快递外卖行业开始，再推广到城市其他电动自行车。图1为我国部分城市通过 RFID 设备监控的电动自行车闯红灯违法行为。

图 1　我国部分城市通过 RFID 设备监控的电动自行车闯红灯违法行为

2.3　行人

行人闯红灯违法行为，过去很长时间内都是民警现场执法管理，但当民警不在场时，行人闯红灯违法行为亦复如初，因此难以管控。近些年，随着人脸识别技术的发展，部分城市开始尝试用交通技术监控摄像机采集闯红灯行人过程及面部特征，再通过人脸识别技术，对闯红灯行人身份进行曝光的执法装备，这种方式无疑在给闯红灯的行人施加了压力，提高了行人闯红灯的违法成本，对遏制行人闯红灯现象能起到有效作用。很多地方在曝光行人闯红灯行为后，市民闯红灯现象减少，因此不失为一种治理这种现象的妙招。图 2 为我国部分城市通过显示屏现场曝光的行人闯红灯违法行为。

图 2　我国部分城市通过显示屏现场曝光的行人闯红灯违法行为

3　城市道路执法装备建设典型问题与建议

3.1　不按规定礼让行人执法装备建设方面

不按规定礼让行人执法装备的初衷是保障行人过街安全，只有当行人和车辆互相礼让时才能避免人车相撞的事故。当前，一些路段安装了不按规定礼让行人执法装备，却引发了新的问题：行人在过马路时因为有了设备的保护而更加无所顾忌，甚至有些行人突然跑上斑马线，造成汽车的急刹、紧急避让。另外，有些行人无论车流多少都缓慢地走在路中央，甚至边走边玩手机，导致等待的车辆积压、造成拥堵。此外，在一些限速值较高的路段，由于设置了不按规定礼让行人执法装备，前方有车辆刹车礼让时，后车来不及反应导致追尾事故。针对上述问题，提出如下建议。

（1）在行人、非机动车事故多发地段，推动完善行人过街设施、机非隔离设施和机动车礼让行人提示设施。

（2）在不按规定礼让行人执法装备建设完成后，要及时通过媒体向公众宣传告知。在执法装备建设路段要提前设置醒目的标志，让路过的机动车有充分的刹车距离。图 3 为我国部分城市在人行横道前安装的机动车不按规定礼让行人记录和监控执法设备指示标志。

图 3　机动车不按规定礼让行人记录和监控执法设备指示标志

（3）针对行人不文明的问题，要加强普法建设，提示行人遵守交通规则，大力推动社会共治，增强秩序观念。

3.2　违法停车自动记录系统建设方面

目前，在城市的一些禁停路段，依然缺少违法停车自动记录系统，警力不足的情况下，依然难以管理到位，这种行为将造成城市道路的进一步拥堵。另外，在安装了违法停车自动记录系统的路段，如果同时有交警巡逻张贴罚单，则可能产生重复录入违法数据，导致重复处罚的问题。针对上述问题，提出如下改进建议。

（1）在警力不足的情况下，要加强力度管控机动车违反规定停放或临时停车行为、在允许临时停车路段上临时停车且驾驶人不在现场行为、违反禁停标志标线的行为，一方面要增加违停抓拍设备的建设数量；另一方面，在装备无法覆盖的情况下，可以通过推广"随手拍"的方式鼓励市民举报违停行为。

（2）针对重复录入违法数据的问题，可参考长沙交警的做法：通过引入大数据分析平台，主动排查发现疑似执法重复录入数据，并将结果推送至各勤务大队进行核查，经执法单位核查确认后，将重复数据撤销。对非现场执法数据，按时间顺序将违法时间靠后的数据撤销；对民警现场进行了处罚，又被电子监控抓拍的，撤销电子监控抓拍数据，即主动监管发现，主动撤销重复数据，不再需要当事人到交警部门申诉。

（3）针对市民停车难的问题，城市规划设计的相关部门也应该充分考虑市民的停车需求，加大力度建设车位，从源头上解决违停问题。图4为在机动车违法停车自动记录系统前安装的禁止停车禁令标志。

图4　机动车违法停车阻塞消防通道和禁止停车禁令标志

3.3　行人闯红灯自动记录系统建设方面

目前，一些尚未安装行人闯红灯自动记录系统的城市为了整治过马路乱象，在人流量较大的十字路口需要安排两个协管、一个交警，耗费大量警力。另外，安装了行人闯红灯自动记录系统的城市，通常系统可以在人口库中搜索到行人的身份信息，并通过在路口的大屏幕进行直接曝光。然而，由于相应执法规范的缺失，有些地方的曝光信息不仅包括行人的违法照片，同时还曝光了身份证照片、姓名、身份证号等个人信息，给闯红灯的行人造成了困扰，不仅侵害了公民的隐私，更不利于执法部门树立带头守法的威信。此外，还有一些地方利用其他特殊方式提示闯红灯的行人：当行人闯出路口，安装在电线杆立柱上的扬声器会发出响亮的刹车声，模仿汽车急刹；或是从立柱中的喷雾口喷出大量水汽。此情此景，都会让闯红灯的行人吓得停住脚步。这种方式效果虽好，但轻则弄湿衣物，重则受到惊吓，如果是遇到有心脏疾病的老人，会造成更大的人身安全隐患。针对上述问题，提出如下改进建议。

（1）在警力不足而行人闯红灯违法严重的区域，需要加大力度建设执法装备，震慑违法行为。同时，在有条件的区域，应推动完善行人过街设施，实现机非隔离。

（2）对于过度曝光市民信息的情况，应当出台相应的执法规范。对行人的姓名、身份证号、家庭住址的曝光要慎重推敲，不可不顾及被执法者的感受；约定合理的曝光时长，防止有行人的信息长期被曝光。

（3）建设时要因地制宜，考虑实际情况，在居民区密集的区域，不宜使用音量很大的语音提示设备。对于用特殊方式提示行人的情况，也要充分人性化，不应给过路市民造成惊吓。如果给当地市民造成了困扰，要及时听取群众意见，改用 LED 屏幕提示等方式，并使用符合相应行业标准的产品。

3.4　机动车测速仪建设方面

在一些城市快速路段，由于存在高架、匝道、弯道等多样化交通场景，相关部门会密集设置一些限速和测速装备。本是为了提高行车的安全性，限制驾驶人的安全车速，但是，限速值、测速值的频繁变化会导致驾驶人无法快速做出反应。例如，在学校、施工作业区、急弯陡坡、视距不良路段、交通事故多发路段的限速值与前后道路不一致，差值超过30km/h，也没有采取提前预告或逐级限速措施，造成"断崖式"限速，反而影响了快速路的安全出行。一些地方的测速仪建设完成以后，缺少定期维护，导致测速误差很大，如果继续用以执法，造成错判，会对执法部门的权威和公正性产生不良影响。此外，还有一些测速路段配套的限速标志、告知标志、减速设施等交通设施存在明显缺失、遮挡、污损；或者显示标牌存在规格和式样不规范、不统一，容易引发混乱。图 5 为我国部分城市安装的机动车限速标志被遮挡，造成驾驶人看不清限速标志而超速行驶。针对上述问题，借鉴山东省公安厅出台的《全面改进和规范公路限速及测速八条工作措施》，提出如下改进建议。

图 5　机动车超速记录和限速标志被遮挡导致驾驶人看不清楚

（1）完善测速路段提示标志。对于污损或有遮挡的限速标志，相关部门应及时调整，加强限速标志等交通设施日常维护，确保清晰、醒目、准确、完好。

（2）规范测速取证设备设置。将测速点设置在道路通行秩序较乱、交通事故较多或存在交通安全隐患的路段。出于安全考虑，对确需设置测速点的，同一道路同一方向交警部门设置的测速点间距不得过小。

（3）公开公示限速测速信息。利用多种媒体渠道，主动向社会公开公示道路限速值、测速路段及点位等信息，公布限速值及限速原因。加强交通违法信息告知力度，利用短信、手机 App 等渠道，及时告知提示交通违法信息。

（4）畅通社情民意沟通渠道。主动接受社会监督，在交警官方微信公众号等平台开通"交警警事听您说"专栏，集中受理群众对全省道路限速管理工作的各类咨询、投诉、建议，及时整理反馈社情民意。

4 城市道路执法装备建设发展趋势

4.1 安全发展趋势

道路千万条，安全第一条。对于城市道路交通安全管理来说，通过在道路上建设执法装备，严管驾驶人交通违法行为，对预防城市交通事故，提高城市道路交通安全有很大的帮助，这也是未来城市道路执法装备发展的首要任务。例如，继续在城市快速路上安装机动车测速仪，管理驾驶人超速违法，防止机动车驾驶人因超速行驶发生交通事故。再如，继续在城市道路交叉口上安装闯红灯自动记录系统，监管机动车驾驶人闯红灯违法行为，防止机动车驾驶人因闯红灯违法行为而发生交通事故。

4.2 保畅发展趋势

近些年来，城市机动车保有量和驾驶人数量快速增长，但道路资源有限，由此引发的交通拥堵现象在许多城市逐步显现，特别是早晚高峰出行时段在北、上、广、深等特大城市的情况更为严重。因此，相对交通安全来说，通过设置多车道提高道路资源利用效率、设置公交专用道提高公共出行效率、设置路侧停车位提高路侧资源利用效率等措施来疏堵保畅，未来将是很多城市解决交通拥堵的重点工作。但同时，在道路上建设的非法占用多车道、非法占用公交专用道及违法停车等监控设备，也是保障相关措施落实的关键。

4.3 文明发展趋势

从 20 世纪 90 年代国家鼓励个人购买机动车开始至今，我国机动化社会快速到来，社会群众在享受机动化出行所带来的便利和服务的同时，交通文明意识还相对落后，不文明交通行为时有发生，甚至因此而引发交通事故。因此，提高社会交通文明意识任重道远，而城市人口密集，文明意识提升是重中之重。从执法装备方面来说，应通过执法装备监控机动车违法鸣笛、不按规定使用远光灯、不礼让行人等违法行为，培养驾驶人良好驾驶习惯，构建文明和谐的交通环境；通过在路口建设预警及执法设备管理行人、非机动车闯红灯、逆行等违法行为，促进行人、非机动车交通文明守法意识的提高。

4.4　服务发展趋势

2015 年 5 月 12 日，国务院召开全国推进简政放权、放管，结合职能转变工作电视电话会议，首次提出了"放管服"改革的概念后，2018 年 9 月，公安部推行公安交管相关简捷快办、网上通办、就近可办等 20 项交通管理"放管服"改革新举措。未来，城市公安交通执法管理，除安全、畅通、文明外，提高公安机关交通管理部门的社会服务也将是新的发展趋势和发展重点。例如，未来通过发展巡逻机器人、无人机巡逻系统等新型装备提高城市交通管理服务水平；再如，发展人工智能、大数据分析等先进技术，进一步提高执法服务的质量。

5　结语

城市交通执法装备建设事关城市交通文明和城市交通安全的管理成效。本文根据我国城市交通执法装备的现状，对其在机动车不按规定礼让行人、违法停车、超速及行人闯红灯管理建设方面存在的问题进行了梳理，并提出了相关建议，同时对未来城市道路执法装备向安全、保畅、文明及服务方向的发展趋势进行展望，有利于推进城市道路交通违法行为管理，也有利于提高公安交管部门的执法规范化水平。但城市交通执法装备的建设还涉及很多方面，本文对执法装备的点位设置、工程施工及运行维护等方面的研究还不够，下一步还需结合《GA/T 1043 道路交通技术监控设备运行维护规范》及《GA/T 1047 道路交通信息监测记录设备设置规范》的修订及有关要求，进一步开展城市交通执法装备的研究与实践讨论。

参 考 文 献

[1]　中华人民共和国国务院. 中华人民共和国道路交通安全法实施条例[Z]，2004.
[2]　武夷山市公安局. 2020 年道路交通事故预防"减量控大"工作实施方案[Z]，2020.
[3]　王东. 北京市机动车驾乘人员安全带佩戴行为研究[D]. 北京：北京工业大学，2016.
[4]　全面提升城市交通出行安全水平，交警部门开展专项行动[N]. 太原日报，2020.
[5]　骆一歌. 119 条违章被重复录入长沙交警主动"查重"撤销[N]. 潇湘晨报，2019.
[6]　山东省公安厅. 全面改进和规范公路限速及测速八条工作措施[Z]. 2018.

信令数据驱动的医疗服务设施布局优化方法

——以昆山市为例

刘欢　陆振波　王祖光

（东南大学智能运输系统研究中心，南京 210018）

【摘要】城市医疗公共服务设施的空间布局均衡性是社会公平与平衡发展的重要体现。为了提高医疗资源的利用率，城市医疗服务设施通常会采取比较集中的布局方式，从而造成医疗服务的空间不均衡，产生医疗需求与可达性之间的矛盾。针对以上问题，本文以 LTE 网络下信令数据为核心数据源，挖掘城市居民就医出行规律。使用引入高斯函数的两步移动搜索模型对城市现状医疗设施可达性进行评价，在可达性评价结果的基础上进行空间局部自相关性分析，识别出医疗短缺区，通过聚类分析建立候选医疗服务设施点集。以优化医疗资源配置、提升城市整体公共服务水平为目标，通过构建最小化阻抗模型和最小化设施点模型对城市公共医疗服务设施进行空间布局优化。

【关键词】信令数据；可达性；局部自相关性；医疗设施空间布局优化

Optimization Method of Medical Service Facility Layout Driven by Mobile Signaling Data: A Case Study of Kunshan

Liu Huan　Lu Zhenbo　Wang Zuguang

（Southeast University ITS Research Center, Nanjing 210018, China）

Abstract: The spatial balance of urban medical public service facilities is an important embodiment of social equity and balanced development. In order to improve the utilization rate of medical resources, the urban medical service facilities usually adopt a relatively centralized layout, resulting in the imbalance of medical service space and the contradiction between medical demand and accessibility. In view of the above problems, this paper uses mobile signaling data under LTE network as the core data source to mine the travel rules of urban residents for medical treatment. By using the two-step mobile search model with Gauss function to evaluate the accessibility of the current medical facilities in the city, based on the results of the accessibility evaluation, the spatial local autocorrelation analysis is carried out to identify the medical shortage area, and the cluster analysis is used to establish a set of candidate medical service facilities. With the goal of optimizing the allocation of medical resources and improving the overall public service level of the city, the spatial layout of urban public medical service facilities is optimized by building a minimum impedance model and a minimum facility point model.

Keywords: mobile phone data; accessibility; LISA; optimization of spatial layout of medical facilities

基于手机信令数据的交通枢纽公交定制研究①

作者 王宇璐 陆振波 王祖光 丁达

王宇璐　陆振波　王祖光　丁达

（东南大学 智能运输系统研究中心，南京 210000）

【摘要】随着经济的增长和城市间人口流动的增加，城市交通枢纽周边的交通压力与日俱增。通过大数据分析技术有助于引导交通服务优化，保障枢纽周边人群的及时疏运。本文以大型交通枢纽为定制公交的研究对象，利用手机信令数据和基于密度的 DBSCAN 聚类算法进行定制公交合乘站点布局研究，得到面向特定枢纽的合乘需求站点。之后选取高峰时段的乘车需求，从乘客和企业两个方面着手，分别考虑乘客的时间成本和企业的收益，构建了时间成本最小、运输收益最大的定制公交线路模型，为选定时段内到达枢纽站的乘客出行定制公交方案。方案站点服务率与上座率较高，且非直线系数较小，能够保证定制公交的舒适性和直达性，较好地减少资源浪费，优化资源配置。

【关键词】手机信令数据；交通枢纽；定制公交；站点布局；线路规划

Research on Customized Bus of Transportation Hub Based on Mobile Phone Data

Wang Yulu　Lu Zhenbo　Wang Zuguang　Ding Da

（Southeast university ITS Research Center, Nanjing 210000, China）

Abstract: As the economy grows and the population movement between cities increases, the traffic pressure around urban transport hubs is increasing. The big data analysis technology helps to guide the optimization of transportation services and ensure the timely evacuation of people around the hub. This paper uses mobile phone data and density-based DBSCAN clustering algorithm to determine customized bus ride sharing sta-

① 基金项目：国家自然科学基金项目（6550141811）资助

tion layout and ride sharing demand stations for specific hub populations. Then the passenger demand during peak hours is selected, and the time cost of passengers and the benefits of enterprises are considered respectively. A customized bus route model with the least time cost and the largest transportation revenue is constructed, which is provided for passengers arriving at the hub within a selected time period. The stations service rate and attendance rate of the program are high, and the non-linear coefficient is small, which can ensure the comfort and directness of customized buses, better reduce waste of resources, and optimize resource allocation.

Keywords: Mobile Phone Data; Transportation Hub; Customized Bus; Route Planning; Stations Layout

1 引言

随着经济高速增长、城市规划扩大、土地高强度开发、交通机动化水平迅速提升，城市私人小汽车拥有量持续增加。城市交通拥堵现象持续存在，大力发展公共交通，优化居民出行结构成为缓解城市交通拥堵的重要手段之一。公共交通系统是任何一个城市不可缺少的重要交通工具。随着人们对城市交通可持续发展的认识深入，国内各大城市逐渐意识到发展以公共交通为核心的综合交通，才能有效地缓解交通压力，提高城市活力[1]。人们对于改善公共运输服务设施和工作效率的重视程度不断提高，针对公交系统分析模型的研究也相应成为了各个城市交通规划管理部门的关注重点。

作为一种国内新兴的公共交通服务方式，定制公交是一种通过网络预约合乘为具有类似出行特征和出行需求的目标人群"量身制定"的客运服务模式[2]，具有定点、定时、定人、定车的特点。目前，北京、天津、西安、青岛等城市的定制公交已经投入运营[3]。定制公交合乘站点的规划布局是系统运营规划中至关重要的一环，也是制定其他定制公交系统规划的基础。设置合理合乘站点不仅可以增强定制公交的吸引力，保证上座率，而且还能提高运营公司的经济效益，有利于系统长久的良性发展[4-5]。胡列格等针对乘客合乘站点布局优化问题，采用基于密度的局部离群点检测算法，有效剔除了预约请求中的"孤立点"，为定制公交合乘站点的选址与布局优化提供了新的思路[6]。孙峣等综合考虑乘客出行需求和车辆运营成本，建立了基于改进的 H-R 双边匹配算法的定制公交合乘优化模型，极大地提高了乘客满意度和公交服务水平[7]。为有效解决定制公交线路优化问题，众多学者纷纷采用多目标优化模型，从博弈论的角度综合考虑乘客出行效率和车辆运营成本构建定制公交优化模型，模型的求解普遍采用遗传算法、蚁群算法、模拟退火算法等[8-11]。

目前，大部分定制公交相关研究都是将乘客在相应网络平台上录入的出行信息（如出行起终点、出行时间等）作为出行需求数据[12]。由于不同年龄层的人群对网络的接受程度差异较大，而这种方法获取的数据样本偏向于中青年，因此，很难全面地反映整个社会的实际需求。在"互联网+交通"的时代格局下，手机信令数据以其较高的采样率、良好的时效性及丰富的内涵吸引了许多研究者的关注，并结合实际路网对其时空属性挖掘，为相关交通规划研究提供了良好的数据支撑[13,14]。

2　研究方法

2.1　定制公交站点布局研究

现阶段，许多定制公交线路和站点规划不尽合理，没有有效吸引到乘客，且难以保证定制公交的上座率。同时，定制公交作为一种高品质的公交服务，运营企业在对定制公交进行线路和站点规划时，要充分考虑乘客的出行需求情况，尽可能规划出符合大部分乘客出行时空特征分布的定制公交线路。

2.1.1　站点布局原则

（1）站点周边交通出行需求量大。从定制公交运营公司的运营成本角度考虑，只有当运营车辆的上座率达到一定标准才能保障运营公司利益，因此，在一段时间内，拟设置的合乘站点周边交通需求量应该相对较大。

（2）站点期望服务范围合理。考虑到乘客可接受的步行时间和距离，到达人口合乘下车站点与目的地的距离，以及出发人口出发地与合乘上车站点的距离都不宜过远。

（3）旨在弥补现有公交线网不足的问题。布设定制公交的目的在于覆盖现有路网中公交配置不足的区域，虽然有些区域出行需求量较大，但是周边已有完善的公交设施与交通枢纽站相连，为避免资源浪费，定制公交合乘站点应设置在现有公交到交通枢纽直通性较差的区域。

2.1.2　合乘站点选址算法

基于手机信令数据，将每个手机基站视为一个潜在定制公交合乘站点，结合基站分布特点，本文将运用基于密度的 DBSCAN 聚类算法进行定制公交合乘站点布局研究，研究思路如下。

1.　确定到发人口的 OD 分布

根据目标枢纽站的地理信息与运营商基站服务范围的关系，提取覆盖目标交通枢纽站服务范围的所有基站集及占用枢纽基站的用户的出行轨迹信息，并对用户的停驻点进行识别，将以昆山站为出行终点的人群定义为出发人口，以昆山站为出行起点的人群定义为到达人口。通过研究分析交通枢纽站到发人口的出行特性，运用规则判别法进行目标交通枢纽站到发人口识别，从而确定目标枢纽定制公交服务人群及在市内的 OD 分布。

2.　筛选出有定制公交出行需求的基站集

根据居民出行距离分布情况，考虑各出行方式的优势出行距离，丁剑通过研究分析得出各出行方式的优势运距[15]，其中，步行为 2 km 以内，自行车为 2～4 km，电动车为 4～9 km，公交车分担率峰值为 5～9 km，小汽车和轨道交通为 10 km 以上。结合交通枢纽到发人口的出行特征及手机信令基站覆盖范围综合考虑，将以交通枢纽基站为圆心，3 km 为辐射半径绘制出的区域以非机动车为主要出行方式。而且考虑到交通枢纽站周边的公交线网密度较大，因此拟不在此区域内设置定制公交站点。

3. 筛选出有定制公交必要的基站集

尽管很多区域都有定制公交出行的需求，但是根据上文指出的站点布局原则（3），定制公交的设计旨在弥补现有公交线网不足的问题，若其与现有公交线网重复率较高，不仅不利于常规公交的运营发展，而且还会造成资源浪费。因此，需要结合研究区域道路网基础设施水平及现有公交线网配置情况综合考虑。设置定制公交合乘站点必要的基站应具有以下特征：①现有公交线路直达性较差；②公交车站与 OD 点之间的总步行距离较长。

4. 初步确定可能合乘站点

根据目标交通枢纽站到发人口 OD 分布，结合上文指出的站点布局原则（1）和原则（2），可通过无监督的聚类分析算法聚合出可能合乘站点。由于难以直接确定出合乘站点数，而且存在较多噪声点，本文考虑运用基于密度的 DBSCAN 聚类算法聚合合乘站点。同时引入分步聚类的思想，对边缘区和中心区分别进行聚类，最后将得到的各聚类簇的重心点初步确定为可能合乘站点。

5. 结合路网确定可能合乘站点具体位置

从节约建设成本和一体化设计的角度考虑，结合研究区域现有公共交通基础设施建设情况，尽可能地将得到的可能合乘站点匹配到邻近的公交车站。如果可能合乘站点邻近的公交车站较远或者没有，则将其匹配到邻近的路段，然后根据公交车站设计的原则设计定制公交合乘站点。

2.2　定制公交线路研究

本文以大型交通枢纽为定制公交的研究对象，在通过手机数据确定潜在的合成需求点的基础上，分析面向枢纽的定制公交在开设和运营中的实际情况，从乘客和企业两个角度来构建效益最优模型，对模型构成及结构进行分析，设计构建遗传算法进行求解，得到最优线路规划方案。

2.2.1　模型构建

1. 基本假设

为简化模型复杂度及降低模型求解难度，在构建模型之前，提出下列假设：① 本模型针对市民面向大型交通枢纽的出行需求；② 每位乘客最多被一辆公交提供服务；③ 乘客在指定上车点上车，统一在枢纽站点下车；④ 车辆在每个上车点停靠时间为固定值。

2. 符号定义

m 为上车点个数；

h 为规划车辆数；

s_i^k 为第 k 辆车的第 i 个上车点编号，$i \in [1, m]$；

SJ 为上车区域停靠站点集合，$sj \in SJ$ 为上车区域停靠站点编号；

$\chi_{s_i^k r^k}$ 为第 k 辆车从第 i 个上车点上车去往下车点的乘客数；

$\tau(l_{s_i^k r^k})$ 为票价函数；

χ^k 为第 k 辆车的行驶距离；

$\chi_{s_i^k s_{i+1}^k}$ 为第 k 辆车在从第 i 个上车点到第 $i+1$ 个上车点的行驶距离；

r^k 为第 k 辆车的下车点；

$\chi_{s_m^k r^k}$ 为第 k 辆车从第 m 个上车点到下车点的距离；

$d_{s_1^k r^k}$ 为第 k 辆车从第一个上车点到下车点的直线距离；

C_k^q 为第 k 辆车所选车型 q 的座位数（三种车型，座位数分别为 18，30，40）；

v_{bus} 为定制公交行驶速度；

c_p 为单位时间价值；

t 为定制公交站点固定停靠时长；

c_1^q 为车型 q 定制公交的固定成本；

c_2^q 为车型 q 定制公交的单位距离油耗成本；

λ_1 为非直线系数；

λ_2 为开通定制公交的最小上座率；

λ_3 为线路允许的最大停靠站数目；

$N_{\max}$ 为最大投入车辆数；

θ^q 为 0-1 变量，当选定车型 q 为 1 或 2 或 3 时，其值为 1，否则为 0；

ψ_{sj}^k 为 0-1 变量，当第 k 辆车经过上车区域停靠点 sj 时，取值为 1，否则为 0。

3．目标函数及约束条件
目标函数为：

$$\min Z_1 = c_p \left(\sum_{k=1}^{h} \left(\sum_{i=1}^{m} \varphi_{s_i^k r^k} \left\{ \frac{\sum_{\alpha=i}^{m-1} \chi_{s_\alpha^k s_{\alpha+1}^k} + \chi_{s_m^k r^k}}{v_{\text{bus}}} + (m-i)\ t \right\} \right) \right) \tag{1}$$

$$\max Z_2 = \sum_{k=1}^{h}\sum_{i=1}^{m} \tau(\chi_{s_i^k r^k})\varphi_{s_i^k r^k} - \sum_{q=1,2,3} c_1^q \sum_{k=1}^{h}\theta^q - \sum_{q=1,2,3} c_2^q \sum_{k=1}^{h}\theta^q \chi^k \tag{2}$$

其中：

$$\tau(l_{s_i^k r^k}) = \begin{cases} a, & \chi_{s_i^k r^k} \leqslant 5 \\ a + b * \left[\dfrac{l_{s_i^k r^k} - 5}{5} \right]^+, & \chi_{s_i^k r^k} > 5 \end{cases} \tag{3}$$

约束条件为：

$$\sum_{i=1}^{m-1} \chi_{s_i^k s_{i+1}^k} + \chi_{s_m^k r^k} \leqslant \lambda_1 d_{s_1^k r^k} \tag{4}$$

$$\lambda_2 \leqslant \frac{\sum_{i=1}^{m} \varphi_{s_i^k r^k}}{C_k^q} \leqslant 1 \forall k \tag{5}$$

$$\sum_{sj \in SJ} \psi_{sj}^k \leqslant \lambda_3\ \forall k \tag{6}$$

$$h \leqslant N_{\max} \tag{7}$$

$$\theta^q \in \{0,1\} \tag{8}$$

$$\psi_{sj}^k \in \{0,1\} \tag{9}$$

目标函数（1）目的是使总出行时间成本最小，其由两部分组成，第一部分是在车时间成本，在车时间由上车点到下车点间乘车距离除以车速而得，在车时间与单位时间成本相乘得到在车时间成本；第二部分是车辆停靠时间成本，车辆停靠时间由乘客上车之后停靠站点数乘以单位站点停靠时间决定，车辆停靠时间乘以单位时间成本得到车辆停靠成本。目标函数（2）目的是使企业收益最大，其由三部分构成，第一部分为票务收入，为从乘客处收取的与乘车距离相关的乘车费用；第二部分为固定成本，因公交公司提供不同车型的公交车辆而产生；第三部分为变动成本，由车辆线路距离与单位距离变动成本相乘得到。公式（3）为票价函数，当乘客乘车距离小于等于 5 km 时，票价为 a，当乘客乘车距离大于 5 km 时，乘车距离每多 5 km（向上取整），票价上涨 b 元。约束条件（4）为非直线系数约束，为满足公交线路的直达性而设立，要求线路总长度不超过起点与终点间直接距离的 λ_1 倍。约束条件（5）为上座率约束，要求提供服务的每辆车在满足上座率在 $[\lambda_2,1]$ 范围内时，公交公司才考虑开设此条线路。约束条件（6）为节点数约束，要求每辆车的停靠节点数小于 λ_3。约束（7）为最大车辆数约束，限制提供服务的最大车辆数为 $N_{\max}$。约束条件（8）表示 θ^q 为 0-1 变量，当选定车型 q 为 1 或 2 或 3 时，其值为 1，否则为 0。约束条件（9）表示 ψ_{sj}^k 为 0-1 变量，当第 k 辆车经过上车区域停靠点 sj 时，取值为 1，否则为 0。

2.2.2　算法设计及实现流程

本文利用遗传算法（EGA）进行求解。模型中的决策变量为车辆数、车辆型号及停靠点编号。本文采用的实数编码设计中，在进行编码时，对车辆数目、车辆型号、停靠点编号设置范围和上下边界。在初始种群中，随机生成若干辆车，每辆车随机生成对应停靠点。之后判断生成线路是否满足非直线系数、上座率、最大停靠站点数目等约束条件，若不满足则重新开始产生。以此方法，随机产生若干条路径，依次组合成一个个体。

3　案例研究

3.1　定制公交站点规划

本文通过中国移动通信公司获取昆山市某日的手机信令数据，将昆山站作为所研究的目标交通枢纽站，以其中 1 月 23 日的数据为例，具体合乘站点布局设计过程如下。

3.1.1　到发人口识别

首先，将基站集坐标投影到地图上，结合昆山站的地理位置确定其所对应的基站集。如图 1 所示，图中圆点即为投影到地图上的基站，根据基站的定位精度，确定基站 A 为昆山站对应基站。

图 1　昆山站周边基站分布图

　　然后，通过对手机信令数据预处理，获取出行者昆山站的到达时间、离开时间、逗留时长及在昆山站前后逗留点信息，并运用规则判别法进行到发人口及其枢纽出行的 OD 点识别。最终识别出出发人口 7 166 人，到达人口 2 188 人。绘制出的出发人口的出发地及到达人口的目的地的分布热力图分别如图 2 和图 3 所示。

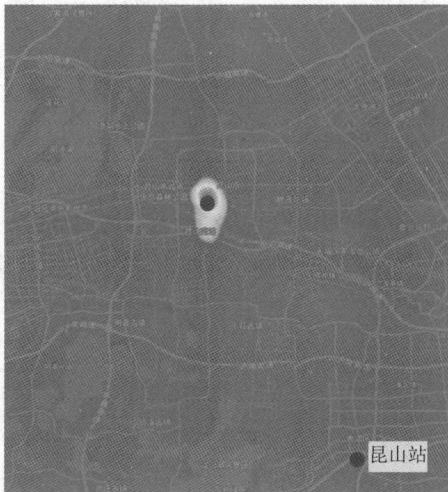

图 2　出发人口的出发地分布热力图

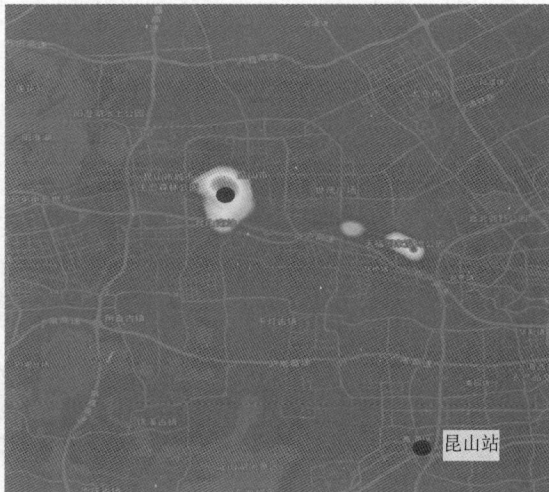

图 3　到达人口的目的地分布热力图

3.1.2　筛选有乘车需求的基站

　　以昆山站为圆心，3 km 为辐射半径，标定昆山站的非机动车直达区域，经过筛选处理，通过计算得到的各基站定制公交需求量，其中到达人口为 4 050 人，出发人口为 1 242 人，绘制的出发到达人口乘车需求分布热力图分别如图 4 和图 5 所示。

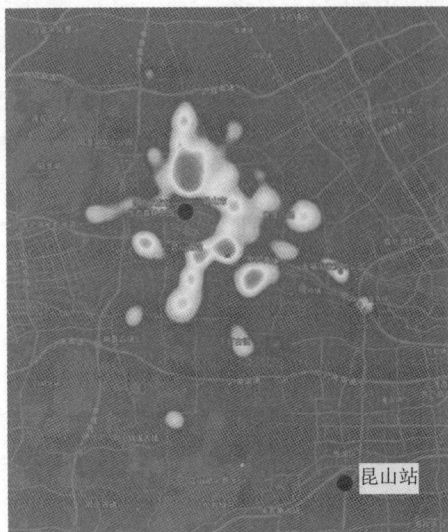

图4　乘车需求分布热力图（出发人口）　　　　图5　乘车需求分布热力图（到达人口）

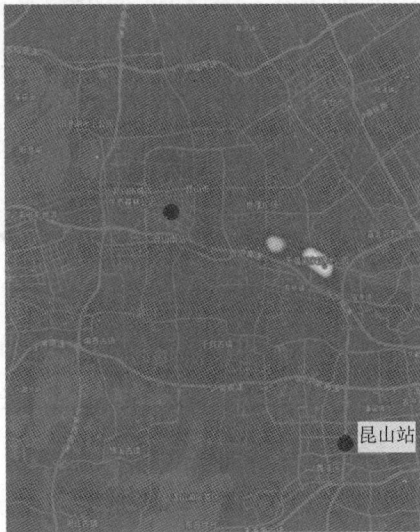

3.1.3　筛选有布设定制公交必要的基站

经过对有乘车需求的基站分别进行公交车与步行行距比及公交车与小汽车行时比计算，得出出发人口和到达人口的公交车与步行行距比均值分别为 1.32 和 1.28，出发人口和到达人口的公交车与小汽车行时比均值分别为 2.13 和 2.41，绘制的行距比和行时比折线图分别如图 6 和图 7 所示。

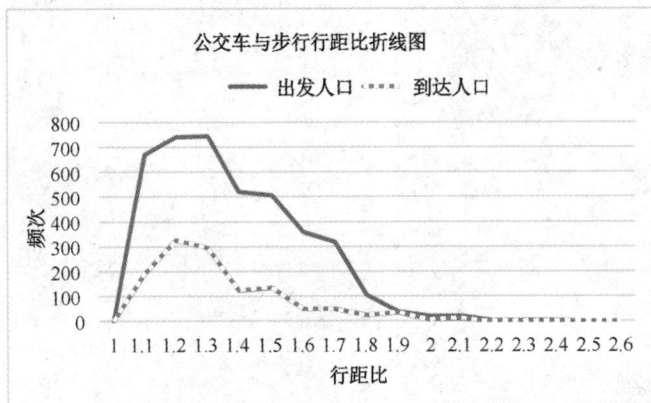

图6　公交车与步行的行距比折线图

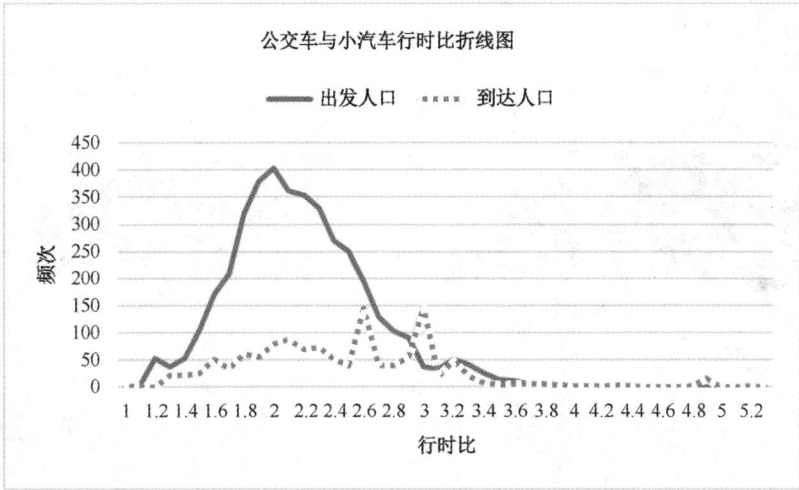

图7　公交车与私家车的行时比折线图

除到达人口的行时比，其他到发人口的行距比和行时比分布近似呈现偏态分布，因此，将行时比和行距比大于平均值的基站作为有布设定制公交站点必要的基站。经筛选，其中到达人口 1 159 人，出发人口 269 人，绘制的有布设必要的基站分布热力图（出发人口）和有布设必要的基站分布热力图（到达人口）如图8 和图9 所示。

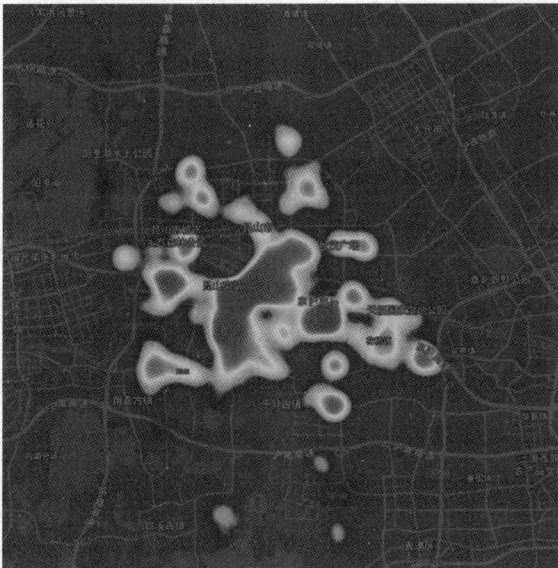

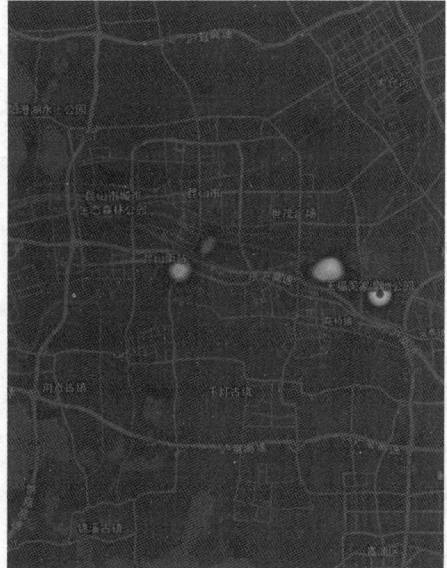

图8　有布设必要的基站分布热力图（出发人口）　　图9　有布设必要的基站分布热力图（到达人口）

3.1.4　DBSCAN 聚类

针对筛选出来的基站及乘车需求量，运用 DBSCAN 聚类算法对其进行空间聚合，通过对参数的调试，最终确定邻域半径 ε 取 0.006，最小核心对象数 MinPts 取 20，二次聚类邻域半径 ε 取 0.003，最小核心对象数 MinPts 取 30。出发人口聚合出 30 个可能合乘站点，到达人口聚合出 12 个可能合乘站点。聚类结果分别如图 10 和图 11 所示。

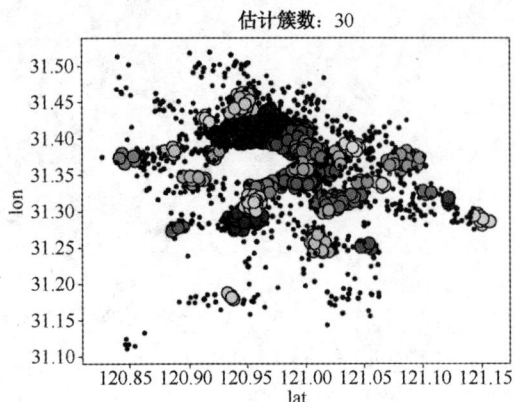

估计簇数: 30

估计簇数: 12

图 10　DBSCAN 聚类结果（出发人口）　　　　　图 11　DBSCAN 聚类结果（到达人口）

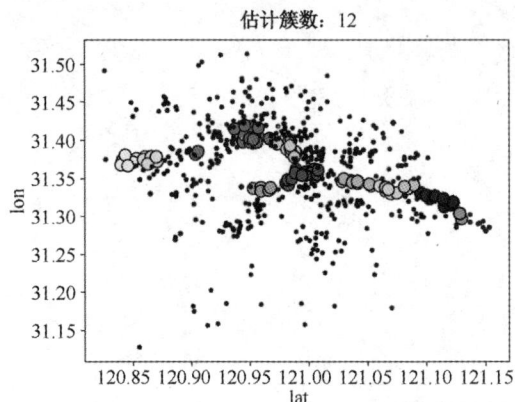

通过计算各聚类簇的重心点坐标以获取可能合乘站点位置。

3.1.5　确定合乘站点具体位置

基于获取的可能合乘站点位置，结合昆山市实际道路网及公交站点分布，根据就近原则确定合乘站点具体位置，并通过高德地图获取其经纬度坐标。合乘站点位置修正方法示意图如图 12 所示。通过对各可能合乘站点进行位置修正，最终确定的合乘站点分布。

图 12　合乘站点位置修正方法示意图

本文使用早晨 7:00—7:59 时间段内到达昆山站乘高铁出行的乘客作为需求，得到该时间段内的合乘点位置及所需要服务人数如表 1 所示，下车站点均为昆山站。

表 1　合乘站点信息表

合乘站点编号	站点位置（经纬度）	服务人数
1	120.986792, 31.398148	11
2	121.022741, 31.356155	13
3	120.995371, 31.34105	15
4	121.029479, 31. 314426	6
5	121.00185, 31.381318	12
6	120.966851, 31.333356	16

合乘站点编号	站点位置（经纬度）	服务人数
7	121.080741, 31.368852	10
8	120.99708, 31. 357908	7
9	121.067942, 31.33558	13
10	121.037507, 31.384061	5
11	120.95743, 31.288338	16
12	121.029969, 31.376486	9
13	121.049486, 31.3405	7

3.2　定制公交线路规划

对选定时段的出行需求规划好合乘站点后，根据上文中的定制公交规划模型及模型求解算法，利用 Python 编写算法进行求解，得到选定时段内到达昆山站的乘客出行的定制公交方案。

3.2.1　参数确定

针对本文案例，结合实际条件对模型中的参数进行标定。本文模型提供三种车型，其容量分别为 C_k^1 =18人，C_k^2 =30人，C_k^3 =40人。根据北京定制公交集团的说明，这三种车型的固定成本分别为 c_1^1 =120 元，c_1^2 =145 元，c_1^3 =180 元。根据当前燃料价格与各车型油耗费用估算出其单位距离燃料成本分别为：c_2^1 =0.55 元/km，c_2^2 =0.43 元/km，c_2^3 =1.66 元/km。定制公交车速为 30 km/h，固定站点停靠时长为 t=1/80 h，票价设定为 5 km 内 3 元，5 km 之后每增加 5 km 加收 2 元。乘客时间成本为 c_p =24.58 元/h。为了保证公交的直达性，对定制公交的非直线系数进行限定，设 λ_1=1.4，另外定制公交上座率达到 λ_2=0.75 时允许该条线路开设，每条定制公交线路最多允许停靠站点数目为 λ_3=7，公交公司最多投入车辆数为 N_{max} =6。

3.2.2　方案确定

将各站点间邻接距离矩阵、各站点服务人数等数据导入 Python，利用上文中的 EGA 算法进行求解，设定交叉概率 p_c =0.95，变异概率 p_m =0.5，种群规模为 100，迭代次数为 500。遗传算法迭代过程如图 13 所示。

得到 5 条最优定制公交方案，其位置信息如下所述。

线路 1：服务人数 30 人，选用车型为车型 2，上车站点为 13、3、2，下车站点为昆山站。

线路 2：服务人数 32 人，选用车型为车型 3，上车站点为 11、6，下车站点为昆山站。

线路 3：服务人数 23 人，选用车型为车型 2，上车站点为 1、5，下车站点为昆山站。

线路 4：服务人数 14 人，选用车型为车型 1，上车站点为 9、8，下车站点为昆山站。

线路 5：服务人数 17 人，选用车型为车型 2，上车站点为 7、12、2，下车站点为昆山站。

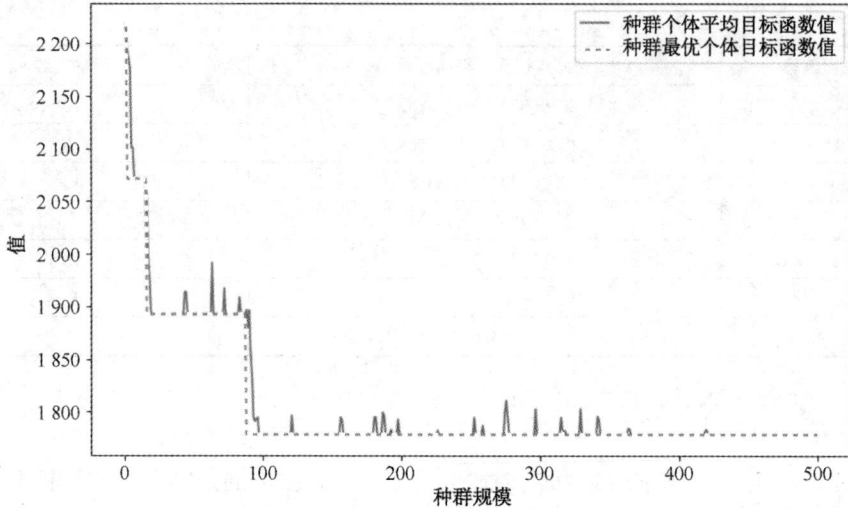

图 13　遗传算法迭代过程图

本方案确定的定制公交具体线路信息如表 2 至表 7 所示。

表 2　线路 1 信息

车站序号	站点位置	站点编号	上下车人数
上车点 1	121. 049486, 31. 3405	13	7
上车点 2	120. 995371, 31. 34105	3	15
上车点 3	121. 022741, 31.356155	2	8
下车点	120. 963039, 31. 371382	—	30

表 3　线路 2 信息

车站序号	站点位置	站点编号	上下车人数
上车点 1	120. 95743, 31. 288338	11	16
上车点 2	120. 966851, 31. 333356	6	16
下车点	120.963039, 31. 371382	—	32

表 4　线路 3 信息

车站序号	站点位置	站点编号	上下车人数
上车点 1	120. 986792, 31. 398148	1	11
上车点 2	121. 00185, 31.381318	5	12
下车点	120.963039, 31.371382	—	23

表 5　线路 4 信息

车站序号	站点位置	站点编号	上下车人数
上车点 1	121.067942, 31.33558	9	13
上车点 2	120.99708, 31.357908	8	5
下车点	120.963039, 31.371382	—	18

表6　线路5信息

车站序号	站点位置	站点编号	上下车人数
上车点1	121.067942, 31.33558	7	10
上车点2	120.99708, 31.357908	12	9
上车点3	121.022741, 31.356155	2	5
下车点	120.963039, 31.371382	—	24

表7　5条线路信息统计

信息	统计
时间成本	2 745.92 元/h
票价收入	1 347 元
固定成本	735 元
可变成本	89.03 元/km

3.2.3　结果分析

本规划共优化出 5 条线路，服务 127 人，站点服务率达到 84.62%，平均上座率达到 78.38%，有效地进行了资源配置。从直达性来看，线路 1 非直线系数 1.24，线路 2 非直线系数 1.13，线路 3 非直线系数 1.36，线路 4 非直线系数 1.16，线路 5 非直线系数 1.21，总体非直线系数较小，可为乘客提供快速、舒适的服务。本文通过提供 3 种不同配置的车型，极大地提高了定制公交在线路开通选择时车辆选择的灵活性，也可以进一步优化资源配置，在满足乘客需求的基础上节省社会资源。

4　结语

本文利用手机信令数据，运用基于密度的 DBSCAN 聚类算法进行定制公交合乘站点布局研究，得到面向特定枢纽的合乘需求站点，之后选取高峰时段的乘车需求，从乘客和企业两个方面着手，分别考虑乘客的时间成本和企业的收益，构建了时间成本最小、运输收益最大的定制公交线路模型，并设计了求解算法，利用 Python 编写算法进行求解，得到选定时段内到达昆山站的优化的乘客出行定制公交方案。方案站点服务率与上座率较高，且非直线系数较小，能够保证定制公交的舒适性和直达性，可以较好地减少资源浪费，优化资源配置。

本文仍有一些可以深入改进的研究点。首先，本文研究的是静态需求模式下的定制公交站点确定及线路规划。若考虑需求的动态变化，则可以制定实时的定制公交线路，更好地满足乘客的实际出行需求。其次，对于模型中的参数，本文直接使用了定值，而没有根据定制公交的实际运行情况进行变化，例如停靠时间在不同站点都有所区别，不同车型的燃料成本在实际情况下也有所变化，车辆的行驶速度跟路况和交通状态紧密相关，如果能将这些因素考虑在内，能够增强定制公交模型的准确性，更好地进行车辆配置及线路优化。

参 考 文 献

[1] 付建广. 提高公交出行率关键技术研究[J]. 城市发展研究，2014，21（01）：79-83.

[2] 徐康明，李佳玲，冯浚，孟自云. 定制公交服务初探[J]. 城市交通，2013，11（05）：24-27.

[3] 汪洋. "定制公交"——高品质多元化的公交服务新模式[J]. 人民公交，2013（09）：36-37.

[4] 马继辉，王飞，王娇，涂文苑. 定制公交站点和线路规划研究[J]. 城市公共交通，2017（02）：21-25.

[5] 王薇，王清华，郭明凤，于维佳，黄瑞宁. 城市定制公交线路及站点设计[J]. 中国市场，2019（27）：120-121.

[6] 胡列格，安桐，王佳，刘喜. 城市定制公交合乘站点的布局研究[J]. 徐州工程学院学报（自然科学版），2016，31（01）：27-32.

[7] 孙峣，白子建，柯水平，申婵. 基于改进 H-R 双边匹配算法的定制公交合乘优化[J].天津城建大学学报，2020，26（02）：150-154.

[8] 张敏捷. 定制公交线路优化模型及求解算法[C]. 中国智能交通协会. 2014 第九届中国智能交通年会大会论文集. 中国智能交通协会：中国智能交通协会，2014：166-173.

[9] Yan Lyu, Chi-Yin Chow, Victor C.S. Lee, Joseph K.Y. Ng, Yanhua Li, Jia Zeng. CB-Planner: A bus line planning framework for customized bus systems[J]. Transportation Research Part C, 2019, 101.

[10] 陶浪，马昌喜，朱昌锋，王庆荣. 基于遗传算法的定制公交路线多目标优化[J]. 兰州交通大学学报，2018，37（02）：31-37.

[11] 王超，马昌喜. 基于遗传算法的定制公交多停车场多车线路优化[J]. 交通信息与安全，2019，37（03）：109-117+127.

[12] 赵雪钢，张守军，孔国强，贾涛. 网约定制公交对城市交通治理的价值思考——以"深圳 e 巴士"品质公交服务为例[J]. 城市公共交通，2018（07）：42-46.

[13] 任颐，毛荣昌. 手机数据与规划智慧化——以无锡市基于手机数据的出行调查为例[J]. 国际城市规划，2014，29（06）：66-71.

[14] 刘凯. 手机信令数据在城市交通中的应用[J]. 电信技术，2019（S1）：78-79+87.

[15] 丁剑. 基于优势出行距离的方式分担率模型及软件实现[D]. 南京：东南大学，2017.

基于智能 CTC 的高铁列调工作评价方法研究[①]

周晓昭[1,2]　张琦[1,2]　王涛[1,2]

（1.中国铁道科学研究院集团有限公司通信信号研究所，北京，100081；
2.国家铁路智能运输系统工程技术研究中心，北京，100081）

【摘要】高速铁路列车调度员是高速铁路调度区段的指挥者，其工作能力直接影响着高速铁路运输组织效率和列车安全运行水平。针对高速铁路列车调度员的日常工作职责，从运行图、调度命令、施工管理和应急处置四个方面构建具有 24 项评价指标的高速铁路列车调度员的工作评价体系，运用专家法和熵值法确定评价指标的主客观权重值，构建最优化模型求解综合权重值。最后以京张高铁调度区段的实际运输组织情况为背景构造算例，验证基于智能 CTC 系统构建的高速铁路列车调度员工作综合评价体系及评价方法的有效性和实用性。

【关键字】高速铁路，智能调度，列车调度员，评价方法

Research on Evaluation Method of High-speed Railway Dispatcher Base on Intelligent Centralized Traffic Control System

Zhou Xiaozhao[1,2]　Zhang Qi[1,2]　Wang Tao[1,2]

(1. Signal & Communication Research Institute, China Academy of Railway Sciences, Beijing 100081, China;
2. National Research Center of Railway Intelligence Transportation System Engineering Technology, Beijing 100081, China)

Abstract: The high-speed railway dispatcher is the commander of railway dispatching section. His dispatching capacity makes a material influence on the organization efficiency of

---

① 基金项目：国家自然科学基金/The National Nature Science Foundation of China（61790575）

high-speed railway and the level of train safety operation. According to the characteristics of the daily dispatching work, the evaluation system of high-speed railway dispatcher was set up by train diagram, dispatching order, construction management and emergence handling four major aspects with twenty-four evaluation indexes. The subjective weight and objective weight of the evaluation indexes were calculated separately by expert method and entropy method. And then its comprehensive weight was produced by the optimization model. Finally, the simulation example was built by the actual traffic dispatching of Beijing-Zhangjiakou high-speed railway. The evaluation system of high-speed railway dispatcher set up and the comprehensive evaluation method proposed were verified effective and practical.

Keywords: High-speed Railway; Intelligent CTC; Railway Dispatcher; Evaluation Method

高速铁路信号系统运维数据可视化和智能化研究①

（中国铁道科学研究院集团有限公司通信信号研究所，北京 100081）

【摘要】高速铁路信号系统是指示列车高速运行、保证行车安全的重要行车装备，其可维护性非常重要。运维数据是系统状态监测和维护的一个重要手段，关系到维护水平。本文在对计算机联锁系统架构、运维数据和典型故障研究的基础上，采用图形化、图论模型方法，对其系统网络、硬件、控制对象信息进行可视化模型研究；并基于时序和模糊推理的混合推理方法对典型的复杂故障进行推理分析，给出智能化诊断结论。经过研究证明，针对图形化、图论和推理进行可视化、智能化后，能够提升高速铁路信号系统可维护水平，减少设备故障率。

【关键词】高速铁路；信号系统；运维数据；可视化；智能化；时序；模糊推理

Research on visualization and intelligence of operation and maintenance data of high speed railway signal system

Xu Delong　Han An ping　Xu Jie

（Communication and Signaling Research Institute，China Academy of Railway Sciences，Beijing 100081，China）

Abstract: The signal system of high-speed railway is an important driving equipment to indicate the high-speed operation of trains and ensure the safety of driving, and its maintainability is very important. Operation and maintenance data is an important means of system condition monitoring and maintenance, which is related to maintenance level.

---

① **基金项目：** 国家自然科学基金（U1734211 铁路微电子信号设备系统故障－安全理论与方法研究）；中国铁路总公司重点课题（2017X011-C 车站计算机联锁运维技术深化研究）

Based on the research of the computer interlocking system architecture, this paper adopts the method of graph and graph theory model to study the visual model of the system hardware, network, input and output information, and based on the mixed reasoning method of time sequence and fuzzy reasoning to analyze the typical complex fault and give the intelligent diagnosis conclusion. It has been proved by research that visualization and intelligence based on graphics, graph theory and reasoning can improve the maintainability level of high-speed railway signal system and reduce the failure rate of equipment.

Keywords：High-speed Railway; Signal System; Operation and Maintenance Data; Visualization;Intelligence; Timing; Fuzzy Reasoning

1 引言

信号系统是铁路运输的大脑，是指示列车运行的控制系统。信号系统集成度高、结构复杂，设备发生故障时，维护人员查找问题难度大。为了减小故障延时，尤其是在高速铁路区段，维护可视化、智能化成了较迫切的需求。信号系统一般都设置有维护终端，是实现系统运维可视化、智能化的关键点。计算机联锁系统（CBI）是典型的控制系统，即有控制执行部分、显示终端部分，又有内、外部通信网络[1-3]。基于以上原因，本文以 CBI 系统为例进行信号系统运维数据可视化、智能化研究。

计算机联锁系统是由负责逻辑运算和控制输出的联锁机、负责操作显示的操作机组成的[4,5]。系统各组成部分均为冗余设备，并且有着较复杂的网络架构。经过对典型故障案例进行梳理，常见故障主要为网络通信、硬件设备、控制对象 3 个方面。以 TYJL-ADX 型计算机联锁为例，典型的计算机联锁系统总体架构示意图如图 1 所示。

作为计算机联锁系统维护管理的子系统，维护终端从联锁主机 A、B 接收控制对象和采集对象的状态信息（驱采对象信息），系统内部设备的状态、内部通道信息，以及系统外部的接口信息和通道信息（网络状态信息），从操作表示机 A、B 接收界面显示信息及操作命令，如图 2 所示。

基于 CBI 系统架构，运维数据和常见故障已被提取出来，本文的重点是以维护终端为具体实现的载体，进行运维数据可视化、智能化研究。

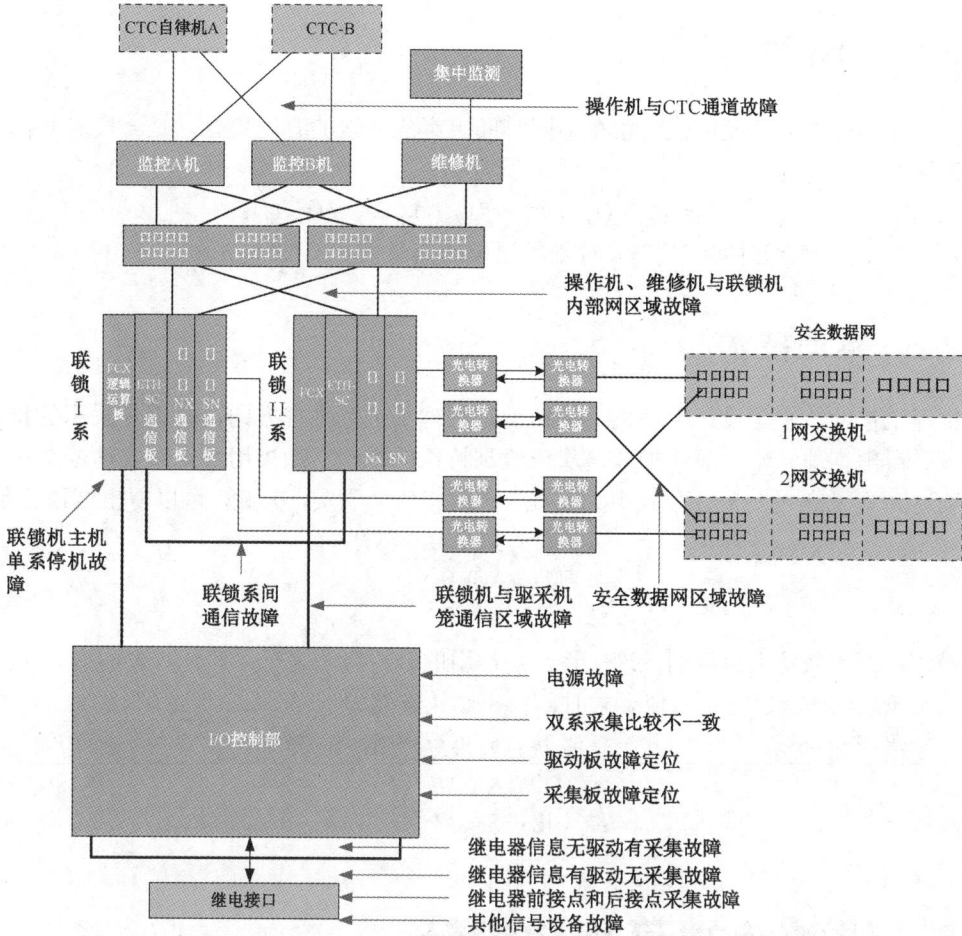

图 1　典型的计算机联锁系统总体架构示意图

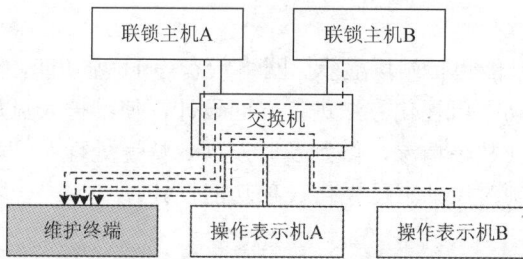

图 2　运维数据信息流示意图

2　时序推理技术

近年来，相关学者对时间序列和推理技术进行了很多研究，为本文研究提供了理论支撑[6-10]。

2.1　时序序列

时间序列是指某个变量或对象在不同时间上组成元素的有序集合，是一段时间内的一组变量值，可表述为：

$$X = \{x_1 = (v_1, t_1), x_2 = (v_2, t_2), ..., x_n = (v_n, t_n)\} \tag{1}$$

式中：$x_i = (v_i, t_i)$ 表示时间序列在 t_i 时刻所记录的信息为 v_i；$|X| = n$。

2.2　推理技术

推理工作的核心是设计推理机，包括确定推理部位、推理方向，关键是采用的推理方法，最后得出推理结论。演绎推理是从一般到特殊的推理。如果用公式来表达演绎推理，可以表述为式（2）的形式。公式中大前提、小前提皆为事实，因此，可以得出结论 S 是 P。

$$\begin{aligned} &大前提：如果 M，则 P \\ &小前提：S 是 M \\ &结　论：S 是 P \end{aligned} \tag{2}$$

模糊推理是效仿人思维的推理过程，是常用的分析方法之一，其公式表述为式（3）的形式。当 M' 与 M 满足一定相似要求时，得出结论 S 是 P'。

$$\begin{aligned} &大前提：如果 M，则 P \\ &小前提：S 是 M' \\ &结　论：S 是 P' \end{aligned} \tag{3}$$

3　维护终端可视化设计

CBI 系统维护终端功能包括站场显示、网络状态等 11 项功能，整体功能设计如图 3 所示。本文采用图形化或动态可视化方法进行界面设计，使维护人员从多维度获知故障发生的部位、可能存在的潜在故障情况，做到及时发现、快速处理[11-13]。下面重点说明网络图形化、设备图形化、控制对象动态可视化 3 项功能设计。

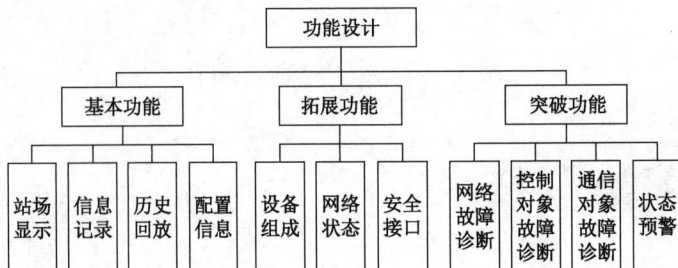

图 3　CBI 系统维护终端整体功能设计

3.1 网络图形化

网络包含 CBI 系统内部主机、交换机及其主机间互联的通道，以及系统与外部设备连接。网络连接相对复杂，需要借助图形的相关原理对结构和层次进行科学表述。

学者对图论原理有着广泛的研究和应用。图 4 是由节点及节点间的关系集合组成的一种网状模型，用公式表达为 $G = (V, E)$。其中，V 是节点集合；E 是边集合。节点和边可以组合成为一个无向图模型[14, 15]。在该模型中，节点可以是逐层排列的，节点之间通过边进行连接。例如，B1 节点与上一层 A 节点相连，与下一层 C11、C12 节点相连，同时也与 C21 节点交叉连接。

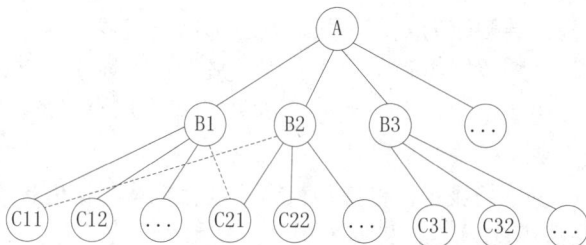

图 4　基于图论原理的节点和边示意图

本文按照图 4 的模型原理，将 CBI 系统内的各主机抽象为节点，将通道抽象为边，设计的 TYJL-ADX 型计算机联锁网络界面效果图如图 5 所示。

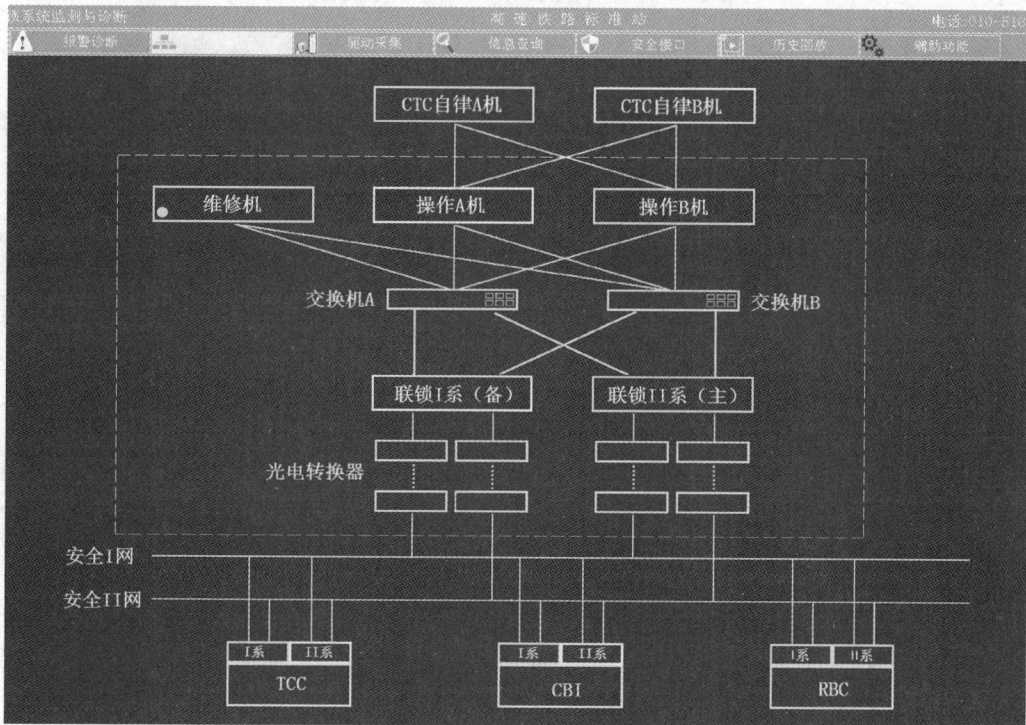

图 5　典型的计算机联锁网络界面效果图

在网络图中，用白色虚框区分系统的边界，白色虚框内为系统内部设备，白色虚框外为其他设备。网络图显示出用于通信连接的主机及通信线缆。主机（节点）显示为方框，通信线缆（边）显示为线条。在节点状态方框中显示设备主备状态，其中绿色表示主控，黄色表示备用，红色表示故障，灰色表示未知。通过边的颜色反映通道通信状态，其中，绿色表示正常，橙色表示物理通道完好、但部分逻辑通信故障，红色表示故障，灰色表示未知。

3.2　设备图形化

车站计算机联锁系统为集电子技术、计算机技术、通信技术等为一体的软硬件集成系统，设备硬件种类较多，结构较为复杂，故障发生部位也较多。当故障发生后，若维护人员对设备组成不熟悉、安装位置不确定，并且由于故障发生导致工作忙乱的情况下，即便有了故障数据，也难于快速定位及更换故障设备[16-18]。因此，将硬件设备图形化，对故障的定位、排除是一个直观、有效的手段。

设备图形化首要的工作是显示机柜模型，将实物机柜按照比例抽象为机柜模型，包括每一层的机笼及板卡，如图6所示。机柜模型具体到每个组成部分的详细信息，包括名称、位置、状态、功能描述等。

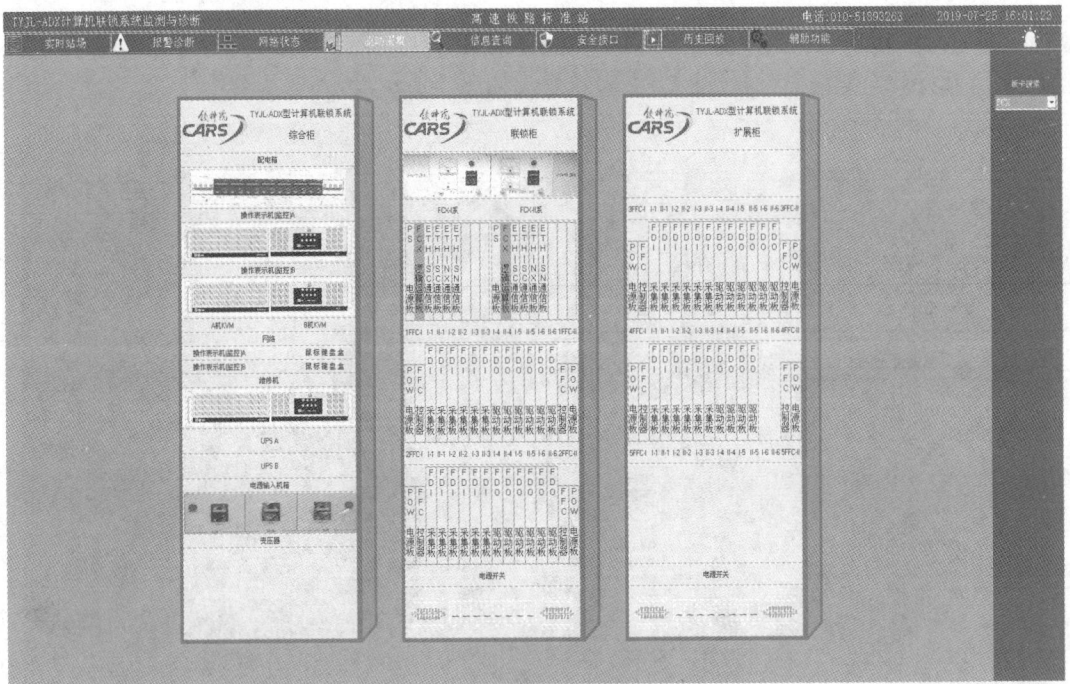

图6　机柜模型示意图

当机柜内的设备故障或状态异常时，通过运维数据直观地显示出故障设备，在机柜示意图对应设备位置给出红色报警显示。当设备整体机笼停机时，整体机笼显示红色方框；如联锁机停机，将对应联锁机机笼以红色方框显示；驱采机停机，将对应驱采机机笼以红色方框显示；电源故障报警发生时，电源模块显示为红色。

3.3 控制对象动态可视化

CBI 系统的控制对象主要通过继电接口实现，也是发生故障频次比较高、分析难度比较大的故障点。针对类似道岔、信号机、区段等的开关量输入、输出，基于时间序列状态集合进行动态可视化显示，便于进一步对比分析状态变化和各信息的相互关系。结合继电接口的输入、输出信息特点，采用方波图形，通过选取关注的对象，生成状态时序图，定时显示输入和输出信息的吸起、落下状态，如图 7 所示。在时序图中，时序线状态数值为 0 时，代表继电器为落下状态，状态数值为 1 时，代表继电器为吸起状态。

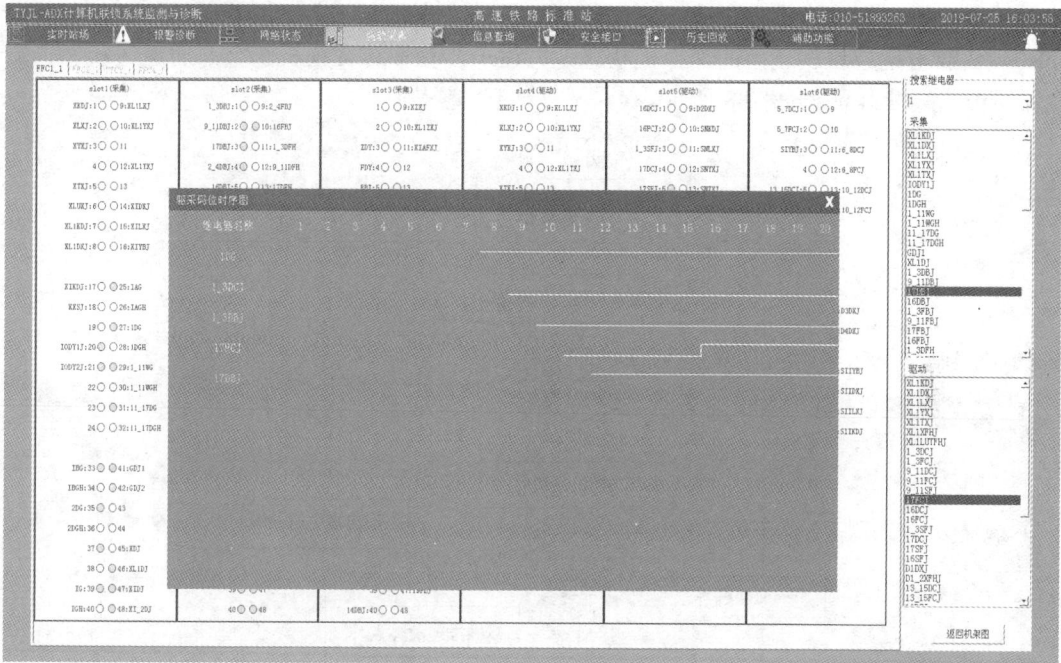

图 7　继电接口显示效果图

以继电器信息有驱动、无采集的故障排查为例，当联锁机驱动某一信息后，在界面确认采集信息的时间序列，维护人员通过直观的比对，即可了解继电器的动作情况和存在问题。

4　运维数据智能化实例研究

针对复杂的故障，难于通过基础的运维数据直接图形化显示故障点。本文通过推理技术、时序分析技术，进一步分析和判别，可使故障排除更有效。

4.1　网络故障智能化诊断案例

通信网络常见的故障分为通道故障、主机故障和交换机故障。通道故障、主机故障时，一般能直接在网络图中展示出来。但由于交换机的状态未直接监测，以及系统网络的冗余性，交换机故障时，包括通道在内的一个区域将显示为故障状态，维护人员难于识别故障点，本文对此设计的智能化诊断方法如下。

4.1.1　推理机设计

选取联锁主机作为推理方向，首先判断主机的工作状态，之后沿着通道边进行延伸。下一步获取与通道边相连接的交换机状态，并进一步获取该交换机的全部通道边状态，启动推理分析。工作流程如图 8 所示。

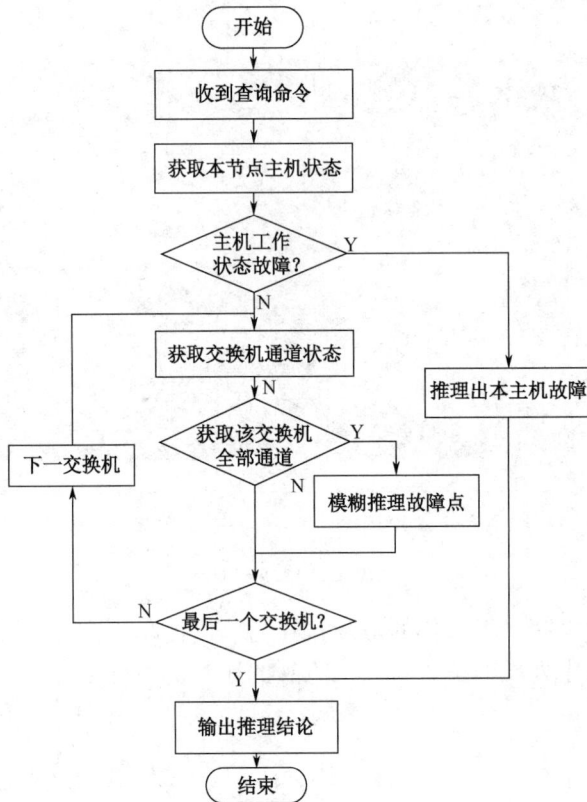

图 8　网络故障推理判定工作流程

4.1.2　模糊推理判定

在推理流程中，已知经过交换机的所有逻辑通道状态，在案例库中提取交换机故障案例作为大前提，将此时实际运维数据中的逻辑通道状态作为小前提，进行模糊推理判别。虽然交换机故障案例很多，但有一点是可以确定的，即交换机所有逻辑通道通信均中断时，该交换机故障可以进行匹配。具体推理如下。

大前提：交换机所有逻辑通道通信中断，为交换机故障。

小前提：联锁 I 系与监控 A 机（交换机 A）通信中断；

联锁 I 系与监控 B 机（交换机 A）通信中断；

联锁 II 系与监控 A 机（交换机 A）通信中断；

联锁 II 系与监控 B 机（交换机 A）通信中断。

结论：交换机 A 故障。

4.1.3　结论输出

根据推理分析的结论，在网络图上将故障点用黄色方框标识，并在网络图下方显示出诊断结果，完成诊断工作。

4.2　控制对象故障智能化诊断案例

以道岔为例，道岔动作包括 DBJ、FBJ、DFH、DCJ、FCJ、SFJ 接口信息，通过时序图已直观地显示出定位状态、反位操纵道岔、道岔转动开始、转动过程中、返回反位表示、停止输出等时间点状态集合和动作过程。道岔对象除了采集 DBJ、FBJ 外，还采集定位、反位后接点（DFH），目的是对道岔表示的有效性进行前后节点校核，防止 DBJ/FBJ 有混线故障时，室外道岔实际为四开状态，道岔出现"假表示"故障。本文以 DFH 采集断线故障排查为例，结合时序原理进行分析。

如表 1 所示，一次道岔转换包括时序 1 至时序 6 六个过程[19]。以道岔由定位位置向反位位置转动为例，道岔的动作时序从时序 2 的 FCJ、SFJ 控制输出开始，至时序 6 的输出停止为止。

表 1　由定位位置向反位位置转动时，输入和输出信息动作时序

时　序	道岔状态	DCJ	FCJ	SFJ	DBJ	FBJ	DFH
1	定位状态	0	0	0	1	0	0
2	反位操纵道岔	0	1	1	1	0	0
3	道岔转动开始	0	1	1	0	0	0
4	转动过程中	0	1	1	0	0	1
5	返回反位表示	0	1	1	0	1	0
6	停止输出	0	0	0	0	1	0

表 1 的时序为道岔正常转动过程，按照时序的原理，由定位位置向反位位置操纵时，除表 1 的时序外，其他的动作时序都应为非预期的。道岔没有定位位置、反位位置时（DBJ、FBJ 落下），应采集到 DFH，其状态值为"1"。从表 1 看出，在道岔转动过程中，由时序 3 到时序 4，DFH 在道岔转动时其值由"0"变为"1"，转动结束后变为"0"。因此，诊断 DFH 有效性即有了时序依据。按照此方法设计的诊断逻辑图如图 9 所示，即在道岔失

表示 2 秒时，如果不能采集到 DFH 表示，则判定为 DFH 失效，并在界面上给出"道岔 DFH 故障"结论。

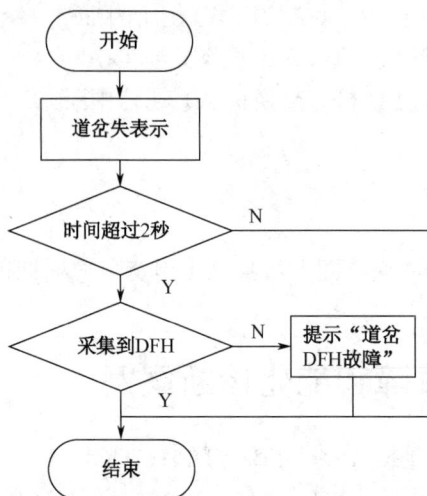

图 9　道岔表示后接点有效性诊断逻辑图

如果 DFH 断线，将失去对道岔表示有效性的卡控作用，若再出现 DBJ/FBJ 表示信息混线故障，道岔出现"假表示"，也不能发现。因此，智能化诊断 DFH 故障有效性非常重要。

4.3　通信对象故障智能化诊断案例

联锁除控制地面信号显示外，还向 RBC 发送用于 CTCS-3 级列控系统控车的信号授权信息，向 TCC 发送用于 CTCS-2 级列控系统控车的进路信息，以上信息均为允许列车运行信息，如出现不一致时，可能会造成动车组紧急制动，严重时将影响行车安全。因此，监督并诊断通信对象故障也是维护工作的关键。

本文基于时序的方法，通过将关键运维数据进行比对，实现安全风险提示，起到监督作用[20,21]。具体为将继电控制对象与通信对象接口数据的一致性进行时序和逻辑判别，检测 CBI 向 RBC 发送的 SA 与地面信号时序之间的一致性、CBI 向 TCC 发送进路信息与 CBI 进路实际状态时序的一致性。

如图 10 所示，地面信号的时序包括无进路、进路锁闭、允许灯光点亮、占用、人工解锁进路、正常解锁、无进路等，CBI 向 RBC 发送的 SA 信息包括未激活、列车进路、引导进路、降级、占用、未激活等时序。两种时序有一些差别，但也存在共性，将两种时序的状态集进行对位、映射、比对，尤其是关键的时序，即可诊断出通信对象的故障点。

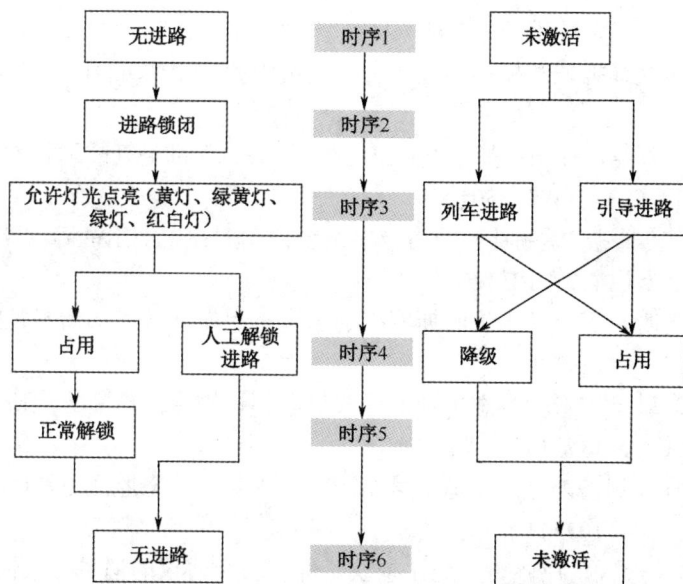

图 10 地面信号与通信对象一致性诊断逻辑图

5 结语

本文基于图形化、图论模型进行维护终端运维数据可视化设计，并运用时序和推理技术对复杂故障进行实例研究，从显示、故障定位方面对故障点分析进行了深入研究。经实践认为：① 采用图形化、图论模型的信号系统运维数据显示方式，可视化程度高，可用性强；② 基于时序和模糊推理方法的混合推理方法，能够有效地对网络、控制对象、通信对象故障进行精准或区域故障定位，可行性强；③ 以上显示和故障定位方法，可为相关系统的监测和诊断可视化、智能化提供借鉴。

参 考 文 献

[1] 张放，梁志国，等. 基于现场数据统计的计算机联锁设备寿命分析[J]. 中国铁道科学，2018，40（6）：97-105.

[2] 袁湘鄂，段武. 计算机联锁系统[M]. 北京：中国铁道出版社. 2015.

[3] 韩宝明，李学伟. 高速铁路概论[M]. 北京：北京交通大学出版社. 2010.

[4] 刘鹏. 基于站场图形网络的计算机联锁软件在高速铁路的应用研究[J]. 铁道标准设计，2016，60（9）：141-145.

[5] 徐德龙. 一种高速铁路衔接站点灭灯进路联锁软件实现方法[J]. 铁道标准设计，2018，62（5）：154-161.

[6] 夏佩伦. 不确定性推理方法研究[J]. 火力与指挥控制, 2010, 35 (11): 87-91.

[7] 夏佩伦. 演绎推理和模糊推理在潜艇攻击中的运用研究[J]. 电光与控制, 2015, 22 (5): 1-5.

[8] 贾立山, 刘喆, 孙毅. 基于 RMBP 神经网络的飞机电气故障智能诊断[J]. 系统仿真学报. 2018, 30 (9): 3493-3501.

[9] 王一卉, 姜长泓. 模糊神经网络专家系统在动力锂电池组故障诊断中的应用[J]. 电测与仪表, 2015, 2 (14): 118-123.

[10] 刘东, 王昕, 等. 基于贝叶斯网络的水电机组振动故障诊断研究[J]. 水力发电学报, 2019, 38 (2): 112-120.

[11] 徐德龙. 基于图形和状态推理的计算机联锁运维智能诊断方法研究[J]. 铁道标准设计, 2019, 63 (9): 137-142.

[12] 曹源, 马连川, 李旺. 铁道信号系统安全计算机状态监测方法[J]. 交通运输工程学报, 2013, 13 (3): 107-112.

[13] 臧永立, 杨霓霏, 卢佩玲, 等. I 型铁路信号安全协议的消息时效性防护机制[J]. 中国铁道科学, 2015, 36 (2): 79-86.

[14] 马存宝, 周方旺, 等. 基于有向序图模型的飞机燃油系统故障诊断的系统设计与实现[J]. 测控技术, 2011, 30 (11): 110-113.

[15] 戴耀, 马野, 王振. 基于设备结构分解的可视化故障推理与诊断技术研究[J]. 计算机测量与控制, 2017, 25 (2): 12-14.

[16] EN 50128-2011. Railway applications-Communication, signalling and processing systems-Software for railway control and protection systems[S].

[17] 张新明, 刘海祥, 赵永清. 二取二制式计算机联锁系统中的通信技术[J]. 中国铁道科学, 2005, 26 (5): 96-100.

[18] 王思宇. 故障自动定位系统技术在配电系统中的应用[J]. 内蒙古石油化工, 2014, 40 (17): 129-131.

[19] 曾飞, 张勇, 刘玙, 等. 电力系统故障诊断的时序模糊逻辑推理方法[J]. 华北电力大学学报, 2014, 341 (1): 7-14.

[20] 王翔, 高维忠, 胡红艳, 等. 数字远动通道监测系统的研究[J]. 电力系统通信, 2007 (11): 34-37.

[21] 于勇. ZYJ7 型电液转辙机道岔控制电路的故障分析与处理[J]. 铁路通信信号工程技术, 2017, 14 (2): 89-92.

城市路网交通状态判别方法研究①

邢茹茹 [1,2]　蔡晓禹 [1,2]　杨涛 [3]

（1. 重庆交通大学交通运输学院，重庆 400074；
2. 山地城市交通系统与安全重庆市重点实验室，重庆 400074；
3. 上汽依维柯红岩商用车有限公司，重庆 401122）

【摘要】本文从模式识别的角度，将路网交通状态判别转化为状态信息归类问题。首先，运用 AdaBoost 方法和 SVM 方法作为路网交通状态分类器的训练学习方法，提高了 AdaBoost 方法和 SVM 方法的多分类性能。随后，借助有向无环图（DAG）搭建路网交通状态判别器。通过训练和判别两个阶段，实现对城市交通状态信息的有效判别，为治理交通拥堵提供可靠信息。

【关键词】城市路网；交通状态判别；AdaBoost；SVM；DAG

Study on the discriminant method of traffic status of urban road network

Xing Ruru[1,2]　Cai Xiaoyu[1,2]　Yang Tao[3]

（ 1. School of Traffic & Transportation, Chongqing Jiaotong University, Chongqing 400074, China;
2. Chongqing Key Lab of Traffic System & Safety in Mountain Cities, Chongqing 400074,China;
3. SAIC–IVECO HONGYAN commercial Vehicle Co.,LTD. , Chongqing 401122,China ）

Abstract: From the perspective of pattern recognition, this paper transforms road network traffic

① 依托项目：考虑交通运行环境因素的山地城市主干路交通拥堵态势短时预测及信息发布方案研究（ KJQN201900725 ）；基于多源大数据的交叉口智能信号控制技术研究（ SW-2018—2015 ）；国家自然基金青年科学基金项目（ 61703064 ）；重庆市高校优秀人才支持计划项目；重庆市技术创新与应用示范专项社会民生类重点研发项目（ cstc2018jscx-mszdX0085 ）

status discrimination into status information classification. First, AdaBoost method and SVM method are used as the training methods of network traffic state classifier, which improves the multi-classification performance of AdaBoost method and SVM method. Then, the traffic condition discriminator of the road network is built with the aid of directed acyclic graph (DAG). Through the two stages of training and discrimination, effective discrimination of urban traffic status information can be realized, and reliable information can be provided for traffic congestion control.

Keywords: Urban Road Network; Traffic Condition Discrimination; AdaBoost; SVM; DAG

1　引言

交通拥堵问题早已成为目前城市交通系统面临的巨大难题。如何缓解、治理交通拥堵问题更是管理部门和学者们正在攻克的技术难关。而获取准确的交通状态信息是目前城市交通拥堵问题治理的前提。

围绕交通状态判别方面的研究早在 20 世纪就拉开了序幕，并在道路交通状态判别方面有众多的突出成果。其中，1976 年提出的拥挤自动检测算法——加利福尼亚（California）算法，被广泛应用于交通拥挤识别方面[1]。随着理论的不断完善，在模式识别方法、统计分析方法、突变理论等方面也不断涌现出具有代表性的研究成果。例如，1974 年得克萨斯州交通协会（TTI）所提出的标准差方法[2]、Cook[3]提出的双指数平滑（DES）算法，1978 年 Levin 和 Krause 提出的 Bayesian 算法[4]，1979 年 Ahmed 和 Cook 提出的基于自回归移动平均的拥挤识别方法[5]，这些代表性成果不断提升了交通拥挤识别算法的性能。尤其是近几年来，随着机器学习、深度学习理论的不断发展，以人工智能角度判别交通状态的研究成为主流。从传统神经网络[6]、元胞自动机[7]等监督学习算法，到深度学习[8]等无监督学习算法，交通状态判别的精度得到不断的提升，也在满足技术上更高的要求。

随着大数据时代的到来，道路交通状态信息早已满足不了现阶段技术的需求，学者们转向路网层级交通状态信息获取技术的研究，成果从宏观基本图[9]到借助大数据分析技术[10]等。本文在传统判态思路的基础上，采用传统性能好的 AdaBoost（Adaptive Boosting）方法和 SVM（Support Vector Machine）方法作为分类器学习方法，借助有向无环图（Directed Acyclic Graph，DAG）的思维提出了分类器组合原则，实现了准确识别城市路网中的交通状态数据。

2　模型构建

一般的组合方法都会存在时间消耗大的问题。为此，本文借助协同训练算法——嵌入式多视图学习方法（Embedded Multi-view learning，EMV）的思想。交通状态判别模型总体框架如图 1 所示。本文所提出的路网交通状态判别方法主要涵盖训练和判别阶段。

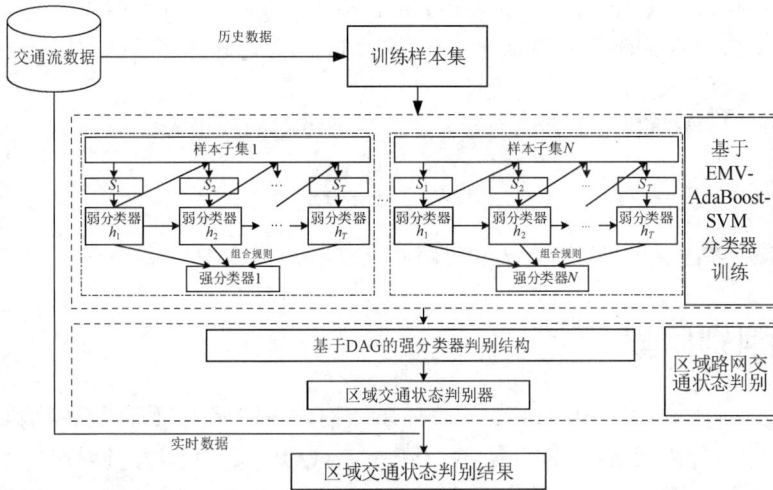

图 1　交通状态判别模型总体框架

2.1　训练阶段

在训练阶段开始前，首先需要明确分类器的数量，如图 2 所示。分类器的数量多少直接关系到训练过程中消耗的时间，因此，确定合适的强分类器数量是至关重要的。

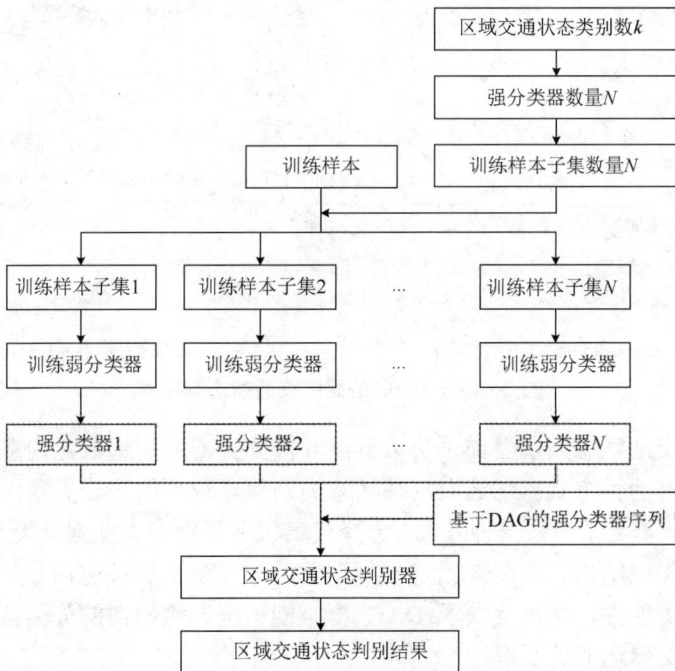

图 2　路网交通状态判别方法框架

强分类器的数量不仅与区域交通状态类别的数量有关，还取决于 SVM 多分类形式。目前有两种 SVM 多分类形式——1-v-1 SVM 和 1-v-r SVM[12]。1-v-r SVM 容易造成训练样本的偏差，1-v-r SVM 的分类精度低于 1-v-1 SVM。因此，选择 1-v-1 SVM 方法作为训练样本学习方法，保证了较高的分类准确率。

那么，若路网交通状态类别的数量是 k ，强分类器的数量 N ，则：

$$N = \frac{k(k-1)}{2} \tag{1}$$

其中，采用参考文献[11]的方法确定路网交通状态类别数量 k 。

2.2 判别阶段

本文借助有向无环图（DAG）的学习体系结构，搭建城市交通状态判别器，以实现解决 SVM 方法的多分类问题，如图 3 所示。其中，$f_{AB}(x)$、$f_{AC}(x)$、$f_{AD}(x)$、$f_{AE}(x)$、$f_{BC}(x)$、$f_{BD}(x)$、$f_{BE}(x)$、$f_{CD}(x)$、$f_{CE}(x)$ 和 $f_{DE}(x)$ 代表强分类器；箭头上的字母（即 A、B、C、D 等）代表训练样本的状态类别；强分类器角标代表其在训练时反映的状态类别，例如 $f_{AB}(x)$ 表示状态 A 和状态 B 的分类器。此外，强分类器个数的奇偶性会影响状态判别器的布局，如图 3 所示。

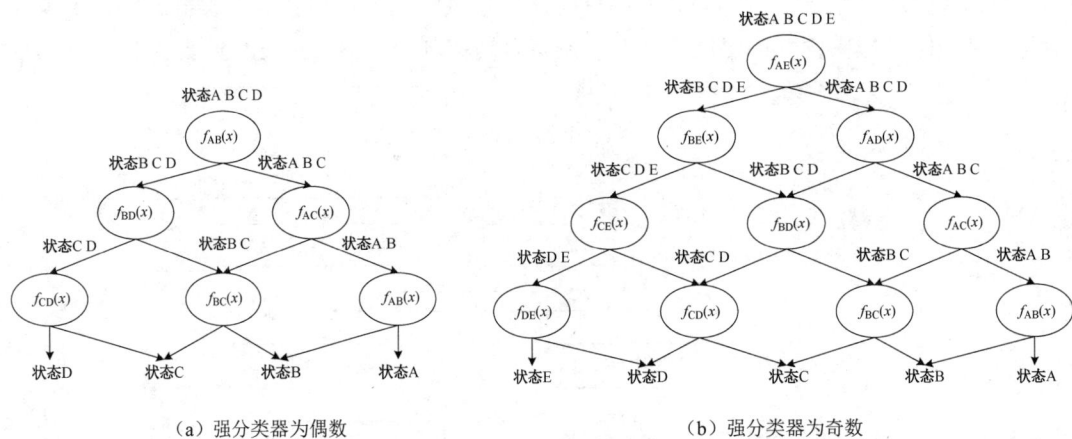

（a）强分类器为偶数　　　　　　　　（b）强分类器为奇数

图 3　基于 DAG 的路网交通状态判别器

在构造路网交通状态判别器前，决策节点（根分类器）的选取尤为重要。而初始强分类器的选择主要有两种方式：①选取反映状态类别差异较大的强分类器；②选取分类性能较高的强分类器。本文采用第一种方式，选择代表状态类别最大的强分类器作为决策节点，以期降低错误分类的结果。从图 3 给定的判别器可知，当数据被错误分类时，仍会存在最终结果为正确的可能性，这也反映了 DAG 框架能够提升判别器的分类精度，进而说明决策节点处的强分类器选取的正确性。

3　实例分析

3.1　数据来源

　　本文选用 OpenITS 所提供的东莞市 GPS 浮动车辆数据集（2015 年 11 月 1 日至 10 日），模型研究对象路网如图 4 所示。该研究对象路网数据主要涵盖了 217 条道路（1 条高速公路、68 条主要城市道路、46 条城市二级公路和 102 条城市支路）。其中，选取 2015 年 11 月 2 日至 6 日的 5 天数据作为训练样本，2015 年 11 月 10 日数据作为模型测试数据。

3.2　判别器搭建

　　采用参考文献[11]中的方法来确定研究对象路网交通状态的类别数目（结果为 4），即研究对象路网交通状态宜按照 4 个等级进行描述——畅通状态 A、轻度拥挤状态 B、拥挤状态 C 和阻塞状态 D。

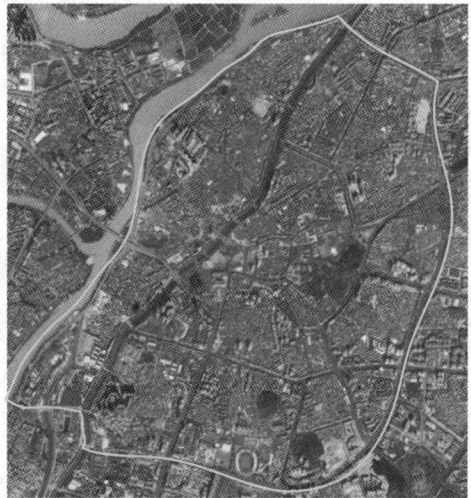

图 4　模型研究对象路网

　　根据公式（1）明确强分类器数目为 6。定义：强分类器 1 为畅通状态 A 和轻度拥挤状态 B 的分类器；强分类器 2 为畅通状态 A 和拥堵状态 C 的分类器；强分类器 3 为畅通状态 A 和阻塞状态 D 的分类器；强分类器 4 为轻度拥挤状态 B 和拥挤状态 C 的分类器；强分类器 5 为轻度拥挤状态 B 和阻塞状态 D 的分类器；强分类器 6 为拥挤状态 C 和阻塞状态 D 的分类器。研究对象路网交通状态判别器如图 5 所示。

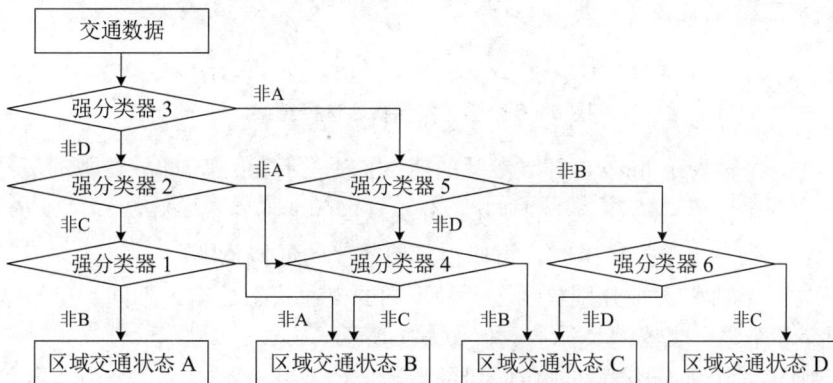

图 5　研究对象路网交通状态判别器

3.3 研究结果

3.3.1 训练结果

训练结果如图 6 和图 7 所示。

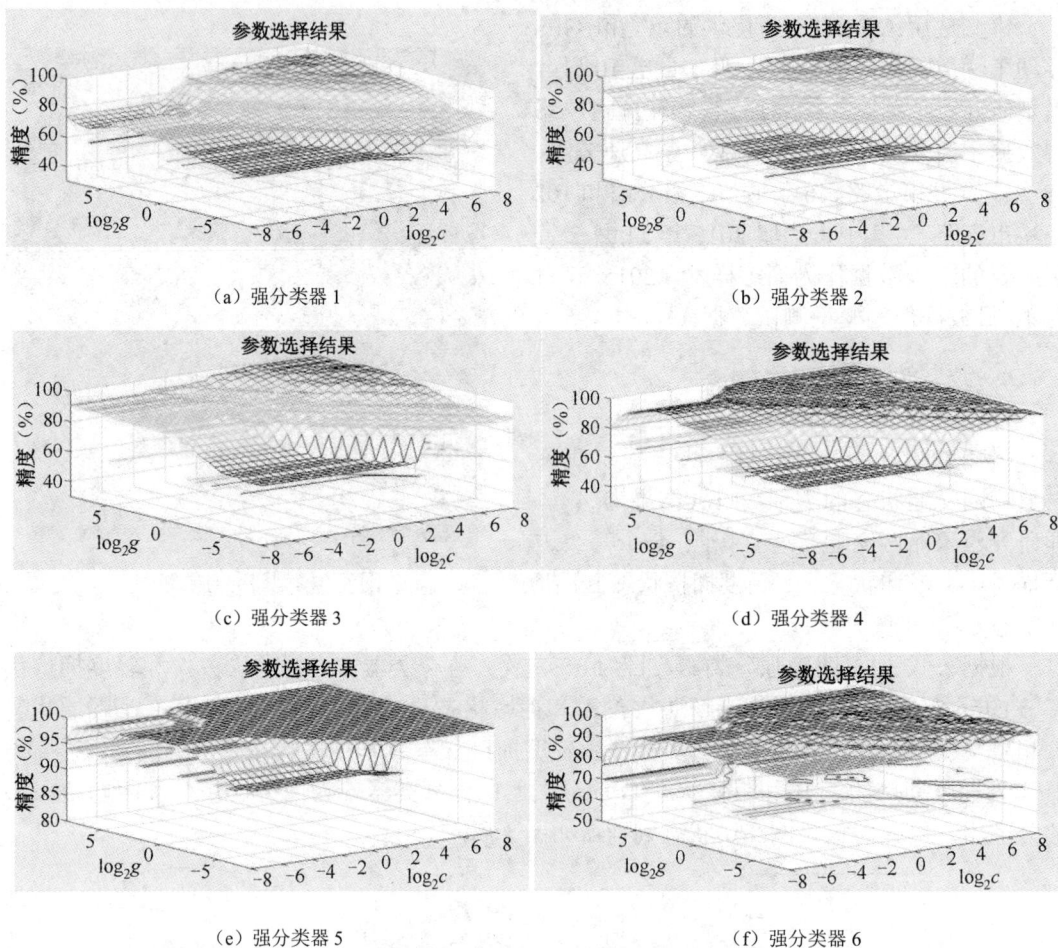

（a）强分类器 1 　　　　　　　　　　（b）强分类器 2

（c）强分类器 3 　　　　　　　　　　（d）强分类器 4

（e）强分类器 5 　　　　　　　　　　（f）强分类器 6

图 6　6 个强分类器参数选择结果

在图 6 中，X 轴表示 $\log_2 c$，即 c 参数的值；Y 轴表示 $\log_2 g$，即 g 参数的值；Z 轴表示各强分类器的分类精度。随着参数的变化，分类精度的曲线在最大精度后不会增加。因此，在图 6 中，当达到最大分类精度时，可以得到参数值的近似范围。

在图 7 中，X 轴和 Y 轴分别显示了两种不同的交通状态数据。不同颜色的循环线表示分类超平面。6 个强分类器的具体参数值如表 1 所示。

表 1 反映了 6 个强分类器在训练阶段的参数取值及其分类精度。其中，参数取值主要由 RBF 核函数和网格搜索方法确定。从分类精度取值可以看出，强分类器 2、强分类器 3 和强分类器 5 的精度值高于其他 3 个强分类器，说明在训练状态类别差异大的分类器精度较高，训练状态类别差异小的分类器精度较低，但仍在可接受范围内。

（a）强分类器1

（b）强分类器2

（c）强分类器3

（d）强分类器4

（e）强分类器5

（f）强分类器6

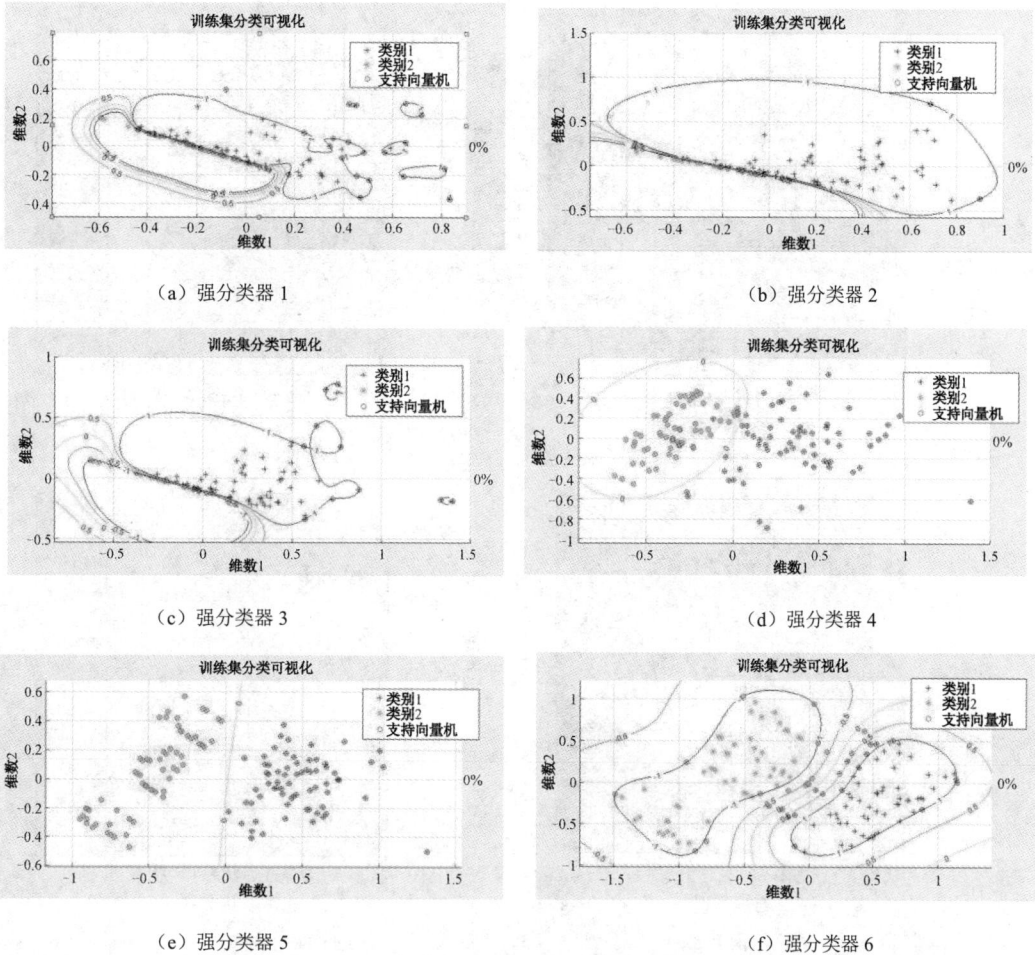

图7　6个强分类器分类可视化

表1　六个强分类器参数

	c 最佳取值	g 最佳取值	分类精度
强分类器1	256	64	96.324%
强分类器2	256	5.657	100%
强分类器3	181.019	16	100%
强分类器4	0.004	8	99.265%
强分类器5	0.004	0.354	100%
强分类器6	0.707	2.828	98.529%

3.3.2　判别结果

为验证本论文提出的路网交通状态判别模型，同样选用2015年11月10日东莞市GPS浮动车辆交通数据，选取k近邻模型（KNN）、反向传播神经网络模型（BPNN）和模糊c均值法（FCM）作为比较模型，混淆矩阵如图8所示。其中，采用交叉验证方法确定k近邻模型的k值（取k值为6）；隐含层中神经元的最优数确定为14（基于参考文献[13]的方法）。

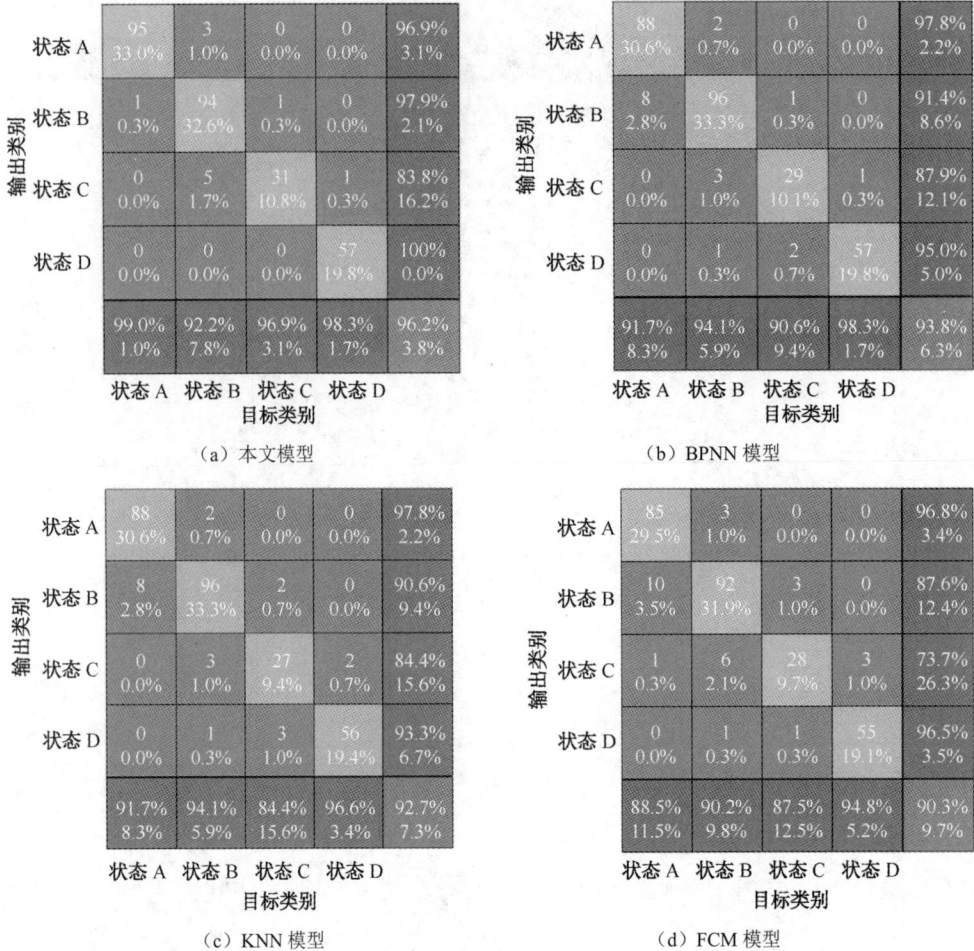

图 8　混淆矩阵

在 4 类模型的混淆矩阵图中，每个矩阵的行代表模型输出的状态类别，列代表对应实际的状态类别，对角线（浅色方框）元素代表模型在每个状态类别下正确判别的数据及比率，最右侧列内元素（最深色方框内元素）反映了模型在每个预期状态类别下的判别精度，最下端行内元素（最深色方框内元素）则反映了模型在每个实际交通状态类别下的判别精度。而较对角线（浅色方框）稍深颜色框内元素代表了模型整体的判别精度。

对比图 8 中的 4 个矩阵结果，得出以下结论。

（1）从整体精度看，本文模型的精度要高于 BPNN 模型、KNN 模型和 FCM 模型，尤其是在判别阻塞状态 D 下。

（2）BPNN 模型、KNN 模型和 FCM 模型下的判别结果在判别相邻交通状态类别下，精度会有所下降。

（3）从错误分类结果来看，本文模型的误差要小于 BPNN 模型、KNN 模型和 FCM 模型。

4　总结

为获取准确的城市路网级交通状态信息，本文从模式识别的角度，将路网交通状态识别问题转化为路网交通状态多分类问题。从训练阶段和判别阶段两个阶段，提出本文的基于 EMV-AdaBoost-SVM 状态判别模型。由于多分类问题烦琐，不易操作，借助 DAG 方法，将多分类问题转化为二分类问题，进而搭建路网交通状态判别器。此外，在运用 AdaBoost 方法和 SVM 方法的组合模型时产生的耗时问题，本文从以下 3 个方面予以解决。

（1）调整训练样本集的抽样方式，以减少样本的训练时间。

（2）采用 EMV 方法的协同训练算法对所有强分类器进行并行训练，减少了强分类器的训练时间。

（3）采用 DAG 判别式结构，减少了不必要步骤，节省了区域交通状态判别的时间。

随后，通过实例分析，验证了本文模型的可行性及分类精度，从而说明了本文提出的路网交通状态判别模型能够实现准确掌握路网交通状态信息的目的。

参 考 文 献

[1]　Payne H J, Helfenbein E D, Knobel H C. Development and testing of incident detection algorithms, volume 2: Research methodology and detailed results[J].Pattern Recognition Systems, 1976.

[2]　Dudek C L, Messer C J, Nuckles N B. Incident detection on urban freeways[J]. Transportation Research Record, 1974, 495: 12-24.

[3]　Cook A R. The detection of freeway capacity reducing incidents by traffic stream measurements[J]. 1970.

[4]　Levin M, Krause G M. Incident detection: A Bayesian approach[J]. Transportation Research Record, 1978, 682: 52-58.

[5]　Ahmed M S, Cook A R. Analysis of freeway traffic time-series data by using Box-Jenkins techniques[J]. Transportation Research Record,1979, 722:1-9.

[6]　Ritchie S G, Cheu R L. Simulation of freeway incident detection using artificial neural networks[J]. Transportation Research Part C: Emerging Technologies, 1993, 1(3):203-217.

[7]　陈维荣，关佩，邹月娴. 基于 SVM 的交通事件检测技术[J]. 西南交通大学学报，2011，46（1）：63-67.

[8]　吴志勇，丁香乾，鞠传香. 一种基于深度学习的离散化交通状态判别方法[J]. 交通运输系统工程与信息，2017，17（05）：129-136.

[9]　魏文钰，欧阳志濠，刘绮森，梁逸龙，蔡立椿. 基于 MFD 和谱聚类的路网交通状态判别方法与仿真[J]. 现代信息科技，2020，4（04）：113-115.

[10] 陈泽山，方捷，许梦云，肖平辉，刘志佳. 考虑临近时空序列影响的城市交通状态判别方法[J]. 福州大学学报（自然科学版），2019，47（06）：830-835.

[11] Yang Q F, Xing R R, Zheng L L, et al. Quantitative analysis of urban regional traffic status[J]. Mathematical Problems in Engineering, 2017, 2017(7): 1-11.

[12] Lingras P, Butz C. Rough set based 1-v-1 and 1-vr approaches to support vector machine multi-classification[J]. Information Sciences, 2007, 177(18): 3782-3798.

[13] Vlahogianni E I, Karlaftis M G, Golias J C. Optimized and meta-optimized neural networks for short-term traffic flow prediction: A genetic approach[J]. TransportationResearch Part C: Emerging Technologies, 2005, 13(3): 211-234.

城市交通综合出行指数评价体系构建及应用①

张溪 [1,2]　刘建军 [3]　周天 [3]　温慧敏 [1,2]　孙建平 [1,2]　张一鸣 [1,2]

（1. 北京交通发展研究院，北京 100073；

2. 城市交通运行仿真与决策支持北京市重点实验室，城市交通北京市国际科技合作基地，北京 100073；

3. 北京市交通委员会，北京 100073）

【摘要】近年来，城市交通运行评价的发展方向由原来的只指针对道路拥堵进行评价，转变为更多关注绿色出行方式的运行情况，以及对城市全方式的出行效率进行评价。本文介绍了北京市建立城市交通综合出行评价指标体系的研究思路和方法，提出了以1 个"综合出行时间指数"及 5 个分方式的特征指数构成的"交通综合出行指数体系"。紧密结合 2019 年北京市交通综合治理工作，运用海量交通运行数据对 2019 年北京市及主要行政区的交通运行状况进行定期评价和分析。该评价指标体系的建立和应用，有利于对全市各区进行交通体检，精准定位问题，促进各部门更加有针对性地推进交通综合治理工作。

【关键词】交通综合出行时间指数；公交可靠性指数；地铁舒适性指数；交通综合治理

①基金项目：国家重点研发计划/National Key Research and Development Program of China(2018YFB1 600900)

Construction and Application of Urban Traffic Comprehensive Travel Index Evaluation System

Zhang Xi[1,2]　Liu Jianjun[3]　Zhou Tian[3]　Wen Huimin[1,2]　Sun Jianping[1,2]
Zhang Yiming[1,2]

(1. Beijing Transport Institute, Beijing 100073, China;

2. Beijing Key Laboratory of Urban Traffic Operation Simulation and Decision Support, The Base for Beijing's International Technological Cooperation regarding Urban Transportation , Beijing 100073, China;

3. Beijing Municipal Commission of Transport, Beijing 100073, China   )

Abstract: In recent years, the development direction of urban traffic operation evaluation has changed from evaluation of road congestion to the focus on the operation of green travel mode and the evaluation of urban full mode travel efficiency. This article introduces the research ideas and methods of establishing traffic comprehensive travel index evaluation system in Beijing and proposes a "traffic comprehensive travel index system" composed of a "traffic comprehensive basic unit travel time index" and five sub-patterns of feature indexes, which are closely integrated. Combined with the comprehensive traffic management work of Beijing in 2019, the mass traffic operation data will be used to regularly evaluate and analyze the traffic operation status of Beijing and major administrative regions in 2019. The establishment and application of the evaluation index system is conducive to carrying out traffic physical examinations in various districts, pinpointing problems accurately, and promoting various departments to comprehensively promote comprehensive traffic management.

Keywords: Comprehensive Basic Unit Travel Time Index; Transit Reliability Index; Subway Comfort Index; Comprehensive Traffic Management

1　引言

2018 年，北京市政府大力推进城市交通综合治理工作，形成了由市长任组长、各相关委办局和区政府主管领导为成员的交通综合治理领导工作小组，定期召开小组会，研究部署下一阶段的交通治理工作任务。在 2018 年 2 月的第一次小组会上，市领导提出了"研究将道路交通、地铁、地面公交等运行状况纳入城市交通运行综合性评价指标体系，为市民出行提供便利服务"。交通出行作为与百姓日常生活息息相关的一个重要民生问题，首先要抓住百姓最为关切的出行效率、出行质量等问题，客观进行评价，才能发现问题、对症治理。长期以来，我们更多地关注小汽车运行情况，缺少考虑所有出行人群的评价指数。需要逐步引导社会改变对城市交通的认识和出行理念，实现由"以车为本"向"以人为本"的转变，建立以出行者感受关联，与交通治理相关联，以绿色出行为导向，可为出行者和管理者服务的指数。经过不断探索与研究，我们在现有"道路交通指数"评价方法的基础上，构建"1+5"模式的"交通综合出行指数体系"，实现交通运行评价体系的重构和评价方法的创新，为进一步鼓励和引导公交优先、绿色出行奠定基础及对交通综合治理工作提供决策支持。

2　研究基础及思路

目前，在各种交通出行方式的评价中，对小汽车运行状况的评价研究较多，已有较为成熟的评价体系。例如，北京交通发展研究院自 2007 年开始率先在国内研究并建立了道路交通拥堵指数评价指标体系，并于 2010 年开始对外发布，该评价体系在北京市城市道路交通管理、交通政策效果评估、交通规划等方面发挥了重要作用，监测记录了各类大事件及北京市道路交通运行变化情况，如 2008 年北京奥运会及残奥会期间交通保障情况、2010年实施缓解交通拥堵综合措施后交通运行变化情况、重大活动及重污染天气下单双号措施下路网拥堵变化情况、2015 年网约车发展对道路交通影响等，绘制了北京市道路运行图谱库，近年来，在微观层面，市区两级堵点治理、街道级拥堵监测方面也发挥了积极作用，支撑了北京市缓解交通拥堵相关工作。上海、广州、深圳、杭州、武汉等城市交通研究机构也陆续推出了适用于各自城市特点的道路交通拥堵指数。从 2014 年开始，高德、百度等互联网企业借鉴美国得州交通研究院的行程时间指数（Travel Time Index，TTI）提出了交通拥堵延时指数，即小汽车出行实际旅行时间与自由流状态下所需时间的比值，用于城市拥堵排名。

然而，在现有的评价指标体系中，过于强调对小汽车出行方式的评价，特别是以"堵"为核心的排名吸引了公众对小汽车出行效率的过度关注，容易对政府部门施加压力，调配更多的资源为小汽车出行服务，与公交优先和公交都市建设的方向背道而驰；与此同时，对绿色出行方式的运行评价还存在空白，不能综合反映市民多种方式出行的效率。

因此，我们在深入分析出行时间（Travel Time，TT）、行程时间指数（Travel Time Index，TTI）、计划时间指数（Planning Time Index，PTI）等国内外常用指标的基础上，分析指标提出背景、适用条件和局限性，提出以单位距离时间指数（Basic unit Travel Time，BTI）为核心的交通综合出行指数及"1+5"模式的"交通综合出行指数体系"（即 1 个"综合出行时间指数"，以及 5 个分方式的特征指数），既能反映城市交通系统综合出行效率，又能分方式、分空间、分时段、多角度地反映交通出行的薄弱环节。对百姓出行而言，可感受，对管理者而言，可量化、可分解、可考核。

交通综合出行指数评价指标体系参见图 1。

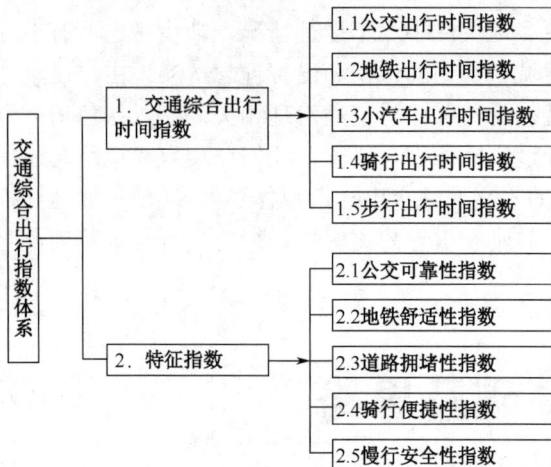

图 1　交通综合出行指数评价指标体系

3　交通综合出行指数评价指标体系

3.1　交通综合出行时间指数

交通综合出行时间指数是指城市居民出行 1 千米平均所用的时间，单位：分钟/千米，出行方式包括了小汽车、地面公交、地铁、自行车、步行。对于城市全方式运行评价，单位距离的出行时间可以作为评价其运行顺畅的关键指标，首先基于不同的数据来源，对各类交通方式的出行时间指数进行计算，不同空间维度下各类交通方式的出行时间指数可定义为单位总出行距离下的总出行时间，可表示为下式：

$$\mathrm{BI}_i = \frac{\sum T_i}{\sum L_i}$$

式中，BI_i 是某种出行方式的出行时间指数；T_i 是该出行方式的总出行时间，单位：分钟；L_i 是该种出行方式的总出行距离，单位：千米。分别得到各种交通方式的出行时间指数后，进一步用周转量作为综合出行指数的权重。其计算公式为：

$$\mathrm{BT1} = \sum_{i=1}^{I=5} w_i \cdot \mathrm{BI}_i$$

2018 年北京市工作日高峰平均综合出行时间指数为 4.38 分钟/千米，即 1 千米出行平均耗时 4.38 分钟。其中，公交出行时间指数年均值 3.60 分钟/千米，小汽车出行时间指数年均值为 2.92 分钟/千米，地铁出行时间指数年均值为 2.33 分钟/千米，自行车出行时间指数年均值为 6.1 分钟/千米，步行出行时间指数年均值为 15 分钟/千米。

3.2 分方式特征指数

不同出行方式关注角度不同，除了时间指数，针对公交、地铁、小汽车、自行车和步行出行方式，分别提出公交可靠性指数、地铁舒适性指数、道路拥堵性指数、自行车便捷性指数和慢行安全性指数 5 个特征指数，与时间指数一起构成综合性评价体系。

3.2.1 公交可靠性指数

公交可靠性指数反映了地面公交到站时间与发车间隔的偏离程度，与市民等车感受相关。指数取值 0 至 10，值越高，可靠性越差。可靠性指数由每个线路每个站点的到站间隔偏差为基础指标进行计算。首先计算单条线路中各个站点的平均到站间隔偏差，然后计算区域内严重偏差站点所占比例，严重偏差站点按照到站时间偏差大于 5 分钟的站点进行统计，最后根据比例转换成区域内的地面公交可靠性指数。2018 年北京市工作日高峰时段地面公交可靠性指数年均值为 4.80，处于"一般可靠"级别。

到站间隔偏差划分标准参见表 1。区域地面公交可靠性指数划分阈值参见表 2。

表 1 到站间隔偏差划分标准

等　　级	1 级	2 级	3 级	4 级	5 级
到站间隔偏差	<3 分钟	3～5 分钟	5～8 分钟	8～10 分钟	>10 分钟

表 2 区域地面公交可靠性指数划分阈值

等　　级	可靠	较可靠	一般可靠	不可靠	很不可靠
不可靠站点占比	<10%	10%～20%	20%～30%	30%～40%	>40%
公交可靠性指数	[0-2)	[2,4)	[4,6)	[6,8)	[8,10]

3.2.2 地铁舒适性指数

地铁舒适性指数反映了区域内地铁站区间的拥挤程度，指数取值 0 至 10，值越高，舒适性越差。地铁舒适性指数基于每条线路每个站区段的拥挤度指标进行计算。首先统计高峰时段内，拥挤度处于"拥挤"和"严重拥挤"（即拥挤度大于或等于 0.9）的站间个数占线路或区域内总站间数的比值，进一步转换成舒适性指数。2018 年北京市工作日高峰时段地铁舒适性指数平均值为 4.05，处于"轻度拥挤"级别。地铁站间拥挤度划分标准参见表 3，区域地铁舒适性指数划分阈值参见表 4。

表 3 地铁站间拥挤度划分标准

标　　准	舒适	比较拥挤	拥挤	严重拥挤
拥挤度	0.6	0.6～0.9	0.9～1.1	1.1 以上

注：拥挤度=列车实际载客量/列车定员数

表4　区域地铁舒适性指数划分阈值

等　　级	舒适	基本舒适	轻度拥挤	中度拥挤	严重拥挤
拥挤站间比例	<10%	10%,20%	20%,30%	30%,40%	>40%
地铁舒适性指数	（0，2）	[2，4)	[4，6)	[6，8)	[8，10)

3.2.3　道路拥堵性指数

道路拥堵性指数反映了道路网畅通或者拥堵水平。指数取值0至10，值越高，表明路网拥堵程度越高。道路拥堵性指数由路段的平均速度为基本单元进行计算。首先根据不同等级路段运行速度判别标准识别处于严重拥堵状态的路段；进一步分别统计各等级道路严重拥堵路段所占的里程比例，然后将各等级道路的严重拥堵里程比例根据VKT权重进行加权得到道路网严重拥堵里程比例；最后根据拥堵里程比例转换成0-10的指数值。2018年北京市高峰时段道路拥堵性指数为5.54，处于"轻度拥堵"级别。路段交通运行速度状态划分标准参见表5。道路交通拥堵指数阈值划分参见表6。

表5　路段交通运行速度状态划分标准

运行速度/状态	畅通	基本畅通	轻度拥堵	中度拥堵	严重拥堵
快速路	>65	(50,65]	(35,50]	(20,35]	≤20
主干道	>45	(35,45]	(25,35]	(15,25]	≤15
次干道和支路	>35	(25,35]	(15,25]	(10,15]	≤10

表6　道路交通拥堵指数阈值划分

等级	畅通	基本畅通	轻度拥堵	中度拥堵	严重拥堵
拥堵里程比例	<4%	4%~8%	8%~11%	11%~14%	>14%
道路交通拥堵指数	[0,2]	(2,4]	(4,6]	(6,8]	(8,10]

3.2.4　自行车便捷性指数

自行车捷性指数综合评价自行车出行的便捷程度，取值从0至10，值越高，表示自行车出行便捷水平越差。便捷性指数主要由客观调查及市民满意度调查打分获得。调查指标主要有：非机动车道宽度、机非隔离方式、非机动车道占用率、绿荫覆盖率、自行车停车秩序和泊位供给等。2018年对北京市12条典型道路进行自行车便捷性指数调查，骑行便捷性指数为2.1，处于"良好"等级。

3.2.5　慢行安全性指数

慢行安全性指数反映了慢行系统的安全情况。指数取值0至10，值越高，表明道路步行环境的安全性越差。该指数拟通过步行出行环境调查，以及安全事故数、安全事故率等指标综合评分获得。骑行便捷性指数及慢行安全性指数阈值划分参见表7。

表7 骑行便捷性指数及慢行安全性指数阈值划分

等级	优秀	良好	一般	较差	很差
综合评分	80～100	60～80	40～60	20～40	0～20
便捷性指数（安全性指数）	[0-2)	[2,4)	[4,6)	[6,8)	[8,10]

4 交通综合出行指数体系应用

从2019年开始，依托北京市丰富的交通运行数据已经实现了交通综合出行指数评价体系中多项指标的定期计算；同时，根据北京市交通综合治理考评工作需要，按月对各区进行多项交通运行类的指标分析和评价，为北京市交通综合治理领导小组"以评促建、以评促改、以评促管"的工作提供定量化的指数评价支持。

4.1 2019年评价范围的界定

为了更好地发挥交通综合出行指数体系的作用，针对2019年全市交通重点任务及定期评价的工作要求，再次明确了交通综合出行指数体系中各项指数的评价对象和评价周期，同时，针对部分指数的核心算子进行了调整。采用交通大数据进行长期监测和定期评价的指数分别是交通综合出行时间指数，特征指数中的地面公交可靠性指数、地铁舒适性指数、道路拥堵性指数。特征指数中的骑行便捷性指数和慢行安全性指数受限于数据较难实时获取（主要采用人工调查），建议结合实际工作定期开展，不作为定期评价指标。具体情况如下。

交通综合出行时间指数：评价对象为按照全市、各行政区进行评价，评价周期按照月、季、年的测评方式。其中分方式的时间指数：小汽车出行时间指数基于私人小汽车出行数据测算、公交出行时间指数基于公交IC卡刷卡数据测算、地铁出行时间指数基于地铁AFC刷卡数测算、骑行出行时间指数基于共享单车订单数据测算、步行出行时间指数采用年度调查数据。

地面公交可靠性指数：评价对象为按照全市、各条线路进行评价，评价周期按照年度测评的方式。其中，核心算子调整公交准点到站率，即统计期内，准点到站的站点数量占总站点数的比值。"准点到站"判断标准为：每个线路每个站点相邻班次到站时间间隔与发车间隔的时间差，属于"快2慢3"时间范围的属于准点到站，即到站间隔与发车间隔相比，早2min或晚3min以内。该指数基于公交GPS数据进行测算。同时，增加地面公交运行速度指标的监测和评价，地面公交运行速度通过IC卡刷卡数据计算，根据每一个有效刷卡记录，得到每一个行政区内每一个出行者的上下车时间、上下车距离，进一步汇总得到区域内的地面公交总出行距离、总出行时间，最后计算区域内的地面公交运行速度。

地铁舒适性指数：评价对象为按照全市、各条地铁线路进行评价，评价周期按照年度测评的方式。该指数基于地铁站区间拥挤度数据进行测算。

道路拥堵性指数：评价对象为按照全市、各行政区、街道来评价，评价周期按照月、季、年的测评方式。该指数基于浮动车采集分析处理得到的道路路段运行速度数据进行测算。

4.2　2019 年北京市交通运行状况评价

4.2.1　交通综合出行时间指数评价

1. 全市交通综合出行时间指数评价

2019 年工作日全市综合出行时间指数为 4.25 分钟/千米，较去年同期的 4.32 分钟/千米，减少 0.07 分钟/千米，每百千米出行耗时缩短 7 分钟。

其中，2019 年工作日全市小汽车出行时间指数为 2.79 分钟/千米，较去年同期的 2.93 分钟/千米降低 4.78%，每百千米出行耗时缩短 14 分钟。2019 年工作日全市地面公交出行时间指数为 3.53 分钟/千米，较去年同期的 3.59 分钟/千米，减少 0.06 分钟/千米，每百千米出行耗时缩短 6 分钟。2019 年工作日全市地铁出行时间指数为 2.17 分钟/千米，与去年同期持平。2018 年与 2019 年月交通综合出行时间指数对比参见图 2。

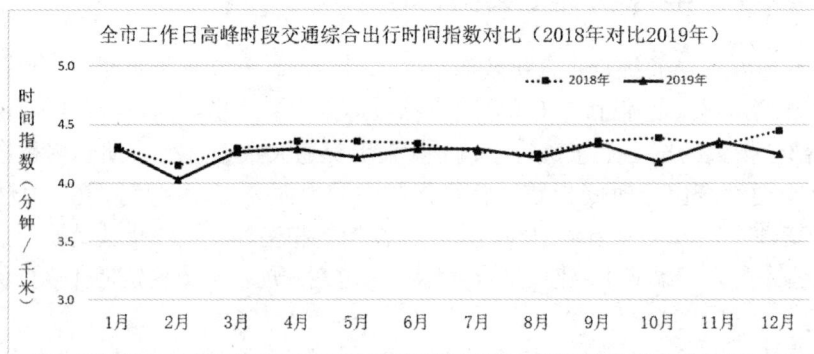

图 2　2018 年与 2019 年月交通综合出行时间指数对比

2. 行政区交通综合出行时间指数评价

2019 年城六区交通综合出行时间指数均出现下降，其中，东城区下降幅度最大，降幅为 1.67%，每百千米出行耗时缩短 8 分钟。分行政区交通综合出行时间指数同比变化情况（按降幅排序）参见表 8。

表 8　分行政区交通综合出行时间指数同比变化情况（按降幅排序）

排　名	行　政　区	2019 年/（分钟/千米）	2018 年/（分钟/千米）	同　比
1	东城区	4.71	4.79	-1.67%
2	朝阳区	4.28	4.34	-1.38%
3	西城区	4.73	4.78	-1.05%
4	丰台区	4.11	4.15	-0.96%
5	海淀区	4.37	4.41	-0.91%
6	石景山区	4.29	4.30	-0.23%

4.2.2　地面公交可靠性评价及运行速度评价

2019 年工作日全市地面公交准点到站率为 57%。2019 年工作日全市地面公交高峰时段运行速度为 17.02 千米/小时，较去年同期 16.70 千米/小时，增长 1.92%，地面公交与小汽车运行速度为 0.69:1，同比增长 1.47%。2019 年工作日全市地面公交与小汽车速度对比参见图 3。

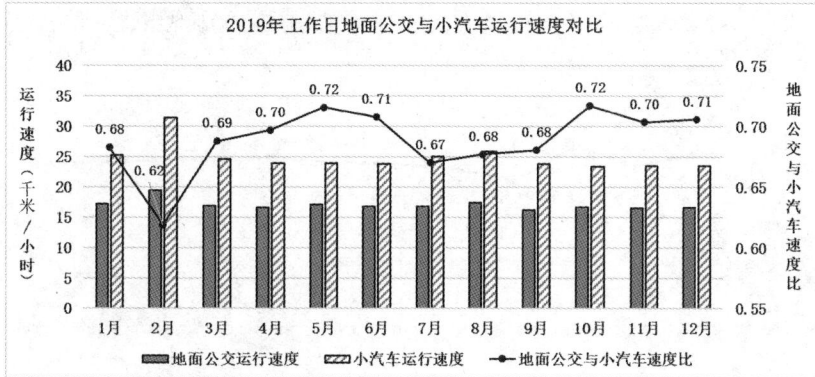

图 3　2019 年工作日全市地面公交与小汽车速度对比

4.2.3　地铁舒适性评价

2019 年典型工作日全市地铁线路基本处于"舒适"和"较舒适"级别。其中，部分线路早高峰进城方向整体拥挤情况较为突出，9 号线上行、八通线下行、15 号线下行、1 号线上行车厢拥挤情况最突出，有超过 45% 的站间拥挤度大于 0.9，处于"严重拥挤"状态。

2019 年典型工作日全市地铁舒适性指数排名前十五线路参见表 9。

表 9　2019 年典型工作日全市地铁舒适性指数排名前十五线路

排　名	线　路	方　向	起　始　站	拥挤站间占比	地铁舒适性等级
1	9 号线	上行	郭公庄—国家图书馆	75.00%	严重拥挤
2	八通线	下行	土桥—四惠东	58.33%	严重拥挤
3	15 号线	下行	俸伯—清华东路西口	52.63%	严重拥挤
4	1 号线	上行	四惠东—苹果园	45.45%	严重拥挤
5	昌平线	下行	昌平西山口—西二旗	36.36%	中度拥挤
6	房山线	上行	阎村东—郭公庄	36.36%	中度拥挤
7	13 号线	上行	东直门—西直门	33.33%	中度拥挤
8	4 号线	上行	公益西桥—安河桥北	32.35%	中度拥挤
9	6 号线	下行	潞城—海淀五路居	27.27%	轻度拥挤
10	14 号线	上行	北京南站—西局	21.43%	轻度拥挤
11	5 号线	下行	天通苑北—宋家庄	18.18%	基本舒适
12	10 号线	上行	环线	11.11%	基本舒适
13	1 号线	下行	苹果园—四惠东	9.09%	舒适
14	6 号线	上行	海淀五路居—潞城	6.06%	舒适
15	4 号线	下行	安河桥北—公益西桥	5.88%	舒适

4.2.4　道路拥堵指数评价

2019 年中心城区高峰时段道路拥堵指数为 5.48，处于"轻度拥堵"级别，较去年同期的 5.54，降低 1.08%，已连续两年出现下降。分行政区来看，东城区、西城区道路拥堵指数下降幅度最明显，拥堵情况有所好转。道路交通拥堵指数年变化趋势参见图 4。道路交通拥堵指数同比变化情况参见表 10。

图 4　道路交通拥堵指数年变化趋势

表 10　道路交通拥堵指数同比变化情况（按降幅排序）

排名	行政区	2019 年	2018 年	同比
1	东城区	6.31	6.62	-4.68%
2	西城区	6.65	6.89	-3.48%
3	朝阳区	5.87	5.94	-1.18%
4	海淀区	5.31	5.36	-0.93%
5	丰台区	4.17	4.14	0.72%
6	石景山区	4.14	4.09	1.22%
	中心城区	5.48	5.54	-1.08%

5　结语

交通综合出行指数评价体系的应用主要在两个方面：一方面是面向公众，定期对社会提供地面公交、地铁等绿色交通方式的运行现状，结合我市轨道交通建设、公交线网调整及慢行系统改善等工作，对绿色出行效率的提升进行量化解读，通过引导社会宣传，营造良好氛围，进一步鼓励和引导公交优先、绿色出行，实现公众对交通治理由"政府治理"向"社会共治"的转变；另一方面应用于管理实践，要将以人为本的理念落实在交通综合治理的具体工作中，利用交通综合出行指数评价指标体系对全市、各区进行交通体检，精准定位问题，抓住主要矛盾制定工作措施，促进各部门更加有针对性地推进交通综合治理工作，有利于加强统筹协调，将各区、各部门在交通综合治理方面的管理责任具体化、清单化，督促各区、各部门认真履行职责，确保落实到位。

交通综合出行指数评价体系中的核心是交通综合出行时间指数，其提出的缘由是要将城市交通运行评价工作从只关注"小汽车"出行向关注"全部出行者"进行转变。受限于不能获取每个出行者的实时出行位置数据，目前针对综合出行时间指数的计算采用的是分方式计算、加权集成、补充调研的方法。经过前期调研和论证，目前还没有成熟的应用软件支持出行者自愿提供高频率的出行位置等信息采集，因此，一方面需要对目前较难获取的出行者全链条实时动态位置信息进行技术攻关，综合政府部门、交通研究机构、互联网公司等各类资源，对出行者高频率、实时的位置信息进行处理和分析，实现基于出行者全链条的交通综合出行时间指数计算。另一方面要紧密结合城市交通综合治理工作实际，不断完善城市交通综合出行指数内涵和应用，以城市健康出行为理念和目标，建立多维度指标分析的城市交通出行健康程度评价方法，持续支持对全市和各区交通综合治理工作效果的监测评价。

参 考 文 献

[1] 全永燊，郭继孚，温慧敏，孙建平. 城市道路网运行实时动态评价理论和技术研究[J]. 中国工程科学，2011，13（1）：43-48.

[2] 张云峰. 美国《城市机动化年度报告》及其启示[J]. 国际城市规划，2011，26（4）：62-68.

[3] 王璐媛，于雷，孙建平，宋国华. 交通运行指数的研究与应用综述[J]. 交通信息与安全，2016，34（03）：1-9+26.

[4] 滕爱兵，韩竹斌，李旭宏，费锦凤，安明娟. 步行和自行车交通系统评价指标体系[J]. 城市交通，2016，14（5）：37-43，55.

[5] 乔欢，张鹤. 城市公共交通发展评价指标体系研究[J]. 交通与运输，2009，12：62-65.

[6] 北京交通发展研究中心. 城市道路交通运行评价指标体系：DB11/T 785-2011[S].

[7] 北京交通发展研究中心. 城市交通运行状况评价规范：GB/T 33171-2016[S].

[8] 张溪，刘建军，周天，孙建平，温慧敏. 基于行程时间比指数的街道级交通运行特征研究[J]. 交通工程，2018，18（06）：8-15.

[9] 孙建平，郭继孚，张溪，徐春玲. 基于速度变化的偶发性交通拥堵时空分布特性研究[J]. 交通运输系统工程与信息，2019，19（02）：196-201+215.

基于卡口数据的交通参数提取及其可视化

孙猛[1]　李建梅[1]　孙锋[1*]　吴晓炜[2]　陈浩田[2]　朱爽[2]

（ 1. 山东理工大学 交通与车辆工程学院，山东 淄博 255000
2. 淄博市公安局交通警察支队张店大队，山东 淄博 255000 ）

【摘要】将大数据技术与智慧交通相结合，能够改善城市发展中的交通拥堵问题。针对交通参数提取烦琐和流程混乱的问题，本文首先对交通数据的预处理提出了一系列处理方法，之后基于 Python 强大的数据分析功能，利用 NumPy、Pandas 等构建了一个数据分析模型，对大量卡口数据进行交通参数的提取和挖掘，模型成功提取出交通量、行程时间、平均车速、排队长度、车辆周期延误等参数，为交通系统的评价和优化打下了坚实的基础；最后基于 Python 可视化库和 ECharts 对数据分析结果进行可视化处理，将数据以合适且丰富的方式展示，并依据 ECharts 强大的数据渲染性能，实现了海量数据的静态与动态可视化。

【关键词】交通数据分析；智能交通；数据可视化；Python；ECharts

Extraction and Visualization of Traffic Parameters Based on Checkpoint Data

SUN Meng[1], LI Jianmei[1], SUN Feng[1*],
WU Xiaowei[2], CHEN Haotian[2], ZHU Shuang[2]

(1.Shandong University of Technology, School of transportation and vehicle engineering, Zibo 255000, China;
2. Zhangdian brigade of traffic police detachment of Zibo Public Security Bureau, Zibo 255000, China)

Abstract: The combination of big data technology and intelligent transportation can improve the

---
基金项目：国家自然科学基金项目（51508315, 51608313）；山东省重点研发计划项目(2016GGB01539)。

traffic congestion in urban development. Aiming at the problem of tedious and chaotic traffic parameter extraction, this paper first proposes a series of processing methods for traffic data preprocessing. Then, based on the powerful data analysis function of Python, a data analysis model is constructed by using NumPy, Pandas and so on. A large number of bayonet data are extracted and mined. The model successfully extracts the traffic volume, travel time and average value Parameters such as average speed, queue length and vehicle cycle delay lay a solid foundation for the evaluation and optimization of the traffic system. Finally, based on Python visualization library and ECharts, the data analysis results are visualized, and the data is displayed in a suitable and rich way. According to the powerful data rendering performance of ECharts, the static and dynamic visualization of massive data is realized.

Keywords: Traffic data analysis; Intelligent transportation; Data visualization; Python; ECharts.

高负荷交叉口运行特征解析及信号配时优化[①]

李大龙[1] 孙猛[1] 朱晔[1] 马晓龙[2] 孙锋[1] 林飞[1]

（1. 山东理工大学 交通与车辆工程学院，淄博，255049；
2. 青岛海信网络科技有限公司，青岛，266000）

【摘要】针对传统配时模型中采用固定参数导致的方案设计不合理问题，本文在充分考虑交叉口渠化及供需关系的基础上，首先，对高负荷交叉口车流释放特征进行精细化解析，确定 5 个阶段的最大释放流率及持续时间；其次，提出了交叉口总损失时间的计算模型，并将其作为高负荷交叉口信号配时的优化目标；再次，基于优化指标构建了绿灯及信号周期的优化模型；最后，通过实例验证了模型的有效性，结果显示，交叉口的平均延误较优化前降低 12.7%，排队长度减少 20%。

【关键词】交通控制；高负荷交叉口；饱和流率；周期

Operation Characteristics Analysis and Signal Timing Optimization of High Load Intersection

Li Dalong[1] Sun Meng[1] Zhu Ye[1] Ma Xiaolong[2] Sun Feng[1] Lin Fei[1]

（1. School of Transportation and Vehicle Engineering, Shandong University of Technology, Zibo 255049, China;
2. Qingdao Hisense TransTech Company, Qingdao 266061, China）

Abstract: In order to solve the problem of unreasonable scheme design caused by fixed parameter value in traditional time allocation model, based on fully considering intersection channelization and supply-demand relationship, this paper first analyzes the release characteristics of traffic flow at high load intersection, and determines the maximum

---

① **基金项目**：山东省重点研发计划项目（2016GGB01539），淄博市重点研发计划项目（2019ZBXC515）

release flow rate and duration in five stages; secondly, it puts forward a calculation model of total loss time of intersection, and makes a calculation model for the total loss time of intersection Then, the optimization model of green light and signal period is constructed based on the optimization index. Finally, the effectiveness of the model is verified by an example. The results show that the average delay of intersection is reduced by 12.7% and the queue length is reduced by 20%.

Keywords: Traffic Control; High Load Intersection; Saturation Flow Rate; Cycle

1 引言

城市交通网络的拥堵往往首先是由局部点的堵塞开始的，经过演化导致了由点到线、由线到面的交通堵塞。国内外的实践证明，城市交通管理和信号控制是有效缓解交通拥堵的集约化方式，是保障城市交通系统安全、稳定、畅通运行的重要技术手段。国外从20世纪50年代开始研究交通控制技术。20世纪50年代，Webster以车辆平均延误最小为目标建立固定周期信号配时优化方法，称为Webster方法（TRRL）[1]。20世纪80年代，澳大利亚学者Akcelik以平均延误时间和停车次数为优化目标，在韦伯斯特模型的基础上引入停车补偿系数，将车辆延误时间和停车次数结合起来作为评价指标，建立了交叉口配时优化模型[2]。Tang-Hsien Chang等人提出一种过饱和交叉口状态下以交叉口延误最小为目标的信号配时的离散动态优化模型[3]。李瑞敏等人提出了以最大排队长度为限制的过饱和交叉口信号控制的动态规划优化模型[4,5]。

在上述控制模型中，都是假定进口车道组的饱和流率及损失时间为固定值，将交通流量作为输入变量对信号周期及绿灯时间进行优化，从而达到最小延误和饱和度等指标。然而，通过实际观察发现，由于交叉口渠化设计及交通状态的不同，饱和流率、损失时间等参数会随之变化，这导致了优化目标函数失效和配时方案不合理[6,11]。为此，本文通过分析高负荷状态交叉口车流释放特征，提出交叉口释放流率和损失时间的计算模型，并进一步设计高负荷交叉口的信号配时优化模型，以期为过饱和交叉口信号配时设计提供指导。

2 高负荷交叉口车流释放特征解析

当交叉口绿灯启亮后，等候在停车线后的车辆将按照顺序依次通过交叉口，根据释放率的不同将释放过程分为3个阶段5种状态：红灯状态（OA）；渠化段内排队车辆释放状态（AB）；渠化段外排队车辆饱和释放状态（BC）；渠化段外排队车辆非饱和释放状态（CD）；车辆自由到达-释放状态（DE）；如图1所示。下面将对每一种运行状态进行深入分析，以确定状态持续时间和对应参数。

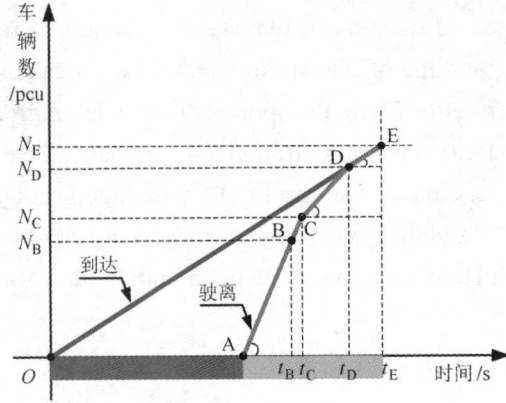

图 1　交叉口饱和状态车流释放过程

2.1　红灯状态

在每个周期中，部分车辆在到达交叉口停车线前，由于受红灯阻滞，在渠化车道内减速停车等待，如图 2 所示。

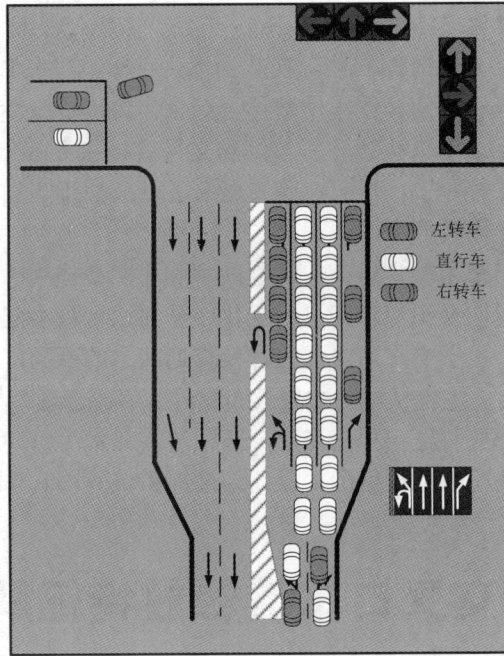

图 2　红灯期间交叉口运行状态

2.2　渠化段内排队车辆释放状态

绿灯启亮初期，渠化段内等候车辆开始向前运动，流率变化较快，从零逐渐达到饱和流量，并以饱和流量依次通过停车线，如图 3 所示。

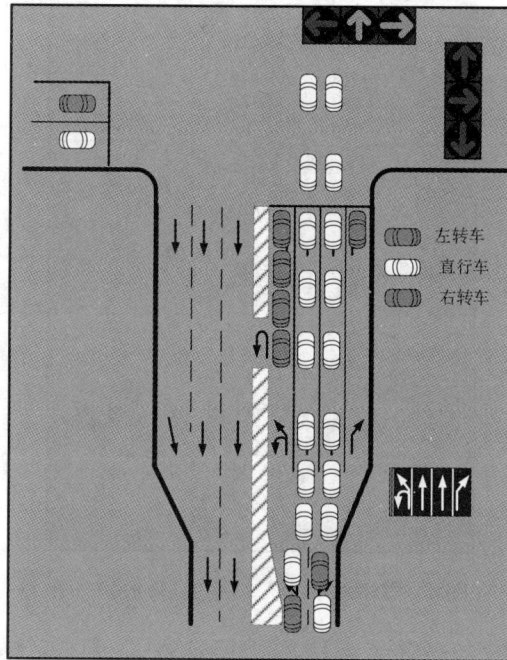

图3 绿灯启亮初期车流运行状态

此时对应图 1 中 AB 段，车流释放率为：$S=1\,800$ pcu/h。

该状态的持续时间通过下式计算得出：

$$\Delta t_{AB} = L_1/(6 \cdot S) + l_0 \tag{1}$$

式中，Δt_{AB} 为渠化段内排队车辆消散时间，单位为 s；S 为车流驶离率，单位为 pcu/h；L_1 为交叉口渠化段的长度，单位为 m；l_0 为绿灯初期车辆启动损失时间，单位为 s。

2.3 渠化段外排队车辆饱和释放状态

当启动波传递至渠化段的最后一辆车时，该车跟随前车启动加速，仍然以饱和流量释放。此时，渠化段外排队车辆逐渐分方向进入渠化车道，由于车辆距离渠化段距离不同，因此进入渠化车道时的车速不同，其释放过程分为两种情况。

（1）前方车辆速度较慢，后续进入的车辆能够迅速追赶上并形成跟随状态，交通流仍然按照饱和流量释放，过程如图 4 所示。

此时对应图 1 中 BC 段，车流释放率为：$S_{BC}=1\,800$ pcu/h。

根据实际调查，交叉口车流释放时，处于跟随状态的车辆平均加速度 $a_1=1.3$ m/s^2，而非跟驰状态的平均加速度为 $a_2=2.0$ m/s^2。因此，渠化段外排队车辆 i 即将进入渠化车道时的速度为：

$$V_{i,0} = [2a_1 \cdot 6(i-1)]^{1/2} \tag{2}$$

式中，$V_{i,0}$ 为渠化段外排队车辆 i 即将进入渠化车道时的速度，单位为 m/s；a_1 为处于跟随状态的车辆平均加速度，单位为 m/s^2。

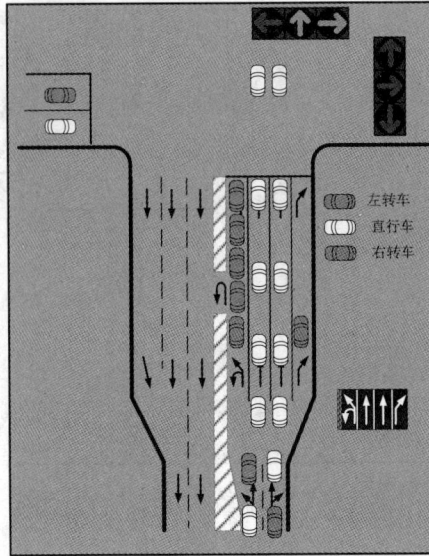

图4 渠化段外排队车辆初期释放状态图

假设直行车在车流中均匀分布，且所占比重 β=60%，那么，排队车辆进入直行车道时的平均车头间距为：

$$h_s = h_0 / 60\% \tag{3}$$

此时，如果渠化段外排队车辆 i 能够以跟随状态通过停车线，那么通过时刻为：

$$T_i = \Delta t_{AB} + i \cdot h_0 \tag{4}$$

式中，T_i 为渠化段外排队车辆 i 以跟随状态通过停车线的时刻，单位为 s。

（2）渠化段外排队车辆 i 和 i-1 从进入渠化段到通过交叉口停车线的行驶过程如图 5 所示。在渠化车道端部，跟随状态的车辆 i-1 以速度 $V_{i-1,0}$ 和加速度 a_1 行驶，后车 i 以速度 $V_{i,0}$ 和加速度 a_2 行驶，前后两车的车头时距为 h_s。如果前后两车以跟随状态驶出交叉口，那么前后两车的车头时距为 h_0。发生此种情境的极限状态是两车经过不同的加速过程后，在停车线处的车头时距恰好缩小至 h_0。

由此可见，满足公式（5）是图 1 中 C 点对应的时刻：

$$T_i' - T_{i-1} \geqslant (h_s - h_0) \tag{5}$$

式中，T_i' 为渠化段外排队车辆 i 以自由行驶状态通过停车线的时刻，通过式（6）计算：

$$T_i' = \begin{cases} \dfrac{V_d - V_{i,0}}{a_2} + \left(L - \dfrac{V_d^2 - V_{i,0}^2}{2a_2}\right) \Big/ V_d, & \text{假如 } L \geqslant \dfrac{V_d^2 - V_{i,0}^2}{2a_2} \\[4mm] \sqrt{2L \Big/ a_2}, & \text{假如 } L < \dfrac{V_d^2 - V_{i,0}^2}{2a_2} \end{cases} \tag{6}$$

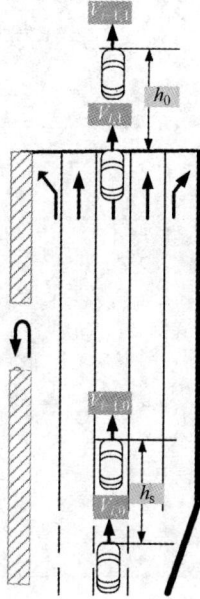

图 5 渠化段外排队车辆行驶过程

T_{i-1} 为渠化段外排队车辆 i-1 以跟随状态通过停车线的时刻，通过式（7）计算：

$$T_{i-1}^{'} = \begin{cases} \dfrac{V_d - V_{i-1,0}}{a_1} + (L - \dfrac{V_d^2 - V_{i-1,0}^2}{2a_1}) \Big/ V_d, & \text{假如 } L \geqslant \dfrac{V_d^2 - V_{i-1,0}^2}{2a_1} \\[4mm] \sqrt{2L \Big/ a_1}, & \text{假如 } L < \dfrac{V_d^2 - V_{i-1,0}^2}{2a_1} \end{cases} \tag{7}$$

该状态的持续时间为：

$$\Delta t_{BC} = 3\,600\, i/S \tag{8}$$

式中，Δt_{BC} 为渠化段内排队车辆消散时间，单位为 s。

2.4 渠化段外排队车辆非饱和释放状态

当前方车辆速度较快，后车无法在到达设计时速前追上前车时，车辆驶离率等于排队车辆中直行车的到达率，过程如图 6 所示。该状态对应图 1 中 CD 段，可以得出如下关系式：

$$N_D = q\beta \cdot (r + \Delta t_{AB} + \Delta t_{BC} + \Delta t_{CD}) = S \cdot (\Delta t_{AB} + \Delta t_{BC}) + S \cdot \Delta t_{CD} \tag{9}$$

式中，r 为红灯时间，单位为 s。

将公式（9）转化后，可得公式：

$$\Delta t_{CD} = \frac{q \cdot \beta \cdot r - (S - q)(\Delta t_{AB} + \Delta t_{BC})}{S^{'} - q} \tag{10}$$

式中，$S^{'}$ 为渠化段外排队车辆的释放率，单位为 pcu/h，通过式（11）计算：

$$S^{'} = 1/h_s = \beta/h_0 \tag{11}$$

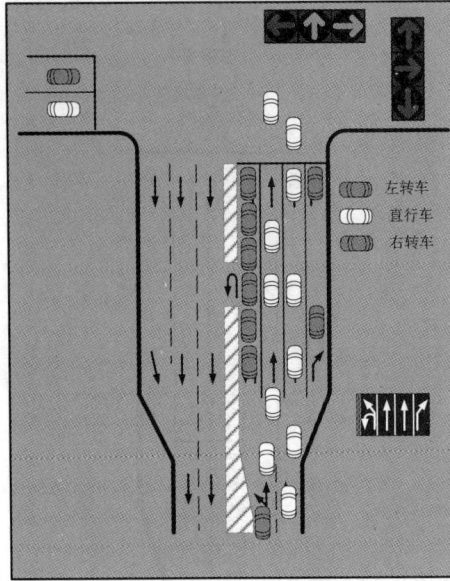

图 6　渠化段外排队车辆后期释放状态

2.5　车辆自由到达–释放状态

当排队车辆全部消散完毕后，该相位的车流放行进入驶离等于到达的状态，如图 7 所示。该状态持续至绿灯结束，此时对应图 1 的 DE 阶段。

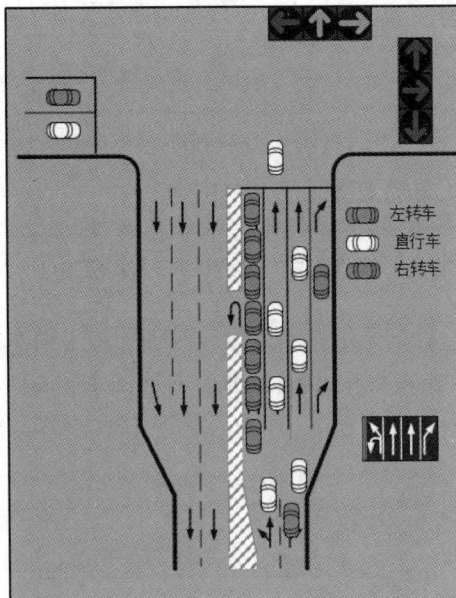

图 7　车辆自由到达-释放状态

通过上述对车辆到达释放规律的分析可以看出，阶段 2 至阶段 4 的持续时间由到达率、直行比例、红灯时长、渠化段等参数确定；阶段 5 的持续时间只与绿灯时长有关，该过程的长短直接影响绿灯利用率。

3 高负荷信号配时参数优化模型

3.1 优化目标

如图 8 所示为淄博市张店区南京–新村交叉口北进口直行车流的释放特征图,在绿灯前 45s 内车头时距比较稳定,位于 2s 左右;而当显示绿灯时间大于 45s 时,车流中的车头时距变化范围明显增大,其平均值达到了 3s 以上。由此可见,当相位绿灯时间较大时,后期车流的释放效率将会大幅下降,从而造成绿灯损失,这与上述分析的结论一致。

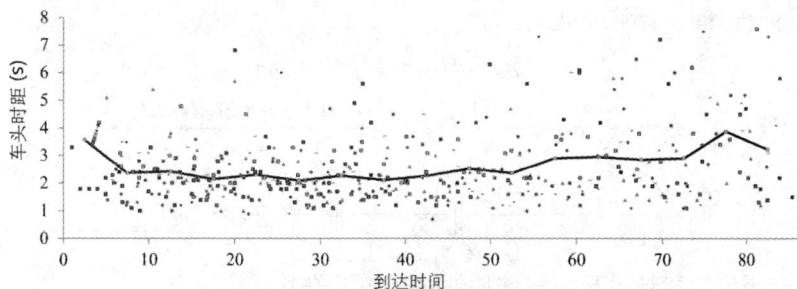

图 8　直行车流车头时距对应绿灯时刻散点图

在交叉口处于高负荷状态时,信号控制的首要目标是确保交叉口通行效率最大,即:损失时间最小。因此,本文将总损失时间最小作为高负荷交叉口信号配时的优化目标。基于上述车辆运行状态分析,认为损失时间由相位转换损失和绿灯损失组成,计算公式如下。

3.1.1 相位转换损失时间

相位转换损失时间包括绿灯启亮时的车辆启动损失时间、黄灯末尾的交叉口清空时间,与单位小时内的周期转换次数有关,计算公式为

$$Y_1 = \frac{C}{3\,600} \times nl_0 \tag{12}$$

3.1.2 绿灯损失时间

绿灯损失时间是因为交叉口释放效率低而产生的时间资源浪费,通过式(13)计算:

$$Y_2 = \frac{h_1 - h_0}{h_1} \times (G - g_e) \times \frac{C}{3\,600} \tag{13}$$

式(12)、(13)中,Y_1 为相位转换损失时间;Y_2 为绿灯损失时间;C 为周期时长,单位为 s;n 为相位数;l_0 为绿灯初期车辆启动损失时间,单位为 s;h_0 为饱和车头时距;h_1 为实际车辆车头时距;G 为绿灯时长;g_e 为有效绿灯时长。

因此，总损失时间通过式（14）计算：

$$Y = Y_1 + Y_2 \tag{14}$$

$$Y = \frac{C}{3\,600}\left[nl_0 + \frac{h_1 - h_0}{h_1} \times (G - g_e) \right] \tag{15}$$

交叉口信号配时优化的目标函数为：

$$\min\{Y\} = \min\left\{ \frac{C}{3\,600}\left[nl_0 + \frac{h_1 - h_0}{h_1} \times (G - g_e) \right] \right\} \tag{16}$$

3.2　绿灯及周期优化模型

通过对交叉口饱和状态车流释放规律的分析可知，当利用率最大的绿灯时间为排队车辆恰好释放完毕的时间时，优化效果较好，即将 3 个阶段车辆消散时间相加得到最大需求相位的最佳绿灯时间，计算公式为：

$$g_e = \Delta t_{AB} + \Delta t_{BC} + \Delta t_{CD} \tag{17}$$

$$
\begin{aligned}
g_e &= \frac{L}{6S} + l_0 + \frac{3\,600i}{S} + \frac{q \cdot \beta \cdot r - (S-q)(\Delta t_{AB} + \Delta t_{BC})}{S' - q} \\
&= \left(\frac{L}{6S} + l_0 + \frac{3\,600i}{S} \right)\left(\frac{1 - S + q}{S' - q} \right) + \frac{q\beta r}{S' - q}
\end{aligned} \tag{18}
$$

最大需求相位的绿灯时长与最佳周期存在如下关系：

$$q \cdot C = S \cdot g_e \tag{19}$$

因此，考虑最大需求相位约束的最佳周期的计算公式为：

$$
\begin{aligned}
C &= \frac{S}{q} \cdot g_e = \frac{S}{q} \cdot \left(\frac{L}{6S} + l_0 + \frac{3\,600i}{S} + \frac{q \cdot \beta \cdot r - (S-q)(\Delta t_{AB} + \Delta t_{BC})}{S' - q} \right) \\
&= \frac{S}{q}\left[\left(\frac{L}{6S} + l_0 + \frac{3\,600i}{S} \right)\left(\frac{1 - S + q}{S' - q} \right) + \frac{q\beta r}{S' - q} \right]
\end{aligned} \tag{20}
$$

式中：C 为最佳周期；g_e 为绿灯时间；Δt_{AB}、Δt_{BC}、Δt_{CD} 分别为 3 个阶段的消散时间；S 为车流驶离率，S' 为渠化段外排队车辆的释放率；β 为直行车在车流中所占比重；l_0 为绿灯初期车辆启动损失时间，单位为 s；r 为红灯时长；q 为流量；L 为渠化段长度。

4　实例验证

4.1　交通调查

4.1.1　交叉口渠化情况

本文选取周期时长较大的南京路—新村西路交叉口作为研究对象，交叉口渠化示意图如图 9 所示。

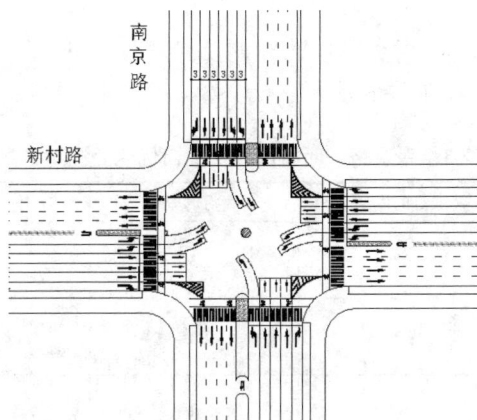

图 9　南京路—新村西路交叉口渠化示意图

4.1.2　交通流量调查

对该交叉口高峰时期（7:20—8:40）的数据进行调查，调查数据如表 1 所示。

表 1　南京路—新村西路交叉口流量表

进口道	左转车流量（pcu/h）	直行车流量（pcu/h）	右转车流量（pcu/h）
北	496	917	523
南	102	1 136	178
西	376	970	145
东	315	1 027	214

4.1.3　现状信号配时方案

该交叉口现在配时方案为固定周期的五相位信号交叉口，其相位配时参数如表 2 所示。

表 2　南京路—新村西路交叉口现状配时方案

信号相位	绿灯时间/s	黄灯时间/s	信号周期/s	绿信比/%
相位 1	52	3	196	26.53
相位 2	27	3	196	13.78
相位 3	48	3	196	24.49
相位 4	32	3	196	16.33
相位 5	22	3	196	11.22

4.2　配时方案设计

采用公式（18）和（20）对交叉口的周期及绿灯时长进行优化，得到该交叉口的最佳周期时长为 161 s，配时方案如表 3 所示。

表 3　南京路—新村西路交叉口优化后配时方案

信号相位	绿灯时间/s	黄灯时间/s	信号周期/s	绿信比/s
相位 1	42	3	161	26.09
相位 2	22	3	161	13.66
相位 3	39	3	161	24.22
相位 4	25	3	161	15.53
相位 5	18	3	161	11.18

4.3　仿真评价

利用 VISSIM 软件中对南京路—新村西路交叉口优化前后的配时方案进行仿真，通过 VISSIM 仿真中节点采集数据，对上述优化前后信号配时方案的车辆延误和排队长度等指标对比分析，如表 4 所示。

表 4　交叉口平均延误及排队长度前后优化对比

进口道	平均延误			排队长度		
	优化前	优化后	提升率	优化前	优化后	提升率
东进直	62.4	50.4	−19%	49.2	37.4	−24%
东进左	69.1	60.7	−12%	13.3	10.9	−18%
南进直	56.7	53.0	−7%	40.8	35.6	−13%
南进左	66.6	52.7	−21%	10.7	6.1	−43%
西进直	56.0	47.0	−16%	37.6	29.8	−21%
西进左	14.0	13.6	−3%	2.9	2.6	−10%
北进直	36.8	36.8	0%	29.8	27.0	−9%
北进左	55.2	49.7	−10%	22.6	19.3	−15%

从上表中可以看出，优化后的配时方案车辆平均延误及排队长度整体上都有降低，优化后交叉口的整体平均延误较优化前降低 12.7%，排队长度相比于优化前降低 20%。因此，优化后的交叉口配时方案有利于减少车辆平均延误和排队长度，从而提高车辆的通行效率。

5 结语

本文对车辆通过交叉口的运动规律进行分析，将其分为 5 个过程：红灯等待期间，车辆到达交叉口排队等待；绿灯启亮初期，渠化段内排队车辆释放；渠化段外排队车辆饱和释放过程；渠化段外排队车辆后期释放过程；车辆释放等于车辆到达过程。同时，逐一对每个过程进行分析，得到交叉口饱和状态车辆完全释放所需要的时间，以及在饱和状态下由于车辆启动及制动所产生的损失时间。最后根据获得的周期时长与损失时间之间的关系，对绿灯时长做进一步优化，得出考虑相位约束条件下的最佳周期计算公式。通过 VISSIM 仿真验证了本文所提出交叉口优化方法的有效性。

参 考 文 献

[1] Webster RV Traffic Signal Setting[R]. Road Research Technical Paper No. 39, London: Great Britain Road Research Laboratory, 1958.

[2] Akcelik, R. Traffic Signals: Capacity and Timing Analysis[J]. Publication of Australian Road Research Board, 1981, 15(6): 108-113.

[3] Chang T H, Lin J T, Optimal Signal Timing for an Oversaturated Intersection[J]. Transportation Research Part B, 2000, 34(6): 471-491.

[4] 李瑞敏，唐瑾. 过饱和交叉口交通信号控制动态规划优化模型[J]. 交通运输工程学报，2015，15（6）：101-109.

[5] 唐瑾. 过饱和路口交通信号控制动态规划优化模型[D]. 北京：清华大学，2015.

[6] 王殿海，李凤，宋现敏. 干线协调控制中公共周期优化方法研究[J]. 交通信息与安全，2009，27(05)：10-13+23.

[7] Shoufeng L, Ximin L, Shiqiang D. Revised MAXBAND Model for Bandwidth Optimization of Traffic Flow Dispersion [C]. 2008.

[8] 陈宁宁，何兆成，余志. 考虑动态红灯排队消散时间的改进 MAXBAND 模型[J]. 武汉理工大学学报（交通科学与工程版），2009，33（05）：843-847.

[9] 万孟飞，曲大义，曹俊业，等. 考虑关联交叉口排队长度的干线协调相位差模型[J].科学技术与工程，2016，16（30）：135-141.

[10] 曲大义，万孟飞，李娟，等. 基于交通波理论的干线相位差优化及其控制方法[J]. 吉林大学学报（工学版），2017，47（02）：429-437.

[11] 曲大义，万孟飞，王兹林，等. 基于交通波理论的干线绿波协调控制方法[J]. 公路交通科技，2016，33（09）：112-119.

MaaS 服务模式和深圳探索实践

严治　黎旭成　孙超　邵源

（深圳市城市交通规划设计研究中心股份有限公司，深圳）

【摘要】本文阐述了 MaaS（出行即服务）系统的内涵，分析了其共享、整合、服务、引导四大特征，从服务模式、推广路径、运营主体分布、政策需求等角度总结了 MaaS 系统的实践经验；重点分析了 MaaS 系统在深圳的实践情况，包括 MaaS 的发展模式和定位、发展路径和实施的试点项目，以及深圳湾科技生态园试点项目和东部景区试点项目。深圳市现有的 MaaS 系统均是以服务于小片区的公交出行为主，暂未延伸到其他出行方式，暂未实现全市大范围推广，迫切要求政府提供政策支持和数据共享环境，更进一步地推动多种运输模式实现信息、支付、服务商的一体化，改善出行服务品质，以期为 MaaS 系统在深圳和国内其他城市的应用推广提供参考。

【关键词】MaaS；运营模式；推广路径；政策需求

The Study of MaaS Service Mode and Its Practice in Shenzhen

Yan Zhi　Li Xuchen　Sun Chao　Shao Yuan

（Shenzhen Urban Transport Planning and Design Research Center Co., Ltd.）

Abstract: This paper explains the content of MaaS (mobility as a service), analyses its four features, sharing, integration, service, guidance, and summarizes its practice experiences in terms of service mode, promotion methods, operation subjects and policy needs. And then it focuses on its development modes, position, development path and pilot projects in Shenzhen, i.e. the project in Shenzhen Bay Tech-Eco Park and in Eastern scenic spot of Shenzhen. The previous MaaS systems mainly consist of bus transit in a small area, not integrating other forms of transport or reaching the whole area of Shenzhen. It is urgently needed that the government gives policy support and creates data sharing environment, and promote the integration of information, payment and operators among different transportation modes, and thus improving travel quality. This can be of references in the popularization of MaaS system in Shenzhen and other cities nationwide.

Keywords: MaaS; Service Mode; Promotion Methods; Policy Needs

1　引言

MaaS 的英文名称为 Mobility-as-a-Service，中文名称为"出行即服务"。其定义为：通过电子交互界面获取和管理交通相关服务，以满足消费者的出行要求。其旨在深刻理解公众的出行需求，在将各种交通模式全部整合在统一的服务体系与平台的基础上，利用大数据进行决策，以优化资源配置、满足居民出行需求，并通过统一的 App 对外提供服务。

MaaS 具有以下 4 个方面的特征：一是共享，要求数据全面整合和共享；二是整合，各种交通模式高度整合，基于主动交通需求管理的思路调控交通需求，并实现支付体系一体化；三是服务，提供无缝衔接、安全便捷和舒适的全链条出行服务；四是引导，扩大绿色出行比例。MaaS 服务致力于为用户实现 4 个方面的"最小化"：出行准备时间的最小化、等待时间的最小化、响应时间的最小化、状态切换时间的最小化。

自 MaaS 概念于 2014 年在赫尔辛基召开的欧洲 ITS 大会上首次被提出以来，它在全世界已有 50 余款应用。它们基本都综合多种出行方式，部分系统可实现统一支付；主要应用于欧洲、北美、远东的部分城市和地区，已在我国上海、台北和高雄应用；运营主体主要为企业，部分为政府；用户数量从数百人到数万人不等。

目前，关于如何推广 MaaS 系统，各国还没有形成一套成体系的方法和路径，各城市均是在实践中不断摸索。因此，有必要对国内外已有 MaaS 系统的发展经验进行梳理，并对比深圳的探索实践，以明确下一步 MaaS 系统在深圳和国内其他城市的推广路径。

2　发展经验

纵观国内外已有的 MaaS 系统实践，可以看出，有的 MaaS 系统在服务模式上主要有票务的整合、支付的整合、信息服务集成等；推进步骤上主要分为单一出行方式交通整合、多出行链方式整合、数据和支付的一体化、延伸服务等；运营主体主要有科技企业、交通运营商、政府部门等；政策支持主要有支持和鼓励公交市场的改革、支持 5G 等基础设施的建设、支持互联的自动驾驶汽车市场的发展等。

2.1　服务模式

MaaS 服务商通过提供集成的交通服务进行运营，最理想的 MaaS 服务商需要提供以下服务。一是票务的整合，通过全程一张票/一张卡实现全程出行，并实现无缝换乘。二是支付的整合，在出行前或者出行后一次支付，实现全程费用支付。三是信息服务集成，通过打通不同出行方式之间的信息（包括载运工具信息、发车时间表等），使用户能从单一 App

操作界面了解全交通方式信息，实现出行全程的一体规划、查询与支付。四是运营机构整合，即面向用户，由一家企业整合交通服务商，以提供出行全程的交通服务。

2.2　MaaS 推进步骤

从国内外已有的 MaaS 系统项目经验看，MaaS 出行服务的推进步骤主要包括单一出行方式整合、多出行方式整合、数据和支付一体化和延伸服务。

2.2.1　单一出行方式整合

多数 MaaS 服务商最初仅整合单一的交通出行方式，且由公共交通开始。例如，丹麦软件 Rejseplanen 整合了全国范围内的公共交通出行方式，实现出行的票务预订和行程规划，可以在全国范围内使用；印度 Kochi 市最早由地铁有限公司（KMRL）发起的"Kochi 市无缝出行"项目整合了全市的地铁出行。

2.2.2　多出行方式整合

MaaS 的核心在于各种交通方式的高度整合，从而为公众提供无缝衔接、安全便捷和舒适的全链条出行服务。例如，使用最广的 Whim 共整合了出租车、租赁 汽车、公共交通、共享单车等多种出行方式；德国 Qixxit 软件则整合了包括火车、长途大巴、飞机等在内的 21 种交通工具。

2.2.3　数据和支付一体化

多出行方式的高度协同离不开不同方式间数据打通，这就是数据处理、数据打包和数据公开，这些数据包括公共数据和私人数据。支付的一体化在于 MaaS 服务商通过手机界面为用户提供服务，并收取费用，MaaS 服务商须统筹银行卡、公交卡和微信等其他移动支付方式，实现支付一体化，并须综合考虑各运营商的成本和在出行服务中的贡献，以进行利益分配。现阶段，部分系统可实现支付一体化。例如，芬兰和瑞典的 MaaS 服务通过整合不同模式之间的信息和支付，实现模式间的竞争弱化和合作共赢。

2.2.4　延伸服务

通过打通出行与目的地活动数据信息，实现行程预订、费用支付、减少等候时间一体化。此类的延伸服务有"MaaS+就诊""MaaS+餐饮"等。例如，中国台湾打造的"出行+生活"MaaS 服务实现了城市文娱、旅游等吸引力的有效提升，整合周边城市娱乐与服务信息，打造"出行+生活"的一体化信息服务平台。

2.3　运营主体

运营主体主要有科技类企业、交通运营商、政府部门等。

从现有的 MaaS 服务运营主体看，MaaS 系统主要由科技类企业运营，约占 60%。例如，荷兰 Whim 的运营主体为 MaaS Global 公司，主要由于其在构建 MaaS 服务系统软件平台、获取交通运营商数据、打通实现支付一体化方面有优势。

部分运营主体为交通运营商，约占 30%。例如，德国 Qixxit 的运营主体是德国铁路公司，主要得益于其原本就是交通市场的参与主体，有能力整合上下游的运输资源，实现交通出行一体化。

另有少部分运营主体为政府部门，约占 10%。例如，新加坡 Beeline 的运营主体是政府代理商 Infocomm Development Authority、土地管理局等，主要由于其在获取交通运行数据、交通政策优惠上有优势。

除此之外，个别运营主体为图商、车企等。

2.4 政策需求

由于 MaaS 系统的推广会打破现有城市交通市场参与主体的利益，因此其推广过程在一定程度上会受到市场的阻力。从现有的 MaaS 系统来看，不同项目在实施过程中的政策支持主要有倡导出行一体化、推动交通数据开放共享、支持以公共交通为代表的绿色出行、财政部门补贴、将交通运营商结成联盟，如表 1 所示。

表 1 政策需求案例

政策	政策作用	案例
倡导出行一体化	各出行方式的整合是 MaaS 出行服务的核心，此项政策将有利于 MaaS 运营商协同整合不同的出行方式	Ubigo 起缘于瑞典，是由科技企业、政府、学术机构、公共部门等联合发起的 Go：Smart 项目。项目初期，政府的推动作用在探索一种降低市民机动化出行、提升绿色出行比例和强度的新兴交通服务模式方面起到很大作用
推动交通数据开放共享	MaaS 系统的建设有赖于不同的交通出行方式、交通出行者之间实现数据共享。此项政策将有利于 MaaS 运营商获取载运工具数据，便于将其进行整合；有利于 MaaS 运营商获取交通出行者的出行特征数据，便于向其提供有针对性的、个性化的出行服务	中国交通运输部印发的《数字交通发展规划纲要》中提出，鼓励平台型企业深化多源数据融合，整合线上和线下资源，鼓励各类交通运输客票系统充分开放接入，打造数字化出行助手，为旅客提供"门到门"的全程出行定制服务
支持以公共交通为代表的绿色出行	MaaS 出行的目的是引导市民使用绿色出行方式，实施节能减排。此政策的实施将有利于 MaaS 目标的实现	丹麦的城市公共交通系统具备较好的信息化基础，软件 Rejseplanen 最初从公共交通入手，整合了全国范围内的公共交通出行方式，实现了出行的票务预订和行程规划，可以在全国范围内使用
财政部门补贴	通过政策向交通运营商进行补贴，可以吸引更多的企业将运力提供到 MaaS 出行服务中来；通过向出行者进行补贴，可以吸引更多的出行者使用 MaaS 出行服务	深圳计划实施的 MaaS 系统中除对公共交通运营企业进行补贴外，还将对出行者进行补贴，以吸引更多的市民使用此系统，改变出行习惯和增加客户的黏性
将交通运营商结成联盟	MaaS 系统的长期运营要求其能够有市场赢利，联盟可在交通运营商之间共享资源、知识和风险，并提高相互进入共同市场的能力。联盟的建立将有利于保护交通运营商，以便在短期和长期带来收益	在荷兰 Heyendaal 的 MaaS 试点项目中，在政府倡导下，各交通运营商建立联盟。在试点项目的发展过程中，联盟不将具有类似能力的竞争对手纳入联盟，减少了市场竞争；联盟提供了学习行业专业知识的机会；在利润分配中考虑所有相关合作伙伴的利益

　　除此之外，MaaS 的推广过程中还需要交通、卫健、商务、科创主管部门提供多项支持政策，主要有：对企业实施交通运输方面的创新，并展开咨询，以减小私人投资 MaaS 创新的风险；鼓励通信技术的发展，支持 5G 等基础设施的建设；建设智慧道路、智慧公路，加大对自动驾驶汽车的研发及其市场推广的投入；对 MaaS 运营商前期给予必要补贴；通过使用 MaaS 服务，改变出行习惯，形成健康的生活方式；通过与 MaaS 服务商合作，完善国内病人和国家医疗救助服务出行；通过为 MaaS 服务用户提供更多选择，带来更多创新和增长，尤其是在共享经济方面。

3　深圳实践

　　为推进深圳交通运输转型升级、创新发展，提升公众出行服务品质，缓解城市交通拥堵和资源压力，促进城市发展与城市交通的良性互动，需要建立完善的城市交通出行服务系统。

3.1　整体思路

3.1.1　MaaS 的发展模式和定位

　　深圳 MaaS 具体做的工作，也是借鉴欧洲等城市的经验，从两个方面来说，一是政府指导，政府从政策、制度及与企业的关系上，能够给予更多的支持，包括在线网规划、运输等政策方面；二是各类企业，如运输企业、科技企业，也都参与进来。总体来说，希望通过服务、信息两方面的整合，把各种大、中、小交通方式集合在一起，同时在政府指导下通过支付的整合形成一套完整的 MaaS 体系，为市民提供一体化的出行思路。

　　深圳 MaaS 系统技术框架如图 1 所示。

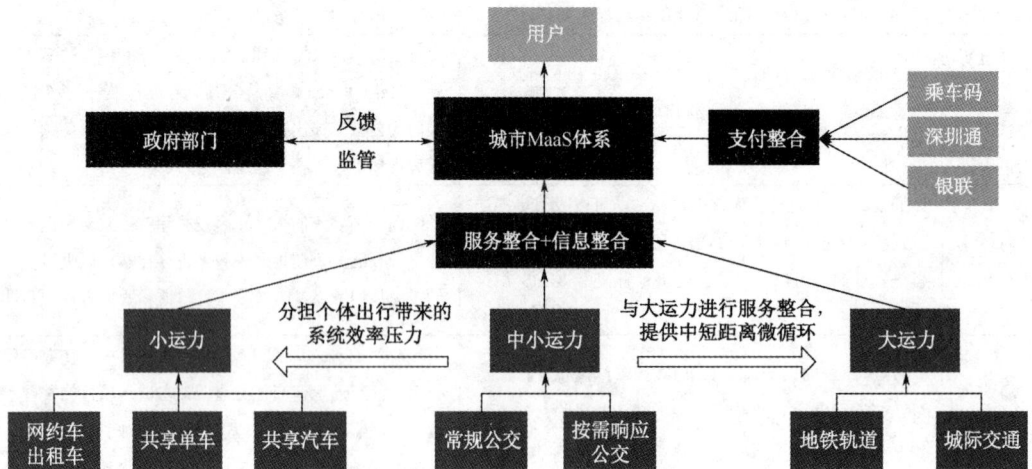

图 1　深圳 MaaS 系统技术框架

3.1.2　MaaS 发展路径

深圳各个部门都非常支持建设 MaaS 服务体系，目前已经开展 MaaS 顶层设计等方面的内容建设，在发展的环境、公共交通运营模式、公共交通服务模式政策的放宽等方面给予了非常强有力的支持。目前，深圳的进展主要处于由下到上、由点到面的阶段，开始选择单一的场景，选择一两种交通方式进行衔接，提供两种或者三种方式的一体化服务。深圳的项目组希望后续不断探索新的应用场景，以后开始面向通勤、面向日常的出行，直至拓展到多个场景。

3.2　深圳湾科技生态园试点项目

深圳湾科技生态园是深圳的一个高新技术产业园区，它能提供大概 20 万个就业岗位，出行总量大概是 20 万人次/日，其中 10%都是采用公共交通出行的。

深圳湾科技生态园的出行痛点是离地铁站比较远，"最后一千米"通常靠步行或共享单车完成。但是步行的时间比较长，需要 15～20 分钟，而且雨天、高温下出行体验差。而骑行，由于出行人数较多，早晚高峰共享单车"一车难寻"，而且大量共享单车的停放已对园区周边道路的步行空间和机动车通行能力造成极大的负面影响。此外，这些地铁站不只服务于这个园区，周围还有大量的通勤需求，所以地铁站出入站非常拥堵，排队时间很长，因此，需要开通一些服务来解决用户"最后一千米"的痛点。

本次试点进行两个方面的需求分析，首先对周围 5 个地铁站进行交通调查发现，高新园和科苑早晚高峰需求非常集中，而且需求量非常大，乘客进出站压力大，并且延误时间长，而其他地铁站的出行人数较少，地铁的疏运压力非常不均衡。然后在用户出行意愿调查方面，发现在 4 元高票价下仍有过半数受访人群愿意使用高品质公共交通服务。

在实施方案方面，针对早高峰大量的通勤需求，提供一种"半固定"式的接驳服务，即确定线路但不确定车辆排班，项目组根据用户实时的需求来具体确定班次和线路，利用这种"半固定"式动态调度来降低用户等待时间，优化服务资源配置。目前，在早晨 8:10—9:30 的时间段，投入了 6 辆车往返于高新园地铁站、科苑地铁站、红树湾南地铁站 3 条线路。

用户通过微信小程序 SOGO 出行进行购票和出行信息阅览，服务是由项目组和深圳市巴士集团分别提供的。项目组负责数据的分析挖掘，线路站点的规划，后台的整体技术支撑；深圳市巴士集团负责车辆和人员的调配。

由于高新园地铁站与科苑地铁站的接驳服务水平不同，科苑地铁站的等待时间与车内时间仅为高新园地铁站的 60%，导致部分可在 1 号线与 2 号线间自由换乘的用户，选择从高新园地铁站改到科苑地铁站出站。截至目前统计，已有约 203 人将下车地铁站点从高新园地铁站改为科苑地铁站，这在一定程度上缓解了高新园地铁站的出站压力（出站时间 8～10 分钟），实现了轨道站点平衡的效果。

3.3　东部景区试点项目

东部景区自 1999 年开放游览以来，一直是深圳市民周末出行娱乐的聚集地，但随着出行人数越来越多，导致出行时间越来越长，出行体验不佳。2016 年深圳市政府为了改善出行现状，采取了预约限流的出行政策，但是出行人数还是居高不下。不同起点、不同模式的出行路径最终都会汇合至同一段路径，即经由罗芳立交桥沿罗沙路/惠深沿海高速（公交专用道）抵达大梅沙景区，交通拥堵问题严重。

节假日的游览需求是工作日的 2.2 倍，而且有大量的需求因为人多拥挤、交通不便等问题而放弃，如图 2 所示。出行时段又集中在 10 时至 18 时，在节假日时常常是长达 12 个小时的拥堵，如图 3 所示。对于自驾出行而言，当车辆到达景区之后，还要面临找停车位难的问题，90%的停车资源长期爆满。

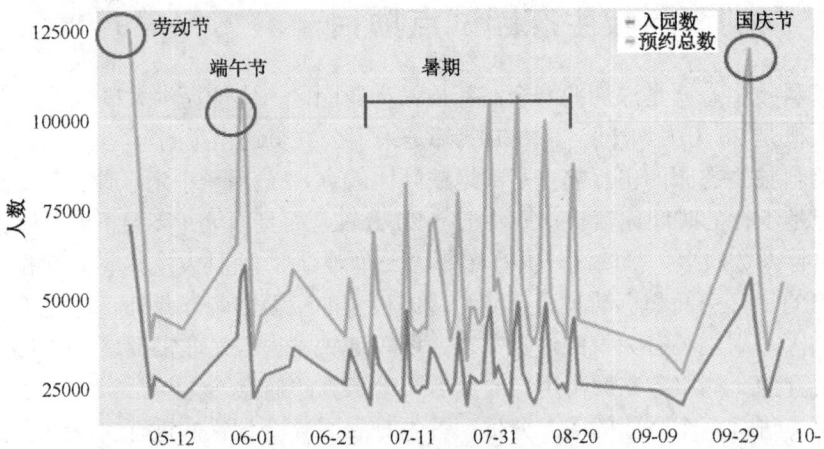

图 2　节假日需求集中

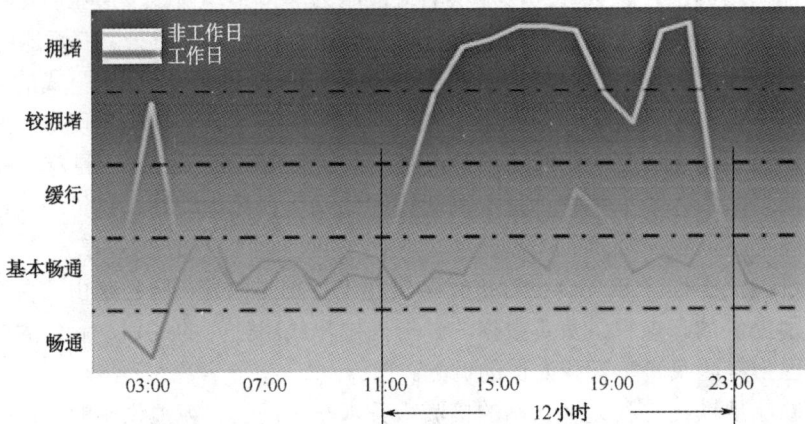

图 3　高峰期拥堵严重

通过分析一个实际案例发现，在 2017 年 7 月的暑期，前往东部景区的机动车共 178 000 辆次，其中小汽车占比达 93.5%，公交承担率不足 7%。为了分析公交分担率低的原因，对东部景区周围的公交状况进行分析：前往东部景区的直达公交线路共有 13 条，但是线路的发车间隔相对较长，同时停靠的站点数很多，运营速度较慢。在此情况下，须增强公共交通的服务水平，让人们享受到舒适、快捷的公共交通出行，同时也缓解交通拥堵。

针对东部景区的问题，本次试点提出"一站式"信息服务和"一站式"出行信息服务。

首先，基于海量数据融合，构建面向用户的信息服务。围绕一个完整出行链条的三大要素，①基于人流信息，推荐错峰出发时间；②基于抵达时的停车位信息，推荐经停位置；③基于路况信息，推荐行驶线路，最终完成"一站式"、个性化的行程规划。

出行服务方面，与巴士运营方合作，提供基于数据挖掘的按需响应公交，指导公交运行模式创新，满足多样化的旅游出行需求，面向公交出行的用户。在推荐公交信息的基础上，根据离用户最近、最方便的公交线路，提供末端动态响应的巴士服务。面向自驾出行的用户，不用再面对车辆预约失效的问题，基于全市范围的停车场数据，动态地调度响应巴士，无缝接驳用户，往返于停车场与景区之间。东部景区项目服务界面如图 4 所示。

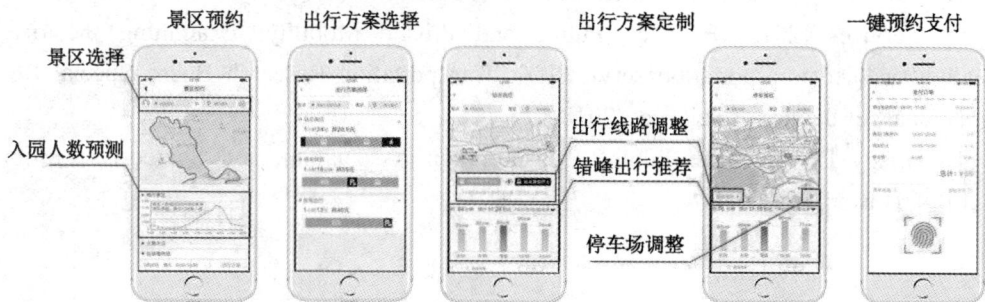

图 4　东部景区项目服务界面

通过此次试点，东部景区部分节假日公交出行可达性不足之处得到了运力补充，公交出行痛点得到较好缓解，出行拥堵状况有了较大好转，公交站台用户滞留情况明显减少。

4　结语

深圳市在缓解城市交通拥堵、建立多元化公交服务体系、满足市民多样化出行需求、提升市民全过程公交出行体验等方面进行了努力和探索，在公共交通体系、科技创新资源、交通信息化及智慧化、移动支付体系上已积累大量经验，为公众出行服务优化打下了坚实基础。深圳市现有的 MaaS 系统均以公共交通出行为主，已建立"以公共交通为核心"的多模式协同和智慧化的出行即服务体系，暂未延伸到其他出行方式；从服务范围上看，也都仅服务于小的片区，暂未实现全市大范围推广。

为满足市民对出行高品质服务体验的需求，需要从对公共交通服务进行优化改善，打通公共交通与长距离出行（轨道、城际铁路）在关键枢纽点的耦合着手，并逐步扩展到公共交通与慢行、出租车等的耦合，同时建立一体化出行服务平台。深圳市政府建立出行即服务的数据共享环境，创新交通运输服务模式，探索更大范围、更多出行方式的 MaaS 本地化实施路径，实现各出行方式之间数据的有效互通，更进一步地推动多种运输模式实现信息、支付、服务商的一体化。同时，逐步建立多方式下的准入机制、补贴调控政策、主动需求引导策略，为 MaaS 系统的建设落地提供良好的政策环境，以提升交通运行效率和城市竞争力，实现高效、高品质、绿色、可持续发展的城市交通出行体系。

参 考 文 献

[1]　William El Kaim. Mobility as a Service[D], Antwerp, Antwerp Maritime Academy, 2016.

[2]　Shaheen S., Chan N., Bansal A, Cohen A. (2015) Shared Mobility [D]. Transportation Sustainability Research Center, University of California, Berkeley, 2015.

[3]　Carl Luis. National Research Council's Committee for Review of Innovative Urban Mobility Services (2015) Between Public and Private Mobility: Examining the rise of technology-enabled transportation services[D], Transportation Research Board Special Report 319, National Academies of Sciences, 2018.

[4]　Grisby D. American Public Transportation Association, and Shared-Use Mobility Center [D], Huston, US. 2016.

VISSIM 在饱和通道改造提升中的应用

——以惠州市为例

麻旭东　夏国栋

（深圳市城市交通规划设计研究中心股份有限公司，深圳 518029）

【摘要】老城区在发展过程中，由于历史原因，往往造成路网结构不完善，主要通道单一，导致交通压力集中。同时，随着小汽车保有量快速增长，城市里的主要通道日益饱和而引发常态拥堵。传统的治理手段容易"牵一发而动全身"，无法做到上下游协调提升。本文借助于 VISSIM 微观交通仿真技术，精细化模拟惠州市主要交通通道，验证各因素之间的因果关系。通过构建平衡分析模型，系统性地寻找通道整体效能提升的最佳方案，助力传统交通拥堵治理迈向智能化的新篇章。

【关键词】拥堵治理；效能提升；VISSIM；交通仿真

The Application of VISSIM in High Saturation Road Traffic Improvement Process-Case Study: Huizhou

Ma Xudong　Xia Guodong

（Shenzhen Urban Transport Planning Centre, Shenzhen 518029, China）

Abstract: In the development process of the old suburb, the road network reveals several problems because of historical reasons, such as the incomplete network structure, which cause the concentration of traffic flow. Traditional traffic improvement methods are easy to break the road network balance.The report used VISSIM technology to simulate the main traffic passage in Huizhou and verify the relationship between various factors. Moreover, the optimal approach will be developed by building the balance analysis model.

Key words: Manage Traffic Congestion; Traffic Improvement; VISSIM; Traffic Simulation Technology

城市道路交叉口交通设施安全提升探索

毛应萍　刘轼介　洪泽佳　常焕

（深圳市城市交通规划设计研究中心股份有限公司，深圳 518057）

【摘要】近年来，城市道路涉交叉口交通事故多发，本文以深圳市为例，在缺乏国家上层标准指引背景下对交叉口交通设施安全提升进行了初步探索和研究。基于交叉口事故特征、车型、慢行特征数据分析和系统借鉴先进城市防护设施设计经验，以事故预防、降低伤害为目标，围绕提升路口容错能力，从升级防护性和减少风险性两方面提出改善措施。基于经验借鉴和仿真碰撞试验等，形成了防护设施概念方案，并兼顾外观、组织优化设计等要素，制订了交通岛一体化提升方案，为后续实车验证和试点提供方案参考。针对具体的防护，设施尺寸仍需经过专业仿真和实车测试进一步验证，由于目前城市道路防护设施标准正在修编，尚未出台交通岛防护设施测试标准，本文对城市交通设施安全提升仅做了初步探索，为交通岛设施提升方向提供了研究思路，目前仍处在研究阶段。

【关键词】城市道路；交通岛设施；事故特征分析；交叉口容错设计；升级防护性；减少风险性

Study on the Safety Improvement of Traffic Facility at Urban Road Intersections

Mao Yingping　Liu Shijie　Hong Zejia　Chang Huan

（Shenzhen Urban Transport Planning Center, Shenzhen 518057, China）

Abstract: In recent years, there are many traffic accidents at intersections in urban roads. In the context of the lack of national standards, this paper takes Shenzhen as an example and makes a preliminary study on the safety improvement of intersection traffic facilities. Aiming at accident prevention and injury reduction, and centering on improving the fault tolerance capacity of intersections, the paper puts forward improvement measures from upgrading the protection and risk reduction based on the data analysis of accident characteristics, vehicle types and slow traffic characteristics of intersections and the system drawing lessons from the design experience of advanced urban protective facilities. Based on experience reference and simulation crash test, the concept scheme of protective facilities is formed, and the factors such as appearance and organization optimization design are taken into consideration. The integrated promotion scheme of traffic island is formulated, which provides scheme reference for subsequent real vehicle verification and pilot. The specific size of protective facilities still needs to be further verified by professional simulation and real vehicle test. As the current urban road protection facilities standard is being revised, and there is no traffic island protection facilities test standard, this study only makes a preliminary exploration on the safety improvement of urban traffic facilities, which provides research ideas for the improvement direction of traffic island facilities. It is still in the research stage.

Keywords: Urban Road; Traffic Island Facilities; Accident Characteristics Analysis; Intersection Fault Tolerance Design; Upgrade Protection; Reduce Risk

城市道路交通事故影响因子分析及模型建立

唐易　汤俊青　丘建栋　罗钧韶

(深圳市城市交通规划设计研究中心股份有限公司，深圳 518021)

【摘要】在城市交通系统结构日益复杂化和机动化出行需求持续增长的背景下，城市交通拥堵日益加剧，并成为常态化，交通事故频发势必造成城市交通瓶颈，大大降低道路交通的运行效率。为了定量分析交通事故对道路交通运行效率的影响，建立并标定了基于 K 最近邻（KNN）分类算法的交通事故多重影响因子模型，并以深圳市福田中心区为例构建不同交通事故场景的 VISSIM 仿真模型，结果表明，该方法能够全面准确地量化复杂交通事故场景对交通运行效率的影响。

【关键词】交通事故；城市道路；多重影响因子；交通仿真模型；VISSIM

Influencing Factors Analysis and Model Establishment of Urban Road Traffic Accidents

Tang Yi　Tang Junqing　Qiu Jiandong　Luo Junshao

(Shenzhen Urban Transport Planning, Ltd., Shenzhen 518021, China)

Abstract: Under the background of increasing complexity of urban traffic system structure and continuous growth of traffic demand, urban traffic is becoming more and more serious and normalized. Urban traffic accidents seriously affect the operation efficiency of road traffic. In order to quantitatively analyze the impact of traffic accidents on road traffic operation efficiency, a multiple impact factor model based on k-nearest neighbor (KNN) is established and calibrated, and a simulation model for different traffic accident scenarios is constructed by VISSIM, with Futian Central District of Shenzhen as an example. The research results show that this method can comprehensively and accurately analyze the impact of complex traffic accident on traffic operation efficiency.

Keywords: Traffic Accident; Urban Road; Multiple Influencing Factors; Traffic Simulation Model; VISSIM

1 引言

随着城市交通的飞速发展和机动车保有量的快速增长，随之而来的是城市道路上频发的交通事故与交通拥堵。通常情况下，交通事故的分析数据重点考虑车辆损失与人员伤亡的统计，与直接经济损失相关，却忽视了交通事故对路网运行状况的间接影响，从而导致交通管理部门难以获取完整的交通事故历史数据，研究交通事故可能造成的影响比较困难[1]。

Lu Jiahuan[2]对基于交通流波动模型的道路通行能力进行了分析，虽然忽略了交通事故部分的特征属性，但在交通流理论层面具有重要的指导意义。Fan Yilin，Cheng Beichen 等[3]研究了城市道路通行能力计算模型，通过设计不同车道占用情况，模拟不同的交通事故场景，结果证明路段通行能力与车道占用并不是线性关系。贾顺平等[4]通过采用车辆微观模拟的方式，采集并记录道路的相关数据，定量分析交通事故对城市快速路的影响。但是，目前交通事故影响研究方法的深度仍然不够，且适用性较局限，标定对象大部分是高速公路或快速路，不能满足交通管理部门对全网安全管理的要求。

本文以福田中心区微观仿真模型为基础，全方位地分析交通事故的影响因子与城市道路的交通流特征，提出了一种基于 KNN 分类算法的交通事故多重因子标定方法，精细化、多维度量化分析交通事故对城市道路交通运行的影响，对交通管理部门的决策工作具有重大意义。

2 交通流理论

路网中的交通流通常具备连续流的特征。当道路上发生事故时，一条或多条车道被堵塞，甚至整个路段被封闭，导致事故发生地点的通行能力迅速降低。当事故上游的车辆通行需求大于事故发生断面的通行能力时，车流便会在事故发生地点发生拥堵和排队，同时由于每个驾驶员的驾驶行为不同，驾驶员的换道、跟驰，导致该路段的交通运行速度明显降低，交通流量减小，从而增加了时间延误[5]。

如图 1 所示描述了事故发生路段的交通量变化过程。图 1 中，f_1 为事故发生后路段的通行能力；f_2 为路段的需求交通量；f_3 为事故结束后交通流的消散流量；t_1 为事故发生时刻，事故发生导致部分车道堵塞，使事故地点的通行能力降低为 f_1，此后道路的通行能力低于路段的交通需求，便会出现车辆在事故发生地排队等候的现象；t_2 为事故结束时刻，此后事故上游排队的车辆开始以接近通行能力的驶离流量消散，当道路通行能力能够满足车辆需求时，车辆无须排队等候。t_1 与 t_2 的时间差即为事故持续时间，是一个车流积聚的过程；t_2 与 t_3 的时间差为排队车流的离去时间，是一个车流消散的过程。f_1、f_2、f_3 围成的区域面积为交通事故引起的延误车辆总数。

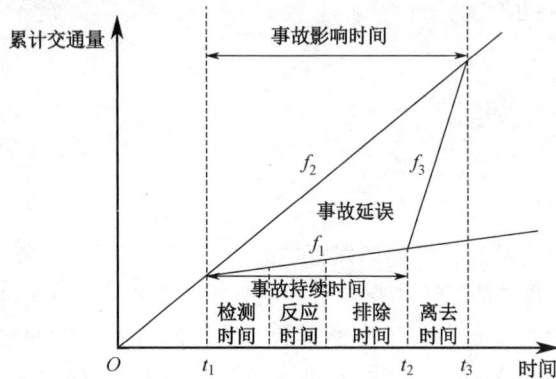

图 1　事故发生路段的交通量变化过程

　　突发的交通事故扰乱了正常的交通流运行模式，引起事故发生地点及上下游路段交通流特征发生变化。

　　首先，从空间上看，事故发生后，由于阻塞了部分车道，使得事故地点的通行能力折减为 f_1，不同的交通事故类型，对车辆出行的影响程度也不同，事故越严重，f_1 就越小。当入口流量 $f_2 < f_1$ 时，事故地点不会造成车辆拥堵排队，此时的道路交通量变化不明显，交通特征与平常无异；当入口流量 $f_2 > f_1$ 时，交通量按事故发生地点的通行能力 f_1 通过，超过通行能力的车辆需求需要在事故发生地点排队等候通过，若交通事故十分严重导致整个路段封闭，事故地点上游的车辆则全部排队，车辆排队必然会导致车辆在该路段的行程时间增加。

　　其次，从时间上看，在车流量较大的情况下，事故导致车辆在事故地点拥堵排队，随着时间的推移，路段上排队的车辆数量增多，车辆在路段上的行程时间明显增大；当事故消除后，道路通行能力逐渐恢复，排队的交通流开始消散，直到道路的通行能力完全恢复。当车流在消散过程中时，路段的延误交通流量不会立刻减少，仍有增加的趋势，直到路段的通行能力大于交通需求量，排队的车辆数量才开始减少，此时车辆在路段上的行程时间恢复为正常状态。

　　由以上分析可知，交通事故对道路交通状态影响最为直接的体现就是车辆的行程时间变化，车辆的行程时间完全取决于车辆的运行速度，若车辆的运行速度远低于正常情况下车辆的运行速度，则可以判定该路段在这一时刻发生了交通事故，且可以根据速度的折减量来判断交通事故的严重程度。

3　基于 KNN 的标定方法

　　本文从交通事故的影响因素出发，对多重影响因子的交通事故进行分类，并根据不同影响因子的特征与内容，进行多因子归一化处理。

3.1　交通事故影响因素

城市路网出现交通事故时，道路及交通的实际状况一般达不到理想的交通运行条件，对道路的通行效率产生一定的影响。交通事故下对交通运行效率的影响程度主要取决于事故占用车道数、事故持续时间、事故路段的时空特征（事故发生的时段与路段）。

3.1.1　事故占用车道数[6]

城市道路车道宽度的设计标准一般为 3.0 m 或 3.5 m，当路段断面车道数量或车道宽度受到影响，车辆行驶的横向间距减少时，驾驶员为了保证行驶的安全，会主动降低行车速度或加大车头间距。交通事故的发生将直接对路段断面的可运行车道数量或宽度造成直接影响。

3.1.2　事故持续时间[6]

交通事故对交通运行效率的影响具有很强的时间特征。随着时间的增加，路段累积的交通延误车辆会越来越多，单位时间路段运行效率会越来越低。交通事故持续时间对交通运行效率的影响巨大，一旦发生交通事故，仅依靠路网自身的运行自行疏解消散需要一个漫长的过程，交通事故的疏解往往都需要交警部门干预，以帮助恢复交通正常运行。

3.1.3　事故路段的时空特征[7]

事故发生的时段和路段属性对交通运行效率也有很大的影响。交通事故具有很大的不确定因素，无论是早晚高峰密集的交通流，还是平峰稳定的交通流，无论是交通流量巨大的高快速通道，还是车流少见的城市支路，都有可能发生不同程度的交通事故。

3.2　多重影响因子标定

交通事故对道路交通运行影响研究本质上是融合多重影响因子的分类问题。通过对大量事故样本训练、分类，标定多重影响因子对路段运行速度折减程度的影响参数，从而准确描述交通事故对道路交通运行的影响。

本文采用 K 最近邻（KNN，K-Nearest Neighbor）分类算法[8]对交通事故的多重影响因子进行标定。KNN 分类算法的核心思想是：如果一个样本在特征空间中的 k 个最相邻的样本中的大多数属于某一个类别，则该样本也属于这个类别，并具有这个类别上样本的特性。该方法在确定分类决策上只依据最邻近的一个或者几个样本的类别来决定待分样本所属的类别，而不是靠判别类域的方法来确定所属类别的，比较适合交通事故影响因素复杂多样的分类场景。

提取事故占用车道数、事故持续时间、事故路段的时空特征等属性，作为本文分析的 4 个交通事故影响因子。假设在历史数据中找到 k 个近邻，测试数据和 k 个近邻的距离为 $d_i (i = 1, 2, 3, \cdots, k)$，使用数据之间的欧几里得距离的平方作为两个数据点之间的距离，即：

$$d_i = (u_i - u_0)^2 + (x_i - x_0)^2 + (y_i - y_0)^2 + (z_i - z_0)^2$$

式中，u_i、x_i、y_i、z_i 分别表示近邻点的 4 个交通事故特征属性；u_0、x_0、y_0、z_0 表示测试数据的 4 个交通事故特征属性。

假设 f 表示折减系数，这些近邻所对应历史数据的折减系数分别为 f_i。通过近邻的预测标定，便可得到测试条件下事故对应的折减系数 f_c。

等权重的标定方法采用如下计算公式：

$$f_c = \frac{1}{k}\sum_{i=1}^{k}f_i$$

带权重的标定方法采用如下计算公式：

$$\begin{cases} f_c = \sum_{i=1}^{k}\beta_i f_i \\ \beta_i = \dfrac{d_i^{-1}}{\sum_{i=1}^{k}d_i^{-1}} \end{cases}$$

权重的标定方法中，每个近邻对测试数据结果的影响程度不同，即距离较近的近邻在标定过程中占有更大的权重。该方法符合绝大多数情况的特征，更能够体现交通事故属性对交通运行速度的影响趋势，本文采用带权重的标定方法。标定方法流程如图 2 所示。

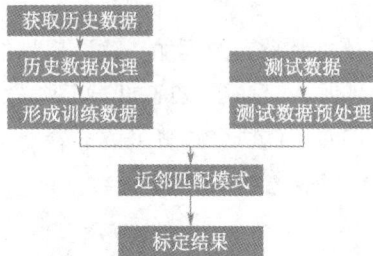

图 2　标定方法流程

3.3　多重影响因子归一化

为了减少训练数据中各影响因子的数据单位对分析结果的影响，对交通事故的特征属性进行数据归一化处理，将所有数据映射到[0,1]这个区间中。

城市道路的车道数一般不超过单向四车道，交通事故影响车道数的区间为[0,4]。交通事故持续时间取决于交警部门对事故的反应时间，其归一化范围设定为[0,60]。事故发生时段的特征重点体现在路网交通需求的不同上，以福田中心区为例，福田中心区早高峰、晚高峰、平峰的交通需求分别为 59 588 pcu、54 556 pcu、34 792 pcu，归一化区间设定为[0,59 588]，早高峰、晚高峰、平峰的归一化系数分别为 1、0.92、0.58；事故发生路段包含快速路、主干路、次干路，以不同路段的限速作为归一化系数，区间设定为[0,80]。

交通事故各项影响因子的归一化参考表如表 1 所示。

表 1　交通事故各项影响因子的归一化参考表

编　号	事故时段系数	归一化区间	样例数据	样例数据系数
1	影响车道数（个）	[0,4]	3	0.75
2	事故持续时间（min）	[0,60]	35	0.58
3	事故发生时段（pcu）	[0,59 588]	34 792	0.58
4	事故发生路段（km/h）	[0,80]	40	0.5

4 仿真及结果分析

以福田中心区为例，建立福田中心区早高峰、晚高峰、平峰 3 个 VISSIM 仿真模型，分析交通事故对城市道路交通运行效率的影响，根据仿真得到的结果对本文提出的标定方法进行验证。

4.1 仿真场景

选取事故发生时段、事故发生路段、封闭车道数及事故持续时间作为条件，构建多条件交叉组合仿真场景。仿真场景设定如图 3 所示。

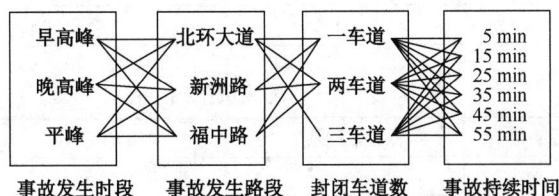

图 3 仿真场景设定

事故发生时段选取早高峰（8:00—9:00）、晚高峰（18:00—19:00）、平峰（14:00—15:00）；事故发生路段选取北环大道（快速路）、新洲路（主干路）、福中路（次干路）；北环大道封闭车道数为 1～3 车道，新洲路与福中路封闭车道数为 1～2 车道；事故持续时间选取 5～55 min，以 10 min 为间隔。

4.2 误差评价指标

为了评价标定结果的准确度，本文以 KNN 标定值与实际值的准确率（Accuracy，ACC）作为评价指标，计算公式为：

$$ACC = \left(1 - \left|\frac{\widehat{y_i} - y_i}{y_i}\right|\right) \times 100\%$$

式中，y_i 为道路真实速度折减系数；$\widehat{y_i}$ 为标定结果。

4.3 结果分析

经过多次仿真实验，本文对场景仿真结果进行统计，选取 9 个仿真场景的测试数据进行模型标定分析。其中，早高峰、晚高峰、平峰时段各选取北环大道（快速路）、新洲路（主干路）、福中路（次干路）3 个事故点，如表 2、表 3 所示。

表2　测试数据属性与折减系数

编号	事故发生时段	事故发生路段	事故持续时间（min）	封闭车道数	事故速度（km/h）	正常速度（km/h）	折减系数
1	早高峰	北环大道	30	2	22.4	42.5	0.472
2	早高峰	新洲路	30	2	12.5	21.5	0.418
3	早高峰	福中路	15	1	10.3	15.6	0.337
4	晚高峰	北环大道	45	2	15.0	38.6	0.611
5	晚高峰	新洲路	45	2	8.5	18.4	0.538
6	晚高峰	福中路	30	2	11.2	23.8	0.529
7	平峰	北环大道	45	3	43.5	64.4	0.325
8	平峰	新洲路	15	2	26.0	30.1	0.137
9	平峰	福中路	15	1	25.3	26.7	0.054

表3　归一化后的测试数据属性

编号	事故发生时段系数	路段限速系数	持续时间系数	封闭车道系数
1	1	1	0.5	0.5
2	1	0.75	0.5	0.5
3	1	0.5	0.25	0.25
4	0.92	1	0.75	0.5
5	0.92	0.75	0.75	0.5
6	0.92	0.5	0.5	0.5
7	0.58	1	0.75	0.75
8	0.58	0.75	0.25	0.5
9	0.58	0.5	0.25	0.25

　　按照 KNN 分类算法对测试数据进行标定，设定参数 $k=3$，选择训练数据中与测试数据最接近的 3 个数据组成近邻数据，距离作为权重系数，确定测试数据的标定结果，并将标定结果与实际结果进行对比分析，如图4、表4所示。

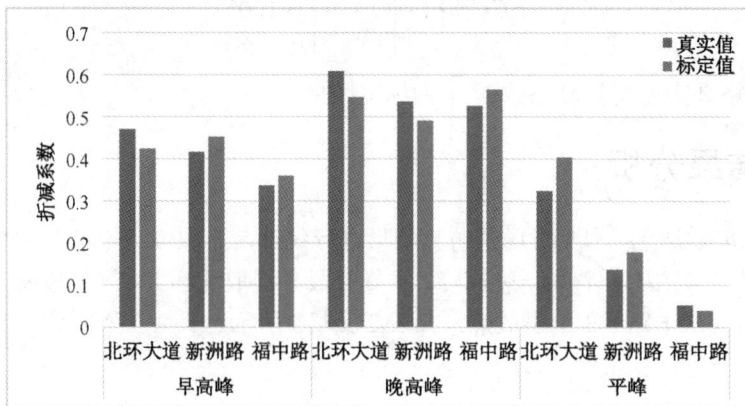

图4　KNN 分类算法标定值与真实值对比分析

表4 KNN 分类算法精度分析

事故编号	事故发生时段	事故发生路段	真实值	标定值	精度
1	早高峰	北环大道	0.472	0.426	90.21%
2		新洲路	0.418	0.453	91.55%
3		福中路	0.337	0.362	92.64%
4	晚高峰	北环大道	0.611	0.548	89.73%
5		新洲路	0.538	0.491	91.29%
6		福中路	0.529	0.566	93.02%
7	平峰	北环大道	0.325	0.405	75.48%
8		新洲路	0.137	0.178	70.15%
9		福中路	0.054	0.041	76.41%

从上述统计结果可以看出，本文提出的标定算法可以较好地量化分析交通事故对城市道路交通运行效率的影响。在早高峰、晚高峰，场景利用 KNN 分类算法的标定精度较高，误差控制在 10%以内，但平峰时段，场景的标定精度较低。平峰时段，车流量较稳定，往往道路的通行能力富余，交通运行效率除了受交通事故影响之外，驾驶员的主观驾驶习惯对其也有很大的影响。事故发生在早晚高峰时段，车流量接近饱和状态，驾驶员主观驾驶习惯影响程度低，交通运行效率很大程度上会受交通事故的影响。

另外，通过对大量仿真数据结果的分析，还可以得出以下结论。

（1）交通事故属性对于路段运行速度的影响。同等级的路段发生交通事故，交通事故封闭车道数越大，交通事故持续时间越长，事故路段的交通运行效率降低程度越大，且交通事故封闭车道数对路段交通运行效率的影响程度会大。

（2）交通事故对于不同类型路段的影响。在早高峰、平峰及晚高峰 3 个时段，交通事故对于快速路、主干路及次干路影响的关系为：快速路>主干路>次干路。

（3）交通事故对于不同时段的影响。对于快速路、主干路、次干路三种道路类型，交通事故对于早高峰、平峰、晚高峰的影响关系为：晚高峰>早高峰>平峰。交通事故对于路段运行效率的影响与路段所处的状态有关，在路网趋于饱和的情况下，对于交通事故的抗干扰能力逐步下降。

5 结语

本文以福田中心区 VISSIM 仿真模型为基础，提出一种基于 KNN 分类算法的交通事故多重影响因子标定方法。从推导过程可知，该方法以标定精度最大化为搜索目标，能够简单、高效地提高模型标定的准确度。同时，该方法的标定对象包含了事故发生时段、事故发生路段、事故持续时间、封闭车道数等多个属性，尽可能细化分析交通事故特征，因此，本文所提出的交通事故多重影响因子标定方法对于复杂密集的城市道路具有较强的适用性，可为城市交通管理部门提供决策支撑。

参 考 文 献

[1]　孔琳鹏. 事故条件下城市快速路系统车流演化机理仿真建模与优化控制[D]. 北京：北京交通大学，2015.

[2]　Lu Jiahuan. Analysis of Road Capacity Based on Traffic Volatility Models[J].Advanced Materials Research, 2014, 926-930:4077-4080.

[3]　Fan Yilin, Cheng Beichen, et al. City Occupancy and Road Capacity Model[J]. Advanced Materials Research, 2014, 1044-1045:1538-1540.

[4]　贾顺平，唐祯敏. 基于车辆微观行为的城市交通模拟软件系统框架[J]. 交通运输系统工程与信息，2006（01）.

[5]　王殿海. 交通流理论[M]. 北京：人民交通出版社，2002：15.

[6]　Yang Z W. Effects of Lanes Occupied on Urban Road Traffic Capacity[J]. Advanced Materials Research, 2014, 926-930:3798-3801.

[7]　Bhavathrathan B K, Patil G R. Capacity uncertainty on urban road networks: A critical state and its applicability in resilience quantification[J]. Computers Environment & Urban Systems, 2015, 54:108-118.

[8]　Tan Songbo. Neighbor-weighted K-nearest neighbor for unbalanced text corpus[J]. Expert Systems With Applications, 2005 (4).

大型综合交通枢纽客流应急疏散仿真技术研究

陈瑞熙　朱熹　魏玉聪

（深圳市城市交通规划设计研究中心股份有限公司，成都 610041）

【摘要】国内各类大型综合交通枢纽不断兴建，均具备规模大、设施多、布局紧的特点，枢纽内部人流密集、客流组织复杂、交通方式众多，一旦发生突发事件，疏散不及时，可能造成严重事故。综合交通枢纽在突发事件下的客流组织是一项系统工程，利用仿真技术对疏散过程、效率进行分析研究是当前智能交通的重要应用。本文通过研究枢纽换乘系统特点、行人交通特性及疏散过程特征，提出仿真参数标定方法、疏散流线布设方案及疏散效率和系统可靠性评估指标体系，构建了一套基于行人仿真软件 Viswalk 的应急疏散仿真技术流程。本文以成都天府国际机场综合交通中心（GTC）为应用场景，开展仿真分析，识别枢纽系统应对突发事件时可能存在的问题，并提出应急预案建议。

【关键词】应急疏散；综合交通枢纽；行人仿真技术

Research on Pedestrian Simulation Technology of Emergency Evacuation for Passenger Flow in Large Comprehensive Transportation Hub

Chen Ruixi　Zhu Xi　Wei Yucong

（ShenZhen Urban Transport Planning Center ,Chengdu 610041,China）

Abstract: Various large-scale comprehensive transportation hubs in China are constantly being built, all of which are characterized by large scale, many facilities and tight layout. The passenger flow organization of an integrated transportation hub under emergencies is a systematic project. It is an important application of intelligent transportation to analyze and study the evacuation process and efficiency using simulation technology. In this paper, by studying the characteristics of the hub interchange system, pedestrian traffic characteristics and evacuation process characteristics, the simulation parameter calibration method, the evacuation flow layout scheme and the evacuation efficiency and system reliability evaluation index system are proposed, and a set of emergency simulation based on pedestrian simulation software Viswalk is constructed. Technical process of evacuation simulation. Taking Chengdu Tianfu International Airport Comprehensive Transportation Center (GTC) as an application scenario, simulation analysis is carried out to identify possible problems in the hub system when responding to emergencies, and propose emergency plans.

Keywords: Emergency Evacuation; Comprehensive Transportation Hub; Pedestrian Simulation Technology

1　引言

近年来，国内集高铁、地铁、公交、大巴、出租车、网约车，甚至航空等多种现代化交通方式于一体的新一代综合交通枢纽不断兴建，如上海虹桥国际机场（见图1）、北京大兴国际机场（见图2）及成都天府国际机场（见图3）等，均已由传统的单一航空枢纽向强调无缝换乘、多方式结合的新型综合交通枢纽转变。枢纽的建筑结构、功能布局、设施设备等相比以前更为多样、复杂，内部客流集聚量、人员组织复杂性在不断增大，这就对突发事件下的枢纽客流应急疏散带来了极大挑战，一旦设施设备布置不合理或交通组织不科学，就有可能造成疏散不及时，大规模人群集聚，甚至引起灾难性事故。

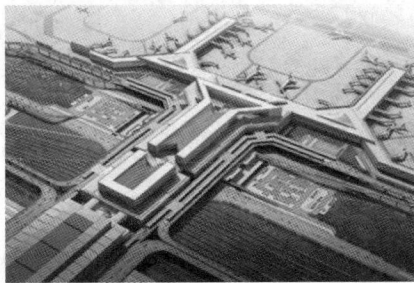

图1　上海虹桥国际机场

图2　北京大兴国际机场

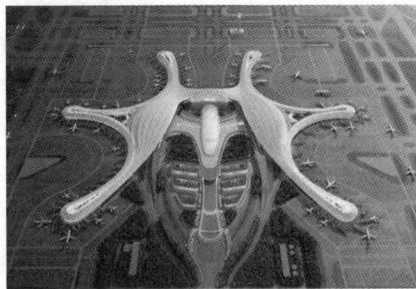

图3　成都天府国际机场

基于此，本文以成都天府国际机场为例，对综合交通中心（GTC）的应急疏散环境及要求、突发事件下客流特征、应急疏散交通流线组织进行分析，并利用现代仿真技术，对应急疏散情景进行还原，从疏散时间、疏散效率、客流密度等方面对疏散设施、疏散路线及应急预案进行测试评估，以期从应急疏散角度对枢纽设施布局设计及交通组织管理提供决策支持。

2 突发事件下客流疏散组织分析

2.1 GTC 功能布局及交通组织方案

GTC 功能布局及交通组织方案是研究突发事件下客流应急疏散组织的基础。成都天府国际机场 GTC 位于 T1 和 T2 航站楼之间，主要具有承担整个航空枢纽与地面综合交通系统之间的衔接与换乘的功能，分为以下几个部分。L2：GTC 连廊层，具有负责 T1、T2 航站楼与 GTC 主体之间联系的功能；L1：综合换乘厅层，具有承担地铁、大铁接驳换乘的功能；地面交通换乘层，具有承担机场大巴、旅游大巴及出租车接驳换乘的功能；B1：轨道换乘及地铁站台层，具有承担实现地铁与地铁、地铁与大铁换乘的功能；B3：大铁站台层，作为高铁（成自高铁）和城际铁路（环成都城际线）共同使用的候车站台。其具体的功能布局及交通组织，如图 4 至图 8 所示。

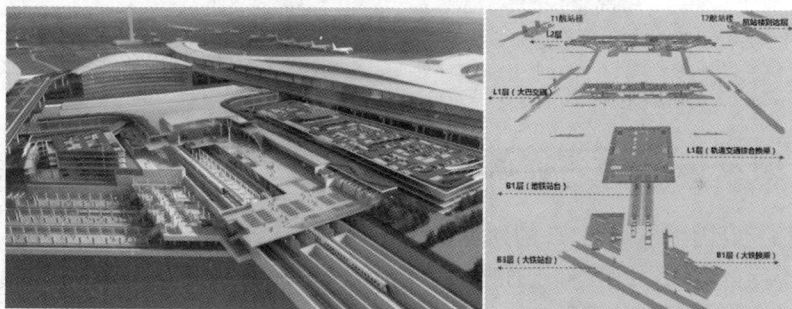

图 4 成都天府国际机场 GTC 功能布局

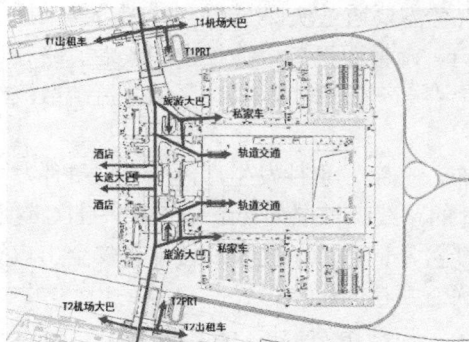

图 5 GTC-L2 层交通组织

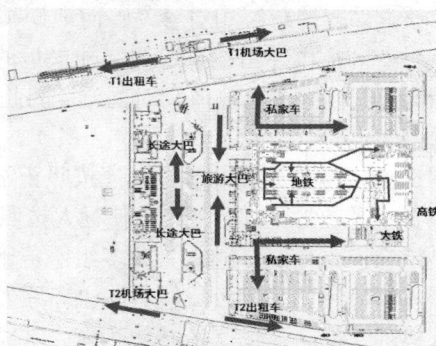

图 6 GTC-L1 层交通组织

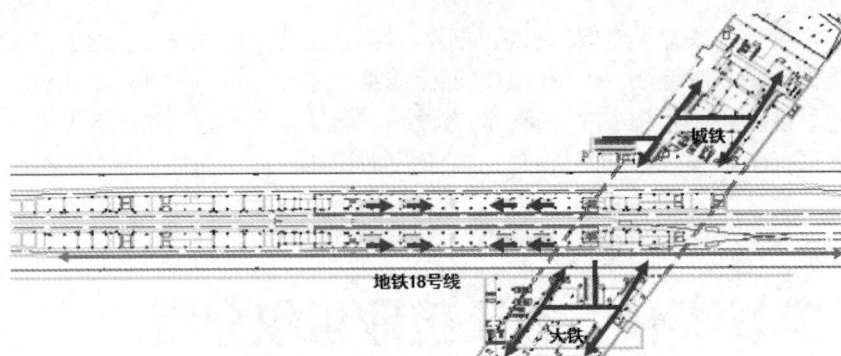

图 7　GTC-B1 层交通组织

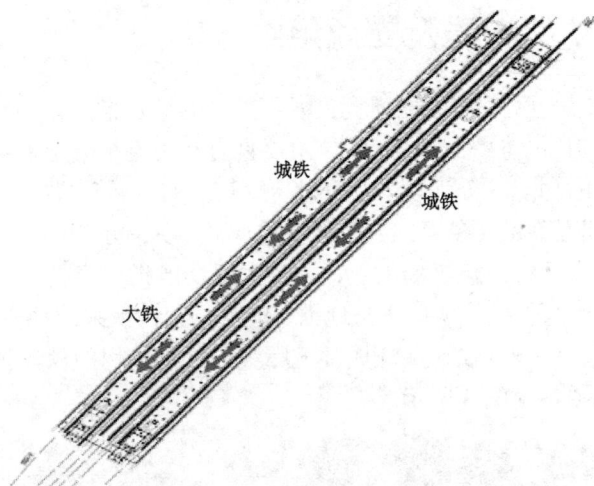

图 8　GTC-B3 层交通组织

2.2　突发事件下客流疏散流线设计方案

结合成都天府国际机场 GTC 的建筑设计与消防设计方案,本文对突发事件下客流的疏散路径按照不同区域的不同人群进行归类分析。成都天府国际机场 GTC 区域涵盖高铁、城际铁路、地铁、出租车、私家车、大巴等多种交通方式。其中, 换乘出租车、私家车、大巴和 PRT（Personal Rapid Transit）的乘客疏散距离较短, 路径选择较为单一, 在紧急情况下, 该类乘客的疏解相对容易;而地铁站台层的乘客需要通过扶梯/楼梯到达综合换乘厅的地铁付费区, 再经由检票通道去往最近的安全出口, 疏散距离长, 途径设施较多, 路径选择较为复杂, 乘客的疏散相对困难。因此, 地铁站台层客流疏散是 GTC 区域客流疏散流线设计的重点。

在紧急疏散开始之前, 客流按照正常流线分布, 在突发事件发生后, 应根据事件发生的位置或区域封闭部分通道, 使行人按照预先设计的路线疏散至外部道路。对于 GTC 这类大型综合换乘枢纽, 通常具备多组服务于同一功能区不同区域的扶梯、楼梯及安全出口等疏散设施, 因此, 疏散流线具备“串联”和“并联”共存的结构形式。

以地铁站台层的客流疏散为例, 在整体层面上, 流线由站台层、综合换乘厅、安全出口组成, 构成典型的串联结构;在局部层面上, 从站台层到综合换乘厅的检票闸机有 4 条平行路径，为并联结构，如图 9 所示。

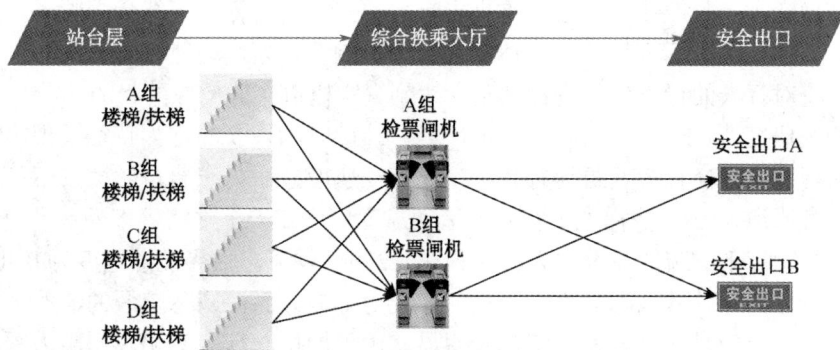

图 9　地铁站台层乘客疏散流线示意图

同时，在布设原则上，GTC 内部各节点之间可选择的疏散路径的数量和组合很多，应遵循以下原则。

（1）突发事件下，乘客将寻找最近和最短的疏散路径进行逃生。

（2）路线设计要尽量符合人们的习惯，将经常使用的路线与紧急使用的路线有机结合。

（3）疏散流线设计要做到步步安全，下一个阶段要比上一个阶段的安全性高，不要产生"逆流"的情况。

（4）尽量避免疏散流线和扑救路线相交叉，以防相互干扰。

综合换乘厅层的疏散流线布设方案如图 10 所示。

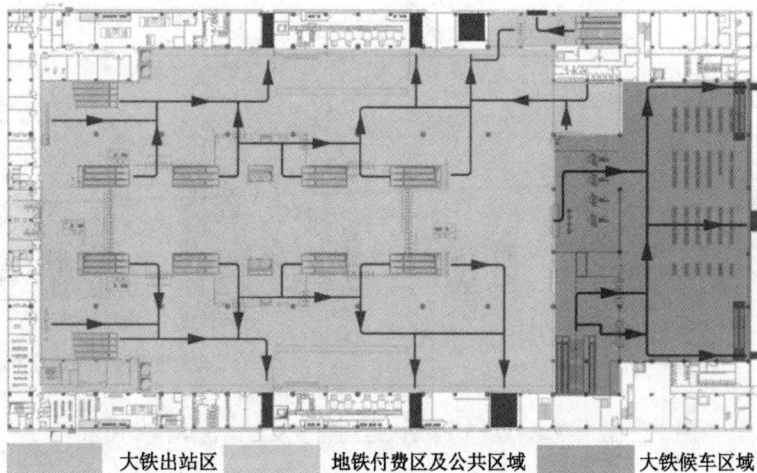

图 10　综合换乘厅层的疏散流线布设方案

2.3　突发事件下客流运行特征分析

在遇到突发事件时，GTC 内客流的行为特征与正常运营情况下的行为特征有很大的不同，行人希望能以最快和最短的路径到达安全区域，这会导致疏散通道和出口出现拥挤情况、人流密度变大、疏散速度变慢等不良影响，并且个体的行为可能会影响人群的整体行为和波动，具体在个人行为特征、个体间社会力影响及行人运动速度方面均有所体现，在仿真模型中将对行人的行为参数进行调整，达到真实模拟人群反应的目的。

根据相关研究，在个人行为特征方面，紧急疏散时，行人的行为特征表现出非适应性行为、灭火行为、恐慌行为及折返行为等；在运动速度方面，应急疏散情景下，不同性别的行人在平直通道、楼梯/扶梯上下行时的运动速度均略高于正常情景下的运动速度，同时对于最小人员密度下的疏散速度，人均面积在 0.28 m² 以下，临界疏散速度为 0.40 m/s 时，即可能造成挤压、踩踏等危险；而在个体间社会力影响方面，应急疏散的情况下，行人注意力高度集中，反应时间缩短，聚集现象明显，由于拥挤，行人间相互作用力减小，对向行人流在快速疏散时，可能产生对撞，如图 11、图 12 所示。

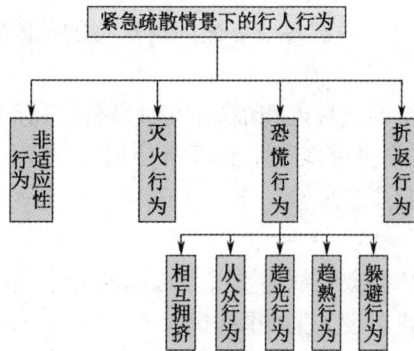

图 11　紧急疏散情景下的行人行为

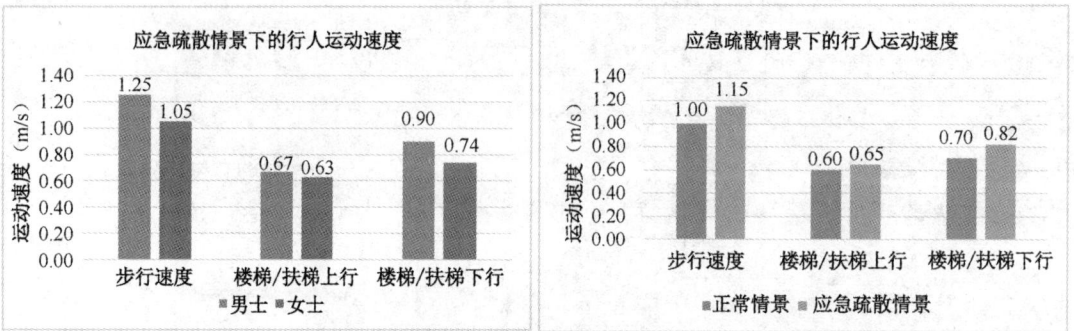

图 12　应急疏散情景下的行人运动速度及对比正常情景图示

3　客流应急疏散组织测试评估

下面进一步以 GTC 功能布局及交通组织方案为基础，根据突发事件下客流运行特征、行人行为特征及客流疏散流线方案，利用 VISSIM 构建成都天府国际机场 GTC 应急疏散仿真模型，从疏散时间、疏散效率、客流密度等方面对疏散设施、疏散路线及应急预案进行测试评估。

3.1 疏散输入客流

根据正常情景下 GTC 各层最高聚集人数确定各功能区的应急疏散初始客流输入量，并以此为基础，逐级增加客流输入，测试多客流情景下 GTC 各区域的应急疏散能力。根据分析，GTC 各层初始疏散总人数为 4 365 人（机场早高峰瞬时人数），仿真测试过程中逐级增加客流输入，测试多客流情景下 GTC 各区域的应急疏散能力，各功能区具体疏散人数如表 1 所示。其中，综合换乘厅公共区聚集人群主要由地铁购票乘客、值机乘客等构成，最高聚集人数为 1 220 人；地铁付费区聚集人群由地铁进站或出站乘客构成，最高聚集人数为 100 人，如图 13 所示。

表 1　应急疏散情景下各功能区具体疏散人数

功能区	面积（m²）	疏散人数（人）
地铁站台（单侧）	2 400	240
大铁站台（单侧）	6 000	400
大铁换乘层北侧	1 000	80
大铁换乘层南侧	700	65
综合换乘厅地铁付费区	2 500	100
综合换乘厅公共区	9 500	1 220
综合换乘厅大铁候车区	3 500	400
综合换乘厅大铁出站区	150	20
L2 公共区域	16 400	690
T1 航站楼到达区	3 400	245
T2 航站楼到达区	3 400	265
合计		4 365

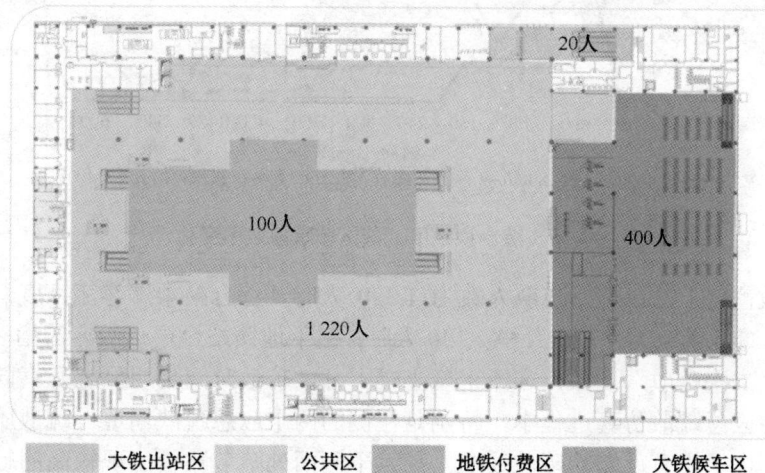

图 13　应急疏散情景下综合换乘厅聚集人数示意图

3.2　疏散评估结果

　　根据成都天府国际机场 GTC 的应急疏散评估结果，对结构复杂、设施较多的综合换乘厅进行重点分析。在基础客流情景下，综合换乘厅各项指标良好。而在逐级增加客流的情况下，疏散时间上，疏散人数在 1 320～2 120 人内变化时，平均疏散时间在 2.1～3.7 min 变化，随着疏散人数的增加，疏散时间持续平稳上升，未出现疏散能力大幅下降的情况。在疏散效率上，累积疏散人数为 1 800 人（综合换乘厅 1 320 人，地铁站台 480 人）时，单位时间疏散人数在疏散开始的 30～60 s 内达到最高水平，约为 1 240 人/min，之后迅速下降，同时，累积疏散人数为 2 600 人和 3 400 人时，单位时间疏散人数均低于累积疏散人数为 1 800 人的情景，表明疏散人数的增加较为严重地影响了该区域的疏散效率，如图 14、图 15 所示。

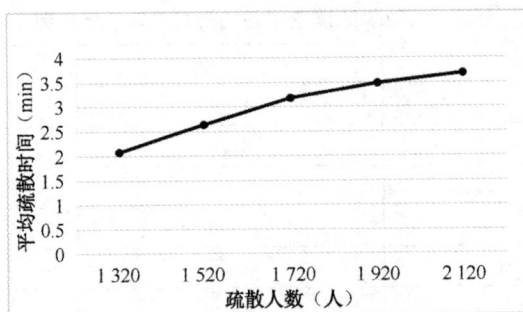

图 14　综合换乘厅公共区域疏散时间变化

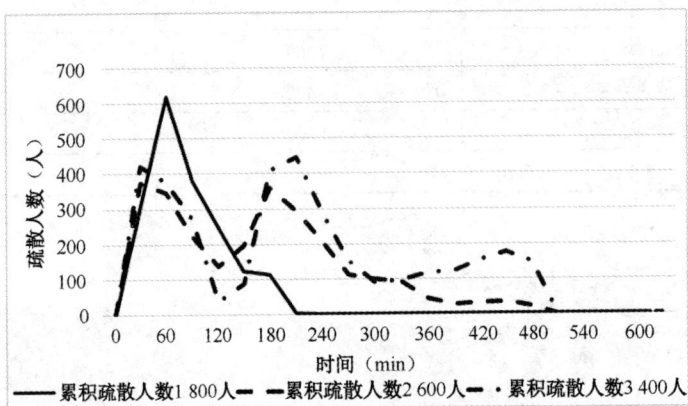

图 15　综合换乘厅公共区域疏散效率变化

　　而在疏散密度上，在初始疏散人数为 1 320 人时，综合换乘厅客流密度一直处于下降趋势。当初始疏散人数为 1 720 人和 2 120 人时，由于地铁站台层疏散客流增多，导致综合换乘厅出现"二次疏散"现象，客流密度小幅上升，疏散时间也明显上升。同时，在正常客流情景下的应急疏散仿真过程中，特别是左侧的两个应急疏散通道，疏散压力较大，综合换乘层左侧由于没有近端的疏散通道，导致下侧两处疏散路径出现较高的行人密度，部分区域的疏散有进一步优化提升的必要。综合换乘厅公共区客流密度变化如图 16 所示，综合换乘厅应急疏散仿真密度如图 17 所示，综合换乘厅疏散前、中效果如图 18、图 19 所示，连廊层疏散前、中效果如图 20、图 21 所示。

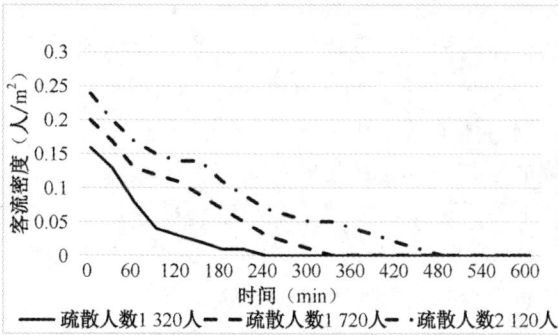

图 16　综合换乘厅公共区域客流密度变化

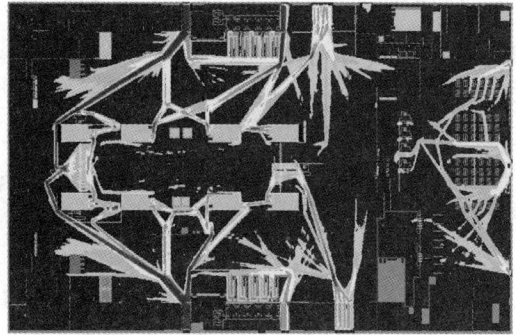

图 17　综合换乘厅应急疏散仿真密度

图 18　综合换乘厅疏散前效果

图 19　综合换乘厅疏散中效果

图 20　连廊层疏散前效果

图 21　连廊层疏散中效果

3.3　疏散优化建议

通过对应急疏散仿真评估结果的分析，成都天府国际机场 GTC 具备较优的疏散能力，关键区域可在规定的时间内完成疏散。本文结合应急疏散仿真评估结果，从疏散设施设置、疏散路线设置、疏散通道优化、完善应急预案及在线仿真评估 5 个方面提出优化建议。

疏散设施设置：建议在建筑设计允许的情况下，适当在综合换乘厅公共区域两侧各增加一处疏散出口。

疏散路线设置：建议按照一般原则，标识密度可按照递远递减的方式，对于不同的路径可使用不同的颜色进行标识，对于地铁区域，在楼梯出口设置出站方向的引导标识。

疏散通道优化：建议优化综合换乘厅的两处转角设计，并且对关键疏散通道区域进行明确划定，避免机场正式运营后，有任何障碍物阻挡疏散流线。

完善应急预案：建议明确疏散中具体岗位的责任，缩短疏散时间，尽量形成疏散过程中以信息广播系统为主，在关键节点采用现场工作人员引导为辅的疏散管理模式。

在线仿真评估：建议在成都天府国际机场 GTC 正式运营后，利用相关仿真模型，输入实时的机场内部客流监测数据，将模型运用在客流监控可视化和实时的应急疏散仿真中，充分发挥模型与系统的效能，实现有效预警及预案评估，同时为机场应急调度提供支撑。

4　结语

围绕当前不断兴建的各类大型综合交通枢纽，针对枢纽内部人流密集、客流组织复杂、交通方式众多、突发事件下事故造成巨大影响等问题，本文以成都天府国际机场实际场景为例，对突发事件下的客流运行特征、疏散流线设计等进行分析，并基于仿真模拟平台对枢纽进行极端情景测试，对实际项目中的枢纽设计阶段建设方案优化、枢纽运营阶段客流管理均提供了重要支撑。未来，探索建立大型综合交通枢纽全生命周期的仿真模拟平台，对有效提升枢纽设计、管理水平具有重要的借鉴意义。

参 考 文 献

[1]　Helbing D., I. Farkas I.,T.Vicsek T . Simulating dynamical features of escapepanic [J]. Nature , 2000, 407(2000):487-490.

[2]　阎卫东. 建筑物火灾时人员行为规划及疏散时间研究[D]. 沈阳：东北大学，2006.

[3]　PTV Group. PTV Vissim 9.0 User Manual[J]. PTV AG, Karlsruhe, Germany, 2016.

[4]　Mehran R, Oyama A, Shah M. Abnormal crowd behavior detection using social force model[C]. //Computer Vision and Pattern Recognition, 2009. CVPR 2009. IEEE Conference on. IEEE, 2009: 935-942.

[5]　KFH Group. Transit capacity and quality of service manual[M]. Washington, DC, USA, Transportation Research Board, 2013, 2:17-35.

[6]　刘文婷. 城市轨道交通车站乘客紧急疏散能力研究[D]. 上海：同济大学，2008.

基于 Conv-LSTM 的短时交通流量预测方法

赵昱博

（深圳城市交通规划设计研究中心股份有限公司，深圳 518000）

【摘要】交通流量预测具有重要的现实意义，提高其预测的精准度是相关领域的研究重点。本文提出了一种基于 Conv-LSTM 的短时交通流量预测方法，以交通 GPS 数据为基础，通过数据预处理生成时空流量矩阵，利用卷积网络提取流量特征，并融合外部影响因子，对 LSTM 网络进行时间维度的流量预测。经实验验证，该模型性能表现较好，预测结果较为准确地反映出交通流量的变化趋势，与类似方法对比具有一定的优越性。

【关键词】短时交通流量预测；深度学习；CNN；LSTM

Short-term Traffic Flow Prediction Method Based on Conv-LSTM

Zhao Yubo

（Shenzhen Urban Transport Planning Center,Shenzhen 518000,China）

Abstract: Traffic flow prediction has important practical significance.Improving the accuracy of flow prediction is the research focus in related fields. In this paper, a short-term traffic flow prediction method based on Conv-LSTM is proposed. Based on the traffic GPS data, the time-space traffic matrix is generated by data preprocessing, the traffic characteristics are extracted by convolution network, and the external influence factors are integrated to predict the traffic status by using LSTM network. The experimental results show that the performance of Conv-LSTM is good, and the prediction results accurately reflect the trend of traffic flow, which has some advantages compared with similar methods.

Keywords: Short-term Traffic Flow Prediction; Deep Learning; CNN; LSTM

1 引言

随着国内经济的快速发展，城市人口显著增长，车辆保有量也呈井喷之势。与之伴随而来的是日趋严峻的城市交通运行形势，拥堵问题已不可避免，且有越发严重的趋势。对城市区域内的交通流量进行短时预测是一个颇为可行的缓解拥堵问题的方法，在对可能的交通状况进行提前认知后，便可以采取预警、交通管控等方法实现交通流优化分配，以此缓解交通拥堵。

短时交通流量预测一直是智能交通研究领域的热点内容，目前已经取得了丰富的研究成果。其预测方法可分为三大类[1]，即数学统计方法、机器学习方法、组合预测方法。基于数学统计的模型包括时间序列模型、卡尔曼滤波模型、参数回归模型和指数平滑模型等，在理论及实践上已颇为成熟。机器学习方法即对数据特征的关联特性进行学习，通过对模型参数的不断调优，来对交通状态的变化趋势进行预测[2]。组合预测方法则融合了两种或两种以上不同类型的预测模型的优点，通过加权来淡化原模型自身的不足，最终达到提高预测精准度的目的[3]。

深度学习方法在智能交通领域的研究中占有重要地位，其在交通流量预测的应用上表现出良好的适应性和性能预期，正逐步成为该方向研究方法的主流。Moretti F 等通过对神经网络进行混合建模的方法建立了一种城市交通流预测模型[4]；Zheng Y 等提出一种ST-ResNet 模型，模型中加入残差单元以提高模型的整体性能[5]；罗向龙等在深度学习网络的基础上组合支持向量机来对交通流量进行预测[6]；Zhao Z 等建立了一种基于 LSTM 的交通预测模型，该模型对交通运行中的时空相关性进行了综合考量[7]；朱凯利等将图卷积神经网络应用于路网的特征分析，使用图卷积对城市道路网络进行建模，以此处理时空交通预测任务[8]；郭晟楠等提出一种基于注意力机制的时空循环卷积网络预测模型，该模型表现出较好的预期效果[9]。

2 Conv–LSTM 模型

2.1 卷积神经网络

卷积神经网络（CNN）在计算机视觉领域应用广泛，其主要由卷积层、池化层和全连接层构成。CNN 有着局部连接和权值共享的特点，其通过加强神经网络中相邻层之间节点的局部连接模式来挖掘自然图像的空间局部关联信息，获得了很好的预期效果。

在 CNN 中，Conv 卷积层的每个神经元与输入信号局部连接，并且通过加权对应的权值求和再加上偏置项，得到该神经元输出值。卷积过程的计算公式为：

$$s(i,j) = (X \cdot W)(i,j) = \sum_m \sum_n x(i+m, j+n)w(m,n) \tag{1}$$

2.2　长短时记忆网络

长短时记忆网络（LSTM）是基于循环神经网络（RNN）的改进模型，在处理和预测时间序列数据时比传统 RNN 有更为优异的表现。LSTM 单元结构中的输入门、遗忘门、输出门的计算公式为[10]：

$$i_t = g(W_{xi}x_t + W_{hi}h_{t-1} + b_i) \qquad (2)$$

$$f_t = g(W_{xf}x_t + W_{hf}h_{t-1} + b_f) \qquad (3)$$

$$O_t = g(W_{xo}x_t + W_{ho}h_{t-1} + b_o) \qquad (4)$$

输入变化及状态更新公式为：

$$i\_in_t = \tanh(W_{xc}x_t + W_{hc}h_{t-1} + b_{c\_in}) \qquad (5)$$

$$c_t = f_t \cdot c_{t-1} + i_t \cdot c\_in_t \qquad (6)$$

$$h_t = o_t \cdot \tanh(c_t) \qquad (7)$$

LSTM 单元结构中的输入门、输出门、遗忘门分别实现信息的流入、流出及状态的更新。门控制机制使得 LSTM 可以维持一个时间段的信息，并在训练时阻隔不利变化对内部梯度的影响，这种特殊的结构使得 LSTM 能够解决 RNN 存在的梯度爆炸或梯度消失的问题。

2.3　Conv-LSTM 模型整体流程

路网的交通流量与其历史交通流量数据有关，还受到其相邻位置交通流量的影响。路网的空间特征对于交通流量的影响是显而易见的，而这种空间特征的提取首推卷积神经网络。基于此，本文使用 CNN 中的 Conv 卷积层来处理空间路网，以捕获交通流的空间特征。

外部特征对于交通状态的影响是不可忽视的。第一，时间交通流量具有显著的时间周期特性，其分布特征以固定周期循环往复，工作日与非工作日的交通流量也有显著差异。第二，天气，天气对于交通流也有较大的影响，恶劣天气状况可以显著改变交通流的实时分布。第三，范围内重大事件对于交通流有很大的影响，如交通管制或交通事故。

综合以上考虑，用于预测的数据必须兼具路网时空特征与外部特征。基于此，本文将经过 Conv 卷积层细化后的路网流量特征与外部的时间、天气、事件特征相结合，综合得出的特征数据作为输入数据进入 LSTM 模型的训练中。

Conv-LSTM 模型实验流程如下。

步骤 1：路网流量数据预处理。

步骤 2：预处理后的数据经卷积运算提取流量特征。

步骤 3：流量特征与外部的时间、天气、事件特征相结合，得到 LSTM 模型的输入数据。

步骤 4：将步骤 3 得到的数据输入 LSTM 模型进行训练。

步骤 5：反归一化，获得最终预测结果。

整个流程中，Conv 卷积层输入数据是经过处理后的时空特征矩阵的空间信息，卷积运算时使用若干个滤波器对时空特征矩阵中的空间信息进行卷积，得到的数据特征与外部特征相结合并进入 LSTM 层，最终输出下一个时刻的交通流量预测结果。

Conv-LSTM 模型整体运作流程如图 1 所示。

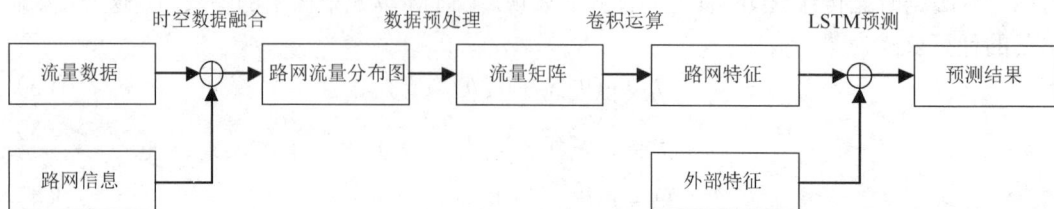

图 1　Conv-LSTM 模型整体运作流程

3　实验研究

3.1　实验数据

本文的基础数据来自深圳福田中心区出租车历史 GPS 数据集，由车辆内的控制系统上传并汇聚而成。该数据包含多维度特征，涉及日期、时刻、定位、速度等基础信息。数据示例如表 1 所示。外部特征数据中，天气数据来自气象接口数据记录，事件数据来自交通执法历史数据集，包含简要的交通事故记录。

表 1　数据示例

日期	时刻	公司	车牌	经度	纬度	速度	方向角	运营状态
2019-11-20	11:29:24	H	粤 BDGXXXX	114.069721	22.537879	22.0	100	1
2019-11-20	12:12:44	H	粤 BD0XXXX	114.073511	22.540499	0.0	85	1

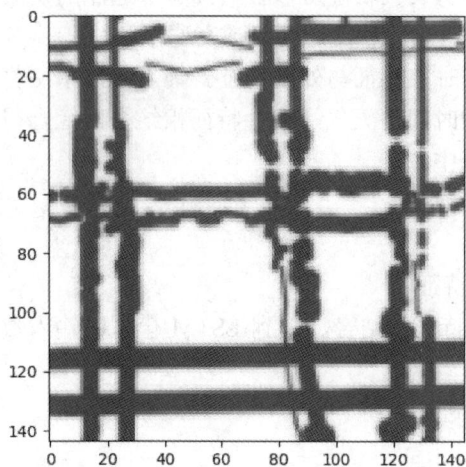

图 2　路网流量分布示意图

数据预处理包含以下几个步骤。

步骤 1：对 GPS 数据集内数据进行数据清洗，清理冗余和噪声数据，对缺失数据按实际情况进行删除或填补。

步骤 2：按照 GPS 数据的上传时间，依不同时段对数据进行分组，精确到小时。

步骤 3：对于每一个时段内的 GPS 数据，根据车辆的位置信息将其与实际的路网地理信息相匹配，按该时段内的记录数依次累加，得到该时段内路网的车流量分布统计。依据路网的车流量绘制路网流量分布示意图，如图 2 所示，其线条粗细程度与路段车流量成正相关，流量较大的路段以粗线条表示。

步骤 4：对路网流量分布示意图做灰度反转，并取灰度值，得到二阶路网流量矩阵，对矩阵数据进行归一化操作，计算公式为：

$$X^* = \frac{X - \text{Min}}{\text{Max} - \text{Min}} \tag{8}$$

步骤 5：对外部特征，即时间、天气、事件数据进行标准化，其取值与对交通流的影响大小成正相关，即当前时段该外部特征对交通流影响越大，其取值越趋向于 1。对于时间特征，按工作日、非工作日、节假日等属性进行加权；对于天气、事件特征，按其造成影响的严重程度加权取值。

经过步骤 1 至步骤 4，得到不同时段内路网流量矩阵集，该矩阵集将作为输入进入卷积层进行特征提取，以得到结合了时空特性的一阶路网流量特征。

在经过卷积运算后，每一个矩阵输出一维特征向量，作为 LSTM 的预输入数据。将该数据与外部特征，即时间、天气、事件相结合，具体方法为在该特征向量末尾补位 3 位数据，分别代表时间、天气、事件特征，补位数据与特征向量处于相同时段，由步骤 5 获得。

3.2　模型结构及参数设置

依据 2.3 节的实验流程思路，搭建 Conv-LSTM 模型框架，如图 3 所示。

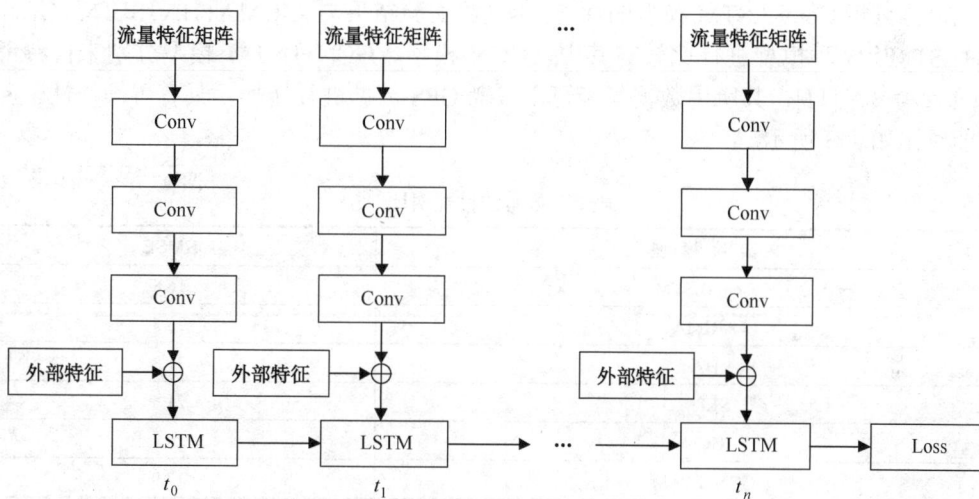

图 3　Conv-LSTM 模型框架

Conv-LSTM 模型参数设置如表 2 所示。

表 2　Conv-LSTM 模型参数设置

参　　　数	取　　　值
第一层 Conv 卷积核数量	32
第二层 Conv 卷积核数量	32
第三层 Conv 卷积核数量	32

参　　　数	取　　值
卷积核大小	(3,3)
学习速率	0.0001
Dropout	0.2
优化算法	Adam
Batch	256
时间依赖长度	6

3.3　对比实验结果及分析

按前述操作流程，将实验数据输入 Conv-LSTM 模型进行训练。本文将总数据集分为训练集与测试集两部分，分别占数据总量的 80% 和 20%。实验评价指标为均方根误差 RMSE，计算公式如下：

$$\mathrm{RMSE} = \sqrt{\frac{1}{n}\sum_{i=1}^{n}(|\,y_i - \hat{y}_i\,|^2)} \tag{9}$$

为对比分析 Conv-LSTM 模型的性能，本文将实验结果与 ARIMA、HA、SLTM、GCN[8]、GCN+LSTM[11]5 种模型进行比较。其中，GCN 模型、GCN+LSTM 模型分别来自参考文献[8]和参考文献[11]，其所用数据集皆可由车辆 GPS 数据进行转换，具有可操作性。各方法性能对比如表 3 所示。

表 3　各方法性能对比

实　验　模　型	RMSE
Conv-LSTM	16.8
ARIMA	23.5
HA	31.3
SLTM	21.5
GCN	20.2
GCN+LSTM	17.9

从表 3 可以看出，Conv-LSTM 模型预测效果优于传统的 ARIMA 模型、HA 模型、SLTM 模型，相对于较新的 GCN 模型、GCN+LSTM 模型也略占优势。得益于多层卷积的特征提取能力，Conv-LSTM 模型可以有效地细化路网流量的空间特征，使得模型对于原始数据特征的把握更占优势。值得注意的是，当使用包含显著外部特征的数据测试时，Conv-LSTM 模型的优势体现得更加明显，这也印证了本文对于外部特征项的考虑是可行且必要的。

将一天中 6:00—23:00 的交通预测结果进行汇总，与实际值做对比，如图 4 所示。从图 4 可以看出，该模型的预测精准度随着时段的推进而逐渐提升，最终趋于稳定。整体来看，预测结果与实际交通流数据基本吻合，说明 Conv-LSTM 模型具有较好的预测性能。

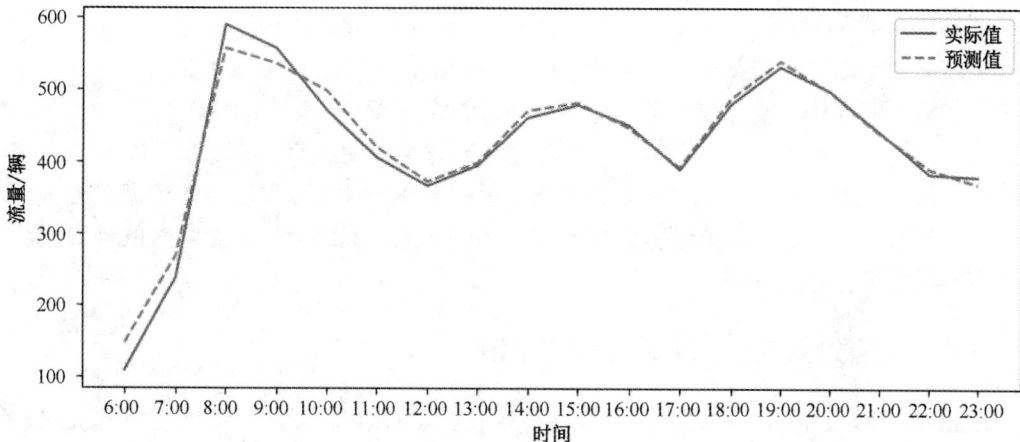

图 4　预测值与实际值的对比

为检测模型在外部影响因素较大时对交通流的预测能力，取雨天时预测数据与实际值做对比，如图 5 所示；取发生交通事故时预测数据与实际值做对比，如图 6 所示。

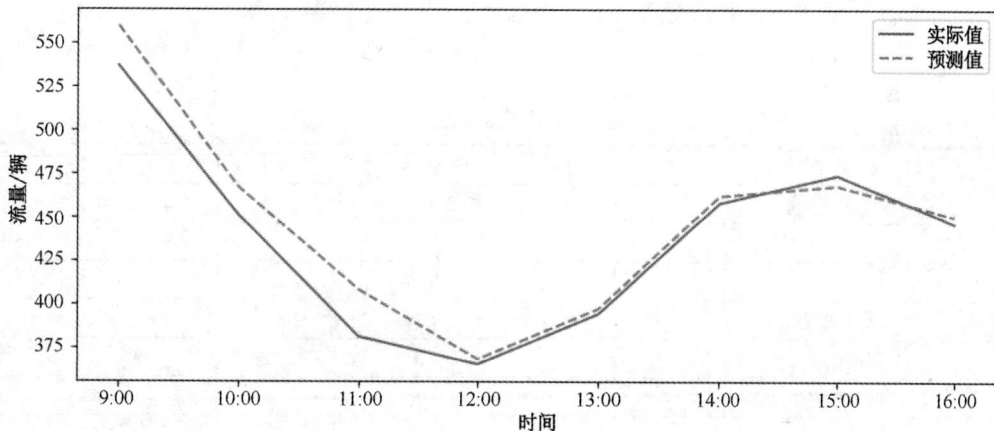

图 5　雨天时预测值与实际值的对比

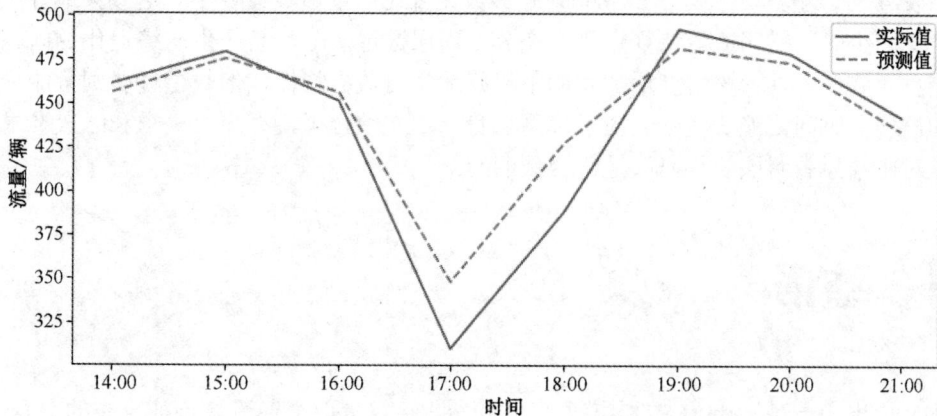

图 6　发生交通事故时预测值与实际值的对比

降雨量在 10:00—11:00 时逐渐减弱，11:00 降雨停止。可以看到，图 5 中，在 12:00 之前，预测值与实际值间稍有差距，而随着降雨的结束，预测值与实际值间的差距逐步恢复到正常范围。图 6 中，交通事故的发生节点在 16:00—17:00，预测的状况与图 5 类似，外部特征对预测值产生了一定的影响，而在外部特征影响减少后预测准确率也逐步恢复。

以上状况出现的原因，主要是具有强外部影响特征的训练数据较少，模型对此时交通流特征的学习略显不足，导致预测结果更倾向于弱外部影响或无外部影响时的预测值。这也是今后模型可行的改进点。

3.4　参数设置实验结果及分析

Conv-LSTM 模型的参数设置对模型性能有着直观的影响，为探寻较好的参数组合，设置对比实验对可行的参数选择进行验证。以本文 3.2 节的参数设置为基准，对比实验的参数变动如下。

卷积层数量变动：基准设置中卷积层数量分别变更为 2、4。

卷积核数量变动：基准设置中所有卷积层的卷积核个数分别变更为 16、64。

时间依赖长度变动：基准设置中时间依赖长度分别变更为 4、8、10。

对比实验结果如表 4 所示。

表 4　参数实验对比结果

参 数 类 型	参 数 变 动	RMSE
卷积层数量	2	18.1
卷积层数量	4	16.9
卷积核数量	16	17.6
卷积核数量	64	17.0
时间依赖长度	4	21.4
时间依赖长度	8	16.8
时间依赖长度	10	17.1

由表 4 可以看到，本文 3.2 节的基础参数设置在以上参数设置中表达效果最好。当卷积层数量较少时，路网流量特征提取不充分，而层数过多时，易产生网络退化的问题，模型性能反而降低；卷积核数量增加有助于更好地学习数据特征，但数量过多则可能导致过拟合的出现；时间依赖长度则适应于模型自身。本文综合了模型自身需求和时段要求进行取值，对比结果表明该参数取值是符合预期的。

4　结语

本文提出了一种 Conv-LSTM 模型，通过卷积运算提取交通流量特征分布的空间信息，结合外部特征后，经 LSTM 提取时序信息，从而对交通流量进行短时预测。经过对比实验，证明结合了时空特征和外部特征的 Conv-LSTM 模型拥有较好的性能表现，具备较为精准的短时交通流量的预测能力。重大外部特征对预测精准度的影响是一个可行的改进点，这也是该模型下一步的优化方向。

参 考 文 献

[1] 张亮亮. 城市快速路交通运行状态评价及预测方法研究[D]. 北京：北京交通大学，2016.

[2] Tostes,Anna Izabel J,Salles J,and Loureiro A A F.From data to knowledge:city-wide traffic flows analysis and prediction using bing maps[J].ACM SIGKDD International Workshop on Urban Computing ACM, 2013:1-8.

[3] 葛志鹏. 基于多源数据的高速公路短时交通状态预测方法研究[D]. 南京：东南大学，2016.

[4] Moretti F,Pizzuti S,Panzieri S,et al.Urban traffic flowforecasting through statistical and neural network bagging en-semble hybrid modeling[J].Neurocomputing,2015,167(C):3-7.

[5] Zhang J, Zheng Y, Qi D,et al.Deep Spatio-Temporal Residual Networks for Citywide Crowd Flows Prediction[J].National Conference on Artificial Intelligence,2016:1655-1661.

[6] 罗向龙，焦琴琴，牛力瑶，等. 基于深度学习的短时交通流预测[J]. 计算机应用研究，2017，34（1）：91-93.

[7] Zhao Z,Chen W,Wu X,et al.LSTM Network:a Deep Learning Approach for Short-term TraflRc Forecast[J]. IET Intelligent Transport Systems,2017,11（2）：68-75.

[8] 朱凯利，朱海龙，刘靖宇，等. 基于图卷积神经网络的交通流量预测[J]. 智能计算机与应用，2019，9（6）：168-170.

[9] 郭晟楠，林友芳，金文蔚，等. 基于时空循环卷积网络的城市区域人口流量预测[J]. 计算机科学，2019，46（6）：385-391.

[10] 庞悦，赵威，张雅楠，等. 基于深度学习的 LSTM 的交通流量预测[J]. 单片机与嵌入式系统应用，2019，3：72-75.

[11] 魏中锐. 基于深度学习的交通流量预测[D]. 北京：北京交通大学，2019.

基于 Extended IPU 的人口合成模型及应用

雷焕宇　胡封疆

（深圳市城市交通规划设计研究中心股份有限公司，深圳 518029）

【摘要】人口合成模型是基于活动的出行需求模型的建模基础，人口合成模型计算得到非集计的家庭和人口数据，为人群分组预测提供数据基础，也为更精细的模型建设提供依据。主流的人口合成模型算法包括 Iterative Proportional Fitting（IPF），Iterative Proportional Updating（IPU）及 Extended IPU 等。人口合成模型需要获取每个 TAZ 或比 TAZ 更高等级的地理单位（如街道、行政区）的各控制变量的分布数量，以及以从居民出行调查中获得的样本作为数据基础，利用 IPU 等算法计算调查样本中家庭户的权值，采用蒙特卡洛抽样方法，模拟离散抽样过程，选取 P 值作为抽样后的满意度，确定最佳抽样结果。根据国内外的理论与实践经验，人口合成模型比传统的居调扩样等方式能够更精准、更科学、更合理地反映城市的人口及家庭情况。

【关键词】居民出行调查；人口合成；IPF；IPU；Extended IPU

Population Synthesis Model and Application Based on Extended IPU

Lei Huanyu　Hu Fengjiang

（Shenzhen Urban Transport Planning Center, Shenzhen 518029, China）

Abstract: The population synthesis model is the modeling basis for the travel demand model based on activities. The population synthesis model calculates non-aggregated household and population data, provides a data basis for grouping predictions, and provides a basis for more refined model construction. The mainstream population synthesis model algorithms include Iterative Proportional Fitting (IPF), Iterative Proportional Updating (IPU) and Extended IPU. The population synthesis model needs to obtain the distribution number of each control variable in each TAZ or a higher-level geographic unit (such as streets, administrative districts), and the samples obtained from the residents' travel survey as the data basis, and use IPU and other algorithms to calculate the survey The weights of the households in the sample adopt the Monte Carlo sampling method to simulate the discrete sampling process, select the P value as the satisfaction after sampling, and determine the best sampling result. According to the theory and practical experience at home and abroad, the population synthesis model can more accurately, scientifically and reasonably reflect the population and family situation of the city than the traditional methods such as expanding the sample.

Keywords: Resident Travel Survey; Population Synthesis; Activity-based Travel Needs; IPF; IPU; Extended IPU

1 引言

交通出行分析以普通居民出行调查为基础，通过统计出行目的、方式、时间等参数来评估人们的出行，标定交通模型的参数，在计算机仿真的基础上针对不同的场景预测未来人们的出行。随着模型技术的发展，对居民详细的参数和属性要求越来越高，针对一个特大型城市，进行大量的居民出行调查分析，既耗费了大量的人力和物力，又增加了数据的统计和分析难度，因此，大多采用小样本调查数据[1]。在小样本数据分析的基础上，采用人口合成模型，在利用计算机对现实人口进行模拟产生的研究范围内虚拟人口数据，它采用离散抽样的方式，保留了每个个体真实的信息，使得合成的总体人口统计性质满足实际统计数据口径[2,3]。

近年来，使用计算机基于现实统计信息产生的人工人口已被应用于多种仿真研究[4-6]。这种趋势的出现和发展可以归因于多种因素。比如，计算机计算效率和存储能力的提高为人口合成提供了技术基础，大量针对个体级别的人口数据调查，如居民出行调查，为人口合成的研究提供了原始的数据基础，而新型计算模型的发展也对人口合成的研究产生了积极的推动作用。

人口合成的研究最早源于美国洛斯阿拉莫斯国家实验室开发的 TRANSIMS-交通仿真系统[7,8]。在这个系统中，研究人员为了模拟交通变化，基于美国人口普查数据，使用一种迭代比例拟合算法产生了相应的人工人口数据。此方法产生的人工人口也被应用于该实验室的 EpiSims，应用于传染病仿真系统[9]和传染病传播的仿真研究。后来，越来越多的研究人员开始关注人工人口产生技术的研究与分析，提出了不同的方法，并广泛应用于交通规划[10]、战场模拟[11]、卫生健康[12]等领域。

目前，在交通领域，主流的人口合成软件主要有 PopGen、PopSyn 等。本文主要阐述了常用的人口合成算法，介绍了迭代比例拟合（Iterative Proportional Fitting，IPF）算法、迭代比利更新（Iterative Proportional Updating，IPU）算法、扩展的迭代比例更新（Extended IPU）算法及其算法原理、适用范围、优缺点等。最后，以某个具体城市为例，构建基于 Extended IPU 算法的人口合成模型。

2　主流的人口合成模型算法

人口合成模型是通过对调查样本进行合理抽样最终满足综合统计信息的过程。在不同的仿真研究中，因研究目的不同，需要的人口信息可能略有差别，但产生的人工人口基本都包含两方面数据，即个人数据和家庭数据。个人数据可以包含一个人的性别、年龄、民族、教育程度、薪水高低、婚姻情况等信息；家庭数据可以包含一个家庭的人员结构、户主属性、地理位置、拥有的机动车数量等信息。除了需要家庭数据和个人数据，为了更加精准地模拟人口数据，往往还需要准备完备的不同地理单元的统计数据，以作为家庭和个人的边际分布。在计算机中产生的人口，不仅要保证以上某一种属性在统计意义上接近现实情况，更重要的是保证不同属性之间的相关结构（Correlation Structure）与真实情况基本相符。

2.1　迭代比例拟合（IPF）算法

Deming 和 Stephan 于 1940 年提出了迭代比例拟合（IPF）算法[13]，用于估算存在边际约束时列联表每个单元值占总数的比例。Mosteller[14]证明 IPF 算法在迭代过程中可保持样本数据不同属性间的相关结构，因此，迭代后的结果依赖于原始数据质量的好坏。IPF 算法是在已知一定量样本数据和整体数据的边际分布的基础上，用样本数据拟合，从边际分布（选定的统计变量）转化为联合分布。该方法能保证边际分布及样本数据的特性，且能给出联合分布约束的最大熵。它假设样本和整体具有相同的内部结构，这种相关结构可以用比值比来表示。例如，已知原始调查样本分布矩阵 q，计算出的行列和分别为 a_{*i} 和 a_{*j}，已知边际分布为 Q_{*i} 和 Q_{*j}，如表 1 所示。

表 1　IPF 计算表

					Sum	边际分布
	$q_{1,1}$	$q_{1,2}$	...	$q_{1,n}$	a_{1*}	Q_{1*}
	$q_{2,1}$	$q_{2,2}$	...	$q_{2,n}$	a_{2*}	Q_{1*}
	...	...	...	...	...	...
	$q_{n,1}$	$q_{n,2}$	...	$q_{n,n}$	a_{n*}	Q_{1*}
Sum	a_{*1}	a_{*2}	...	a_{*n}	—	—
边际分布	Q_{*1}	Q_{*2}	...	Q_{*n}	—	—

假定合成后的人口数据分布规律和原始调查样本分布规律近似，IPF 算法通过迭代更新公式为：

$$q_{i,j}^m = Q_{*i} \frac{a_{i,j}^m}{a_{*i}} \tag{1}$$

$$q_{i,j}^{m+1} = Q_{*j} \frac{a_{i,j}^{m+1}}{a_{*j}} \tag{2}$$

式中，$q_{i,j}$ 表示第 i 行第 j 列的样本权值；m 表示迭代次数；Q_{*i} 表示边际分布。通过不断调整 $q_{i,j}$，可使得整体数据在某一列、某一行的总和满足统计数据的边际分布，从而初始分布不断趋近于整体分布。具体人口合成过程如图 1 所示。

图 1　人口合成过程

IPF 算法首先由 BeckMam 提出，应用在人口合成上面，将人口普查数据作为原始数据，这些抽样数据需要提供详细的家庭成员信息，包括年龄、性别、家庭收入等信息。首先选取若干属性，统计样本数据中不同属性个体所占的比例，得到包含不同属性之间相关结构信息的多维列联表；然后根据总计表数据对总体建立针对同样属性的初步列联表，这个初步列联表只包含每一行和每一列的边际和，但其内部每个单元的值暂时未知，IPF 算法正是被用来拟合这些未知值的。

IPF 算法有明显的局限性。首先，其结果好坏十分依赖于数据质量，特别是真实样本数据的代表性。例如，在原始的调查样本中，针对某种类别的人口户或者家庭户，由于低概率事件，或者是调查不合理等因素导致样本数据中没有包含这一类特定的个体，那么人口户合成的结果中也不会包含这一类个体，因此，在实际处理的过程中，针对个体数量为零的情况，赋予极小的数值，让该个体有被抽样的可能。另外，在很多情况下，因为隐私问题，真实样本数据并不能公开使用，这一点也是 IPF 算法最大的制约之处。其次，由于 IPF 算法被设计为一次只处理单一的列联表，因此，它几乎不可能同时兼顾个人层面和家庭层面的属性分布，只能保证其中一个层面的属性分布得到模拟。研究表明，每个人的行为特征与其家庭结构和类型有很显著的相关性，在大多数利用人工人口的研究中，研究者更倾向于保证家庭属性相关结构的准确性。

2.2　迭代比例更新（IPU）算法

为了获取更加详细的仿真参数，更加符合真实分布的综合人口数据，Ye[15]等在 IPF 算法的基础上提出了一种新的启发式算法——迭代比例更新算法（IPU）。该算法除了满足边际分布的条件，还能更好地拟合人口和家庭两个维度方面的属性分布。

IPU 算法从本质上解决的是一个最优化的问题，计算公式为：

$$z = \text{Minmize} \sum_j \left[\frac{\sum_i d_{i,j} w_i - c_j}{c_j} \right]^2 \tag{3}$$
$$w_i \geqslant 0$$

式中，i 为家庭样本类型；j 为感兴趣人口特征或者约束类别；$d_{i,j}$ 为家庭样本类型 i 在人口特征 j 中的影响因子；w_i 为家庭户 i 的权值；c_j 为人口特征 j 的值。

IPU 算法通过不断迭代，更新权值 w_i，使得总目标 z 最小，具体计算过程如下。

2.2.1 第一步：初始化样本数据及边际分布

如图 2 所示为 IPU 格式，其中，Household ID 为家庭户编号；Weigths 为每个家庭户样本的初始权值；Household Type 和 Person Type 分别为家庭层和人口层的类别，该类别主要通过样本数据中含有的家庭属性和个人属性进行类别划分；Weighted Sum 为不同家庭户类别和人口类别的总和；Constraints 为统计数据层面上的该类家庭和该类人口含有的总数量，即边际分布；δ_b 为 Weighted Sum 和 Constraints 之间的偏差值。

Household ID	Weights	Household Type 1	Household Type 2	Person Type 1	Person Type 2	Person Type 3
1	1	1	0	1	1	1
2	1	1	0	1	0	1
3	1	1	0	2	1	0
4	1	0	1	1	0	2
5	1	0	1	0	2	1
6	1	0	1	1	1	0
7	1	0	1	2	1	2
8	1	0	1	1	1	0
Weighted Sum		3.00	5.00	9.00	7.00	7.00
Constraints		35.00	65.00	91.00	65.00	104.00
δ_b		0.914 3	0.923 1	0.901 1	0.892 3	0.932 7

图 2　IPU 格式

2.2.2 第二步：根据家庭户类别逐列调整家庭户的权值

从家庭的角度出发，利用公式（4）进行权值比例更新：

$$p_i = C * \frac{w_i}{W}$$
$$W = \sum_{i=1} w_i * N_{i,*}$$
（4）

式中，p_i 为每个家庭户 ID 的权值；C 为 Constraints；W 为每类的权值总和；w_i 为每个家庭户类别数量乘以每个家庭的权值。IPU 权值计算如图 3 所示。

图 3　IPU 权值计算

2.2.3 第三步：基于人口数类别逐列调整家庭户的权值

从人口的角度出发，计算每个家庭在总类别中的权值，采用公式（4），计算结果如图 4 所示。

Household ID	Weights	Household Type 1	Household Type 2	Person Type 1	Person Type 2	Person Type 3	Weights 1	Weights 2	Weights 3	Weights 4	Weights 5
1	1	1	0	1	1	1	11.67	11.67	9.51	8.05	12.37
2	1	1	0	1	0	1	11.67	11.67	9.51	9.51	14.61
3	1	1	0	2	1	0	11.67	11.67	9.51	8.05	8.05
4	1	0	1	1	0	2	1.00	13.00	10.59	10.59	16.28
5	1	0	1	0	2	1	1.00	13.00	13.00	11.00	16.91
6	1	0	1	1	1	0	1.00	13.00	10.59	8.97	8.97
7	1	0	1	2	1	2	1.00	13.00	10.59	8.97	13.78
8	1	0	1	1	1	0	1.00	13.00	10.59	8.97	8.97
Weighted Sum		3.00	5.00	9.00	7.00	7.00					
Constraints		35.00	65.00	91.00	65.00	104.00					
δ_b		0.9143	0.9231	0.9011	0.8923	0.9327					
Weighted Sum 1		35.00	5.00	51.67	28.33	28.33					
Weighted Sum 2		35.00	65.00	111.67	88.33	88.33					
Weighted Sum 3		28.52	55.38	91.00	76.80	74.39					
Weighted Sum 4		25.60	48.50	80.11	65.00	67.68					
Weighted Sum 5		35.02	64.90	104.84	85.94	104.00					

图 4　IPU 权值计算结果

2.2.4　第四步：收敛与结果输出

通过不断迭代第二步和第三步，最终使得迭代参数值 δ_b 满足设置的收敛条件，即完成迭代比例更新算法，可计算出每个家庭户在后续抽样中的比例值。收敛结果如图 5 所示。

Household ID	Weights	Household Type 1	Household Type 2	Person Type 1	Person Type 2	Person Type 3	Final Weights
1	1	1	0	1	1	1	1.36
2	1	1	0	1	0	1	25.66
3	1	1	0	2	1	0	7.98
4	1	0	1	1	0	2	27.79
5	1	0	1	0	2	1	18.45
6	1	0	1	1	1	0	8.64
7	1	0	1	2	1	2	1.47
8	1	0	1	1	1	0	8.64
Weighted Sum		35.00	65.00	91.00	65.00	104.00	
Constraints		35.00	65.00	91.00	65.00	104.00	
δ_b		0.0000	0.0000	0.0000	0.0000	0.0000	

图 5　收敛结果

在 IPU 算法中，在满足家庭层和人口层边际分布的基础上，计算每个家庭在整体分布中所占的权值比例，后续通过蒙特卡洛抽样方法，按照权值进行概率抽样，最终抽取的结果既能满足家庭层的控制变量的边际分布，又能满足个体人口的约束条件。在 IPF 算法的基础上前进了很大一步。但是在该算法中并没有考虑到不同地理层次单元的条件分布，以满足家庭和人员级别的约束，同样，该合成过程也严重依赖于调查样本数据的好坏。

2.3　扩展的迭代比例更新（Extended IPU）算法

在城市中，不同区域的人口分布是不一样的，因此在人口合成模型中，必须考虑不同发展程度的区域对人口分布的影响，不同地理层次上统计数据的约束条件，Karthik C. Konduri、Daehyun You、Venu M. Garikapati、Ram M. Pendyala 等针对 IPU 算法的不足，提出了扩展的迭代比例更新（Extended IPU）算法，在原来只考虑家庭和人口属性分布的基础上，加入了地理单元产生权重，从而可满足多层的边缘分布的人口合成模型。

如图 6（a）所示，Extended IPU 算法主要考虑了不同地理层次上的数据约束，其中，Region 层属于大范围的行政区划，Geo 层属于小范围的区域，如模型考虑范围的 TAZ 小区如图 6（b）所示。

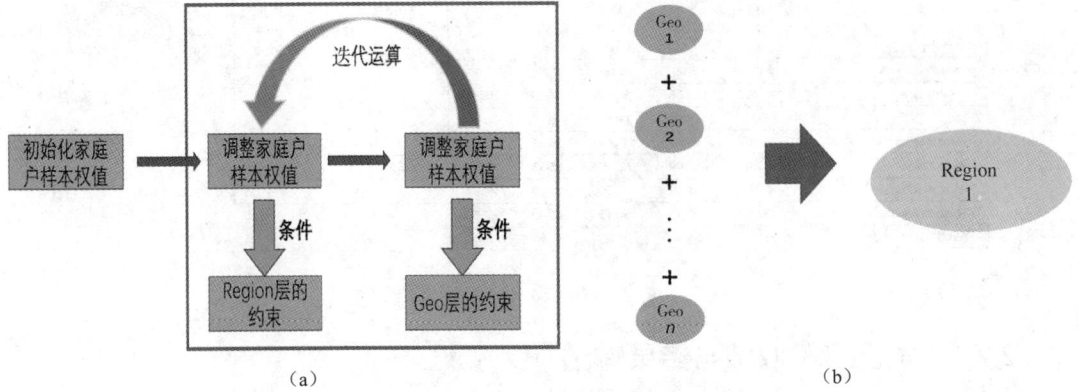

图 6　Extended IPU 计算过程及 Region 层和 Geo 层的关系

2.3.1　第一步：初始化家庭户 ID 的样本权值

初始化家庭户的样本权值都默认为 1，参照 IPU 算法中的分类，对样本数据中的家庭户和人口类别进行分类，如图 7 所示，Region HH Type 和 Person Type 分别为家庭户类别和人口类别，分别统计在 Geo 层的类别数量。在 Region 层只需要统计家庭户的类别数量。

	hid	weight	Region HH Type			HH Type		Person Type		
			1	2	3	1	2	1	2	3
Geo 1	1	1	0	0	1	1	0	1	1	1
	2	1	1	0	0	1	0	1	0	1
	3	1	0	1	0	1	0	2	1	0
	4	1	1	0	0	0	1	1	0	2
	5	1	0	1	0	0	1	0	2	1
	6	1	0	0	1	0	1	1	1	0
	7	1	0	1	0	0	1	2	1	2
	8	1	0	0	1	0	1	1	2	0
	Geo 1	Weighted Sum				3	5	9	8	7
		Constraints				46	51	92	88	84
		δ_b				0.94	0.90	0.90	0.91	0.92
	hid	weight	1	2	3	1	2	1	2	3
Geo 2	1	1	0	0	1	1	0	1	1	1
	2	1	1	0	0	1	0	1	0	1
	3	1	0	1	0	1	0	2	1	0
	4	1	1	0	0	0	1	1	0	2
	5	1	0	1	0	0	1	0	2	1
	6	1	0	0	1	0	1	1	1	0
	7	1	0	1	0	0	1	2	1	2
	8	1	0	0	1	0	1	1	2	0
	Geo 2	Weighted Sum				3	5	9	8	7
		Constraints				33	99	138	122	104
		δ_b				0.91	0.95	0.94	0.93	0.93
匹配Constraints的Region	Weighted Sum		4.0	6.0	6.0					
	Constraints		86	61	82					
	δ_b		0.953	0.902	0.927					

图 7　Extended IPU 初始化设置

2.3.2　第二步：根据 Region 层的边际分布调整家庭户的权值

参照公式（4），利用 Region 层的 Constraints 调整每个 Geo 层中家庭户的比例，计算示例如图 8 所示。

	hid	weight	Region HH Type			HH Type		Person Type		
			1	2	3	1	2	1	2	3
Geo 1	1	13.67	0	0	1	1	0	1	1	1
	2	21.50	1	0	0	1	0	1	0	1
	3	10.17	0	1	0	1	0	2	1	0
	4	21.50	1	0	0	0	1	1	0	2
	5	10.17	0	1	0	0	1	0	2	1
	6	13.67	0	0	1	0	1	1	1	0
	7	10.17	0	1	0	0	1	2	1	2
	8	13.67	0	0	1					
	Geo 1	Weighted Sum				45.33	69.17	124.67	95.33	108.67
		Constraints				46	51	92	88	84
		δ_b				0.01	0.36	0.36	0.08	0.29
	hid	weight	1	2	3	1	2	1	2	3
Geo 2	1	13.67	0	0	1	1	0	1	1	1
	2	21.50	1	0	0	1	0	1	0	1
	3	10.17	0	1	0	1	0	2	1	0
	4	21.50	1	0	0	0	1	1	0	2
	5	10.17	0	1	0	0	1	0	2	1
	6	13.67	0	0	1	0	1	1	1	0
	7	10.17	0	1	0	0	1	2	1	2
	8	13.67	0	0	1	0	1	1	2	0
	Geo 2	Weighted Sum				45.33	69.17	124.67	95.33	108.67
		Constraints				33	99	138	122	104
		δ_b				0.37	0.30	0.10	0.22	0.05
匹配Constraints的Region	Weighted Sum		86.0	61.0	82.0					
	Constraints		86	61	82					
	δ_b		0.000	0.000	0.000					

图 8　Extended IPU 计算 Region 层权值

2.3.3　第三步：根据 Geo 层的边际分布调整家庭户的权值

在第二步的基础上，再次利用 Geo 层的 Constraints 调整家庭户的权值，参照公式（4），具体计算示例如图 9 所示。

	hid	weight	Region HH Type			HH Type		Person Type		
			1	2	3	1	2	1	2	3
Geo 1	1	13.87	0	0	1	1	0	1	1	1
	2	21.82	1	0	0	1	0	1	0	1
	3	10.32	0	1	0	1	0	2	1	0
	4	21.50	1	0	0	0	1	1	0	2
	5	10.17	0	1	0	0	1	0	2	1
	6	13.67	0	0	1	0	1	1	1	0
	7	10.17	0	1	0	0	1	2	1	2
	8	13.67	0	0	1	0	1	1	2	0
	Geo 1	Weighted Sum				44.120	52.643	106.869	86.249	84.000
		Constraints				46	51	92	88	84
		δ_b				0.041	0.032	0.162	0.020	0.000
	hid	weight	1	2	3	1	2	1	2	3
Geo 2	1	13.67	0	0	1	1	0	1	1	1
	2	21.50	1	0	0	1	0	1	0	1
	3	10.17	0	1	0	1	0	2	1	0
	4	21.50	1	0	0	0	1	1	0	2
	5	10.17	0	1	0	0	1	0	2	1
	6	13.67	0	0	1	0	1	1	1	0
	7	10.17	0	1	0	0	1	2	1	2
	8	13.67	0	0	1	0	1	1	2	0
	Geo 2	Weighted Sum				27.844	87.550	122.800	110.679	104.000
		Constraints				33	99	138	122	104
		δ_b				0.156	0.116	0.110	0.093	0.000
匹配Constraints的Region	Weighted Sum		67.444	59.825	84.888					
	Constraint		86	61	82					
	δ_b		0.216	0.019	0.035					

图 9　Extended IPU 计算 Geo 层权值

2.3.4　第四步：收敛与结果输出

不断迭代运算第二步和第三步，最终使得迭代参数值 δ_b 满足设置的收敛条件，输出每个家庭户在符合整体分布的数据中的权值，采用蒙特卡洛法，根据每个家庭的权值抽样，最终合成具有详细家庭户和人口属性的合成数据。收敛结果如图 10 所示。

	hid	weight	Region HH Type			HH Type		Person Type		
			1	2	3	1	2	1	2	3
Geo 1	1	8.33	0	0	1	1	0	1	1	1
	2	25.71	1	0	0	1	0	1	0	1
	3	12.19	0	1	0	1	0	2	1	0
	4	12.19	1	0	0	0	1	1	0	2
	5	20.02	0	1	0	0	1	0	2	1
	6	8.22	0	0	1	0	1	1	1	0
	7	2.78	0	1	0	0	1	2	1	2
	8	8.22	0	0	1	0	1	1	2	0
	Geo 1	Weighted Sum				46.23	51.43	92.60	88.00	84.00
		Constraints				46	51	92	88	84
		δ_b				0.005	0.009	0.007	0.000	0.000
Geo 2	hid	weight	1	2	3	1	2	1	2	3
	1	4.46	0	0	1	1	0	1	1	1
	2	17.71	1	0	0	1	0	1	0	1
	3	11.00	0	1	0	1	0	2	1	0
	4	30.39	1	0	0	0	1	1	0	2
	5	10.31	0	1	0	0	1	0	2	1
	6	26.85	0	0	1	0	1	1	1	0
	7	5.38	0	1	0	0	1	2	1	2
	8	26.85	0	0	1	0	1	1	2	0
	Geo 2	Weighted Sum				33.17	99.77	139.00	122.00	104.00
		Constraints				33	99	138	122	104
		δ_b				0.005	0.008	0.007	0.000	0.000
匹配Constraints的Region	Weighted Sum	86.0	61.7	82.9						
	Constraints	86.0	61.0	82.0						
	δ_b	0.000	0.011	0.011						

图 10　收敛结果

从 IPU 算法到 Extended IPU 算法，是不断精细化的、离散化的过程，同时对数据的种类和质量要求也越来越高，具体对比如表 2 所示。

表 2　3 种人口合成模型的算法原理及优缺点对照

类　　型	优　　点	缺　　点	数据需求
IPF	计算速度快	无法同时满足家庭户和个人之间的约束关系	家庭表或者人表
IPU	可以满足家庭户和个人之间的约束关系	无法满足上层地理单元约束	家庭表和人表
Extended IPU	既可以满足家庭户和个人之间的约束关系，还能满足不同地理单元控制指标的约束	数据量要求高，计算速度较慢	家庭表、人表、不同地理单位的控制指标

3　基于 Extended IPU 的人口合成模型应用

通过对以上 3 种合成算法的比较，IPF 算法没有考虑家庭户和个人的层级结构关系，IPU 算法没有考虑不同地理层级之间的约束关系。从 IPF 算法到 Extended IPU 算法，考虑的情况更加符合基于活动的出行的交通模型需求分析的需要，因此，本文使用的案例基于 Extended IPU 算法。

3.1　数据准备与参数设置

3.1.1　家庭户和人口户样本表设计

根据原始调查数据，统计不同 Geo 层、Region 层下面的家庭总数、家庭人口规模、家庭住房结构，以及家庭内人口总数、年龄分布、性别分布、户口类型等。家庭户和人口户样本表内容如表 3 所示。

表 3　家庭户和人口户样本表内容

家庭，Household	家庭总数	Total	hhtotals hhrtotals
	家庭人口规模	4 类	hsize1, 2, 3, 4 rhsize1, 2, 3, 4
	家庭住房结构	6 类	htype1, 2, 3, 4, 5, 6 rtype1, 2, 3, 4, 5, 6
人口，Person	家庭内总人口数	Total	ptotals rptotals
	年龄	9 类	page,1, 2, 3, 4, 5, 6, 7, 8, 9 rpage1, 2, 3, 4, 5, 6, 7, 8, 9
	性别	男；女	psex1, 2 rpsex1, 2
	户口	家庭户；集体户	pwh1, 2 rpwh1, 2

根据统计的结果设计输入的家庭户和人口户的表格，如表 4 所示。

表 4　家庭户和人口户样本表示例

hid	sample_geo	hhtotals	hhrtotals	rhsize	rtype	hsize	htype
1100	1	1	1	3	2	3	2
1200	1	1	1	2	2	2	2
1300	1	1	1	4	2	4	2
1400	1	1	1	2	2	2	2
1500	1	1	1	3	1	3	2
1600	1	1	1	2	2	3	2
1700	1	1	1	3	2	3	2
1800	1	1	1	3	2	3	2
1900	2	1	1	2	1	2	1
2000	1	1	1	3	2	3	2
2100	1	1	1	2	2	3	2

hid	pid	sample_geo	ptotals	rptotals	rpsex	rpage	rpwh	psex	page	pwh
1100	1	1	1	1	1	6	2	1	6	2
1100	2	1	1	1	2	5	2	2	5	2
1100	3	1	1	1	1	2	1	1	1	2
1200	1	1	1	1	1	8	2	1	8	2
1200	2	1	1	1	2	7	2	2	7	2
1300	1	1	1	1	1	5	2	1	5	2
1300	2	1	1	1	2	5	2	2	5	2
1300	3	1	1	1	2	1	2	2	1	2
1300	4	1	1	1	2	2	2	2	2	2
1300	5	1	1	1	2	1	2	2	1	2

表 4 中，家庭户样本表示例中，hid 表示家庭编号；sample_geo 表示不同 Geo 下的样本；hhtotals 表示家庭内总人口数；hhrtotals 表示 Region 下的总数；rhsize 表示 Region 下的家庭大小；rtype 表示 Region 下的家庭类型；hsize 表示家庭大小；htype 表示家庭种类。在人口户样本表示例中，hid 表示家庭编号；pid 表示人的编号；sample_geo 表示 Geo 下的样本；ptotals 表示人的总数；rptotals 表示 Region 下人的总数；rpsex 表示 Region 下的不同性别；rpage 表示 Region 下不同人的年龄；pwh 表示是否是某地人。

3.1.2　统计样本边际分布 Marginals

边际分布主要是基于不同统计对象的统计数据结果，对人口合成数据的可靠性至关重要。针对 Extended IPU 算法，主要考虑的地理层次包括 Region 和 Geo，实体对象主要是家庭户和人口户。因此边际成本主要包括 Household_marginals、Person_marginals、Region_household_marginal、Region_person_marginal。

Household_marginals 具体示例如表 5 所示。

表 5　Household_marginals 示例

varialbe_names	hhtotals	hsize	hsize	hsize	hsize	htype	htype	htype	htype	htype	htype
variable_categories	1	1	2	3	4	1	2	3	4	5	6
geo											
5069027	0	0	0	0	0	0	0	0	0	0	0
5069048	0	0	0	0	0	0	0	0	0	0	0
5069055	298.8969	46.41256	62.19283	111.3901	78.90135	254.2341	6.871192	13.74238	10.30679	13.74238	0

表 5 中，hhtotals 表示不同 Geo 下的家庭总数；hsize 表示不同 Geo 下不同规模的家庭总数量；htype 表示不同 Geo 下不同用地属性的家庭总数。家庭规模分为 4 种，家庭用地属性分为 6 种。

Person_marginals 示例如表 6 所示。

表 6　Person_marginals 示例

varialbe_names	ptotals	psex	psex	page	page	page	page	page	page	page	page	page	pwh	pwh
variable_categories	1	1	2	1	2	3	4	5	6	7	8	9	1	2
geo														
5069048	0	0	0	0	0	0	0	0	0	0	0	0	0	0
5069055	1278.239	529.5702	748.6689	106.3186	244.0494	45.91029	118.4002	282.7107	299.625	140.1472	31.4123	9.665324	417.4971	860.7425

表 6 中，ptotals 表示不同 Geo 下的总人数；psex 表示不同 Geo 下不同性别的总人数；page 表示不同 Geo 下不同年龄的总人口数；pwh 表示不同 Geo 下的某地人和非某地人。

Region_household_marginal 示例如表 7 所示。

表 7　Region_household_marginal 示例

variable_names	hhrtotals	rhsize	rhsize	rhsize	rhsize	rtype	rtype	rtype	rtype	rtype	rtype
variable_categories	1	1	2	3	4	1	2	3	4	5	6
region											
1	96609	20194	16300	30802	29313	18956.34	66108.09	2612.9	3535.1	5294.112	102.4667
2	62943	7266	9210	15726	30741	31657.89	12330.52	4043.263	7340.96	6538.043	1032.323

表 7 中，hhrtotals 表示不同 Region 下的家庭总数量；rhsize 表示不同 Region 下不同家庭规模的总数量，rtype 表示不同 Region 下家庭用地属性的总数量。

Region_household_marginal 示例如表 8 所示。

表 8　Region_household_marginal 示例

variable_names	rptotals	rpsex	rpsex	rpage	rpage	rpage	rpage	rpage	rpage	rpage	rpage	rpage	rpwh	rpwh
variable_categories	1	1	2	1	2	3	4	5	6	7	8	9	1	2
region														
1	375611.9	190191.9	185419.9	44455.26	65586.85	10587.72	17799.64	91168.35	82706.95	41956.29	17339.3	4011.495	104391	271221
2	358419.1	170136	188283	46315.94	67402.12	12937.16	23802.52	90329.89	67320.04	33701.06	13121.31	3499.017	126867.8	231551.2

表 8 中，rptotals 表示不同 Region 下的总人数；rpsex 表示不同 Region 下不同性别的总人数；rpage 表示不同 Region 下不同年龄的总人口数；rpwh 表示不同 Region 下的某地人和非某地人。

3.1.3　其他场景设置

除了基本的家庭户和人口户样本样例表设计、边际分布外，还需要设置好调查样本的 Geo 和待合成的 Geo 的对应关系，以及 Geo 层和 Region 层的对应关系。Geo 层和 Region 层对应关系表示例如图 9 所示。

表 9　Geo 层和 Region 层对应关系表示例

Geo	sample_geo	Region	Geo
1066021	1	1	1066021
1066020	1	1	1066020
1001004	1	1	1001004
1001009	1	1	1001009
1001007	1	1	1001007
1001006	1	1	1001006
1001008	1	1	1001008

除了相关的对应关系之外，还有迭代次数设置、收敛标准参数等。

3.2　模型合成过程与结果分析

构建好合成模型输入格式之后，利用 Extended IPU 算法计算不同 Geo 层下家庭户的抽样权值；根据蒙特卡洛法，对每类家庭进行抽样；针对抽样结果，统计每类家庭中的人口数据分布，连续抽样多次，选取和原始数据分布最接近的一次结果作为人口合成模型输出的最终结果。基于 Extended IPU 的人口合成模型应用流程如图 11 所示。

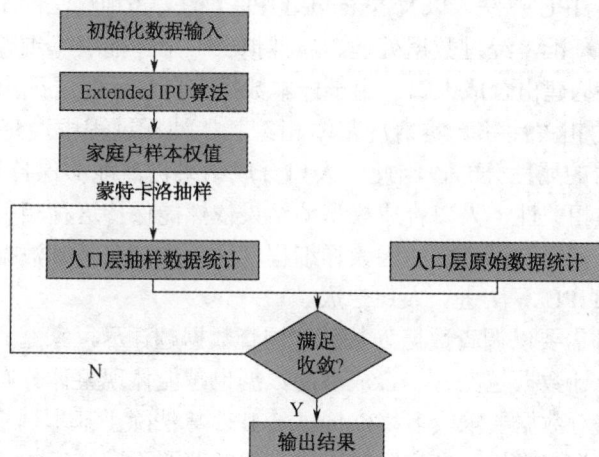

图 11　基于 Extended IPU 的人口合成模型应用流程

抽样完成之后，产生合成的人表和户表，具体内容如表 10 所示。

表 10　合成的人表和户表示例

unique_housing_id	geo	unique_id_in_geo	sample_geo	hhldtype	rhhldtype	hid	entity
0	1	1	1	.	2	1	household
1	1	2	1	.	2	1	household
2	1	3	1	.	2	1	household
3	1	4	1	.	2	1	household
4	1	5	1	.	2	2	household
5	1	6	1	.	1	2	household
6	1	7	1	.	1	2	household
7	1	8	1	.	1	2	household
8	1	9	1	.	1	2	household
9	1	10	1	.	1	2	household
10	1	11	1	.	1	2	household
11	1	12	1	.	1	2	household
12	1	13	1	.	1	2	household

unique_person_id	geo	unique_id_in_geo	pid	sample_geo	ptype	hid	entity
0	1	1	1	.	2	1	person
1	1	1	2	.	2	1	person
2	1	1	3	.	3	1	person
3	1	2	1	.	2	1	person
4	1	2	2	.	2	1	person
5	1	2	3	.	3	1	person
6	1	3	1	.	2	1	person
7	1	3	2	.	2	1	person
8	1	3	3	.	3	1	person
9	1	∠	1	.	2	1	person
10	1	∠	2	.	2	1	porson
1∠	1	∠	3	.	3	1	person

户表中指定了独立的编号、所属的 Geo、在 Geo 的编号、在 Geo 中和 Region 中的家庭户的类型，以及原始调查数据中的家庭编号。人表中指定了个人编号、所属的 Geo、在 Geo 的编号、所属的家庭中的编号、对应的 Sample Geo 的编号、类型编号，以及对应的家庭的编号。根据输出的人表和户表，以及原始调查数据，可以轻松查找到每一个家庭户、人口户的其他属性，为计算基于活动的交通模型需求分析提供基础。

4　结语

人口合成与人口扩样的作用类似，人口合成是指在居民出行调查和人口普查的基础上，根据总人口数和选定的控制属性进行计算，获得非集计的人口数据。人口合成能够实现更精细的人群分类，考虑经济收入、有无车、年龄、就业、家庭结构、集体户等多个维度的人群划分，作为基于活动的模型输入数据中的关键部分。本文介绍了产生合成人口的 3 类典型技术：IPF 算法，IPU 算法，以及 Extended IPU 算法。3 种算法的基本思路相似，都以真实人口统计信息为基准，经过数据处理、属性拟合、个体抽取等步骤，在尽可能保持总体属性分布的前提下构建出合成人口。由于样本数据来自实际的居民出行调查，因此能够保证不同属性之间的相关性和真实情况基本相符。在抽样过程中，每个样本家庭被抽中的概率会考虑区域内的属性分布，因此，人口合成结果仍然能够保持这种相关性。例如，拥车和收入有较高的相关性，人口合成模型的结果依然能保持这种相关性。3 种算法的不同点在于适用的场景有区别，考虑的因素详细程度不一样，在基础数据充足的条件下，推荐优先选择 Extended IPU 算法进行人口合成。

上述 3 种算法都需要以调查数据为基础，调查数据越详尽，家庭户和人口户属性越丰富，不同地理层次统计数据越完备，合成后的数据也越能体现整体分布，合成效果越好。但是这几类合成算法对数据要求较多，Extended IPU 算法除了基本调查数据外，还需要不同地理层级的统计数据来支撑。在实际过程中，很难获取不同维度的、全方位的数据。随着时间的推移，组织和统计居民出行调查的费用和难度越来越大，从政府和居民的角度而言，需要尽量减少大规模的出行调查，尽可能多地采用互联网、手机信令等大数据手段来进行人工数据合成和模型参数校核等工作。基于数据驱动的人口模型和预测更能解决当前调查难度大、人工成本高、数据质量良莠不齐的问题，也更能满足未来社会发展的需要。

参 考 文 献

[1] 张卫华，陆化普. 城市交通规划中居民出行调查常见问题及对策[J]. 城市规划学刊，2005（5）：90-94.

[2] 葛渊峥，宋智超，孟荣清. 人工社会大规模人工人口生成方法综述[J]. 系统仿真学报，2019（10）.

[3] 刘列，许晴，徐致靖，等. Review of Typical Synthesis Techniques for Synthetic Population%人工人口生成技术综述[J]. 生物技术通讯，2015（1）：40-45.

[4] Helbing D, Balietti S. From social simulation to integrative system design[J]. european physical journal special topics, 2011, 195(1):69-100.

[5] Chen B, Cheng H H, Palen J. Integrating mobile agent technology with multi agent system for distributed traffic detection and management systems[J]. Transportation Research Part C Emerging Technologies, 2009, 17(1):1-10.

[6] 王飞跃，史帝夫·兰森. 从人工生命到人工社会——复杂社会系统研究的现状和展望[J]. 复杂系统与复杂性科学，2004，1（1）：33-41.

[7] Nagel K, Beckman R J, Barren C L. Transims for urban planning[C]. 6th Internationl Conference on Computers in Urban Planning and Urban Management, 1999.

[8] Smith L, Beckman R, Anson D, et al. TRANSIMS: Transportation ANalysis and SIMulation System[J]. office of scientific & technical information technical reports, 1995.

[9] Eubank S, Guclu H, Kumar V S A, et al. Modelling disease outbreaks in realistic urban social networks[J]. Nature, 429(6988):180-184.

[10] Beckman RJ, Baggerly KA, Mckay MD. Creating synthetic baseline populations[J]. Transportation Research Part A Policy & Practice, 1996, 30(6):415-429.

[11] Randall Hill, Johnny Chen, Jonathan Gratch, et al. Intelligent Agents for the Synthetic Battlefield[C]. Joint proceedings of the Fourteenth National Conference on Artificial Intelligence and the Ninth Conference on Innovative Applications of Artificial Intelligence (AAAI/IAAI97) Joint proceedings of the Fourteenth National Conference on Artificial Intelligenc and the Ninth Conference on Innovative Applications of Artificial Intelligenc (AAAI/IAAI97). 1997.

[12] Eubank S, Guclu H, Vsak, et al. Modelling disease outbreaks in realistic urban social networks[J]. Natwre, 2004, 429(6988):180-184.

[13] Deming W E , Stephan F F . On a Least Squares Adjustment of a Sampled Frequency Table When the Expected Marginal Totals are Known[J]. Annals of Mathematical Statistics, 1940, 11(4):427-444.

[14] Mosteller, Frederick. Association and Estimation in Contingency Tables[J]. Publications of the American Statistical Association, 1968, 63(321):1-28.

[15] Ye X, Konduri K, Pendyala R M, et al. A Methodology to Match Distributions of Both Household and Person Attributes in the Generation of Synthetic Populations[J]. transportation research board annual meeting, 2009.

基于大数据与动态交通仿真的城市主干道交通改善研究①

许燕青　陈振武

（ 1. 深圳市城市交通规划设计研究中心股份有限公司，深圳 518029；
2. 深圳市交通信息与交通工程重点实验室，深圳 518029）

【摘要】城市主干道交通运行情况会对其联系的各个区域产生重要的影响。本文基于交通大数据与交通动态仿真技术研究城市主干道的交通改善策略，以深圳市新洲路为例，通过交通大数据分析城市主干道与周边联系紧密的片区的职住分析、出行分析，对主干道拥堵成因机理进行剖析，对症下药提出交通改善方案，并引入动态交通仿真技术，通过微观层面的动态、定量、精细化仿真分析，为交通改善方案的评估提供支持，比选最优方案，形成闭环反馈。

【关键词】大数据；动态交通仿真技术；城市主干道；交通改善

Research on Traffic Improvement of Urban Main Road Based on Big Data and Dynamic Traffic Simulation

Xu Yanqing　Chen Zhenwu

（ 1. Shenzhen Urban Transport Planning Center, Shenzhen 518029, China;
2. Shenzhen Key Laboratory of Traffic information and Traffic Engineering, Shenzhen 518000, China ）

Abstract: The traffic operation of urban main road will have an important influence on the regions it connects.This article is based on traffic data and dynamic simulation technology research of urban trunk road traffic improvement strategy, with the examples of the Shenzhen new road through city traffic data analysis closely linked to the main road

① 基金：国家重点研发计划"综合交通运输与智能交通"重点专项"城市交通智能治理大数据计算平台及应用示范"项目课题五（2018YFB1601105） and the surrounding area of live, travel, analyzes on the main road congestion formation mechanism, suit the remedy to the case traffic improvement scheme is put forward.In addition, dynamic traffic simulation technology is introduced to provide support for the evaluation of traffic improvement schemes through dynamic, quantitative and refined simulation analysis at the micro level, so as to select the optimal scheme and form a closed-loop feedback.

Keywords: Big Data; Dynamic Traffic Simulation Technology; Urban Arterial Roads; Improve Traffic

1　引言

城市主干道是城市交通的主动脉，承担很大一部分的交通流，主干道的交通运行情况会对其联系的各个区域产生重要的影响。当城市主干道运行不畅时，也会导致周边区域拥堵甚至瘫痪。在城市主干道交通改善研究中，主干道联系的周边区域的交通出行特征是研究交通改善方案的基本依据和基础。传统获取交通需求的方式是进行交通调查，但是城市主干道联系的周边区域较大，一般有数平方千米甚至几十平方千米，受到调查时间和调查经费的限制，难以获取主干道及周边区域全面、直接的交通流运行数据，因此，一般仅对直接研究范围进行小样本抽查，无法覆盖全部影响范围。如今，随着交通大数据和移动互联网时代的到来，手机信令数据、建筑普查数据、浮动车数据、检测器数据等交通大数据的应用为交通规划分析评估技术带来了很大的变革，为研究主干道及周边区域的交通出行特征提供了新的思路。利用大数据能够对研究对象的交通运行状况进行大样本及大范围的长时间连续监测，同时获取成本及时间成本都比较低，弥补了传统小样本调查的不足。另外，对于交通改善方案的有效性，传统的定性分析难以支撑城市主干道交通改善方案的评估与优化，而动态交通仿真技术能够很好地弥补这一不足，可进行定量、动态地评估。

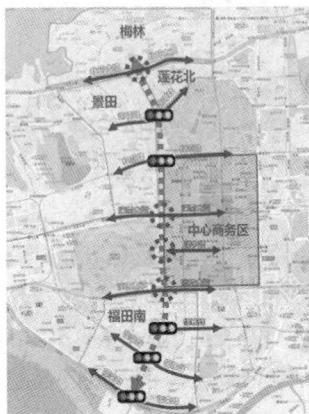

图 1　研究范围

因此，本文的目的是深入结合交通大数据与交通动态仿真技术，通过手机信令数据、建筑普查数据、浮动车数据、检测器数据等交通大数据分析城市主干道与周边联系紧密的片区的交通出行特征，对主干道拥堵成因机理进行剖析，有针对性地提出交通改善方案，并引入交通仿真技术，通过微观层面的动态、定量、精细化仿真分析，为交通改善方案的评估提供支持，比选最优方案，形成闭环反馈。

本文以深圳市新洲路为研究对象。新洲路是深圳市福田区南北向重要交通干道，全线长度约 6 km，主线双向六车道，红线宽度约 96 m；全线分布 4 座立交、5 个信号灯控路口，主要服务于沿线居住社区与中央商务区的交通联系，以及沿线片区对外交通转换需求，如图 1 所示。

2 基于大数据的出行特征研究

2.1 研究方法

通过手机信令数据、建筑普查数据及检测点数据，如车牌识别、地磁等多种大数据的融合挖掘，分析城市主干道与周边联系紧密的片区的出行特征，从源头看交通拥堵问题的形成原因。动态 OD（出行需求）量化过程如图 2 所示。

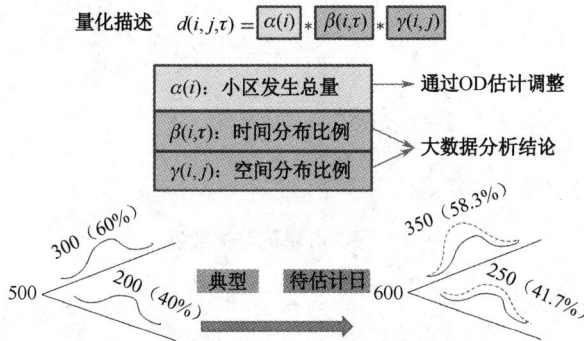

量化描述　$d(i,j,\tau) = \boxed{\alpha(i)} * \boxed{\beta(i,\tau)} * \boxed{\gamma(i,j)}$

$\alpha(i)$：小区发生总量　　→ 通过 OD 估计调整

$\beta(i,\tau)$：时间分布比例　→ 大数据分析结论

$\gamma(i,j)$：空间分布比例

```
300 (60%)                         350 (58.3%)
500 ────┐        典型  待估计日   600
200 (40%)                         250 (41.7%)
```

图 2　动态 OD 量化过程

（1）$\alpha(i)$：建筑量、人口岗位量、停车场出入数据、手机信令数据、宏观模型数据。

（2）$\beta(i,\tau)$：停车场出入数据、对外道路卡口数据、手机信令数据。

（3）$\gamma(i,j)$：手机信令数据、宏观模型数据。

2.2 所用数据介绍

2.2.1 手机信令数据

信令系统采集用户发生信令事件（主被叫、收发短信、开关机、小区切换、位置更新等）时的位置信息，内容包括匿名用户编号、时间、基站小区编号、事件类型（主动扫描、接打电话、上网、发短信等），能够较全面地反映手机用户的活动轨迹。深圳市手机基站分布情况如图 3 所示。

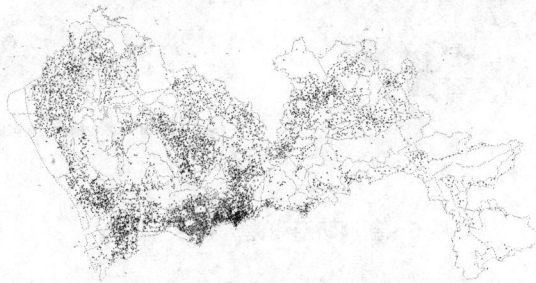

图 3　深圳市手机基站分布情况

2.2.2　建筑普查数据

深圳市 68 万栋建筑的三维实施数据，包括每一栋建筑的面积信息、建筑用途，如图 4 所示。

图 4　深圳市建筑普查数据

2.2.3　浮动车数据

浮动车数据包括公交汽车和出租车浮动车所经过道路的车辆行驶速度及道路的行车时间等交通拥堵信息。

2.3　新洲路出行特征分析

2.3.1　沿线建筑量分布情况

这里采用深圳市全市建筑普查数据分析新洲路沿线分片的建筑量分布情况。新洲路沿线发展成熟，开发量大，总建筑面积约 3 412 万 m^2；建筑性质以商品房和办公为主，分别占 52.6% 和 24.1%，如图 5 所示。

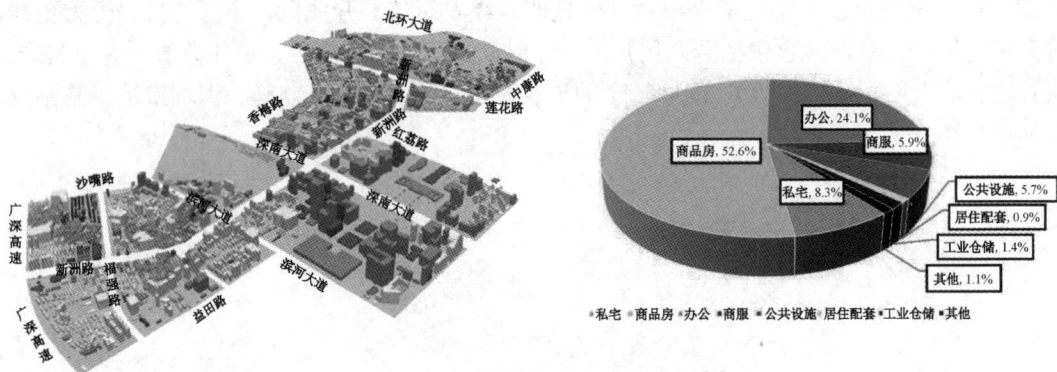

图 5　新洲路沿线建筑量分布情况

2.3.2　沿线人口与岗位量分布情况

基于建筑普查数据和手机信令数据融合分析，获取人口与岗位量分布情况，沿线片区人口、岗位总量分别约为 49.5 万人、35.3 万个；人口主要分布在沿线的南部和北部，岗位主要分布在沿线的中部，如图 6 所示。

图 6　新洲路沿线人口与岗位量分布情况

2.3.3　通勤 OD 分析

新洲路早、晚高峰车辆出行总量达到 5.9 万 pcu/h 和 5.5 万 pcu/h；主要通勤 OD 分布于福田南、景田、梅林等中央商务区。福田中央商务区就业人员居住地分布如图 7 所示，新洲路沿线通勤 OD 分布如图 8 所示。

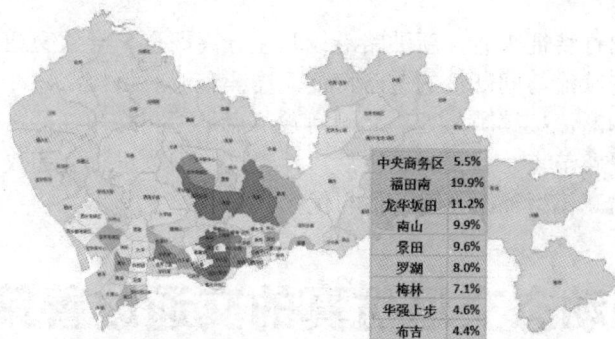

图 7　福田中央商务区就业人员居住地分布

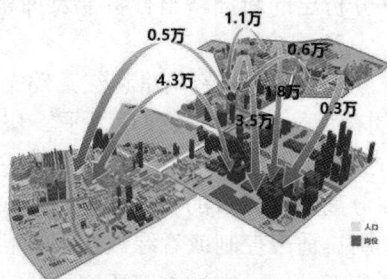

图 8　新洲路沿线通勤 OD 分布

2.3.4　沿线交通运行状况

利用浮动车数据分析新洲路一个月的平均运行状况。晚高峰的平均运行速度低于早高峰的平均运行速度。信号控制节点拥堵较明显，主要集中在莲花路和红荔路节点、新洲九街和福民路节点，如图 9 所示。

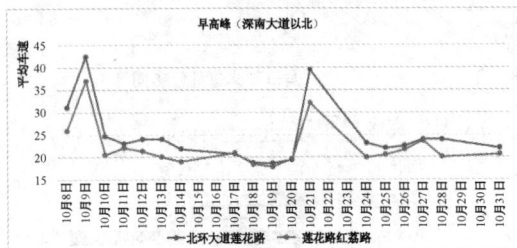

（a）早高峰新洲路南段日平均车速

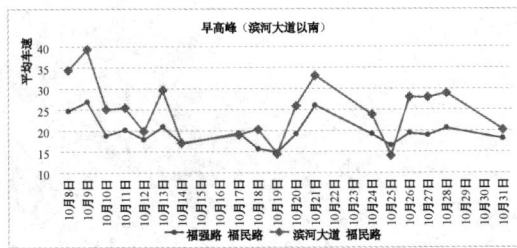

（b）早高峰新洲路北段日平均车速

（c）晚高峰新洲路北段日平均车速

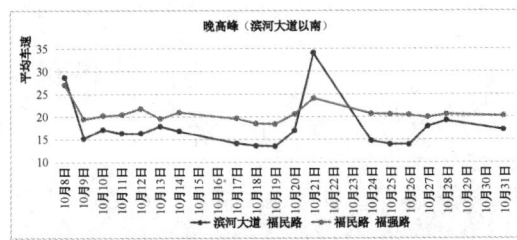

（d）晚高峰新洲路北段日平均车速

图 9　新洲路沿线交通运行状况

综上所述，从出行特征来看，新洲路沿线职住分离严重，导致交通流潮汐特征明显。同时，由于其兼具连续流与间断流的道路特征，连续车流对信控路口冲击大，导致问题症结集中在连续流与间断流接续节点处，北侧问题节点是莲花路和红荔路节点，南侧问题节点是新洲九街和福民路节点。找到问题之后，针对这些问题进行交通改善策略研究，并建立精细的三维微观仿真模型辅助方案评估与优化。

3　基于动态交通仿真的交通改善策略研究

结合以上基于多源大数据分析出的新洲路出行特征及拥堵机理成因，对症下药，提出合理有效的改善策略。

（1）针对问题症结集中节点，即北侧的莲花路和红荔路节点及南侧的新洲九街和福民路节点，从安全与效率提升的角度，提出一系列短、平、快的改善措施，规范秩序，挖掘潜力。

（2）针对新洲路沿线职住分离严重导致的交通流潮汐特征，提出通过信号控制协调的方法来提升信号控制效率，采用自适应控制或者绿波协调等科技管控手段。

（3）同时，利用动态交通仿真技术，支撑方案研究和预评估，为决策提供科学依据。

3.1 安全与效率提升

3.1.1 问题分析

1. 新洲路—莲花路节点

北大医院西门违停车辆占道,导致莲花路东进口右转车流与南进口直行、西进口左转车流冲突严重,如图 10(a)所示。

2. 新洲路—红荔路节点

福中一路距离红荔路口约 110 m,高峰期间有少数(约 15%)车辆会横跨多个车道左转,对北进口交通干扰严重;北出口由于设置公交专用道和潮汐车道,仅剩两个车道通行,进出口道通行能力不匹配,也导致很多车辆占用公交专用道;潮汐车道利用率不高,如图 10(b)所示。

3. 新洲路—新洲九街节点

近期改造后未能解决新洲九街车辆违章跨道掉头问题,反而有加重问题的趋势;新洲路北行方向,公交车站直接在主线上停靠,存在安全隐患,也严重降低了通行效率,如图 10(c)所示。

4. 新洲路—福民路节点

增设借道左转,在一定程度上缓解了左转排队长度,但由于路口不允许车辆掉头,反而提升了新洲九街车辆在北侧掉头口违章掉头的比例,严重影响北进口通行效率;增设借道左转,导致左转车道与出口道数量不匹配,影响通行效率,也存在一定安全隐患,如图 10(d)所示。

（a）新洲路—莲花路节点现状　　　　（b）新洲路—红荔路节点现状

（c）新洲路—新洲九街节点现状　　　　（d）新洲路—福民路节点现状

图 10　新洲路问题节点现状

3.1.2 改善策略

从安全与效率提升方面，针对每个问题提出改善策略，如表 1 所示。

表 1　问题节点改善策略汇总

区段	节点	安全与效率提升
莲花—红荔区段	莲花路	1. 在北大医院既有出口附近加装违停球，交叉口 100 m 范围内禁止临停
		2. 推动北大医院既有出口北移 60 m，距离莲花路口 150 m
	红荔路	1. 施划虚实线，禁止福中一路出口车辆向左变道，只许直行
		2. 北出口公交专用道转移至辅道，交叉口 100 m 内禁止车辆汇入，须铲除部分主辅分隔带
		3. 潮汐车道升级为全时段借道左转，以提升时空资源利用效率
滨河以南区段	新洲九街	1. 既有掉头口北移 150 m，提前分流北边掉头车辆，也杜绝了新洲九街车辆违章掉头的现象
		2. 将北行方向公交站迁移至辅道内，适当铲除部分主辅分隔带
		3. 北进口渠化调整，实现管道化通行管理
	福民路	1. 左转及掉头车道挪到中间，新洲九街出来车辆在外侧 3 个车道即可完成各种转向
		2. 其他车辆利用内侧 3 个车道通行，有效地减少车辆交织情况的出现

3.2　信号控制协调

新洲路沿线职住分离严重，交通流潮汐特征明显，通过信号控制协调的方法可以有效提升信号控制效率，减少车辆在交叉口的停车次数及停车时间。深南大道—新洲路立交将新洲路切分为南北两端，南北两侧均有两个信号交叉口，南北行交通量大且相对稳定，东西向交通量小且有一定波动，因此，可以分别对南北两区间实施绿波协调控制，减少主流向车辆延误。

3.3　基于动态仿真技术进行精细化评估

3.3.1　模型构建

本文以现状路网普查资料、规划设计方案及交通组织为基础，构建精细化、车道级在线仿真路网，包括交通设施、交通管理及方案前后的变化等车道级交通仿真系统，具体包括道路网总体布局、道路线形、路段等级、路幅形式、车道划分、车道数量、通行能力、公交专用道路、货运限行路段、路边停车等。通过精细化的动态微观仿真模型，对城市内道路交通组织管理、交叉口改善方案、信号优化方案等进行仿真分析，评估在不同的交通组织管理、交叉口改善方案等措施下对区域、片区、道路等层面交通运行状况的影响，提升决策的科学性与时效性。微观仿真模型数据库如图 11 所示。新洲路微观仿真模型如图 12 所示。

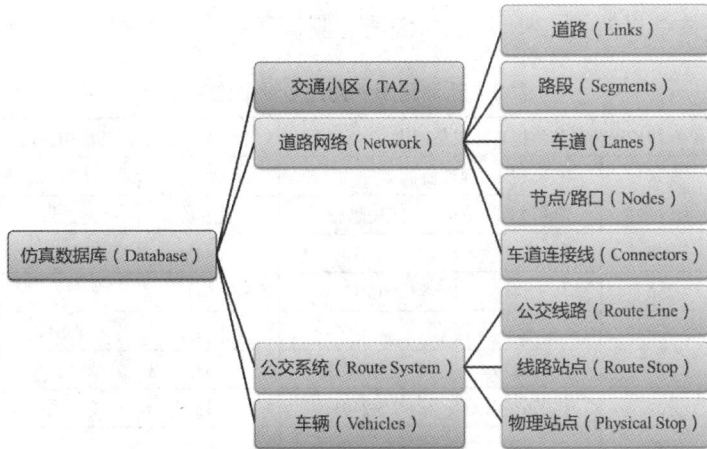

图 11 微观仿真模型数据库

（a）新洲路—莲花路节点

（b）新洲路—红荔路节点

（c）新洲路—新洲九街节点

（d）新洲路—福民路节点

图 12 新洲路微观仿真模型

3.3.2 方案评估

采用通过量、车辆平均延误、排队长度 3 个指标分析改善策略效果。仿真分析结果表明，改善策略可以有效提升新洲路四大问题节点的通过量，新洲路—福民路节点通过量提升 15.21%，新洲路—红荔路节点通过量提升 13.51%，车均延误和排队长度也有明显降低。

新洲路南侧通过量评估结果如表 2 所示。新洲路北侧通过量评估结果如表 3 所示。新洲路南侧仿真评估结果如图 13 所示。新洲路北侧仿真评估结果如图 14 所示。

表 2　新洲路南侧通过量评估结果

方向		新洲路—莲花路节点仿真通过量对比（pcu/h）			新洲路—红荔路节点仿真通过量对比（pcu/h）		
		现状	绿波协调		现状	绿波协调	
		通过量	通过量	变化趋势	通过量	通过量	变化趋势
东进口	直行	720	687	↓4.570%	843	847	↑0.450%
	左转	756	848	↑12.17%	531	732	↑37.84%
	右转	659	659	0%	531	531	0%
西进口	直行	540	583	↑7.890%	690	722	↑4.610%
	左转	724	686	↓5.240%	387	382	↓1.220%
	右转	980	980	0%	641	641	0%
南进口	直行	1 304	1 531	↑17.41%	1 310	1 744	↑33.16%
	左转	300	339	↑12.96%	614	818	↑33.19%
	右转	418	418	0%	114	114	0%
北进口	直行	2 544	2 787	↑9.530%	3 063	3 585	↑17.03%
	左转	236	239	↑1.320%	1 312	1 398	↑6.570%
	右转	378	378	0%	188	188	0%
总　计		9 559	10 135	↑6.88%	10 224	11 702	↑13.51%

表 3　新洲路北侧通过量评估结果

方向		新洲路—福民路节点仿真通过量对比（pcu/h）			新洲路—福强路节点仿真通过量对比（pcu/h）		
		现状	绿波协调		现状	绿波协调	
		通过量	通过量	变化趋势	通过量	通过量	变化趋势
东进口	直行	345	405	↑17.28%	1 095	1 111	↑1.46%
	左转	391	391	0%	263	259	↓1.52%
	右转	1 333	1 263	↓5.22%	392	392	0%
西进口	直行	379	379	0%	689	745	↑8.13%
	左转	1 923	2 333	↑21.30%	427	420	↓1.64%
	右转	579	756	↑30.53%	292	292	0%
南进口	直行		261		633	643	↑1.58%
	左转	4 950	5 787	↑15.21%	289	290	↑0.35%
	右转				243	243	0%
北进口	直行				770	864	↑12.21%
	左转				601	786	↑30.78%
	右转				497	497	0%
总　计					6 191	6 542	↑5.67%

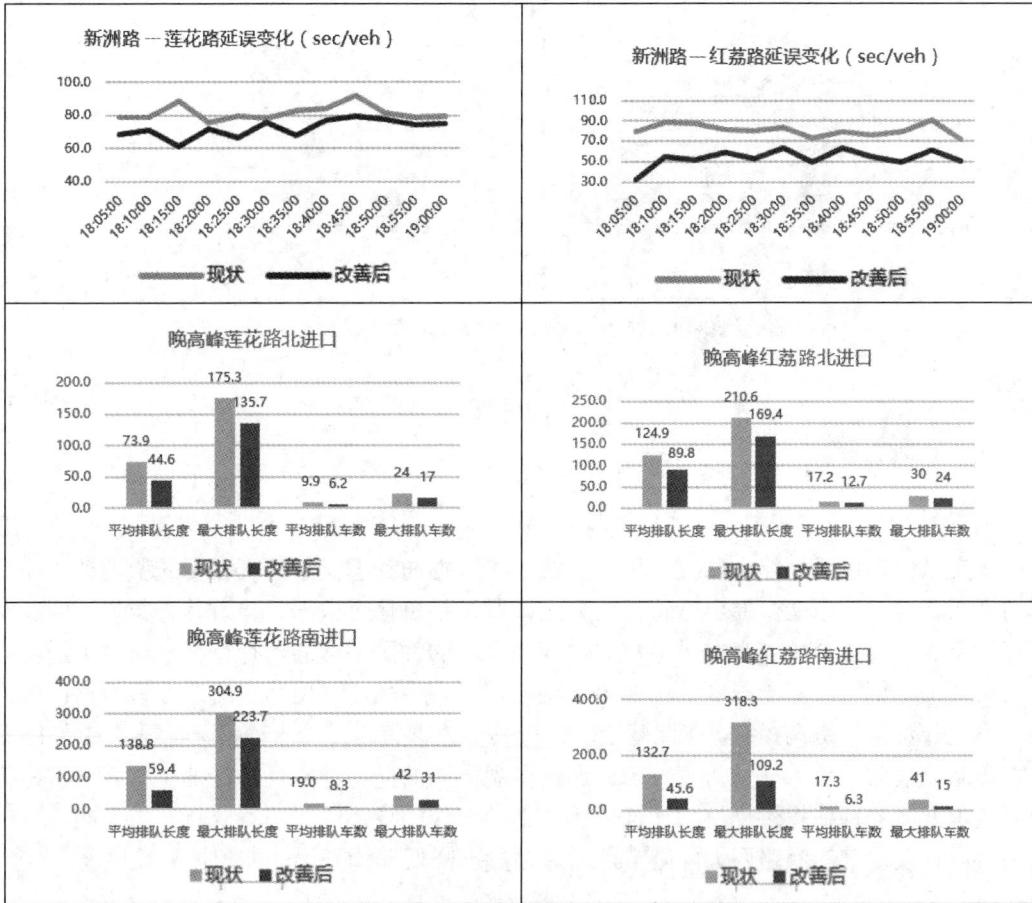

图 13　新洲路南侧仿真评估结果

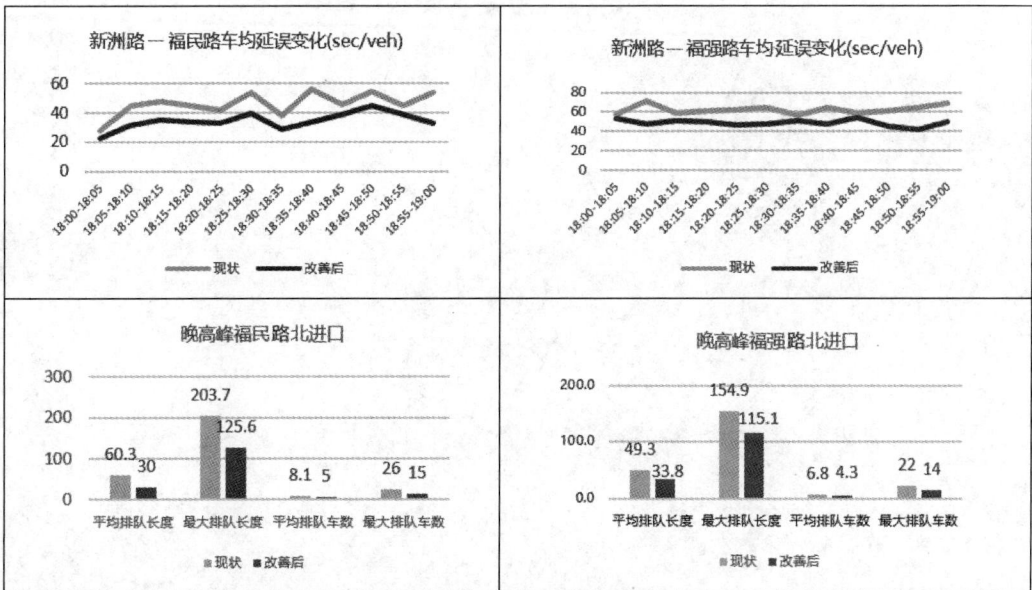

图 14　新洲路北侧仿真评估结果

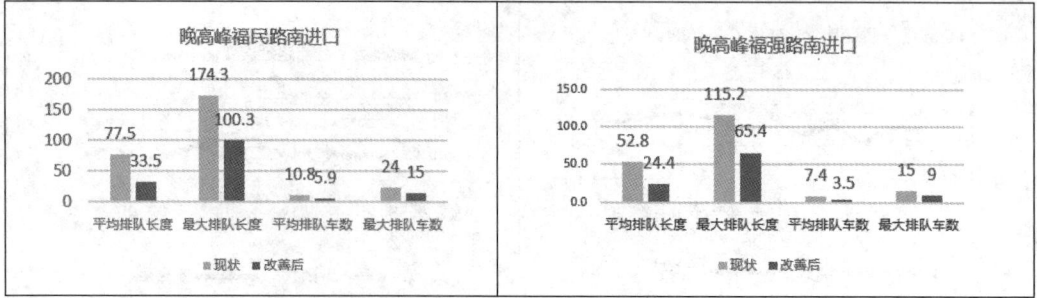

图 14　新洲路北侧仿真评估结果（续）

4　结语

本文以深圳市新洲路为研究案例，介绍了大数据与动态交通仿真在传统交通改善中的应用。在城市主干道的交通出行特征研究上，通过手机信令数据、建筑普查数据、浮动车数据等交通大数据分析城市主干道与周边联系紧密的片区的交通出行特征，对主干道拥堵成因机理进行剖析。基于得到的交通出行特征，对症下药，提出两大交通改善策略：安全与效率提升及信号协调控制，在此基础上分析具体改善策略，共针对 8 个问题提出了 11 条改善策略。最后，引入交通仿真技术，通过微观层面的动态、定量、精细化仿真分析，为交通改善方案的评估提供支持，比选最优方案，形成闭环反馈。仿真分析结果表明，改善策略可以有效提升新洲路四大问题节点的通过量，降低车均延误，缩短排队长度。

基于道路多维特征画像的交通运行态势分析与研判

徐若辰　柯尼　唐先马　庄立坚　陈昶佳

（深圳市城市交通规划设计研究中心股份有限公司，深圳 518010）

【摘要】随着交通的快速发展，城市道路的等级、所处区域、周边路网拓扑结构及交通需求都存在差异，导致道路的运行特征各不相同。另外，海量的历史路况信息为道路交通运行特征的提取和分析提供了数据基础。因此，通过从海量数据中提取关联复杂的数据特征，针对单个道路构建运行特征库，包括出行需求、拥堵关联影响因素、拥堵演变规律等，建立道路多维特征画像。挖掘每条道路在不同时段、日期、事件下的运行规律，实现对道路交通运行的跟踪监测、态势分析研判，以支撑交通综合治理、智慧决策评估及出行信息服务的多场景应用。

【关键词】交通运行特征；道路画像；城市道路；态势研判

Diversity Road-portrait-based Traffic Operation Analysis and Assessment

Xu Ruochen　Ke Ni　Tang Xianma　Zhuang Lijian　Chen Changjia

（Shenzhen Urban Transport Planning Center, Shenzhen 518010, China）

Abstract: With the rapid development of transportation, there are differences in the grades of urban roads, the location, the topology of the surrounding road network and the traffic demand, resulting in different operating characteristics of networks. On the other hand, massive historical road condition information provides a data basis for the extraction and analysis of road traffic operating characteristics. Therefore, by extracting complex and correlated data features from massive data, a running feature database is constructed for a single road, including travel demand, congestion related influencing factors, and congestion evolution rules, etc., to build a multi-dimensional feature profile of the road. To dig the operation rules of each road under different time periods, dates, and events, realize the tracking and monitoring of road traffic operation, situation analysis, research and judgment, and support the multi-scenario application of comprehensive traffic management, intelligent decision-making assessment, and travel information services.

Keywords: Traffic Operation Characteristics; Road-portrait; Arterial; Situation Assessment

1　引言

随着我国社会经济的快速发展及城市化进程的不断深化，城市居民交通出行需求不断增加，导致交通问题日趋严重。例如，高峰期间道路交通拥堵状况日趋严重，拥堵区域逐步由中心城区向外围扩散，交通拥堵时段延长，平均车速逐年下降，随之而来的交通环境、交通安全、停车紧张等问题也越来越严峻，对社会经济发展和民生幸福保障带来了负面影响。根据中国交通部的数据显示，交通拥堵造成的经济损失巨大，每年达 2 500 亿元人民币，达到了城市人口可支配收入的 20%。这些损失相当于每年国内生产总值（GDP）的 5%～8%。因此，采取综合措施改善和治理城市交通拥堵对于提升城市道路运行效率和减小交通拥堵所带来的经济损失具有重要意义，也成为所有交通管理者的共识和紧迫任务。

按照国内外城市经验，以先进成熟的理论研究为基础建立交通运行评估指标体系，以智能化自动化的交通信息采集和处理技术为基础开展道路交通评估，能够全面、准确地评估道路拥堵状况、动态监测变化趋势，为研究拥堵产生机理、分析交通系统存在的问题、制订改善和治理方案等工作提供定量化的分析手段和依据；是交通管理部门制定缓解交通拥堵各项政策措施、合理安排基础设施建设时序、重大事件应急处理等工作的技术基础，有助于提升交通运行管理的科技化和信息化水平，对于政府制定土地开发、产业经济等与交通相关的城市发展政策也具有重要的参考价值[1]。例如，为评估不同事件场景的交通拥堵影响，有效把握拥堵特征态势，并进行针对性的交通管控，有学者针对降雨、特殊活动、节假日、交通管制、施工、事故等不同场景的交通运行特征进行提取，分析评估深圳市不同事件场景下的拥堵态势特征[2]。

因此，为实现对城市路网交通运行状况的实时监测与评估，对城市交通拥堵进行宏观描述和纵向发展趋势研判，本文从海量的数据中提取关联复杂的数据特征，针对不同等级道路构建多维度交通运行评估指标，旨在从时间、空间、强度等不同维度全面描绘城市道路特征画像，从而反映不同等级道路差异化的动静态规律特征，支撑监测预警、交通影响分析、交通预报、交通管控、绕行指引等场景。

2　道路交通运行状态评估

2.1　交通运行状态评估流程

由于以往缺乏大范围量化分析数据，城市交通管理者无法准确判断拥堵到底发展到何种程度，以至于在交通缓堵措施的制定、实施与评估中，仍以主观经验判断为主，缺乏量化、可评估的机制予以支持。近年来，随着智能交通的发展和全社会信息化，通过大量数据对城市交通运行情况进行评估成为可能。然而目前发布的交通运行分析具有碎片化、浅显化等特点，结构性、系统性稍显不足，未深入挖掘总结交通运行规律特征，很难精准支撑交管部门开展交通缓堵措施的制定、评估等工作。

根据城市交通治理优化的实际需求，可以从以下两个方面开展城市交通运行状态评估工作：一是明确服务对象和需求，即明确不同服务对象间的界面划分和评估内容，不同的对象评估的层次、结论和精细度是不同的，进而确定城市交通运行评估总体框架；二是构建多维度评估体系，即面向交通特征规律的评估需求，构建多维度系统化的评估指标体系，分析城市道路交通运行的实际状况，面向交通管理行业提供客观、科学、可操作的评估方法，如图 1 所示。

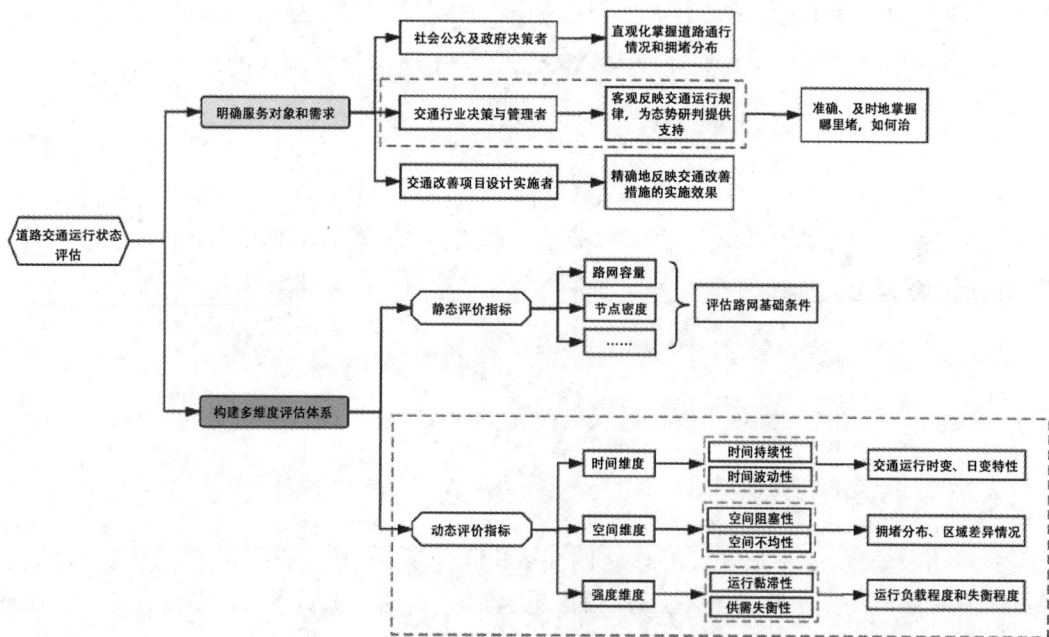

图 1　交通运行状态评估流程

根据所建立的交通运行状态评估流程，构建多维评估体系后，可对不同道路之间进行横向对比。横向比较各同等级道路交通运行状态的差异，为城市交通管理部门掌握和了解各道路运行情况提供服务。

2.2　交通运行指标选取

2.2.1　拥堵里程比例

拥堵里程比例，即从空间上反映路网拥堵强度和影响范围分布。拥堵里程比例指标表示在一定统计周期内，城市整体或区域路网中处于较拥堵以上等级的路段里程占全路网的比例，取值范围[0, 1]，值越大说明路网拥堵范围越大。城市各等级道路交通运行速度等级划分如表 1 所示。

表 1 城市各等级道路交通运行速度等级划分表

等级	畅通	基本畅通	轻度拥堵	中度拥堵	严重拥堵
快速路	>65	(50,65]	(35,50]	(25,35]	<=25
主干路	>45	(35,45]	(25,35]	(15,25]	<=15
次干路及支路	>35	(25,35]	(15,25]	(10,15]	<=10

首先分别统计快速路、主干路、次干路、支路中处于较拥堵以上等级的路段里程比例 $p_{jam,i}$；其次，计算各等级道路 VKT，即总行驶里程；最后，以各等级道路的总行驶里程为权重，计算确定道路网的拥堵里程比例。其中，单一道路类型的总里程的计算公式为：

$$VKT_i = \sum_{j=1}^{n} VKT_{i,j} \tag{1}$$

式中，VKT_i 为 i 等级道路的总行驶里程；$VKT_{i,j}$ 为车辆 j 在 i 等级道路的总行驶里程；n 为统计时段内 i 等级道路上总共通过的车辆数。单一道路类型的权重的计算公式为：

$$w_r = \frac{VKT_r}{\sum_{i=1}^{4} VKT_i} \tag{2}$$

式中，w_r 为 r 等级道路的拥堵里程比例权重；VKT_i 为 i 等级道路的总行驶里程。路网拥堵里程比例的计算公式为：

$$路网拥堵里程比例 = \sum_{i=1}^{4} w_i * p_{jam,i} \tag{3}$$

式中，w_i 为 i 等级道路的拥堵里程比例权重；$p_{jam,i}$ 为 i 等级道路的拥堵里程比例。

2.2.2　拥堵路段长度

拥堵路段长度，即从空间上反映路网拥堵长度。该指标表示在一定统计周期内，城市整体或区域路网中处于较拥堵以上等级的路段里程，值越大说明路网拥堵范围越大，计算公式为：

$$拥堵里程 = 处于较拥堵以上等级的道路总长度 \tag{4}$$

2.2.3　拥堵持续时长

拥堵持续时长，从时间上反映路网拥堵的延续性。该指标表示在一定统计周期内，城市整体或区域路网中处于较拥堵以上等级时的开始时间到拥堵结束时间之间整个拥堵的开始-消散过程，值越大说明路网拥堵越久，计算公式为：

$$拥堵持续时长 = 拥堵结束时刻 - 拥堵发生时刻 \tag{5}$$

2.2.4　高峰平均速度偏差

高峰平均速度偏差，即从时间维度上选取高峰平均速度偏差，反映道路网不同日期的运行波动程度，计算公式为：

$$高峰平均速度偏差=高峰时段平均速度-全天平均速度 \tag{6}$$

2.2.5　交通运行指数

本文定义一种基于出行时间比的交通运行指数（Traffic Performance Index，TPI），取值范围为 0～10，分为畅通（0～2）、基本畅通（2～4）、缓行（4～6）、轻度拥堵（6～8）和拥堵（8～10）5 个等级，如表 2 所示。

表 2　交通运行指数

颜色					
等级	畅通	基本畅通	缓行	轻度拥堵	拥堵
指数范围	0～2	2～4	4～6	6～8	8～10

其中，出行时间比是路段或路网的实际行程时间与期望行程时间的比值，表征当前路况下相比期望车速情形下多花费的时间。例如，比值为 1.5，表明畅通情况下 30 min 的车程现在需要 45 min，多花费 15 min。在此基础上通过专家打分，建立行程时间比与交通运行指数的换算关系，计算公式为：

$$\mathrm{TPI} = (T/T_\mathrm{d}) \tag{7}$$

式中，T 为路段或路网的实际行程时间；T_d 为期望车速下（如凌晨时段）的行程时间。

2.2.6　拥堵时空值

拥堵时空值，即从时间和空间上反映路网拥堵的长度和时间。该指标表示在一定统计周期内，区域路网或道路中处于较拥堵以上等级的累计总里程时间，值越大说明路网拥堵越严重，计算公式为：

拥堵时空值=处于较拥堵以上等级的路段长度*拥堵时长

综上，基于所选取的 6 个运行指标，可以分成 3 类，如表 3 所示。第一类是空间维度，主要用于评估道路网的空间阻塞性和空间均衡性，分别反映交通运行的拥堵分布情况和区域差异情况；第二类是时间维度，主要用于评估道路网的时间持续性和时间波动性，分别反映交通运行的时变特性和日变特性；第三类是强度维度，主要用于评估道路网的运行黏滞性和供需平衡性，分别反映交通运行的负载程度和失衡程度。

表 3　城市交通运行指标

评估维度	评估方向	评估指标	具体作用描述
空间维度	空间阻塞性	拥堵里程比例	道路网中拥堵点断分布的空间严重程度
	空间均衡性	拥堵路段长度	道路网中不同区域的交通负载差异程度
时间维度	时间持续性	拥堵延续时长	道路网高负载运行的时间延续程度
	时间波动性	高峰速度偏差	道路网不同日期间的运行波动程度
强度维度	运行黏滞性	交通运行指数	道路网以平峰为参照的高峰运行恶化程度
	供需平衡性	拥堵时空值	拥堵路段的时空供给与拥堵总量失衡程度

3　道路画像应用场景案例

3.1　各等级道路交通运行指标对比

选取深圳市 2020 年 03 月 01 日至 2020 年 03 月 31 日的出租车 GPS 数据、公交车 GPS 数据和两客一危 GPS 数据，用来计算上述 3 个维度的指标，采用 SQL 语言编程得到高速公路、快速路、主干路、次干路、支路在空间、时间、强度 3 个维度上的指标差异特征情况，如图 2 至图 4 所示。

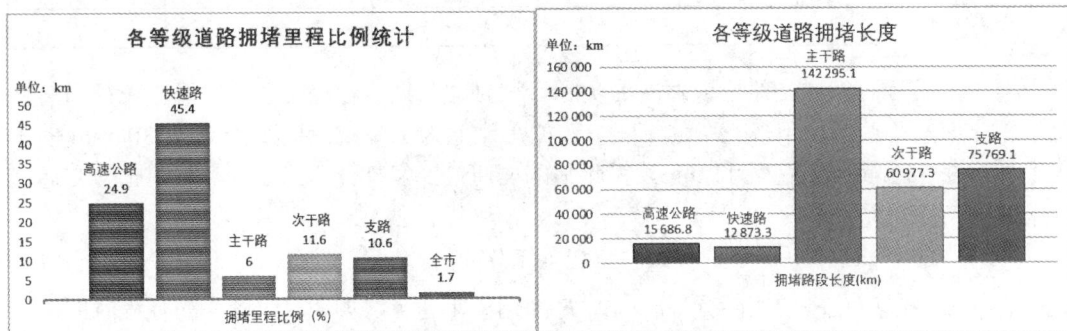

图 2　空间维度上各等级道路交通运行指标差异特征

由图 2 可以看到，一方面，全市各等级道路中，快速路的拥堵里程比例最大，为 45.4%，远远超过排名第二的高速公路 24.9%，其空间阻塞性最为严重；另一方面，主干路的拥堵路段长度最大为 142 295.1 km，远超其他等级道路，由此可看出主干路的空间不均性，即交通负载差异程度最为严重。

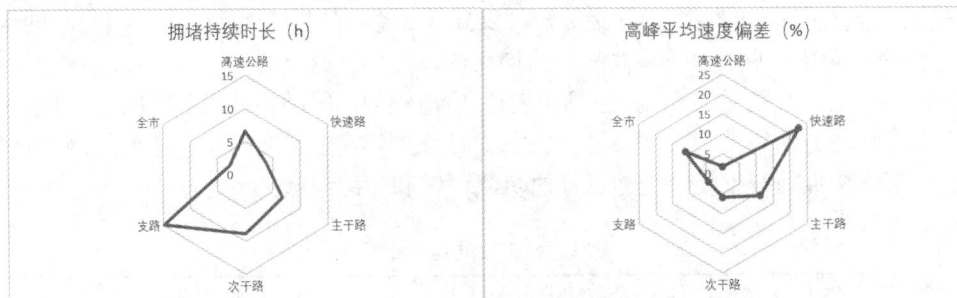

图 3　时间维度上各等级道路交通运行指标差异特征

支路的拥堵持续时长最大为 14.85 h，其拥堵时间持续性，即高负载运行的时间延续程度最为严重；此外，快速路的高峰平均速度偏差最大为 22.7%，因此，快速路的拥堵时间波动性，即快速路的运行波动程度最为严重。

图4 强度维度上各等级道路交通运行指标差异特征

全市各等级道路中，支路、次干路的交通运行指数最大，分别为7.28和7.03，运行状态较拥堵；而主干路的拥堵时空值最大为 21 096.1 km·h，主干路的供需失衡性，即主干路拥堵路段的时空供给与拥堵总量的失衡程度最高。

3.2 各等级道路六维特征画像构建

通过选择拥堵路段里程比例、拥堵路段长度、拥堵持续时长、高峰平均速度偏差、交通运行指数、拥堵时空值这 6 个在空间维度、时间维度和强度维度上的指标，对深圳市各等级道路的交通运行态势进行时间、空间、强度综合评估。如图 5 所示，顶点为同等级道路中的最严重情况，得出了 5 个等级道路的画像标签。

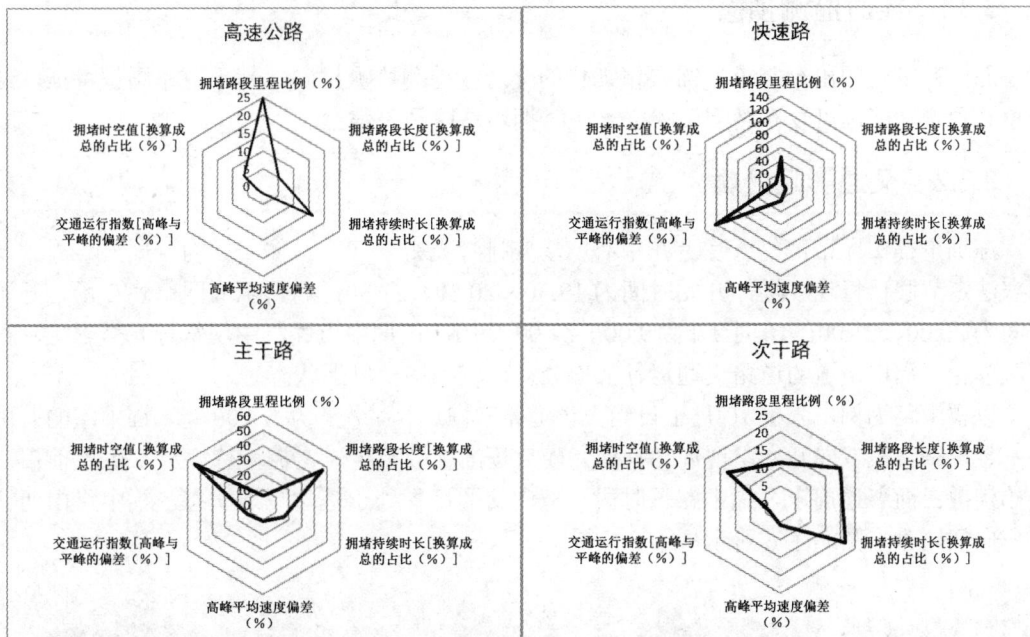

图5 不同等级道路的六维特征画像

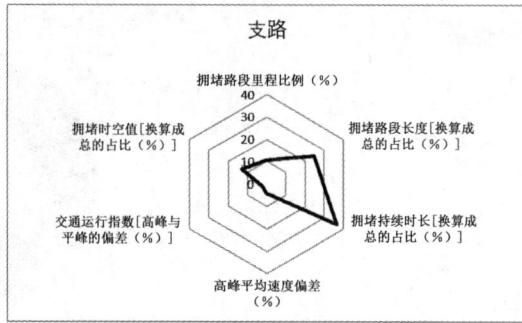

图5　不同等级道路的六维特征画像（续）

（1）高速公路：其拥堵里程比例较大，交通运行指数黏滞性较小。

（2）快速路：其交通运行指数黏滞性较大，拥堵时间的持续性较小。

（3）主干路：其拥堵路段时空供给与拥堵总量的失衡程度、交通负载的差异程度较大，交通运行指数黏滞性较小。

（4）次干路：其拥堵路段时空供给与拥堵总量的失衡程度、拥堵时间的持续性较大，交通运行波动性较小。

（5）支路：其拥堵时间的持续性较大，交通运行波动性、运行黏滞性较小。

3.3　道路画像应用场景

3.3.1　实时监测预警

面向精细化的出行需求，需要精细化的交通预警和监测机制。基于道路画像特征，结合短时预测功能，可发布路网中未来一小时拥堵路段预警信息。

3.3.2　交通影响分析

深圳市福田区市民每天晚上在中心广场安排灯光秀表演，具体安排为：周五、周六及国家法定节假日每晚 3 场，开始时间为 19:30、20:30、21:30；周日至周四每晚 2 场，开始时间为 20:00、21:00。10 月 1 日 19:00—24:00 受国庆假期中市民集中观赏灯光秀影响，福田区莲花、福田街道的道路交通运行大部分呈现较拥堵及以上状态。

以福中路为例，分析 10 月 1 日当天该道路双向运行情况。从 18:00 起，福中路的益田路—金田路路段双向开始出现局部拥堵，随后逐渐扩散至全段，拥堵持续至 23:00 前后才开始消散。而普通周末，福中路该时段内双向交通运行处于基本畅通状态。福中路由西往东方向拥堵时空图如图6所示。

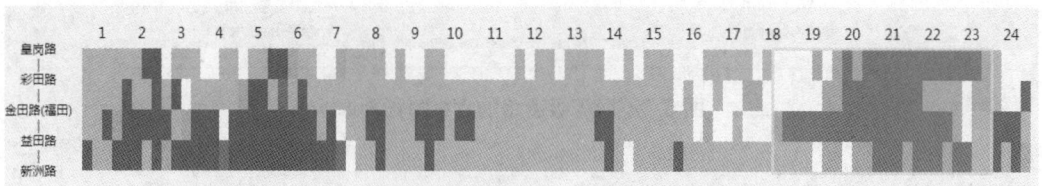

图6　福中路由西往东方向拥堵时空图

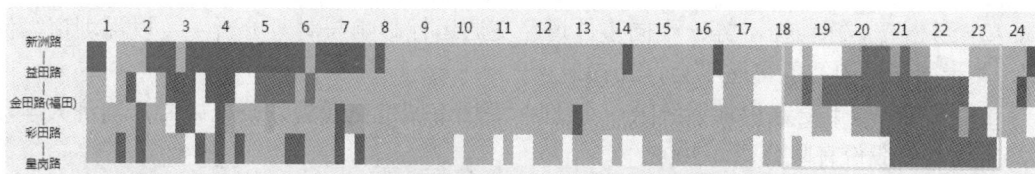

图6 福中路由西往东方向拥堵时空图（续）

3.3.3 交通预报和绕行指引

以国庆节的节前高速公路预报为例，粤东、粤北和粤西方向主要高速公路拥堵路段如下：潮汕、福建等粤东方向中深汕高速（G15），主要拥堵路为白云仔段至鲘门段（17:00—22:00，东行方向），可绕行广汕公路。惠州、河源、梅州等粤东方向惠河高速（G25），主要拥堵路段为石坝至热水段（16:00—22:00，东行方向），可绕行山深线。韶关、清远、广州等粤北方向广深高速（G15），主要拥堵路段为东莞长安至太平立交段（17:00—22:00，北行方向；17:00—20:00，南行方向），可绕行 S358—福海路—广深沿江高速。京珠高速（G4），主要拥堵路段为粤北站至坪石北段（17:00 开始拥堵，北行方向）。中山、珠海、湛江等粤西方向的莞佛高速（G9411）虎门大桥段双方向均为常发性拥堵路段（15:00—23:00，东行方向；15:00—23:00，西行方向），可绕行广深沿江或广深高速转广州北二环。佛开高速（G15），主要拥堵路段为珠三角环线至共和段（17:00 开始拥堵，西行方向），可绕行国道325。

4 结语

本文从时间、空间、强度 3 个维度上选取 6 种道路交通运行指标全面描绘深圳市各等级道路（高速公路、快速路、主干路、次干路和支路）的交通运行情况，并构建各等级道路运行的六维特征画像。通过画像横向对比各类等级道路交通运行状态的差异，从而反映不同等级道路差异化的动态规律特征，为城市交通管理部门掌握和了解各等级道路运行情况提供服务。另外，针对不同等级道路的画像标签，提取相应指标，如基于历史特征和实时路况，预报未来短时的拥堵路段；基于道路瓶颈点特征，结合通道的流量情况提出管控和绕行建议；针对事件的交通影响，分析拥堵的演变情况，为交通的管控提供多维应用场景支撑。

参 考 文 献

[1] 林群，李锋，等. 深圳城市交通仿真系统建设实践[J]. 城市交通，2008，5（5）：22-27.

[2] 李彬亮，陈昶佳，等．不同事件道路交通运行影响与对策分析——以深圳市为例[C]．第十四届中国智能交通年会，2019．

[2] 深圳市城市交通仿真系统[R]．深圳：深圳市城市交通规划研究中心，同济大学，上海宝信软件股份有限公司，2006．

[3] 深圳市交通仿真系统信息采集及服务扩展可行性研究报告[R]．深圳：深圳市规划局，深圳市城市交通规划设计研究中心有限公司，2008．

[4] 深圳市智能交通系统（一期）工程可行性研究报告[R]．深圳：深圳市综合交通设计研究院等，2010．

[5] 陈蔚，段仲渊，周子益，等．基于出行时间的道路交通运行指数算法与应用研究[C]．//中国城市交通规划2012年年会暨第26次学术研讨会，2012．

[6] Yang Z, Franz M L, Zhu S, et al. Analysis of Washington, DC taxi demand using GPS and land-use data[J]. Journal of Transport Geography,2018,66:35-44.

[7] 邓卫，李峻利．高速公路常发性与偶发性交通拥挤的判别[J]．东南大学学报（自然科学版），1994，24（2）：60-65．

[8] 牛世峰，姜桂艳，李红伟，等．基于纵向时间序列的快速路交通事件检测算法[J]．哈尔滨工业大学学报，2011，43（2）：144-148．

基于多源数据融合的街道交通事故死伤人数建模

汤左淦　孙烨垚　郭莹　于丰泉

（深圳市城市交通规划设计研究中心股份有限公司，深圳 518057）

【摘要】本文以深圳市 74 个街道为研究背景，利用夜间灯光强度作为每个街道的人流活动强度代理变量，并融合公交站点密度、信号控制交叉口密度、学校密度、工厂密度、街道面积、路网长度及街道区位等要素作为自变量，分别建立最小二乘法、普通泊松回归模型和贝叶斯泊松回归模型，以构建街道尺度的交通事故死伤人数模型。研究结果表明，街道面积、道路长度、公交站点密度、信号控制交叉口密度、学校密度、工厂密度、平均夜间灯光强度和街道区位均与死伤人数相关。此外，研究结果还表明，相比于最小二乘法和普通泊松回归模型，贝叶斯泊松回归模型的结果更优。本文的研究结果能为街道尺度片区事故分析预测和交通安全改善提升提供重要的决策支持。

【关键词】交通事故；多源数据融合；夜间灯光；泊松回归模型；贝叶斯估计

Modeling the Casualties of Traffic Accidents in Street Level Based on Multi-source Data Fusion

Tang Zuogan　Sun Yeyao　Guo ying　Yu Fengquan

（Shenzhen Urban Transport Planning Center, Shenzhen 518057, China）

Abstract: The paper uses Shenzhen's 74 blocks as the research background, and utilizes the night light brightness as a flow intensity proxy variable for each street. It also integrates data on bus station density, signal control intersection density, school density, factory density, road network length and street location as independent variables. The least squares method, Poisson regression model, and Bayesian Poisson regression model are developed to model the casualties of traffic accidents at the street scale. The results show that the street area, the length of the road network, bus stop density, signal control intersection density, school density, factory density, the average light intensity, and street location are related to the casualties of traffic accidents. In addition, the research results also show that the Poisson regression model performs better than the least squares method and Poisson regression model. The research results in this paper can provide important decision support for the accident prediction, analysis and safety improvement of the street-scale area.

Keywords: Traffic Accident; Multi-source Data Fusion; Night Light; Poisson Regression Model; Bayesian Estimator

1　引言

据世界卫生组织 2016 年公布的数据显示，我国整体交通环境水平相对落后，交通安全水平全球排名在第 94 位，排名远低于西方等欧美国家[1]。我国每年发生约 20 万起交通事故，给社会造成了巨大的经济损失。据中国统计年鉴的数据，2018 年仅由交通事故导致的直接财产损失就高达 13.85 亿元[2]。交通事故已成为威胁人民生命和财产安全的重要原因，因此研究交通事故对保护人民的生命财产安全有着重要的意义。

针对交通事故的成因和预防等方面，国内外学者对其进行了大量的研究。总结前人的研究成果，可以将研究主要分成两大类，即微观层面的事故研究和宏观层面的事故研究。在微观层面的研究，国内外学者的精力主要集中在事故黑点鉴别[3,4]、事故严重程度原因分析[5-7]和实时交通事故风险预测等方面[8]，研究较为深入。

在宏观层面的研究，主要通过选取社会经济指标来分析事故的成因，包括人口、经济水平、机动车保有量、交通流量及道路里程等指标，以分析区域的交通事故成因。关于研究单元，区域的选取包括省域[9]、市域[10]、县域层级[11]，甚至交通安全分析小区[12]。关于研究方法，主要包括线性回归模型、泊松回归模型、负二项回归模型及混合模型等[13-16]。

通过梳理国内外的研究工作可知：①目前针对宏观层面的交通事故研究的影响因素选取指标不全面，较少考虑城市结构的空间要素（交通设施及交通环境等），以及人流活动强度。研究表明城市结构的空间要素与交通事故有较大的相关关系[13]，而夜间灯光的强度可以较好地衡量人流活动[17]，目前使用夜间灯光数据来研究交通事故的成因的研究非常少。②目前的交通事故研究基本未进行街道层级的分析研究。县域以上层面由于选取的研究区域过大，往往存在较严重的异质性，而交通安全小区单元往往存在边界划分问题。③目前的宏观交通事故研究往往侧重事故起数的预测，而研究交通事故导致的死伤人数对于交通管理部门而言则更有实际意义。

针对目前研究工作的不足之处，本文考虑分别构建最小二乘法、普通泊松回归模型和贝叶斯泊松回归模型，并以街道为研究单元，选取城市结构的空间要素（公交站点、信号控制交叉口、学校、工厂）、街道属性（面积、是否位于原特区内）、路网长度及人流活动强度（夜间灯光的平均强度）为交通事故死伤人数的候选影响因素，以 2018 年深圳市涉及死伤的一般程序事故为研究数据，进行实证分析，并且比较 3 个模型的优劣。

2 研究区概况与数据处理

2.1 研究区概况

深圳市位于广东省南部，是国务院批复确定的中国经济特区、全国性经济中心城市和国际化城市，同时也是国内第一个全部城镇化的城市。因此，深圳可以作为中国大城市的典型代表，其交通事故的研究成果对国内其他大城市具有较强的借鉴意义。截至 2018 年年末，深圳市共有 10 区 74 街道（深汕合作区除外），本文正是以街道尺度的交通事故死伤人数为研究对象的。

深圳市从 2005 年起，道路交通已实现"亡人事故"指标 15 年连降，2019 年降至 264人，处于国内领先水平，已接近美国纽约、中国香港等先进城市水平。但是 2011—2019 年期间，深圳的事故起数整体呈现上升趋势，在 2017 年达到顶峰（2 004 起），随后又降至2019 年的 1 698 起。因此，研究深圳市的交通事故仍然非常有意义。深圳市 2011—2019 年事故数和死亡人数分布如图 1 所示。

图 1　深圳市 2011—2019 年事故数和死亡人数分布

2.2 数据来源与数据处理

2.2.1 数据来源

本文使用的基础数据主要包括：涉及死伤的一般程序交通事故数据、夜间灯光数据、POI（兴趣点）数据和信号交叉口数据及街道行政区和路网等基础地理信息数据。数据类型和数据来源如表 1 所示。

表 1　数据类型和数据来源

数据名称	数据时相（年）	数据类型	数据来源
事故死伤数据	2018	表格（带经纬度）	深圳市交警局
夜间灯光数据	2018	栅格	中国科学院遥感与数字地球研究所

数据名称	数据时相（年）	数据类型	数据来源
POI 数据	2018	表格（带经纬度）	高德地图（爬虫获取）
信号交叉口数据	2018	表格（带经纬度）	深圳市城市交通规划设计研究中心股份有限公司
街道行政区数据	2018	矢量	深圳市城市交通规划设计研究中心股份有限公司
道路网数据	2016	矢量	深圳市城市交通规划设计研究中心股份有限公司

2.2.2　数据处理及描述性统计

除夜间灯光数据外，本文的数据处理实质是将各数据集映射到深圳市各街道。比如，统计每个街道的交通事故造成的死伤人数，作为因变量。本文的夜间灯光数据来源于中国科学院遥感与数字地球研究所副研究员陈甫团队根据美国 Suomi-NPP 卫星经过除噪等处理过的二次数据集。相比于原始的夜间灯光数据，该数据具有分辨率高、数据处理量庞大、算法精细等特点，具有较好的应用价值，故使用前不需要进行校正和预处理。夜间灯光数据与街道矢量数据集的融合程序较为烦琐，具体流程如图 2 所示。

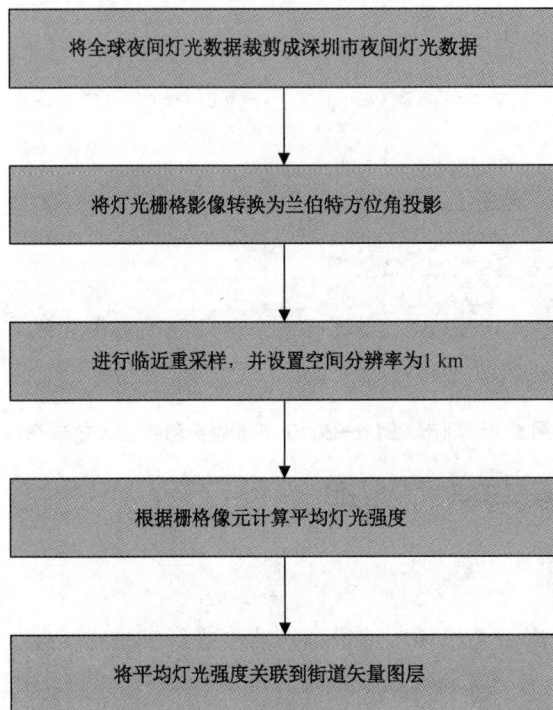

图 2　夜间灯光数据与街道矢量数据集的融合流程

原特区内（罗湖区、福田区、南山区、盐田区）各街道的平均灯光强度要亮于原特区外各街道的，而死伤人数较多的街道主要分布在原特区外，反映了深圳市独特的二元结构特征。经过数据处理，各变量的描述性统计如表 2 所示。

表 2　各变量的描述性统计

	变量	符号	均值	标准差	最小值	最大值
因变量	死伤人数	Y	19.84	20.33	1	105
交通设施	道路长度	X_1	105.96	62.38	19.63	265.86
	公交站点数量	X_2	197.92	125.16	41	569
	信控口数量	X_3	34.62	22.93	5	113
交通环境	面积	X_4	26.59	22.02	2.02	118.36
	学校数量	X_5	44.66	37.81	2	198
	工厂数量	X_6	64.11	78.82	0	315
	平均夜间灯光强度	X_7	155.22	21.45	77.98	185.33
	关内	X_8	0.43	0.50	0	1

表 2 的描述性统计结果表明，除关内变量，各变量均处于同一数量级，并不会造成求解速度变慢及降低模型拟合精度等问题，故不需要对自变量进行归一化处理。在正式建模前，对各变量进行皮尔逊相关性分析。结果显示，各自变量与因变量的相关性较强，表明选取上述自变量对死伤人数建立统计模型较为合理，如表 3 所示。

表 3　各变量的相关性分析

	Y	X_1	X_2	X_3	X_4	X_5	X_6	X_7	X_8
Y	1.000								
X_1	0.610	1.000							
X_2	0.702	0.896	1.000						
X_3	0.640	0.767	0.800	1.000					
X_4	0.243	0.581	0.402	0.195	1.000				
X_5	0.598	0.699	0.756	0.748	0.145	1.000			
X_6	0.562	0.794	0.766	0.464	0.385	0.588	1.000		
X_7	0.125	-0.063	0.077	0.271	-0.713	0.266	-0.003	1.000	
X_8	-0.529	-0.618	-0.629	-0.380	-0.568	-0.278	-0.629	0.280	1.000

3　交通事故死伤人数建模

3.1　最小二乘法

假设 y_i 为各街道由交通事故造成的死伤人数，x_i 为解释变量，包括街道面积、道路长度、公交站点数量、信号控制交叉口的数量、信号控制交叉口数量的二次方、学校数量、工厂数量、平均夜间灯光强度、是否属于关内地区，则可以构建线性回归模型（最小二乘法），即：

$$y_i = \sum x_i^{\mathrm{T}}\beta + a$$

当因变量满足正态分布且取值范围较大时，用最小二乘法估计是非常合适的，但是计数数据（如本文的交通事故造成的死伤人数）很难具有正态性。因此，采用泊松回归模型用以刻画死伤人数更为合适。

3.2　普通泊松回归模型

普通泊松回归模型是计数模型中最为常用的模型，由泊松分布演化而来。为介绍普通泊松回归模型，先简要介绍下泊松分布。假设 X 的取值为非负整数，则取值为 k 的概率为：

$$P(X = k) = \frac{\exp(-\lambda)\lambda^k}{k!} \ (0,1,2...)$$

式中，$P(\cdot)$ 为随机变量 X 的泊松分布，泊松分布的一个重要性质就是均值与方差相等，即为式中的参数 λ。有些被解释变量只能取非负整数，如看病次数、自然灾害次数及本文的街道死伤人数。这类变量一般只能取有限范围内的非负整数，虽然可以使用线性回归模型进行最小二乘法估计，但是会带来严重的异方差问题。针对这类数据，普通泊松回归模型是比较常用的方法。假设 y_i 为街道 i 的道路交通事故造成的死伤人次，并且 Y_i 服从均值为 λ_i 的泊松分布，则：

$$P(Y_i = y_i \mid x_i) = \frac{\exp(-\lambda_i)\lambda_i^{y_i}}{y_i!} \ (x_i = 0,1,2...)$$

式中，λ_i 为泊松到达率，表示街道 i 的平均死伤人数，由解释变量 x_i 决定。由于泊松分布的均值与期望均为 λ_i，即

$$E(Y_i \mid x_i) = \mathrm{Var}(Y_i \mid x_i) = \lambda_i = \exp(x_i'\beta)$$

因此，$\exp(x_i\beta)$ 被称为发生率比（IRR），表示 x_i 增加 1 单位，平均死伤人数将是原来的多倍。普通泊松回归模型一般用最大似然法进行估计，对模型拟合优度的衡量一般用伪 R^2 来进行。

3.3　贝叶斯泊松回归模型

贝叶斯泊松回归模型，顾名思义即为用贝叶斯估计法估计泊松回归模型。贝叶斯估计法与传统的最大似然法的区别为：最大似然法是从样本出发进行推断，而贝叶斯估计法是将未知参数看作随机变量，利用先验信息和样本的后验分布进行推断。

设 $\beta = N_n(\mu, \Sigma)$，其中，μ 为 n 维向量，Σ 为 p 阶正定矩阵。进行参数估计的对数似然函数为：

$$\ln L(\beta) = \sum_{i=1}^{n}\left\{y_i x_i^T \beta - \exp(x_i^T \beta) - \ln(y_i!)\right\}$$

将普通泊松回归模型代入上式，得：

$$p(y_i, \boldsymbol{\beta}) = \prod_{i=1}^{n}\left\{\frac{\exp(-\lambda_i)\lambda_i^{y_i}}{y_i!}\frac{1}{\sqrt{(2\pi)^n |\Sigma|^{1/2}}}\exp\left\{-\frac{1}{2}(\boldsymbol{\beta}-\boldsymbol{\mu})^T \Sigma^{-1}(\boldsymbol{\beta}-\boldsymbol{\mu})\right\}\right\}$$

其后验分布为：

$$\pi(\boldsymbol{\beta}|Y) = \frac{p(y_i, \boldsymbol{\beta})}{\int p(y_i, \boldsymbol{\beta})\mathrm{d}\boldsymbol{\beta}}$$

参数 $\boldsymbol{\beta}$ 的后验期望估计为：

$$\hat{\boldsymbol{\beta}} = E(\boldsymbol{\beta}|Y) = \int \boldsymbol{\beta}\pi(\boldsymbol{\beta}|Y)\mathrm{d}\boldsymbol{\beta}$$

观察上述公式可以发现，贝叶斯估计法涉及高维积分，直接求解困难，故一般采用马尔科夫链蒙特卡罗（MCMC）仿真进行参数估计。

4　实证分析

4.1　参数估计结果

作为对照，首先进行最小二乘法估计，虽然最小二乘法的估计结果 R^2 达到 0.52，但是大多数解释变量都不显著。根据研究区概况与数据处理的数据描述结果，因变量为计数数据，故考虑采用普通泊松回归模型。利用最大似然法对普通泊松回归模型进行参数估计，最小二乘法和普通泊松回归模型参数估计如表 4 所示。

表4　最小二乘法和普通泊松回归模型参数估计

变量	最小二乘法			普通泊松回归模型		
	系数	标准差	P 值	系数	标准差	P 值
道路长度	-0.177	0.099	0.078	-0.005	0.001	0.001
公交站点数量	0.051	0.038	0.186	0.000	0.000	0.357
信控口数量	0.572	0.297	0.058	0.053	0.005	0.000
信控口数量二次方	-0.002	0.002	0.387	0.000	0.000	0.000
面积	0.127	0.181	0.485	0.007	0.004	0.045
学校数量	0.100	0.080	0.216	0.002	0.001	0.011
工厂数量	0.056	0.048	0.241	0.001	0.001	0.034
平均夜间灯光强度	0.056	0.146	0.702	0.007	0.003	0.026
关内	-9.974	5.363	0.067	-0.923	0.093	0.000
常数项	-3.685	23.595	0.876	0.635	0.527	0.228
N		74			74	
R^2		0.52			0.57	

　　普通泊松回归模型的参数结果表明，首先，所有变量均在 0.1 的显著性水平上显著；除"关内"变量外，其余变量均在 0.05 的显著性水平上显著。其次，普通泊松回归模型参数估计的标准差均小于最小二乘法参数估计的标准差，同时普通泊松回归模型的拟合优度也较最小二乘法高。总体而言，普通泊松回归模型的拟合优度优于最小二乘法，即普通泊松回归模型更适合用于预测街道尺度层面的死亡人数。

　　采用 Stata15.0 软件对贝叶斯泊松回归模型进行参数估计，构造一条包含 10 000 次迭代的 MCMC 链进行贝叶斯估计。将最初的 2 500 次迭代作为燃烧样本，利用 2 500 次之后的迭代作为模型参数，同时估计发生率比（IRR），估计结果如表 5 所示。不同迭代次数的常数项取值和常数项后验分布如图 3 和图 4 所示。

表5　贝叶斯泊松回归模型参数估计结果

变量	参数估计			IRR 估计		
	均值	标准差	MCSE	均值	标准差	MCSE
道路长度	−0.004 5	0.001 4	0.000 1	0.995 4	0.001 4	0.000 1
公交站数量	0.000 5	0.000 5	0.000 1	1.000 5	0.000 4	0.000 0
信控口数量	0.047 9	0.003 1	0.000 9	1.052 9	0.002 5	0.000 6
信控口数量二次方	−0.000 3	0.000 0	0.000 0	0.999 7	0.000 0	0.000 0
面积	0.007 1	0.002 0	0.000 4	1.006 7	0.002 2	0.000 2
学校数量	0.002 4	0.000 9	0.000 1	1.002 4	0.000 9	0.000 1
工厂数量	0.001 3	0.000 7	0.000 1	1.001 4	0.000 7	0.000 0
平均夜间灯光强度	0.007 9	0.000 6	0.000 1	1.007 6	0.000 5	0.000 1
关内	−0.920 1	0.001 7	0.000 4	0.395 8	0.001 7	0.000 4
常数项	0.634 6	0.002 1	0.000 1	1.885 9	0.005 4	0.000 8

　　通过比较普通泊松回归模型的估计结果和贝叶斯泊松回归模型的估计结果可以发现，两个模型估计出的系数非常接近，但贝叶斯泊松回归模型的大部分系数标准差要小于普通泊松回归模型，表明贝叶斯泊松回归模型的稳健性要优于普通泊松回归模型。

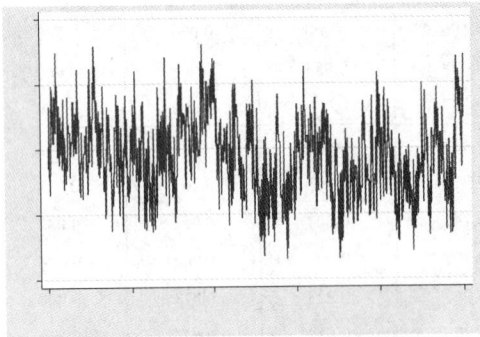

图3　不同迭代次数的常数项取值　　　　图4　常数项后验分布

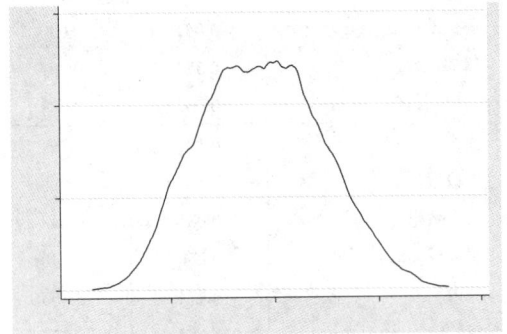

4.2　模型结果分析

根据前文的分析结果，贝叶斯泊松回归模型的估计结果要优于普通泊松回归模型的估计结果，故本文将对贝叶斯泊松回归模型的估计结果进行分析。结果表明：街道的面积、道路长度、公交站点数量、信控交叉口数量、学校数量、工厂数量、平均夜间灯光强度和街道是否位于原特区内区域均与死伤人数相关。

（1）道路长度每增加 1 km，则道路交通事故导致的死伤人数将降低 0.46%。

（2）街道的公交站点数量越多，则该街道的死伤人数也越多。这反映了公交站点数量越多，往往该区域的出行客流量越大，从而拥有更大的出行暴露量。由于公交站点附近的过街需求一般较大，因此应考虑完善公交站点附近的人行过街设施，避免由行人横穿道路而导致的交通死伤事故发生。

（3）信控交叉口数量的平方项系数为负值，表明信控交叉口数量与街道由交通事故导致的死伤人数呈现倒 U 形关系。信控交叉口数量反映了车流量的大小和交通管控的力度，即随着流量的增加，交通事故死伤人数会越来越多。此后，尽管流量继续增加，但车流的速度得以降低，从而死伤人数开始下降。这一结果表明交通安全与交通效率往往是相悖的，因此在实际的道路规划和设施建设时需要对交通安全和交通效率进行权衡。

（4）街道面积每增加 1 km^2，则道路交通事故导致的死亡人数将是原来的 1.006 7 倍。这是显而易见的，街道面积越大，往往意味着交通安全管理的难度越大。

（5）学校数量和工厂数量均与街道的死伤人数呈现正相关关系，这与深圳市的事故特征有很大关系。根据深圳市 2019 年的交通死亡事故统计，步行、自行车、电动车、摩托车交通方式死亡人数占全年交通死亡人数的 84%。学校及工厂周围均为人流集聚地，且周边的交通方式以步行和非机动车为主，故街道的死伤人数与学校和工厂的数量相关。因此，各街道需要重点排查学校和工厂附近的慢行设施，尤其是非机动车道设施，尽可能地保障非机动车通行的连续性和舒适性，从而减少由机非混行导致的交通事故的发生。

（6）夜间灯光强度越高，则街道的交通事故死伤人数越多。夜间灯光强度反映了社会经济活动的强度，尤其是人的社会活动，即人活动强度越高的地方，发生死伤交通事故的概率越大。

（7）相比原特区外地区，原特区内的街道由交通事故导致的死伤人数少。整体而言，原特区外的道路条件、人员素质及交通管控水平均不如原特区内，这是由整个城市的发展历程等历史原因造成的，可以从以下两个方面缓解目前的二元结构困境：①由市级政府统筹规划，将资金和政策适当倾斜于原特区外地区，加大对原特区外地区的交通设施建设力度，提高其交通管控水平；②通过各街道的交安站、居委会和工厂等，加大对外来人口的交通安全宣传教育力度。

5　结语

本文以街道层级为研究单元及街道层级的交通事故死伤人数为研究对象，分别构建了最小二乘法、普通泊松回归模型和贝叶斯泊松回归模型。研究结果表明，城市结构的空间要素、街道属性、路网长度及人流活动强度均与交通事故死伤人数相关。同时，研究还表明贝叶斯泊松回归模型比最小二乘法和普通泊松回归模型更优。

参 考 文 献

[1] Organization W H . World health statistics 2016: monitoring health for the SDGs, sustainable development goals[J]. Geneva Switzerland Who, 2016, 41:293-328.

[2] 国家统计局. 中国统计年鉴[J]. 北京：中国统计出版社，2018.

[3] 朱新宇，丛浩哲，支野，等. 基于 GIS 空间聚类的事故多发路段鉴别分析系统[J]. 城市交通，2016（3）：21-27，86.

[4] 崔洪军，申晓静，赵述捷，等. 基于交通事故间距分布特征的事故黑点鉴定新方法[J]. 武汉理工大学学报，2012，34（02）：54-58.

[5] Mannering Fred L, Bhat Chandra R. Analytic methods in accident research[J]. Analytic Methods in Accident Research, 2014, 1:1-22.

[6] Mannering Fred L, Shankar V, Bhat Chandra R. Unobserved heterogeneity and the statistical analysis of highway accident data[J]. Analytic Methods in Accident Research, 2016, 11:1-16.

[7] Cerwick D M, Gkritza K, Shaheed M S, et al. A comparison of the mixed logit and latent class methods for crash severity analysis[J]. Analytic Methods in Accident Research, 2014, 3-4:11-27.

[8] 游锦明，方守恩. 双车道高速公路追尾事故实时预测模型[J]. 交通信息与安全，2016（5）：1-7.

[9] 杜晓燕，程五一，刘斌，等. 安徽省道路交通事故影响因素分析及其预测研究[J]. 数学的实践与认识，2016，46（1）：72-78.

[10] A.P. Jones, R. Haynes, V. Kennedy, et al. Geographical variations in mortality and morbidity from road traffic accidents in England and Wales[J]. Health & Place, 1983, 14(3):519-535.

[11] Noland R B , Quddus M A. A spatially disaggregate analysis of road casualties in England.[J]. Accident Analysis & Prevention, 2004, 36(6):973-984.

[12] 黄合来，邓雪，许鹏鹏. 考虑空间自相关的贝叶斯事故预测模型[J]. 同济大学学报（自然科学版），2013，041（009）：1378-1383.

[13] 柳林，宋广文，周素红，等. 城市空间结构对惠州市中心城区交通事故影响的时间差异分析[J]. 地理科学，2015，35（1）：75-83.

[14] 郭延永，刘攀，吴瑶，等. 考虑异质性的贝叶斯交通冲突模型 [J]. 中国公路学报，2018，031（4）：296-303.

[15] Ma J, Kockelman K M , Damien P. A multivariate Poisson-lognormal regression model

for prediction of crash counts by severity, using Bayesian methods[J]. Accident Analysis & Prevention, 2008, 40(3):964-975.

[16] Byung-Jung Park, Dominique Lord. Application of finite mixture models for vehicle crash data analysis[J]. Accident Analysis & Prevention,,2009, 41(4):683-691.

[17] 陈颖彪，郑子豪，吴志峰，等. 夜间灯光遥感数据应用综述和展望[J]. 地理科学进展，2019，038（002）：205-223.

基于轨迹数据的匝道纵坡路段交通流特性研究

凌镜珩

（深圳市城市交通规划设计研究中心股份有限公司，深圳 518000）

【摘要】为缓解人口规模扩大和机动化水平迅速提高引致的交通压力，城市中的高快速路正在进行或即将面临改扩建，复合式、小间距互通立交群改造将更加多见。匝道是互通式立交的重要组成，掌握其通行能力与交通流特性是保证立交顺畅运行的重要指标。本文基于 GPS 轨迹数据，以小型车与货车为主要研究对象，以车辆动力学模型与跟驰理论相结合的方法，综合匝道坡度、线型等因素，从交通流速度、流量和密度的三要素之间的关系，分析匝道纵坡路段的车流运行特性，建立匝道的分流区、合流区、基本路段的通行能力模型与服务水平评价指标，为高快速路立交改造提供量化支撑。最后，结合深圳机荷高速公路改扩建工程进行实际应用分析。

【关键词】高速公路；互通式立交；匝道；纵坡路段；轨迹数据

Research on Traffic Characteristics of Ramp Longitudinal Section by Trajectory Data

Ling Jingheng

（Shenzhen Urban Transport Planning Center, Shenzhen 518000, China）

Abstract: In order to alleviate the traffic pressure caused by the expansion of the population and the rapid increase in motorization, many expressways in the city are undergoing or are about to face reconstruction and expansion, and the transformation of compound, small-space interchanges become common. Ramps are an important component of interchanges, and mastering their capacity and traffic characteristics is an important indicator to ensure the operation of interchanges. Based on GPS trajectory data , taking cars and trucks as the main research objects, and combining the vehicle dynamics model with the car following theory, the ramp slope, line shape and other factors are combined the relationship between the three traffic elements. Research the traffic flow characteristics of diverging area, merging area, basic road are to establish ramp capacity models and service level evaluation indicators, to provide quantitative support for the reconstruction of expressways interchanges. Finally, the practical application analysis is carried out in conjunction with the Shenzhen Jihe Expressway reconstruction and expansion project.

Keywords: Expressway; Interchange; Ramp; Longitudinal Section; Trajectory Data

1　引言

在城市快速发展的背景下，随着城市人口规模的扩大和出行机动化水平的迅速提高，原先位于城市边缘的高快速路随着沿线的土地利用性质演变，逐渐融入城市内部。复合式、小间距的互通立交群更为多见。因为城市的用地空间紧张，复合式立交的匝道坡度变大，原来复杂的交通情况在纵坡路段的影响下更加难以测算与评估。

目前，对互通式立交匝道的研究尚不够细致。学术研究目前集中关注立交整体的交通转换效率与评价。对于立交匝道，尤其是纵坡路段下的互通式立交匝道所提供的交通功能与服务质量的研究较少。

对于互通式立交匝道的几何线形的设计方法，各国都有符合当地情况的立交设计理论与标准。美国 AASHTO 的《公路与城市道路几何设计》[1]指出，互通立交范围内的主线与匝道的曲线半径、竖曲线、纵坡等横纵断面指标应当比基础路段要高一些，以抵消互通立交环境的影响；日本的《日本公路技术标准的解说与应用》[2]认为互通式立体交叉应该使主线上的驾驶员能够从远处辨认出来，公路的构造必须使汽车能够安全平顺地驶入驶出；我国的《公路路线设计规范》[3]规定了互通立交匝道的曲线半径、坡度坡长、竖曲线等横纵断面指标。对于立交纵断面的坡度研究，北京工业大学周荣贵[4]研究了不同纵坡条件下货车车辆的运行速度与规律；长安大学的徐洋[5]对互通式立交的主线纵断面指标进行了研究，着重对出口主线为下坡和入口主线为上坡两种情景进行了研究。

当前，我国互通式立交的建设发展迅速，城市内的立交呈现结构复杂、间距紧密的特点。我国的《公路工程技术标准》《公路路线设计规范》对互通立交的匝道平纵断面的指标有相应规定，但并没有详细解释指标的理论依据，也难以评估测算匝道的服务质量。

本文的技术路线是从 GPS 轨迹数据中提取研究对象片区内交通流的宏观、微观特征，结合车辆动力性能分析，构建车辆在匝道纵坡路段的行驶速度模型；最后参照相关标准规范，选取合适指标，构建服务水平评价模型。

2　GPS 轨迹数据分析

2.1　轨迹数据预处理

轨迹是一个在地理空间中运动的物体长时间内所产生的踪迹，通常用一系列按时间顺序排列的点来表示。轨迹数据有不同的来源，一种常见的轨迹数据是由装备 GPS 设备的车辆生成的。但是由于设备或信号干扰等问题，所采集的轨迹数据通常具有异常、冗余等问题，同时因为难以用这些原始轨迹直接计算路网上的交通路况，因此需要对轨迹进行一些预处理工作，包括噪点过滤、轨迹分割、路网映射 3 个流程。经过预处理之后的轨迹数据示例如表 1 所示。

表 1　车辆 GPS 数据结构（出租车）

序　号	字　段	别　名	数据类型	样　例
1	日期	TIME	Integer	2019-01-16
2	时间片	PERIOD	Integer	1
3	路段 ID	LINKID	Integer	119397
4	车辆数	COUNT	Integer	3
5	车牌 1	VEHPLATE1	VARCHAR	粤 BD07356
6	速度 1	SPEED1	NUMBER(4,2)	34.85
7	车牌 2	VEHPLATE2	VARCHAR	粤 BD75636
8	速度 2	SPEED2	NUMBER(4,2)	44.08
9	车牌 3	VEHPLATE3	VARCHAR	粤 BDD1839
10	速度 3	SPEED3	NUMBER(4,2)	34.93

2.2　交通信息融合

在深圳市城市交通规划设计研究中心所开发的指数路网系统的基础上，通过轨迹数据与多源交通数据的融合，得出研究片区内的交通运行状况指标。宏观方面的参数有：交通量、流量-密度-速度关系曲线；微观方面的参数有：分类型的车辆速度、车头时距等。通过 GPS 轨迹数据融合车牌识别数据、微波雷达数据、收费流水数据等多源交通数据，以支撑后续匝道纵坡路段运行特性分析与服务水平评价指标模型构建。

3　匝道纵坡路段交通流运行特性

3.1　匝道纵坡路段的组成

立交匝道用于衔接立交节点中两条互通的不同方向道路的车流转换。根据匝道上交通流的运行特性，可以将匝道分为 3 个部分：分流区、合流区、匝道基本路段。分流区与合流区是匝道与高速公路或普通公路的连接部分。

3.1.1 分流区

在分流区，驶出主线的车辆在出口匝道上游需要完成提前变道行为，进入与匝道相邻的车道，整个车流在上游部分路段也会重新调整交通量的车道分布。出口匝道分流区影响范围为分流匝道始端上游 750 m 到分流匝道始端下游 150 m，如图 1 所示。

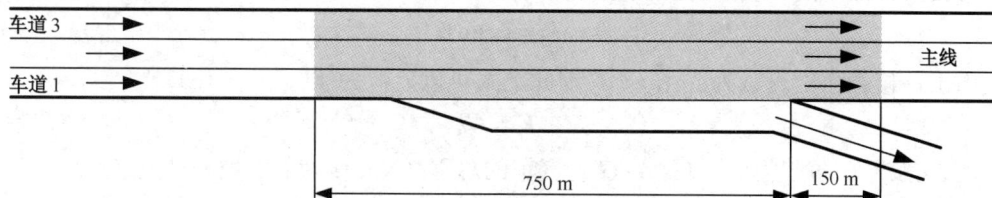

图 1　出口匝道分流区影响范围示意图

3.1.2 合流区

在合流区，从进口匝道进入的车辆在相邻的高速公路主线车道交通流中寻找可利用的变道空隙，以便汇入主线。进口匝道合流区影响范围为合流匝道末端上游 150 m 到合流匝道末端下游 750 m，如图 2 所示。

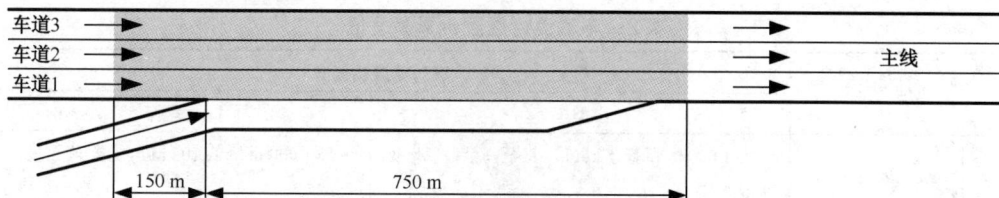

图 2　进口匝道合流区影响范围示意图

3.1.3 匝道基本路段

匝道基本路段的线形简单，长度宽度有限，在匝道上运行的车辆，因受车道数与宽度的限制，一般不允许超车行驶。

3.2　车辆动力性能分析

汽车在道路上行驶时，必须有足够的驱动力来克服各种行驶阻力。当驱动力与各行驶阻力代数和相等时成为驱动平衡。汽车的行驶平衡方程式为：

$$F_t = \sum F \tag{1}$$

式中，F_t 为汽车的驱动力（N）；$\sum F$ 为汽车行驶阻力之和（N）。

汽车的驱动力是由汽车的发动机发出的转矩经由传动系统传动至驱动轮上所得到的。汽车的行驶阻力包括汽车轮胎滚动阻力、汽车的空气阻力、汽车的坡度阻力及汽车的加速阻力。公式（1）可以展开成：

$$F_t = F_f + F_w + F_i + F_j \tag{2}$$

式中，F_t 为汽车的驱动力（N）；F_f 为汽车轮胎滚动阻力（N）；F_w 为汽车的空气阻力（N）；F_i 为汽车的坡度阻力（N）；F_j 为汽车的加速阻力（N）。

汽车上坡，在坡道倾角为 α 的道路上行驶时，车重 G 在平行于路面方向的分力为 $G\sin\alpha$，上坡与汽车前进方向相反，坡度阻力阻碍汽车行驶；下坡与前进方向相同，助推汽车行驶，故汽车的坡度阻力的计算公式为：

$$F_i = G\sin\alpha \tag{3}$$

由于 α 值很小，可认为 $\sin\alpha \approx i$，因此上式可以近似为：

$$F_i = Gi \tag{4}$$

式中，F_i 为汽车的坡度阻力（N）；G 为汽车的总重（N）；i 为上下坡的坡度（N）。

3.3　匝道纵坡路段行驶过程分析

根据 3.2 的车辆动力性能分析，在匝道的纵坡路段，坡度对车辆的加速与减速有相应的影响，会使车辆分流、合流的行为发生变化。根据《公路项目安全性评价指南》，在平直路段车辆分流、合流的基础上，考虑到坡度对车辆运行速度的影响，对车辆运行速度进行折算，参考值如表 2 所示。

表 2　车辆运行速度折算参考值

纵坡		运行速度调整值	
		小型车	大型车
上坡	4%≥坡度≥3%	每 1 000 m 降低 5 km/h，直至降至最低运行速度	每 1 000 m 降低 10 km/h，直至降至最低运行速度
	坡度>4%	每 1 000 m 降低 8 km/h，直至降至最低运行速度	每 1 000 m 降低 20 km/h，直至降至最低运行速度
下坡	4%≥坡度≥3%	每 500 m 增加 10 km/h，直至增至期望速度	每 500 m 增加 7.5 km/h，直至增至期望速度
	坡度>4%	每 500 m 增加 20 km/h，直至增至期望速度	每 500 m 增加 15 km/h，直至增至期望速度

4　服务水平评价指标模型构建

根据匝道纵坡路段的组成与交通流特性分析，可以得出匝道与主线连接部分即分流区/合流区是匝道通行能力的瓶颈，也是交通运行情况比较复杂的区域。分流区、合流区的服务水平可以代表匝道整体的服务水平。

4.1　分析步骤

4.1.1　数据要求

高速公路分流区、合流区路段评估分析所需数据，包括分流区、合流区的仿真评估数据与分流区、合流区的几何设计参数。

1. 分流区、合流区的仿真评估数据

该数据包含分流区、合流区仿真的关键断面的高峰小时过车流量、交通组成情况。交通量数据包含驶入高速公路分流区、合流区的交通量，驶出高速公路分流区、合流区的交通量，驶入分流、合流影响区的交通量、匝道交通量。

2. 分流区、合流区的几何设计参数

该参数包含分流区、合流区的车道组合、基准自由流速度等。

4.1.2　分流区分析步骤

（1）分流区几何设计参数准备。根据设计方案或现场情况，确定分流区的几何设计参数，包括分流区的减速车道的长度、距上下游匝道的距离、分流区的车道组合情况、路段的基准自由流速度等。

（2）分流区仿真评估数据统计。根据分流区几何设计参数构建仿真模型，标定仿真输入参数，运行仿真输出仿真评估结果。统计分流区的交通流量、交通组成等指标，交通量包括驶入高速公路分流区的交通量、驶出高速公路分流区的交通量、驶入分流影响区的交通量、匝道交通量。

（3）分流区判断。参考交织区最大影响范围判断方法，判断当前路段类型为交织区或分流区。如果是交织区，按照交织区评估；反之，评估步骤继续。

（4）高峰小时实际交通量修正。根据高峰小时流率修正过程，计算分流区不同类型交通流线的实际高峰小时需求。

（5）高峰小时小汽车速度的提取。根据高峰小时分流区车辆运行速度与交通组成分类，提取分流区小汽车的平均运行速度。

（6）实际通行能力修正。根据分流区的车道组合与基准自由流速度，修正得到分流区不同类型交通流线的实际通行能力。

（7）结合步骤（4）、步骤（5）、步骤（6）的修正结果，计算得到分流区的交通密度、饱和度与小汽车速度差，从而确定分流区的服务水平等级。

4.2　关键指标计算方法

4.2.1　分流区评估参数

分流区交通运行状态的评估分析应考虑道路条件和交通条件等影响因素。道路条件包括减速车道长度、驶出匝道距上下游的距离；交通条件包括驶入高速公路分流区的总流率、驶出高速公路分流区的总流率、驶入分流影响区的最大流率及匝道交通流率。分流区评估参数示意图如图 3 所示，分流区评估参数对照如表 3 所示。

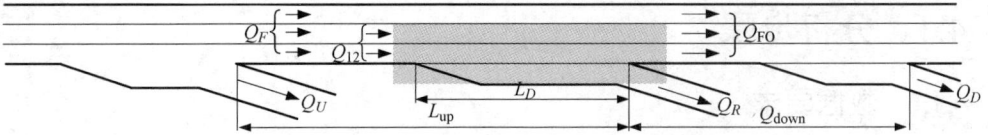

图 3　分流区评估参数示意图

表 3　分流区评估参数对照

参数类别	参数表示	参数含义
交通条件参数	Q_F	驶入高速公路分流区的总流率（pcu/h）
	Q_{FO}	驶出高速公路分流区的总流率（pcu/h）
	Q_{12}	驶入分流影响区的主线流率（pcu/h）
	Q_R	匝道交通流率（pcu/h）
	Q_U	上游相邻匝道的交通流率
	Q_D	下游相邻匝道的交通流率
道路条件参数	L_D	减速车道长度（m）
	L_{up}	匝道起点距上游匝道的距离（m）
	L_{down}	匝道起点距下游匝道的距离（m）

4.2.2　合流区评估参数

合流区交通运行状态的评估分析应考虑道路条件和交通条件等影响因素。道路条件包括加速车道长度、驶入匝道距上下游的距离；交通条件包括驶入高速公路合流区的总流率、驶出高速公路合流区的总流率、驶入合流影响区的最大流率及匝道交通流率。合流区评估参数示意图如图 4 所示，合流区评估参数对照如表 4 所示。

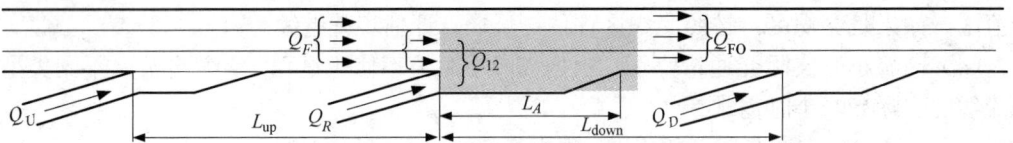

图 4　合流区评估参数示意图

表 4　合流区评估参数对照

参数类别	参数表示	参数含义
交通条件参数	Q_F	驶入高速公路合流区的总流率（pcu/h）
	Q_{FO}	驶出高速公路合流区的总流率（pcu/h）
	Q_{R12}	驶入合流影响区的最大流率（pcu/h）
	Q_{12}	驶入合流影响区的主线流率（pcu/h）
	Q_R	匝道交通流率（pcu/h）
	Q_U	上游相邻匝道的交通流率
	Q_D	下游相邻匝道的交通流率
道路条件参数	L_A	加速车道长度（m）
	L_{up}	匝道起点距上游匝道的距离（m）
	L_{down}	匝道起点距下游匝道的距离（m）

4.2.3　匝道通行能力

匝道通行能力与匝道的几何设计参数相关，实际通行能力标定方法类似基本路段。匝道的基准通行能力值如表 5 所示。

表 5　匝道基准通行能力值

匝道自由流速度（km/h）	基准通行能力（pcu/h）	
	单车道匝道	双车道匝道
[60,70)	1 600	3 000
[50,60)	1 400	2 500
[40,50)	1 200	2 000

当驶向分流影响区的交通流率 Q_F 或驶出分流影响区的交通流率 Q_{FO} 超过高速公路路段的基准通行能力 Q_F、Q_{FO} 时，或者需要进入出口匝道的交通流率 Q_R 超过出口匝道本身的通行能力时，交通流将出现阻塞；当从匝道进入影响区的最大流率 Q_{12} 超过匝道通行能力，但交通流率没有超过高速公路路段的基准通行能力 Q_F、Q_{FO} 时，将出现局部高密度的交通流。

4.2.4　分流区高峰小时流率

分流区高峰小时流率计算与交织区高峰小时流率计算方法类似，计算的高峰小时流率包括驶入高速公路分流区的总流率 Q_F、驶出高速公路分流区的总流率 Q_{FO}、驶入分流影响区的主线流率 Q_{12}、匝道交通流率 Q_R，计算公式为：

$$Q_i = \frac{q_i}{\text{PHF}_{15} \times f_{HV} \times f_P} \tag{5}$$

式中，Q_i 为车流 i 高峰小时流率（pcu/h），$i = F, FO, 12, R$；q_i 为车流 i 预测小时流量（veh/h）；PHF_{15} 为 15 min 高峰小时系数；f_{HV} 为交通组成修正系数；f_P 为驾驶人总体特征修正系数。

4.2.5　分流区通行能力分析

分流区通行能力分析包括影响区通行能力及非影响区通行能力两部分，其中，非影响区通行能力按上、下游基本路段通行能力分析方法计算，具体参数值如表 6 所示。

表 6　分流区通行能力值

基准自由流速度（km/h）	上、下游高速公路单车道基准通行能力 C_0[pcu/(h*ln)]	分流影响区通行能力 C_{12}（pcu/h）
110	2 200	3 400
100	2 100	3 400
90	2 000	3 400
80	1 800	3 400

分流区通行能力的计算公式为：

$$C_D = C_{12} + C_0 \times N_0 \tag{6}$$

式中，C_D 为分流区通行能力；C_{12} 为分流影响区通行能力；C_0 为基本路段单车道基准通行能力；N_0 为分流区非影响区车道数。

分流区饱和度 V/C 值的计算公式为：

$$V/C = \frac{Q_F}{C_D} \tag{7}$$

4.2.6　合流区高峰小时流率

合流区高峰小时流率计算与交织区高峰小时流率计算方法类似，计算的高峰小时流率包括驶入高速公路合流区的总流率 Q_F、驶出高速公路合流区的总流率 Q_{FO}、驶入合流影响区的主线流率 $Q_{R_{12}}$、匝道交通流率 Q_R，计算公式为：

$$Q_i = \frac{q_i}{PHF_{15} \times f_{HV} \times f_P} \tag{8}$$

式中，Q_i 为车流 i 高峰小时流率（pcu/h），$i = F, FO, R_{12}, R$；q_i 为车流 i 预测小时流量（veh/h）；PHF_{15} 为 15min 高峰小时系数；f_{HV} 为交通组成修正系数；f_P 为驾驶人总体特征修正系数。

4.2.7　合流区通行能力分析

合流区通行能力分析同样包括影响区通行能力及非影响区通行能力两部分，其中，非影响区通行能力按上、下游基本路段通行能力分析方法计算。合流区通行能力值如表 7 所示。

表 7　合流区通行能力值

基准自由流速度（km/h）	上、下游高速公路单车道基准通行能力 C_0（pcu/(h*ln)）	分流影响区通行能力 $C_{R_{12}}$（pcu/h）
110	2 200	3 600
100	2 100	3 600
90	2 000	3 600
80	1 800	3 600

合流区通行能力的计算公式为：

$$C_M = C_{R_{12}} + C_0 \times N_0 \tag{9}$$

式中，C_M 为合流区通行能力；$C_{R_{12}}$ 为合流影响区通行能力；C_0 为基本路段单车道基准通行能力；N_0 为合流区非影响区车道数。

合流区饱和度 V/C 值的计算公式为：

$$V/C = \frac{Q_F}{C_M} \tag{10}$$

5　实际应用分析

沈海高速公路深圳机场至荷坳段（机荷高速公路）改扩建工程西起深圳宝安鹤洲立交，西接深中通道，东至深圳龙岗荷坳立交，与惠盐高速相接，全长 43 km，全线共设置互通立交 16 座。工程采用立体改造模式，按双向八车道的设计标准，扩建后将形成由立体通道及地面通道组成的立体复合高速公路。立体层新建通道承担长距离及过境交通，双向八车道标准，设计速度为 100 km/h；地面层扩建通道承担中、短距离及城市组团内部交通，双向八车道标准，并实现全线辅助车道贯通，设计速度 100 km/h。

在深圳市机荷高速公路改扩建工程的初步设计中，对设计方案的匝道的交通运行特性进行研究，对服务水平进行构建与划分。

5.1　轨迹数据分析与结果

机荷高速不同路段的速度-流量标定结果如表 8 所示，平湖立交-秀峰立交纵坡路段货车速度变化如表 9 所示。

表 8　机荷高速不同路段的速度-流量标定结果

断　　面	自由流速度（km/h）	标定通行能力（pcu/h*ln）	稳定流标定曲线	标定精度 R^2
水朗—福民东行	100	2 136	$y = 4E{-}06x2 - 0.017\,7x + 98.554$	0.632 7
白泥坑—平湖西行	90	1 987	$y = 3E{-}06x2 - 0.014\,8x + 87.112$	0.50 6
荷坳—白泥坑西行	80	1 863	$y = 3E{-}06x2 - 0.014\,4x + 81.029$	0.602 8

表 9　平湖立交-秀峰立交纵坡路段货车速度变化

时间	坡度（%）	坡长（m）	速度（km/h）	高程(m)	时间差(s)	减速度（m/s²）
41304			63	76	—	—
41322			60	82	18	0.046 3
41340	3.48	778	56	94	18	0.061 7
41358			53	99	18	0.046 3
41425			51	102	27	0.020 6

5.2　指标选取

根据立体复合高速公路的交通运行特征与评估需求，选取合适的评估指标以满足微观层面精细准确的评估需求。驾驶员和乘客对不同的高速公路交通设施服务满意度的要求不同，服务水平的评价指标也有所不同。目前的研究成果中主要包括密度、流量（饱和度 V/C 比）、平均行程时间、车均延误、时间延误百分率（延误指数）等指标。

针对合流区、分流区，在稳定交通流的范围内，速度、平均行程时间、车均延误等指标反映交通流特征变化的敏感度较差，流量（饱和度 V/C 比）属于宏观层面的分析指标，不适用微观层面精细化的评估应用。相比上述指标，交通密度对高速公路的交通流特征敏感度较高，能够及时、准确地反映高速公路交通运行状况的变化，并且能客观体现驾驶员关心的行驶速度和驾驶感受。交通密度更适合作为评估高速公路合流区、分流区与匝道基本路段的服务水平的主要交通指标，而流量（饱和度 V/C 比）则适合作为次要评估指标。

5.3　评价分级

分流区、合流区服务水平共划分为一至六级，以交通密度值作为主要评价指标来确定服务水平等级，以饱和度 *V/C* 比、小汽车实际行驶速度与基准自由流速度的差值作为次要评价指标，将服务水平细分为 3 种状态。分流区、合流区服务水平评价分级如表 10 所示。

表 10　分流区、合流区服务水平评价分级

服务水平等级		分级指标		
		主要指标	次要指标	
		密度（pcu/km/lane）	饱和度 *V/C* 比	速度差（km/h）
一级	1	[0,8]	[0,0.35]	[0,10]
	2			(10,20]
	3			(20,100]
二级	1	(8,14]	(0.35,0.55]	[0,10]
	2			(10,20]
	3			(20,100]
三级	1	(14,18]	(0.55,0.75]	[0,20]
	2			(20,30]
	3			(30,100]
四级	1	(18,23]	(0.75,0.90]	[0,20]
	2			(20,35]
	3			(35,100]
五级	1	(23,28]	(0.90,1.00]	[0,30]
	2			(30,40]
	3			(40,100]
六级	1	(28,120]	—	—
	2			
	3			

6　结语

本文以车辆 GPS 轨迹为基础，融合多源交通数据，对城市互通式立交的匝道纵坡路段的交通运行特性从纵坡路段组成、车辆动力性能、纵坡路段行驶过程等方面进行了分析。针对匝道上交通运行情况建立了服务水平评价指标模型，并在深圳市机荷高速改扩建工程

的初步设计方案支撑中进行实际应用。实际应用证明，不同路段条件下的行驶行为、交通流微观参数对立交设施服务水平模拟评估的影响显著，后续研究将进一步深化利用大数据方法，结合驾驶模拟实验来进行更为精细与全面的参数标定与交通建模。

参 考 文 献

[1] 美国各州公路运输者协会. 公路与城市道路几何设计[M]. 西安：西北工业大学出版社，1998.

[2] 交通部工程管理司译制组. 日本公路技术标准的解说与应用[M]. 西安：西北工业大学出版社，1991.

[3] 中交第一公路勘察设计研究院有限公司. JTG D20-2017 公路路线设计规范[M]. 北京：人民交通出版社，2017：62-76.

[4] 周荣贵. 公路纵坡坡度与坡长限制的研究[D]. 北京：北京工业大学，2004.

[5] 徐洋. 互通式立交范围内主线主要技术指标研究[D]. 西安：长安大学，2014.

基于蒙特卡洛法的时间价值调查问卷精细化设计

何磊[1]　佘世英[2]　丘建栋[1]　郑猛[3]　刘恒[1]

（1. 深圳市城市交通规划设计研究中心股份有限公司，深圳 518026
2. 北京工业大学城市交通学院，北京 100124
3. 武汉市交通发展战略研究院，武汉 430017）

【摘要】为量化城市居民出行效用，对多因素影响下的城市居民出行时间价值调查的精细化设计方法进行了研究。首先确定了不同出行方式（含换乘）的成本构成，包括时间成本与费用成本。将出行距离划分成短、中、长 3 种，基于武汉市路网现状，并考虑未来交通模式的发展，确定各种交通方式的可用性与各类成本的取值水平。区别于传统的正交设计方法，采用蒙特卡洛模拟的最优设计方法，基于受访者家庭拥车特征，生成 8 种由各类出行方式带来的不同成本组合的情景库。最终根据受访者基础信息调查的日常出行距离、出行目的、家庭拥车特征，在对应的情景库中按照相应的调查表抽取逻辑，组合生成最终的调查问卷。为时间价值调查提供了一套新的行之有效的问卷设计方案，并成功运用于时间价值调查 App 的开发。

【关键词】时间价值；交通调查；蒙特卡洛；交通方式

Fine Design of SP Survey Based on Monte Carlo Method

He Lei[1]　She Shiying[2]　Qiu Jiandong[1]　Zheng Meng[3]　Liu Heng[1]

（1. Shenzhen Urban Transportion Planning and Design Research Center, Shenzhen 518026, China
2. College of Metropolitan Transportation, Beijing university of Technology, Beijing 100124, China
3. Wuhan Research Institute of Transport Development Strategy, Wuhan 430017, China）

Abstract: In order to quantify the travel utility of urban residents, the refined design method of

SP survey of urban residents under the influence of multiple factors is studied. Firstly, the cost components of different travel modes (including transfer) are determined, including time cost and expense cost. The travel distance is divided into three types: short, medium and long. Based on the current situation of Wuhan road network and considering the development of future traffic mode, the availability of various traffic modes and the value level of various costs are determined. Different from the traditional orthogonal design method, using the optimal design method of Monte Carlo simulation, based on the characteristics of the car ownership of the interviewee's family, eight scenario databases with different travel modes and different cost combinations are generated. Finally, according to the daily travel distance, travel purpose and family car ownership characteristics of the respondents' basic information survey, the final questionnaire is generated by combining the logic of the corresponding questionnaire in the corresponding scenario database. It provides a new and effective questionnaire design scheme for time value survey, and successfully applied to the development of SP survey application.

Keywords: Travel Time Value; Travel Survey; Monte Carlo; Travel Mode

科技革命背景下智能汽车发展战略解读及城市交通影响思考

张凯　黄愉文　孙超　张永捷

（深圳市城市交通规划设计研究中心股份有限公司，深圳 518021）

【摘要】当今世界正经历百年未有之大变局，新一轮科技革命和产业变革方兴未艾，科技革命驱动智能网联汽车作为全新的交通元素，将重塑人、车、路之间的关系，促进城市交通管理和交通出行的变革，深入研究智能汽车对城市交通发展具有重要意义。本文首先通过对《智能汽车创新发展战略》全面解读，研判以人工智能等为代表的新一代信息技术驱动下的智能汽车技术创新发展态势；其次围绕政策法规、产业及交通技术、出行模式等方面，总结分析了智能汽车应用对未来交通管理的潜在影响；最后创新性地提出加速完善政策法律法规体系、促进规划建设技术升级、打造 MaaS 一体化出行服务等应对策略，为城市交通管理提供参考。

【关键词】新一轮科技革命；智能汽车创新发展战略；交通管理的影响；应对策略

Interpretation of Intelligent Vehicle Development Strategy and Thoughts of Urban Traffic Impact Under the Background of A New Round of Scientific and Technological Revolution

Zhang Kai　Huang Yuwen　Sun Chao　Zhang Yongjie

（Shenzhen Urban Transport Planning Center, Shenzhen 518021, China）

Abstract: The world is experiencing a great change that has not been seen in history. A new round of technological revolution and industrial revolution are in the ascendant. The technology revolution drives the intelligent vehicles snatched as a new traffic elements, which will reshape the relationship between people, vehicles and road, and promote the reform of urban traffic management and travel.The national innovation and development strategy of intelligent vehicles is firstly analyzed. The development trend of intelligent vehicle technology innovation driven by the new generation of information technology represented by artificial intelligence is judged. Then in terms of factors such as policies and regulations, industry and transportation technology, travel mode, the potential impact of intelligent vehicle application is summarized and analyzed.Finally, innovative countermeasures, such as accelerating the improvement of policies, laws and regulations system, promoting the upgrading of planning and construction technology, and creating integrated travel service of Maas are proposed to provide references for urban traffic management.

Keywords: A New Round of Scientific and Technological Revolution; Smart Car Innovation Development Strategy; The Impact of traffic Management; Coping Strategies

1 引言

当下，新一轮科技革命和产业变革如火如荼，人工智能[1]、大数据[2,3]等技术不断取得突破，数字经济、智能社会正迎来战略发展机遇。作为新技术发展的重要成果，智能汽车技术持续迭代，加速迈向落地应用，驱动交通运输结构升级、管理服务创新，是未来交通、未来汽车产业的必然趋势。我国积极谋划智能汽车战略部署，2020年3月，十一部委联合印发《智能汽车创新发展战略》（以下简称《战略》），加快推动智能汽车强国建设，在《战略》推动催化下，智能汽车规模化应用示范、基础设施智能化建设等新模式、新业态不断涌现，将对现有交通运行管理带来持续冲击。

智能汽车作为各国竞相角逐的新兴技术产物，全球主要国家大力推进相关技术研究与应用，但总体上各国基本处于开放道路测试或有条件的应用示范阶段，更多地聚焦于简单道路选取、基础自动驾驶能力检测与评价、在已有法律法规框架下开展管理政策优化等工作，对智能汽车规模化应用示范管理、商业应用合法化、基础设施改造升级策略、未来出行模式转变等研究不足，智能汽车可持续发展体系有待进一步思考。本文基于对《战略》的解读及对智能汽车发展态势的研判，总结分析智能汽车作为新型交通参与要素对未来交通管理的潜在影响，提出加速完善政策法律法规体系、促进规划建设技术升级、打造MaaS一体化出行服务等应对策略，为城市交通管理提供参考。

2 《战略》解读

智能汽车作为新一代信息技术与交通运输深度融合的重要载体，已成为全球汽车产业创新发展、交通运输品质提升、科研领先比拼的主要角力点。我国高度重视智能汽车健康发展，发布《战略》，从技术创新、产业生态、基础设施、法规标准、产品监管、网络安全六大方面提出全面战略部署，是我国智能汽车发展的重要纲领之一。《战略》特点分析如图 1 所示。

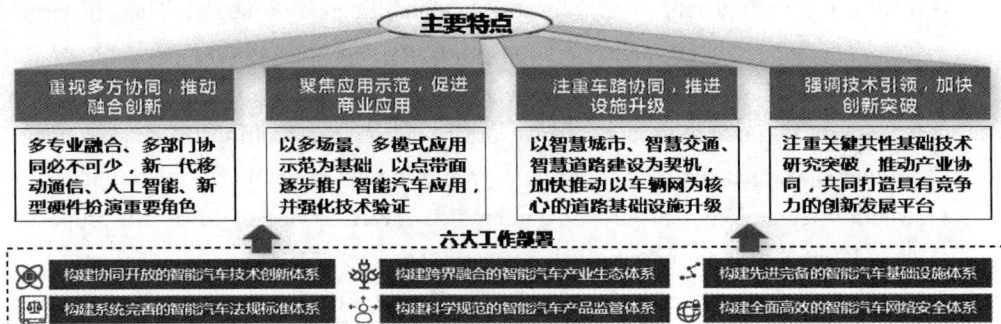

图 1　《战略》特点分析

2.1　重视多方协同，推动融合创新

《战略》要求建立"跨界融合的智能汽车产业生态体系"，在未来智能汽车时代，以车辆结构、发动机等技术为核心的传统车企依然扮演着关键角色，但重要性占比大幅下降，自动驾驶[4,5]软件系统、新型感知设备、通信技术等多领域企业参与度持续提升。此外，作为新技术、新业态，智能汽车将对现有政策法规、技术认证体系、标准规范等带来强烈冲击。因此，充分发挥各企业优势，推动跨领域融合、跨部门协同势在必行。

2.2　聚焦应用示范，促进商业应用

《战略》提出"开展应用示范试点"，推动智能汽车技术深化验证及持续迭代优化。自 2018 年起，全球主要国家陆续进入大规模智能网联汽车道路测试阶段，经过长时间的公开道路测试及软硬件基础理论的持续演进，技术体系得到充分验证和完善，基本具备一定条件下的安全行驶能力，逐步进入载人、载货或特种作业等深化测试阶段，未来 5 年规模化示范应用乃至商业化探索必将加速走向实施。

2.3　注重车路协同，推进设施升级

智能的路与聪明的车协同发展是我国智能汽车发展的核心路径，通过科学部署智能交互设备、高精度虚拟指引体系、车道级控制系统推动道路基础设施智能化，实现车路协同智能，在大幅提升道路运行效率、安全保障水平的同时，有效降低社会创新成本。《战略》要求智能交通系统和智慧城市相关设施建设取得积极进展，进而为智能汽车提供车路协同支撑。

2.4　强调技术引领，加快创新突破

《战略》提出的第一个主要任务是技术创新体系构建，掌握世界领先的智能汽车关键原创技术是行业高质量发展的关键，加快研究出台促进复杂环境感知、智能规划控制、高精

度基础地图等技术创新的扶持政策，建立支持技术验证及评价的基础环境，并平衡好技术验证与安全保障，将是未来工作的重中之重。

3 智能汽车发展态势研判

新一轮科技革命加快推动社会经济生活转型升级，伴随"新基建"工作的快速部署，智能网联汽车迈入落地应用"快车道"。

3.1 智能汽车政策标准持续完善，全球竞争已成白热化

世界主要国家和地区纷纷加大智能网联汽车研发投入、完善标准法规、营造市场环境，力求在新一轮汽车产业竞争中形成先发优势。国内外自动驾驶政策法规如表1所示。美国、日本、新加坡等国都将智能网联汽车作为战略重点，加快技术研发、示范推广、政策法规等多个层面的创新建设。例如，美国发布《自动驾驶 4.0：确保美国领先地位》，促进各州标准政策统一；新加坡发布国家标准《技术规范 68》；日本通过《道路运输车辆法》修正案，为商业化部署提供了新的安全标准；我国积极鼓励智能网联汽车创新，发布《智能汽车创新发展战略》《汽车驾驶自动化分级》《车联网（智能网联汽车）产业发展行动计划》等一系列政策标准文件。

表 1　国内外自动驾驶政策法规

序号	国家	政策	要点
1	美国	2016 年，《联邦自动驾驶汽车政策》	限定 15 个安全评估标准
2		2017 年，《联邦自动驾驶系统指南：安全愿景 2.0》	不做强制性要求，注重简化流程
3		2018 年，《自动驾驶 3.0：为未来交通运输蓄力》	强调技术中立，进一步放宽监管
4		2020 年，《自动驾驶 4.0：确保美国领先地位》	强调创新支持，注重全行业协同发展
5	欧盟	2017 年，德国《德国交通法案》修订	将自动驾驶测试纳入法律体系
6		2018 年，英国《自动及电动汽车法案》	确定发生事故的保险和责任规则
7	日本	2018 年，《自动驾驶汽车安全技术指南》	明确技术等级
8		2019 年，《道路运输车辆法》修正	为商业化提供新安全标准
9	新加坡	2017 年，《道路交通法修正案》	道路测试合法化
10		2019 年，《技术规范 68》	促进测试及商业部署
11	中国	2018 年，《智能网联汽车道路测试管理办法》	指导道路测试工作
12		2020 年，《智能汽车创新发展战略》	明确智能汽车发展路径

3.2 智能汽车创新进程加速，将加快迈向规模化示范应用

随着大数据、人工智能、5G、北斗定位、车辆控制等新一代技术不断取得重大突破，并与汽车领域深度融合，智能网联汽车技术呈现出单车智能、智能网联、车路协同等多元发展格局。道路测试工作持续扩大，截至 2019 年 11 月，全国自动驾驶道路测试牌照及开

放道路里程现状，如表 2 所示。在此基础上，国内外加速迈入智能网联汽车载人、载物及特种作业深化测试阶段，并积极推进特定区域、有条件的示范应用向规模化及多场景化转变。此外，智能汽车技术正进行一系列的验证及迭代优化，处于关键技术应用突破期和商业模式探索期。长沙市发布《长沙市智能网联汽车道路测试管理实施细则（试行）V2.0》，允许载人、载物及高速公路测试，并携手百度推出 Robotaxi 计划。北京市发布新一版《智能网联汽车道路管理实施细则》，允许载人、载物测试，其中百度获得 40 张首批自动驾驶载人测试牌照。美国加州、亚利桑那州均有推出自动驾驶出租车商业试运营服务，其中 Waymo 在加州推出无人驾驶出租车首月便完成 4 678 次出车，共搭载 6 299 名乘客。总体上，未来 5 年规模化示范应用乃至商业化探索必将加速落地，相关发展路径、政策法规、标准等研究可提前部署。

表 2　截至 2019 年 11 月，全国自动驾驶道路测试牌及开放道路里程现状

序号	城市	企业牌照分布	牌照数量	开放道路里程
1	北京	百度（50，含 5 张 T4）、蔚来（1）、鹍团（2）、马智行（5）、腾讯（1）、滴滴（2）、奥迪（1）、智行者（2）	64 张	123 km
2	上海	上汽（2）、蔚来（1）、集团（2）、初速度（1）、图森未来（1）	26 张	53.6 km
3	广州	广汽集团马智行（1）、远知行（20）、景骐科技（1）、襄动智驾（AutoX）（1）、深兰科技（1）	24 张	45.6 km
4	长沙	湖南中车（2，公交车）、百度（46）、长沙研究院（2）、北京福田戴姆勒（1，物流重卡）、赢彻科技（1）、酷哇中联（1）	53 张	135 km
5	深圳	腾讯（1）、海梁（6）、大疆（2）、野科技（1）、顽启行（1）、AutoX（1）	12 张	124 km
6	重庆	一汽（1）、飙风（1）、长安（2）、广汽（1）、吉利（2）、北汽福田（1）、百度（1）、星行科技（1）、盼达用车（1）、PSA（1）	12 张	12.5 km
7	平潭	百度（3）、金龙（3）、金旅（1）	7 张	—
8	长春	一汽（3，一张为解放 J7 牵引车）	3 张	—
9	常州	金龙（1）、智加科技（1）、金旅（1）	3 张	—
10	苏州	初速度（1）、移科技（1，高速测试牌照）	2 张	—
11	无锡	上汽（1）、奥迪（1）	2 张	—
12	杭州	阿里巴巴（2）	2 张	—
13	天津	工卡达克（1）、百度（1）	2 张	—
14	襄阳	东风（1）、宇通（1）	2 张	—
15	肇庆	Autox（1）	1 张	—
16	济南	中国重汽（1）	1 张	—
17	保定	赢彻科技（1）	1 张	—
合　计		217 张		493.7 km

3.3　新基建背景下智能网联汽车进入发展"快车道"

近年来，国家高度重视新型基础设施建设，不断加快并完善 5G、大数据中心、人工智能、工业互联网等领域的建设布局，2019 年《交通强国建设纲要》印发，提出交通发展将

由依靠传统要素驱动向更加注重创新驱动转变，全面提升城市交通基础设施智能化水平。2018 年《关于加快推进新一代国家交通控制网和智慧公路试点的通知》发布，提出推动基础设施数字化，实现公路设施数字化采集、管理与应用，探索路侧智能基站系统应用。在车路协同[6]、智慧道路等关键共性新型基础设施的建设力度逐步加大的背景下，在聪明的路+智慧的车强耦合发展的推动下，智能网联汽车迎来重大发展机遇期。

4　智能汽车加速发展对交通管理的影响分析

随着《战略》稳步推进，智能汽车由封闭测试场测试、开放道路测试到应用示范、商业化运营的发展路径愈加清晰，如图 2 所示。智能汽车必将以更大规模的应用落地、更完善的技术生态、更智能的出行服务加速走向社会生活，现有的政策法规、管理制度、技术体系、出行理念等面临迫切的适应性优化需求。

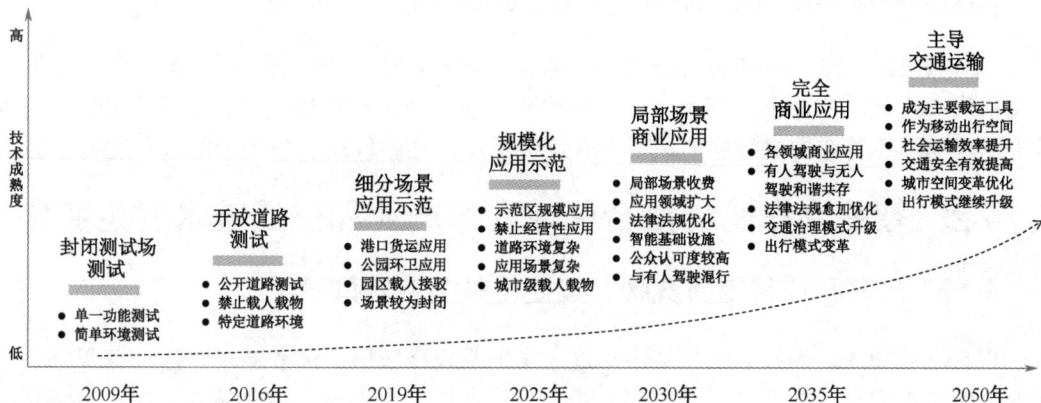

图 2　智能汽车发展路径分析

4.1　未来 5 年，智能汽车技术加速向应用探索转变，政策法规面临新模式挑战

4.1.1　交通管理体系将迎来较大冲击

智能汽车作为新型驾驶模式，将冲击现有交通管理机制、政策法规、理论和技术体系。一是交通管理机制，《战略》提出 2025 年"实现特定环境下市场化应用"，多模式多场景应用示范必然加速到来，但法律法规暂不完善、职责边界不清晰，交警、交通、城管等多部门协同管理机制有效性不高，面向新模式主动调整协作机制亟待推进。二是管理政策，2019 年国内部分城市已制定面向应用示范的智能汽车扩大化测试政策，设置了应用场景、应用条件等限制性条件，对商业化进程造成一定阻碍。《战略》为应用示范管理政策补充和完善提供依据，将促进应用示范管理政策深化。三是交通需求管理，未来，智能汽车将呈现电动化、共享化趋势，"出行即服务"理念的深入将极大地改变居民出行模式，或将减少城市

小汽车保有量，道路空间将重构，届时将影响小汽车增量调控、停车收费、拥堵收费、交通限行等系列需求管理政策。四是交通分析理论及管控手段，在规模化应用示范推动下，无人驾驶与有人驾驶混行将普遍存在，并长时间保持，传统的交通流特征分析理论、交通组织规则、监管手段无法满足混行新业态下的精细化分析及管控，交通治理理论及技术创新势在必行。

4.1.2　现有法规不完全适用于智能汽车

智能汽车是新型交通参与要素，将重塑人、车、路之间的关系，传统道路交通将从基于人的要素体系转向兼顾人类机器等多种要素，现有以人为主的政策法规体系难以匹配甚至制约智能汽车的发展，与支撑和规范未来规模化智能汽车应用的要求存在较大差距，亟待优化以无人驾驶为主的监管法规。例如，《中华人民共和国道路交通安全法》限定应取得机动车驾驶证，《中华人民共和国公路法》要求不得将公路作为检验机动车制动性能的试车场地。此外，数据安全、数据管理将成为关注重点，相关立法的需求愈加迫切。

4.1.3　单城作战向区域协同转变需求强烈

《战略》提出 2025 年中国标准智能汽车体系基本形成，当前国内各个城市各自发展本市智能汽车产业，构建各自汽车产业生态体系，基本处于独自作战的状态，尚未形成互为补充的局面，不符合国家战略要求。整合优势资源、加强区域合作是智能汽车发展趋势。

4.2　智能汽车跨界融合催使汽车产业和交通技术发生变化

4.2.1　汽车产业将重新洗牌，迫使相关企业转型升级

以自动驾驶系统为核心的智能汽车逐渐实现规模化应用，精密感知设备、AI 算法、通信网络将占据主导，整个汽车生态将迎来重构，传统车企不得不加速技术升级，与新型产业链做好技术协同，互联网科技企业须加大与硬件设备厂商合作，谋求提高自动驾驶软件系统适应性，企业转型升级迫在眉睫。

4.2.2　智能汽车将倒逼道路交通基础设施规划建设方法升级

高精度控制、数字化交互等是智能汽车的关键特性，面向无人驾驶配置的道路空间、停车设施、标志标牌等道路基础设施亟待优化完善。道路空间规划设计理念方面，智能汽车由智能软硬件体系完成驾驶操作，控制精度远高于人类操作，车头时距、车辆横线间隙将大幅降低，道路车道宽度可适当减少，引发机动车道、人行道、非机动车道等道路设计体系重塑。道路基础设施智能化技术标准方面，以路侧车路协同设备、高精度地图为代表的数字化基础设施是智能汽车安全运行的关键，标志、标牌等信息提示将以电子虚拟化的形式直接嵌入地图，兼顾行人、自动驾驶汽车需求集约化建设标志、标线是未来基础设施的重要组成部分，现有道路基础设施标准需要升级调整。

4.3　智能汽车共享化、网联化、电动化将改变公众出行观念，引发劳动就业变革

4.3.1　智能汽车将促使公众转变出行理念

随着智能汽车大规模市场化应用，出行将由单一的空间移动转变为集办公、娱乐、休憩等为一体的旅行体验，相较于现有的网约车出行模式，自动驾驶系统的角色相对于有人驾驶更具私密性及安全性，共享出行、绿色出行吸引力高，并将逐渐成为主流，公众对一站式个性化出行需求将大幅提升。

4.3.2　智能汽车将导致传统交通从业人员职业转变

智能汽车技术的发展将会影响现有劳动力市场，一方面作为新业态带来自动驾驶车辆运行数据分析、运行状态实时监测、智能化基础设施维护等新的岗位需求。另一方面，驾驶角色的替换，传统的卡车司机、公交车司机、出租车司机等职业可能出现大量的失业，相关交通从业人员的职业将发生转变。

5　智能汽车创新发展下道路交通管理应对策略思考

为科学推动智能汽车创新发展，应充分考虑智能汽车衍生的交通管理新要求，通盘推进管理制度、政策法规完善优化，加大企业技术研发引导和支持，适度超前部署宣传教育以应对公众出行理念和就业观的转变。道路交通管理应对策略如图3所示。

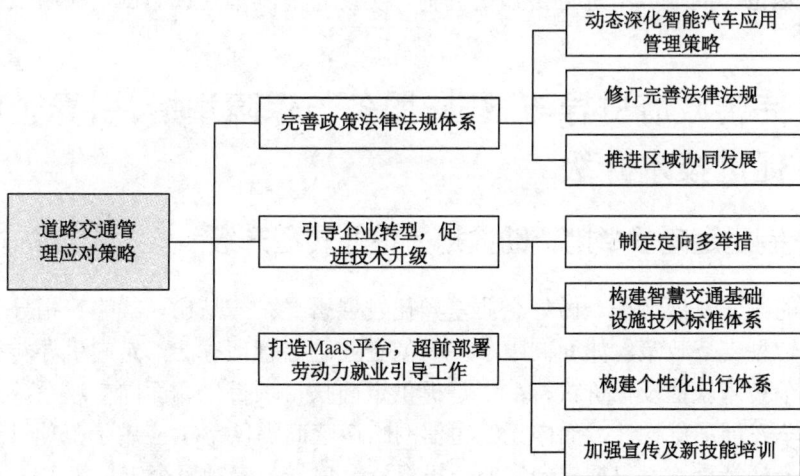

图3　道路交通管理应对策略

5.1　集聚创新资源统筹协同发展，加速完善政策法律法规体系

5.1.1　紧跟技术发展形势，动态深化智能汽车应用管理策略

一方面，结合各地工作实际，进一步明确管理部门职责分工，加强相关部门联动合作，制定长效协作机制。同时，通过授权、委托等方式将管理权限下沉至各区政府，形成"统一领导、分级负责、有序引导"的管理格局。另一方面，应精准把握智能汽车行业技术发展水平，形成阶段性的应用示范准入规则和管理要求，滚动更新应用示范管理政策，为扩大应用示范场景（如从初期的定点定线逐步过渡到局部路网、全市道路）提供政策支持。同时，应加快研究未来智能汽车对出行方式的影响，在个人拥车向共享出行转变的背景下，进行出行需求影响分析，设定政策调节触发条件，建立需求管理政策动态调节和阶段性政策退出机制。此外，应深入研究智能汽车参与下的交通运行特征变化机理，融合应用机器视觉、路径回溯及推演等技术，实现混行状态下的交通运行态势分析及评估，助力交通组织优化。

5.1.2　针对智能汽车梳理现有法律法规障碍点，修订完善法律法规

做好已有法律法规障碍点总结，并结合最新发展态势，分析智能汽车潜在的法规需求。一是全面梳理阻碍智能汽车落地应用的已有法律法规，科学推进修改完善工作；二是面向智能汽车带来的数据安全、地理信息管理等新型要求，开展有针对性的法规体系研究。例如，数据立法可行性研究工作、智能汽车伦理研究等。

5.1.3　发挥协同效应，推进区域协同发展

基于协同发展的理念，充分发挥各地资源优势，推动智能汽车创新发展。一是推进区域智能汽车产业融合，整合生产要素，发挥协同效应；二是推动实施区域智能汽车道路测试、试点示范、商业应用等资格互认机制，实现智能汽车区域测试及应用工作的互联、互信。

5.2　完善政府引导与激励、服务与保障举措，引导企业转型，促进技术升级

5.2.1　制定定向多举措，助推相关企业转型升级

结合智能汽车发展特征，做好企业差异化发展引导。一是在《战略》指导下，结合实际细化企业转型支持政策，如面向中小型初创企业制定管理办法，定向引导转型为独立第三方智能汽车技术验证及评价机构；二是提供定向扶持项目，如面向交通系统方案供应商提供智能汽车发展顶层设计，面向无线通信网络运营商提供 5G 应用示范项目等；三是制定全面的资金扶持措施，包括定向奖补、投资资金引导、专项资金支持等。

5.2.2 推动构建智慧交通基础设施技术标准体系

研究智能汽车运行特征，分析其驱动道路空间、停车空间、信息指引等基础设施转型升级的关键机理，研究智能路侧设备布设、道路空间优化、停车空间优化、电子虚拟导引信息等新型基础设施建设管理策略。一是融合应用大数据和人工智能算法，在继承传统交通规划及建设理论方法的基础上，将多源大数据应用于规划建设体系中，推动大数据时代城市交通规划及建设理论和技术的创新发展。二是鼓励企业建立道路基础设施智能化等级划分及评估准则，大力发展团体标准，如智慧公交站台建设、智慧道路配建等标准。对团体标准实施效果突出并且符合地方标准制定条件的，优先立项为地方标准；对符合国家标准制定条件的优秀团体标准，积极向国家标准化管理委员会推荐申报国家标准项目。

5.3 支持打造 MaaS 平台，超前部署劳动力就业引导工作

5.3.1 基于 MaaS 平台构建便捷高效的个性化出行体系，满足公众多元化、定制化出行需求

以 MaaS 平台为基础，面向工作通勤、探亲访友、休闲娱乐、就医购物等多类型出行需求，推进智能汽车在公交车、出租车等领域规模化运营，为公众提供一站式多元化出行服务，实现按需响应式出行，满足公众高品质出行需求，进而引导公众改变出行理念，降低私家车依赖，促进共享交通发展。

5.3.2 加强智能汽车宣传和从业人员新技能培训，做好劳动力迁移引导准备

提前做好就业转型影响及应对策略研究，并通过充分的宣传和教育，引导公众科学应对智能汽车带来的就业影响。一是大力推行智能汽车的公共教育，做好新兴技术公众引导工作。二是针对相关交通从业人员的职业转换，应加强新兴技术的基础培训教育，有计划地引导劳动力再就业，对智能技术带来的变革影响做好应对。

6 结语

当前处于全球新一轮科技革命关键节点，社会经济生活迎来关键发展机遇的同时，我们面临结构调整、模式颠覆等潜在挑战。智能汽车作为新兴技术的重要组成部分，是未来交通的必然趋势，也是全新的交通参与要素，伴随着逐步加快迈向落地应用，将对现有交通运行模式带来强烈冲击。因此，为建立可持续的智能汽车发展体系，应通过深入解读国家智能汽车创新发展战略，对智能汽车发展态势进行前瞻性研判，全面分析智能汽车应用对现有交通管理的影响，并形成有针对性的应对策略，进而科学有序地推动智能汽车健康发展。

参 考 文 献

[1]　文华炯. 5G 通信技术与人工智能的融合与发展趋势[J]. 科技创新与应用，2020（7）：158-159.

[2]　高加斌. 大数据背景下的城市承载适配性评价研究[D]. 杭州：浙江大学，2019.

[3]　葛党朝，张兴宝. 基于大数据的城市轨道交通设备维护管理新理念[J]. 铁道机车车辆，2018，38（6）：120-124.

[4]　陈君毅，李如冰，邢星宇，等. 自动驾驶车辆智能性评价研究综述[J]. 同济大学学报（自然科学版），2019，47（12）：1785-1790+1824.

[5]　杨良坤，陈传阳，刁薇，等. 自动驾驶标准体系及测试发展路线分析[J]. 交通节能与环保，2019，15（74）：25-27.

[6]　刘欢，杨雷，邵社刚，等. 车路协同环境下信号交叉口速度引导策略[J]. 重庆交通大学（自然科学版），2019，38（12）：8-17.

面向车路协同环境下的自适应车速引导策略研究[①]

李朋　王晋云　周勇　陈振武

（深圳市城市交通规划设计研究中心股份有限公司，深圳 518000）

【摘要】车辆在通过信号交叉口时，由于视线遮挡或者注意力不集中，导致交通事故，同时，导致路口效率较低。通过使用新型的车路协同技术，搭建低时延、高可靠的通信环境，以减少车辆通过信号交叉口的停车次数、降低信号路口延误为目标，通过智能路侧系统获取实时的配时方案、倒计时信息、路口车辆进口道的排队长度等信息，综合路口的饱和流率及车辆自身动力学模型等影响因素，构建以最优车速区间通过信号交叉口的自适应车速引导策略，形成不同灯色倒计时和不同车辆位置情况下动态车辆速度引导模型，用于辅助驾驶或者自动驾驶。同时，以深圳市福田中心区为例，基于 VISSIM 的车路协同模拟仿真验证，结果表明：在不同引导车辆渗透率、不同倒计时和不同交通流量饱和度的影响下，车辆平均停车次数优化成功比例在72%以上，车均延误时间减少成功率在84%以上，油耗也大幅度降低。

【关键词】车路协同；车速引导；交通仿真；渗透率

Research on Adaptive Speed Guidance Strategy in Cooperative Vehicle Infrastructure System

Li Peng　Wang Jinyun　Zhou Yong　Chen Zhenwu

（ShenZhen Urban Transport Planning Center, Shenzhen 518000, China）

Abstract: When a vehicle passes through a signalized intersection, it often leads to traffic accidents due to the occlusion of vision or inattention. At the same time, the efficiency of the intersection is low. Through the use of new vehicle road coordination technology, a low time delay and high reliable communication environment is built to reduce the

---

① 基金：深圳市工业和信息化产业发展专项资金"创新链+产业链"融合专项扶持计划项目（20190830020003）

number of stops of vehicles passing through the signalized intersection and the delay of signalized intersection. Through the intelligent roadside system, real-time timing scheme, countdown information, queue length of the vehicle entrance and other information are obtained, and the saturation flow rate of the intersection and the vehicle's own power are integrated Learn from the model and other influencing factors, build an adaptive speed guidance strategy through the signalized intersection in the optimal speed range, and form a dynamic vehicle speed guidance model under different light color countdown and different vehicle positions, which is used for auxiliary driving or automatic driving. At the same time, taking Futian Central District of Shenzhen as an example, the simulation of vehicle road cooperation based on VISSIM shows that under the influence of different guide vehicle permeability, different countdown and different traffic flow saturation, the optimization proportion of average vehicle parking times is more than 72%, the average vehicle delay time is reduced by more than 84%, and the fuel consumption is also greatly reduced.

Keywords: Cooperative Vehicle Infrastructure System; Speed Guidance; Traffic Simulation; Penetration Rate

1　引言

智能交通管控是缓解交通拥堵、降低交通延误、提升交通安全行之有效的方法，信号管控尤为明显，其经历了单点控制到干线控制再到区域控制、定时控制到感应控制再到自适应控制的过程，但仍存在以下不足。首先，由于视线遮挡和注意力不集中，驾驶员无法实时获取交叉口倒计时信息，缺乏相应行驶速度建议，频繁停车，导致交叉口绿灯利用率低下、空放现象普遍。其次，绿灯末期，临近交叉口车辆存在明显"抢灯"现象，存在安全隐患。最后，传统的交通控制模型和方法未考虑复杂的交通环境，未做到交叉口信号管控和车辆实时状态数据的有机结合。

近年来，随着车联网技术[1]、专用短程通信技术[2]的快速发展，车路协同系统[3-8]（Vehicle-to-Infrastructure Cooperation System）以车与车、车与路通信为基础，有效实现了信息在系统内部的准确、快速、安全地传输，极大地促进了车与车、车与路之间的信息交互。车路协同环境下，行驶中的车辆可获得实时的道路交通状态信息及道路前方交叉口信号状态信息，因此，可通过车速引导的方式引导车辆动态调整行驶速度，进而大幅度地提升车辆行驶效益，降低油耗。

目前，国内外研究学者针对车路协同环境下的车速引导策略研究仍处于探索阶段。陈超等人[8]通过路侧可变信息板来进行车速引导，提出动态车速引导与动态信号控制相结合的信号控制优化方法，用于干道多交叉口之间的协调控制。Nekoui 等[10]通过实地模拟的方式验证了车路协同环境下车速诱导的方式，可有效缓解不同情况下车辆的紧急避让及防撞问题。李鹏凯等[11,12]在车路协同环境下以交叉口车辆停车时间最小化为目标，提出面向个体车辆的车速引导机制与模型，并在此基础上以交叉口整体效益最佳为目标，提出多车协同车速引导模型，并进行了仿真验证。贾丰源等[13]以降低高峰和平峰流量下的行程时间为目标，构建车速引导策略并进行仿真，但是缺乏排队长度等外部环境的影响因素分析。李宗义[14]根据公交线路信息、公交车行驶状态及公交车油耗特性，提出了公交车绿色车速引导策略，在控制公交车的行驶轨迹、提升行驶效率的同时，可避免多余的加、减速过程，有效减少公交车行驶油耗和公交车交叉口停靠时间。龙科军等[15]考虑车辆与信号控制系统双向通信的环境下，在干线协调控制的基础上引入速度引导来调节车辆到达交叉口时刻，以避免车辆在红灯期间到达交叉口，减少停车次数，并提高协调控制系统通行效率。

以往的研究较多地集中在单个领域，例如安全和运行成本，未考虑道路周围外部环境，缺乏实用性；在结论的验证方面，采用单辆车的效益指标作为评价标准，难以体现引导策略对整个交叉口的全局效益。

因此，本文以减少交叉口平均停车次数、降低信号路口车均延误为目标，综合考虑实时交通运行状态（路口排队等），提出面向车路协同环境的信号控制交叉口车辆车速引导策略，并通过交通模拟仿真手段（VISSIM 应用软件）对其进行评价验证。

2 问题引出

一般来说，上游车辆在即将到达下游交叉口时会遇到以下 4 种情况（不考虑二次停车）。

（1）前方倒计时为绿灯中期，且排队已消散，车辆在速度允许的范围内，按照当前速度或加速通过交叉口。

（2）前方倒计时为绿灯末期（或黄灯），且排队已消散，车辆在速度允许的范围内，克服"抢灯"现象带来的安全隐患。

（3）前方倒计时为红灯中期，且排队进行中，车辆在速度允许的范围内，按需减速或停车等待红灯结束后通过交叉口。

（4）前方倒计时为红灯末期，且排队仍为消散，车辆在速度允许的范围内，按需减速或停车等待排队结束后通过交叉口。

3 车速引导策略

3.1 基本假设

车速引导流程示意图如图 1 所示。

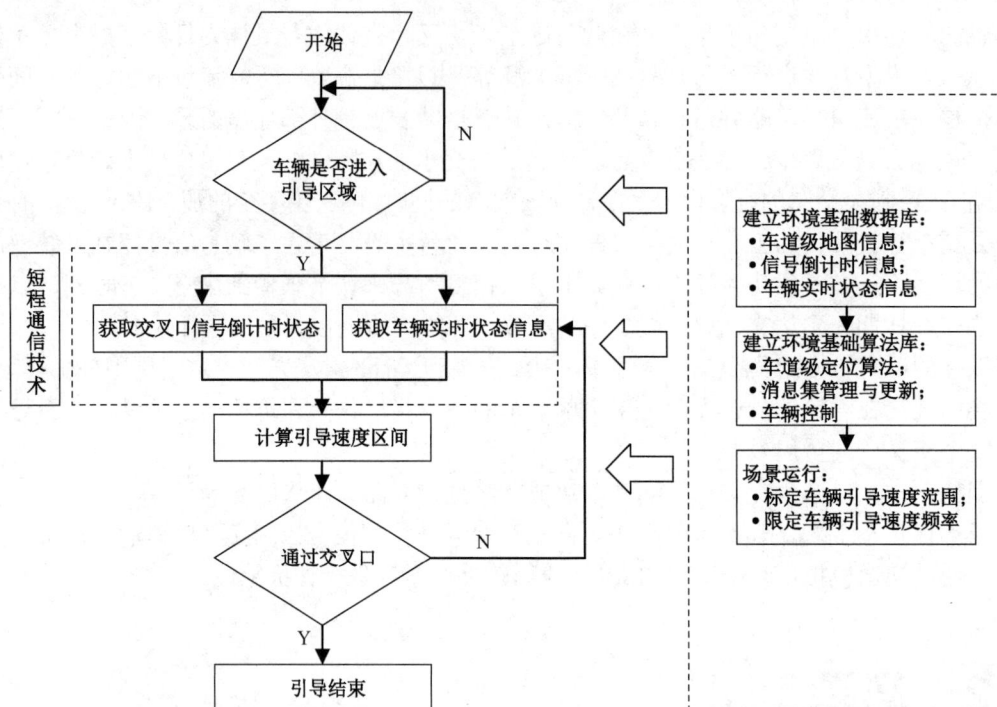

图1 车速引导流程示意图

为明确研究对象，锐化研究问题，本研究建立以下假设。

（1）研究区域为单一交叉口，不考虑相邻交叉口的影响。

（2）假设交叉口采用定时控制。

（3）假设引导的车辆完全服从车速引导策略。

（4）假设车辆的期望车速相同。

（5）假设车辆不会主动超车或变换车道。

（6）暂时不考虑行人、非机动车冲出干扰。

3.2 标定参数

（1）设定引导速度范围 L_{range}，车辆到达路口的距离 L 不超过预定车速引导范围 L_{range}，一般取 400 米。

（2）计算排队消散时间 $T_q = N_q / S$，其中，N_q 为车辆所在进口道交叉口排队车辆数，S 为路口饱和流率。

（3）计算当前车速 v 加速到道路最高限速 V_{max} 所用时间 T_{max_need} 及行驶距离 L_{max_need}，计算公式分别为：

$$L_{max\_need} = (V_{max}^2 - v^2) / 2a \qquad (1)$$

$$T_{max\_need} = (V_{max} - v) / a \qquad (2)$$

式中，a 为车辆行驶加速度。

（4）计算当前车速 v 减速到道路最低限速 V_{min} 所用时间 T_{min_need} 及行驶距离 L_{min_need}，计算公式分别为：

$$L_{min\_need} = (v^2 - V_{min}^2)/2a \tag{3}$$

$$T_{min\_need} = (v - V_{min})/a \tag{4}$$

（5）计算当前车速 v 减速到 0 所用时间 T_{zero_need} 及行驶距离 L_{zero_need}，计算公式分别为：

$$L_{zero\_need} = v^2/2a \tag{5}$$

$$T_{zero\_need} = v/a \tag{6}$$

式中，a 为车辆行驶加速度。

（6）计算最优到达路口时间，加速阶段到达路口所需时间 $T_{intersection\_up}$ 如下式所示，车辆加减速阶段符合标准的匀减速。

$$T_{intersection\_up} = \begin{cases} \dfrac{L - L_{max\_need}}{V_{max}} + T_{max\_need}, & \text{其中} L_{max\_need} \leqslant L \\ \dfrac{\left(\sqrt{v^2 + 2aL} - v\right)}{a}, & \text{其中} L_{max\_need} > L \end{cases} \tag{7}$$

减速阶段到达路口所需时间 $T_{intersection\_down}$ 如下式所示，车辆加减速阶段符合标准的匀减速。

$$T_{intersection\_down} = \begin{cases} \dfrac{L - L_{min\_need}}{V_{min}} + T_{min\_need}, & \text{其中} L_{min\_need} \leqslant L \\ \dfrac{\left(v - \sqrt{v^2 - 2aL}\right)}{a}, & \text{其中} L_{min\_need} > L \end{cases} \tag{8}$$

3.3 目标函数

车速引导策略分为以下几种情形。

（1）车辆进入引导区域时，前方路口倒计时状态为红灯，且路口排队未消散，车速引导目的是确保车辆停车等待时间最短。红灯状态下的车速引导示意图如图 2 所示。

① 首先计算车辆以当前车速到达路口所需时间，即：$T_v = L/v$，如果 $T + T_{green} \geqslant T_v \geqslant T + T_q$，式中 T 为当前倒计时，T_{green} 为红灯后紧接的绿灯时长，说明以当前车速可以不停车到达路口，则可计算最大建议车速 v_{tma}，车辆处于加速阶段，到达路口时正好所需时间 $T + T_q$。如果 $T_{max\_need} \leqslant T + T_q$，那么最大建议车速 v_{tma} 需要满足以下条件：

$$\frac{V_{tma} - v}{a} + \frac{L - \dfrac{V_{tma}^2 - v^2}{2a}}{V_{tma}} \geqslant T + T_q \tag{9}$$

如果 v_{tma} 超过道路最高限速值 v_{max}，直接取最大值。当 $T_{max\_need} > T + T_q$，那么取上述最大解。

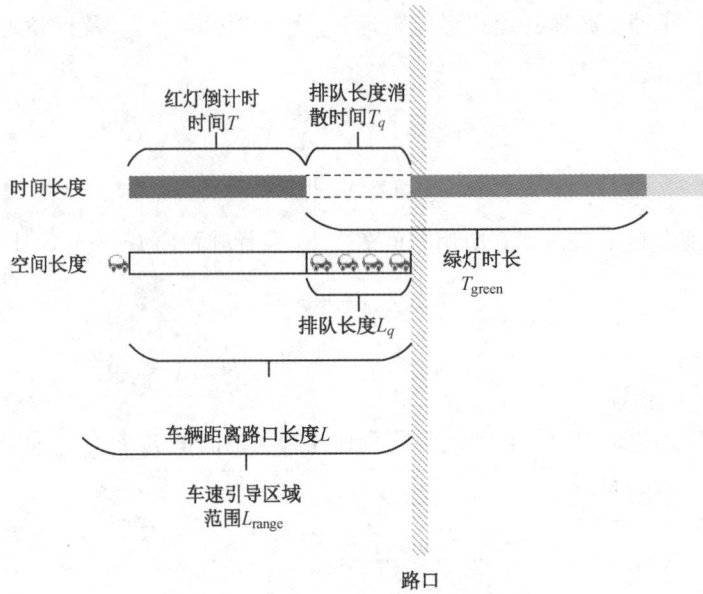

图 2　红灯状态下的车速引导示意图

计算最小建议车速 v_{tmi}，说明车辆按照加速度 a 减速，如果 $T_{min\_need} \leqslant T + T_q$，说明车辆在到达路口前就减速到最小速度，则 $V_{tmi} = V_{min}$，否则，计算 $v_{green\_end} = v - aT + T_{green}$ 的值。如果 $v_{green\_end} > V_{min}$，则 $V_{tmi} = v_{green\_end}$，否则 $V_{tmi} = V_{min}$。

② 如果 $T_v < T + T_q$，说明以当前车速到达路口需要停车，则建议车辆减速运行。如果 $T_{intersection\_down} > T + T_q$，说明现有车辆性能能够满足给出建议车速区间条件，需要满足以下条件：

$$\frac{v - V_{slow\_max}}{a} + \frac{L - \dfrac{v^2 - V_{slow\_max}^2}{2a}}{V_{slow\_max}} \geqslant T + T_q \qquad (10)$$

$$\frac{v - V_{slow\_min}}{a} + \frac{L - \dfrac{v^2 - V_{slow\_min}^2}{2a}}{V_{slow\_min}} \leqslant T + T_{green} + T_{yellow} \qquad (11)$$

注：排队消散时间占用一部分绿灯时间。

如果 $V_{slow\_min} > V_{min}$，那么建议车速区间 $v_{tmi} = V_{slow\_min}$、$v_{tma} = V_{slow\_max}$。

如果 $V_{slow\_max} > V_{min}$、$V_{slow\_min} < V_{min}$，那么建议车速区间 $v_{tmi} = V_{min}$、$v_{tma} = V_{slow\_max}$。

如果 $T_{intersection\_down} \leqslant T + T_q$，说明车辆在到达路口时，仍需要排队，则求得的 V_{slow_max} 必小于 V_{min}，那么引导车辆停车。

③ 如果当前排队消散时间 $T_q > T_{green}$，那么引导车辆停车。

（2）车辆进入引导区域时，前方路口倒计时状态为绿灯，且路口排队已经消散。该情形下，车速引导的目的是尽量使车辆在绿灯结束前安全地通过交叉口，避免"抢灯"现象。绿灯状态下的车速引导示意图如图 3 所示。

① 首先计算车辆以当前车速到达路口所需时间，即：$T_v = L/v$，如果 $T + T_{yellow} \geqslant T_v$，说明以当前车速可以通过交叉口，那么 $v_{tmi} = v$、$v_{tma} = V_{max}$。

② 如果 $T + T_{yellow} + T_{red} > T_v > T + T_{yellow}$，说明车辆必须要经过加速才有可能通过路口，式中 T_{red} 为绿灯后紧接的红灯时长。

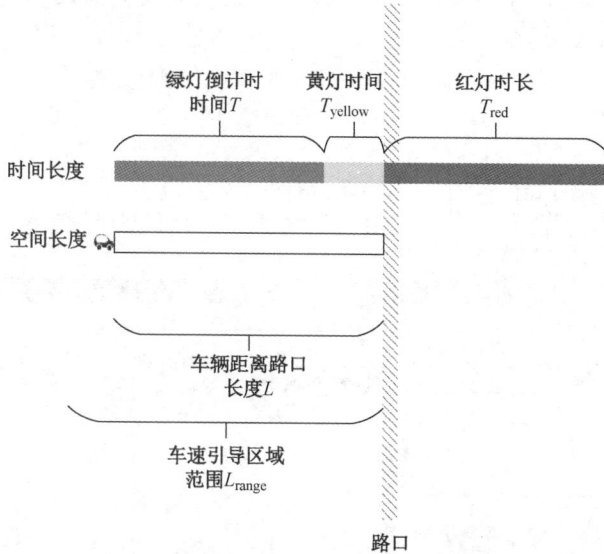

图 3　绿灯状态下的车速引导示意图

如果 $T_{intersection\_up} \leqslant T + T_{yellow}$，说明车辆朝着最大容忍速度开才能够通过，如果 $L_{max\_need} \leqslant L$，则 $v_{tma} = V_{max}$，其中下式的 V_{tmi} 取两个解的最小解：

$$\frac{V_{tmi} - v}{a} + \frac{L - \dfrac{V_{tmi}^2 - v^2}{2a}}{V_{tmi}} \leqslant T + T_{yellow} \tag{12}$$

如果 $L < L_{max\_need}$，那么建议车速区间满足以下条件：

$$V_{tma}^2 - v^2 = 2aL \tag{13}$$

$$\frac{V_{tmi} - v}{a} + \frac{L - \dfrac{V_{tmi}^2 - v^2}{2a}}{V_{tmi}} \leqslant T + T_{yellow} \tag{14}$$

如果 $T_{intersection\_up} > T + T_{yellow}$，说明当前绿灯倒计时即将结束，加速都不能通过，车辆以减速运行，计算到达下一个绿灯时间开始时最大、最小建议车速，满足以下公式，其中该方程的最大解为 V_{tma}，最小解为 V_{tmi}。

$$\frac{v - V_{tma}}{a} + \frac{L - \dfrac{v^2 - V_{tma}^2}{2a}}{V_{tma}} \geqslant T + T_{yellow} + T_{red} \tag{15}$$

如果最大解大于 V_{min}，最小解小于 V_{min}，那么 V_{tma} 为最大解、V_{tma} 为 V_{min}。

如果最小解大于 V_{min} ，那么 V_{tma} 为最大解、V_{tma} 为最小解。

③ 如果当前车速超过最大限速 V_{max} 或者低于最小限速 V_{min} 时，需要判断车辆以 V_{max} 或 V_{min} 能否通过路口。如果可以，则建议引导车速为道路最大（最小）限速值，否则引导车辆停车。

（3）车辆进入引导区域时，信号路口倒计时状态为黄灯，且路口排队。黄灯状态下的车速引导示意图如图 4 所示。

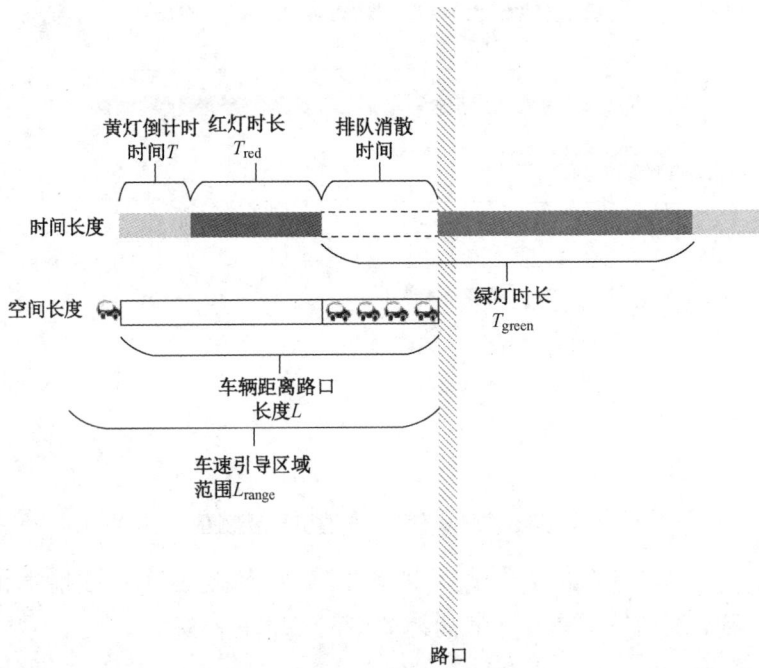

图 4　黄灯状态下的车速引导示意图

① 由于黄灯时间短，黄灯条件下的处理过程与红灯类似，首先计算车辆以当前车速到达路口所需时间，即：$T_v = L/v$ ，如果 $T \geqslant T_v$ ，那么 $v_{tmi} = v$ 、$v_{tma} = V_{max}$ 。

② 如果 $T + T_{red} + T_q > T_v > T$ ，车辆必须减速运行。如果 $T_{intersection\_down} \geqslant T + T_{red} + T_q$ ，说明车辆可以通过减速通过路口，且满足以下条件：

$$\frac{v - V_{slow}}{a} + \frac{L - \dfrac{v^2 - V_{slow}^2}{2a}}{V_{slow}} \geqslant T + T_{red} + T_q \tag{16}$$

求得两个解 V_{slow_min} 、V_{slow_max} ，如果 $V_{slow\_min} \leqslant V_{min} \leqslant V_{slow\_max}$ ，那么 $v_{tmi} = V_{min}$ 、$v_{tma} = V_{slow\_max}$ 。如果 $V_{min} \leqslant V_{slow\_min}$ ，那么 $v_{tmi} = V_{slow\_min}$ 、$v_{tma} = V_{slow\_max}$ 。

如果 $T_{intersection\_down} < T + T_{red} + T_q$ ，说明车辆即使减速到最小速度 V_{min} ，都无法通过路口，应引导车辆停车。

由于上述情况，交叉口的排队长度随时间不断变化，故优化速度区间并非定值，在行驶过程中需要多次优化，建议优化频率为 1 s/次。

3.4 约束条件

（1）目标车速约束。目标建议最大车速不应该超过车辆高速阈值，计算公式为：

$$v \leqslant V_{max} \tag{17}$$

（2）驾驶员接受程度约束。目标车速的变化应在驾驶员可接受范围之内，即行车加速度，本文规定车速变化不能超过初始车速的 50%。

4 实证分析

选取深圳市福田中心区新洲路—红荔路交叉口进行实证分析，其交叉口现状如图 5 所示，仿真示意图如图 6 所示，车道功能划分如表 1 所示。

图 5 交叉口现状

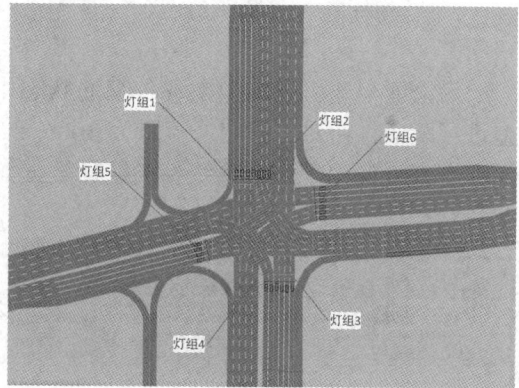

图 6 仿真示意图

表 1 车道功能划分

属性	东进口			西进口			南进口			北进口		
	左	直	右	左	直	右	左	直	右	左	直	右
数量	3	3	1	1	3	1	2	4	1	3	4	1

综合考虑各方面的因素，重点选取该交叉口各进口左转、直行车道为研究对象，车速引导区域为停车线上游 400 m 至停车线处，车辆控制时间间隔为 1 s。交叉口信号控制方案采用五相位定时控制，周期为 197 s，黄灯时间为 3 s，全红时间为 0 s，信号配时如图 7 所示。

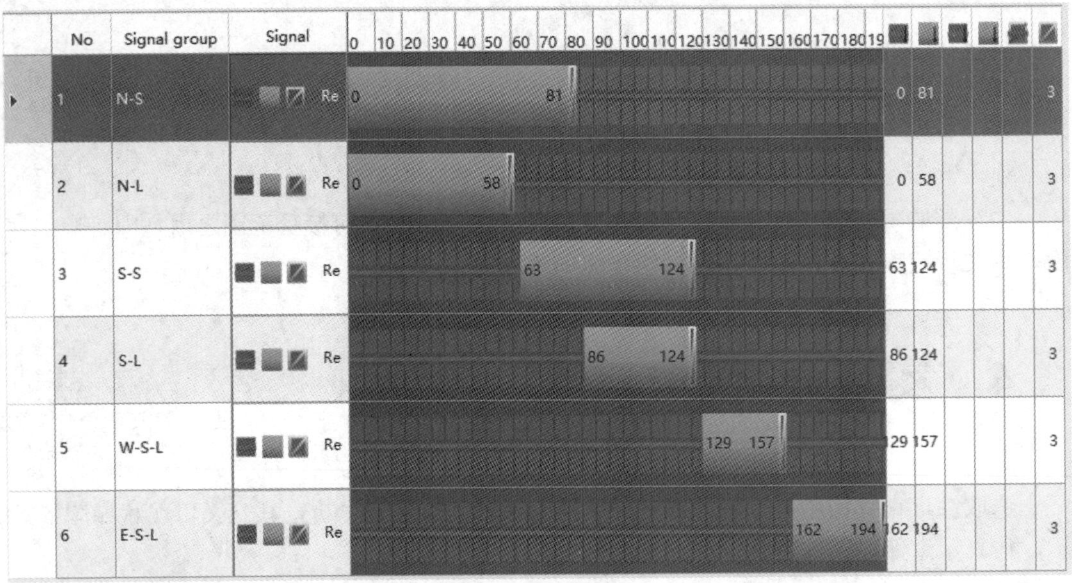

No	Signal group	Signal				
1	N-S	Re	0	81	0 81	3
2	N-L	Re	0	58	0 58	3
3	S-S	Re	63	124	63 124	3
4	S-L	Re	86	124	86 124	3
5	W-S-L	Re	129	157	129 157	3
6	E-S-L	Re	162	194	162 194	3

图 7　信号配时

为论证车速引导模型在各种交通状态中的适应性，分别选用不同交通流量情况对模型进行验证，所对应的交通流量为 300～1 500 pcu/h（以 300 pcu/h 为间隔），分别对应的饱和度为 0.2～1，仿真系统相关统计数据如图 8 所示，覆盖了低、中、高 3 种不同交通饱和状态。

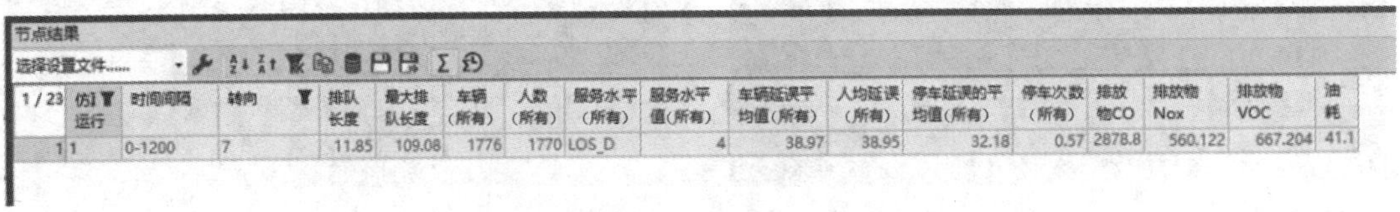

节点结果

选择设置文件......

1 / 23	仿真运行	时间间隔	转向	排队长度	最大排队长度	车辆（所有）	人数（所有）	服务水平（所有）	服务水平值(所有)	车辆延误平均值(所有)	人均延误（所有）	停车延误的平均值(所有)	停车次数（所有）	排放物CO	排放物Nox	排放物VOC	油耗
1	1	0-1200	7	11.85	109.08	1776	1770	LOS_D	4	38.97	38.95	32.18	0.57	2878.8	560.122	667.204	41.1

图 8　仿真系统相关统计数据

以交通仿真软件 VISSIM11 为仿真平台，利用 Python 编程软件及 VISSIM 接口对其进行二次开发，主要通过单车控制接口、信号机控制接口、仿真控制接口等实现车辆车速引导。其中，每次仿真总时间设置为 1 200 s，仿真精度为 5 步/仿真秒，仿真过程中以 1 s 的时间间隔记录路网中车辆的轨迹、行驶速度、交叉口进口道排队长度及信号灯状态等信息。

4.1　平均停车次数分析

为尽可能真实地反映现实情况，定义当车辆车速小于 5 km/h 时，该车辆即处于停车排队状态。通过仿真实验记录下的车辆行驶速度、轨迹等信息，可准确计算出不同渗透率（Penetration Rate）下执行车速引导策略前后每辆车的停车次数及停车时间，从而得出平均停车次数对比，如图 9 所示。

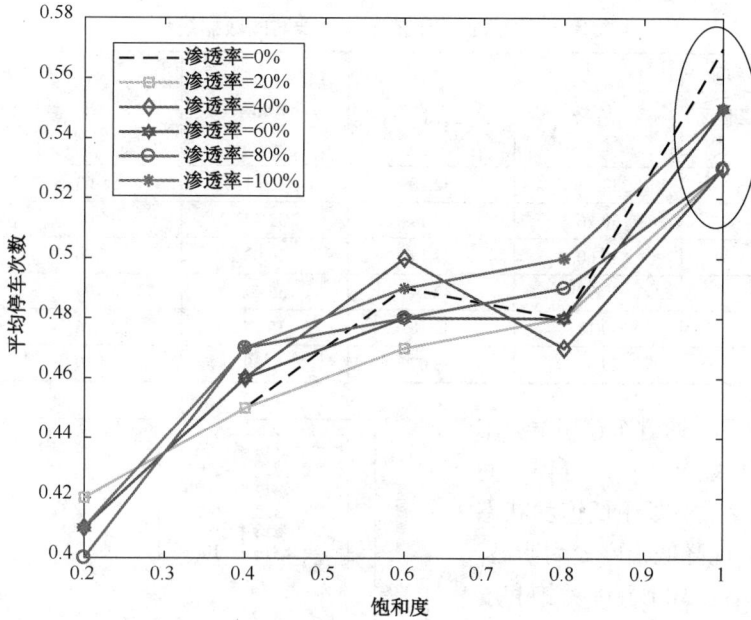

图9 不同渗透率下的平均停车次数对比

如表 2 所示，通过车速引导，车辆在交叉口处的平均停车次数得到大幅度地改善，总优化成功比例在 72%以上。在较低渗透率下，平均停车次数在不同交通流量下饱和度均得到降低。其中，交通流量处在最低饱和度下和最高饱和度下的效果尤为明显，平均停车次数在不同的渗透率下均得到降低。

表2 不同渗透率下的平均停车次数数据统计

饱和度 平均停车次数 渗透率	0.2	0.4	0.6	0.8	1
0%	0.42	0.45	0.49	0.48	0.57
20%	0.42	0.45	0.47	0.48	0.53
40%	0.41	0.46	0.50	0.47	0.53
60%	0.41	0.46	0.48	0.48	0.55
80%	0.40	0.47	0.48	0.49	0.53
100%	0.41	0.47	0.49	0.50	0.55

4.2 车均延误时间分析

为真实反映车辆车速引导的交通效益，本文选取车均延误时间作为评价指标，包含车辆在交叉口处的停车时间及车辆加减速而导致的损失时间。不同渗透率下的车均延误时间数据统计如表 3 所示。

表3 不同渗透率下的车均延误时间数据统计

饱和度 / 车均延误时间 / 渗透率	0.2	0.4	0.6	0.8	1
0%	30.93	32.18	35.61	35.23	38.97
20%	30.76	32.14	35.44	35.06	39.44
40%	30.60	32.14	36.03	34.86	38.65
60%	30.37	32.24	35.41	35.09	38.81
80%	30.18	32.18	35.27	35.16	38.91
100%	29.98	32.07	35.59	35.10	39.29

如图10所示，通过车速引导，车辆延误分布变化显著，车均延误时间显著降低。当交通流处于低饱和状态时，车均延误时间降低幅度较为明显，优化成功比例接近100%；随着饱和度的升高，车均延误时间改善幅度虽相对减少，但优化成功比例仍在60%以上，在较低饱和度的情况下，渗透率越高，车均延误时间越低。

4.3 油耗分析

油耗是反映车辆运行成本的重要指标，根据仿真系统获得交叉口车辆油耗（单位：美加仑）的平均值，分

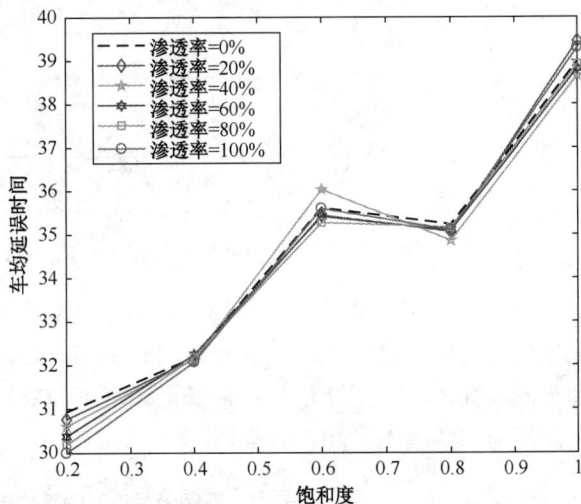

图10 不同渗透率下的车均延误时间对比图

析车速引导算法执行不同渗透率下的车辆油耗变化情况，如图11所示，其中相对油耗为实际油耗与渗透率为0时产生油耗的差值。

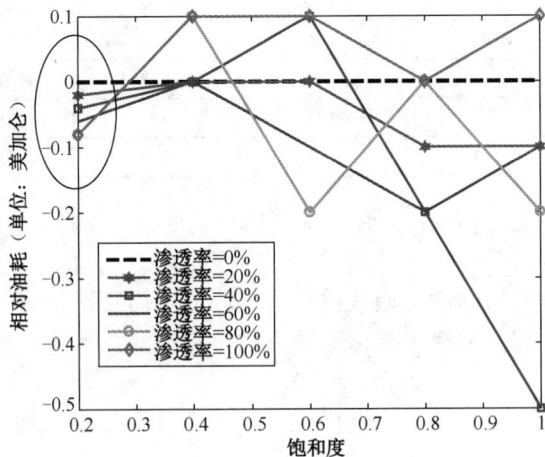

图11 不同渗透率下的车辆油耗变化情况

如表 4 所示，通过车速引导，车辆在交叉口处的油耗得到大幅度的改善，运行成本降低，总优化成功比例在 80%以上，在较低渗透率下，油耗在不同交通流量饱和度均得到降低。其中，交通流量处在最低饱和度和较高饱和度情况下的效果尤为明显，其中渗透率越高，油耗减少越明显。

表 4　不同渗透率下的油耗数据统计

渗透率 ＼ 饱和度 油耗	0.2	0.4	0.6	0.8	1
0%	7.21	15.2	23.5	31.0	41.1
20%	7.19	15.2	23.5	30.9	41.0
40%	7.17	15.2	23.6	30.8	40.6
60%	7.15	15.2	23.4	30.8	41.0
80%	7.13	15.3	23.3	31.0	40.9
100%	7.13	15.3	23.6	31.0	41.2

5　结语

（1）通过车速引导，信号交叉口的平均停车次数优化成功比例在 72%以上，车均延误时间优化成功比例在 84%以上，油耗也得到明显降低，可有效降低红灯等待时长，避免"抢绿灯"现象。

（2）该策略适用于不同的交通流状态，尤其是在交通流高、低峰状态下可以大大降低平均停车次数和油耗，在交通流中峰状态下对交通流的指标也有明显改善，但引导的车辆往往会"牺牲"其他非引导车辆的出行时间。

（3）该策略仅针对单个交叉口分析，未考虑相邻交叉口的影响，基于可变信号的车速引导及车队引导策略还需要进一步研究。

参 考 文 献

[1] 陈维，李源，刘玮. 车联网产业进展及关键技术分析[J]. 中兴通讯技术，2020：1-13.

[2] 陈沛吉，马伟，张琳. LTE-V 和 DSRC 共享频谱资源的研究[J]. 中兴通讯技术，2018，24（03）：54-60.

[3] 钱志鸿，田春生，郭银景，王雪. 智能网联交通系统的关键技术与发展[J]. 电子与信息学报，2020，42（01）：2-19.

[4] 余冰雁，康陈，刘宏洁. MEC 与 C-V2X 融合系统的关键技术与产业化研究[J]. 移

动通信，2019，43（11）：51-56.

[5] 陈新海，祖晖，王博思. 面向车路协同的智慧路侧系统设计[J]. 交通与运输，2019，35（06）：62-65.

[6] 郭戈，许阳光，徐涛，李丹丹，王云鹏，袁威. 网联共享车路协同智能交通系统综述[J]. 控制与决策，2019，34（11）：2375-2389.

[7] 黄丽佳. 车路协同系统高速公路应用浅析[J]. 中国交通信息化，2019（10）：139+142.

[8] 陈超，吕植勇，付姗姗，彭琪. 国内外车路协同系统发展现状综述[J]. 交通信息与安全，2011，29（01）：102-105+109.

[9] Chen S Y, Sun J,Yao J. Development and simulation application of a dynamic speed dynamic signal strategy for arterial traffic management[C]. //14th International IEEE Annual Conference on Intelligent Transportation Systems.[S.I.]:[s.n.],2011:1349-1354.

[10] Nekoui M, NI D, PISHRO-NIK H. Development of a VII-enabled prototype intersection collision warning system[J].International Journal of Internet Protocol Technology, 2009, 4(3):173-181.

[11] 李鹏凯，杨晓光，吴伟，等. 车路协同环境下信号交叉口车速引导建模与仿真[J]. 交通信息与安全，2012，30（3）：136-140.

[12] 李鹏凯，吴伟，杜荣华，等. 车路协同环境下多车协同车速引导建模与仿真[J]. 交通信息安全，2013，31（2）：134-139.

[13] 贾丰源，李中兵，陈庆东，马小陆，曾庆喜. 车路协同环境下信号交叉口车速引导策略[J]. 河北科技大学学报，2017，38（05）：432-437.

[14] 李宗义. 基于油耗的公交车绿色车速引导策略[J]. 交通科学与工程，2015，31（02）：68-74.

[15] 龙科军，高志波，吴伟，韩科，段熙. 城市道路干线信号协调控制与车速引导集成优化[J]. 长安大学学报（自然科学版），2018，38（02）：94-102.

[16] 蔡雅苹，王伟智. 基于公交优先的多路口车速引导控制方法[J]. 福州大学学报（自然科学版），2019，47（05）：700-706.

面向出行服务的车辆路径问题求解器应用研究

刘维怡　王卓　陈振武　吴宗翔　邢锦江　黎旭成

（深圳市城市交通规划设计研究中心股份有限公司，深圳 518000）

【摘要】车辆路径问题（VRP）是基于出行需求与车辆信息合理规划车辆线路的优化问题，在出行服务中有广泛的应用场景，同时信息化社会下的多元服务场景及服务规模也给 VRP 问题的求解提出了新的要求。为评估不同 VRP 求解器的场景适用性，本文首先梳理了 VRP 主流求解算法，其次基于求解框架对 JSprit 和 OR-Tools 两种主流 VRP 求解器的求解算法和定制化程度进行了梳理与对比分析，最后分别基于 Solomon 标准数据集和深圳至东莞通勤需求，对 JSprit 和 OR-Tools 进行仿真测试，进一步从求解质量和求解效率两个维度评估了不同约束条件下两个求解器的表现，该结果可为不同业务场景下的求解器选择提供决策支持。

【关键词】车辆路径规划；VRP 求解器；出行服务

A Study of Vehicle Routing Problem Solvers for Mobility Service

Liu Weiyi　Wang zhuo　Chen Zhenwu　Wu Zongxiang　Xing jinjiang
Li Xucheng

（Shenzhen Urban Transport Planning Center, Shenzhen 518000, China）

Abstract: Vehicle Routing Problem (VRP), an optimization problem of designing optimal set of vehicle routes based on travel demand and vehicle information, has a wide range of application scenarios in mobility service. At the same time, the multiple service scenarios and service scales in the information society also put forward new requirements for the solution of VRP problems. To evaluate the applicability of different VRP solvers, firstly, the main VRP solution algorithms are studied. Secondly, based on the solution framework, two mainstream VRP solvers, JSprit and OR-Tools are compared from the perspective of the solution algorithms and the degree of customization. Finally, based on the Solomon benchmark and commuter demand between Shenzhen and Dongguan, JSprit and OR-Tools are simulated, and the performance of the two solvers under different constraints is evaluated from the two dimensions of solution quality and solution efficiency. This result can provide decision support for solver selection in different business scenarios.

Keywords: vehicle routing problem; VRP solver; mobility service

1　引言

随着城市信息化的发展，一系列高品质智慧出行服务应运而生。基于交通大数据，决策者通过构建面向不同业务场景的优化模型，利用智能优化算法进行求解，生成最优服务路线，实现对用户出行需求的满足和企业运营效益的提升。该场景下的优化模型可以抽象为车辆路径问题（Vehicle Routing Problem, VRP），由 George Dantzig 和 John Ramser 于 1959 年首次提出[1]，即在某一区域内存在待服务的用户和可用车队，通过合理安排车辆行驶路线，保证在一定的约束条件下，以最低的成本（运营里程最短、服务时间最短、运营成本最低等）服务更多的用户。一般的 VRP 问题中包含场站（depot）与服务站点，车辆从场站出发，按照一定的顺序依次访问每个站点，最终返回场站。在此基础上，车辆问题路径在学术研究和实际应用上产生了许多不同的延伸和变化形态[2]，包括容量限制的车辆路径问题（Capacitated Vehicle Routing Problem, CVRP）[3]、带时间窗的车辆路径问题（Vehicle Routing Problems with Time Windows, VRPTW）[4]、多时间窗装卸车辆路径问题（Vehicle Routing Problem with Pickup and Delivery, VRPPD）[5]、多车场车辆路径问题（Multi-Depot Vehicle Routing Problem, MDVRP）[6]、需求可拆分的车辆路径问题（Split Delivery Vehicle Routing Problem, SDVRP）[7]、开放车场车辆路径问题（Open Vehicle Routing Problem, OVRP）[8]，以及随着智能交通系统发展而兴起的动态车辆路径问题（Dynamic Vehicle Routing Problem, DVRP）[9]等，这些问题通过对车辆载货状况、配送任务特征、服务时间要求、车辆对车场的所属关系和需求的确定程度等服务维度进行定义，可以解决现实社会中多种运输服务问题，具有重要的研究意义。

模型求解是 VRP 问题的核心，学术界与工业界对此都进行了大量的研究，并开发了多款开源的求解器，集成了多种求解算法。本文第 2 部分介绍了 VRP 的基础模型，梳理了 VRP 的主流求解算法；第 3 部分对比了 JSprit 和 OR-Tools 两种主流 VRP 求解器的求解框架，并基于 Solomon 标准测试数据集对求解器进行了测试；第 4 部分基于深圳至东莞的早高峰通勤需求对 JSprit 和 OR-Tools 进行测试，并利用运营指标对两个求解器的求解质量进行评估；第 5 部分对两种求解器的综合表现进行了总结。

2　VRP 模型及求解算法

2.1　VRP 模型

VRP 问题本质上是一个组合优化问题，即从所有可能的路线中找出满足约束条件下总成本最小的线路集合。当区域内服务用户数量为 K、车队规模为 M 时，基本 VRP 的数学模式可以表示为：

$$\text{Minimize}\quad C = \sum_{i=0}^{K}\sum_{j=0}^{K}\sum_{f=0}^{M}C_{ij}X_{ijk} + \sum_{i=0}^{K}C_i(1-X_i) \tag{1}$$

$$\sum_{i=0}^{K}\sum_{j=0}^{K}D_i X_{ijk} < \theta \quad k\forall M \tag{2}$$

$$\sum_{i=0}^{K}X_{ijk} \leqslant 1 \quad i\forall K, i\neq 0 \tag{3}$$

$$\sum_{j=0}^{K}X_{ijk} \leqslant 1 \quad j\forall K, j\neq 0 \tag{4}$$

$$\sum_{i=0}^{K}\sum_{j=0}^{K}C_{ij}X_{ijk} < L \tag{5}$$

式中，C_{ij}：车辆从 i 点行驶到 j 点的成本。X_{ijk}：从 i 点到 j 点是否由 k 车服务。i 点到 j 点由 k 车服务时为 1，其余为 0。X_i：i 点是否被访问，访问为 1，不访问为 0。C_i：不服务 i 点的惩罚成本。D_i：i 点需求量。θ：车辆荷载。L：最大线路长度。

公式（1）为 VRP 问题的目标函数，即总行程时间成本与不服务的惩罚之和，公式（2）为车辆容量约束，公式（3）和公式（4）为每个乘客最多只能由一辆车服务约束，公式（5）为车辆最大行程时间约束。

2.2　求解算法

VRP 问题属于 NP-Hard 问题[10]，求解难度随着问题规模的增加呈指数级增长。VRP 的求解方法可以分为精确解法和启发式算法两大类（见表 1），适用于不同规模的问题求解。

表 1　VRP 求解方法对比

求解方法		优势	劣势	适用规模
精确解法		可获得全局最优解	求解速度慢	小型 VRP
启发式算法	经典启发式算法	求解速度快	易陷入局部最优	大型简单 VRP
	元启发式算法	可跳出局部最优	无法确保得到最优解	大型 VRP

常用的精确解法有分支定界法、割平面法、动态规划法、网络流算法等。精确解法在求解时引入了严格的数学建模方法，可以获得全局最优解，但无法避免指数爆炸问题[11]，仅适用于小规模的 VRP 问题，并且精确求解法针对特定场景进行定制化设计，适用性较差。当问题规模增大时，只能依靠启发式算法进行求解，启发式算法可以分为经典启发式算法（Heuristic）和元启发式算法（Metaheuristic）。经典启发式算法包括节约与插入算法（Savings Method）、扫描法（Sweep）、邻域搜索法（Local Search）等，但是由于经典启发式算法迭代时不允许目标值变低，因此可能陷入局部最优解。为避免该情况，随着人工智能技术的发展，许多学者将人工智能引入 VRP 问题求解中，构造了元启发式算法，包括模拟退火算法（Simulated Annealing, SA）、遗传算法（Genetic Algorithm, GA）、禁忌搜索算法（Tabu Search, TS）等智能优化算法。在迭代过程中，通过一系列启发式规则获取和记录信息，并引导下一步的搜索方向，有效防止搜索过早陷入局部最优解。

3　VRP 求解器对比

目前用于求解 VRP 问题的主流开源求解器有 JSprit、OptaPlanner、Heuristic Lab、OR-Tools 等，本部分将对其中社区活跃度较高和用户友好性较强的两种求解器 JSprit 和 OR-Tools 进行介绍，并利用标准测试数据集对上述两款求解器进行测试对比。

3.1　框架对比

JSprit[12]是一个轻量级的、具有高扩展性的工具包，基于 Java 语言和 Apache V2 协议开发，主要用于解决 VRP 问题，可根据不同应用场景调用相应构造器模块构建模型，定义约束条件。OR-Tools[13]是谷歌提供的一套开源组合优化算法包，内核基于 Apache 开源软件协议使用 C++开发，支持线性规划、约束规划、整数规划、车辆调度、背包问题、计划排程等多种优化问题求解。对于 VRP 问题，可以自定义优化模型，利用约束规划中的内置求解器进行求解，也可以直接调用封装好的车辆调度模型接口构建模型。两个求解器均支持 TSP、CVRP、VRPTW、VRPPD、MDVRP、OVRP 等典型问题的求解。

从语言支持度、用户友好性、功能丰富性、定制化程度、算子丰富性、社区活跃度 6 个维度对 JSprit 和 OR-Tools 进行对比，如表 2 所示。

表 2　JSprit 和 OR 框架对比

求解器	语言支持度	用户友好性	功能丰富性	定制化程度	算子丰富性	社区活跃度
JSprit		√	√	√		
OR-Tools	√	√			√	√

语言支持度层面，JSprit 仅支持 Java 语言开发，有较强的编程语言种类限制。OR-Tools 底层核心基于 C++开发，对外提供 C、C++、Java、Python 4 种语言接口，语言支持度更高。用户友好性层面，两种求解器中针对模型构建、约束制定、优化求解 3 个关键步骤进行了

模块封装，用户使用时仅需调用相应的接口，传入模型参数即可，且两个求解器的官方网站上都有规范文档和示例代码，用户友好性强。功能丰富性层面，JSprit 除了基本的求解功能外，提供了将求解结果进行可视化的工具箱，可进行图形流的处理和展示，OR-Tools 只支持模型求解，缺少相应的可视化工具，需要自行开发可视化脚本。定制化程度层面，整体而言，JSprit 优于 OR-Tools。就约束条件而言，JSprit 和 OR-Tools 支持自定义约束，包括容量、场站、车辆数、时间窗、服务路线等约束。就目标函数而言，JSprit 提供了目标函数的改写接口，可以根据业务场景自定义目标函数传入求解器，而 OR-Tools 中目标函数默认为车辆运营总里程与未服务乘客的惩罚成本之和，不提供直接改写的接口。算子丰富性层面，JSprit 只提供 Ruin and Recreate 一种启发式算法，若使用其他算法需要自行开发。OR-Tools 中内置的算法包括经典启发式中的邻域搜索（Local Search）和元启发式中的导引式邻域搜索（Guided Local Search, GLS）、模拟退火（Simmulated Annealing, SA）、禁忌搜索（Tabu Search, TS），针对元启发式中的初始解提供了 13 种生成策略，因此 OR-Tools 中算子丰富性远远强于 JSprit，可根据问题规模和对求解效率的需求选择合适的算法。社区活跃度层面，JSprit 和 OR-Tools 分别有 GraphHopper 和谷歌讨论组提供相关的技术支持，但 OR-Tools 社区活跃度整体优于 JSprit。综上所述，JSprit 和 OR-Tools 都具备较强的用户友好性，能满足标准 VRP 求解的大部分需求，但 OR-Tools 支持多种语言及多种求解算子，且社区更加活跃，对开发者具有更强的吸引力。

3.2　启发式算法对比

由于 OR-Tools 中支持多种启发式求解算法，因此，首先以 Solomon 标准数据集为例针对一般 VRP 问题分别对贪心（GREEDY）算法、导引式邻域搜索（Guided Local Search, GLS）、模拟退火（Simmulated Annealing, SA）、禁忌搜索（Tabu Search, TS）4 种算法的求解质量与求解效率进行测试，初始解生成策略为 SAVINGS[14]，测试结果如表 3 所示。算法求解过程如图 1 所示。

表 3　启发式算法测试结果

启发式算法	行驶距离（m）	车辆数（辆）	求解时间（s）
GREEDY	901	8	1.095
GLS	823	8	81.157
SA	901	8	105.773
TS	807	8	584.058

由表 3 与图 1 可知，4 种算法求解出的车辆数都为 8，行驶距离与求解时间存在差异。求解时间与算法时间复杂度相关，由于 GREEDY 对应的邻域搜索时间复杂度最低，因此求解时间最短，其次依次为 GLS 与 SA，最后是复杂度最高的 TS。求解质量可以通过行驶距离对比，GREEDY 与 SA 表现最差。GREEDY 由于领域搜索算法特性很早就陷入了局部最优解。SA 由于初始温度等参数设置不合理也没有成功跳出局部最优。TS 整体收敛速度尚可，算法在初期和中期先后进入了两个平台期，但由于禁忌列表的合理设置避免了早熟，两次均成功跳出局部最优，得到了 4 种算法中的最短行驶距离。GLS 虽然在 2 000 次迭代次数内未达到最优，但是迭代速度较快，同等时间内解的质量在 4 种算法中为最优。综上

所述，GLS 在 4 种启发式算法中性能最优。

算法求解过程

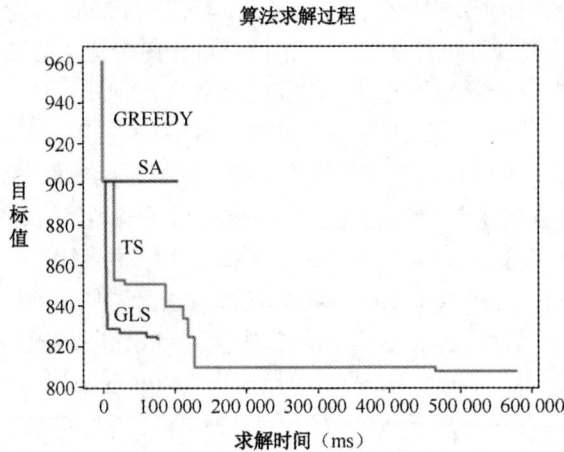

图 1　算法求解过程图

3.3　求解器性能对比

出行服务中常面临定制巴士和网约车服务场景，可分别抽象为 VRP 问题中复杂性较低的 CVRP 问题和复杂性较高的 CVRPPDTW 问题。基于 Solomon R101 数据集，构建两类 VRP 模型，模型中场站只有一个，顾客数为 100，车辆数不固定。分别采用 GLS 算法和 Ruin&Recreation 算法测试 OR-Tools 和 JSprit 的求解表现。由于 VRP 问题本质是一个优化问题，且部分服务场景对算法实时性有一定要求，因此，从求解质量与求解效率两个维度对求解器进行评估。

3.3.1　求解质量

求解质量的评估主要考虑车辆数、行驶距离和访问率，分别反映了运营的固定成本与动态成本。JSprit 与 OR-Tools 求解质量表现如表 4 所示。

表 4　JSprit 与 OR-Tools 求解质量表现

问题	JSprit			OR-Tools		
	距离（m）	车辆（辆）	访问率	距离（m）	车辆（辆）	访问率
CVRP	832	8	100%	823	8	100%
CVRPPDTW	1 663	19	100%	1528	15	100%

在 CVRP 问题中，对于车辆数而言，两个求解器给出的线路均采用了 8 辆车；对于访问率而言，两种求解器生成的线路均能服务所有顾客；对于行驶距离而言，OR-Tools 生成的线路总里程为 823m，JSprit 生成的线路总里程为 832m，两者差距仅为 1%。因此，对于 CVRP 问题而言，OR-Tools 的求解质量稍优于 JSprit 的。

在 CVRPPDTW 问题中，在访问率均为 100%的情况下，OR-Tools 比 JSprit 减少了 21% 的车辆数，仅使用 15 辆车，降低了运营成本中车辆相关成本；对于行驶距离而言，OR-Tools 线路比 JSprit 线路短 8%，降低了运营成本中行驶相关成本。因此，从车辆数和行驶距离层面看，OR-Tools 线路优于 JSprit 线路。

综上所述，OR-Tools 的求解质量优于 JSprit 的，且求解质量的差距随着模型复杂度的增加而增加。模型越复杂时，使用 OR-Tools 的优势越明显。

3.3.2 求解效率

从计算速度和收敛速度两个维度对求解器的求解效率进行对比，结果如表 5 所示。JSprit 与 OR-Tools 求解效率对比如图 2 所示。

表 5　JSprit 与 OR-Tools 求解效率对比结果

问题	JSprit	OR-Tools
	时间（s）	时间（s）
CVRP	13.487	81.157
CVRPPDTW	26.267	193.7558

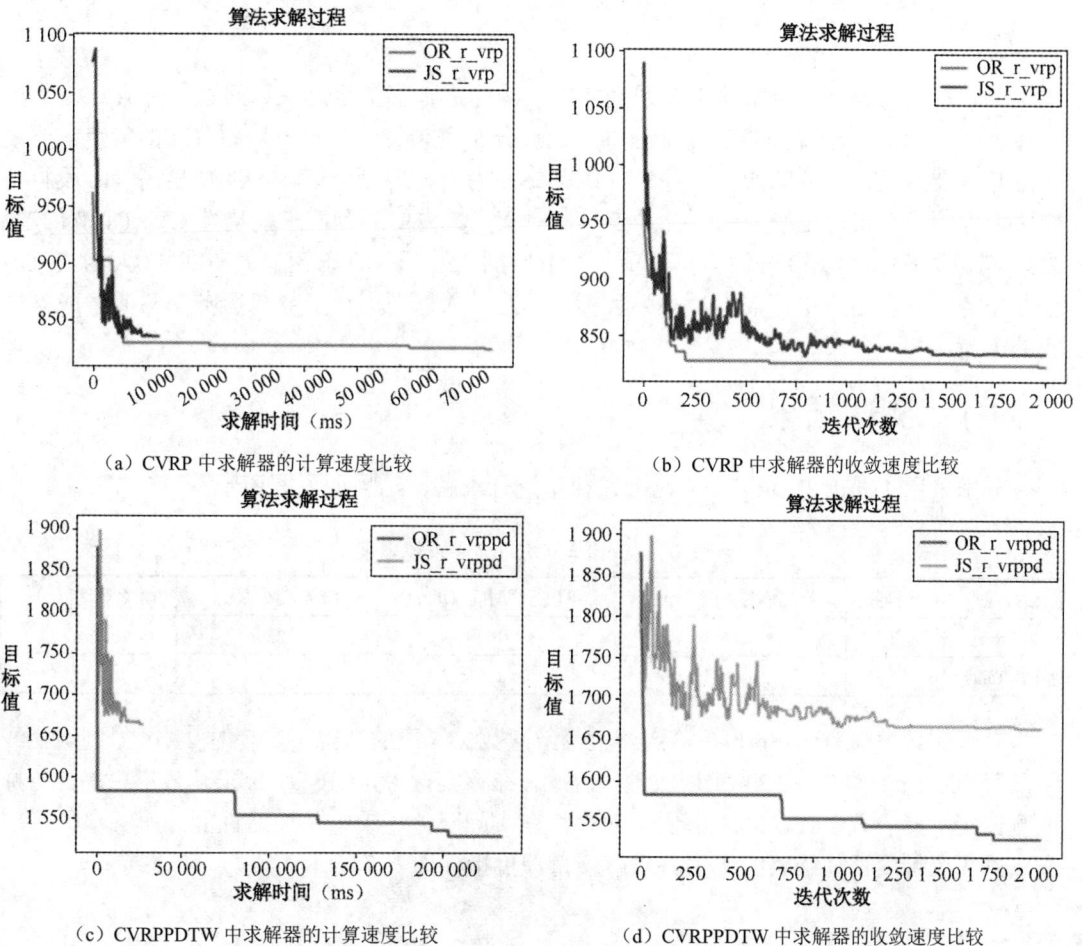

（a）CVRP 中求解器的计算速度比较　　（b）CVRP 中求解器的收敛速度比较

（c）CVRPPDTW 中求解器的计算速度比较　　（d）CVRPPDTW 中求解器的收敛速度比较

图 2　JSprit 与 OR-Tools 求解效率对比

从表 5 可知，问题越复杂，求解耗时越长。对同一问题而言，在相同迭代次数下，OR-Tools 的求解时间明显高于 JSprit 的。以 R101 数据集为例（见图 2），对计算速度和收敛速度进行进一步的分析。图 2（a）和图 2（b）表示 CVRP 问题中两个求解器的求解表现，图 2（c）和图 2（d）表示 CVRPPDTW 问题中两个求解器的求解表现。由图 2（a）和图 2（c）可知，虽然 OR-Tools 的求解时间比 JSprit 的高出近 7 倍，但是在同等时间范围内，获得的目标值优于 JSprit。虽然 OR-Tools 的单次迭代耗时较长，但其内置算法在求解初期能找到较好的搜索方向，目标值收敛速度快。由图 2（b）和图 2（d）可知，CVRP 和 CVRPPDTW 问题中，JSprit 大约在 1 250 步时得到最优值，而 OR-Tools 在两个问题中接近最优解的步数分别为 500 步与 1 750 步，且在 1 250 步时获得的最优解均优于 JSprit。综上所述，OR-Tools 的单次迭代速度相比 JSprit 较慢，但收敛速度快，总体求解效率优于 JSprit。

4　案例分析

基于早高峰深圳市至东莞市的通勤需求，构建定制班车路径规划问题，生成 291 个员工住址及 1 个办公地点，员工住址与办公地点分布兼具集中分布与均匀分布的特点。假设线路起点及途径点为分散的员工住址，线路终点为办公地点，车辆需要在早高峰时段将特定区域内的员工接送至统一的办公地点。针对该区域内的通勤需求，构建 CVRPTW 问题，以乘客最大等待时间 20 分钟、车辆最长行驶时间 120 分钟、车辆最大荷载 48 人为约束，企业服务成本和用户出行成本最小为目标，同时引入惩罚因子，寻求服务率与服务成本之间的平衡。

4.1　测试结果

分别采用 JSprit 和 OR-Tools 对上述模型进行求解，结果如表 6 所示。

表 6　JSprit 与 OR-Tools 求解表现

求解器	车辆数	平均线路长度（m）	平均行程时间（min）	服务人数（人）	求解耗时（s）
JSprit	7	62 397	104	258	27.1
OR-Tools	7	65 128	116	271	19.3

对求解效率而言，JSprit 在给定最大收敛次数 225 次的情况下，耗时 27.1s 得到优化线路，而 OR-Tools 耗时 19.3 s 实现收敛。因此，在该案例中，OR-Tools 求解效率更高，与标准测试集上的表现一致。对求解质量而言，在实际服务场景中从线路性能、服务水平和广义成本 3 个维度评估线路的优劣。求解质量评价指标如表 7 所示。

表 7 求解质量评价指标

指标类型	指标名称	计算公式	说　明
线路性能	非直线系数 I	$I = \dfrac{D}{L}$	D: 首末站间直线距离 L: 线路运营里程
	车公里载客量 O	$O = \dfrac{P}{VL}$	P: 客运量 V: 配车总数 L: 线路运营里程
	需求覆盖率 S	$S = \dfrac{P}{N} \times 100\%$	P: 客运量 N: 总需求量
服务水平	满载率 LF	$LF = \dfrac{p}{C} \times 100\%$	P: 载客量 C: 车辆荷载
	绕行系数 W	$W = \dfrac{T}{IVT}$	T: 小汽车出行时间 IVT: 车内行程时间
广义成本	企业运营成本 $C_{operator}$	$C_{operator} = (C_{fuel} * \sum_{k=1}^{n} L_k + \sum_{k=1}^{n}(C_k * N_k))$	C_{fuel}: 每公里油价 L_k: 线路 k 运营里程 C_k: 线路 k 司机成本 N_k: 线路 k 司机数
	用户出行成本 C_{user}	$C_{user} = F + C_{wait} + C_{tranfer} + C_{trip} + C_{crowding}$	F: 票价 C_{wait}: 等待时间成本 $C_{tranfer}$: 换乘成本 C_{trip}: 车内时间成本 $C_{crowding}$: 拥挤度成本

基于上述公式计算 JSprit 与 OR-Tools 中的各项评价指标，结果如表 8～表 10 所示。

表 8 JSprit 与 OR-Tools 中的线路基础指标

求解器	非直线系数	车公里载客量	需求覆盖率
JSprit	1.40	0.59	88.6%
OR-Tools	1.45	0.59	93.1%

表 9 JSprit 与 OR-Tools 中的服务水平指标一

求解器	满载率	绕行系数
JSprit	76.9%	1.07
OR-Tools	80.6%	1.08

表 10　JSprit 与 OR-Tools 中的服务水平指标二

求解器	企业运营成本/元	用户出行成本/元
JSprit	2 547.895	26 832
OR-Tools	2 685.48	31 436

对线路性能而言，非直线系数 I 反映线路的曲直程度，取值在[1，∞]，越接近 1，线路越平直。车千米载客量 O 反映线路的运营效率，O 越大，每辆车每千米的客运量越多，同等运输成本下的收益更多，运营效率越好。需求覆盖率 S 反映线路对需求的覆盖率，体现了线路的公益性，S 越大，线路的公益性越好。由表 8 可知，OR-Tools 求解得出的线路和 JSprit 求解得出的线路的非直线系数均小于深圳市平均绕行系数 1.95，虽然 OR-Tools 中指标略大于 JSprit 中指标，但差异小于 0.05，因此，两者求解得出的线路均较为平直。每辆车的平均载客量接近，运营效益相近。需求覆盖率 OR-Tools 中的线路比 JSprit 中的线路增加了 4.5%，能够服务更多需求。因此，从线路性能上看，OR-Tools 线路以微小的绕路损失服务了更多的用户，线路优于 JSprit。

对服务水平而言，满载率 LF 反映车内拥挤程度，过低时，运营效率不高，大于 1 时，车内拥挤。绕行系数 W 反映乘客乘坐定制班车的旅行时间与自驾时间的比值，系数取值在[1，∞]，W 为 1 时，表示定制班车的车内时间与小汽车车内时间相同，不存在绕行情况，若车辆无途经站点时，W 为 1。随着途经站点的增加，车辆必须通过绕路以服务不同上车点的乘客，因此在途时间也会增加，对于乘客来说，W 越小越好。由表 9 可知，OR-Tools 中线路的绕行系数与 JSprit 中线路的绕行系数相近，满载率虽然大于 JSprit 中线路满载率，但均小于 100%，车内拥挤程度良好。因此，两组线路整体服务水平相近。

对运营效益而言，企业运营成本 $C_{operator}$ 包括固定成本和浮动成本。固定成本主要来源于支付给司机的费用，与车辆数相关，本例中车辆数相同，因此，固定成本相同。浮动成本主要来源为油费/电费，通常来说，油费/电费与距离成正比，因此，在收益相同的情况下，线路长度越短，企业运营成本越小。用户出行成本 C_{user} 包括等待时间成本、车内时间成本、换乘成本、拥挤度成本和出行费用成本。本文中假设车辆时刻表固定且运行稳定，乘客按照时刻表到达站点，无等待时间；车辆到达指定终点，用户无换乘成本；车辆保证一人一座，无拥挤度成本；企业班车不考虑赢利，不涉及费用成本，因此本文中用户出行成本主要来源为车内时间成本。时间成本为乘客的时间价值与出行时间的乘积，假设用户的车内时间价值一致，则用户出行成本与车内时间正相关。由表 7 可知，JSprit 生成的线路长度和行程时间均小于 OR-Tools 生成的线路长度和行程时间，因此，在表 10 中，JSprit 生成线路的企业运营成本和用户出行成本均低于 OR-Tools 生成线路的企业运营成本和用户出行成本。

4.2　结果分析

为直观地对比上述指标，并解释指标差异，将求解器生成的线路进行可视化。需求热点主要位于华新地铁站、太安地铁站和文锦中路/深南东路路口，上述 3 个地点均位于住宅小区集中区域。

比较 JSprit 与 OR-Tools 中定制班车线路，在高密度需求区域，两条线路走向基本一致，因此，两者的非直线系数与绕行系数相近。但从整体线路对比可知，JSprit 生成的线路起点位于高需求区域，而 OR-Tools 生成的线路向东延伸，即先从东部莲塘区出发，途径罗湖公安分局公交站点后才到达文锦中路/深南东路路口，线路长度与行程时间相比 JSprit 的更长，即 OR-Tools 通过增加线路长度与行程时间覆盖了更多的需求。

综上，两个求解器在求解效率、线路性能指标、服务水平指标和广义成本指标 4 个维度的求解表现对比如表 11 所示。在求解效率和线路性能指标方面，OR-Tools 优于 JSprit；在服务水平方面，两者表现一致；在广义成本方面，JSprit 优于 OR-Tools。由于 OR-Tools 求解时倾向服务更多的需求，导致线路里程和行程时间过长，而 JSprit 则相反，倾向于牺牲线路性能指标以优化广义成本指标，因此，OR-Tools 生成的线路更倾向于满足用户需求，而 JSprit 生成的线路则更关注企业运营效益。

表 11　JSprit 与 OR-Tools 的求解表现对比

求解器	求解效率	线路性能指标	服务水平指标	广义成本指标
JSprit			√	√
OR-Tools	√	√	√	

5　结语

VRP 问题在出行服务领域有广泛的应用场景，但由于其属于 NP 问题，计算复杂度较高，通常需要借助成熟的求解器对 VRP 问题进行优化求解。本文分析了 JSprit 和 OR-Tools 两种主流的求解器，并利用 Solomon 标准数据集和模拟通勤数据对两种求解框架进行仿真实验对比，得到如下结论。

（1）在语言支持度、社区活跃性、算子丰富性方面，OR-Tools 优于 JSprit；在数据分析可视化及模型定制化方面，JSprit 优于 OR-Tools。

（2）相同迭代次数下，OR-Tools 的整体求解质量优于 JSprit。求解质量差距随着问题复杂度的增加而增加。

（3）OR-Tools 的单次迭代速度慢，但收敛速度快，因此，整体求解效率高于 JSprit。相同求解时间内，OR-Tools 的求解质量优于 JSprit。

（4）实际测试案例中，OR-Tools 生成的线路与 JSprit 相比，需求覆盖率更高，线路里程更长，线路的服务水平一致。因此，OR-Tools 适合面向用户的服务场景，JSprit 适合面向企业的服务场景。

综上，面向不同业务需求，可以根据上述结论选择不同的求解器。本文仅基于通用的约束条件建立 VRP 模型，并利用求解器提供的求解算法进行实验，后续还可以针对实际场景业务需求开发问题约束条件、目标函数及求解算法，并利用真实数据进行测试，以便进行更深入地分析。

参 考 文 献

[1] Dantzig G B, Ramser J H. The truck dispatching problem[J]. Management Science, 1959, 6(1): 80–91.

[2] Braekers K, Ramaekers K, Van Nieuwenhuyse I. The vehicle routing problem: State of the art classification and review[J]. Computers & Industrial Engineering, 2016, 99: 300–313.

[3] Mazzeo S, Loiseau I. An ant colony algorithm for the capacitated vehicle routing[J]. Electronic Notes in Discrete Mathematics, 2004, 18: 181–186.

[4] Cordeau J F, Laporte G , Mercier A. A unified tabu search heuristic for vehicle routing problems with time windows[J]. Journal of the Operational Research Society, 2001, 52(8): 928–936.

[5] Tasan A S , Gen M . A genetic algorithm based approach to vehicle routing problem with simultaneous pick-up and deliveries[J]. Computers & Industrial Engineering, 2012, 62(3): 755–761.

[6] Giosa I D, Tansini I L, Viera I O. New assignment algorithms for the multi-depot vehicle routing problem[J]. Journal of the operational research society, 2002, 53(9): 977–984.

[7] Archetti C, Speranza M G. The split delivery vehicle routing problem: A survey. The vehicle routing problem: Latest advances and new challenges[M]. Boston: Springer, MA, 2008: 103–122.

[8] Li F, Golden B, Wasil E. The open vehicle routing problem: Algorithms, large-scale test problems, and computational results[J]. Computers & operations Research, 2007, 34(10): 2918–2930.

[9] Montemanni R, Gambardella L M, Rizzoli A E, et al. Ant colony system for a dynamic vehicle routing problem[J]. Journal of Combinatorial Optimization, 2005, 10(4): 327–343.

[10] Lenstra J K, Kan A H G R. Complexity of vehicle routing and scheduling problems[J]. Networks, 1981, 11(2): 221–227.

[11] 方金城，张岐山. 物流配送车辆路径问题（VRP）算法综述[J]. 沈阳工程学院学报，2006，2(4): 357–360.

[12] http://jsprit.github.io.

[13] https://developers.google.cn/optimization.

[14] Clarke G Wright J W Scheduling of vehicles from a central depot to a number of delivery points[J]. Operations research, 1964, 12(4): 568–581.

枢纽机场陆侧交通协同化管理系统分析与框架概述

胡亚光　欧阳杰　张兆宽

（1. 深圳 深圳市城市交通规划设计研究中心股份有限公司，深圳 518000;

2. 天津 中国民航大学机场学院，天津 300300）

【摘要】以机场陆侧多种交通流为研究对象，结合航空客流特征分析，提出构建机场陆侧交通协同化管理系统的现实需求与必要性。在明确系统功能主体与用户需求的基础上，根据 BSP 法系统划分功能子项，提出系统的总体架构，并利用 DFD 数据流图对系统的功能结构进行业务流程设计，得出系统管理的逻辑结构，并以此分析系统实现功能与路径，对应用技术与系统实施提出相关建议。

【关键字】陆侧交通；管理系统；顶层规划；结构设计

Overview and Analysis of the Collaborative Management System of Landside Transportation of Hub Airport

Hu Yaguang　Ouyang Jie　Zhang Zhaokuan

（1. Shenzhen Urban Transport Planning Center, Shenzhen 518000, China;

2. China Civil Aviation University, Tianjin 300300, China）

Abstract: Various traffic flows on the land side of the airport as the research object, combined with the analysis of the characteristics of air passenger flow, the practical needs and necessities of constructing an integrated management system for the land side traffic of the airport are proposed. On the basis of clarifying the main functions of the system and the needs of users, the system divides the functional sub-items according to the BSP method, proposes the overall architecture of the system, and uses the DFD data flow diagram to design the business process of the functional structure of the system to obtain the logical structure of system management, and use this to analyze the system's implementation functions and paths, and put forward relevant suggestions for application technology and system implementation.

Keywords: Landside Traffic; Management System; Top-level Planning; Structural Design

1 引言

近年来，枢纽机场陆侧区域不断向城郊型综合交通枢纽演变，设施规模扩大的同时也吸引了多种交通流集中汇集，使得机场陆侧综合交通管理复杂多变，难以及时应对高峰应急的状况，由此对机场陆侧交通管理产生动态化、智能化的现实需求。同时，相比于枢纽机场空侧协同化管理（如 A-CDM）的逐步完善[1]，国内枢纽机场陆侧交通智能化管控平台建设还处于起步阶段，大部分情况下，机场还是以经验判断的"静态"管理方式为主，缺乏陆侧交通全流程的监控指引与动态调度[2]。随着交通信息化、大数据等技术的进步，互联网共享发展模式的革新，使得构建机场陆侧交通协同化管理系统具有实现的基础与可行性[3]。基于国内机场在该领域的研究和应用探索，本文拟对机场陆侧交通协同化管理系统作出基础分析与顶层规划。

2 机场陆侧交通协同化管理系统建设的必要性

以往机场陆侧交通管理信息化基本按照各系统单点建设的思路，对于多系统整合、各业务线协作调度等应用不足。对此有必要以多方共享、统一协同的管理方式，对机场陆侧交通进行"高效、稳定、集约、人性化"的管理。比较而言，构建机场陆侧交通协同化管理系统是解决机场交通组织混乱、设施运营不均衡、系统容量不匹配的有效路径。机场陆侧交通运行管理方法对比分析如表 1 所示。

表 1　机场陆侧交通运行管理方法对比分析

	单点智能化管理系统	协同综合化管理系统
管理主体	多头管理（包括机场公共区管理部、地铁运营控制中心、铁路运营控制中心、出租车调度中心）	陆侧交通协同管理指挥中心（机场牵头组织有关交通部门联合办公）
管理方式	局部监测交通流量变化，经验预测处理交通流量情况，着眼于单个子系统交通问题	全面监测旅客全流程流量变化，实时处理交通数据，着眼于陆侧整体的运行效率，协调调度交通资源
管理效果	可对当前的问题起到缓解作用，管理具有持续性，是对已发生的交通状况进行的管理	能够应对机场陆侧复杂的情景变化，提供动态的管理决策，提高管理运行效率，节省人力资源，是对将要发生的交通状况进行的管理

2.1 机场陆侧衔接多层级复杂交通系统,构建陆侧一体化协同管理系统以保障机场高效集散

枢纽机场作为城市综合客运枢纽,不仅整合有城市轨道、公交车、出租车,而且也衔接高铁、城际铁路等区域对外交通,以及服务临空区域的接驳设施,多种交通流的复杂组织需要构建一体化协调系统进行统筹安排。

2.2 机场航班时刻延误与应急现象严重,构建机场区域协同化管理系统以保障机场稳定运行

航空出行受到天气、流量及空域影响因素较多,目前城市交通管理部门与机场的协同共享程度低,难以形成综合交通协同管理合力。在运营高峰及紧急状态下,往往会因为缺乏实时引导与及时调度,造成旅客等车时间过长甚至滞留现象,构建机场区域协同化管理系统可有效解决区域交通组织混乱及严重超负荷运行的问题。

2.3 陆侧交通设施容量与客流需求难以匹配,构建空地协同化管理系统以保障机场集约化运行

我国既有的枢纽机场在总体设计阶段普遍对机场陆侧设施容量考虑不足,现实中以车道边与停车设施为主的机场陆侧空间还存在较多的占用现象。为了保障机场空侧与陆侧交通容量平衡,需要协同机场-空地两端旅客与车流信息,精准预测供需,从而动态调整陆侧设施资源。

2.4 机场旅客通过性与服务性需求共存,构建旅客出行端协同管理系统,提升机场人性化服务

以航空旅客为主的通过性客流重点关注目的指引及信息查询,与此同时,机场枢纽交通与商业开发也吸引非航客流不断涌现。机场陆侧多样化的旅客出行服务需求,需要采取响应式、自助式的智慧管理系统给予应对。

3 机场陆侧交通协同化管理的发展经验

近年来,机场陆侧交通协同化管理的建设思路已引起部分枢纽机场的关注,并在新建、改扩建机场项目中有所实践。结合北京大兴国际机场、青岛胶东国际机场、上海虹桥国际机场、长沙黄花国际机场等系统管理经验(见表2),总结机场陆侧交通协同化管理的特点。

表 2　国内部分枢纽机场陆侧交通协调化管理经验

	北京大兴国际机场	青岛胶东国际机场	上海虹桥国际机场	长沙黄花国际机场
客运业务量	预计 7 200 万人次（2025年）	预计 3 500 万人次（2025 年）	4 568 万人次（2019 年）	2 691 万人次（2019 年）
管理应用系统	陆侧交通综合保障与指挥调度系统	陆侧交通一体化平台	陆侧交通智能化管理平台	总体运营管理平台
预期效果	对接机场空侧航班客流与陆侧接续运输交通流，实现陆侧交通一体化监测和协调联动	实现机场 10 多种陆侧交通方式进行整合及动态发布与引导，精准调度出租车	实现陆侧多种交通信息交互与共享，满足陆侧交通智慧化诱导、调度、监控与旅客服务	实现飞行区、航站楼的一体化协同运行模式，进而实现集团化区域协同运行

3.1　构建集中统一管理平台，整合陆侧综合交通系统

以公共区管理部、航站楼管理部为主，构建综合性的指挥调度平台，对机场车道边、停车区、蓄车区、服务区的交通运行进行全面监控，保障各运营部门之间的有效衔接。

3.2　实时共享机场–空地信息，精准对接旅客接续运输

与机场空侧共享航班出行信息，并在航站楼设置行人检测，从而准确调度陆侧交通适配资源，在机场日常及突发事件、大型活动期间，保障各种接续交通安全及有序、畅通运行。

3.3　考虑城市交通管理接入，协同机场区域交通管理

联合机场所在区域的城市交通管理部门，共享机场对外集疏运交通的管控信息，强化机场周边道路、停车设施的监管与疏导，维护区域交通秩序。

3.4　出行信息服务延伸至客户端，提供旅客人性化服务

将面向旅客的出行信息集成于 App、二维码、自助查询系统、AI 机器人等个性化终端，为用户在机场陆侧提供出行、问询、救急、消费等服务。

4　机场陆侧交通协同化管理系统的总体规划

4.1　系统主体分析

陆侧交通协同化管理系统的对象是集中在机场陆侧的多种交通流，对象产生的信息服务的来源主体不一，因此在构建动态管理系统时，需要协调各方的用户主体，从而组建以机场为核心,联合多部门列席的陆侧交通协同化管理指挥中心（Landside Traffic Management

Center，LTMC），以便与机场航空运营指挥中心（AOC）和航站楼指挥中心（TOC）互动共享。机场陆侧交通协同化管理系统涉及的用户主体如图1所示。

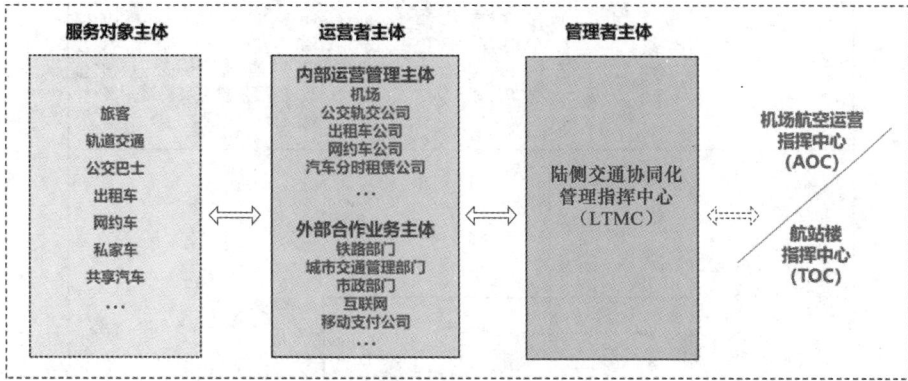

图1 机场陆侧交通协同化管理系统涉及的用户主体

4.2 系统用户需求

系统管理主体有多方运营企业与平台参与，并涵盖机场陆侧多种交通出行方式，因此系统关联多种用户，从需求类别上可以区分出 5 个不同功能的用户主体，同时用户之间在协调共享的同时也存在需求边界。机场陆侧交通协同化管理系统用户需求分析如图2所示。

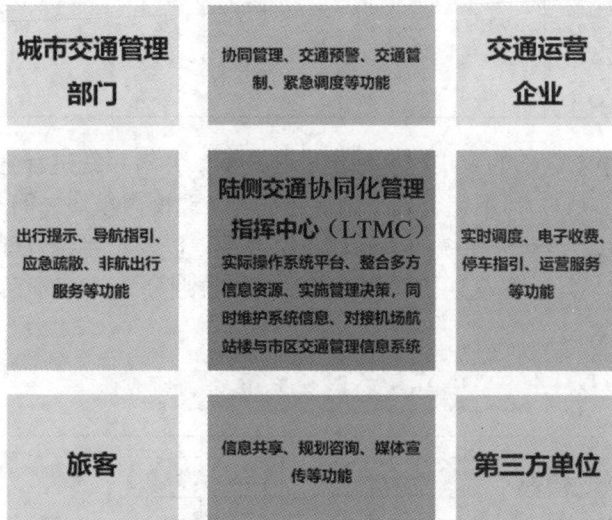

图2 机场陆侧交通协同化管理系统用户需求分析

4.3 系统分类规划

通过对管理系统主体的需求分析，梳理出机场陆侧交通动态产生（Create）的信息与运用（Use）功能之间的关系，利用企业规划法中的 U/C 矩阵工具对机场陆侧交通协同化管理系统进行分类规划。机场陆侧交通协同化管理系统 U/C 矩阵划分结果如表3所示。经检查，U/C 矩阵满足完备性、一致性及无冗余性检验。

表3　机场陆侧交通协同化管理系统 U/C 矩阵划分结果

功能＼信息	访问申请	交通统计报告	第三方信息	客票信息	收费记录	蓄车情况	停车泊位信息	列车运营信息	公交巴士信息	手机约车信息	车辆定位信息	交通信号GPS数据	车辆诱导数据	路况信息	航班信息	行李信息	行人流信息	违规信息记录	应急预案	突发事件
注册登录	C	C																U		
交通信息查询	U		U			U		U	U					U						
交通信息发布		C	U			U								U	C					
第三方数据共享	U	U	U																	
客票信息查询	U			C	U			U	U											
移动收费				U	C													U		
蓄车管理						C														
停车管理						C	C													
反向寻车						U	U				U									
轨道运营管理			U			U		C						U						
公交巴士管理			U			U			C											
手机叫车服务			U			U				C	C	U								
车辆定位显示						U				U	C	U								
车辆调度管理						U		U	U					U						
交通信号控制												C	U					U		
车辆诱导管理												C	U					U		
机场道路管理										U		U	U	C				U		
匝道控制												U	U					U		
行包管理			U												U	C		U		
行人指引																	U	U		
交通违规处置																		C		
交通流量监测																	C			C
短时交通预测	U																U			
应急仿真																			C	
紧急预警																			U	U
应急指挥						U								U	U				U	U

根据 U/C 矩阵中 U、C 的聚集程度划定不同选框，并对系统进行分类。每个子系统及相应模块使用的信息（U）都不完全处于划定选框内，选框内模块之间产生的功能（C）信息也并不唯一，说明了该管理系统的协同性与综合性，以及子系统管理模式的交互性与模块化[4]。据此，可将机场陆侧交通协同化管理系统大致划分为 4 个子系统和相应的 9 个运行模块，如图 3 所示。

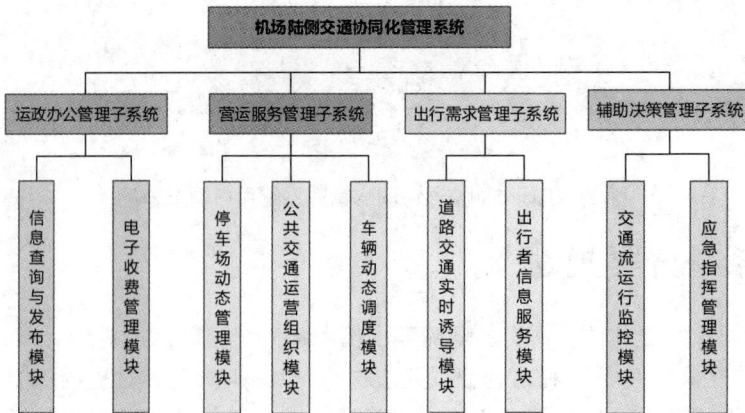

图3　机场陆侧交通协同化管理系统的组成

5 机场陆侧交通协同化管理系统的结构设计

5.1 业务功能结构

对于陆侧交通协同化管理系统所划分出的子系统,运用数据流图(DFD)分析各子系统之间的业务功能流程结构,分析时采取的是"自上而下、逐层分解"的逻辑,其形式化定义有数据处理、数据存储、数据流及接口。对此利用多级分化的数据流图进行系统的逻辑结构分析,分析系统顶层业务功能结构(见图 4)中管理的基础数据库是数据共享信息库,同时对系统顶层业务功能结构做进一步细分,得到系统中间层业务功能结构(见图 5)。

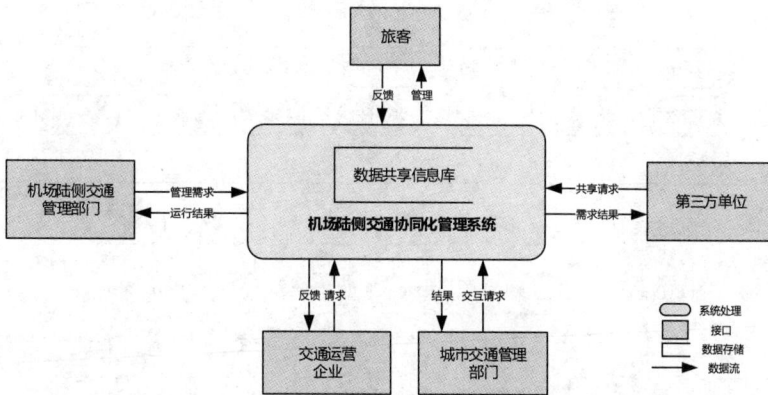

图 4 系统顶层业务功能结构

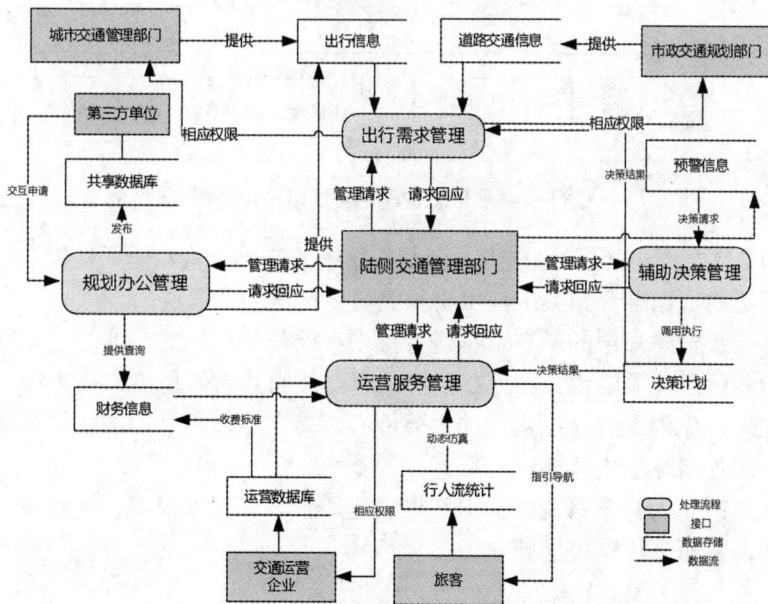

图 5 系统中间层业务功能结构

5.2　管理平台逻辑结构

系统顶层业务功能结构设计中，数据共享信息库是系统协同管理应用的主要路径，基于此设计共享信息管理平台逻辑结构模型（见图6）。

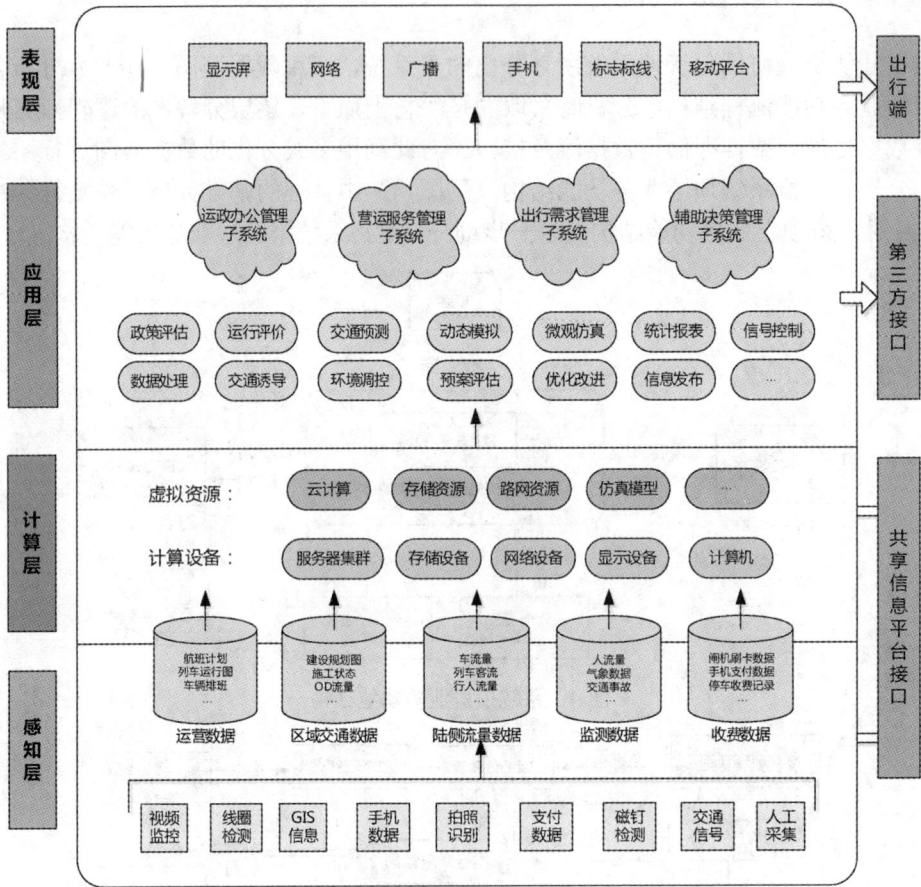

图6　共享信息管理平台逻辑结构模型

（1）感知层（数据访问层）：作为平台数据系统的基础，从各子系统提取收集相关的数据信息，进而运用数据融合和集中技术将相关数据传送到计算层。

（2）计算层：对感知层的所有数据进行集中存储与整理计算，鉴于数据共享时多部门之间存在的敏感信息，需要设置相应权限提供选择性的共享信息接口。

（3）应用层：作为系统功能实现的主要核心，其主要作用是形成机场陆侧交通系统各子系统的管理运行指标与执行评价。

（4）表现层：作为整个系统的输出结果表达，管理者可以根据表达对象的不同设计不同的语言载体，从而进行模块化处理。

6 机场陆侧交通协同化管理实现的关键技术探讨

交通预测、分析、评估等关键技术体现在系统逻辑结构模型的各个层次，以系统功能实现的应用层为例，前期主要的交通技术是实时交通信息的采集，之后的应用关键技术可以从宏观和微观两个层面进行探讨（见图7）。微观层面上，主要对机场的交通流进行实时场景仿真及预测状态模拟，仿真的对象是结合人车互动的陆侧混合交通流[5]，往往多智能体（Multi-Agent）建模较有优势；宏观层面上，根据仿真结果进行动态评价，构建综合的评价模型时，需要以常态管理下旅客满意与应急状态下系统优化为主要目标，并结合评价分析结果相应地提出系统优化举措，以便机场管理者决策。

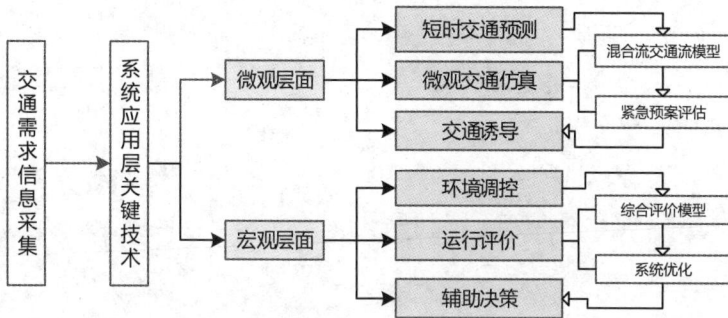

图7 系统应用实现的关键技术与方法

7 结语

本文重点从机场陆侧交通流的优化管理出发，从管理系统规划与结构设计的角度对机场陆侧交通协同化管理系统进行了基础性研究，发现综合协同的陆侧交通综合管理系统是目前枢纽机场管理的切实需求。对于系统实施，建议考虑采用"总体控制，分块设计，分期实施，协同发展"的实施方式。在系统实施之前，应作出完善的研究专项需求分析，统一协调多方运营主体意愿，规范统一数据标准。在系统实施时，应建立完善的规章制度和与系统相适应的现代管理体制，有相应的技术人才和多方融合的应用数据。在系统实施之后，应建立有陆侧交通流参与的相关的评估反馈机制，以便不断完善和优化系统的综合管理能力。

参 考 文 献

[1]　邢滨. 航班协同决策系统的研究和实现[D]. 大连：大连理工大学，2014.

[2]　贾俊华. 大面积航班延误下机场应急疏散研究[D]. 南京：南京航空航天大学，2018.

[3]　梁潇. 虹桥机场陆侧交通智能化管理平台优化设计研究[J]. 交通与运输（学术版），2017（02）：42-45+31.

[4]　张建. U/C 矩阵在信息系统功能划分中的优化与研究[J]. 贵州大学学报（自然科学版），2008（01）：1-5.

[5]　胡亚光. 枢纽机场陆侧交通流动态运行管理研究[D]. 天津：中国民航大学，2018.

数据驱动的港口综合治理探索
——以盐田港后方陆域为例

徐丹　林钰龙　孙超　谢武晓

（深圳市城市交通规划设计研究中心股份有限公司，深圳 518057）

【摘要】港口作为全球供应链的重要枢纽，是物流、信息流、资金流的交汇点。国家发布一系列政策明确提出大力推进物联网、云计算、大数据等新一代信息技术在港口推广应用，全面提升港口物流供应链一体化服务水平与行业综合治理能力。本文以位于盐田港腹地的后方陆域为例，深入剖析其面临的客货混行严重、货运作业效率低、停车难等问题，利用智慧赋能打通港口作业、物流运输、停车服务等港区作业信息，构建"信息共享+预约调控+主动管控"的港城一体化管理平台，有效缓解港城矛盾，实现安全高效、主动管控的港口作业全过程管理，助力盐田港建设全球领先的港口基础设施和集疏运体系，以期为港口物流信息化综合治理及一体化服务提供有益借鉴。

【关键词】港口综合治理；智慧赋能；一体化服务；港城矛盾

Data-Driven Exploration of Comprehensive Port Management: Taking the Land Area Behind Yantian Port as an Example

Xu Dan　Lin Yulong　Sun Chao　Xie Wuxiao

（ Shenzhen Urban Transport Planning and Design Research Center, Shenzhen 518057, China ）

Abstract: As an important hub of the global supply chain, the port is the meeting point of logistics, information flow and capital flow. The state has issued a series of policies that clearly propose to vigorously promote the promotion and application of next-generation information technologies such as the Internet of Things, cloud computing, and big data in ports, and comprehensively improve the integrated service level of the port logistics supply chain and the comprehensive management capacity of the industry. This article takes the rear land area located in the hinterland of Yantian

Port as an example to deeply analyze the problems of mixed passenger and cargo traffic, low efficiency of freight operations, and difficult parking, etc., and uses wisdom to enable port operations, logistics, parking services and other port areas. Operation information, build an integrated port and city management platform of "information sharing + reservation control + active management and control", effectively alleviate the contradiction between port and city, realize the safe, efficient and active management of the whole process of port operations, and help Yantian Port build a world-leading port base Facilities and gathering and transportation systems are expected to provide useful reference for comprehensive management and integrated services of port logistics informatization.

Keywords: Comprehensive Port Management; Smart Empowerment; Integrated Services; Port-city Conflicts

1　引言

当前我国迎来全面建成小康社会决胜阶段，社会经济发展进入新常态，全面深化改革进一步释放红利，国家相关政策为港口的发展提供了良好机遇。国家发展和改革委员会、交通运输部等部委发布《关于推进港口转型升级的指导意见》《关于开展智慧港口示范工程的通知》《关于建设世界一流港口的指导意见》，强调抢抓新一轮科技革命和产业变革的历史机遇，提出要推进智慧港口示范应用，实现港口服务全流程自动化、智能化，提高港口物流效率和智能化水平。深圳市以提高城市治理能力和服务品质为重点，全力打造全球航运物流枢纽城区。深圳市政府提出将深圳港打造成为绿色智慧的国际枢纽港，与香港港共建国际航运中心。作为全市改革创新"试验田"，盐田具备与生俱来的改革基因和良好基础。盐田区借改革"东风"，依托"东进战略"和"智慧城市"的实施，推动盐田转型升级，引导盐田港物流业向高端化发展，发挥盐田港作为华南远洋主枢纽港的重要作用，支持深圳打造"全球航运物流枢纽城市"。

由此可见，传统行业的转型升级背景使我国港口依靠港口投资、能力增长来获取效益持续增长的空间已十分有限。在已有信息化建设成果的基础上，通过数据驱动和信息化、智慧化手段全面提升港口物流服务的供给质量和效率，是港口企业的核心竞争力和发展方向[1-3]。本文以位于盐田港腹地的后方陆域为例，深入剖析其面临的客货混行严重、货运作业效率低、停车难等问题，利用智慧赋能打通港口作业、物流运输、停车服务等港区作业信息，构建"信息共享+预约调控+主动管控"的港城一体化管理平台，有效缓解港城矛盾，实现安全高效、主动管控的港口作业全过程管理，助力盐田港建设全球领先的港口基础设施和集疏运体系，以期为港口物流信息化综合治理及一体化服务提供有益借鉴。

2　国内外港口信息化发展概况

2.1　国外港口发展：全面应用信息化技术升级港口运营服务水平

国外注重通过现代科技与港口业务深度融合，重构多边界、系统化的港口生态圈，打造智能、高效、安全、绿色、开放、创新的智慧化港口。作为美国第四大集装箱港，奥克兰港基于港区内部和周边拥堵常发、进港作业排队时间长、违规停车、交通事故响应效率低等问题，依托港口交通指挥中心，采集整合港口作业、货运车辆、周边道路路况等信息，预测货车排队时长；动态调控周边道路信息控制，实现从"被动管理"向"主动治理"转变；利用 GoPort App，提供港口排队、排队等待时间预测、停车位信息、停车预约等一站式港口服务[4,5]。新加坡港作为世界上最繁忙、利用率最高的国际大港，注重借助先进信息技术提升港口运营效率和服务水平；率先建立互联互通的信息平台（PortNet），打通港口物流链上下游环节的数据链，实现码头、船公司、货主、政府、运输公司等相关利益方的信息交换共享；依托港口大数据中心，开展基于大数据的基础设施建设、生产运营、客户服务、市场预测、业务创新等应用，提出大数据治港理念[6]。作为欧洲最大的贸易港和世界信息大港，鹿特丹港在智慧港口方面的探索与实践处于世界领先水平。通过大数据、物联网、智能控制、智能计算等技术手段，强化堆场内作业、道口进出等全过程的自动化、一体化控制，建立完善的信息化基础设施、港口运营管理 CITOS、信息平台 Portbase System 及港口大数据中心，实现港口物流数字化、自动化、高效化、标准化运营和服务[7]。

2.2　国内港口发展：建设逐步信息化、一体化管控实现业务协同

近年来，我国港口在智能化建设方面大胆创新，通过推动新一代信息技术与传统港航业务深度融合，促进港口相关领域流程再造、管理创新和业务协同，初步实现业务单证电子化、生产作业自动化、内部监控可视化、行业监管痕迹化、用户服务移动化、全程业务协同化等系列目标[8]。例如，作为"一带一路"重要节点港口枢纽，宁波港从全局角度推进整体港口效率提升和产业经济转型升级，探索"互联网+"的智慧港航路径，确立以物联网技术和现代互联技术为基础的五大港城信息系统，实现对港口集装箱调配、生产协同、物流监控等的平台可视化，并积极开展相关产业布局[9]。另外，青岛港完成了 20 类港口作业主要业务单证电子化；上海港通过实施设备交接单（EIR）无纸化，每年可节约单证印刷和传递成本 4 亿元[10]。

3　我国港口信息化建设和业务治理现状

3.1　港口交通系统：城市交通与港城交通重叠，易造成疏港道路拥堵

港口活动和城市活动既相互促进又相互制约，港城集疏运通道连接港城与腹地，是港城赖以生存和发展的外部条件。港城融合发展，需要港口和城市各方面的相互协调，才能互惠互利，否则将产生负面影响。然而由于港口和城市发展的不一致性，我国在进行城市总体规划等上层规划的时候尚未考虑港口集疏运体系专项规划，而在港城规划和建设过程中受前期成本控制，往往容易忽略周边城市交通的出行情况，从而使得港城道路以及货运交通路线功能难以与周边用地性质相协调。港城集疏运通道在缺乏系统规划和引导下，城市内部交通易与疏港交通重叠、交织，造成疏港道路拥堵[11]。

3.2　港口信息化建设：信息系统相对独立分散，数据资源难共享应用

目前，国内港口各相关单位及部门分别隶属于不同部门管辖，各单位间信息系统相对独立和分散，港口船舶、生产、库场、设备、人事、财务、货源等业务管理系统大多未实现集成化和信息共享。系统数据分散导致"信息孤岛"的存在，区域物流枢纽数据交换不畅，计算机信息管理系统未能充分发挥智能管控作用，对外信息服务能力薄弱，导致在系统应用实施投入大量资金和人力却收不到相应的成效[8]。

3.3　港口业务流：业务管理系统数据库标准不统一，信息传输不畅通

港口作为物流节点和枢纽，是物流链上下游高效协同的关键环节。目前我国部分港口业务管理系统数据库标准不统一，导致信息资源基础不一致，信息资源基础不能适应信息化建设和业务发展需求；有的港口系统信息采集渠道单一，手段落后，信息量不够全面，传输渠道不畅通，对采集的信息加工处理能力薄弱，使得信息资源潜力无法充分发挥。未来需要基于数据驱动的物联网信息平台，整合物流链、价值链信息资源，解决信息"孤岛"、信息不对称等问题，实现基于信息平台的智慧化港口管理和决策[10]。

3.4　港口业务服务：信息化技术运用不足，物流供应链理念有待提升

港口作为枢纽体系，面向港口物流链上下游企业、口岸单位、政府监管部门、港口客户，港口服务功能经逐步提升到供应链整个平台，使港口成为供应链网络众多资源的集聚者、整合者和控制者。我国港口在改革开放的40多年里，已取得了举世瞩目的发展成就，

特别是港口基础设施和装备的建设，已无愧于世界港口大国的称号。但在现代信息化技术的运用、现代物流供应链理念的提升、港口核心竞争力的打造等方面，发展还很不平衡[12]。

4 盐田港后方陆域现状和转型需求

4.1 盐田港后方陆域整体现状

近几年，盐田港集装箱吞吐量已进入平稳增长期，未来东港区投入使用后吞吐量将进一步增长。疏港结构以公路运输为主，约占疏港总量的 87%，公路疏港占比大对道路货运交通组织和管控提出了更高的要求。目前，盐田管理局依托盐田分中心与市交通运输局的联动平台，接入视频联网、道路运行指数、公交协同等系统，使盐田交警大队及海关具有一定的信息化基础。港口物流业也在各个节点进行了信息化建设，运输企业建立了相关的物流信息服务平台，但仍然存在信息系统各自为政、信息共享不充分等问题，导致数据资源难以有效利用。

位于盐田港腹地的后方陆域土地空间紧缺、基础设施薄弱、历史遗留问题复杂、功能布局和公共服务长期滞后等问题日益突出，导致内陆港和堆场分布不合理，整体疏港比例失调，引发客货混行严重、货运作业效率低、停车难等问题。与国内外先进港口相比，盐田港后方陆域港城矛盾突出、港口信息化水平较低、港口业务服务链条不畅通，成为长期制约盐田港物流业转型升级和城区品质跃升的"卡脖子"问题。

4.2 盐田港后方陆域转型升级需求

4.2.1 缓解港城矛盾、提升安全防控能力的需求

盐田港后方陆域大部分次干路及以上等级的道路存在货车比重高、客货混行严重、货柜车占道违章停车现状严重等问题，极大影响了盐田港后方陆域居民交通出行的安全性和良好的慢行体验。大部分内部道路货车比重在 50% 以上，其中明珠道等超过 70%，重大事故多发生在客货混行路段，易引发道路交通事故，需要精准掌握梧桐山大道、明珠道、北山道等进港作业通道的货车运行时空特征，强化货运引导，实行客货分离，降低客货冲突。

智慧交通建设作为重要抓手和突破口将有助于推动盐田新时期转型发展和品质跃升，云平台是盐田智慧交通的重要组成部分。通过建设港城一体化管理平台，结合区域道路主动管控，可有效缓解港城矛盾，提升道路安全水平和居民生活出行体验。

4.2.2 提高作业透明度、提升作业链效率的需求

预约作业普及不高，港口货柜车作业信息不对称不共享，导致提/还柜难、进出闸口无序排队；此外部分车辆作业需要多次进闸，增加了排队风险，空车比例高达 34%，增加道路压力和路边临时停车需求，根据作业链从司机取单进港到出港全过程至少出现 2 次进出闸、1 次空箱跑和 1 次临时停车情况，需要打通作业信息，优化作业链，提升效率。

通过港城一体化管理平台信息化建设，打通港口作业、物流运输、停车服务等港区作业全过程信息平台，实现行业作业信息共享透明，提供进港预约、提/还柜预约、停车预约

等一体化作业链服务，极大地提高货运企业的司机货运业务和服务效率。

4.2.3　缓解停车位紧张回潮、停车难问题的需求

据盐田街道办提供的数据显示，由于政府在二期围网周边提供的停车补贴到期，将导致 2022 年停车难问题回潮，再次引发货柜车停车难、违停等问题。据盐田后方陆域停车调查显示，等待进港、等候堆场作业、等候监管仓作业及路侧拿单等是盐田后方陆域停车的弹性需求，占比约 46.6%，需要通过货车停车管理，均衡停车供给，远期强化货源地管理手段，转移辖区的停车需求。

4.2.4　加强业务精细管控、政府高效监管的需求

随着盐田港的日益发展，港区物流配套功能压力越来越大，区域性港口竞争日趋激烈，这势必对后方陆域的港口物流业整体效率提出更高的要求。当前，信息化系统是随着业务需要复用市区的众多系统，但整体相对分散、功能单一、业务协同性不高、以行政审批和业务管理为主，难以有效支撑交通治理、物流运营、运输管理和出行服务等核心业务的精细化管控，需要通过构建一体化港城交通系统，运用智慧化手段提升后方陆域动态管理决策和跨业务协同能力，以满足盐田港管理部门高效监管的需求。

5　基于数据驱动的港口综合治理探索

围绕一体化监测、智慧决策、行业监管、智慧服务四大功能，打通港口作业、物流运输、停车服务等港区作业全过程信息，构建"信息共享+预约调控+主动管控"的港城一体化管理平台，以有效缓解港城矛盾，实现安全高效、主动管控的港口作业全过程管理。基于数据驱动的港口综合治理目标如图 1 所示。

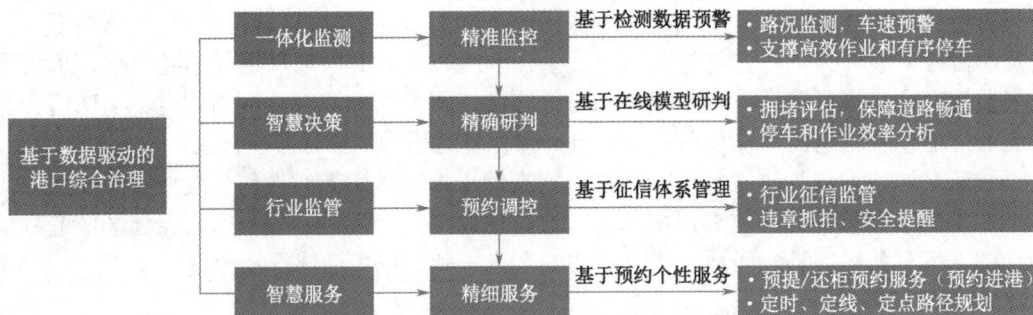

图 1　基于数据驱动的港口综合治理目标

注重与现有平台进行对接，实行交通运行数据、优化决策数据、货运服务数据、行业征信数据、预警告警数据等汇总，应用到一体化监测、智慧决策、行业监管、智慧服务系统中，解决数据"孤岛"、信息化资源分散、重复建设等问题，按照"采集-归集-融合与应用"的流向，实现数据资源的汇聚归集及共享共用，并支撑四大功能应用。基于数据驱动的港口综合治理数据流如图 2 所示。

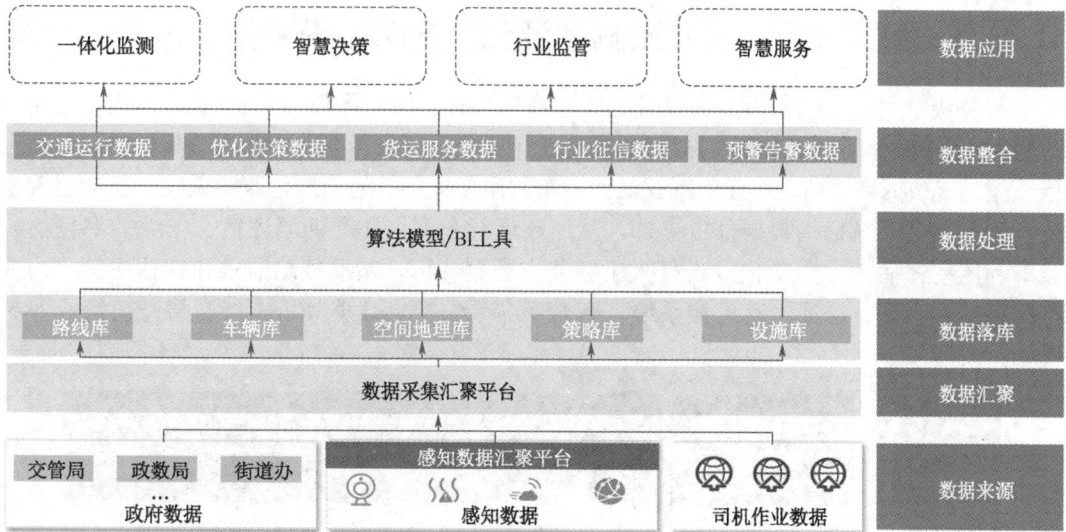

图 2 基于数据驱动的港口综合治理数据流

5.1 一体化监测：全方位监控，辅助决策交通治理和应急指挥

通过建设闸口排队监测预警模块，实现监控后方陆域路况、道路事件、货运车辆停车及港口作业等；通过对现有交通视频信息资源、港口物流涉及重要节点（堆场、码头、停车场）视频资源、货柜车 GPS 位置信息资源的整合统一展示，结合智慧决策系统的部分分析结果直观展示，帮助监管部门实时全面掌握当前交通状况和集装箱车辆、重要场所的作业状态，为交通治理或应急指挥提供辅助决策支持。功能的实现以市交通局、政数局、交警大队共享接入数据和自采集数据为基础，通过对现有交通视频信息资源、港口物流重要节点（堆场、码头、停车场）视频资源、货柜车 GPS 位置信息资源的整合统一展示，并对道路拥堵和特殊事件、闸口排队溢出及违停行为进行预警，形成预案响应机制。其一体化监测业务流程如图 3 所示。

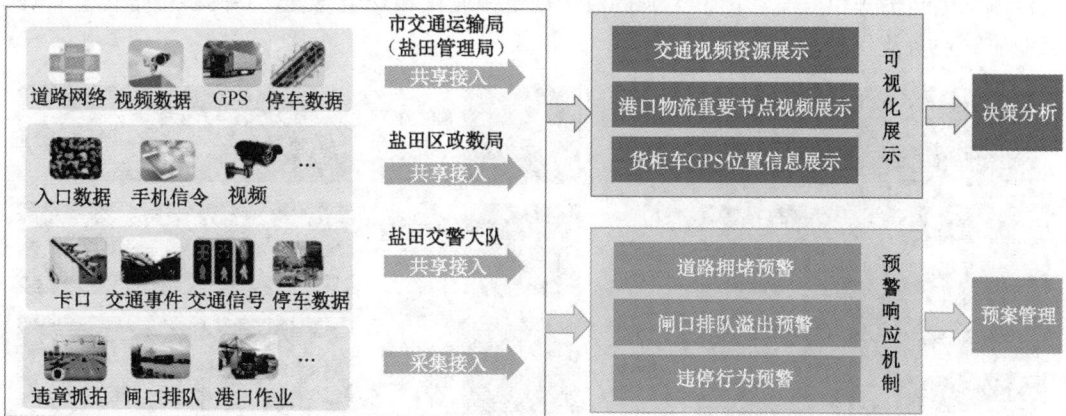

图 3 一体化监测业务流程

5.2　智慧决策：精准预测及评估，支撑监管决策和差异化服务

智慧决策用于关联分析平台整合的各项数据，针对面（区域）、线（道路）、点（场所/车辆）3个维度从现状、效率（速度）、安全3个方面进行人工智能大数据分析，通过道路运行预测、交通拥堵评估、作业效率评估、停车利用率评估，为一体化监测系统、行业监管系统、智慧服务系统提供数据分析支持。从道路运行预测、交通拥堵评估、作业效率评估、停车利用率评估4个专题出发进行人工智能大数据分析，精准预测需求和评估决策，为重点车辆监管系统、交通主动管控系统、智慧服务系统提供数据分析支持。智慧决策业务流程如图4所示。

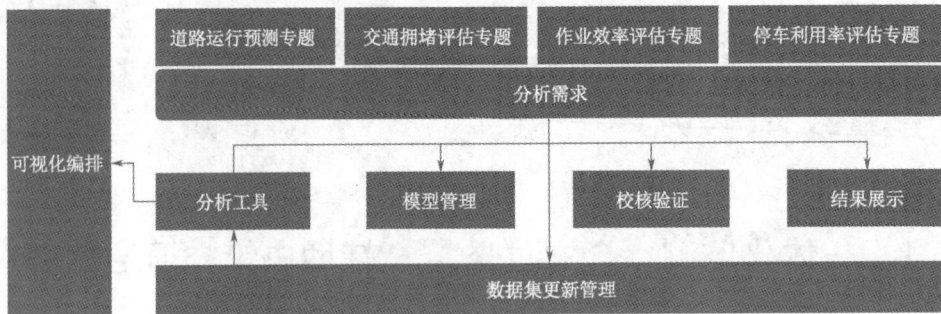

图4　智慧决策业务流程

5.3　行业监管：汇聚货运全要素征信信息，规范透明作业流程

行业监管实现预/还提柜预约监管，为司机提供定时、定线、定点路径规划、预约过闸监管、预约失信监管；实行行业征信服务，通过货运企业、App、小程序向货车司机出行全过程推送城市路况、排队预约/提醒/等待信息，将违规进港行为纳入征信管理；实行道路主动管控，实行货柜车违章抓拍和路口信控优化。功能的实现基于预约数据，通过对后方陆域货运行业人、车、货、企业、信用全要素，以及出现前、出行中、过闸作业全过程在线监测，协同执法和征信管理，实现货柜车规范作业化和安全驾驶，并同步征信信息管理。行业监管业务流程如图5所示。

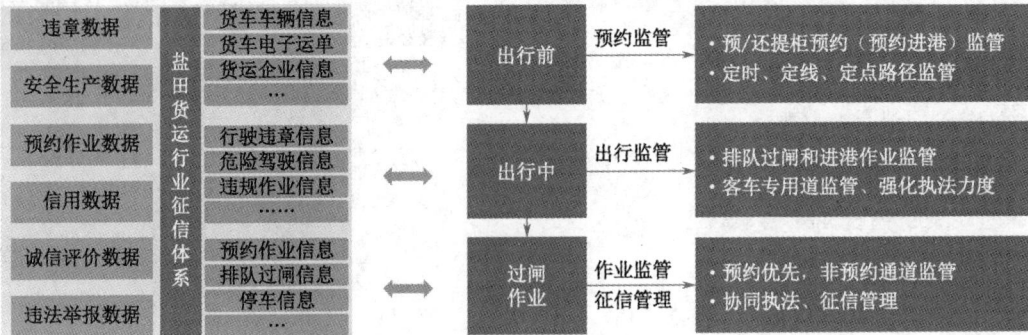

图5　行业监管业务流程

5.4 智慧服务：整合货运行业数据，差异化提供智慧服务信息

智慧服务通过接入出行信息数据、道路运行状况数据、货柜车停车数据、预约作业数据，预留货运单办理服务接口，提供出行信息引导服务。结合道路信息屏，实时提醒行驶车辆车速和过街行人检测信息，提高过街安全水平，实现安全提醒服务；通过手机 App、第三方图商等渠道提供货车停车预约及室内引导服务；基于企业网站、易提柜 App、I 深圳等渠道，提供过闸预约、提/还预约、柜预约、货运单办理等预约作业服务，并提供奖励、优惠、补贴等行业相关政策/规划信息查询和发布服务。功能的实现基于预约进闸、作业、停车、出行等监测数据，结合港口码头实际容量进行动态调配，并通过 App、企业网站、微信小程序等渠道将信息实时推送给司机和企业。智慧服务业务流程如图 6 所示。

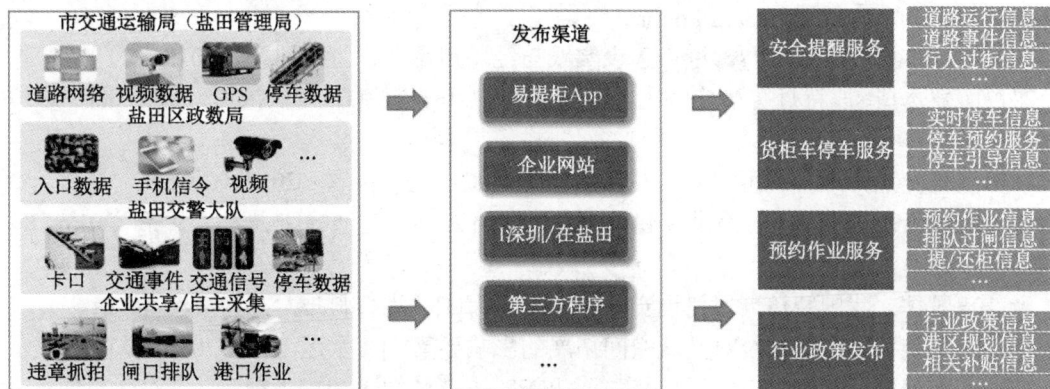

图 6 智慧服务业务流程

结合发展需求，遵循"积极稳妥，有序推进""先易后难，先硬件后软件，机制逐步跟进"的步骤完成建设，注重整体性、系统性和前瞻性，统筹考量业务需求急用、技术的成熟程度、政策法规的放宽程度等因素，分 3 个阶段推进建设。第一阶段实现总体框架调研、统一标准；第二阶段进行四大功能建设，打牢基础；第三阶段打通对外接口，实现跨部门跨系统融合互通。

6 结语

盐田港后方陆域一体化管理平台致力于实现数据平台一体化、信息应用共享化、预约调控主动化、行业监管透明化和业务服务多样化，通过一体化监测、智慧决策、行业全要素监管、智慧服务四大链条构建"信息共享+预约调控+主动管控"的港城一体化管理平台，以有效缓解港城矛盾，提高集装箱物流行业整体信息化和智慧化水平，预期实现进港排队时间节约 15～20 分钟、货运空箱与重箱比例下降 10%、临时停车行为减少 10%，为港口物流信息化综合治理及一体化服务提供有益借鉴，具有广阔的应用前景。

参 考 文 献

[1] 吴淑. 世界港口发展趋势及我国港口转型升级的应对措施[J]. 水运管理，2014，036（008）：12-14.

[2] 刘靖战，蔡银怡. 粤港澳大湾区背景下的智慧港口发展思考[J]. 珠江水运，2018，470（22）：109-111.

[3] 张鸿冶. 大连港智慧物流协同平台建设规划研究[D]. 大连：大连海事大学，2008.

[4] Port of Oakland. https://www.portofoakland.com/press-releases/port-oakland-receives-final-funding-seaport-technology-program-/?lang=zh.

[5] Global Opportunities at the Port of Oakland (GoPort). https://www.alamedactc.org/wp-content/uploads/2018/12/goport.

[6] 罗本成. 新加坡智慧港口建设实践与经验启示[J]. 港口科技，2019（7）.

[7] 罗本成. 鹿特丹智慧港口建设发展模式与经验借鉴[J]. 中国港口，2019，000（001）：20-23.

[8] 张文杰，邢军. 智慧港口发展趋势研究[J]. 港工技术，2017（2）.

[9] 黄雨琪. 宁波港智慧港口建设与港城经济发展战略选择[J]. 港口经济，2017（8）：34-36.

[10] 殷林. 我国智慧港口建设实践和发展思考[J]. 港口科技，2019（8）.

[11] 何姜姜. 交通系统对港城空间拓展的影响要素[J]. 水运工程，2019（9）：27-31.

[12] 陶德馨. 智慧港口发展现状与展望[J]. 港口装卸，2017（1）.

新基建环境下城市智慧交通规划建设趋势浅析①

邱海　翟东伟　王义生　高永

（深圳市城市交通规划设计研究中心股份有限公司，深圳 518057）

【摘要】新基建是我国在当前特殊发展形势下实现跨越式发展的关键决策，新基建将带来城市交通建设模式和内容的重大转变。本文以新基建在城市交通领域建设内容和影响为切入点，着重探讨在新基建环境下城市智慧交通规划建设的变化和发展趋势，重点针对如何处理信息技术快速更迭与交通基础设施长期稳定的矛盾、如何实现智慧交通应用与城市产业协同发展、如何以新基建催生交通服务新模式等难题开展讨论，并提出相对应的解决措施和建议。

【关键词】新基建；智慧交通；交通数字孪生系统；车路协同；自动驾驶

Analysis on the Trend of Urban Smart Transportation Planning and Construction Under the New Infrastructure

Qiu Hai　Zhai Dongwei　Wang Yisheng　Gao Yong

（Shenzhen Urban Transport Planning Center, Shenzhen 518021, China）

Abstract: The construction of new infrastructure is a key decision for China to achieve leapfrog development under the current special development situation. The new infrastructure will bring a major change in the mode and content of urban transportation construction. This article focuses on the impact of the new infrastructure on the construction content of the urban transportation field. Focused on discussing the development trend of urban smart transportation planning and construction in the new infrastructure environment, focusing on how to deal with the contradiction between the rapid change

① 基金：深圳市工业和信息化产业发展专项资金"创新链+产业链"融合专项扶持计划项目（20190830020003）

of information technology and the long-term stability of transportation infrastructure, how to realize the coordinated development of smart transportation applications and urban industries, and how to use new infrastructure to promote transportation carry out discussions on difficult problems such as new service models and put forward corresponding countermeasures and suggestions.

Keywords: New Infrastructure; Intelligent Transportation; Traffic Digital Twin System; Vehicle-road Collaboration; Autonomous Driving

1　引言

近年来，物联网、大数据、云计算、车联网、人工智能等新兴信息技术为智慧交通的发展注入了新的内涵，智慧交通服务领域的关注点由原来面向规划部门的交通运输业务和面向公安部门的交通管理业务转向基于数据驱动的面向企业的自动驾驶和面向出行者的智慧出行领域。2019 年 9 月国务院印发的《交通强国建设纲要》中提出大力发展智慧交通，推动大数据、互联网、人工智能、区块链、超级计算等新技术与交通行业深度融合[1]。2019 年 7 月交通运输部印发的《数字交通发展规则纲要》中提出要实现交通要素数据化，并首次在国家文件中倡导 MaaS 出行服务理念[2]。此外，国内众多企业纷纷布局智慧交通业务，例如，2018 年 9 月，百度与华为、联通开展基于 5G 网络技术的智能交通和远程驾驶展示；同年，阿里巴巴达摩院与交通运输部公路科学研究院成立车路协同联合实验室[3,4]。然而，在国内智慧交通建设的热潮下，受诸多技术尤其是智慧交通基础设施的影响，智慧交通的发展速度较为缓慢。新基建的建设，将极大地改善智慧交通发展的基础环境，为智慧交通的发展注入新的活力。

本文以新基建建设内容和影响为切入点，分析在新基建环境下城市智慧交通规划建设的变化和发展趋势，着重针对信息技术快速更迭与交通基础设施长期稳定的矛盾，实现智慧交通应用与城市产业协同发展、新基建催生交通服务新模式等难题开展讨论，并提出相对应的对策措施建议。

2　我国智慧交通系统建设现状

2.1　智慧交通发展阶段

我国在 20 世纪 90 年代开始智慧交通系统的建设，其目标是解决交通供需不平衡问题，以建立一个全方位的，实施准确、高效的综合运输系统，以达到保障安全、提高效率、改善环境、节约能源的目的。在这一阶段，智慧交通系统的建设主要是以政府主导的为解决单一目标进行的分散性建设。例如，依托智能监控对区域内高速公路、国道省道、互通立交、桥梁、收费站实施全面监控，以实时掌握道路信息智慧道路的服务中心；依托 GPS、互联网技术，以公共交通为重点，为公共交通提供全方位的长途客运、公交、铁路、民航等服务信息的智慧运输综合服务中心；依托检测器、微波、雷达等收集的信息，支撑交通管理部门科学配置交通信号方案、道路管制、事故处理与应急救援的智慧城市交通指挥中心等[5,6]。

人工智能、大数据、移动互联、云计算等技术的发展，为整个交通系统带来了革命性的变化，同时也推动了智能交通本身的技术和内涵的变化。在这一阶段，在智能交通系统规划与建设层面实现了多部门的统筹，交通大数据实现了集中和互联互通。这一阶段的典型特征是"城市交通大脑"——交通运行监测调度中心（TOCC）的建设和自动驾驶的初步示范应用。

2.2 存在的问题

虽然智慧交通的规划与建设近年来受到了我国政府的重视，但在具体规划建设过程中仍存在以下问题。

2.2.1 智慧交通惠民便民广度不够

现阶段智慧交通的建设更多的是考虑交通应急指挥、交通安全、交通组织管理等，对民众的智慧出行缺乏相应考虑，城市信号控制、监控等智能交通硬件设备的设置也都从管理者需求角度考虑，为民众服务方面相对薄弱。

2.2.2 政府与市场建设边界模糊

在智慧交通建设过程中，政府和市场的边界没有明确界定。在一些地方，政府直接做了本应由市场做的事。例如，直接开展数据感知采集、智慧交通平台的建设，带来了政府部门多头建设、重建设轻监管、重形式轻内容等一系列问题。

2.2.3 数据管理、挖掘和应用不足

"城市交通大脑"的建设虽初步实现了多部门的交通数据汇聚，但由于之前缺乏数据格式和标准规范的统一，数据质量难以保障，公共数据的开放程度不足。不少系统停留在数据统计汇总的初步处理阶段，对数据的挖掘和分析程度不够。例如，对于城市交通拥堵成因分析及处理仍需要借助人力解决，智能化程度不高。

2.2.4 智慧交通基础设施建设不足

目前与智慧交通相关的基础设施建设停留在信号机、监测器、监控设备等层面，相关设备智能化程度不够。此外，对支持车路协同、自动驾驶的高精度定位技术、传感器技术、通信技术的发展，相关基础设施也不足。

3　新基建环境下智慧交通规划建设发展趋势

新基建建设内容是指 5G、特高压、城际高速铁路和城际轨道交通、充电桩、大数据中心、人工智能、工业互联网七大板块的新型基础设施，具体可以分为信息基础设施、融合基础设施、创新基础设施 3 个方面。其中，信息基础设施是指以 5G、物联网、工业互联网、卫星互联网为代表的通信网络基础设施，以人工智能、云计算、区块链等为代表的新技术基础设施，以数据中心、智能计算中心为代表的算力基础设施等；融合基础设施主要是由深度应用互联网、大数据、人工智能等技术，支撑传统基础设施转型升级，进而形成的，如智能交通基础设施、智慧能源基础设施等；创新基础设施则是指重大科技基础设施、科教基础设施、产业技术创新基础设施等。

交通运输行业一直是我国基础设施建设的重点领域，从新基建建设内容来看，交通是新基建建设的重点服务领域。新基建环境下，智能交通规划建设将有以下发展趋势。

3.1　新基建将催生新一轮智慧交通顶层规划设计热潮

智慧交通的建设与新基建密切相关。例如，与自动驾驶汽车相关的 5G 基站建设和互联网数据中心的打造、5G 框架下的高精度地图及其定位基站（北斗）和路面路况智能化采集系统建设、"城市交通大脑"等大数据中心的建设、对现有 CCTV 系统和交通信号控制系统的改造升级、新能源汽车配套设施和城际轨道交通的建设、智慧交通建设内容的广度和深度及新技术，都要求在建设之初进行统筹规划。

智慧交通的建设普遍存在"重建设、轻规划"的倾向，导致投资浪费和决策失误，因此加强智慧交通顶层规划设计对系统资源共享、系统整体能力发挥及系统功能的可持续均具有重大意义。基于此前智慧交通系统建设经验，新基建建设内容几乎涵盖了所有交通前沿领域，建设内容之广、之新，必将催生新一轮的智慧交通顶层规划设计。在新基建建设环境下，智慧交通顶层规划设计将有两大趋势。第一，对于已开展智慧交通顶层规划设计的城市，将深化智慧交通系统内涵和扩展智慧交通建设内容。第二，智慧交通顶层规划设计市场将下沉。此前受地方财政限制或对新兴技术持观望态度的部分城市，将开展相应的智慧交通顶层规划设计研究。

3.2　新基建将加快交通数字孪生系统建设进程

当前，以物联网、大数据、人工智能等新技术为代表的数字浪潮席卷全球，物理世界和与之孪生的数字世界正形成两大体系平行发展，相互作用。构建交通数字孪生系统，其本质是通过数据全域标识、状态精准感知、数据实时分析、模型支持决策、智能精准执行，构建城市级数据闭环赋能体系，实现城市交通的模拟、监控、诊断、预测和控制，解决城市交通规划、建设、运行、管理、服务的复杂性和不确定性。在交通数字孪生系统建设的全过程中，城市全域部署的智能设施和感知体系是前提，基于多源数据融合的城市信息模型是核心，实现智能操控的"城市交通大脑"是重点。而新基建建设内容几乎涵盖了交通数字孪生系统实际建设过程中的全部短板。交通数字孪生系统建设深圳案例如图 1 所示。

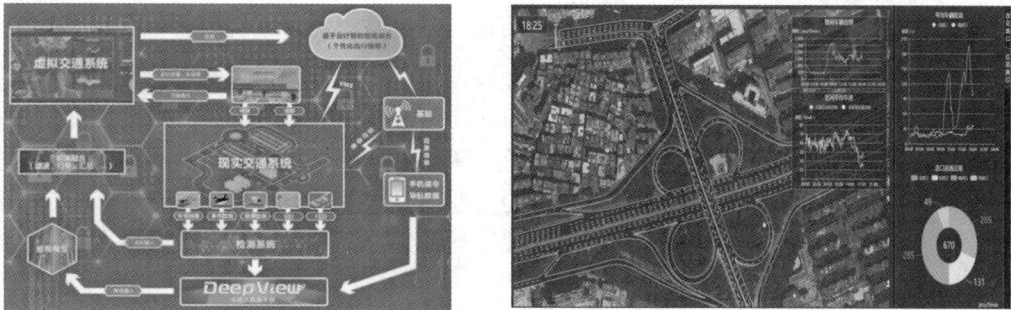

图 1　交通数字孪生系统建设深圳案例

3.2.1　5G 的建设将带动智慧交通基础设施的建设与普及

在新基建建设领域中，5G 被认为是重中之重，中国三大电信公司计划在 2020 年至少建造 55 万个 5G 基站，相比于 4G 网络，5G 覆盖范围更小，基站越来越密集，若以传统方式建设，将带来极高的成本压力和用地压力，因此 5G 的规模建设离不开对现存公路、地铁、隧道、医院等公共设施的共享利用。在此背景下，集路灯、信号灯、道路监控、5G 基站、V2X、一键报警、人脸卡口等设备于一体的智慧灯杆迎来了发展机遇期。

2018 年，深圳市新型智慧城市建设领导小组办公室印发《深圳市 5G 规模组网试点建设工作方案（2018—2019 年）》，提出以打造新型智慧灯杆为目标，推进 5G 规模组网试点建设，实现 4G 向 5G 的平滑演进；并选取侨香路作为深圳市首条智慧道路实验路段，以智慧灯杆为物理载体，以数据为核心，借助物联网、大数据、人工智能等新一代信息技术，完善道路的智能感知、管控与服务设施，构建智能化的设施管控和交通治理体系，助力打造可感知、可运营、可管控、可服务的未来城市[7]。深圳市侨香路智慧灯杆建设案例如图 2 所示。

图 2　深圳市侨香路智慧灯杆建设案例

3.2.2　大数据中心的建设将提高交通信息模型的应用价值

城市交通信息模型是交通数字孪生系统的核心，目前国内许多城市建设了基于多源数据汇聚的交通大数据平台，如北京市交通运行协调中心、杭州城市大脑。但这类交通大数据平台更多的是针对数据本身的管理，缺乏与交通信息模型的结合，在交通问题分析与解决等方面的能力有待提高。在新基建环境下，多源数据的汇聚程度及大数据的分析计算能力将得到大幅提高，基于新一代大数据技术的交通信息模型将能提供更符合实际、更加精准的分析，在政策决策、规划制定、拥堵治理、运营管理、市民出行等方面将发挥更大作用。多层次、一体化交通模型如图 3 所示。

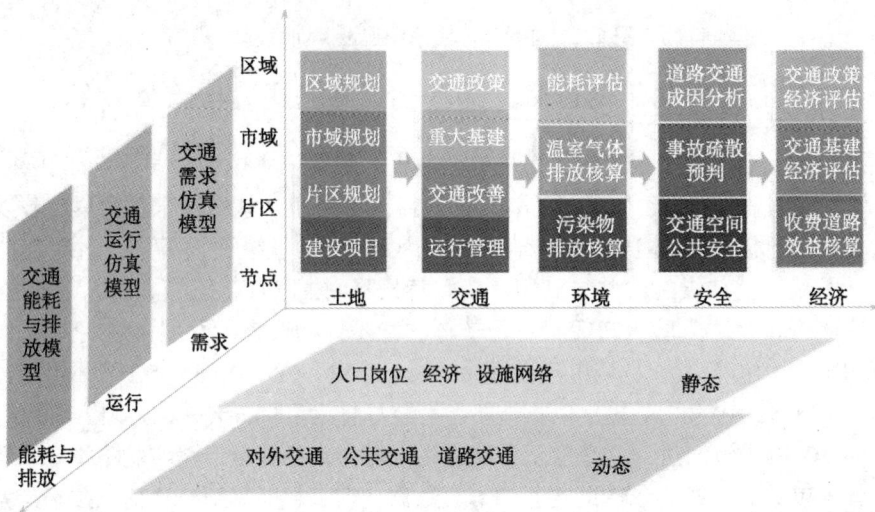

图 3　多层次、一体化交通模型

3.3　新基建将推动车路协同和自动驾驶的实施落地

目前，智能汽车依旧以单车智能为主，主要依赖车载传感器来感知信息，并辅之以高精度地图和高精度定位技术。然而，随着自动驾驶向更高级别发展，每辆车每秒可产生 1 GB 以上的数据量，若仍仅依赖单车智能，车载计算芯片、传感器难以负荷，无疑将造成安全控制、成本控制、功耗控制等多方面的巨大压力，因此基于车路协同技术的自动驾驶是一条较为理想的实现途径。

受限于智慧交通基础设施，目前车路协同与自动驾驶仍处于小范围内的测试和研究阶段，如 2019 年 4 月，百度 Apollo 自动驾驶与车路协同项目在沧州经济开发区落户，项目建成后，将形成"研发-测试-示范-制造"一体化的联动机制，在国内率先开展自动驾驶和车路协同（V2X）研发试验和试点应用。2019 年，深圳市运用公交专用路权+人-车-路协同技术，挖掘道路时空资源，打造车路协同-适时-智慧快速公交，全国首次实现公交车"控制"红绿灯跳转，为会展提供高效、便捷、快速的公交服务。基于车路协同技术的智慧公交技术框架如图 4 所示。

新基建将道路、通信基础设施建设作为重点支持领域，有效降低各地区测试场建设成本，助力扩大测试场测试总量；同时，有效降低测试主体准入门槛，有利于促进技术成果转化,推动现实可行的商业模式探索,推动车路协同和自动驾驶的实施落地。

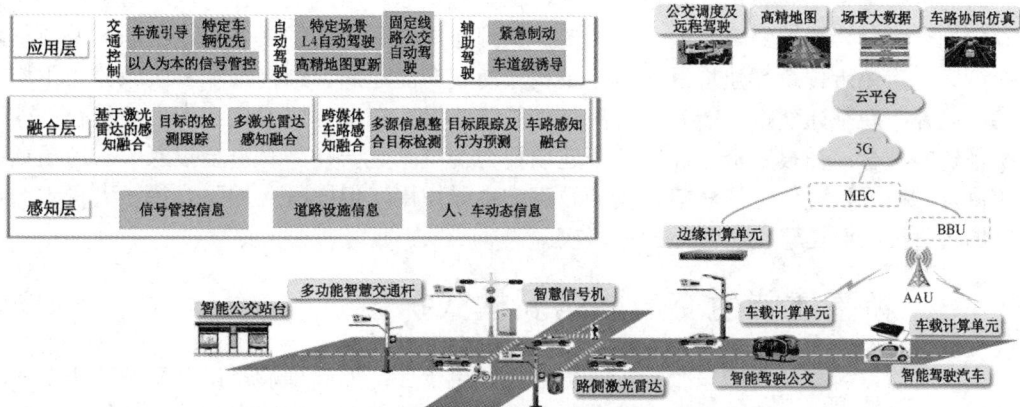

图 4 基于车路协同技术的智慧公交技术框架

4 新环境下智慧交通发展的几个关键问题及建议

4.1 信息技术快速更迭与交通基础设施长期稳定的矛盾

智慧交通是电子信息、互联网等新技术在传统交通运输服务领域的应用,智慧交通既因信息技术快速更迭而具有较强的不确定性,也具有交通运输服务和管理本质的长期稳定性。如何处理智慧交通的变和不变,以及如何平衡智慧交通规划建设的时代先进性、落地实用性和长期迭代生长,历来是城市智慧交通规划建设的巨大技术挑战。

在新环境下,为解决上述挑战,核心思路是寻找智慧交通系统中变与不变的东西——变的是技术、体制机制,不变的是需求。在智慧交通体系框架构建上,随着前端采集设施的不断建设完善,应对应统一相关数据采集标准,并加强数据管理与挖掘,加强应用层的开发与创新。在技术上,强调中央数据的稳定不变,强调前端设备和应用软件随时代变化的持续迭代升级。在体制上,打破具体部门具体业务的切割,强调以人和物的高质量运输服务为不变本质。

4.2 智慧交通应用与城市产业协同发展

根据各省市政府工作报告,2020 年 13 个省市公布投资额达 25.6 万亿元,且多落在人口密集省市。新基建主要涉及以 5G 技术为代表的通信产业链;以智能制造和工业互联网为代表的先进制造产业链;以云计算与大数据为代表的数据中心产业链;以特高压和充电桩为代表的新能源产业链;传统基建补短板的相关产业链。具体到交通领域,主要涉及以车路协同为核心的路侧设备、高精度地图、北斗导航等产业;以智慧道路建设为核心的多功能杆、AI 监测设备等产业；以"城市交通大脑"为核心的数据软/硬件产业链。

为促进智慧交通与城市产业协同发展，在智慧交通顶层规划设计阶段应着重落实相关产业规划，要结合各地经济发展实际状况、合理布局新基建的发展，打造不同区域新基建发展策略，避免走传统基建重复建设、结构失衡、产能过剩、结构错配、区域分布不均的老路；此外，新基建建设不能完全脱离传统基建建设，在实际建设过程中应注重新基建与传统基建的融合；在投融资方面，新基建项目与传统基建一样具有资金投入大、市场壁垒高的特点，在投资主体上依然应该支持政府的主导作用，但同时应加强发挥私人资本的作用，加大科技企业在建设运营中的话语权。

4.3　新基建催生交通服务新模式探讨

上一阶段，智慧交通的核心特征是信息化、电子化，如出行购票由去车站或售票代理处转变成通过互联网在手机上在线购票。而在新一阶段的智慧交通中，核心特征是智能化和自动化。第一，人工智能技术在智慧交通方面将会有更大范围的应用，如视频+AI 分析、更加精确的信号控制系统、更具智慧水平的"交通大脑"等。第二，车辆和基础设施的智能化，即车路协同、自动驾驶汽车。

在新环境下，智慧交通系统对出行者的信息和意愿或将有更全面的掌握，大量的出行数据一方面可以催生新的数据产业链，原始数据本身或将当作生产要素进行市场交易。另一方面全面的出行数据分析将助力"出行即服务"在国内落地及其内涵的延伸，出行除关注乘客的便捷、安全外，出行幸福感将成为重要考虑因素。此外"智慧交通+"或成为新名词，通过交通与其他行业数据融合分析，实现精准描绘画像，以交通牵引智慧城市发展，打造"智慧交通+"的生态圈应用场景，构建智慧城市发展核心驱动力。例如，通过出行者购物信息等分析出行者交通消费意向，进而为出行者提供更加贴心的出行信息服务。

在新环境下，智慧交通的规划建设应该更加注重传输网络、数据管理等方面的安全，加强相应方面法律法规的制定，在利用数据的同时要充分保护出行者的隐私。

5　结语

本文在梳理智慧交通发展阶段的基础上，结合新基建建设内容，分析认为在新基建环境下将催生新一轮智慧交通顶层规划设计热潮，智慧交通顶层规划设计市场将下沉，加快城市交通要素数字化进程，推动车路协同和自动驾驶的实施落地等发展趋势；最后针对信息技术快速更迭与交通基础设施长期稳定的矛盾、智慧交通应用与城市产业协同发展、新基建催生交通服务新模式 3 个方面进行了讨论并提出了相关发展建议。

参 考 文 献

[1]　国务院. 中共中央 国务院印发《交通强国建设纲要》[EB/OL]. (2019-09-19) [2020-09-09]. http://xxgk.mot.gov.cn/jigou/zcyjs/201909/t20190920_3273715.html .

[2]　交通运输部. 交通运输部关于印发《数字交通发展规划纲要》的通知[EB/OL]. (2019-07-28) [2020-09-09]. http://www.gov.cn/xinwen/2019-07/28/content_5415971.htm.

[3]　南方报业传媒集团南方. 华为百度联通携手, 开展基于 5G 的自动驾驶和远程驾驶演示[EB/OL]. (2018-09-27) [2020-09-09]. https://www.sohu.com/a/256516973_100116740 .

[4]　中国公路. 阿里巴巴与交通运输部公路科学研究院成立车路协同联合实验室 [EB/OL]. (2018-09-12) [2020-09-09]. https://www.sohu.com/a/253463065_816710.

[5]　蔡翠. 我国智慧交通发展的现状分析与建议[J]. 公路交通科技(应用技术版), 2013 (6): 230-233.

[6]　陆化普, 李瑞敏. 城市智能交通系统的发展现状与趋势[J]. 工程研究: 跨学科视野中的工程, 2014 (6): 6-19.

[7]　张晓春, 邵源, 孙超. 面向未来城市的智慧交通整体构思[J]. 城市交通, 2018, 16 (05): 5-11.

移动支付模式在地铁中的应用及展望
——以深圳市地铁乘车码为例

周溶伟　黄靖翔　龙俊仁

（深圳市城市交通规划设计研究中心股份有限公司，深圳 518048）

【摘要】近年来，以微信、支付宝等为代表的移动支付模式在国内已逐步取代传统的现金支付模式，各城市相继推出地铁移动支付的新型支付模式。本文以深圳市地铁乘车码为例，首先，总结移动支付模式在地铁中的应用情况和特征。其次，基于 2018 年、2019 年年度乘车码用户 5 万份调查问卷和地铁票务数据，从用户占比、用户个人属性特征、出行特征、使用效果和用后评价等多个方面进行分析，刻画用户画像及出行行为特征，评估现状使用效果和服务缺陷。最后，从提高地铁系统运营效率和改善用户出行体验两个维度，以实现 MaaS 为最终目标，提出移动支付模式在地铁及公共交通系统中的改进方向和发展建议。

【关键词】智能交通；地铁；移动支付模式

The Application and Prospect of Mobile Payment in the Operation of Metro System——A Case Study of Shenzhen Metro QR Code

Zhou Rongwei　Huang Jingxiang　Long Junren

（Shenzhen Urban Transport Planning Center, Shenzhen 518048,China）

Abstract: In recent years, the mobile payment mode represented by WeChat and Alipay has gradually replaced traditional payment modes in China, and many cities launched this new-style payment mode in metro operation. This paper focuses on the case of Shenzhen Metro QR Code. Firstly, applications and features of the mobile payment mode in metro operation would be summarized. Then, based on the 50,000 survey samples from Shenzhen Metro QR Code users in 2018 and 2019 and Metro ticketing data, the market share, the features of users' personal attributes and travel habits, usage effect and feedbacks of Shenzhen metro QR code would be analyzed. Finally, relying on improving the efficiency of metro system operation and user travel experience, this paper also proposes the development suggestions on the mobile payment mode applied in metro and even public transport system, in order to achieve the "Mobility as a Service (MaaS)" goal for individual travel.

Keywords: ITS; Metro; Mobile Payment Mode

1 引言

随着经济发展，国内各大城市的机动化出行需求不断增加，地铁作为一种方便快捷、可靠性较高的公共交通工具，在城市交通体系中发挥着越来越重要的作用。然而，以现金支付、刷卡支付等为代表的传统支付模式存在乘客购检票时间长、经常遗失卡票、须提前自备相应纸币等问题，造成乘客出行体验较差[1]。近年来，随着移动支付模式的兴起，各大城市的地铁售检票系统也顺应潮流，相继支持以二维码、NFC 为代表的移动支付进出站模式，极大地提升了乘客购检票过程的便利性。本文以深圳地铁与腾讯合作的乘车码为例，对移动支付模式在地铁中的应用情况和特征做一个分析与总结。

2 移动支付模式在地铁中的应用情况和特征

2.1 发展历程

以深圳市为例，深圳地铁从 2015 年开始，一直探索"互联网+"AFC 的移动支付模式。2015 年 12 月上线 iTVM 设备，开放微信支付、QQ 钱包支付两种方式，支持互联网线上手机购票、线下车站扫码取票服务，方便乘客"无现金"购票。2017 年年底，深圳地铁全线布设 iTVM 设备，实现全面移动支付购取票模式。2018 年 5 月 8 日，深圳地铁与腾讯合作，实现乘车码直接过闸，无须换票，进一步提升了乘客的出行体验。2018 年年底，深圳地铁与银联公司合作，完成金融 IC 卡及全国一卡通改造工程，满足乘客多元化购票过闸的需求。2019 年 9 月，深圳地铁与腾讯、广电运通合作，推出"刷脸过闸"智慧边门，实现老人刷脸乘车功能，移动支付开始由"码"向"脸"升级[2]。

乘车码自 2018 年 5 月 8 日正式上线以来，刷卡量呈现爆发式增长，截至 2019 年 7 月 12 日，刷卡量超过 200 万次[3]，如图 1 所示。根据 2019 年 12 月深圳地铁客流数据分析，日均乘车码使用比例约为 49%，已超过传统深圳通，成为深圳地铁主要进出站支付方式。2019 年 12 月深圳地铁不同支付模式使用比例如图 2 所示。

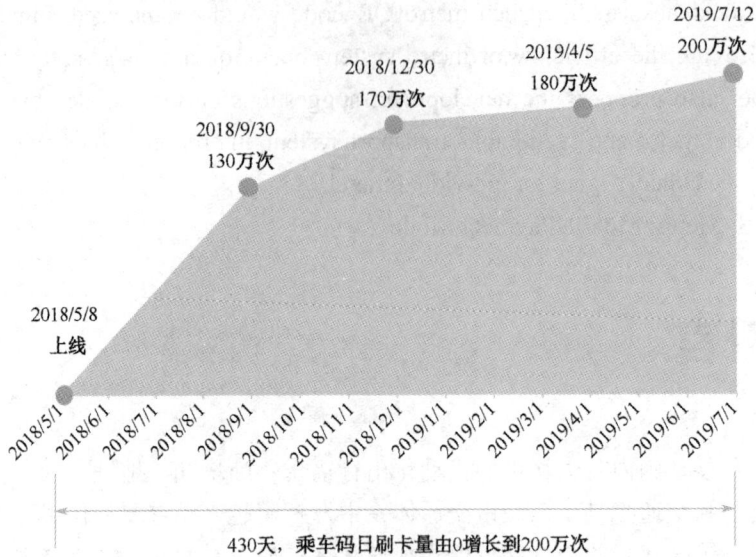

图 1　乘车码刷卡量增长情况

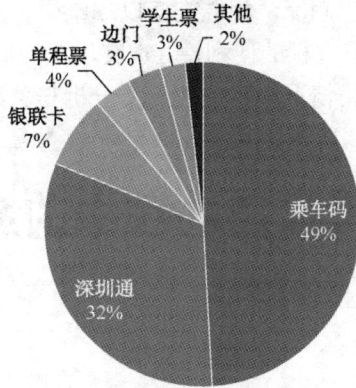

图 2　2019 年 12 月深圳地铁不同支付模式使用比例

2.2　与传统支付模式的特征对比

乘车码移动支付模式的本质是依托微信小程序码与用户微信账户绑定，通过移动数据网络实时连接，实现"先乘车，后付费"的支付模式。在乘车码移动支付模式投入使用之前，深圳地铁支付模式经历过现金购票、深圳通、手机购票等传统支付模式。

本文对乘车码与传统支付模式的进出站流程与优缺点进行了比较，如表 1 所示。

表1 乘车码与传统支付模式的进出站流程优缺点进行比较

类型	进站流程	出站流程	优点	缺点
现金购票	进入车站； 到非付费区售票机处购票； 刷单程票进入付费区； 随身携带单程票	将单程票置入回收口； 离开付费区； 离开车站	无须深圳通或联网的智能手机； 对老人较为友好	须到专用售票机购票； 购票高峰期须排队； 增加设备和工作人员投入
深圳通	随身携带深圳通； 进入车站； 刷深圳通进入付费区	刷深圳通离开付费区； 离开车站	可享受地铁、公交换乘优惠； 无须联网的智能手机； 对老人较为友好	须全程携带深圳通； 须提前充值
手机购票	进入车站； 到非付费区专用售票机处购票； 刷单程票进入付费区； 随时携带单程票	将单程票置入回收口； 离开付费区； 离开车站	无须现金和深圳通	须到专用售票机购票； 购票高峰期须排队； 增加设备投入； 乘车过程须携带单程票
乘车码	进入车站； 刷乘车码进入付费区	刷乘车码离开付费区； 离开车站	无须现金和深圳通； 无须排队购票； 无须提前充值； 先乘车，后付费	须提前安装设备； 依赖智能手机和站内网络信号

与传统支付模式相比，乘车码具有流程简单、无须现金、无须充值、无须携带卡片等变革性突破，在给乘客带来极大出行便利的同时，也降低了运营企业的维护成本和人工成本[4]，提升了深圳地铁整体运营效率。传统支付模式与移动支付模式乘车流程对比如图 3 所示。

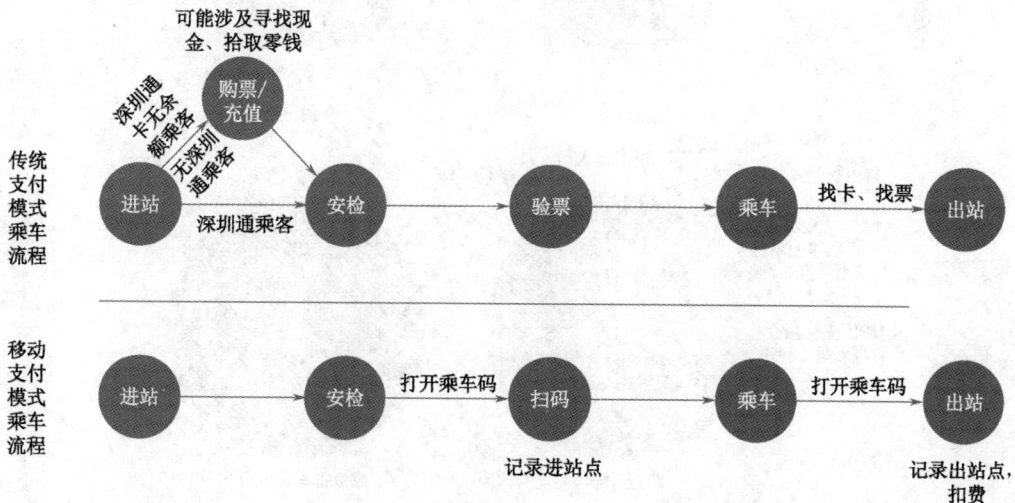

图3 传统支付模式与移动支付模式乘车流程对比

3　乘车码用户特征及其出行特征分析

3.1　数据情况

乘车码用户特征及其出行特征主要基于 5 万份 2018 年、2019 年深圳市年度轨道交通乘客服务满意度调查（乘车码卷）及 2020 年 1—2 月乘车码票务数据。乘客满意度调查数据依托乘车码平台，通过推送调查问卷，获取用户特征、出行特征及服务评价、出行意愿及意向、与其他方式接驳服务情况等数据；乘车码票务数据为 2020 年 1—2 月使用乘车码的真实进出站记录数据，约 4400 万条。

3.2　乘客用户画像分析

"年轻人、企业员工、家庭无车"群体是乘车码的主要用户。调查结果显示，乘车码用户群体，男性用户群体占 60%；年龄在 35 岁以下用户群体达 79%；用户主要以企业员工及家庭无车群体为主，分别占比 63% 和 66%。该类用户同时满足移动支付属性及地铁属性用户特征，一方面用户中年轻人群占据绝大部分，对于移动支付模式的接受度相对较高，支付习惯及观念较中老年人群更容易转变；另一方面，用户绝大多数为家庭无车或仅拥有一辆车，且每周有固定、刚性出行通勤需求，该类用户对于快速、可靠、经济的出行具有较为强烈的诉求。乘车码用户特征如图 4 所示。

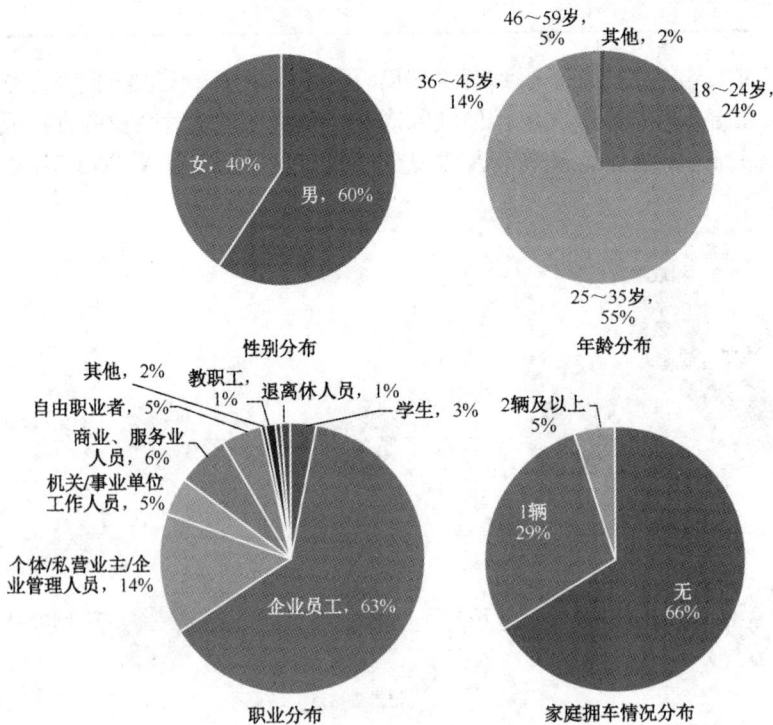

图 4　乘车码用户特征

3.3 乘车码用户出行特征分析

3.3.1 被访用户以地铁常旅客为主，每周乘地铁超过 6 次及以上的占比 80%，以上下班通勤出行为主导

被访用户群体使用地铁出行频率较高，80%的用户每周乘地铁超过 6 次，对于地铁出行的依赖较强，如图 5 所示。用户出行主要是以上下班通勤为主，占比 76%，如图 6 所示。

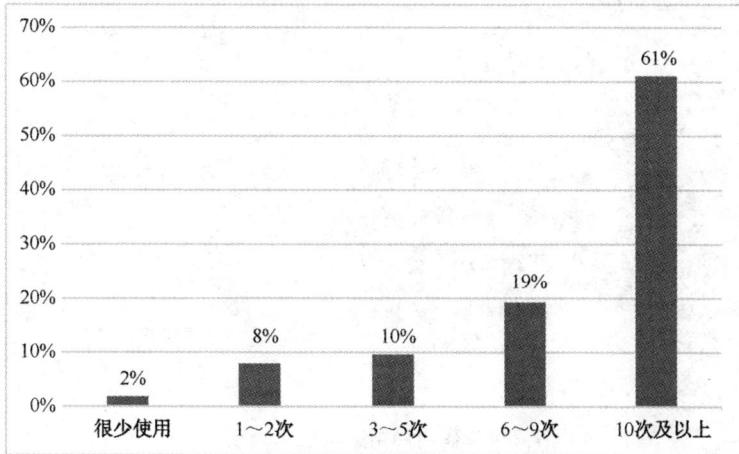

图 5　乘车码用户使用地铁频率

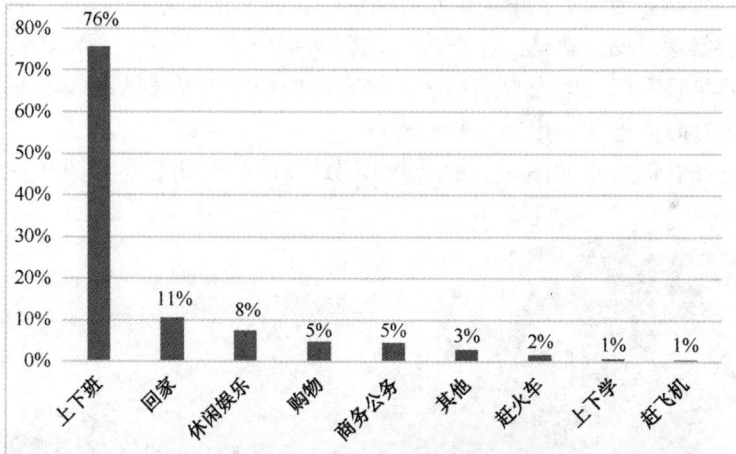

图 6　乘车码用户以地铁出行的主要目的

3.3.2 67%的通勤用户地铁出行时间为 30 分钟以内，上下车客流集中在居住、岗位集聚性片区站点

以 2020 年 1 月 10 日数据为例，结合乘客前后端接驳时间数据，用户通勤全过程平均出行时间为 48 分钟，其中地铁内平均在途时间为 29 分钟，地铁出行平均距离为 15.2 km。出行起终点方面，乘车码用户每天主要往返于西乡、民治、沙头等居住集聚性街道片

区和粤海、福田、坂田等岗位集聚性街道片区。其中，早晚高峰短距离（地铁行程 10 km 以下）出行主要往返于沙头街道⇄福田街道、沙河街道⇄粤海街道；早晚高峰中长距离（地铁行程 10 km 以上）出行主要往返于西乡街道⇄粤海街道、民治街道⇄福田街道。乘车码用户街道早晚高峰刷卡量如图 7 所示。

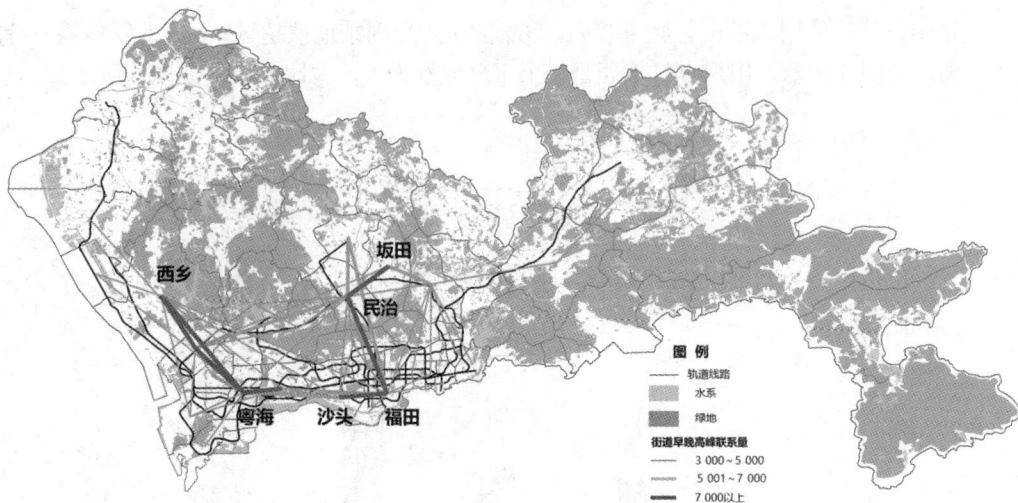

图 7　乘车码用户街道早晚高峰刷卡量

站点客流集聚方面，早高峰刷码客流最高的三大站点为坪洲、固戍和五和，晚高峰刷码客流最高的三大站点为深大、车公庙和高新园。这些车站普遍存在早晚高峰客流压力大，乘客地铁出行经常遭遇站外排队、乘车拥挤、无法乘坐第一趟进站列车等问题。根据调查结果显示，乘客早晚高峰期间在上述高客流集车站的平均进站排队时间为 8.5min，导致乘客地铁全过程出行时间增加，出行体验较差。

早晚高峰进站客流分布如图 8 所示，乘车码通勤出行时间分布如图 9 所示。

早高峰进站刷卡分布

图 8　早晚高峰进站客流分布

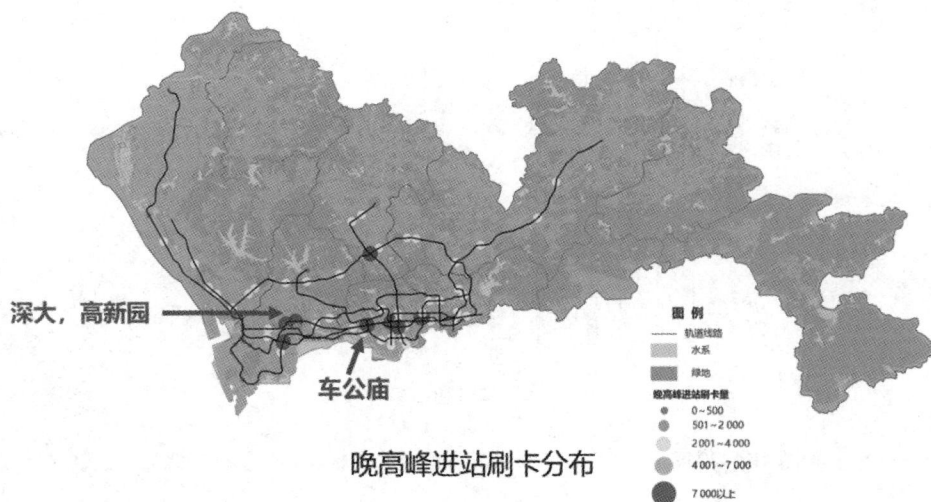

图8　早晚高峰进站客流分布（续）

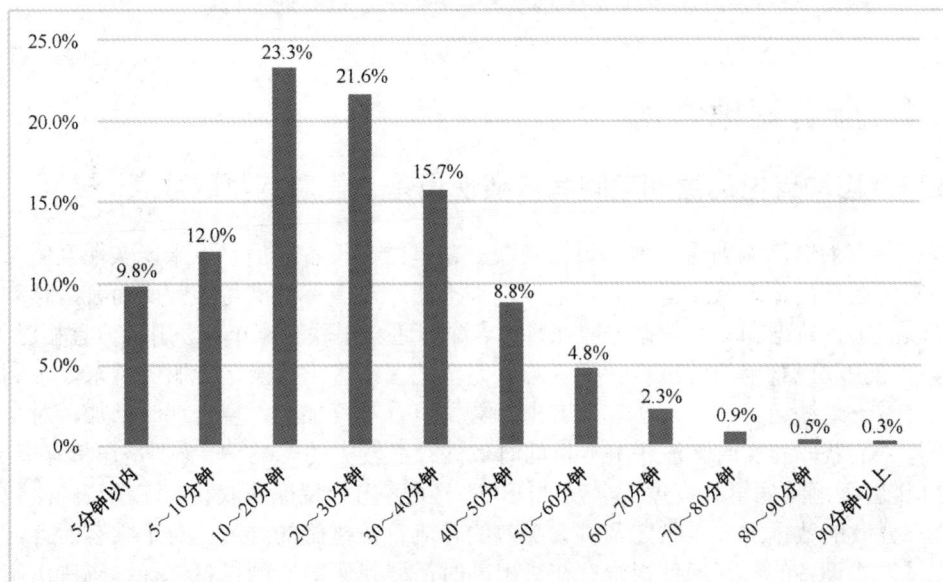

图9　乘车码通勤出行时间分布

3.4　用户评价体验

随着以乘车码为代表的新型支付模式的普及，乘客地铁出行的便捷性得到了极大程度的提升。以地铁单程票用户为例，传统购检票过程（包含排队等候、购票、找零、取票、验票等过程）耗时约为2~5min，乘车码的使用将该过程耗时缩短至30s以内，且避免乘客携带大量零钱、找票、遗失票的情况。通过对比2017年与2018年轨道乘客满意度调查指标，得益于乘车码的推广与使用，2018年乘客对于购票、票种多样性的满意度评分较2017年有较大提升，得到用户的高度认可。2017年、2018年乘客满意度评价指标、评价得分对比如图10所示。

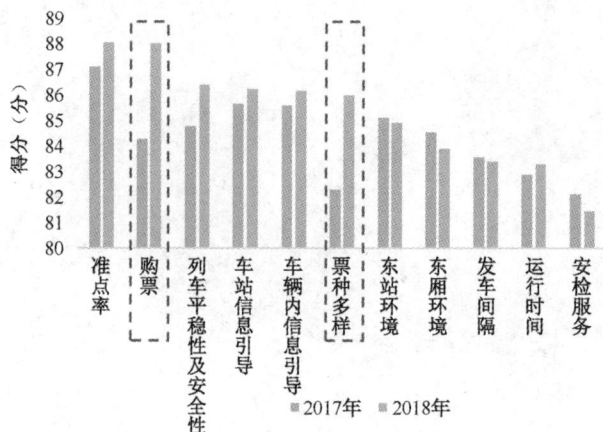

图 10　2017 年、2018 年乘客满意度评价指标、评价得分对比

4　服务短板研判及未来改进建议

4.1　服务短板研判

4.1.1　移动支付运营商之间尚未实现设备、信息的互联互通

以深圳市为例，深圳通、乘车码、银联三家单位在设备、信息上未能实现互联互通，给移动支付运营商、地铁运营企业和乘客带来不便。对于移动支付运营商而言，移动支付平台获取的出行数据和支付数据分散在腾讯、深圳通及银联三家单位，用户信息相对独立，各单位仅能获取现有用户的出行特征，难以完全把握乘客出行及运营服务诉求，不利于长期发展。对于地铁运营企业，所有乘客出行数据整合难度加大，整合耗时增加，对全样本乘客出行特征获取和实时客流预测分析的时效性存在较大的影响[5]，特别是在特殊情况下，如 2020 年新型冠状病毒肺炎疫情爆发期间，对于乘客出行特征获取和客流预测的时效性要求较高，分散的数据加大了制定及时、高效的客流管控措施的难度。对于乘客而言，各类移动支付方式设备的不互通使得乘客在进出站时需要找到对应的设备进行扫码进出闸机，增加乘客进出站的时间消耗，影响乘客的出行体验，也会因不同设备利用率的不同，造成资源闲置的情况。深圳地铁 3 种制式扫码闸机如图 11 所示。

乘车码进出闸机　　　　　　深圳通进出闸机　　　　　　银联进出闸机

图 11　深圳地铁 3 种制式扫码闸机

4.1.2　车站通信质量及乘客对于新型支付模式接受度制约移动支付发展

以乘车码为代表的扫码支付须使用实时动态二维码作为乘客进出站检票的依据，在有效避免乘车码泄露、盗刷等情况发生，确保用户的资金安全的同时，也对车站通信质量及乘客移动设备接收数据的质量提出较高要求。根据调查数据显示，对乘车码出行不太满意的乘客中，有38%的乘客反映车站内二维码加载速度慢，网络信号差，无法打开，导致乘客通行闸机耗时大幅度增加，特别是在高新园、坪洲等大客流集聚车站。同时，不同人群对于移动支付模式使用的接受度也存在明显差异。根据调查结果显示，中老年群体普遍对于移动支付模式的接受程度相对较低，存在移动设备操作使用慢、容易忘记乘车码如何使用等问题，因此该类人群更倾向于使用传统支付模式。

4.1.3　数据融合需要加强

一是移动支付平台与地铁运行及车站周边信息结合较弱。现有乘车码平台仅向乘客提供地铁内出行、实时公交运行及出行历史等信息，缺少车站及列车实时满载情况、考虑地铁出行时间及拥挤度等因素的全路径规划资讯、站点周边设施布局、常态化限流车站名单等地铁运行及车站信息。结合调查数据显示，乘客对于上述服务信息获取的需求较为迫切，特别是有62%的乘客希望获取车站、列车实时满载情况信息。二是移动支付模式与其他交通方式结合较弱，乘车码平台仅提供站点周边实时公交信息查询功能，尚未从乘客的全出行链角度出发，提供全出行流程的信息与服务供给，在公共交通出行"一张票""一张网"、换乘衔接建议、站点周边实时共享单车数量等服务方面存在缺失，而这也正是乘客所期待获得的"出行即服务"。

被访乘客期望获得的服务分布如图12所示，乘车码用户界面如图13所示。

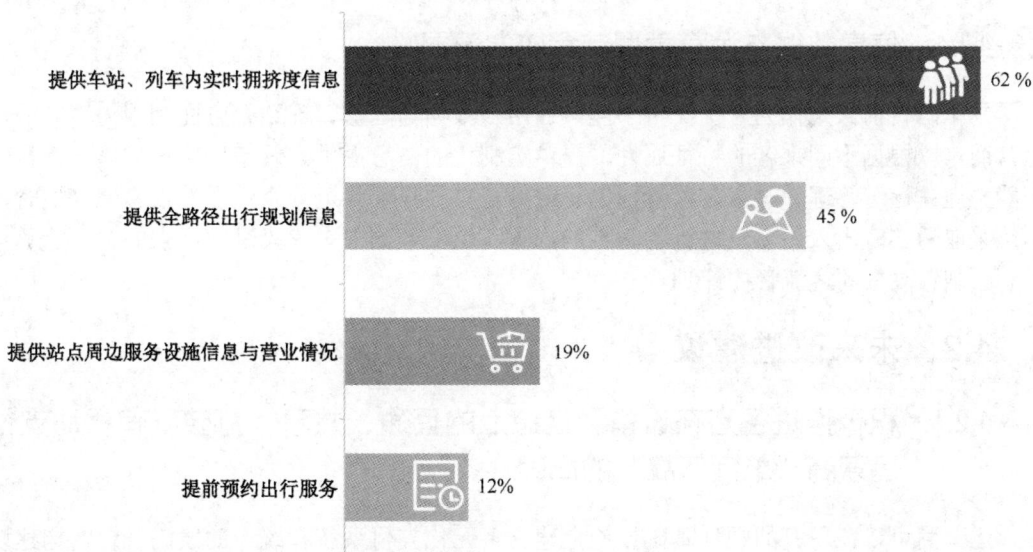

图12　被访乘客期望获得的服务分布

图 13　乘车码用户界面

4.1.4　信息数据与运营管理结合较为薄弱

　　乘车码目前只是作为一个支付手段，在用户数据与运营管理结合方面利用力度较弱，运营商难以根据不同乘客的特征属性，提供定制化的信息提供。乘车码用户群体出行特性未能与地铁运营管理、站点客流管控等紧密结合，导致现状运营企业在站点客流管控时，仍然采取随实时出入站客流进行临时性的部署，无法预测未来一段时间站点的客流趋势，不利于制订高效的客流管控计划。

4.2　未来改进建议

4.2.1　积极推进各方在设备及信息上的互通、共享，打破既有移动支付运营商"单兵作战"的局面

　　运营商可以在现有的硬件基础设施上建立多元化支付系统和统一的发码平台，构建以"用户为中心"的业务体系，建立线上账户系统，支持虚拟电子卡和实体卡的线上线下融合。从近期实施层面，建议政府或相关部门积极推进不同移动支付平台资源整合，通过对既有闸机改造、整合二维码资源、引进移动支付通用闸机等方式，实现闸机对不同移动支付兼

容的功能。从战略或战术层面,移动支付运营商应该建立多元化的支付系统,可以满足多种电子车票(乘车码、深圳通及银联等)处理业务的需求,能够对多元化支付交易数据进行集中采集、存储和管理;能够满足地铁运营企业甚至所有公共交通运营企业对于电子票务的统一管理,能够汇集多种支付渠道和数据为公共交通线网规划、调度排班等提供决策支撑。

4.2.2　探索生物支付、无感支付等新型技术应用,促进移动支付模式再升级,实现乘客"遇闸即走"

结合传统技术(蓝牙)和新兴技术(大数据、AI 算法、图像识别、物联网),深化推进生物支付(刷脸支付)、无感支付(蓝牙无感支付)等技术的应用、落地,避免支付过程须乘客掏卡、刷卡、扫码等,提升乘客进出站出行效率和乘车体验。同时,蓝牙无感支付、生物支付仅需一次认证,流程相对简单,适应难度相对较低,能有效解决现有移动支付对于中老年用户群体难以适应的问题。

4.2.3　积极推进多类数据共享,探索不同公共交通运营主体联合机制,创建乘客良好的 MaaS 出行环境

一是加快推进出行路径选择、站点周边兴趣点、营运信息、实时满载率等数据共享,提升乘客出行资讯获取速度和质量。二是加快地铁与其他方式(常规公交、共享单车)数据的共享,探索不同出行模式一体票价机制,从全出行链维度提供乘客定制化、精细化的出行信息及支付服务,培养用户"轨道交通+"的出行模式习惯。

4.2.4　加强地铁实时运行数据与用户出行数据的关联,有效引导乘客高效出行,扫除地铁运营管控乘客信息"盲区"

一是通过获取乘客出行轨迹、出行习惯等数据,利用大数据及 AI 算法,预测未来 15min 线路、车站负荷情况,并实时反馈至运营决策者,提前做好部署与预案。二是基于常态化的出行习惯,提前向乘客推送出行拥挤预警、出行路径推荐方案等信息,有效干预、引导乘客出行,避免乘客向大客流车站集聚,导致出行排队等候时间较长、乘车拥挤等问题的发生。

5　结语

随着移动支付模式在地铁中的兴起和普及,乘客地铁出行更加便捷,特别是在购票、检票等环节。基于调查结果显示,乘车码用户以 35 岁以下年轻群体、家庭无车及每周有固定的上下班通勤刚性需求为主体,对于出行便捷性、可靠性及经济性均有一定的要求。由于早晚高峰客流集聚,大多数用户在通勤出行时常遇到乘车拥挤、站外排队的情况,既有移动支付模式未能与地铁乃至地铁相关的出行方式、站点周边设施信息互通,导致乘客难

以基于实际情况选择出行方案、运营企业难以及时作出有效的客流管控，导致服务提升遭遇瓶颈。对未来的建议，一是积极推进各方在设备及信息上的互通、共享，并探索生物支付、无感支付等新型技术应用，进一步提升移动支付出行便捷性；二是加强多元数据的融合与应用，提供乘客实时、准确、好用的公共交通出行及生活的相关信息，有效引导乘客高效出行。

参 考 文 献

[1]　张磊磊. 上海地铁全线开通"云闪付先乘后付"功能[J]. 金融科技时代，2019（03）：91.

[2]　看点快报，深圳地铁 AFC 互联网+应用创新探索与实践[EB/OL].(2019-04-15)[2020-05-20]. https://kuaibao.qq.com/s/20190425A0FNQO00.

[3]　中国人民日报网，腾讯乘车码最新数据：深圳微信刷码用户数破 2000 万[2020-05-20]. https://baijiahao.baidu.com/s?id=1639099353359456853&wfr=spider&for=pc.

[4]　陶克. 二维码技术在 AFC 系统中的应用研究[J]. 都市快轨通，2020，33（01）：123-126.

[5]　王晨夕，金伟玲. 中国公共交通企业移动支付发展趋势和展望[J]. 时代金融，2019（28）：18+20.

疫情期间网约车运行特征数据分析及交通运输保障体系建设思考

高永[1]　于壮[1]　邱东岳[1]　褚琴[2]

（1. 深圳市城市交通规划设计研究中心股份有限公司，深圳 518026；

2. 中国路桥工程有限责任公司，北京 100011）

【摘要】在突发公共安全事件情况下，城市居民出行需求和运营服务供给的变化特征是城市应急管理体系中交通运输保障系统建设的基础依据。本文以东北某市为例，收集全市新型冠状病毒肺炎疫情爆发前后一段时间网约车数据，对疫情前后居民出行特征和网约车行业运营情况进行定量对比分析。从数据情况来看，受疫情影响，网约车订单数量和司机出车数量均大幅下降，并且与疫情确诊人数呈正比例相关关系；相比疫情前，网约车出行距离偏长，出行目的集中在就医、市外长途接送等刚性需求，娱乐性需求大幅度降低。总体反映出在新型冠状病毒肺炎疫情情况下，城市活动趋于停滞，但是响应式、个体化的高品质运输服务仍然存在一定规模的需求空间。

【关键词】新冠疫情；网约车；出行特征；交通运输应急保障体系

Operation Date Analysis of Onl ine Car-hailing during COVID-19 and Consideration on Transportation Security System

Gao Yong[1]　Yu Zhuang[1]　Qiu Dongyue[1]　Chu Qin[2]

（1. Shenzhen Urban Transport Planning Center, Shenzhen 518026, China;

2. China Road&Bridge Corporation, Beijing 100011, China）

Abstract: Online car hailing would provide an important reference for the construction of transportation guarantee in China's public safety emergency system in the case of the sudden outbreak of a new epidemic. Taking a city as an example, this paper selected encrypted data from a period before and after the outbreak of the COVID-19 (from January 1st to February 4th 2020) to conduct quantitative calculation and analysis on residents' travel characteristics and the operation of online car-hailing industry. According to the analysis results of the characteristics of residents' online car-hailing trips, the orders of residents' online car-hailing trips decreased, the travel distance of online car-hailing trips was relatively long, the travel consumption was less, and the purpose of entertainment travel decreased sharply, and the rigid demand to go to hospitals and stations significantly increased. Then, analyzed the network about car operation characteristic, according the analysis result, the amount of operating car decreasing to 1/5, but demand response rate, response time, and the orders per vehicle did not change obviously. It indicated that supply and demand relations remained unchanged during this period.

Keywords: COVID-19; Online Car-hailing; Travel characteristics; Transportation Security System

1　引言

突发公共安全事件是指突然发生并造成严重社会危害的大范围紧急事件，包括自然灾害、事故灾难、公共卫生事件和社会安全事件。突发公共安全事件往往会对社会正常运行造成巨大破坏，轻则影响人们的日常生活和生产，重则对生命安全构成巨大危害。随着人类社会人口规模持续扩大、城市化进程加速，以及对自然环境的损坏，自然灾害和公共卫生方面的突发公共安全事件爆发越发频繁。最近 10 年来，仅世界卫生组织宣布的国际公共卫生紧急事件就有：2009 年的甲型 H1N1 流感疫情、2014 年的脊髓灰质炎疫情、2014 年西非的埃博拉病毒疫情、2015—2016 年的寨卡病毒疫情、2018 年开始的刚果（金）埃博拉疫情、2020 年的新型冠状病毒肺炎（COVID-19）疫情[1]。另外，随着人类社会经济的持续发展，人们对公共安全事件情况下的持续生产生活期望越来越高，要求城市系统必须保持较强的应急保障能力。

对交通运输保障的研究前期主要是路网连通可靠性的研究，用于判断在地震灾害情况下，路网交通运输连通的基本保障[2]。郭继孚等人在 2007 年以北京市为例提出了基于替代路径的路网连通可靠性评价方法，并开始探索在路网保持连通基础上服务能力的可靠性[3]。2013 年 11 月，党的第十八届三中全会提出"健全公共安全体系"，标志着中国应急管理进入公共安全体系建设的新阶段。2015 年，交通运输部印发《关于推进交通安全体系建设的意见》，全面加强运输安全保障系统建设。耿彦斌等人在 2018 年聚焦交通运输支撑总体国家安全的薄弱环节，提出交通运输支撑总体国家安全的思路和战略目标[4]。

新型冠状病毒肺炎疫情是我国遭遇的一次重大公共安全事件。全国各地普遍采取高强度封闭隔离疫情防控措施，全国各地的交通出行受到较大影响，城市居民出行和运输方式发生巨大变化[5]。诸多学者针对本次疫情开展了交通领域相关研究工作，如刘振国等提出了建设韧性交通运输体系，做好客货运输保障和丰富应急管理手段等措施建议[6]。

网约车即网络预约出租汽车经营服务的简称，是指以互联网技术为依托构建服务平台，通过整合供需信息，提供非巡游的预约出租汽车服务的运输方式。网约车具有个性化出行服务、"门到门"高速可达的特点，同时网约车运营以互联网平台和个体司机为主，组织管理相对松散。自 2015 年以来，网约车在我国各地快速发展，并逐渐成为城市机动化出行中重要组成部分之一。很多学者使用网约车数据对城市交通运行特性进行描述。例如，Wang Dong 等人使用网约车数据分析得到了城市居民的出行需求分布[7]。Sun Jian 等人基于滴滴运营数据对上海不同时空区域的交通运行速度和排放进行估计[8]。

本次突发疫情情况下，网约车出行需求和运营服务会发生什么样的变化，这对总结互联网时代在公共安全情况下的城市交通出行变化特征和运输保障需求具有重要的参考价值，能够为我国建立公共安全应急体系中交通保障系统建设提供重要参考依据。因此，本文收集了某市在疫情前后一个月的脱敏网约车数据，对疫情期间城市网约车居民出行行为和运营服务供给进行分析和总结，力求挖掘和提炼出普遍性特征规律。

2　数据概况

本文主要数据源为我国东北某市 2020 年 1 月 1 日至 2 月 4 日（其中，1 月 25 日—1 月 31 日为春节假期期间，从 1 月 29 日开始感染人数上升，开始启动大规模停运措施）的脱敏网约车数据，覆盖该城市的市域范围内所有网约车平台，累计约 300 万条记录。数据内容包括用户约车需求数据和成交订单数据，主要字段包括车辆编号、订单发起时间、出发时间、出发地点、到达时间、到达地点和费用等信息。

数据处理过程包括数据清洗、数据挖掘和数据可视化三部分。

（1）数据清洗：主要是对原始数据中异常数据进行剔除处理，避免对分析结果的干扰。根据以往经验，网约车数据中常见的异常现象包括起终点位置缺失、起终点都在某市域外、平均行驶速度过长/过短等。累计共剔除异常数据约 1 万多条。

（2）数据挖掘：主要是根据分析需求，对处理后的原始网约车数据进行加工计算，提取出隐藏信息，包括出行 OD 空间匹配、出行目的地关键词检索、出行热度计算、出行距离和时长等参数计算、基于车辆和用户的统计指标计算等。

（3）数据可视化：主要是应用 GIS 和图表控件，对计算后的数据指标进行可视化展示和对比分析，分出行特征类和运营特征类两种。

3　网约车出行特征分析

在突发公共安全紧急事件情况下，居民出行活动将被主观和客观因素制约而发生变化。在忽略未响应订单情况下，针对已完成出行的订单数据，从出行强度、出行目的和距离特征等角度分析疫情期间城市居民网约车出行特点。

3.1　出行强度分析

实际完成的订单数直接反映了出行强度。统计 2020 年 1 月 1 日至 2 月 4 日每日网约车订单数据，在 1 月 19 日之前日均订单数在 15.0 万个左右，在 1 月 31 日至 2 月 4 日，每日订单数量为 1.9 万个左右，仅为 1 月份日均订单数量的 1/8 左右。疫情前后网约车订单与城市确诊人数变化趋势如图 1 所示。

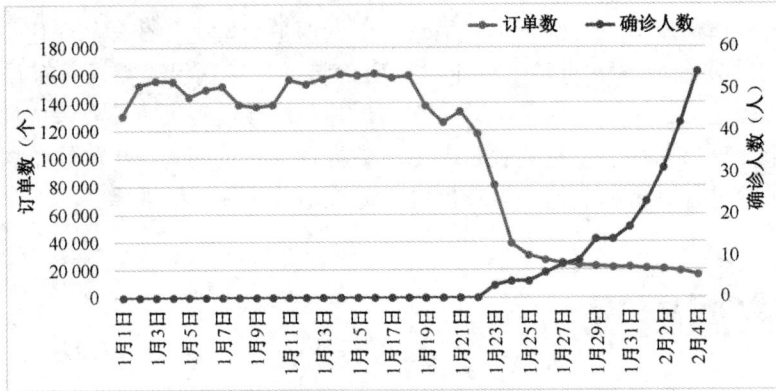

图 1　疫情前后网约车订单与城市确诊人数变化趋势

1 月 25 日至 1 月 31 日为春节假期，网约车订单数量降低存在春节和疫情的双重影响。若没有疫情影响，按照以往经验，在春节结束后（即 1 月 31 日），订单数量应该逐步恢复到春节前水平。但受到疫情影响，订单数实际呈现持续降低态势，详见图 1 中 1 月 29 日后部分曲线变化。

为分析疫情对居民出行的影响，根据公开数据收集了 1 月 22 日至 2 月 4 日该市每日确诊人数，将确诊人数与同期每日订单数据共同绘制散点图，如图 2 所示。可以看出，随着确诊人数增加，订单数量持续减少，存在明显相关性（R 方为 0.54）。

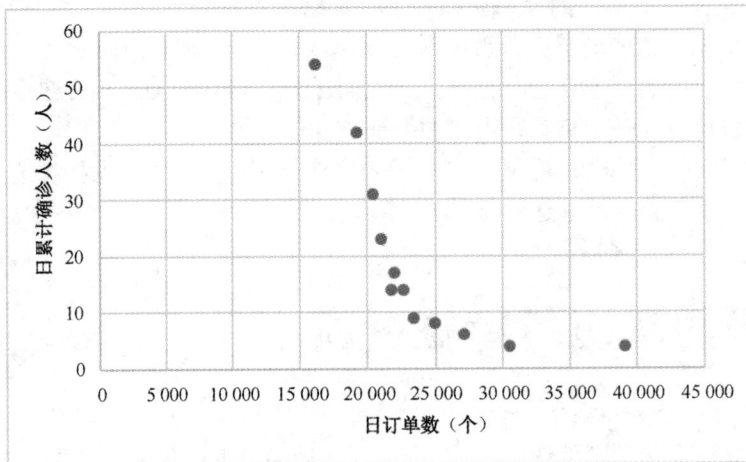

图 2　城市确诊人数与日订单数相关关系

考虑春节期间对订单数的平均影响，采用如下公式分析订单数与确诊人数的相关性：

$$r = \frac{\sum_i (o_i - \overline{o})(p_i - \overline{p})}{\sqrt{\sum_i (o_i - \overline{o})^2}\sqrt{\sum_i (p_i - \overline{p})^2}} \tag{1}$$

式中，o_i，$\overline{o}$ 分别为第 i 天的订单总数和 1 月 22 日至 2 月 4 日的日均订单数，p_i，$\overline{p}$ 分别为第 i 天的确诊病例数和 1 月 22 日至 2 月 4 日的日均确诊病例数。经计算，两者的相关系数为-0.51，这表明疫情与乘客出行存在一定程度的相关关系。

3.2　出行分布分析

为了分析疫情前后乘客出行在空间上的变化，选取了 1 月 19 日和 2 月 3 日两个特征日的数据进行对比分析。其中，1 月 19 日是疫情前的周末，选取周末的目的是尽量减少春节期间工作通勤出行的影响。

提取出 1 月 19 日和 2 月 3 日两日的所有网约车 OD 点，通过进行空间地理匹配和出行强度可视化，分别获得两日的乘客 OD 点热度图。在同等显示比例尺下进行对比可以发现，1 月 19 日的乘客出行强度明显大于 2 月 3 日，中心城区四环内都有较高的出行强度；2 月 3 日，乘客出行强度明显下降，出行起终点集中在市中心区域，中心城区出行强度仍然较高，其他区域仅有零星订单。数据分析说明，一方面，疫情期间，由于城市出行需求整体降低，网约车出行数量大幅度降低，尤其是外围城区；另一方面，中心城区仍然有较高的出行强度，由于中心区域人口密集、公共设施密集，在公共交通供给的情况下，个体防护更加有力的网约车出行需求依然旺盛。

再对比疫情前后乘客不同时间段出行强度的变化，通过统计两个典型日期的 24 小时网约车乘客出行比例，根据统计结果绘制两个典型日期的 24 小时出行比例曲线，如图 3 所示。从图 5 可以看出，疫情期间居民出行集中在白天，17 点之后出行量急剧下降，夜间出行比例较低。其原因是疫情期间，17 点后的晚间聚餐等娱乐活动大规模减少。

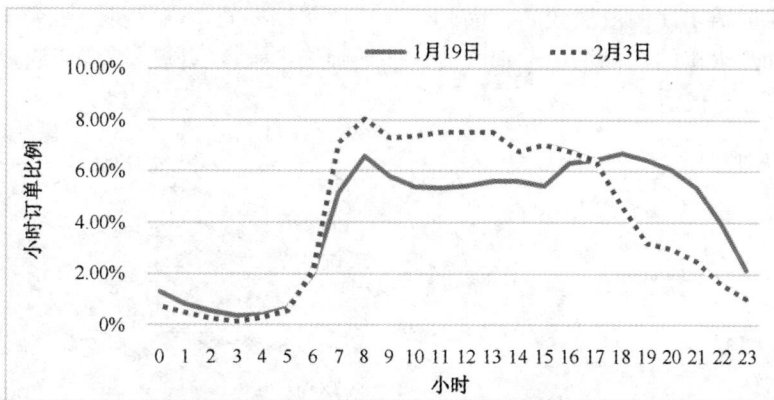

图 3　两个典型日期的 24 小时出行比例曲线

3.3　出行目的分析

从图 1 可以看出，虽然疫情期间倡导居家隔离，但是每日依然有 2 万辆左右的网约车出行。对这部分网约车的出行目的进行深入分析，可以揭示在疫情期间出行活动发生的原因，是实现交通资源配置和交通管理策略制定的有力依据。

将 1 月 19 日和 2 月 3 日的乘客 OD 点 POI 提取出来，进行分词和词频统计。为了更好地直观展示统计结果，采用了词云方式，统计结果分别如图 4、图 5 所示。从词云中发现，1 月 19 日网约车出行集中在居住地、商场、酒店等地点，而节后前往各类医院的热度最高。这表明疫情期间居民游乐性出行急剧减少，而医疗等刚性出行需求出行比例增大。定量统计发现，疫情前网约车出行中前往各类医院的比例为 3%，而疫情期间前往医院的出行比例为 7%，比疫情前增加了近一倍。这说明购置生活物资可在一千米步行圈内完成，而居民得到医疗救治的出行需要依赖机动化出行，在非常态交通管理中需要注意重点保障居民的刚性出行需求。

图4　1月19日乘客 OD 点 POI 词云　　　　图5　2月3日乘客 OD 点 POI 词云

此外，疫情期间，飞机场、火车站等交通枢纽成为进出城市的主要交通方式。通过统计发现，机场在春节后有一个出行和返城的高峰，火车站在春节后的返城达到比例也增加了一倍，分别如图 6、图 7 所示。数据分析说明，虽然疫情期间城市出行量大幅下降，铁路航空枢纽接驳需求比例依然较高。因此，在疫情防控期间，需要将到达火车站、机场乘客的出发地和从火车站、机场出发乘客的目的地筛选出来，这些区域与交通枢纽人口交换密切，是防疫监控的重点。

图6　网约车出行中从机场出发到达比例　　　　图7　网约车出行中从火车站出发到达比例

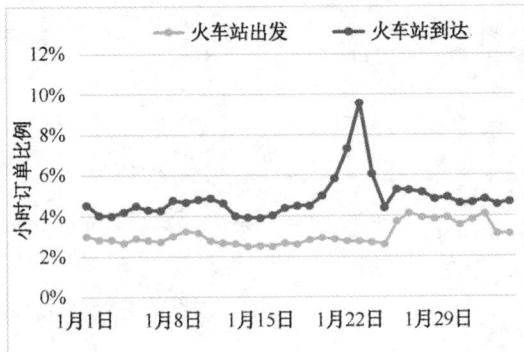

4　网约车营运特征分析

网约车是基于互联网的个体化、松散营运模式，政府强制营运约束相对较低。在疫情防控期间的公共安全事件环境下，网约车运营行为所发生的变化，将为公共安全应急体系中交通运输保障建设提供重要参考。

4.1　营运规模分析

根据网约车订单数据，对城市每日有效营运（完成至少 1 个订单的营运）网约车数量进行统计，营运车辆数和日均订单变化趋势如图 8 所示。在疫情发生前，每日有效营运车辆数在 10 000 辆左右，且波动幅度小于 1 000 辆。从 1 月 23 日开始，营运车辆数开始明显下降，在 1 月 27 日趋于平稳，每日运营车辆约为 2 000 辆。对比每日订单数变化，发现运营车辆数和订单数呈强相关关系，R 方值为 0.98，即营运车辆规模与订单数量呈现同等变化，对疫情影响的反应高度一致。

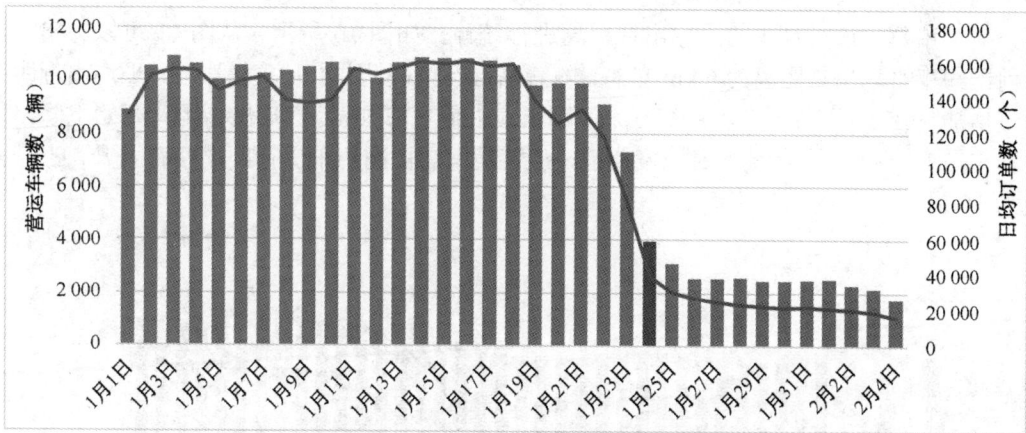

图 8　营运车辆数和日均订单变化趋势

网约车的营运服务要素中，车辆营收是决定网约车司机能否持续营运的关键。营运车辆与日均营收的变化趋势如图 9 所示。从图 9 可以看出，在春节期间（1 月 25 日至 1 月 31 日）网约车日均营收并未明显下降，这与往年特征一致，由此可看出这一期间网约车营运投入的影响主要来自春节假期。在 1 月 31 日以后，网约车日均营收开始持续下降，并且与车辆数、订单数均是等比例下降，由此可以看出这主要是受疫情的影响。

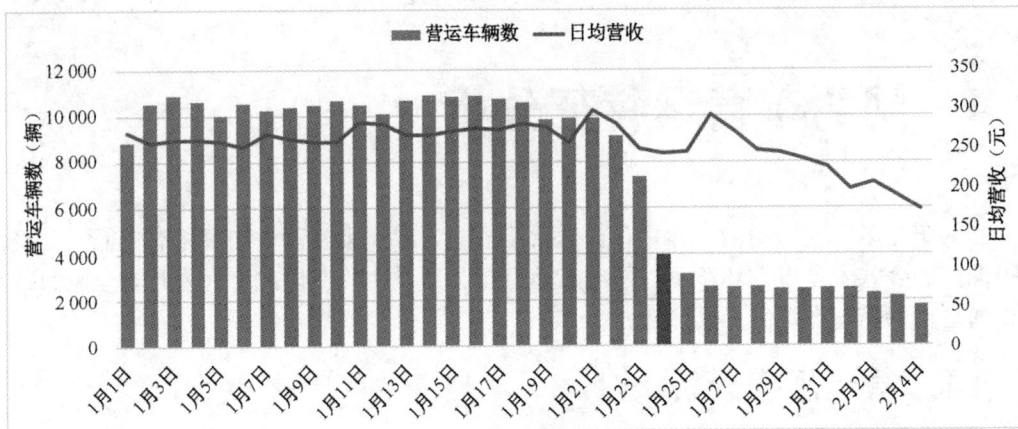

图 9　营运车辆与日均营收的变化趋势

4.2　营运收入分析

从统计疫情前后每日网约车订单数量可以看出，相比疫情前，日均订单较节前下降了 1/3，日均营收仅下降了 1/4 左右，日均营收下降幅度小于订单下降幅度，这也可以看出订单平均费用较疫情前有所增长。

对城市每日所有订单的平均出行距离进行统计，如图 10 所示。从图 11 可以看出，疫情前网约车平均出行距离为 6 km 左右，随着临近春节假期并叠加疫情影响，平均出行距离缓慢增加，在 1 月 27 日（正月初三）达到在最大值 8.63 km，随后出行距离开始下降，最终稳定在 7 km 左右。因此，对比疫情前，疫情期间居民网约车出行距离略有上升，上升幅度为 16%。

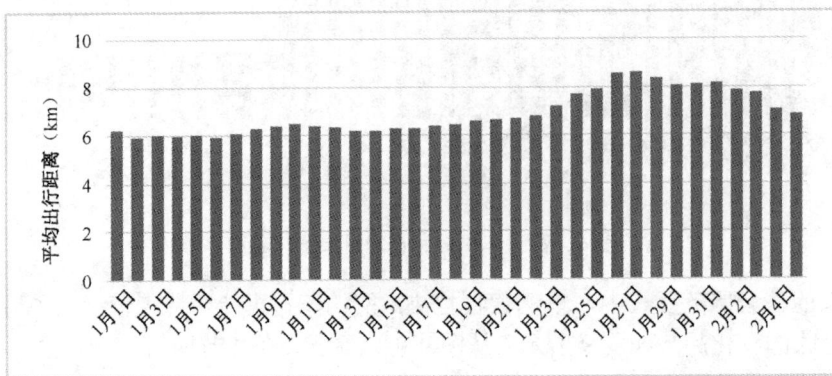

图 10　平均出行距离

选取 1 月 19 日和 2 月 3 日两个典型日期的乘客出行数据，进行样本分段统计，如图 11 所示。从统计结果可以看出，两个日期中出行距离分布在 4～20km 的出行比例接近，而 2 月 3 日 4km 以内出行距离较 1 月 19 日略微减少，20km 以上的出行比例略微增加。分析数据说明，疫情期间对于短距离的网约车出行，居民减少了这部分出行需求，同时在选择交通工具时也避免使用网约车等机动化出行方式；而对于较长距离的出行需求，由于没有合适的替代方式，其出行比例依然较高。

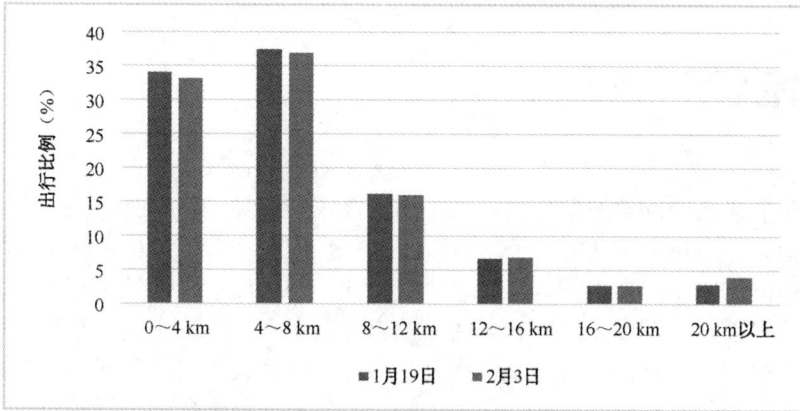

图 11　乘客出行数据

4.3　订单服务响应

网约车的订单响应时间是衡量网约车服务水平的核心指标之一，间接反映出城市交通出行中供需匹配水平。候车时间越短，即从用户发出订单到司机响应订单的时间越短，说明供需匹配得越好。

使用人均候车时间来衡量网约车的订单响应时间，计算方法为：

$$\overline{t}_w = \frac{\sum_{i=1}^{m}\left(\text{ts}_i - \text{tc}_i\right)}{m} \tag{2}$$

式中，$\overline{t}_w$ 为人均候车时间，m 为日订单数，ts_i，tc_i 分别为第 i 次出行的出发时间和订单发起时间。根据公式（2），对每天的人均候车时间进行计算，其变化趋势如图 12 所示。从图 14 中可以看出，相比于疫情前，疫情期间乘客的人均候车时间由 400s 下降到 300s，降幅在 25%左右，供需匹配响应提升了 25%。产生这一变化的原因，一方面是因为城市中还有 2 000 辆左右网约车在保障城市交通运行；另一方面，由于疫情期间，城市整体出行量较少，道路较为通畅，网约车也可快速到达乘客上车点，减少了乘客候车时间。

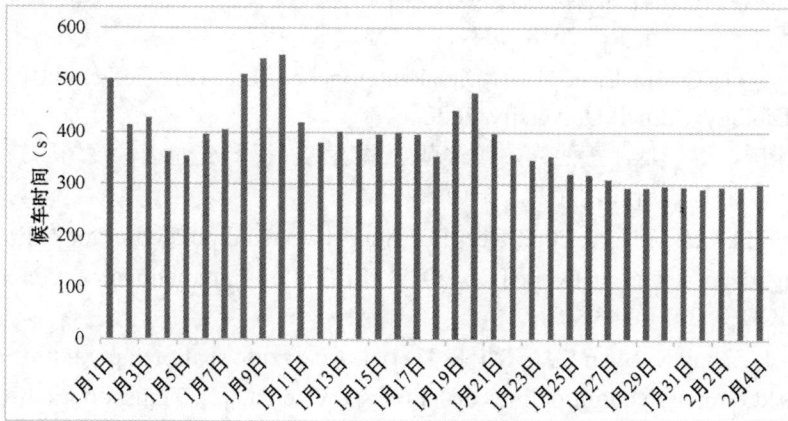

图 12　人均候车时间变化趋势

5 结论

本文基于脱敏后的网约车数据，从居民出行需求特性和网约车营运两个方面对疫情期间城市交通运行特点进行了研究。分析发现：其一，即使在严重疫情影响下，城市系统仍然存在较大的网约车出行需求；其二，相比疫情前，前往商业中心等游乐性的出行需求占比大幅降低，而前往高铁站、医院、居住区的出行需求占比明显上升，甚至前往机场的需求量相比疫情前更多。从数据情况来，在公共安全事件情况下，响应式、个体化出行需求是普遍存在的，而且具有一定规模，交通运输保障体系需要考虑并设置相应的服务能力。

本文使用了一个城市一段时间的数据进行分析，样本覆盖存在一定的不完整性。如果能够收集到更多城市的案例数据，覆盖更加完整的出行方式，将能够形成面向全国普遍规律的公共安全事件下的出行特征变化。

随着现代城市的发展，人口和经济活动越发集中，保持交通运输系统的持续有效通畅是城市公共安全应急保障的基本需求。基于移动互联网技术的多模式、响应式交通，包括网约车、定制化公交等，丰富了城市运输系统面向多样化出行需求的供给能力，对城市公共安全保障、降低灾害事件影响等具有重要作用。

参 考 文 献

[1] 百度百科，国际公共卫生紧急事件. https://baike.baidu.com/item.

[2] 熊志华，邵春福. 路网可靠性研究的回顾与展望[J]. 交通运输系统工程与信息，2003（02）.

[3] 郭继孚，高永，温慧敏. 基于替代路径的路网连通可靠性评价方法研究[J]. 公路交通科技，2007（07）.

[4] 耿彦斌，胡贵麟，孙鹏. 交通运输支撑总体国家安全的内涵要求和战略重点[J]. 交通运输部管理干部学院学报，2018（04）.

[5] Hu Z, Ge Q, Jin L, et al. Artificial intelligence forecasting of covid-19 in china[J]. Quantitative Biology. Cornell University, 2020（7）.

[6] 刘振国，姜彩良，王显光，等. 基于系统韧性提升交通运输疫情防控与应急保障能力对策[J]. 交通运输研究，2020. 6（1）.

[7] Wang D, Cao W, Li J, et al. DeepSD: Supply-demand prediction for online car-hailing services using deep neural networks[C]. 2017 IEEE 33rd international conference on data engineering (ICDE), 2017: 243-254.

[8] Sun J, Zhang K, Shen S J T R P D T, et al. Analyzing spatiotemporal traffic line source emissions based on massive didi online car-hailing service data[J]. Transportation Research Part D Transport & Environment. 2018, 62: 699-714.

疫情事件前期快速响应阶段的韧性智慧交通系统构建策略

——以深圳市为例

林观荣　孙超　张永捷

（深圳市城市交通规划设计研究中心股份有限公司，深圳 518057）

【摘要】本文重点研究在疫情事件前期快速响应阶段的韧性智慧交通系统构建思路，借鉴国际韧性智慧交通系统建设经验，以深圳市新型冠状病毒肺炎疫情防控为例，通过对外交通、手机信令、腾讯微信迁徙、国资防疫通、城市交通运行等多源大数据融合分析，深入研判新型冠状病毒肺炎疫情下交通运行态势，精准识别市民出行需求变化以及全人群出行链特征，系统性地提出了重点枢纽主动防控、轨道动态运营调度、信任公交、道路交通调控、15 分钟生活圈管控等策略措施，形成"可信、可控、可靠"的韧性交通体系，为疫情事件前期快速响应阶段的交通运输管控提供精准支撑。

【关键词】疫情快速响应；韧性智慧交通系统；新型冠状病毒疫情；大数据融合分析；策略研究

Construction Strategy of Resilient Intelligent Transportation System During the Fast Response Stage of Epidemic Incident: Illustrated by the Case of Shenzhen

Lin Guanrong　Sun Chao　Zhang Yongjie

（Shenzhen Urban Transport Planning Center, Shenzhen 518057, China）

Abstract: Construction idea of resilient intelligent transportation system during the fast response stage of epidemic incident was focused studied. International experience in the construction of resilient intelligent transportation systems is used for reference. Illustrated by the case of new coronavirus epidemic prevention and control of Shenzhen, traffic situation under the epidemic was judged in depth, and the changes in citizen travel demand as well as the characteristics of crowd trip-chain were accurately identified through the fusion analysis of multi-source big data including external traffic, mobile phone signaling, WeChat migration data, National capital epidemic prevention, urban traffic, etc. Then strategic measures such as active prevention and control of key hubs, dynamic operation scheduling of rail transit, trusted-transit, road traffic regulation, and 15-minute life circle management and control were systematically proposed to form a credible, controllable and reliable resilient transportation system, and to provide accurate support for transportation management during the fast response stage of epidemic incident.

Keywords: Fast Response to Epidemic; Resilient Intelligent Transportation System; New Coronavirus Epidemic; Fusion Analysis of Big Data; Strategy Study

1　引言

交通系统是城市体系中不可或缺的一部分，其在面对各种不稳定因素时，常表现出极大的脆弱性[1]。近年来全球各类重大自然灾害、社会安全事件频发，对城市交通系统提出了巨大挑战。如何通过智慧化手段提高交通系统面对不确定风险的抵抗力、恢复力及适应力，即构建韧性智慧交通系统，已成为国际各大都市共同关注的热点[2]。

国外对于韧性城市体系建设的研究起步较早，部分城市已将韧性建设措施和应急保障机制纳入城市战略规划甚至法律法规中[3,4]。例如，美国纽约在应对 2012 年飓风"桑迪"袭击后，出台了《纽约适应计划》，重点聚焦城市基础设施及人居环境、社区重建及韧性规划[5,6]，其中提出了多项适应性智慧化交通措施，如根据可能遭受的灾害类型提前制定应急预案库、通过升级拓展交通系统的服务增加系统韧性等。又如，对于突发疫情下的交通系统应对策略方面，日本 2015 年编制出台《新型流感对策行动计划纲要》[7]，将疫情演化划分为多个阶段，在未发生期重视预案工作，开展公共交通运营调查研究，请求和支持机构和企业建立应急物资运输系统；在海外发生期改善对外交通运营系统，限制边境停车设施和对外交通使用；在国内发生早期以及感染期成立新流感应对总部（纵向管理的部门），建立应急物资运输系统，并积极开展数据采集、公开共享和分析研究，有针对性地制订疫情防控方案；在恢复期评价疫情期措施，迭代优化预案对策等。概括而言，可借助智慧化手段建立完善的交通应急预案库，健全综合风险管理体系，支撑应对灾害时的迅速决策；通过跨交通方式协同服务等措施提升智慧交通系统自身稳健性；依托现有先进信息技术，充分发挥智慧交通系统的作用，针对多源数据进行深入挖掘与融合分析，支撑应对事件的韧性体系构建。

本文将针对疫情事件前期快速响应阶段的韧性智慧交通系统构建思路展开研究，重点以深圳市应对新型冠状病毒肺炎疫情防控为例，通过交通多源数据融合分析，深入研判全市交通运行态势及市民出行需求变化特征，以构建韧性智慧交通系统为目标，提出疫情前期快速响应阶段的防控措施，为重大疫情事件前期快速响应阶段的交通运输管控提供精准参考和借鉴。

2　疫情事件下的交通态势研判——以深圳市新型冠状病毒肺炎疫情防控为例

2020 年年初我国国内大面积爆发的新型冠状病毒肺炎（COVID-19）疫情，对全国经济产业、城市系统而言都是一次巨大的挑战和打击。在此大规模、大范围的疫情背景下，"韧性"体系建设随之上升为炙手可热的话题之一，受到各大城市的广泛关注。深圳市作为人口规模、人员流动规模均非常可观的超大型城市，本次疫情防控任务艰巨。在此以深圳市疫情初期防控响应为对象，从多源交通数据的深入分析研判出发，为研究城市韧性智慧交通系统的快速构建策略提供支撑。

2.1　全市交通运行态势研判

2.1.1　疫情初期对外交通客流态势

对外交通数据显示，2020 年 1 月 10 日至 24 日（即春运开始后第 1 至 15 天），深圳市累计到发旅客量分别为 472.7 万人次和 845.4 万人次（不含自驾客流，下同），呈现节前客流离深态势；疫情于春节（1 月 25 日）前后引起重点关注，疫情初期（1 月 25 日至 2 月 3 日），深圳市累计到发旅客量分别为 155.5 万人次和 124.0 万人次，节后客流陆续返深；但截至 2 月 3 日，春运累计发送客流总量高于累计抵达客流总量 341.2 万人，仍呈现节后以返深为主的客流态势，如图 1 所示。

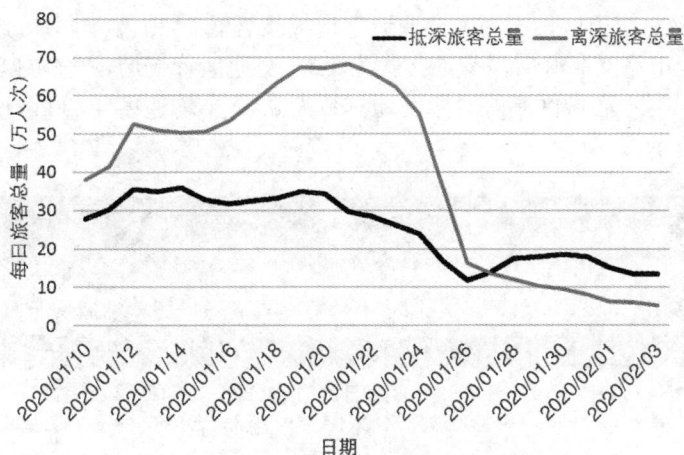

图 1　深圳市 2020 年春运期间到发旅客量

　　春运开始至 2 月 3 日，深圳市旅客对外运输方式结构以铁路和航空运输方式为主，二者约占 80%，其中铁路旅客总量约占 60%（抵达占比 57.82%，发送占比 62.53%），航空旅客总量约占 20%（抵达占比 24.55%，发送占比 17.10%），抵深客流近 70% 来自省内；根据迁徙数据（微信），疫情高发区旅客亦主要通过铁路、航空方式返深，如图 2 所示。

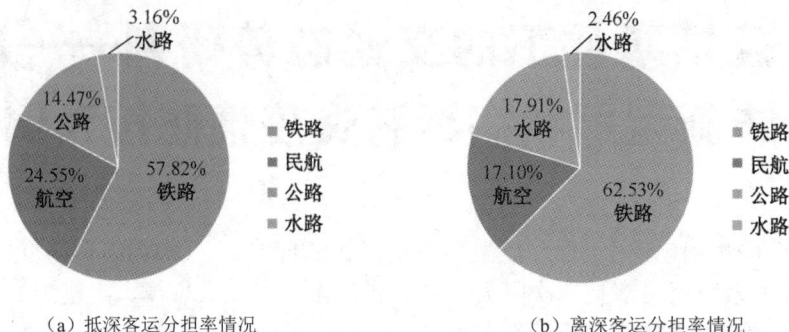

（a）抵深客运分担率情况　　　　　　　　（b）离深客运分担率情况

图 2　深圳市春运期间海陆空铁对外客运分担率情况（不含自驾客流）

2.1.2　疫情初期城市交通运行状况

　　受疫情因素影响，2020 年春运期间深圳市公共交通客运量受到较大冲击，从 1 月 20 日（节前 5 日）到 2 月 3 日，公共交通客运总量日均下降 44.6 万人次，并在 2 月 2 日客运量降至春运历史最低点，仅为 77.8 万人次，其中轨道交通 41.4 万人次，与 2019 年同期相比下降了 85%，常规公交 24.8 万人次，与 2019 年同期相比下降了 92%；出租车 11.6 万人次，占比为 14.91%。

　　考虑疫情影响，市民对公共交通的信心需要时间恢复，2020 年全市复工（2 月 3 日为国务院规定的上班时间，2 月 10 日为深圳市中小企业的复工时间）前后公共交通主要为通勤、上学等出行目的服务，鉴于大量拥车市民改用私家车出行，复工前后公共交通客运量同比会有较大降低，但总量仍较大；2 月 3 日后逐渐迎来返深高潮，公共交通客运量呈现快速增长趋势，管控面临较大挑战。

　　此外，春运期间深圳全市路网运行畅通，10 个行政区高峰时段交通运行均处于畅通状态，其中，福田区、南山区、罗湖区交通运行指数显著低于 2019 年同期，同比降幅均超过 50%。2 月 5 日全市路网高峰时段交通指数为 1.3，交通运行畅通，平均速度 35.9 km/h，速度同比上升 17.3%；中心城区高峰时段交通指数为 0.9，平均速度 40.3 km/h，速度同比上升 27.1%，如图 3 所示。

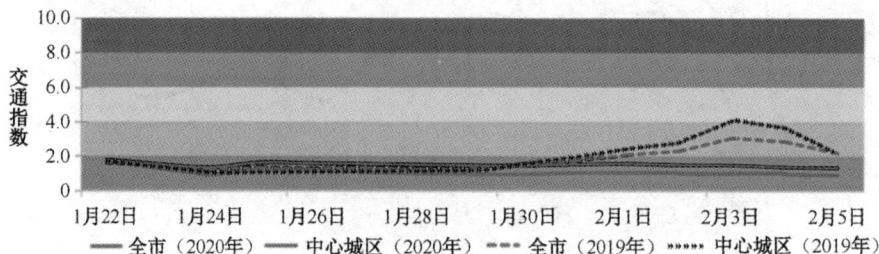

（a）高峰时段交通运行指数日变化

图 3　2020 年 1 月 22 日至 2 月 5 日深圳市交通运行指数情况

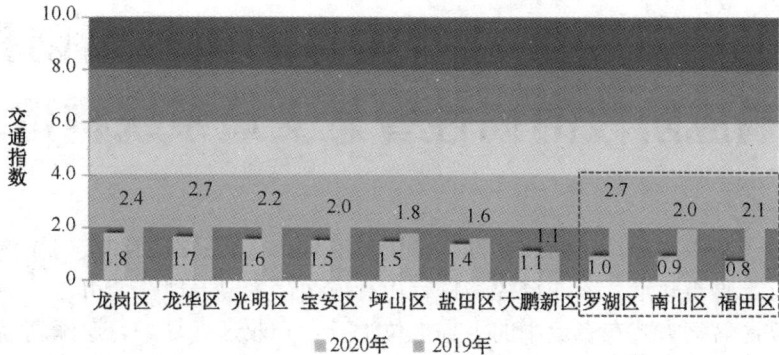

（b）各行政区高峰时段交通运行指数

图3　2020年1月22日至2月5日深圳市交通运行指数情况（续）

2.2　重点区域人流活动特征分析

2.2.1　疫情初期对外交通枢纽区域的人流活动特征

受疫情影响，深圳市对外交通枢纽区域的人流活动强度显著下降。其中，铁路枢纽自1月23日起人流量下降明显，随着25日全国各省市纷纷启动重大突发公共卫生事件一级响应后，全市大部分铁路枢纽人流量一度降至2019年同期的50%左右；空港枢纽自1月25日起活动人数较2019年春运同期相比持续下降，于2月4日降至2019年同期的23%左右；公路客运枢纽人流量也下降明显；口岸枢纽方面，2月4日香港特区政府关闭了罗湖、落马洲、港澳码头和皇岗4个口岸，前往香港或途经香港的旅客仅能从深圳湾口岸通关，2月4日除深圳湾口岸片区人流活动强度呈现上升趋势以外，其他仍开放的口岸人流活动强度均呈现不同程度下降，全市主要跨界口岸人流量仅为2019年春运同期的40%左右。

2.2.2　疫情初期热点片区、商圈、景区人流活动特征

受复工时间推迟的影响，与2019年工作日片区人流规模相比，2020年2月3日福田CBD、科技园等就业片区人流量仅恢复了不到20%，其中深圳湾科技生态园仅恢复了7%。2020年2月1日—2日（周末）期间，全市16个大型商圈、购物中心最高峰时段的活动人数仅为2019年正常水平的15%~40%，仙湖植物园、莲花山公园、欢乐谷等景区、商圈、购物中心在2月1日—2日期间，高峰时段区域内的活动人数不到2019年周末正常水平的20%。受疫情影响，深圳市大型就业片区、商圈、旅游景区活力普遍尚未恢复，市民相关出行需求量明显缩减。

3 深圳市新型冠状病毒肺炎疫情防控快速响应阶段的韧性智慧交通系统构建策略

结合交通态势数据分析，防控初期，疫情对深圳市交通系统的冲击明显体现在对外枢纽、常规公交、城市轨道、交通调控、慢行出行方面，主要表现在全市对外到发客流量的大幅缩减、铁路客运方式在春运中的主导地位上升、企业延迟复工、返深高潮延迟、市内公共交通客流低谷期延长、全市热点区域人流活力低速、市民出行需求量明显低于正常水平等状况。

为缓解疫情对全市交通系统的突然冲击，适应特殊时期的环境与需求，并合理控制后续疫情减缓后出行需求量的快速回升对交通系统造成的压力，需要在疫情防控的快速响应阶段提出有针对性的交通策略，从提升枢纽疫情防控强度、公交系统"信任度"、公共交通运营调度灵活性、应急预案完备性及慢行设施可靠度五大指标出发，通过重点枢纽主动防控、信任公交系统构建、轨道动态运营调度、交通动态调控、15分钟生活圈管控等智慧交通措施，严格掌握疫情期间的出行态势和信息追溯，提供安全稳定的交通出行服务，构建"可信、可控、可靠"的韧性智慧交通体系。疫情防控快速响应阶段的韧性智慧交通系统构建策略如图4所示。

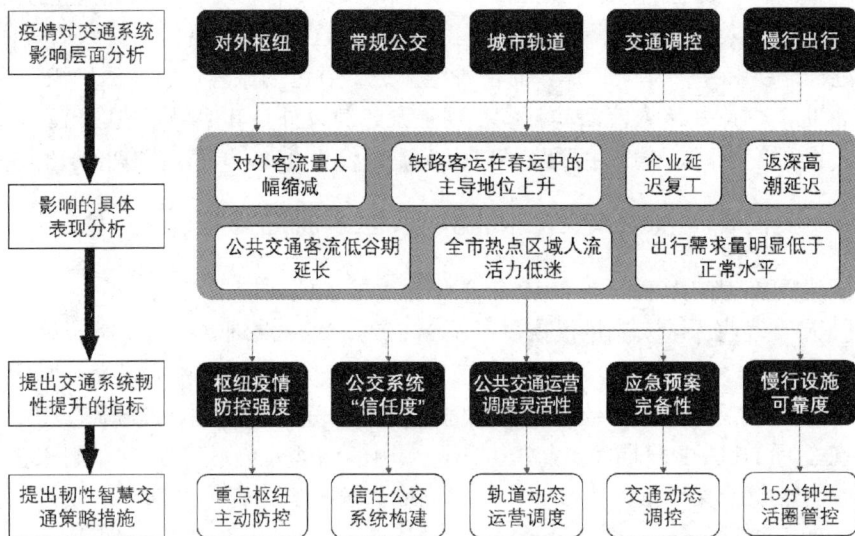

图 4　疫情防控快速响应阶段的韧性智慧交通系统构建策略

3.1 围绕重点枢纽建立返深人员精准监测和主动防控体系

（1）为适应疫情防控环境，满足疫情期间旅客出行信息全程可追溯的要求，在高铁站、机场等对外枢纽及主要高速公路关口对返深人员采取通过扫描二维码等方式进行实名验证与获取基本信息、出行信息登记措施，第一时间获取旅客返深前-中-后全过程出行轨迹及所乘坐交通工具的精准信息。

（2）为充分保障一线枢纽公共交通接驳运力，实现枢纽人流快速、安全疏解，提前研判返深高峰期高铁站、机场等重点枢纽的接驳需求，合理调度配置公共交通资源，研究通过调度费及社会综合福利保障等多种措施，调动出租车、网约车前往客运枢纽分担交通接驳压力。

3.2 围绕出行链全程追溯构建可信、可控的"信任公交"体系

（1）为形成乘客出行路线可追溯的公交体系，配合枢纽和关口二维码信息登记，同步推动全市所有的地铁、公交、出租车等公共交通中乘客依托微信小程序等方式严格执行乘车主动申报制度，打通疫情防控期间跨交通方式出行数据，尽快推动市民公共交通出行预约申报，追溯出行路线，并形成完整的出行链数据，精准掌握同乘人群信息。

（2）为实现公共交通系统疫情动态风险评估预警，利用多元数据追溯重点、高危人员出行活动链，判别出行方式，识别潜在感染人群，实时监测其居住地与工作地人员活动，提前预判，预警出行潜在风险，判断高风险 POI 和交通工具，为防控部署提供决策支持。

3.3 围绕客流精准预测构建轨道运营组织和动态调度管控体系

（1）为保证公共交通在疫情下应对返深潮、复工潮的主体地位，有序组织公共交通服务运力恢复，预测复工后公共交通出行量，结合不同片区需求差异，适当恢复行车密度及发车频次。

（2）为重塑居民公共交通信任度，采取非常时期的特殊运营服务模式，严格控制地铁及公交站区、车厢的客流密度及满载率，配合"灵活调度、增派运力、加强疏导"等综合措施，提供更加安全的出行环境；增加车站和车辆上的消毒设施配备，提供一流的防控服务，缓解乘客心理压力。

（3）为在满足地铁防疫要求下解决高峰期进站客流管控问题，实施基于地铁线路实时拥挤度控制的动态预约进站限流管控方案，通过研判线路实时拥挤度态势计算高峰期进站客流额度，并分析客流到达站点的分布规律，计算支撑高峰时段出行需求，提出基于预约出行的站点客流管控策略，从而提前掌握出行需求，调整供给策略[8]。

（4）为降低市民出行活动暴露感染风险，大力推广定制化、响应式预约公交出行服务，充分利用公交闲置运力提供"点到点"服务；加快推进 MaaS 巴士预约出行小程序的开发应用和宣传；鼓励企事业单位与公交公司合作开行"单位班车"模式的定制化巴士服务，为单位员工提供安心的出行环境。

3.4 基于交通运行与疫情风险评估建立动态调控的城市交通保障体系

（1）为支撑交通运力部署和预案制定，借助市民出行信息自主申报系统开展疫情发生

后居民活动特征线上调查，及时掌握疫情期出行特征，为公交运力调配和企业开行班车决策提供支撑。

（2）为实时评估和及时预警交通运行及疫情管控风险，搭建动态实时的热点片区人员活动特征监测系统，重点针对办公、商业集中的热点片区，利用市民出行数据、手机信令数据等分析手段动态监测复工期人员聚集程度、复工比例及交通运行状况。

（3）为保障复工高峰各就业片区道路交通正常运行，针对科技园等片区可能出现的短时小汽车大规模聚集、过渡集中通勤等异常出行特征，提前储备错峰出行、小汽车预约、关键通道增设 HOV 通道等出行政策及实施方案。

3.5 从出行需求出发推动社区 15 分钟生活圈交通体系建设

（1）为满足疫情期间市民必要出行的安全要求，发布疫情期间绿色出行倡议书，提倡必要生活出行采用步行和自行车方式，围绕 15 分钟生活圈思路，快速恢复自行车路权，搭建完善的自行车廊道系统和绿道系统；倡导疫情期间减少非必要出行的同时，对疫情期间实施远程办公得力的企业予以税费减免等奖励；鼓励企事业单位和社区开展包括班车、合乘、志愿服务等在内的"互助出行"。

（2）为保障就医等应急出行通畅，打造响应式就医需求出行服务，结合就医预约时间优先预约出租车、响应式巴士等出行服务，保障病人等弱势群体出行需要；在疫情高发小区可酌情利用公交专用道构建疫情下救护车"生命通道"，保证救护通行顺畅。

诚然，快速响应阶段的构建策略措施主要使智慧交通系统快速适应有针对性的突发状况（如本次新型冠状病毒肺炎疫情的爆发），并不能长期有效地提升系统应对各类不确定因素的抵抗力、恢复力及适应力，因此应将韧性智慧交通纳入长期的城市交通发展战略，规划构建海量领域数据孪生、共享、挖掘和分析，跨部门应急协同驱动，业务服务稳定可持续的韧性体系，最终形成完善的韧性智慧交通系统。

4 结语

顺应韧性城市体系建设主题，考虑疫情事件前期快速响应阶段的韧性智慧交通系统的构建问题，分析借鉴国际韧性智慧交通系统建设经验，并基于多源交通大数据的融合研判，从枢纽主动防控、"信任公交"构建、出行服务保障、应急预案制定、出行环境安全 5 个方面重点论述并提出深圳市应对新冠肺炎疫情快速响应阶段的韧性智慧交通系统的构建策略措施，为疫情事件前期快速响应阶段的交通运输管控提供精准支撑。

参 考 文 献

[1] 吴璟. 智慧城市的脆弱性及其综合应对[J]. 天津社会科学，2020（02）：106-110.

[2] 黄晓军,黄馨. 弹性城市及其规划框架初探[J]. 城市规划,2015,39(02):50-56.

[3] 刘振国,姜彩良,王显光,等. 基于系统韧性提升交通运输疫情防控与应急保障能力对策[J]. 交通运输研究,2020,6(01):19-23.

[4] 翟国方,黄唯. 开展韧性城市建设 让城市更安全宜居[J]. 城市与减灾,2017(04):5-9.

[5] 郑艳. 推动城市适应规划,构建韧性城市——发达国家的案例与启示[J]. 世界环境,2013(06):50-53.

[6] 邴启亮,李鑫,罗彦. 韧性城市理论引导下的城市防灾减灾规划探讨[J]. 规划师,2017,33(08):12-17.

[7] 买媛媛,李艳红. 发达国家交通应对突发公共卫生事件的经验及对我国的启示[J]. 交通运输研究,2020,6(01):97-102.

[8] 郭继孚,刁晶晶,王倩,等. 预约在城市交通中的应用——北京市回龙观地区的预约出行实践[J]. 城市交通,2020,18(01):75-82.

站城一体化模式下的综合交通枢纽智慧化发展路径探索

朱建辉 孙超 林钰龙 徐主梁

（深圳市城市交通规划设计研究中心股份有限公司，深圳 518057）

【摘要】以枢纽等基础设施为载体的新基建成为推动社会高质量发展的重要支撑和拉动新一轮经济增长的全新动能。本文围绕站城一体化开发的综合交通枢纽，提出了一种基于马斯洛需求层次模型的智慧化理念，以构建经济枢纽、生态枢纽、人文枢纽、平安枢纽、数字枢纽"五型枢纽"为目标，从智慧交通、智慧建筑、智慧服务、智慧运营、一体化运营管理中心、全息感知体系等方面探索智慧化发展路径，建立面向枢纽可持续生长、多维度的动态评估指标，打造24小时在线、能学习、会进化的数字化生命体，驱动运营模式重塑与管理流程再造，提升土地价值和经济效益，并带动辐射片区发展品质与活力，形成枢纽缝合城市的新模式，为新形势下综合交通枢纽的智慧化发展提供有益借鉴。

【关键词】新基建；站城一体化；马斯洛需求模型；智慧枢纽

Development Path Exploration of Intelligent Comprehensive Transport Hub Under Station-city Integration Model

Zhu Jianhui Sun Chao Lin Yulong Xu Zhuliang

（Shenzhen Urban Transport Planning Center, Shenzhen 518057, China）

Abstract: The new infrastructure with transport hubs as the carrier has become an important support to promote high-quality social development and a brand-new kinetic energy to drive a new round of economic growth. This paper focuses on the comprehensive transport hub of station-city integrated development, and a smart concept was put forward based on Maslow's demand hierarchy model. The goal is to build transport hubs from five perspectives: economic hub, ecological hub, cultural hub, safety hub, and digital hub. The intelligent development path was explored through holographic perception system, smart transportation, smart building, smart service, smart operation, integrated operation management center and other aspects. A sustainable growth, multi-dimensional dynamic evaluation index for the hub was established, and a 24-hour online adaptive evolving digital life was built. The remodeling of the operating model and the reengineering of the management process was driven. The value and economic benefits of the land increase and the quality and vitality of the development of the radiation area was improved, forming a new model of hub stitching cities, which provide a useful reference for development of intelligent comprehensive transport hub under the new situation.

Keywords: New Infrastructure; Station-city Integration; Maslow Demand Model; Smart Hub

1 引言

2019 来，在全球经济下行的背景下，我国基建投资规模不断扩大，以新型基础设施主导的数字经济占国内生产总值（GDP）的 34.8%（2008 年占比 14.8%）[1]。未来 10 年，我国交通基础设施建设将由重硬基建（铁公机，即铁路、公路和机场）向重软基建（5G、大数据、物联网和人工智能等）转变，以枢纽等基础设施为载体的新基建成为推动社会高质量发展的重要支撑和拉动新一轮经济增长的全新动能。以城市综合交通枢纽和发达的交通网络为载体的临站经济、临空经济、临港经济等新形态，突破传统的单纯强调城市交通运输组织功能的思维，向枢纽经济功能拓展转变，进一步锚固城市创新发展要素和辐射带动周边城市集群发展，将成为带动整个区域协同发展的重要着力点。

同时，中国大城市面临着土地资源紧缺等限制，提高土地集约利用、优化交通基础设施空间布局成为城市发展迫切需要解决的问题，基于站城一体化融合城市与交通双重功能、向交通枢纽城市综合体方向转变成为枢纽的发展趋势。以深圳市为例，在粤港澳大湾区和中国特色社会主义先行示范区"双区驱动"战略背景下，未来 15 个综合交通枢纽将带动 17 个重点片区的开发建设，承载 1.5 亿 m^2 规模的开发量，占全市总体规则 2.9 亿 m^2 新增开发量（2016—2035 年）的 53%，前海、西丽等综合交通枢纽秉持"站城一体化"理念开发，智慧化发展建设将成为实现站城服务柔性融合和数字转型升级的必由之路。

2 枢纽模式的转型升级

2.1 枢纽功能由"单目的的交通转换场所"向"多目的的城市会客厅"转变

交通枢纽由多种交通方式交汇，应交通方式之间衔接转换而出现，一般以轨道交通站点为核心构建。早年间，由于当时我国铁路、公路、城市公交运力不堪重负，交通枢纽能确保旅客秩序和安全已属不易，无暇顾及其他需求。加之经济、技术等原因，交通枢纽在功能上以客流、物流的集散为主。

经过几十年的大规模基建，我国交通网络已经基本能够满足"量"的需求，开始以站城一体化理念，开展现代化交通枢纽建设，交通枢纽成为一种集交通、购物、餐饮、娱乐、展览、停车、市政等多种城市功能于一体的建筑综合体。对乘客、用户而言，交通枢纽不再仅仅是出行时"经过"的中转地，而更多的是出行的"出发"地与"到达"地、工作生活和娱乐的重要场所、商业经济的活力中心，也必然要求交通枢纽除便捷的交通服务外，能够提供更健康舒适的生活服务、更赏心悦目的城市景观、更人性化的温暖服务体验，成为城市会客厅。枢纽功能转变如图 1 所示。

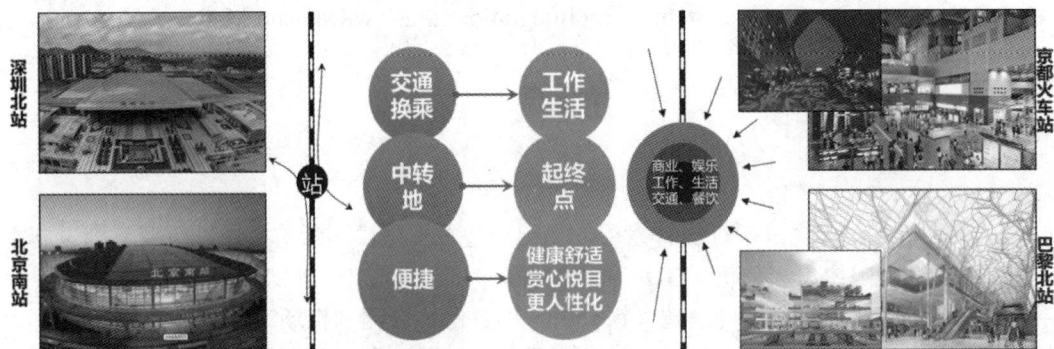

图 1 枢纽功能转变

2.2 枢纽运营由"单一孤立交通集散管理"向"多业态开放融合运营"转变

在以往以交通换乘为主要功能的枢纽模式下，枢纽的运营和管理重点在于如何高效地实现客流转换和疏散，保证基本换乘功能。枢纽内部存在一些小型商铺，但一般仅用于为乘客提供基本的生活需求服务。枢纽的管理提升也一般集中在交通组织优化层面。

在站城一体化的建设理念下，交通枢纽规模普遍较大，兼具交通与城市空间功能。以枢纽为中心的城市往往成为大量人口汇集场所，通过在枢纽及周边地区设置商场、宾馆、超市等商业或娱乐设施，逐渐创造经济活动需求，提升枢纽及周边地区的经济价值，使土地利用率及容积率得到大幅度提升。因此，紧凑型与高密度化的发展模式成为枢纽地块城市设计的主要特征之一。基于此，枢纽运营不仅仅在于交通的组织，更在于如何兼顾枢纽商业开发与交通服务，优化枢纽服务能力和商业布局，扩大枢纽吸引力，将枢纽打造为所在片区的社会经济发展锚点，带动枢纽所在地区经济活力提升，构建以枢纽为核心的新型经济体。未来的新一代智慧枢纽将通过车站地下空间的综合利用、上盖及周边土地开发等形式，围绕交通设施进行完整的城市功能布局，形成一套完整的城市生态体系及发展模式[2]。枢纽运营转变如图 2 所示。

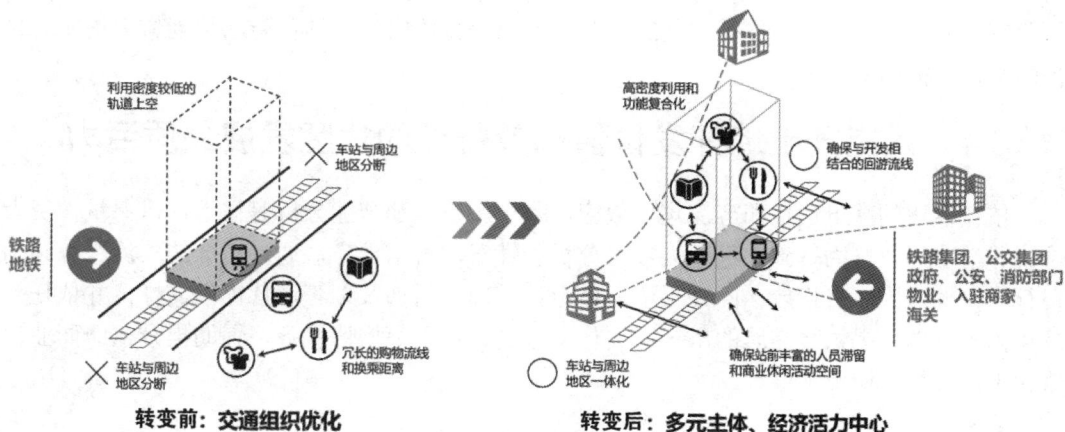

图2 枢纽运营转变

3 站城综合体智慧化需求

从枢纽管理、企业服务、市民服务、政府管理等角度，聚焦数字转型、缝合城市、一体化融合、效益增值等多元化需求。

3.1 以数据驱动实现枢纽运营模式重塑与管理流程再造

针对枢纽复杂业务管理与高品质服务体验等挑战，以新技术赋能业务，驱动日常业务运营管理和应急智慧管控，实现跨部门、多业务协同闭环，并重塑枢纽服务体系，打造体验经济时代灵活响应、随需而行的全链条服务模式，推动实现枢纽的管理流程再造与服务体验变革。

3.2 以多元开放共享服务打造枢纽缝合城市的全新模式

交通空间和城市空间合理的分配与有机整合是城市交通建筑建设及城市空间复合化开发的必要保障[3]。站城综合体将承担城市和辐射区域的高端服务功能，成为集中展示整体城市形象的重要载体，涉及枢纽、商业、公寓、酒店、写字楼等不同城市业态布局，需要为人群提供便捷的出行、生活、生产、交往等综合服务，需要依托智慧化提供一个安全、舒适、便利的现代化环境，吸引周边、全市乃至跨市域人群前来体验和享受城市文化、休闲和公共服务，营造丰富的都市生活氛围，打造枢纽缝合城市的新模式。

3.3 融合交通、机电、安防、文化、生态等一体化需求

立足于站城综合体的整体定位和多元业态，推动枢纽与城市双重功能的深度融合，实现交通、机电、安防、商业、社区、园区等一体化，并通过先进生态节能环保技术应用，创新枢纽的能源综合管理，最大限度地平衡环境舒适度与资源耗费，基于 VR 等技术构建智慧

体验空间，打造展示中国传统文化的平台，推动综合体成为弘扬、传承与创新中华文化精神的文化坐标和城市坐标。

3.4　以提升土地开发价值和效益带动片区发展品质活力

依托枢纽的高可达性和客流集聚效应，基于大数据和智能分析等技术，以海量消费者位置、消费等数据为基础，进行大数据分析和针对性营销推广，通过精准的人流跟踪和消费行为挖掘，为广告投放、商铺租金评估定价、门店活动策划等运营提供支撑，并依托智慧化为不同群体提供高品质的出行、居住、办公、休闲等增值服务，辅助提升枢纽商业价值、土地价值、城市价值等。

4　基于马斯洛需求层次模型的站城综合体智慧化理念

采用马斯洛需求层次模型作为枢纽智慧化转型发展的理念，以创新的枢纽"社区"经济模式为最高目标，通过"一套评价指标体系""一个赋能运行环境""自由拓展的智慧应用体系"三步走，实现站城综合体的智慧化建设。

4.1　核心理念和方法

交通枢纽城市综合体是一个复杂的巨系统和不断生长的生命体，内部每一个系统的管理者、使用者、消费者都有自己的意志，其需求是不断变化的，需要用发展的眼光和整体的系统思维去思考智慧化发展，深度挖掘枢纽的内在需求。马斯洛需求层次模型是从人性和价值出发的，从高到低将人的内在需求分为生理需求、安全需求、社交需求、尊重需求和自我实现需求[4]。将该模型用在枢纽智慧生命体上，总结出数字枢纽、平安枢纽、人文枢纽、生态枢纽、经济枢纽"五型枢纽"。智慧枢纽需求模型对应示意图如图3所示。

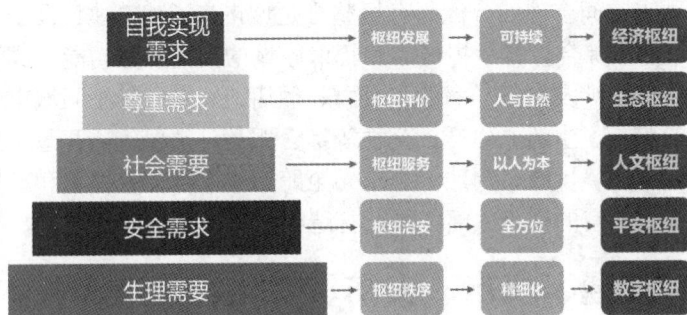

图3　智慧枢纽需求模型对应示意图

在智慧枢纽需求模型中，所有的发展应服务于最高需求：新型枢纽社区经济模式。基于新型枢纽社区经济模式，从吸引客流转变为构建社区关系，从商业销售转变为社区经营，从标准化物业管理转变为个性化社区服务。枢纽服务的群体具有稳定性和强烈的社交属性，从社区出发建立枢纽的会员群体和稳固的会员关系网，形成一个开放的关系型社区。将枢纽的经营模式变为以服务和社交为导向的新型枢纽社区经济模式，围绕这种模式展开智慧化建设，最终实现人才、资金、信息等要素的集中效应。

4.2 综合评价指标体系

充分考虑枢纽智慧化的本质和特征，注重枢纽智慧化建设的基础能力和成效，构建一套从经济动力、交通枢纽、创新能力、文化交往、生活质量 5 个维度进行全周期动态跟踪，包含环境、经济、文化、生活、创新等几十项指数的动态评价指标体系，指导枢纽的规划、设计、建设、运营等全周期评估，在每个时期与阶段对其建设成果进行反向验证评估，并对过程中的偏差进行及时调整。每个维度展开了 7 个指标项，总共 35 项，如图 4 所示。

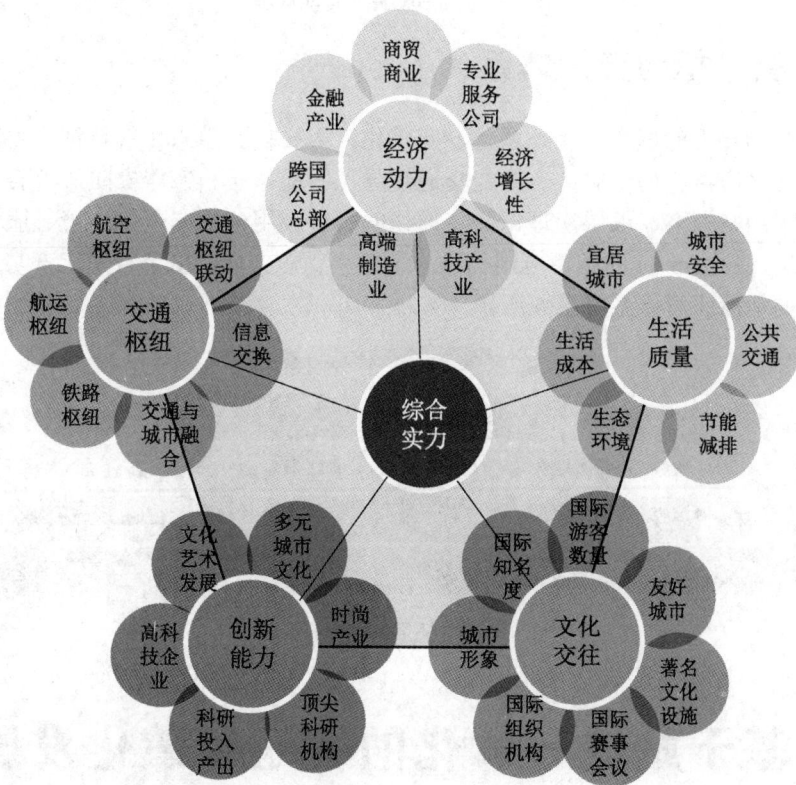

图 4 智慧枢纽评价指标体系

4.3 智慧赋能运行环境

通过打造以智慧枢纽为核心的智慧城市数字化底座，构建一套可持续生长、可灵活拓展的智慧化赋能平台，依托海量的数据融合形成具有多样化知识信息的知识图谱，以枢纽内的数据信息为基础源源不断地获取动力，实现多个枢纽能力的全面提升，不断拓展城市属性的发展。赋能环境是枢纽智慧化的核心层，为整个枢纽运行、管理、服务赋能。可灵活配置的智能环境如图 5 所示。

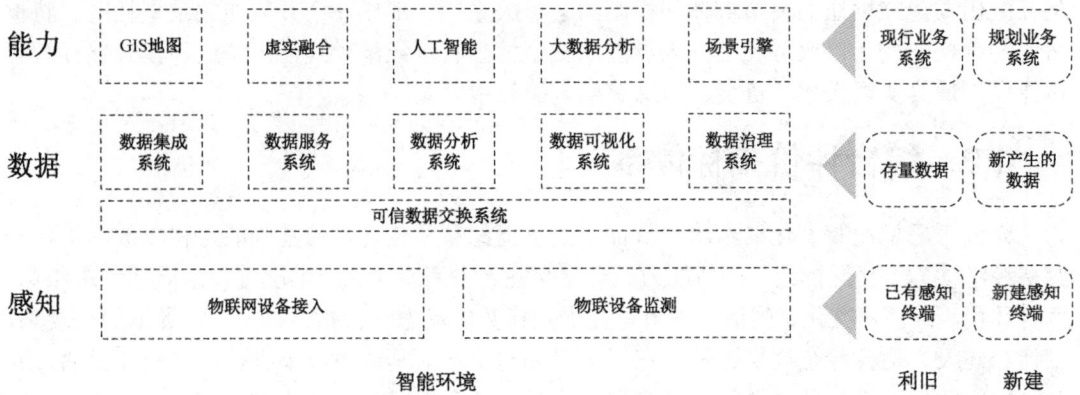

图 5　可灵活配置的智能环境

4.4　智慧枢纽应用体系

全新理念指导下的枢纽具有地域化、智慧化、人文化、生态化等特征，将网络通信、物业服务、社区服务、增值服务、智能交通疏导、智能家居、家居安防等整合到一个高效的系统中，采用马斯洛需求层次理论，将枢纽的智慧应用分为安全、环境、服务、社会、实现 5 个层级，形成 5+N 的智慧应用体系（即五大需求方向，N 个智慧运营与服务需求）。可自由拓展的智慧应用体系如图 6 所示。

图 6　可自由拓展的智慧应用体系

5　基于站城一体化的枢纽智慧化发展路径探索

围绕智慧交通、智慧建筑、智慧服务、智慧运营、一体化运营管理中心及全息感知体系等维度，提出智慧化建设提升内容，探索基于站城一体化的枢纽智慧化发展路径。

5.1　智慧交通：构筑交通枢纽日常高效运行和应急协同能力

交通枢纽由于其自身在空间、时间上的高度集散特性，使得交通出行者对交通信息服务的全面性、实时性和准确性有着较高要求[5]。此外，交通枢纽城市综合体的复杂业态分布和高强度客流聚集对交通运营和管理提出更高要求，围绕枢纽的交通运营、出行服务、协同管控等需求，通过城际铁路、地铁、公交、出租等多方式的一体化协同，推动枢纽与周边地区的交通衔接联动，依托交通在线仿真、客流应急疏散、多场景策略预案等方式，构筑"看得见、听得清、信息准、反应快"的枢纽交通运输应急保障机制，并面向乘客提供差异化安检、无感通关、全链条智慧服务等全新出行体验，避免传统枢纽的交通组织混乱、客流高密度聚集等问题影响上盖土地、商业等价值。

5.2　智慧建筑：赋能枢纽楼宇的数字化运营与业务流程再造

通过智慧安防、智慧燃气、智慧消防、智慧给排水、智能梯控、智慧供配电等建筑基础设施和管理平台的建设，围绕网络基础设施、智能运行设备、智慧安防体系、综合大数据分析、智能数据监测等方面进行立体布局，推动楼宇机电自动化向智慧化建筑转型升级，助力从单场景智能迈向整体智能，实现建筑整体节能低碳绿色，为用户提供一个高效、舒适、便利的人性化建筑环境。

5.3　智慧服务：围绕差异化群体需求，构建智慧化服务体系

面向运营方、政府、企业、商户及公众，通过提供产业、居民生活、政务对接、企业运行等综合服务，促进企业招商、缩短产业聚集周期、加速产业体系构建；通过枢纽服务供给方与需求方的全链条联通，全面提升服务效能；围绕生活、物业、商务、政务、交通、交往等领域，提供智慧生活服务、智慧商务服务、智慧交通服务、智慧招商服务、大数据应用服务、政务服务、党建服务、公共安全服务、环境监督服务、健康服务等，为服务群体提供个性化、精准化服务。

5.4　智慧运营：聚焦多元业态主体，重塑枢纽运营管理模式

通过智慧物业、智慧招商、大数据营销、智慧运维等建设发展，涵盖经营、物业、运维各模块的招商流程管理、产业分析、企业孵化、物业管理、决策分析等功能，打造枢纽型社区经济模式，通过精准画像挖掘将服务人群转化成忠实的"会员"，实现面向住户一人一档的精细化管理，并依托大数据主动发现商业发展问题和企业现状，构造面向交通、设施、人群、企业等全要素的运营管理体系。

5.5　一体化运营管理中心：打造可生长、拓展的智慧赋能底座

一体化运营管理中心作为新型智慧城市建设在枢纽的缩影，是打通枢纽地下和地上融合的中枢，也是实现多部门联动和管理服务流程再造的关键。通过大数据中心、监测预警、联动指挥、值守大厅等智慧化建设，实现数据统一汇聚、各类系统联动、人员统一调度等，

在物理空间和数字空间实现统一管理、统一调度和统一分析，构建数据、系统、机制、人员与组织等各层面统一的创新管理模式，以赋能平台构建"枢纽智慧大脑"，支撑地上地下多业态一体化运营管理。

5.6　全息感知体系：实现全对象、全时空、全粒度体征检测

结合智慧交通、智慧建筑、智慧服务和智慧运营等板块的应用需求，按全面、实用、经济的原则，通过"自建+共享"方式推动前端采集设备布设完善，实现对枢纽内部、上盖建筑及枢纽周边等区域人、车、路、设施、环境等全要素信息的联合感知，构建覆盖全、粒度细、要素齐的综合体征检测和全息感知能力，为全方位掌握实时状况、实现智慧化运营和管理提供基础支撑。

6　结语

在新技术突破变革和社会经济高速发展的浪潮背景下，综合交通枢纽的功能不断拓展和提升，枢纽经济新形态不断突破地域和产业限制，成为城市经济发展新旧动能转换的核心支撑。针对多业态主体衍生的复杂空间结构、大客流高频次的运行组织等带来的运营管理新挑战，以马斯洛需求层次模型为引导，提出一种站城综合体智慧化转型发展的新模式，从全息感知体系、智慧交通、智慧建筑、智慧服务、智慧运营、一体化运营管理中心等方面探索智慧化发展路径，通过新技术赋能业务驱动运营模式重塑与管理流程再造，打造未来站城一体先行先试的全球标杆。

参 考 文 献

[1]　余晓晖. 中国数字经济发展与就业白皮书（2019 年）[R]. 北京：中国信通院，2019.

[2]　耿玉洁. 探讨以轨道交通站点为核心的站城一体化开发策略[J]. 中外建筑，2018（12）：110-112.

[3]　钱才云，周扬. 谈交通建筑综合体中复合型的城市公共空间营造——以日本京都车站为例[J]. 国际城市规划，2010，25（06）：102-107.

[4]　晋铭铭，罗迅. 马斯洛需求层次理论浅析[J]. 管理观察，2019，16（02）：77-79.

[5]　王庆纲. 基于大数据的智慧枢纽交通信息服务系统框架研究[J]. 中国市政工程，2017（06）：94-97.

智慧斑马线在行人过街安全中的应用

朱聚峰　尹海军

（深圳市城市交通规划设计研究中心股份有限公司，深圳 518000）

【摘要】本文研究了智慧斑马线等智慧交通子系统在人行过街安全中的应用。在人行过街频繁的路段，由于恶劣天气、光照不足、斑马线损坏及驾驶员的原因，经常会因为驾驶员缺乏足够的警觉而导致安全事故。行人作为城市交通中的弱势群体，在交通事故中容易受到伤害，过街优先权经常得不到保证。如何在确保车辆通行效率的前提下，保障行人过街的安全，成为交通管理者需要解决的一个重要问题。智慧斑马线系统利用摄像头、雷达等行人检测技术及 4G 等数据传输技术实现行人感知与红绿灯和智慧斑马线联动控制，提高行人过街安全性。本文同时结合佛山市试点应用情况及存在的问题进行探讨和分析。

【关键词】智慧斑马线；LED 地砖；行人过街；系统；智能交通

Smart Zebra Crossing Application in Pedestrian Crossing Safety

Zhu Jufeng　Yin Haijun

（Shenzhen Urban Transport Planning Center, Shenzhen 528000, China）

Abstract: This paper studies the application of intelligent traffic subsystem such as intelligent zebra crossing in pedestrian crossing safety. In the section where pedestrians cross the street frequently, due to the bad weather, lack of light, damage of zebra crossing and the driver's reasons, the driver often lacks enough vigilance in some important pedestrian crossing places and leads to safety accidents. Pedestrians as a vulnerable group in road traffic: on the one hand, they are most vulnerable in traffic accidents; on the other hand, the priority of crossing the street is often not guaranteed. How to use economic and effective traffic facilities to ensure the safety of pedestrians crossing the street, while ensuring the traffic efficiency of vehicles, has become an important problem to be solved by traffic managers. The intelligent zebra crossing system uses camera, radar and other pedestrian detection technologies as well as NB IOT, 4G and other data transmission technologies to realize the joint control of pedestrian sensing, traffic lights and intelligent zebra crossing, so as to improve the safety of pedestrian crossing. This paper mainly introduces the structure and setting mode of the intelligent zebra crossing system, and discusses and analyzes the application and existing problems of the pilot project.

Keywords: Smart Zebra Crossing; The LED Floor Tile; Pedestrians Crossing the Street; System; Intelligent Transportation

智慧道路业务框架浅析

鲁田

（深圳市城市交通规划设计研究中心股份有限公司，深圳 518000）

【摘要】在产业政策、物联网技术及 5G 的推动下，城市道路逐渐由传统的维护、控制手段向智能化方向发展。道路智慧化需要升级城市道路的基建设备，如智慧多功能杆、智慧井盖、智慧路贴等设备。本文提出针对多源海量数据，利用大数据、云计算、人工智能等技术对数据进行 AI 分析、标准化建立数据中台，并构建服务中台通过分域分权控制等原则对城市管理部门、互联网、电信运营商等提供数据、技术、服务支持，并以侨香路智慧道路应用平台作为示例进行介绍。

【关键词】智能道路；中台；设施

Analysis of Business Framework of Smart Road

Lu Tian

（Shenzhen Urban Transport Planning Center, Shenzhen 51800, China）

Abstract: Driven by industrial policy, Internet of things technology and 5G, urban roads are gradually developing from traditional maintenance and control means to intelligent direction. Smart road needs to upgrade the infrastructure equipment of urban roads, such as intelligent multi-functional pole, intelligent well cover, smart road paste and other equipment. In this paper, aiming at multi-source massive data, we use big data, cloud computing, artificial intelligence and other technologies to carry out AI analysis of data, standardize the establishment of data center, and build a service center to provide data, technology and service support for urban management departments, Internet, telecom operators and other businesses through the principle of sub domain and decentralized control of service center, and the application platform of Qiaoxiang road intelligent road is introduced as an example.

Keywords: Smart Road; Center; Facilities

1　引言

城市是人类文明的主要组成部分，也是伴随人类文明与进步发展起来的。2010 年，IBM 首次推出"智慧城市"发展战略，随着物联网、云计算的提出、发展和应用，李德仁等在 2011 年提出了"智慧城市＝数字城市＋物联网＋云计算"的公式[1]。随之与智慧城市相关的概念层出不穷，其中，智慧交通也成了当前最热门的话题之一。智慧交通作为智慧城市的一个重要板块，其成果直接影响一个智慧城市的发展程度。2011 年，科技部 863 计划中提出的车路协同已被纳入交通部智能交通发展战略，对自动驾驶的发展起着关键性作用。而车路协同与自动驾驶的进一步发展依赖于城市道路的周边设备的智能化升级，智慧道路这一概念应运而生。随着 5G、人工智能、移动互联网等新一代信息技术的问世和发展，为智慧道路的进一步发展提供了助力。

2　智慧道路概述及发展目标

智慧道路通过升级及添置各种智能感知设备，由数据中台对各设备进行数据采集、组织、标准化、分析、应用，根据设备类型、数据及设备管控等内容进行分权分域给到各管理部门、电信运营商、互联网公司等，以实现各智能设备的互联感知、道路设施的智慧管养、人车路智能协同、决策支持。

其目标是通过多杆合一、多牌合一、多管合一、多箱合一、多塔合一 5 个合一技术手段，有效提升城市道路景观，减少设备管养成本；通过构建数据中台、升级各智能化设备，实现道路的海量数据采集和标准化及资源共享共管；通过构建服务中台，利用大数据、人工智能、云计算等新一代技术对标准化的数据进行分析应用，能够满足人车路协同、自动驾驶及政府和城市管理部门智能决策、智慧管养等要求。智慧道路建设总体框架如图1所示，主要通过道路基础设备智能化、道路数据资源标准化及道路服务集中化这三大方面提高道路智能化水平，推进智慧城市的发展，提升市民的幸福指数。

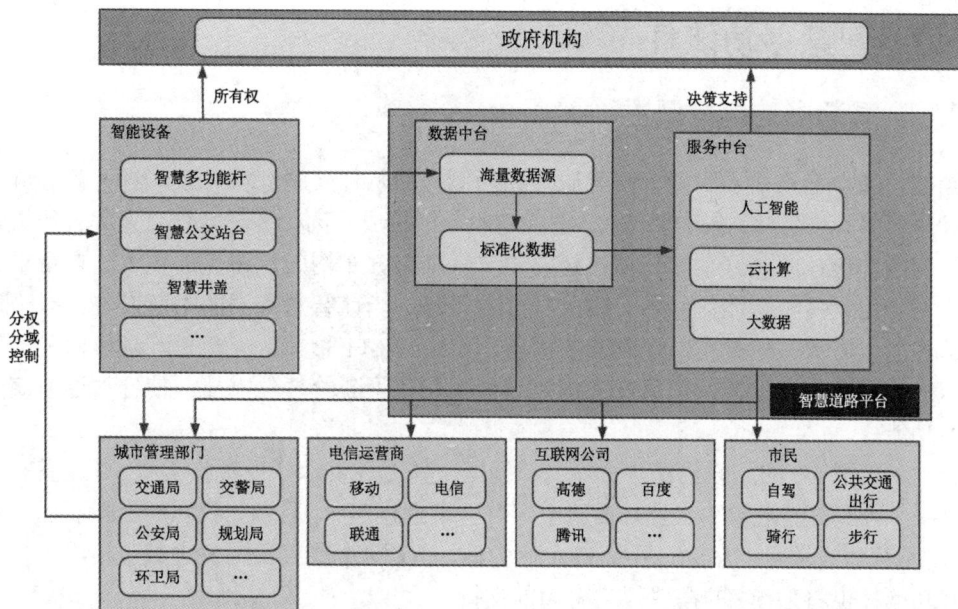

图1　智慧道路建设总体框架

3　道路基础设备智能化

现在投入使用的智能设备具体有：智慧井盖，智慧公交站台，智慧集成箱，路口感知设备、智慧垃圾箱、智能护栏等智能感知设备，如图2所示。

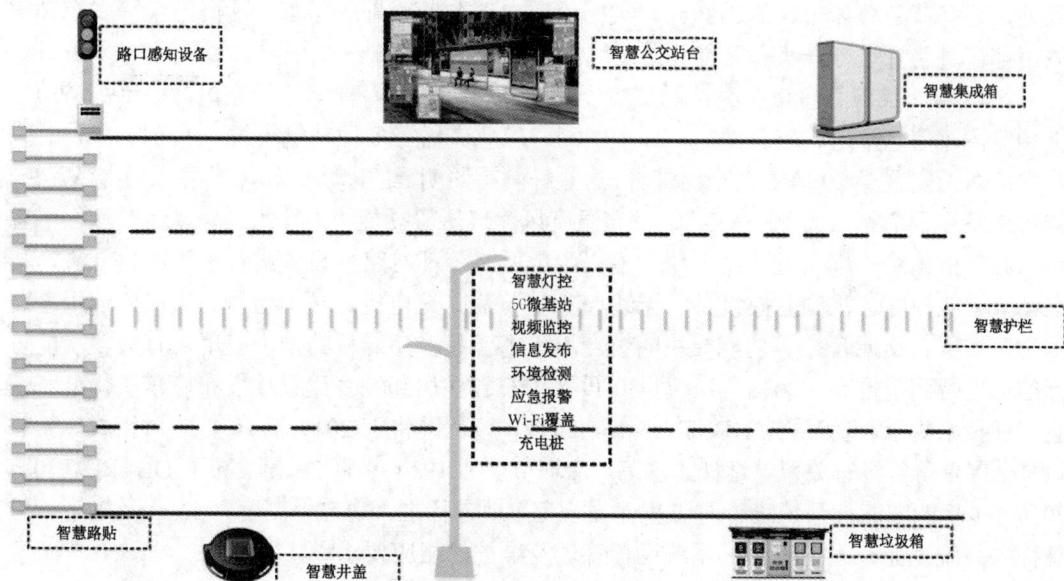

图2　智能设备空间分布

3.1　智慧多功能杆

3.1.1　智慧多功能杆概述

当前，城市道路由于职能分割导致道路两侧杆件丛林（路灯杆、视频杆、诱导屏杆、标识标牌杆等），极大影响市容市貌，造成建设、维护成本高。多杆合一、多牌合一成了解决当前问题的最佳解决方案。在城市道路中，灯杆有分布均匀、覆盖面积大、自带电源等特点，对于配置各种智能化装备有得天独厚的优势。当前智慧交通的不断发展，对于道路设备的智能化需求不断提高，视频监控设备、无线 Wi-Fi 覆盖、充电桩、环境监测、地下管网监控、市民应急报警、信息发布屏等智能化设备不断给杆件赋能，使杆件逐渐演变成智慧多功能杆。

目前，各国 5G 的建设已经火力全开。德国、韩国等表示杆设备将承载 5G 设备。美国提出会减少 5G 小型化基站在公共设施上部署的审批程序[2]。目前，我国商用牌照已正式发放，5G 承载建设项目，华为、中兴等企业中标，5G 网络覆盖我国各大城市指日可待。而智慧多功能杆也将为 5G 的搭建提供有力的支持。

3.1.2　智慧多功能杆的国内外发展现状

近几年来，智慧多功能杆的研究与建设在国内外一直都处于火热的状态。新加坡在"智慧国家 2025"的政策背景下，提出"智能化+LED"升级改造方案，计划将高压钠灯改造成含智能控制系统的 LED 智能路灯，包括计划安装各种智慧城市传感设备。美国芝加哥将分批安装灯控传感器，该传感线可搜集城市路面信息，检测环境数据，如空气质量、光照强度、噪声水平、温度、风速。美国洛杉矶利用该市大范围的智能互联网路灯设施，对路灯配备传感器，安装软件以收集数据、分析信息并共享见解，让城市运行更加透明。除此以外，还有荷兰海牙市、美国纽约、英国伦敦、瑞典斯德哥尔摩市、法国巴黎等多个国家城市都在对路灯进行升级和智能化改造。

2015 年，我国上海市在大沽路试点安装智慧路灯，并为杆配置了充电桩、免费 Wi-Fi、视频监控、信息推送、应急呼叫、环境监测、应急广播等多种功能模组[3]。2016 年，北京左安门西街安置了 20 座复合型路灯杆，这些杆具有照明、给电动车充电、为手机连接 Wi-Fi、监控道路视频信息、监测 PM2.5、发布温度风速气压等功能[4]。除此之外，还有深圳侨香路、苏州狮山路、广州天河南二路、嘉兴中山西路等都对路灯设备进行了智能化升级，普遍都是智能控灯、视频监控设备、无线 Wi-Fi 覆盖、充电桩、环境监测、市民应急报警、信息发布屏、交通管控等功能模块的组合。除了智慧多功能杆的推广应用，有关多功能杆标准化也得到了推动。2019 年 8 月 30 日，广东省住房和城乡建设厅发布广东省标准《智慧灯杆技术规范》，编号为 DBJ/T 15-164-2019。该标准将于 2019 年 10 月 1 日正式实施。这是全国首份省级有关智慧灯杆的规范。深圳市于 2019 年 9 月 23 日发布了 DB4403/T30－2019《多功能智能杆系统设计与工程建设规范》地方标准，规定了高度为 15 m 及以下的智慧杆的系统设计、系统工程、系统运行管理及维护的相应要求[5]。

3.2　智慧公交站台

智慧公交站台结合物联网、AI 分析、GPS、大数据等新型技术，能够提供公交到站实时提醒、公交专用车道的非公交车的违章形式拍摄、公交站人群拥堵预警、行人违章行为、Wi-Fi、手机充电、一键报警、医疗紧急求救等服务。但目前尚无一套成熟的智慧公交站台规划设计技术理论，且其建设成本与效益错位等问题，在一定程度上制约着公交站台的健康发展[6]。

3.3　智慧护栏

智慧护栏是指城市交通道路直道上的可升降/横向移动的智能护栏。传统的潮汐车道，即道路的拥堵并不是全天全方位的拥堵，而是随着时间的变化及高峰期的变化出现单方向的拥堵[7]。针对这种道路升级智慧护栏设备，能够通过护栏的升降、横向移动，智能调整道路的车道方向，增加拥堵路段的通行能力，进而自动缓解交通压力。

3.4　其他

智慧路贴主要铺设或安装在路面，实现数据采集、发光提示及无线充电等功能，包含地面红绿灯、智慧道钉、光伏路面等类型。地面红绿灯能针对过街注意力不集中、"低头族"等现象和问题，在斑马线处设置地面红绿灯，与行人信号灯实施联动。智慧道钉主要是安装在车道分割线、路肩或斑马线上，集成先进的微传感技术、微功耗处理器技术和低功耗无线通信技术，可与智慧道路多功能杆进行无线通信，实现即时联动。其主要功能包括检测功能（车辆检测、积水检测、碳排检测）、车辆定位功能及灯光提示功能，可用于交通信息检测、道路积水检测、交通碳排检测、道路车辆定位、室内停车导航、路内停车诱导、安全车距提示、道路异常提示、行人过街提示等场景。

智慧垃圾箱利用温度、气味、超声波等传感器，检测垃圾箱内的温度过高、垃圾发臭、堆积过量等异常状态，并利用云计算、大数据、物联网等技术，实现智慧垃圾箱自动开关门、接收识别、监测、称重、满溢预警、太阳能蓄电，为环卫局对环卫工人的业绩考核、垃圾桶优化部署、最优垃圾站部署等提供决策支持[8]。

4　道路数据资源标准化

海量数据融合与标准化如图 3 所示。

智慧道路中各智能化设备采集到的多元海量的数据，通过大数据、人工智能等方式对数据进行标准化。智慧多功能杆中集成了灯控、摄像头、信息屏、广播、环境监测、噪声监测等智能化设备。灯控设备能够获取灯破损状况，通过对路口摄像头的视频进行分析，可以获得当前路口通行的车辆的类型、颜色、车牌等信息，非机动车道及车道旁的人、骑行者等基本信息，还有箱变、植被、道路破损等基本信息。Wi-Fi 设备可以获得周边的人流量、停留时间等信息。环境监测设备可以获得 PM2.5 等指标。路口行人感知设备可以获得闯红灯行人、行人过街时间、行人等待过街时间等信息。微波检测器能够利用数字雷达波检测技术检测断面交通流量、平均车速、行人及车道占有率等交通数据。卡口电子警察可以获取违法取证抓拍数据、录像等。

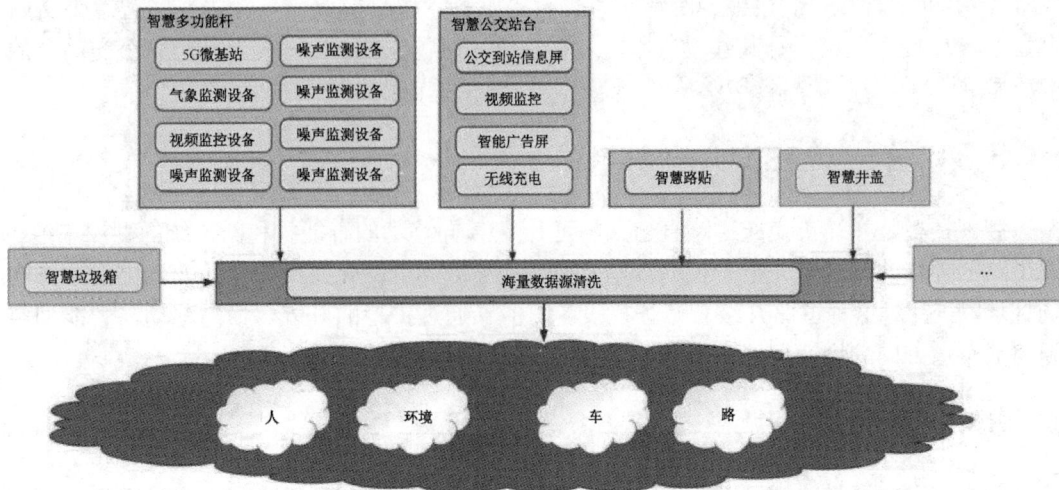

图 3　海量数据融合与标准化

4.1　车流量数据标准化

在智能化设备中，视频监控、微波检测器等都可以获取相关车辆信息。视频监控通过预先设置的车路网与视频监控的路口关联，通过对视频流进行 AI 分析能够获取指定路口的相关车辆的车牌信息、种类、车路大小、颜色等信息，以及根据车辆的行驶速度、轨迹、当前路况等信息判断一辆车的违章类型。微波检测器能够检测到断面交通流量、平均车速、行人及车道占有率等交通数据。车流量数据标准化则是根据"可见""可感"的智能化设备采集到的多源数据进行融合及校正，最后通过车辆检测数据、路口车流量数据等进行标准化，能够得到高精度的断面交通流量、均车速、车道占有率，以及经过的车辆的速度、车牌信息、种类、大小、颜色等车辆信息。

4.2　行人流量数据标准化

路口感知设备可以根据激光雷达等设备，获得个人的行为轨迹及当前信号机的实时运作情况，根据分析能够得到当前人的行为是否违规（闯红灯、占用机动车道等行为）、过街速度、过街时间、等待绿灯时间等信息。特定路口放置的视频控制器，能够利用 AI 分析技术对视频流进行识别分析，获得指定路口的行人的身体特征（高矮胖瘦）、行为特征（骑行、步行、跑步等）、穿着特征（长裤、大衣等类型及颜色）、基本年龄段（幼儿、青少年、中年、老人等）。Wi-Fi 设备能够获取指定范围内的人流量、停留时间、路过次数等数据。通过这些智能化设备，标准化地采集数据，能够通过矢量地图、地理栅格等方式统计城市道路上人口密度、人口流动等基础信息。

4.3　路面数据标准化

视频监控设备根据功能的不同，能够针对城市道路的地面塌陷、道路积水/雪、路面龟裂、标线损坏、标牌损坏、智能设备损坏、植被损坏进行监测。提取这些事件的共同的标志性数据进行标准化，通过分域分权控制将职责划分到城市不同的管理部门，形成各种检测事件的及时告警、及时反馈、及时处理机制。

智慧井盖加装了水位检测、电子装置等，不仅会监测出井盖被积水覆盖、井盖遭到位移，还能监测出下水道内的易燃易爆气体浓度。其数据的标准化也是与事件相关，需要由相关部门解决。

4.4　环境数据标准化

通过环境监测、噪声监测能够获得噪声系数、PM2.5、温度、风向、风速、CO、CHS、大气压、湿度、PM10、CH3 等标准化数据，通过关联城市道路的空间地理网，可以查看道路栅格网的各个标准化指标的分布图。

环境数据除了包括天气、噪声等因素外，还包括当前环境下的道路能见度因素。城市道路的照明能否智能化控制其明暗程度，决定了夜晚环境下的能见度。智能照明设备能够智能定时开关灯，智能调节光照强度，实时获取灯控设备的电流、电压等信息。通过对电流、电压等照明信息的标准化，可以得到灯控设备的能耗消耗、设备的破损率等。这些标准化的数据能为城市中的灯光中心及政府管理部门的决策支持提供依据。

5　道路服务集中化

5.1　设备、路面、植被智慧管养

服务中台可以实现对智能化设备、地面塌陷、道路积水/雪、路面龟裂、标线损坏、标牌损坏、智能设备损坏、植被损坏、植被过密等情况的实时标准化的数据进行监控。当标准化的数据达到或超过指标时，则根据分域分权控制原则，对相关城市管理部门进行设备、路面、植被等管养相关问题的发送。由城市管理部门针对异常事件与数据中台提供的基础设备信息和部分控制权限下发智能设备维修的请求给设备维护人员，并持续追踪当前设备管养事件直到服务中台发送事件维护问题被解决的通知。

5.2　智能化设备联动

智能化设备联动是指一个或一个以上的智能化设备能够响应当前智能化设备的请求，并智慧对此作出反应。

场景 1：当前路段积水，由视频监控监测到道路积水过高，无法通车，智能化设备则会将"道路积水，无法通行"的消息发送到附件的信息屏上、装有车路协同的装置中或者对附件的广播设备进行语音广播警告。与此同时，智能化设备也会将此异常消息发送服务中台，由服务中台的工作人员做进一步确认，并作出相关决策。

场景 2：特殊车辆（救护车、警车、特殊情况下的普通车辆、部分公交车）与信号控制灯联动，城市道路中有紧急车辆，由服务中台根据当前特殊车辆的行径轨迹、车速信息协同信号控制机进行智能绿灯放行支持（保持特殊车辆的绿色通行）。

5.3　车路信息协同

服务中台可以通过分域分权控制等原则为城市管理部门、电信运营商、互联网公司、市民等提供标准化数据。互联网公司可以根据入股或者订阅车流量、人流量、道路安全状态、交通事故、道路施工等数据，为互联网公司研究 App 服务、车路协同和自动驾驶等提供数据支撑。

5.4　重大事件及决策支持

服务中台还可以支撑城市重大灾难、市政规划、市政管理等，支持重大灾难的多渠道（信息屏、广播、短信等）发布、信息屏紧急避难所地址指引等操作。服务中台能够对城市道路涉及的各个数据做分析，可支撑市政规划、管理等决策。

6　框架应用示例

本文选取了深圳市侨香路智慧道路的建设作为应用示例。侨香路智慧道路建成后，实现总体杆件数量减少 32%，侨香路机箱从 39 个减至 13 个，加入工艺和设计元素后极大提升了侨香路智慧道路的美观度，并为 5G 设备的搭载提供支持。侨香路智慧道路平台集成AI、物联网、大数据等技术，能通过视频进行 AI 分析，得到车流量、人流量、车辆违章、人违章、道路破损、设备破损等信息，通过物联网技术实现对智能化设备（灯控设备、智能化井盖等）的实时控制及状态监控，通过对多源异构的大数据进行分析得到侨香路城市道路运行指数、车辆在线仿真推演及实现道路智能化管养。

7　结语

智慧道路目前在国内已有多个试点，其中，与智慧道路相关的类型智慧多功能杆、智慧井盖、智慧站台等涉及的基建设备已经相对成熟，但是设备后期的维护，采集到的海量数据的标准化、拥有权、使用权的划分，数据在管理部门决策上的支持程度，以及各职能设备之间的智慧联动等模块的发展还处于起步阶段。随着智慧道路的推广、使用和发展，车路协同、无人驾驶技术的成熟，最终能够为人、货物的空间转移提供安全、高效、经济、可靠的服务，实现人、车、路、环境的和谐统一。

参 考 文 献

[1] 李德仁，邵振峰与杨小敏，从数字城市到智慧城市的理论与实践．地理空间信息，2011．9（06）：1-5+7．

[2] 田宗奇，齐飞与刘保玉，从 5G 基站建设的角度探讨智慧杆的标准化．照明工程学报，2019．30（05）：32-35．

[3] 徐俊等，浅谈上海智慧路灯试点应用分析．光源与照明，2016（01）：25-27+33．

[4] 魏东，基于智能路灯系统的智慧街区和智慧城市建设．光源与照明，2018（04）：43-48．

[5] 曹小兵与王海龙，基于智慧城市架构下智慧杆的建设探究．中国照明电器，2019（12）：12-15．

[6] 高永，段冰若，田希雅，吉章伟，智慧公交站台规划设计与建设之初探[A]．中国城市规划学会城市交通规划学术委员会．品质交通与协同共治——2019 年中国城市交通规划年会论文集[C]．中国城市规划学会城市交通规划学术委员会：中国城市规划设计研究院城市交通专业研究院，2019：11．

[7] 胡家宝，智慧城市下的新型智能通道路系统．智能建筑与智慧城市，2020（01）：76-78．

[8] 何共建等，面向智慧城市的智能垃圾桶监管系统．计算机时代，2018（06）：76-80．

智慧公交站台建设现状的不足与发展展望

段冰若　高永　田希雅

（深圳市城市交通规划设计研究中心股份有限公司，深圳 518057）

【摘要】智慧公交站台已经是城市智慧交通系统的重要建设内容之一，但是当前智慧公交站台普遍仅仅是站台信息数字化，物联网、人工智能技术的应用远远不足，距离智慧化尚有较大差距。随着新基建拉开序幕，对 5G、传感器、智慧交通的建设需求和服务水平提出了更高的要求。智慧公交站台作为服务承载设施和传感采集设施，其在新基建交通体系中的地位显得越发重要。本文回归公交站台的本质功能，结合新基建背景需求，探讨了智慧公交站台的应用需求，并结合互联网出行服务和行业管理流程优化再造，以及笔者对国内多地的实际案例反馈的收集与分析，提出智慧公交站台未来发展建设建议。

【关键词】智慧公交；智慧站台；新基建；公交信息化；公交系统；公交规划

The Current Situation and Development Prospect of Smart Bus Shelter Construction

Duan Bingruo　Gao Yong　Tian Xiya

（Shenzhen Urban Transportation Planning and Design Research Center, Shenzhen 518057, China）

Abstract: Smart bus shelter has already been one of the most important construction contents of urban smart transportation system. However, the current smart bus shelters are generally the digitalization of bus information, lacking the technology of internet of things and AI, which is far from the real smart. With the initialization of the New Infrastructure Construction, there are higher demand on construction and service standard of 5G, sensors and smart transportation. As a service-bearing facility and a sensory collection facility, smart shelters are becoming increasingly important in the New Infrastructure Construction transportation system. This article returns to the essential functions of bus shelters, discusses the application needs of smart bus shelters in combination with the new infrastructure background requirements, combines Internet travel services and industry management process optimization and reconstruction, and combines the author's actual case feedback collection and analysis in several places in the country. Suggestions for the future development and construction of smart bus platforms are made in the end.

Keywords: Smart Bus; Smart Bus Shelter; New Infrastructure Construction; Informatization of Public Transportation; Public Transportation System; Public Transportation Planning

1 引言

公交站台（也称为公交候车亭）是城市公共交通服务的核心节点。公交站台的服务内容与质量，很大程度上决定了乘客对公交服务的整体满意度。随着轨道交通、共享出行、电动自行车等出行方式的兴起，我国各大城市均面临着在公交运营补贴持续增长情况下公交客流量却持续下降的严峻挑战。这对地方政府和公交运营企业的公共交通管理和服务能力均提出了更高的要求。

公交站台占据了整个公交出行链中可观的时长，据统计，在站台的候车时长往往占到乘客总出行时长的 15% 以上。公交站台服务的优化设计，一方面可直接缩短乘客的候车时长，另一方面可降低乘客候车的烦躁心理，从两个方面提升乘客对公交服务的满意度。因此，近年来各地纷纷兴建智慧公交站台，旨在通过赋予站台信息化、智能化的新服务手段，提升站台的服务水平。虽然通过实时的信息发布等服务模式优化了公交信息的传递，但各地方也存在着服务不周、维护不到位等情况。

2020 年 3 月，中共中央政治局常务委员会召开会议提出，加快 5G 网络、数据中心等新型基础设施建设进度。随着我国疫情防控阶段性成效进一步巩固，中央企业新基建提速推进。与传统基础设施建设相比，新基建更加侧重于突出产业转型升级的新方向，无论是人工智能，还是物联网，都体现出加快推进产业高端化发展的大趋势。新基建背景之下，公交站台作为重要的市政基础设施，也被赋予了更多含义。公交站台的设计、建设、服务也需要更加紧贴新基建主题的需求，通过合理、高效的智慧化手段，赋予公交站台新的生命力。

本文基于对新基建相关文件精神的解读，探讨了智慧公交站台的应用需求，并基于互联网出行服务和行业管理流程优化再造，结合笔者对国内多地的实际案例反馈的收集与分析，提出智慧公交站台未来发展建设建议。

2　新基建背景下的智慧公交站台的建设与应用需求

在新基建大力推进的背景下，5G、物联网、大数据的快速发展为智慧公交站台注入了新的"智慧"。智慧公交站台会变得更贴近于乘客、服务乘客，给予乘客良好的乘车体验，提高公共交通的出行分担能力。首先，智慧公交站台突破了原有的公交候车亭模式，一个智慧公交站台就是一个小型的商业圈，居民在候车过程中，可以在这个商业圈中进行休息、娱乐，在提升并完善乘车体验的同时，融入更多服务体验，提升候车和出行的便利性。其次，智慧公交站台的设计会更契合城市特点，在提升乘客出行乘车体验的过程中，对街道、片区乃至城市的景观形象也是一种提升。

新的"智慧"旨在使智慧公交站台的功能更加完善和高效。智慧公交站台在加入 5G、物联网和大数据以后，会突破自身硬件和网络的限制条件，突破自身格局，发挥出更加完善和高效的站台功能。基于 5G 高效、无延迟传输的特点，智慧公交站台结合物联网和大数据之后，在监控、安全防护预警、公交信息传递等方面实现功能信息的无缝衔接。同时，5G 和物联网组合，所有的智慧站台设备组成部分都是一个独立的功能点，以 5G 为基础，对整个智慧站台的运行监测和功能服务进行实时无缝的管理。

与此同时，随着智慧公交站台的智慧化服务能力不断提升，也对智慧公交站台的管理部门、营运企业、服务内容与质量提出了更高的要求。

2.1　行业管理的需求

2.1.1　全面的监管能力

在新基建背景下，智慧公交站台在原有的公交服务职能之上，承载了更多的社会服务功能。随着不同业态与站台相融合，对站台及周边的实时监管和安全保障便成为站台管理部门监管与服务的首要任务。传统的公交站台监管主要分为两部分：定期巡检与摄像头。定期巡检受人工、时间、距离等多方面影响，在效率和成本上无法起到全面监管的效能。目前主流摄像头仅对视频进行记录和回传，在场景分析和问题的识别上缺少相应的功能支撑。智慧公交站台能够使用多种传感器，对站台和站台周边的环境进行实时的监测预警，并赋予摄像头更多的智慧化功能，通过 AI 图像识别技术，对异常行为、破损、交通违法等多种行为进行主题分析，全面提升基于站台的监管能力。

2.1.2　多元的服务体系

在 5G、AI 图像识别、物联网等一系列技术的支撑下，公交站台的服务已由单一的公交候车及信息服务升级转变为智慧城市与出行的服务端点。因此，管理部门应重新梳理公交站台在管理、服务两端的实际需求，重构基于公交站台的多元服务体系。在面向管理的服务中，除提高上文所述的站台环境全面监管能力外，应搭建适应于站台监管及信息采集能力的公交运行实时监测体系，全面强化公交站台监测管理端为管理部门赋能。

在服务端，随着新技术手段的落地应用，公交站台的服务能力边界也得到进一步拓展。管理部门应思考在传统公交信息发布的基础之上，拓展面向公众的出行服务体系，提升公交站台的服务能力与水平。

2.1.3 深度的管理控制

随着边缘计算和物联网在新基建环境下的深度整合应用，对公交站台的管理控制也随之提升到新的高度水平。传统的物理站台和已有的常见的电子站台，管理部门对其的控制能力和深度仍然处于较为初步的阶段。通过调研二线以上城市主流电子站台，发现绝大多数的站台供电、照明等，仍使用传统的空气开关进行控制。当需要调整供电时间或照明计划时，依然需要人工前往现场进行手动调整。一方面，这种传统的管理控制需要大量的人力和时间成本进行调控；另一方面，缺少统一管理、统一调控，会造成不同站台服务内容、服务时间不一致，无法形成统一的服务体系，削弱了站台的联动服务效能和服务质量。

因此，应借助新基建提供的边端管理能力，全面提升对站台设备的管理控制范围和深度。通过物联网技术，对从网络、用电、照明等基础功能开始的一系列智慧公交站台设备进行全方位管控管理和统一计划制订。同时，有必要在实现统一管控的基础之上，对不同点位的公交站台，进行基于外部环境的个性化响应调控，包括但不限于基于天气、交通流量、实时公交运行特征、常旅客画像等的多样化管理控制。

2.2 营运养护的需求

2.2.1 运行实时评估反馈

当前公交营运的特点之一是，公交班次计划和调度的决策往往是在事前进行设计安排的。因此，在实时响应、实时调度、实时评估等方面，当前的公交管理方式和调度方法能够提供的支撑十分有限。其主要原因包括两点：信息获取的局限性和决策下发的滞后性。

新基建所带来的实时感知设备，解决了公交实时运行信息的获取局限性。通过智慧公交站台，可获取更多公交运营的实时信息，包括车辆精准的进站时间、站台候车人数、上下车人数、站台车辆排队情况，甚至通过融合每个站台的上下车人数，可以对车厢拥挤度进行较为精准的计算。这些实时指标极大地增强了公交运行实时监测的能力，营运企业应基于这些实时信息，全面提升实时运行状态的评估能力。

在识别了实时运行状态后，结合 5G 通信技术，营运企业有能力对传统公交运营中所出现的站台列车化、到站时间不均、站间调度等技术难题进行专题攻关和技术实现，全面提升公交实时调度和问题响应能力。

2.2.2 全生命周期的设备管理

在现有运营管理体制下，大量企业担负着公交站台的设备维护管理工作。智慧公交站台因智慧化设备多、服务功能复杂、系统协同功能链路长等特点，对设备维护、管理的协同能力和管理效率提出了更高的要求。

同时，智慧化设备多导致了一个站台存在着大量设备供应商的情况。如何对供应商设备的质量进行统计分析、设备适配情况登记、全生命周期管理、评估供应商设备质量、发现故障黑点等，也是传统站台设备管理未曾遇到的问题。

2.2.3　智慧化的巡检运维

传统的站台巡检以定线、定频率的方式进行。智慧公交站台因其设备多、功能链路长的缘故，一旦部分设备出现问题，可能导致大量功能不可用。因此，如何缩短设备故障窗口，提升设备稳定性，决定了站台服务质量的好坏和公众对站台服务满意度的高低。但是，传统的巡检方式频率低，无法对智慧公交站台形成高频覆盖。一旦站台设备出现问题，大概率会形成较长时间的故障窗口。

因此，需要通过 5G 和物联网技术，对智能设备的用电、网络传输、数据稳定性、运行服务质量进行多维度的实时评估。同时，要与设备管理相结合，通过发现高频故障黑点，智能规划人工巡检的片区和巡检频率，保证设备的正常运行服务。

2.3　公众服务的需求

通过新的技术、手段和终端设备，智慧公交站台在功能上得到了极大的拓展。但智慧公交站台的功能服务不能只是单纯的功能堆叠，而要充分考虑站台当地的交通特征、乘客特征、环境特征，最大程度地满足乘客需求，融入环境。

2.3.1　交通与用地的个性化服务

智慧公交站台应充分利用采集功能，收集所在地交通与用地特征。系统应具备归类于画像功能，提炼该地区特征所对应的核心公交需求。

2.3.2　乘客特征的个性化服务

智慧公交站台的数据采集功能应同时充分应用在乘客一端，对所在站的乘客候车、乘车、下车特征进行多角度分析，总结该站乘客特征画像，并设计针对性、个性化的智慧公交服务。

2.3.3　跨行业的交叉融合应用

在 5G 数据传输实时性和 AI 视频分析技术的多重保障下，通过打通其他行业数据库，智慧公交站台可发挥更大的优势。在功能设计上，应充分考虑智慧公交站台在采集人像、出行链、出行特征等方面的优势，重点在安防、防疫等领域进行跨行业交叉应用，充分发挥智慧公交站台的智慧化服务能力。

3　互联网技术引擎下智慧公交站台流程再造

新基建全面铺开与应用以后，智慧公交站台会突破自身硬件和网络的限制条件，突破自身格局，发挥出更加完善和高效的站台功能。基于 5G 高效、无延迟传输的特点，智慧公交站台结合物联网和大数据之后，在监控、安全防护预警、公交信息传递等方面实现功能信息的无缝衔接。同时，5G 和物联网组合，所有的智慧公交站台设备组成部分都是一个独立的功能点，以 5G 为基础，对整个智慧公交站台进行统一平台的监测、管理及调控。因此，对智慧公交站台服务的流程，需要进行重构梳理与设计，以适应新基建新智慧公交站台的服务需求。

3.1 数据采集

数据采集主要包括设备运行数据、感知数据、交通融合数据、时空行为数据四大类。通过四大类数据的实时采集与预处理，为后续服务功能提供核心数据的支撑。

3.1.1 设备运行数据

设备运行数据主要包括智慧站台中各类设备的实时运行数据，如用电数据、网络流量数据、接口传输监控数据等。

3.1.2 感知数据

感知数据是指通过智慧公交站台实时采集并回传的业务相关数据，包括视频数据、车辆实时进站数据、站台候车人数数据、站台微气象数据等。

3.1.3 交通融合数据

交通融合数据主要为与公交运行相关的实时业务数据，如公交车实时 GPS、IC 卡刷卡、交通路况指数等。

3.1.4 时空行为数据

时空行为数据主要为乘客/公众在使用公交服务和智慧公交站台信息服务过程中产生的时空行为数据，如扫码支付、手机查询数据、意见反馈与需求建议等。

3.2 数据中台

通过智慧公交站台实时回传的数据经过预处理后，与实时公交 GPS 数据等行业相关数据相融合。对如此海量、实时性需求较高的数据进行融合处理，需要统一的数据中台。通过数据中台，对业务分析所需的基础数据库进行融合分析，形成主题库、业务库，并进行指标计算提炼，将所需数据接入对应业务系统。数据中台的设计能够全面提升包括视频数据在内的实时大数据处理分析能力，提高系统计算响应效率。

3.2.1 标准规范体系

在数据标准化方面，为更好地进行数据整合，每个维度都需要标准化、统一化，在数据仓库中需要为每个维度建立一致性的标准，方便后续的数据交叉探查等；在数据开发方面，建立数据命名、数据类型、重复数据处理、数据冗余等方面的标准规范。

3.2.2　基础数据库

基础数据库以涵盖公交服务的周期性更新基础台账信息为主，包括站点位置、车辆台账、线路基础 GIS 信息、场站信息、充电桩信息等。

3.2.3　主题数据库

主题数据库主要为经过清洗和算法处理后，可用于业务系统分析需求使用的数据库。例如，清洗匹配后的公交车 GPS 数据、按站点时间处理后的 IC 卡刷卡数据、结构化处理后的视频数据等。

3.2.4　业务数据库

业务数据库主要存储通过业务支撑算法计算处理后的数据。例如，使用公交到站预测算法对公交车 GPS 数据进行计算处理，生成每辆公交车的预计到站时间。

3.2.5　业务支撑算法

业务支撑算法包括线路匹配、到站预测、AI 图像识别等一系列支撑业务指标计算的支撑算法，保障业务数据分析数据来源的精准与稳定。

3.3　智慧公交站台服务与应用

通过智慧公交站台服务应用，一方面可以全面发挥智慧公交站台在数据采集、分析、服务等方面的优势，提升公交服务端点的服务水平；另一方面，可以以智慧公交站台为服务切入点，重新梳理并串联整个公交监管服务系统的系统功能，提升公交监管服务系统的整体服务能力。

3.3.1　管理服务

（1）台账梳理：对固定资产台账进行整理统计，并设计周期性更新策略，保证公交车站、线路、车辆的台账可靠、可查、可分析，提升公交固定资产管理水平。

（2）环境监测：通过站台各类传感设备，对站台周边的自然环境和交通环境进行实时监测评估。

（3）实时监管：融合实时采集设备、公交行业实时数据，对整个城市公交运营实时状态进行监管分析。

（4）智能调度：结合车辆行进间数据和精准的站台采集数据，专题解决公交车辆行进间出现的服务资源分配不均问题。

（5）跨行业安全管理：识别并管理交通违法行为、站台不安全及不文明行为，并在智慧安防、智慧防疫等领域进行跨行业应用的服务探索。

3.3.2　企业服务

（1）服务考评：通过更高维度、更实时的数据指标，精准考评公交运营企业的实时服务质量，配合智能调度，优化公交企业实时运营水平。

（2）设备管理：引入全生命周期管理概念，从采购到运维，全程管理智能公交站台设备运营维护。

（3）智能巡检：内外场设备联动，通过巡检结果智能调整巡检任务与巡检频率，提升巡查效率，缩短故障窗口。

3.3.3 公众服务

（1）信息服务发布：多方式联动，利用站台智慧信息发布设备和移动端服务，向公交乘客和市民发布以公交信息为核心的出行服务信息。

（2）二维码联动服务：利用二维码技术和站台设备，实现多种二维码联动服务，包括路线查询、移动支付等。

（3）智慧公交站台扩展服务：利用智慧公交站台空间和智能设备，扩展公交智慧站台的服务范围，使智慧公交站台由单一交通服务设施升级为城市生活服务端点。

4 实际案例实施要点分解

智慧公交站台的规划、设计、系统集成、施工安装及最终交付，环环相扣，对各团队的跨部门合作和跨专业经验要求较高。因此，在智慧公交站台的规划设计阶段，应在传统公交站台规划、选址、设计的基础之上，加入更多工业设计、功能需求的考量。以下以北京市延庆区智慧公交站台项目、深圳市前海合作区智慧公交站台项目、深圳市福田中心区智慧公交站台项目 3 个已经建设的智慧公交站台项目为案例，对项目进行分析解读。

4.1 北京市延庆区智慧公交站台项目

延庆区位于北京市的西北部，为北京市远郊区之一，全区域绿化面积达到 78%，是北京市的"后花园"。作为 2019 年北京世界园艺博览会举办地和北京 2022 年冬奥会三大赛区之一，延庆区将迎来重大的历史发展机遇。提高延庆区公共交通服务水平、实现延庆区公交智能化，成为延庆区公交行业的发展方向。

延庆区智慧公交站台项目建设智慧公交站台 185 座，建设 LED 显示屏的智慧站台 133 座，建设竹节屏的智慧公交站台 62 座。智慧公交站台显示公交车辆到站时间和车辆当前所在站点信息，同时还有和智慧公交站台互补配合的微信小程序，可查看公交班次、公交车辆到站时间等信息，方便居民出行。

延庆区的发展战略为生态文明发展和绿色发展。因此，在系统设计阶段，就确认所有的智慧公交站台都是以太阳能发电进行供电的，即保证了智慧公交站台正常运行，又吻合了延庆区的发展战略方向。同时，基于线路数量、客流量、周边用地特征环境等信息，确定了不同级别站台不同类型的智能设备配置。通过差异化智能屏配置，打造了区域特色，提升了信息发布与服务效果。延庆区智慧公交站台太阳能板与建成后的效果如图 1 所示。

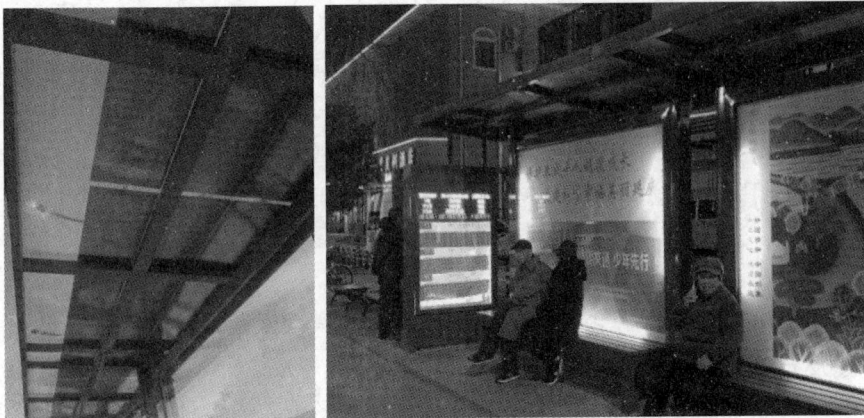

图1　延庆区智慧公交站台太阳能板与建成后的效果

4.2　深圳市前海合作区智慧公交站台项目

前海合作区位于深圳市蛇口半岛西侧，是典型的湾区"门户型"重点开发地区，在珠三角区域功能结构布局中具有战略地位。

前海合作区建设智慧公交站台148座，一期建设58座。在系统建设过程中，考虑到前海地合作区缺少智慧公交监管系统，因此，项目组在设计过程中，将站台监管与控制系统，与智慧公交监管系统进行融合设计，形成了统一的智慧公交管理平台。一方面，通过实时指标监测，服务公交管理部分对前海合作区公交运营服务现况与服务水平进行实时监测评估和基于历史数据的统计分析；另一方面，对智慧公交站台的设备运行、设备管理、运维巡检进行智慧化统筹管控，提升智慧公交站台的服务效率与服务水平。

同时，为体现前海合作区智慧创新的区域特征，项目组在智慧公交站台系统功能设计过程中，充分考虑了跨智能设备的联动效应，对车辆实时进站后的站台内配套服务进行功能设计和研发，丰富了车站的个性化智慧服务效果。前海合作区智慧公交站台建成效果如图2所示。

图2　前海合作区智慧公交站台建成效果

4.3　深圳市福田中心区智慧公交站台项目

深圳市福田中心区是福田 CBD 的核心区域。福田中心区智慧交通工程作为 2018 年全国最大的智慧交通类建设项目，总投资 3 亿元，覆盖面积 5.3 km^2。其中，涉及 58 座智慧公交站台建设。设计团队结合福田中心区车站的分布位置，对位于居住区、就业区、综合区的车站进行基于客流、出行模式的划分，指导站台智慧服务功能的同时，对站台设计方案也进行了规范与指导。

同时，针对福田中心区早晚高峰客流量大的特点，结合通勤乘客出行需求，在站台的信息发布方式上，设计团队采用了"图形化界面+地图"的方式，并且在同一站台的不同区位，进行上下车不同类型乘客的需求拟合和功能设计，最大程度地满足不同类型乘客的出行信息需求。福田中心区智慧公交站台的分区智能化服务如图 3 所示。

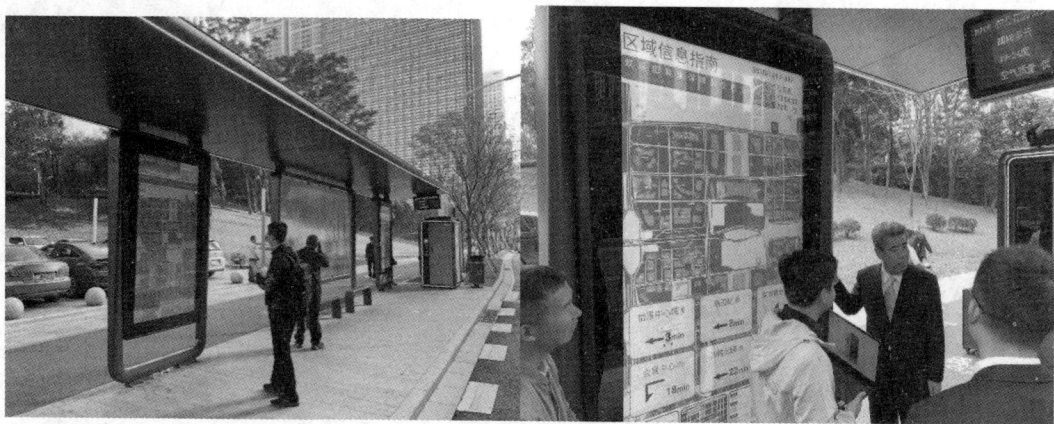

图 3　福田中心区智慧公交站台的分区智能化服务

5　结语

从现阶段来看，当前的智慧公交站台建设仍然处于新基建前的阶段。在数据采集层面，数据的采集与处理缺乏对 5G、人工智能、物联网等技术的充分使用。在服务应用层面，智慧公交站台并没有与实时调度融合，并未对智能调度起到足够的支撑。在融合治理层面，智慧公交站台仍以单个点服务为主，并未形成网络化服务。因此，对当前智慧公交和智慧站台的建设团队来说，应加深对新基建所提出的新需求的理解，在采集端、处理端、服务端，融入对公交服务的思考，使智慧公交站台能够在公交服务和城市生活服务中发挥更大的作用。

参 考 文 献

[1] 高永，段冰若，田希雅，等. 智慧公交站台规划设计与建设之初探[C]. //品质交通与协同共治——2019 年中国城市交通规划年会论文集. 2019.

[2] 潘宝安. 基于 GPS/GPRS 的智能公交站牌开发[J]. 硅谷，2013，006（010）：23-25.

智能网联技术及综合测试体系初探[①]

侯文敬　罗钧韶　周洋

（深圳市城市交通规划设计研究中心股份有限公司，深圳 518000）

【摘要】智能交通系统是缓解交通拥堵、提高交通效率和安全的重要技术手段。随着人工智能、大数据、5G 等新一代信息技术的应用与发展，以智能网联技术为代表的新一代智能交通系统逐渐发展成为了解决交通问题新的突破口。本文基于智能网联国内外应用与发展现状、技术支撑系统、测试与评价等，剖析智能网联关键技术发展趋势，提出针对智能网联测试的需求、流程，并规划智能网联综合测试平台架构和功能，实现智能网联汽车功能、性能、安全性等测试，为自动驾驶车辆上路、事故责任判定等提供依据。

【关键词】5G；智能网联技术；智能网联汽车测试

Probe into Intelligent Connected Vehicle Technology and Test System

Hou Wenjing　Luo Junshao　Zhou Yang

（Shenzhen Urban Transport Planning Center, Shenzhen 518000, China）

Abstract: Intelligent transportation system is an important technical means to alleviate traffic congestion, improve transportation efficiency and safety. With the development of new-generation technologies such as artificial intelligence, big data, and 5G, the new-generation intelligent transportation system represented by Intelligent Networking has gradually become a new breakthrough in solving traffic problems. This article analyzes the development trend of intelligent network technology based on the devel-

① 基金：深圳市工业和信息化产业发展专项资金"创新链+产业链"融合专项扶持计划项目（20190830020003）

opment status, technical system, and test evaluation of intelligent network at home and abroad, proposes requirements and processes for intelligent network testing, and plans the architecture and functions of the intelligent network testing platform to achieve intelligence connected car function, performance, safety and other tests provide the basis for autonomous driving vehicles on the road, accident liability judgment.

Keywords: 5G; Intelligent Connected Vehicle Technology ; Intelligent Connected Car Test

1　引言

美国、欧盟、日本等发达国家在智能网联汽车领域起步较早，目前已从传统技术基础研究逐渐向产业化及应用研究过渡[1]。德国工业 4.0 明确了从汽车机电一体化发展到汽车智能驾驶信息物理融合推进时间表；欧盟智能网联驾驶技术较为领先，计划在 2050 年初步形成一体化智能和互通互联的智能交通试验区；日本交通基础设施条件完善，拥有比较先进的 ITS 系统和大型交通基础设施。

智能网联汽车已逐渐成为全球打造新一轮产业竞争力的制高点，各国在产业战略创新布局、技术革新、标准法规、测试应用示范等方面加速深入推进智能网联汽车产业化发展进程[2]。在智能网联汽车产业融合发展方面，我国位列第 7，处于第二梯队。我国非常重视智能网联汽车技术的发展，国家发改委、工信部等部委在 2020 年 2 月底联合印发《智能汽车创新发展战略》，明确提出到 2025 年实现高度自动驾驶的智能汽车在特定环境下市场化应用，展望 2035—2050 年，全面深入建成中国智能汽车体系。

2　智能网联汽车技术发展现状

智能网联汽车主要分为自主式自动驾驶和车路协同式自动驾驶两条主要技术路径，我国目前选择第二类自动驾驶路径[3]——智慧的路+聪明的车融合发展，即以自动驾驶策划为主的路径和基于基础设施的方法，利用 LET-V 等信息通信网络技术，完成自动驾驶汽车与道路环境的互联互通。

2.1　技术体系

智能网联汽车技术架构如图 1 所示，即"三横两纵"形式。"三横"包括车辆设施关键技术、信息交互关键技术、基础支撑技术，分别应用于车载平台和基础设施方向，以构建完善的技术架构体系。

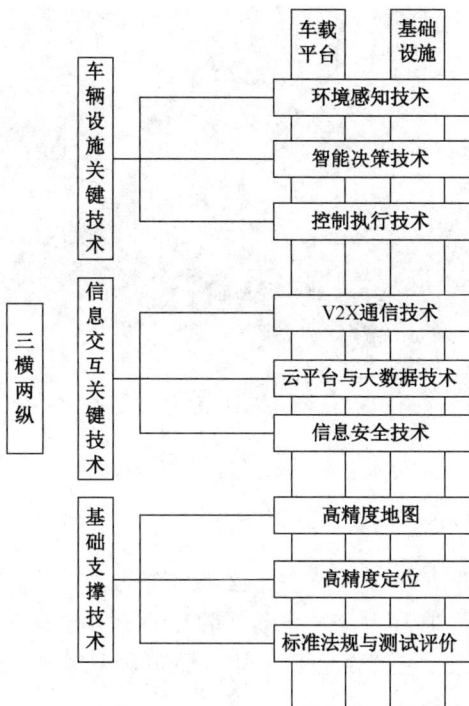

图1 智能网联汽车技术架构

2.1.1 车辆设施关键技术

自动驾驶汽车行业技术壁垒高，解决方案围绕3个技术层面展开研发，包括感知层、决策层和控制层[4]。感知层通过多种车载传感器技术实现车辆对周边交通主体的智能感知，包括行驶路径识别、周边物体信息识别、驾驶状态检测和驾驶周边环境检测等，为智能网联汽车提供决策依据；决策层在融合多方面智能感知信息的基础上，以智能芯片作为载体，通过搭建相关算法技术实现，算法技术是自动驾驶技术的"大脑"，反复训练使其在实际应用阶段有效处理相关数据，识别交通环境完成行驶路径规划，实现车辆自动拟人化控制，快速融入交通流；控制层是自动驾驶的"腿脚"，控制指令通过控制车辆CAN总线实现驱动和车身控制。

2.1.2 信息交互关键技术

过去很长一段时间里，自动驾驶技术长期停留在初级阶段，面临着很多关键技术瓶颈。5G正式投入商用、移动信息交互技术不断突破，加快了智能网联驾驶的前进步伐[5]。通信层的两个关键技术包括：车内网和车际网。车内网包括CAN、LIN和FlexRay等多种总线技术。V2X通信技术是车际网核心，主要包括LTE-V、DSRC等专用短程通信技术，目前国内主要功能为实现V2V（车辆与车辆）、V2I（车辆与基础设施）、V2P（车辆与行人）、V2N（车辆与应用平台）互联互通，实现特定区域对人、车、路和环境的目标识别和双向通信。车路协同信息交互如图2所示。

图 2　车路协同信息交互

2.1.3　基础支撑技术

精准定位对于自动驾驶车辆安全行驶是必不可少的。根据具体应用场景，制定不同的定位精度要求。例如，紧急制动预警、自动驾驶和泊车引导等场景对定位精度要求较高，须选择高精定位技术。如表 1 所示为不同应用场景下典型场景的定位精度需求。

表 1　不同应用场景下典型场景的定位精度需求

应用场景	典型场景	定位精度（m）
交通安全	紧急制动预警	<1.5
	自动驾驶	<1
	路面异常预警	<5
交通效率	车速引导	<5
	前方拥堵预警	<5
	紧急车辆让行	<5
信息服务	汽车近场支付	<1~3
	动态地图下载	<10
	泊车引导	<2

车联网的定位关键技术包含卫星定位、蜂窝网定位、惯性导航、局域网定位和高精度地图等。以高精地图为基础的高精度定位技术是车路协同技术的关键技术之一，能够保障车辆自动安全驾驶。高精地图包括道路属性、车道模型等静态信息和道路拥堵、天气情况等动态信息，可以辅助车辆精准定位，减少云端和自动驾驶车载平台计算压力。

2.2　技术发展趋势

自动驾驶发展经历主要分为 4 个阶段：驾驶员辅助阶段、部分自动驾驶阶段、有限自动驾驶阶段和完全自动驾驶阶段[6]。随着大数据、AI、人工智能的快速发展，车辆对环境感知的传感器制造成本降低，性能精度大大提高；车载计算平台的专用芯片研发进度加快；车载操作系统更完善和智能，高级别的车辆辅助驾驶控制系统将大规模成熟并产业化应用，智能网联车辆将实现全面智能化。

智能化基础设施体系建设不断完善健全。智慧灯杆、边缘计算节点、车路协同信号机等基础设施的应用，扩大了车-路、车-车通信能力，同时为车辆运行提供海量丰富的交通大数据，实现车辆和道路基础设施之间的信息交互，支持安全自动驾驶。

云计算大存储和边缘计算低延迟。智能网联汽车运行需要对业务管理数据、互联网导航数据、高精地图数据进行整合和分析处理，支持自动驾驶车辆调度和管理决策。智能系统对快速计算、性能存储和数据安全有较高的要求，自动驾驶车辆行驶时需要将车载平台的计算结果以毫秒级的低延迟传送给临近车辆，尤其是对紧急情况的应对和自身控制对车辆、路侧感知信息的整合与处理、计算速度与信息延迟都要求极高。

车路协同的信息安全技术。随着智能网联汽车的迅速发展，在保证汽车功能安全的基础上，网络安全和隐私安全保护也成为重中之重，一旦联网的汽车信息被盗取或者系统被攻击，车辆将会面临失控的风险。因此，基于 LTE 的 V2X 车联网系统在网络通信、业务应用、车载终端、路侧设备等各个方面应采取安全有效的机制，保证车联网业务数据的通信安全和用户隐私信息的安全，进一步提高系统和数据的安全性。

3　智能网联汽车测试体系

随着汽车智能化、网联化深入应用和发展，随之而来的是，车辆安全和可靠性也面临着巨大挑战。对智能网联汽车的功能、性能、安全性、可靠性进行测试与评价，确保其能够安全、高效地上路行驶，是自动驾驶车辆实现大规模应用的前提和基础。随着国家工业和信息化部构建的"基于宽带移动互联网的智能汽车与智慧交通应用示范"课题的推动[7]，我国积极推进智能网联汽车测试示范区的建设，目前已经建设完成包括北京、上海等在内的十大国家级示范区，实现包括车路协同、自动辅助驾驶、车辆功能等新技术与新产品的实验验证、测试评估等工作。

3.1　测试需求

智能网联测试示范区通过构建智能感知体系，对测试区内的自动驾驶车辆及社会车辆进行实时监测，实现对人、车、路、环境的状态实时感知和分析，并在极端情况下，如发生事故时，需要外部视频辅助提供责任划定依据，同时作为自动驾驶考试车辆合格的依据，实现"监考"的目的。不同的用户和对象，有不同的使用需求。测试需求如表 2 所示。

表 2　测试需求

用户	需求类别	具体需求
政府部门	交通监管	交通实时运行状态监管，交通安全监管责任主体； 交通设施设备维护； 交通事故事件溯源与追责管理； 示范区中交通通信控等管理平台与交管部门对接联动； 完善各项交通管理制度，提高安全意识，杜绝安全隐患

续表

用户	需求类别	具体需求
	行业管理	完善智能网联交通行业管理和交通规划管理规范与标准； 通过大规模的测试示范应用、开放的测试示范政策，吸引产业集聚
科研高校	新科研成果孵化	低成本获得智能网联汽车测试全场景库、测试相关设备、测试仿真平台等一系列科研开发工具包
	培养人才	在实际测试环境与条件中培育具有较强智能网联技术治理和市场知识的科技人才
设备商	设备测试验证	要求车辆具备对交通环境的感知及应对能力，V2X 通信技术的引入，设备商新增了智能网联化的测试需求
	通信技术能力的测试	进行通信技术路线测试应用，如 5G、LTE-V 等，为车-车及车-路协同通信提供技术保障； 测试车辆能否与智能交通平台实现互联互通； 测试传感器采集数据能否为车辆带来驾驶决策依据； 测试智能交通平台能否通过计算实现对交通管控的控制
自动驾驶企业	模拟测试	利用虚拟仿真测试技术，快速构建大量测试场景； 借助硬件在环虚拟仿真测试系统，对各类软硬件系统进行测试； 借助整车在环虚拟仿真测试系统，对整车条件下的功能进行测试
	实地测试	车辆在封闭式或开放式的实际测试场地中进行测试； 复现在道路测试中遭遇的偶然场景，定制化、针对性地提供实际测试场景
	人员培训	测试人员培训与熟悉自动驾驶汽车的驾驶习惯、测试方法、培训紧急情况下的临场能力
车联网运营商	产品测试与升级反馈	收集车联网产品在测试环境中与测试过程中出现的共性问题，进行车联网产品改良升级与评价
	增值服务	收集测试环境中与测试过程中欠缺的服务需求，进行主动救援、事故推送、事故保险判定等增值服务研究
电信运营商	网络建设	进行 5G 网络规划、网络建设、场景和模式构建； 通过智能网联测试区组网测试，了解智能网联行业的网络需求； 分析 5G 在智能网联领域本地化及落地化的需求； 探索 5G 在智能网联领域的应用模式，打造 5G 在智能网联的落地示范
公众	品质出行服务	及时、准确地掌握轨道、公交、出租车等交通出行信息，实时了解市区道路交通运行状况信息； 获得舒适安心、零延误、极致精准的公共交通出行服务
	未来出行模式体验	体验未来生活智慧出行模式，体验科技趣味互动，增加城市获得感、幸福感

3.2　测试流程

相对于国外，国内第三方测试流程较为复杂，一般分为考试制和申请制。根据国家《智能网联汽车道路测试管理规范（试行）》规定，测试主体需要提交的材料包括：测试车辆在封闭道路、场地等特定区域测试的证明材料，第三方检测机构出具的自动驾驶功能委托检验报告和由公安机关交通管理部门负责发放的实验用机动车临时行驶号牌等[8]。具体到各地智能网联汽车道路测试流程，存在一定差异。以北京测试场为例，测试车辆必须在封闭测试场完成 5 000 km 训练和能力评估考试，确保进入开放道路测试的车辆达到路测要求，同时测试数据由平台实时监控采集，包括实时监管测试车辆位置、车况、自动驾驶状态、安全驾驶员行为等数据，企业通过路测规范考试申领测试牌照。自动驾驶测试示范全流程如图 3 所示。

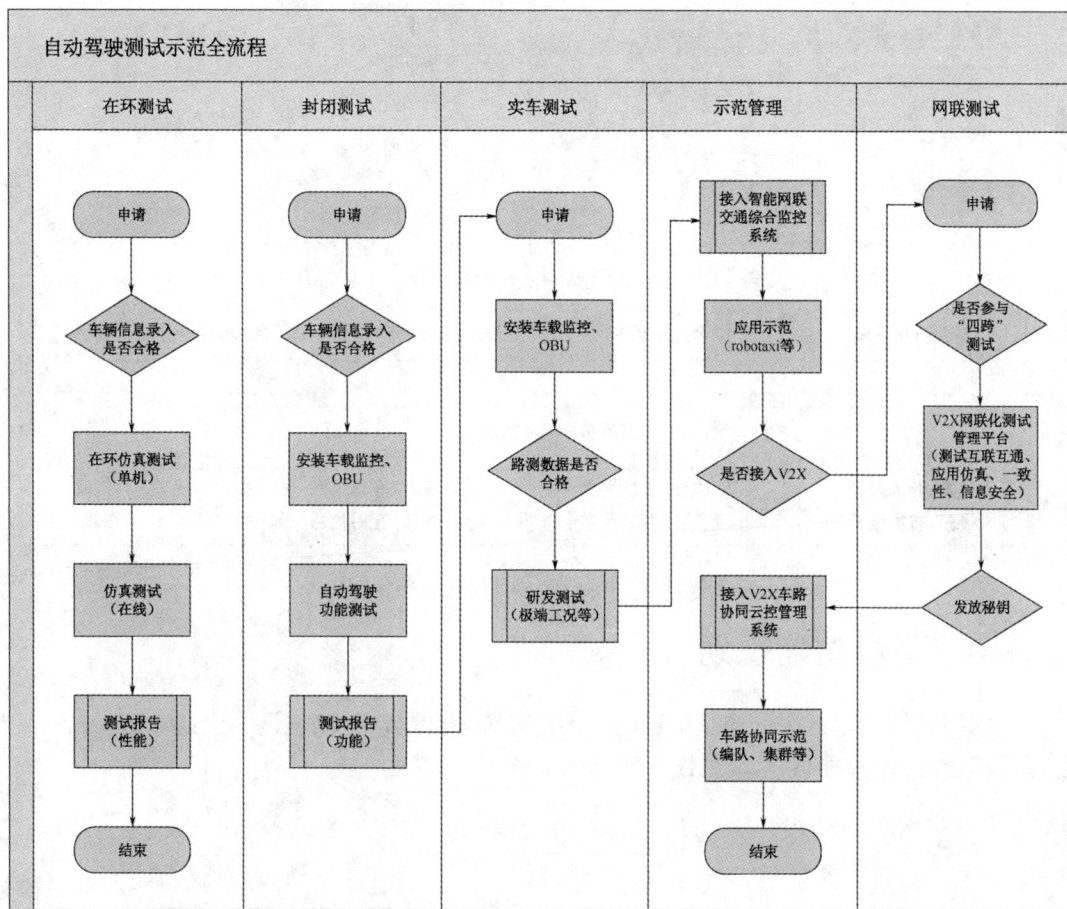

图 3　自动驾驶测试示范全流程

3.3　平台架构

智能网联综合测试平台应用面向测试企业和运维机构，建设智能网联汽车综合测试平台，包含用户、测试、结算和系统管理四方面功能，即构建用户域处理测试用户的注册、申请，运维用户的审核服务；自动驾驶综合测试平台通过构建测试场景库，调配测试设施和场景，实现智能网联车辆在仿真测试和实景测试场景下的测试应用；设计结算域统一处理费用业务；设计系统管理模块对综合测试平台进行管理。自动驾驶综合测试平台总体架构如图 4 所示。

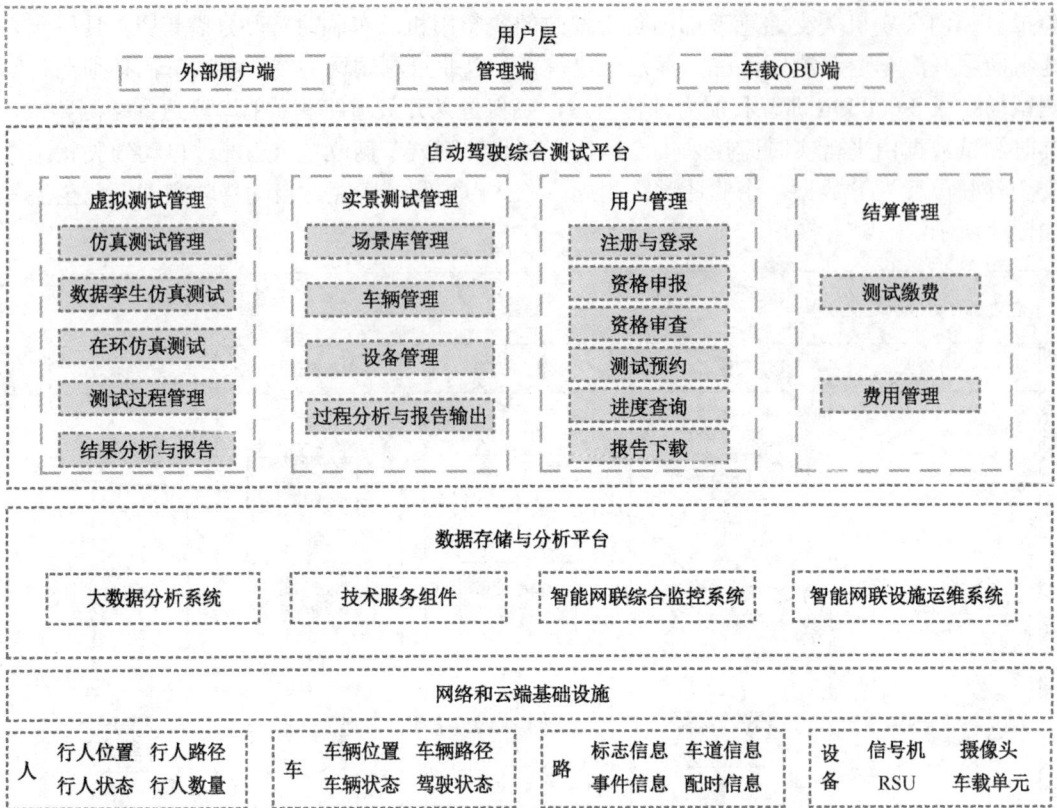

图 4　自动驾驶综合测试平台总体架构

3.4　平台功能规划

智能网联综合测试平台的测试目的是为提高车辆性能，并测试是否达到考试要求。智能网联综合测试平台规划功能如图 5 所示。

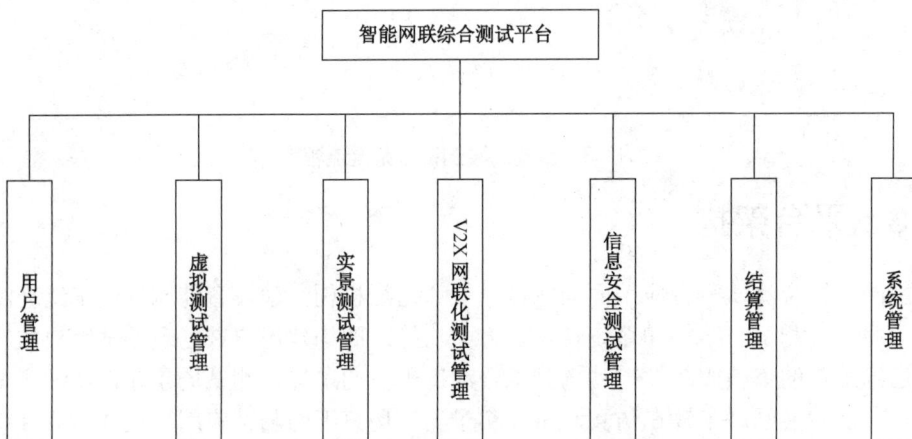

图 5　智能网联综合测试平台规划功能

3.4.1 用户管理模块

该模块主要实现功能有：用户注册和登录；资格申报，测试企业向平台提供智能网联车辆测试的相关资格证明；资格审查，监管企业对测试企业提供的材料进行审查，允许其进行资格下的智能网联测试；测试预约，测试企业在资格审查通过后，通过平台申请不同场景下的在线仿真测试或实景测试；预约审核，监管机构对测试企业提出的申请进行审核，判断其是否拥有资格，审核通过后，为其安排场地、场景、测试设备和测试时间等；进度查询，测试企业在资格审核、预约审核和测试结果下发阶段，可登录系统查询审核进度；报告下载，测试企业和监管机构在仿真测试和实景测试结束后，可下载测试结果报告。

3.4.2 虚拟测试管理模块

该模块主要实现功能有：仿真测试场景、数字孪生仿真测试管理和在环仿真测试管理。仿真测试场景功能是根据不同的测试需求，对仿真场景内的环境、交互参数、路侧设备等设计调度调整方案；数字孪生仿真测试管理功能是提供车辆模型、传感器模型、道路、环境、驾驶员、车辆工况模型等，为智能网联车辆不同开发阶段提供完整仿真和测试环境；在环仿真测试管理功能，主要是通过虚拟仿真环境，对自动驾驶硬件、整车、驾驶员等进行在虚拟条件下的仿真测试。

3.4.3 实景测试管理模块

该模块主要实现功能有：场景库管理功能，根据不同测试需求，对场景内的环境、交互参数、路侧设备等设计调度调整方案，构建统一标准化的测试场景；车辆管理功能，安排测试车辆进入、停车、触发的先后顺序，对车辆测试和考试全过程监测，根据具体场景及现场测试的汽车数量定制、调整编队模式及单车行驶模式，并接收作业，完成确认；设备管理功能，分为设备预检和设备调度，设备预检指在进行智能网联测试前，须对封闭测试场内的路侧设备及各类检测设备的有效性、精度和安全性进行预检；设备调度指在测试内容确定后，根据不同的测试场景及顺序，调用实景测试场景库内容的设施设备调度方案；过程记录功能，包括过程数据采集和信息发布两部分，数据采集测试车辆的实时运行参数，信息发布方面获取 V2X 协同平台的交互信息，进行预警发布；结果分析评价功能，分为结果分析和结果评价两部分，结果分析是指对车辆性能、功能、道路测试等进行分析，结果评价是指对其安全性、高效性和舒适性作出评价；报告输出管理功能，分为报告生成和审核，根据测试数据，按照测试场景形式和监管要求自动生成测试报告，监管机构对测试生成报告进行数据有效性、测试流程、检测设施设备进行审核，审批通过、复核或不通过测试报告。

3.4.4 V2X 网联化测试管理模块

该模块包括 V2X 环境道路应用功能测试和网联化测试过程管理。V2X 环境道路应用功能测试，结合封闭、半封闭、开放测试区布设的测试场景、规模化部署安装 C-V2X 车载终端和智能化路侧基础设施，以及具有信息汇集与数据共享的车联网云控基础平台，搭建真实测试车辆与虚拟配试车的交互平台，实现在大规模、多场景的复杂环境下的 V2X 性能测试和功能测试。V2X 网联化测试过程管理，主要包括检测设备预检，在进行 V2X 网联化测试前，须对相关测试的子系统软硬件设备的有效性、精度和安全性进行预检，保障测试的顺利进行和数据有效性；待测设备管理，对所有待测设备进行统一管理，系统可以查询所有待测设备的设备信息、测试状态、检测信息等；测试管理，对待测设备的 V2X 网联化测试的测试顺序、测试流程、测试内容等进行统一规划管理；测试结果分析，基于各项 V2X 网联化测试子系统的检测结果，对测试设备的测试结果各项指标进行参数分析，生成相关结果；报告输出，支持对 V2X 网联化测试结果分析的报告生成，并支持对应用户及相关监管人员进行查询。

3.4.5　信息安全测试管理模块

该模块主要实现对各类车联网 V2X 设备的安全机制实现情况进行测试验证。一是安全功能测试验证，包括授权管理测试、特权管理测试、时间有效性测试、位置区域有效性测试；二是安全机制验证测试，包括窃听防御测试、篡改防御测试、伪造防御测试、重放防御测试，实现对车联网和智能网联汽车的通信和应用功能性能影响评估。

3.4.6　结算管理模块和系统管理模块

结算管理模块包括测试缴费和费用管理，主要实现车辆测试完成后，系统自动计算实际考试费用，企业用户根据测试申请内容和实际测试内容，对测试进行付费。系统管理模块包括对各类用户能够查询和修改的平台功能和数据进行权限划定，同时对特定操作进行日志管理，实现监控系统同时有效保护数据。

4　结语

本文对智能网联汽车的技术体系和技术趋势做了简单的介绍和概述，在此基础上，提出智能网联汽车测试的需求，并对测试流程、平台架构和平台功能进行了研究。基于不同的用户和对象，包括政府部门、科研高校、设备商、自动驾驶企业、车联网运营商、网络运营商、公众等，具体分析其不同的使用需求；根据规范和要求，分析国内复杂的测试流程。基于此，提出智能网联综合测试平台的架构和功能，对智能网联汽车的功能、性能、安全性、可靠性进行测试与评价，并在极端情况下，如发生事故时，需要外部视频辅助提供责任划定依据，同时为自动驾驶考试车辆合格提供依据，实现"监考"的目的，确保其安全、高效地完成目标任务。

参 考 文 献

[1]　缪立新，王发平. V2X 车联网关键技术研究及应用综述[J]. 汽车工程学报，2020，

10（01）：1-12.

[2] 北京市经济和信息化委员会. 国内外智能网联汽车产业发展概况[J]. 科技中国，2019（02）：50-60.

[3] 王祝堂. 中国发布《节能与新能源汽车技术路线图》[J]. 轻合金加工技术，2018（12）：60-61.

[4] 冉斌，谭华春，张健，曲栅. 智能网联交通技术发展现状及趋势[J]. 汽车安全与节能学报，2018，9（02）：119-130.

[5] 文捷. 车路协同、智能网联发展中国特色的自动驾驶[N]. 中国建设报，2020-01-20（007）.

[6] 李克强，戴一凡，李升波，边明远. 智能网联汽车（ICV）技术的发展现状及趋势[J]. 汽车安全与节能学报，2017，8（01）：1-14.

[7] 刘天洋，余卓平，熊璐，张培志. 智能网联汽车试验场发展现状与建设建议[J]. 汽车技术，2017（01）：7-11+32.

[8] 于胜波，陈桂华，李乔，公维洁. 国内外智能网联汽车道路测试对比研究[J]. 汽车文摘，2020（02）：29-36.

基于人的自动代客泊车功能客观评价方法

David Barbe　林超　Marco Busolin

（李斯特技术中心（上海）有限公司，上海 201206）

【摘要】 自动代客停车（AVP）可以预见是一种高度自动化的功能，将在不久的将来大规模量产。AVL 在演示车辆上开发了 AVP 解决方案。尽管有几项规范描述了此功能的特定标准，但 AVL 开发了一种基于客观物理标准评估 AVP 功能性能的方法。本文提供了每个标准的数学描述及评估它们的特定传感器。对这些标准进行评级的量表是基于广泛的驾驶员测试之上的。对人类测试结果进行统计分析，以确认此类测试矩阵的相关性。AVL AVP 功能结果通过所谓的 HBR 评价等级（基于人的目标等级）进行评估，并与 ISO 和 I-VISTA 相关规范及专家驾驶员进行比较。

【关键词】 自动驾驶；车辆动态；驾驶性能；自动代客泊车；统计测试

Human Based Objective Rating Approach for Automated Valet Parking Function

David Barbe, Lin Chao, Marco Busolin

(Department of Electrification, Transmission and Vehicle AVL Technical Center (Shanghai) Co., Ltd, Shanghai 201206)

Abstract: Automated Valet Parking (AVP) is foreseen as a highly automated function to be implemented on large scale in mass production in the near future. AVL developed its own AVP solution on a real Demonstrator vehicle. While several norms are describing specific criteria for this function, AVL developed an approach to assess AVP function's performances based on objective physical criteria. This paper provides a mathematical description of each criteria as well as specific sensor set to evaluate them. The scale for rating these criteria is based on extensive human drivers testing. Human tests results are statistically analyzed in order to confirm the relevancy of such test matrix. AVL AVP functions results are evaluated with so called HBR Scale ("Human Based objective Rating") and positioned in comparison to the ISO and I-VISTA related norms as well as expert pilot.

Keywords: Autonomous Driving; Vehicle Dynamic; Driveability; Automated Valet Parking; Statistical Testing

铁路客票系统的架构演进

冯焱[1]   贾成强[1]   潘金山[2]

（1. 中国铁道科学研究院集团有限公司电子计算技术研究所，北京 100081；
2. 西南交通大学交通运输与物流学院，四川 610031）

【摘要】客票系统历经多次版本升级，作为系统顶层设计的架构也几经变迁。通过业务和技术的重大变革将客票系统的架构分为三代，并着重从数据、应用和技术三方面重点介绍了三代架构演进过程，描述了各应用的功能及分工协作，分别讨论了在复杂的客票系统中，数据架构和技术架构的重要地位和作用。

【关键词】客票系统；系统架构；演进

Evolution of Railway Ticket System Architecture

Feng Yan[1]   Jia Chengqiang[1]   Pan Jinshan[2]

(1. Institute of Computing Technologies, China Academy of Railway Sciences, Beijing 100081, China;
2. School of Transport and Logistics, Southwest Jiaotong University, Sichuan 610031, China)

Abstract: The ticket system has been upgraded many times, and the architecture as the top-level design of the system has changed several times. The architecture of ticket system is divided into three generations through the major changes of business and technology, and the evolution process of three generations architecture is emphasized from three aspects of data, application and technology, and the function and division of labor of each application are described.

Keywords: Ticket System; System Architecture; Evolution

1 引言

铁路客票系统自 1996 年开始建设，经过二十余年的发展，已建成覆盖全国的超大型售票网络，实现了全国联网售票。售票渠道包括窗口、自动售票机、互联网、电话、代售点等，其中，售票窗口近 30 000 个，自动售票机约 12 000 台，自动取票机 5 550 台，互联网注册用户达 5.3 亿个，10 万个电话订票线路，高峰日全渠道售票量可高达 1 300 多万张，其中，互联网售票占比约 80%。

客票系统历经多次版本升级，作为系统顶层设计的架构几经变迁。架构是信息系统整体结构的抽象描述，通常体现为信息系统所包含的组件及组件间关系。架构从全局的层面来规定信息化的整体布局、全局性机制、公共支撑体系、实现路径及标准规范，在大型系统建设和发展过程中起着至关重要的作用。

本文首先介绍客票系统的架构演进过程，以业务和技术的重大变革为节点将客票系统架构划分为三代。对于每一代架构，着重分析数据、应用、技术三个方面。数据架构描述系统数据的分类、分布和流向。在客票系统架构中，数据处于核心地位。技术架构说明系统实现的技术路线及基础设施环境。应用架构定义系统的应用组成，描述各应用的功能、边界及分工协作。在回顾历代系统架构的基础上，本文提出了关于架构演进规律性的几点思考，为类似大型系统的架构设计提供参考。

2 第一代系统架构

1996 年至 2002 年，铁路客票发售和预订系统（TRS）基于第一代系统架构相继开发了 1.0 版、2.0 版、3.0 版、4.0 版[1]，实现了全国范围内的联网异地售票。

2.1 总体架构

第一代系统架构的总体结构如图 1 所示。

系统在物理拓扑上呈树形结构分布，分为铁道部中心系统、地区中心系统、车站系统三级；在软件架构上，分为客户端、中间件、数据库三层。1 个铁道部中心系统部署铁道部中心应用和中央数据库。23 个地区中心系统分别部署地区中心应用和地区数据库。2000+的车站系统分别部署车站应用和车站数据库。每级系统都部署 CTMS、DBCS 中间件，实现跨级的连接交易管理和数据传输。

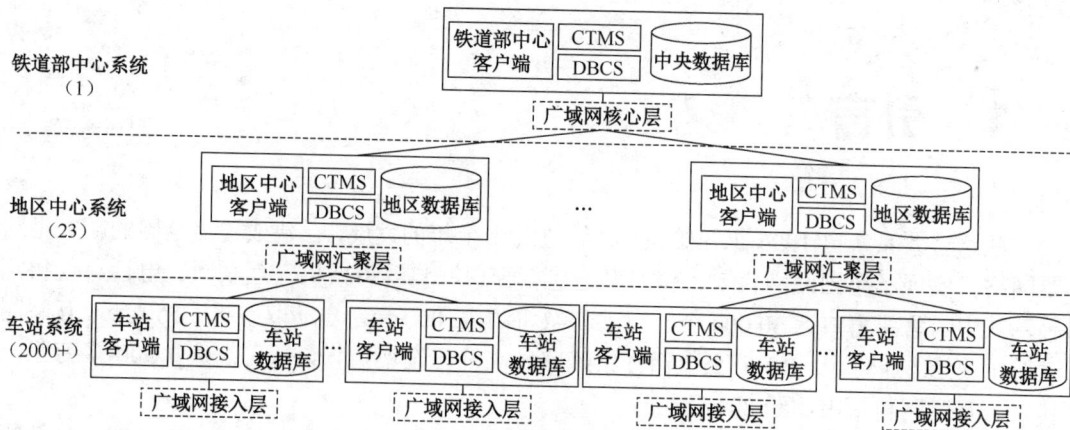

铁道部中心系统
（1）

地区中心系统
（23）

车站系统
（2000+）

图1　第一代系统架构的总体结构

2.2　数据架构

客票系统的核心数据为结构化类型，以集中与分布相结合的模式存储在各级系统的数据库中，其中，业务生产使用 OLTP 关系型数据库，离线统计分析使用 OLAP 数据仓库。数据分布和流向如图2所示。

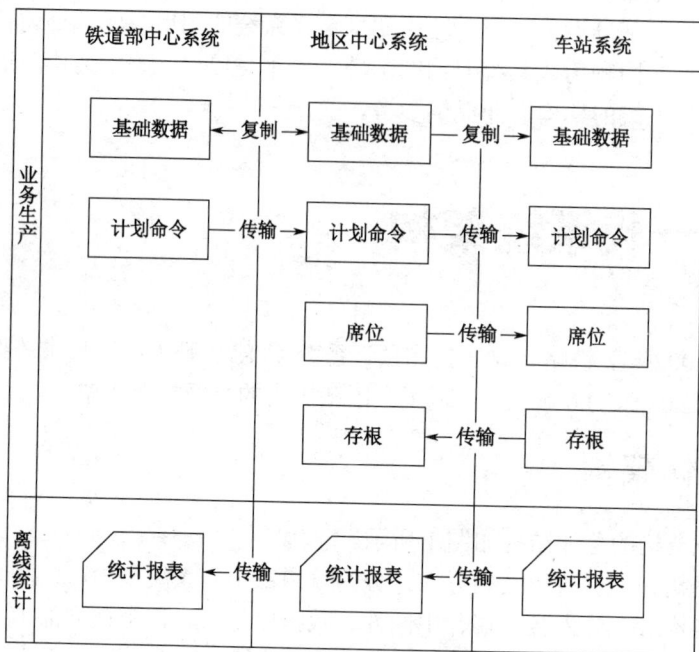

图2　数据分布与流向

席位数据是业务生产数据库规划与配置的关键。客票系统建设初期，全路所有列车的席位按照列车的乘车站分散存放在各个车站的数据库中[2]。为实现铁路局内和全国异地票发售，乘车局和乘车站共同管理和存放席位数据。传输程序负责席位数据在地区中心与车站，以及地区中心之间的传输。

基础数据在各级数据库中表结构一致，故应用数据库复制技术，遵循分级维护、中央集中、同步复制和全路一致的策略[1]，保证了铁道部中心系统、地区中心系统及车站系统基础数据的同步一致。

客票系统需要将席位计划与调度命令从上一级数据库传递到下一级数据库，将售、退票存根及其统计数据从下一级数据库传递到上一级数据库，这些数据在各级数据库中表结构不同，故通过数据传输中间件（DBCS）实现数据传输。

2.3　应用架构

客票系统的功能及业务逻辑由客户端、连接交易管理中间件、数据库共同实现。

客户端是采用 Powerbuilder、C++等开发的 Windows 程序，主要实现数据展示和用户交互功能。铁道部中心系统主要面向全路客运的宏观管理、营销分析，并保障全路的联网售票；地区中心系统主要面向以座席为核心的调度控制和客运业务管理；车站系统主要面向售票的实时交易服务[3]。

连接交易管理中间件（CTMS）是位于客户端和分布式数据库之间的中间层，实现对分布式数据库的连接管理及交易转发、负载和流控[4]。

数据库存储过程用来实现客票系统的核心业务逻辑。好处是减少客户端与数据库的交互次数和网络传输，提高业务处理性能，同时，业务逻辑变化时只需变更存储过程，客户端发布次数减少，系统更易维护。

2.4　技术架构

整个系统的传输层/网络层网络协议是 TCP/IP。每级系统的局域网部分用来部署客票机房的服务器，并联通交换设备可达的客户端。广域网分为三层，核心层连接铁道部中心系统和地区中心系统，E1 专线（2M）作为主链路，X.25 专线作为第一备份链路，PSTN 专线作为第二备份链路，三条链路的失效检测及备份恢复能够自动完成[5]；汇聚层连接地区中心和所辖车站，客运量较大的车站使用 E1 专线，其他车站通过 X.25 专线或 PSTN 专线入网；接入层连接市内售票点、自动售票机到车站系统，采用铁路专线或租用公用线路等方式入网[1]。

服务器小型机采用 UNIX 操作系统[6]，客户端采用 Windows 操作系统，关系型数据库使用 Sybase，数据仓库使用 Sybase IQ，开发工具采用 Powerbuilder、Sybase Open Client、C++等。

3　第二代系统架构

2006 年，铁路客票发售和预订系统 5.0 版在全路推广实施。5.0 版适应 Web 技术的发展，加强中间件层，优化数据结构和分布，架构兼具实用性、先进性和扩展性，一些设计决策对系统后续发展影响深远。

3.1　总体架构

第二代系统架构的总体结构如图 3 所示。

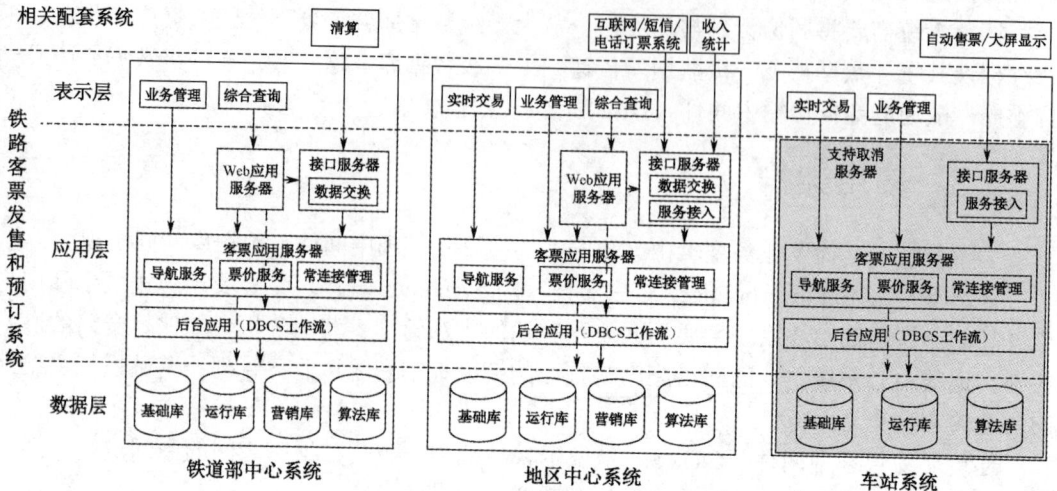

图 3　第二代系统架构的总体结构

铁路客票发售和预订系统（TRS）是整个客票生态的主体和核心，仍是三级三层架构，其中三级不变，三层从第一代架构的客户端、中间件、数据库演变成表示层、应用层、数据层[7]。

应用层得到了加强，Web 应用服务支持 B/S 应用，接口服务为相关配套系统提供客票数据和业务服务。二者使用客票应用服务器（原 CTMS）和数据传输组件（DBCS）提供的公共基础服务。

表示层分两类，一是 C/S 模式的实时交易、业务管理等应用，二是 B/S 模式的综合查询、管理监控等应用。

每一级系统中，数据层和应用层运行在后台的服务器上，构成后台系统；表示层运行在前台的窗口机上，构成前台系统。车站系统支持取消服务器模式，这种模式下车站系统只有窗口机，其表示层请求指向所属地区中心系统的应用层组件。

相关配套系统是指客票延伸服务系统和第三方接入系统，例如：使用地区中心系统接口服务的互联网/短信/电话订票系统，使用车站系统的自动售票系统、大屏显示系统等。

3.2　数据架构

第二代系统架构继续采用集中与分布相结合的数据组织方案。席位数据全部集中到地区中心，解决了与席位相关的数据及事务一致性问题，同时为提升席位利用率、挖潜提效提供了技术基础。这一阶段的席位管理模式是乘车局存放管理模式。对于管内列车，列车全程的席位均集中存放在列车的乘车局，实现了列车的全程复用、全程共用；对于直通列车，席位分散存放到列车沿途各乘车局，通过数据传输能支持席位全程复用和管内席位共用，但无法实现全程席位共用[2]。

与上一代相比，数据组织的一个重要变化是将单库拆分为多库，即基础库、运行库、营销库和算法库[7]，基础库存储所有基础数据，包括路网基础数据、列车基础数据、票价基础数据、客票系统参数定义等。运行存储售票业务动态数据，包括用户及窗口定义、席位、售退预约预订存根、结账统计等数据。营销库存储统计汇总数据及系统历史日志数据。算法库运行所有系统使用的算法（存储过程），该库中没有数据表。分库带来了以下好处：

（1）基础库独立，便于充分利用数据库复制技术，降低数据复制的复杂度。

（2）营销库独立，减轻了营销分析对核心交易处理的影响。

（3）算法库的分离，便于加强对算法的监控和管理。

（4）便于根据各库的业务场景和交易特点有针对性地进行性能调优和数据备份。

（5）降低单库故障带来的影响。

第二个重要变化是，引入了"非动态负载均衡"概念[7]，任何一个数据都有其位置定义，通过数据结构、数据组织和功能实现的结合，实现数据存放的任意指定，不再将地区中心和业务绑定，实现地区中心由业务中心向数据中心转变。对于一个数据中心，主要存放三类数据：基础数据，所有数据中心通过数据复制保持一致；管理数据，如窗口定义、班次、预售期等，由归属单位的位置定义决定存放的数据中心；运行数据，指与席位相关的计划、票库、订单、客运统计等数据，由车次的位置定义决定存放的数据中心。由此带来的优势是，便于从全局角度灵活调配各数据中心的资源，快速满足业务运行变化的需要。

3.3　应用架构

表示层功能体系在三级系统中的分布与第一代架构基本一致。

与上一代相比，应用架构的一个重要变化是应用层成为系统体系结构的核心。引入 Web 应用服务支持浏览器作为客户端使用系统功能，引入接口服务加强客票系统与外部系统的交互。二者的引入推动既有的 CTMS 和 DBCS 进行相应的适配和优化，整个应用层能够得到丰富和完善，对下（数据层）起到保护利用的作用，对上（表示层）、对外提供灵活接入的能力，从而为客票系统面向互联网启动了架构上的准备。

3.4　技术架构

广域网继续保持分层拓扑结构。核心层涵盖了铁道部中心和所有的地区中心节点，采用部分网状结构；汇聚层涵盖了地区中心至下属部分联网车站的网络、地区中心至汇聚点的网络和连成环网的车站至地区中心的网络，采用星形和环形相结合的网络结构；接入层是用于接入地区中心下属部分车站通道的网络，采用星形和环形相结合的网络结构[7]。

服务器小型机采用 UNIX 操作系统，PC 服务器采用 Linux 操作系统，客户端采用 Windows 操作系统，关系型数据库使用 Sybase，数据仓库使用 Sybase IQ。

应用开发采用面向对象的 PowerBuilder8，以及 Sybase Open Client，C/C++和 Java 等编程工具及语言，采用 Business Objects OLAP 分析工具。

4　第三代系统架构

2011 年，新一代铁路客票系统启动建设，同年，12306 互联网售票系统上线，客票系统从以服务内部用户为主的业务系统，转变为可直接面向旅客的外部服务系统[8]。用户量的巨大增长、业务高峰时的强并发、极高的可用性要求、复杂的系统生态都对架构提出了新的要求。

4.1　总体架构

发展至今，铁路客票和服务系统已十分庞大、复杂，但实现交易业务的客票发售和预订系统（TRS），以及实现互联网售票渠道的 12306 系统仍是整个系统的核心。图 4 描述的是第三代系统架构的总体结构。

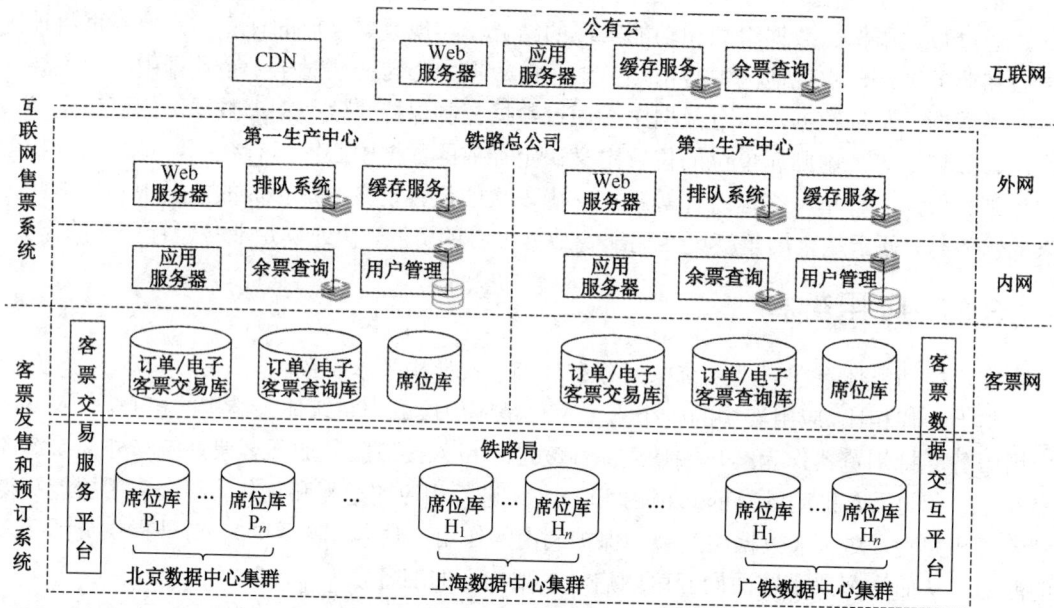

图 4　第三代系统架构的总体结构

客票发售和预订系统兼容此前的三级三层架构，铁路各级工作人员仍可使用客户端程序开展票务管理和售票业务；车站系统无席位库，不直接参与互联网售票场景。

席位库主要部署在铁路局，根据业务量的不同，每个铁路局部署 1 个主中心和多个负载中心；铁路总公司级部署席位库。这些席位节点是平行关系，均衡承担业务负载。

铁路总公司级第一、第二生产中心，以双活模式运行，其上的私有云平台承载互联网售票系统的订票业务。业务高峰期，公有云可分流互联网售票系统的读压力。

4.2　数据架构

席位按列车将全程席位集中存放到一个数据中心（席位库），由始发局集中管理，全程席位复用不再需要数据传输程序的传递，提高了复用的效率和及时性；全程席位共用由于不再受物理位置的限制也得以实现[2]。列车席位支持在任何一个数据中心存放，并通过席位自动化搬迁系统实现了动态负载均衡[9]。

订单/电子客票库是开通互联网售票渠道后系统面临的又一个数据库瓶颈。解决方案是分节点分库分表[10]，将订单交易按用户名 Hash 分散到各节点和库表中，从而提升交易处理能力，并使其具备横向扩充能力。进一步而言，通过订票、取票业务分离及订单生成、查询读写分离，减少不同类型数据库操作的干扰，大幅提升了订单/电子客票的交易和查询效率。

互联网售票系统对余票数据的实时性要求较高，因此，使用数据库复制技术同步余票数据。铁路局负载中心将余票实时同步到铁路局主中心，铁路局主中心再将余票同步到铁路总公司中心系统；铁路总公司中心系统汇聚余票数据后同步给各铁路局主中心[11]。余票数据还会同步到内存计算 NoSQL 数据库集群，满足互联网售票系统对余票数据的高并发查询需求。

4.3   应用架构

客票交易服务平台以 CTMS 为基础发展成为平台服务层，承载铁路总公司 2 个生产中心、铁路局中心系统及车站系统的业务访问与服务调用，生产中心间的双活切换通过交易服务平台的参数调整来完成[10]。

客票数据交互平台以 DBCS 为基础发展成为平台服务层，将数据交互从网状结构优化为总线结构，支持数据中转、发布订阅等多种模式，实现了客票数据在发售及预订、清算、营销、站车交互平台等系统的数据共享。

互联网售票系统设计了缓存服务、用户管理、余票查询、订单及电子客票处理等多个相对独立的业务应用分区[10]，方便隔离和扩展。

交易处理排队系统是互联网售票系统保障可用性的核心设计。业务高峰期，排队系统先通过队列接收用户的下单请求，再根据后端处理能力异步地处理队列中的下单请求。排队系统也采用了内存计算 NoSQL 数据库[10]。

4.4   技术架构

新一代客票系统对网络拓扑和传输能力做了优化和升级。客票网广域网涵盖"两地三中心"至所有铁路局的核心层及车站至铁路局（公司）的接入层。核心层采用三星型网络结构。"两地三中心"建立 3 个网络核心节点，分别与各铁路局专线连接，构成具有冗余通道及环路保护的高可靠核心层网络；三中心之间实现双路由器和双径路高速链路连接。接入层采用星形和环形相结合的网络结构。星形部分具有主备两条通道，并且分别采用 2 条物理路径、双物理路由和设备；车站间的环形网通过自身的通道迂回特性保证网络安全可靠[8]。第一、第二生产中心局域网部署互联网售票系统，外网（DMZ 区）与互联网运营商建立高速直连通道，内网与客票网联通，各网络区域通过安全设备实现边界控制。

为提高互联网售票系统的吞吐量和响应速度，在架构各个层面应用优化技术。

（1）前台应用：使用负载均衡技术，Web 服务器、应用服务器对请求进行动静分离；基于消息队列异步处理业务请求，避免高并发时同步处理引起的系统堵塞。

（2）数据库：关系型数据库使用分库分表技术，从根本上保障了单库性能；基于数据库实时同步技术和分布式访问中间件，实现读写分离；使用 Gemfire、Redis、MemCache 等内存数据库加速高并发查询场景，如线上余票查询、订单查询、用户管理常用联系人等[12]。

（3）基于虚拟化技术搭建私有云，实现第一、第二生产中心双活，同时与公有云结合构建混合云，使用 CDN 实现站点访问的分流和加速。

5　对客票系统架构演进的思考

回顾铁路客票系统三代系统架构的演进过程，笔者有如下感悟。

（1）数据架构在架构设计中处于中心位置，数据的类型、量级、产生方式、使用方式是影响系统整体结构和技术选型的核心因素。客票系统集中与分布相结合的体系结构很大程度上指的就是数据的集中与分布相结合，这种体系结构驱动了多项关键技术的引入，包括数据库复制实现数据同步传输、DBCS 实现数据异步传输、CTMS 实现分布式数据访问导航等。客票系统"因数制宜"使用多种数据计算存储产品，包括传统的关系型 OLTP 数据库和 OLAP 数据库、NoSQL 内存数据库、离线和实时大数据计算环境等。

（2）对于高并发在线交易场景，关系型数据库仍是架构优化关注的重点。关系型数据库提供了 OLTP 应用所必需的事务一致性，同时也带来了单机扩展困难，成为大型系统最难消解的性能瓶颈。客票系统围绕关系型数据库优化系统架构的思路主要有两条：一是对席位库、订单库等核心交易库做分库、分表，将核心单表记录数控制在一千万行，提升单库写性能；二是将高频交易读及非交易大 SQL 处理从交易库剥离出来，由更适合的 NoSQL 数据库和大数据计算环境承担。

（3）领域分析对大型行业信息系统的设计至关重要，稳定而不失扩展性的领域模型是系统架构稳步演进的前提。以客票交易业务为例，作为客运业务产品的席位是领域核心对象，因此，系统历代架构都把席位数据的存放管理作为优化重点。随着互联网、实名制业务的发展，领域模型不断更新。通过理清席位、存根、订单、用户等核心对象间的关系，设计互联网售票系统，使其与既有核心交易系统各司其职，又相互配合，整个客票系统得以合理解构。

（4）系统架构演进是业务发展、技术进步、既有实现等多方面因素综合的结果，架构设计要有整体观。首先，业务总是不断发展的，系统也总是需要改进的，好的架构不是让系统不用改，而是让系统能改、易改。稳定的核心、可扩展的结构将为系统改进打下良好的基础。其次，技术现状对架构设计提出限制，技术进步为架构演进创造条件，在限制下需做出合理的折中选择，在有条件时要充分利用可能性。以网络技术的发展与客票系统结构的演进为例，2M 专线时代，网络带宽和稳定性对跨广域网的数据库访问造成限制，这是席位数据更多下沉在车站的因素之一。随着网络性能的提升，席位数据有条件不断上行到地区中心乃至铁路总公司，从而带来诸多好处，包括可以充分利用席位，能集中建设互联网售票系统等。第三，架构升级需充分考虑对既有系统的兼容，尤其是系统的对外接口部分。大型行业的信息系统通常终端用户众多、周边生态复杂，这也能让架构演进得到更多的外部支持。

6　结语

　　业务功能不断扩展推动客票系统的架构逐渐完善，迈入成熟。在整个过程中，在保证安全性的前提下，设计思想、开发模式、数据、网络和技术架构都发生了很大的变化，甚至包括技术人员，从起初几个人发展到一个部门，甚至一个业务群。

　　客票系统 2020 年的目标是全面实施电子票，为旅客智能化出行提供更好的体验，这对系统架构优化提出了更多、更高的要求。客票系统多年的设计经验告诉我们：没有最优的架构，也不能追求最完美技术堆砌的系统，更不是越复杂越好。一切以解决业务问题为目标，不脱离实际，适应旅客需求的便是最好的。

参 考 文 献

[1]　铁道部客票总体组. 铁路客票发售和预订系统及其总体结构[J]. 铁路计算机应用，2003，012（012）.

[2]　王元媛，张志强. 铁路客票系统席位管理研究[J]. 铁路计算机应用，2016，025（004）：34-37.

[3]　王军，刘春煌. 铁路客票发售和预订系统[J]. 中国铁道科学，2001（03）：140-142.

[4]　唐堃，孙健，陈光伟. 中间件技术在客票系统中的实现及应用[J]. 中国铁道科学，2004，025（003）：103-108.

[5]　武振华. 铁道部客票中心网络系统的研究[J]. 铁路计算机应用（4）：26-29.

[6]　鞠家星，项源金，刘春煌. 我国铁路客票发售和预订系统的设计与实施[J]. 中国铁路，1997（2 期）：11-16.

[7]　朱建生，单杏花，周亮瑾，等. The Research and Implementation of China Railway Ticketing and Reservation System (TRS) Version 5.0%中国铁路客票发售和预订系统 5.0 版的研究与实现[J]. 中国铁道科学，2006，027（006）：95-103.

[8]　朱建生. 新一代客票系统总体技术方案的研究[J]. 铁路计算机应用，2012（06）：6-11.

[9]　靳超，贾佳，张志强，等. 铁路客票席位自动化搬迁系统的设计与实现[J]. 铁路计算机应用，2018，027（006）：29-33.

[10]　朱建生，王明哲，杨立鹏，等. 12306 互联网售票系统的架构优化及演进[J]. 铁路计算机应用，2015，v.24；No.224（11）：11-14+33.

[11]　徐东平，李琪，刘相坤，等. 铁路局级客票系统双活架构的研究[J]. 铁路计算机应用，2015（11）.

[12]　李杨，阎志远，朱建军，等. 铁路客票系统关系型数据库的困境和出路研究[J]. 铁路计算机应用，2017（12）：22-25.

反侵权盗版声明

电子工业出版社依法对本作品享有专有出版权。任何未经权利人书面许可，复制、销售或通过信息网络传播本作品的行为；歪曲、篡改、剽窃本作品的行为，均违反《中华人民共和国著作权法》，其行为人应承担相应的民事责任和行政责任，构成犯罪的，将被依法追究刑事责任。

为了维护市场秩序，保护权利人的合法权益，我社将依法查处和打击侵权盗版的单位和个人。欢迎社会各界人士积极举报侵权盗版行为，本社将奖励举报有功人员，并保证举报人的信息不被泄露。

举报电话：（010）88254396；（010）88258888

传　　真：（010）88254397

E-mail:　dbqq@phei.com.cn

通信地址：北京市万寿路 173 信箱

　　　　　电子工业出版社总编办公室

邮　　编：100036